Carlo Bertelli

Piero della Francesca

Leben und Werk des Meisters der Frührenaissance

DuMont Buchverlag Köln

Umschlagabbildung vorn: Madonna del Parto (Detail, s. S. 206 ff.)

Umschlagabbildung hinten: Begegnung Salomons mit der Königin von Saba (Detail, s. S. 189)

Die Deutsche Bibliothek – CIP-Einheitsaufnahme

Bertelli, Carlo:
Piero della Francesca: Leben und Werk des Meisters der Frührenaissance / Carlo Bertelli. [Aus dem Ital. von Anton Ebner]. – Köln: DuMont, 1992
Einheitssacht.: Piero della Francesca <dt.>
ISBN 3-7701-3058-8
NE: Piero <della Francesca> [Ill.]

Aus dem Italienischen von Anton Ebner

Satz der deutschen Ausgabe: Fotosatz Harten, Köln
Druck: Amilcare Pizzi S.p.A., Mailand

Printed in Italy ISBN 3-7701-3058-8

Inhalt

Ich befürchte, daß dieses Buch zu einigen Enttäuschungen Anlaß geben wird. Zu bezweifeln, die *Geißelung Christi* sei in Urbino entstanden oder die Londoner *Geburt Christi* sei das letzte Werk gewesen, an dem Piero bis zu seiner Erblindung arbeitete und das jahrhundertelang als Erinnerung an seine Größe und seinen zuletzt so unglücklichen Zustand in seinem Wohnhaus aufbewahrt wurde, könnte allzuleicht als ungebührliche Anmaßung aufgefaßt werden. Insbesondere der letzte Punkt hatte Generationen von Wissenschaftlern und Lesern immer wieder zutiefst bewegt. Trotz der verzweifelten Sehnsucht nach Frieden begeisterte indes auch uns der Waffenklang eines nie erfolgten Kreuzzuges, wenn wir die *Schlachten* der Fresken von Arezzo betrachteten und die Figuren der Bilder Pieros zu identifizieren suchten. Ich habe jedoch keine revolutionären Details, Zuschreibungen, Datierungen oder Namen anzubieten.

Nach dieser Entschuldigung beim Leser obliegt es mir, hier all jenen Dank zu sagen, die mir hilfreich beistanden. Das Vertrauen des Verlegers, der überzeugt war, daß ich das Projekt in der kurzen zur Verfügung stehenden Zeit zu Ende bringen würde, war mir ein hilfreicher Ansporn. Sergio Lucioli und Stefano Peccatori waren mir unvergleichliche Mitarbeiter. Franco Polcri schulde ich meinen Dank für die großzügige Zurverfügungstellung seiner archivalischen Forschungen. Doch möchte ich den Leser nicht ungebührlich mit den Motiven meiner Danksagungen strapazieren. Jeder, der seinen Namen hier aufgeführt findet, weiß, wieso ich in seiner Schuld stehe.

Ich danke ganz besonders: Paola Barbara Conti, Florens Deuchler, Sergio Fusetti, Vittoria Garibaldi, Paolo Grilli, Silvano Lazzeri, Anna Maria Maetzke, Roberto Masiero, Ettore Merkel, Margherita Moriondo Lenzini, Giulia Orofino, Dante Pia, Pater Giulio Rizzi OFM, Piero Scarpellini, Stella Szkysa, Robert Tavernor, Sibylle Walther. Enrico Castelnuovo und Anna Ottani Cavina haben es mir ermöglicht, mit den Studenten und Kollegen von Pisa und Bologna über meine Arbeit zu sprechen.

Mein Dank gilt ferner den Beschäftigten der Bibliothek von Lausanne, des Warburg Instituts, des Kunsthistorischen Instituts und der Biblioteca Palatina in Parma sowie der kunsthistorischen Bibliothek des Castello Sforzesco in Mailand. Zu besonderem Dank verpflichtet bin ich Monsignore Gianfranco Ravasi, dem Direktor der Biblioteca Ambrosiana in Mailand, der es mir trotz der dortigen Umbaumaßnahmen ermöglichte, den Piero-Kodex einzusehen.

Anna unterstützte mich durch unerschütterliches Vertrauen und bewundernswerte Geduld.

Carlo Bertelli

Das Leben

Florenz, 1439

Es war ein außergewöhnliches Jahr, in dem Piero della Francesca in Florenz auftauchte. In den ersten Jahrzehnten des 15. Jahrhunderts brachte jedes Jahr der Stadt Florenz große Neuerungen; doch im Jahre 1439 schien es, als würden sämtliche intellektuellen Kräfte aufgeboten, um Jahrhunderte der Geschichte zu verändern. Das Konzil zur Vereinigung von Ost- und Westkirche wurde von Ferrara an den Arno verlegt, in jene Stadt, in der die griechische Kultur so eifrig gepflegt wurde wie in keiner anderen Stadt des gesamten Abendlandes.[1] Durch ihre glanzvoll inszenierten Umzüge, in denen sie ihr letztes Hab und Gut zu verschwenden schienen, erregten die griechischen Delegierten beim Konzil ein allgemeines ehrfurchtsvolles Staunen. Man war davon überzeugt, daß ihre feierlichen, extravaganten Gewänder noch denen der Priester der Antike beim Opfer entsprachen. Die seit Jahrhunderten schlummernden philosophischen Interessen wurden so zu neuem Leben erweckt, und die durch die Lektüre der klassischen Autoren bewirkten, eher schemenhaften Vorstellungen vom Geist der Antike erhielten durch die Präsenz der griechischen Delegierten eine neue Bedeutung.

Wie wir durch die Schriften Flavio Biondos wissen, glaubte man, in diesen Griechen die direkten Nachkommen Konstantins zu erblicken. Und auch Piero della Francesca dachte so. Die Vorstellung verfestigte sich unter dem Eindruck der realen visuellen Erfahrung zur historischen Realität.[2]

Geht man davon aus, daß Piero um 1415 geboren wurde, so hatte er seit einigen Jahren die 20 überschritten und arbeitete seit mindestens sieben Jahren als Maler.[3] Die Berufung zur Malerei war sicherlich nicht ausschließlich, denn schon früh fühlte er sich zum reinen mathematischen Denken hingezogen: »In seiner Jugend widmete sich Piero den mathematischen Wissenschaften, und auch als er im Alter von 15 Jahren an den Beruf des Malers herangeführt wurde, vernachlässigte er diese nie.« Diese von Vasari[4] überlieferte These erfuhr durch jüngst entdeckte Dokumente ihre Bestätigung. Im Jahre 1433 erklärte der Maler Antonio di Giovanni d'Anghiari, er schulde dem Vater Pieros 56 Gulden als Bezahlung und Schuld für die vom Sohn seit Juni des vorhergehenden Jahres geleistete Arbeit sowie für die Beträge, die Pieros Vater Benedetto ihm zu verschiedenen Anlässen geliehen hatte, etwa »zur Erstellung des Tafelbilds für den Hochaltar« der Kirche San Francesco in Sansepolcro.[5]

Pieros Tätigkeit fiel in diesem Zusammenhang eher bescheiden aus. Seine Aufgaben waren auf die Vorbereitung der Tafel sowie auf das Vergipsen und Glätten des Malgrundes beschränkt, doch bestanden im Falle des großen Polyptychons für das Franziskanerkloster des Ortes bereits hoffnungsvollere Aussichten. Im Jahre 1430 hatte sich Antonio d'Anghiari verpflichtet, die Vorderseite des Altars für 140 Goldgulden zu malen. Doch wurde im Jahre 1437 Sassetta zum vierfachen Preis der gesamte Altar anvertraut, eine der höchsten Summen überhaupt, die im Bereich der sienesischen Renaissancemalerei für ein Altarbild gezahlt wurden.[6]

Bis zum 9. Mai 1438 ist Piero in Sansepolcro dokumentiert. Die geschichtlichen Ereignisse sollten das Schicksal des Ortes tiefgreifend verändern. Die Herrschaft der Malatesta in Sansepolcro dauerte bis 1430 an. Danach regierte der Papst über den Ort. Antonio d'Anghiari und Piero della Francesca wurden beauftragt, das Wappen Eugens IV. an die Stadttore zu malen. Daneben gestalteten sie sechs Fahnen, und gerade die Arbeiten im Bereich der Heraldik scheinen nicht unwesentlich auf Pieros Malerei gewirkt zu haben.[7] In einem Wappen werden die intendierten Darstellungen auf ein zweidi-

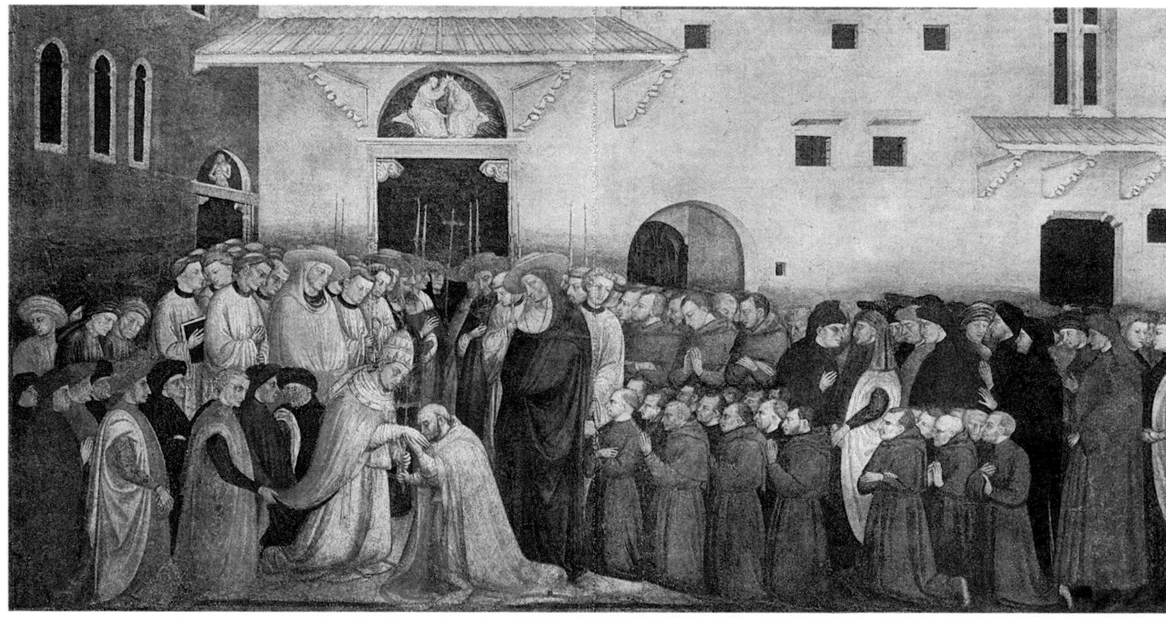

1 Bicci di Lorenzo, Papst Martin V. weiht Sant'Egidio. Florenz, Museo di Santa Maria Nuova

mensionales, geometrisches Schema reduziert, denn die Ausdrucksmittel der Heraldik sind Formen und Farben, wobei die Farben häufig spiegelbildlich umgekehrt werden. Das Wappen Eugens IV. gehörte zu den elementarsten Darstellungen dieser Art. Eine Fahne ist zudem ein außergewöhnliches Kunstobjekt. Sie ist ein mobiler, beidseitiger Bildträger, auf dem sich die einfachen oder komplexeren Darstellungen je nach den Windverhältnissen in den Falten der Stoffbahnen ausdehnen, zusammenziehen oder brechen, ohne sich jedoch zu verlieren. Die Fahnen, welche Piero später in seine Schlachten-Fresken in Arezzo (S. 191) einfügen sollte, belegen diese Aspekte nachhaltig.

Wir wissen heute nicht, wie Antonio d'Anghiari malte. Aus den Dokumenten ist uns bekannt, daß er mit Ottaviano Nelli zusammenarbeitete, doch sind diese Arbeitsgemeinschaften von Malern im 15. Jahrhundert keineswegs als stilistische Gruppierungen anzusehen.

Wir können indes leicht nachvollziehen, wie der Verlust des Auftrags für das Polyptychon von Sansepolcro alle Ambitionen Antonios zunichte machte. Er verließ den Ort und zog nach Arezzo.[8] Für Piero war damit der Zeitpunkt gekommen, sich anderswo nach Arbeit umzusehen. Durch den Anschluß von Sansepolcro an den Kirchenstaat rückte Perugia in unmittelbare Nähe. Dort war Domenico Veneziano gerade mit der Ausmalung »eines Zimmers im Haus der Baglioni«, der mächtigen Herren der Stadt, beschäftigt.[9]

Domenicos Fresken in Perugia sind heute verloren, doch scheint die Annahme von Wohl berechtigt, daß die 1440 von Domenico di Bartolo im Ospedale Santa Maria in Siena begonnenen Fresken denen des Domenico Veneziano in Perugia sehr nahe kommen.[10] Schon das Triptychon des Jahres 1438 für die Kirche Santa Giuliana in Perugia von Domenico di Bartolo belegt eindeutig dessen profundes Interesse an den silbern schimmernden Bildern des Domenico Veneziano mit ihrer betonten Plastizität und ihrer strengen und intellektualistisch gewählten Perspektive, die auf das Erbe Gentile da Fabrianos und Pisanellos zurückgehen. Und gerade die Fresken im Ospedale Santa Maria in Siena verweisen auf diese norditalienischen Einflüsse.

Es ist bekannt, daß sich Pisanello zur Zeit des Konzils in Florenz aufhielt, weshalb davon auszugehen ist, daß ihm Domenico Veneziano seinen jungen Gehilfen zur Verfügung stellte.[11] So hatte Piero die Möglichkeit, die außerordentliche Kunst Pisanellos aus unmittelbarer Nähe zu verfolgen und seine unnachahmliche Fähigkeit kennenzulernen, rasch die Individualität einer Persönlichkeit aufzugreifen – nicht nur in den physiognomischen und ethnischen Zügen, sondern auch in bezug auf die Kleidung. Unter den Augen Pieros entwickelte Pisanello mittels seines geschmeidigen, variationsfähi-

gen Duktus' seine besondere, mit äußerster Akribie registrierte Objektwelt: Waffen, Sattelzeug, Gewänder, Rüstungen. Mit einer Intuition, die im damaligen Florenz unbekannt war, gestaltete er ferner die Tiere – ihre Körper, aber auch ihre Launen. All diese Aspekte gipfelten in der Gestaltung der ersten Kaisermedaille seit der Antike, welche Pisanello dem byzantinischen Kaiser Johannes VIII. Palaiologos widmete, der mit seinem Gefolge am Abschlußzeremoniell des Konzils teilnahm. Pisanello vermittelte Piero jedoch noch eine andere Wissenschaft, die er bei Gentile da Fabriano in Rom kennengelernt hatte: die direkte zeichnerische Übernahme antiker Sarkophagdetails, Gemmen, Statuen. Bis zu diesem Zeitpunkt hatten sich die Maler darauf beschränkt, die interessantesten Bildelemente ihrer Kollegen in Skizzenbüchern festzuhalten.[12] Jetzt vereinigten sich in der realistisch geprägten Sehweise Pisanellos die neu erforschten und dokumentierten Spuren der Antike mit der direkten Wirkung der Nachfahren Konstantins zu einer einzigartigen ›Wiedergeburt der Antike‹, die Piero definitiv in ihren Bann schlagen sollte.

In Florenz entstanden die ersten Sammlungen antiker Skulpturen und Schmuckstücke. Die Sammeltätigkeit hatte nur zögernd ihren Anfang genommen. Den Sammlern bereitete es scheinbar zunächst Probleme, ihre Leidenschaft zu rechtfertigen.[13] Doch nicht nur Bildhauer wie Ghiberti und Donatello besaßen bereits antike Stücke,[14] auch die Gelehrten beschäftigten sich damit. Es ist belegt, daß Ciriaco d'Ancona im Jahre 1433 die Antikensammlung des Carlo Marsuppini, eines der bedeutendsten Vertreter der neuen Studien, in dessen Bibliothek bewundert hatte.[15]

Die Konzilsväter führten nicht nur theologische und liturgische Texte mit sich. Der Gräzist Giovanni Tortelli ließ sich von einem der griechischen Gesandten unterrichten, der ihm insbesondere die Texte des Sophokles näherbrachte. Ferner diskutierte man über Aristoteles und Platon sowie über die Zusammenhänge von Natur und Kunst.[16] Der Gedankenaustausch mit den Griechen gestaltete sich zunächst relativ kompliziert. Bis zur persönlichen Aufopferung kümmerte sich etwa Ambrogio Traversari um sie. Er sorgte dafür, daß sie nicht ausgenutzt wurden, und begegnete ihnen mit der größtmöglichen Gastfreundschaft.[17] Einsam irrten sie durch Florenz und besuchten die Kirchen, deren Räumlichkeiten, Bildwerke und liturgische Riten ihnen fremd waren. Einzig in Venedig hatten sie sich einigermaßen wohl gefühlt. Sie waren davon überzeugt, in einer Emailarbeit der *Pala d'Oro* in San Marco die seit 1204 aus Konstantinopel verschwundene Ikonostase des *Pantokrator* wiederentdeckt zu haben.[18] Vermutlich befand sich unter ihnen auch ein in Byzanz ausgebildeter unbekannter, aber intelligenter Maler, der sehr wohl in der Lage war, die innovative Kraft eines Domenico Veneziano oder eines Fra Angelico wahrzunehmen und mit der antiken Tradition seiner Heimat zu verschmelzen, wie ein heute nur noch fragmentarisch erhaltenes Fresko im Narthex der ehemaligen Klosterkirche San Salvatore in Chora in Istanbul (heute: Kariye Camii) zu demonstrieren vermag.[19]

2 Griechischer Meister, Madonna mit Kind und Stifter, vor 1453. Istanbul, Kariye Camii

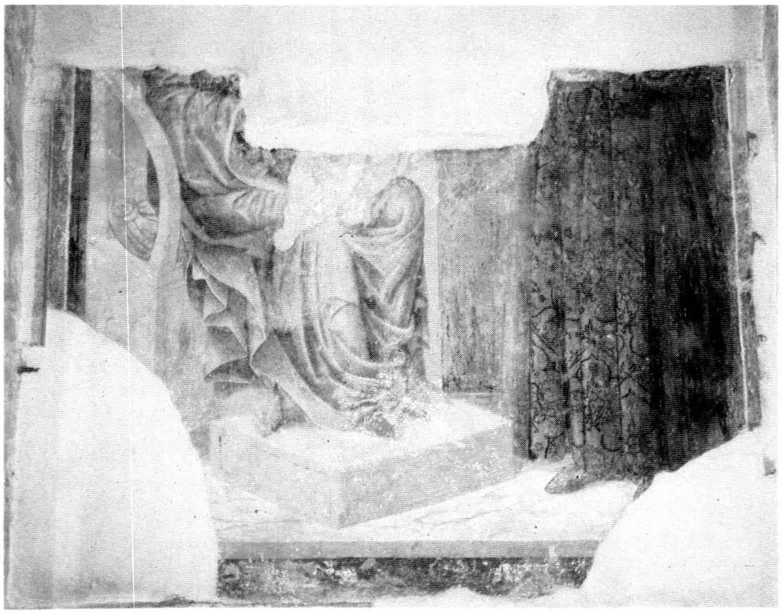

Fra Angelico seinerseits scheint von der Ikonenmalerei stark beeindruckt gewesen zu sein. Das beweist insbesondere die von Piero de' Medici in Auftrag gegebene Altartafel in San Marco (Abb. 4), in der Fra Angelico den Bildtypus der ›Sacra conversazione‹[20] einführte und im unteren Bildteil eine kleine Kreuzigungsszene in Trompe l'œil-Technik als Bild im Bild einfügte. Die energische Art und Weise, mit der dann Ghiberti seine *Commentari* eröffnete und das stolze Christentum unter Konstantin und Papst Silvester anklagte, die »plastische Kunst und die Malerei sowie die damit verbundenen Fertigkeiten und Wissenschaften« zunichte gemacht zu haben, scheint eine Reaktion auf die wieder erstehende fromme Welt gewesen zu sein.[21] Ein Besuch in der Werkstatt Ghibertis im Juli 1439 hätte es erlaubt, folgende Werke für

die *Paradiestür* zu begutachten: die vollendeten Tafeln *Kain und Abel* und die *Josephsgeschichte,* diejenigen des *Moses* und *Salomons* in fast vollendetem Zustand.[22] In der *Josephsgeschichte* hielt sich Ghiberti konsequent an die zentralperspektivischen Regeln Albertis, die sogenannte »costruzione legittima«.[23] Der junge Mathematiker und Maler Piero verfolgte diese Entwicklungen mit großer Leidenschaft. Wahrscheinlich erhielt Piero damals von Ghiberti eine Liste berühmter antiker Maler, auf die er Jahre später in seinem Traktat *De prospectiva pingendi* (Von der Perspektive beim Malen) zurückgreifen sollte[24].

Albertis Abhandlungen zur Malerei *(Trattato della pittura),* die Piero mit Sicherheit bekannt gewesen sein müßten, beinhalteten für die Maler eine große Herausforderung. Er präsentierte eine kurze Liste von zeitgenössischen florentinischen Künstlern, die den Vergleich mit den berühmten Meistern der Antike seines Erachtens nicht zu scheuen brauchten. Neben einem Architekten und drei Bildhauern führte Alberti den Maler Masaccio an, der 1439 bereits elf Jahre tot war. Nach Alberti war der durch Masaccios Ableben freigewordene Posten unter einer Bedingung zu haben: »Ich bezeichne jeden Maler als Meister, der die Proportionen und die Verbindungen der Oberflächen gut beherrscht.«[25] Piero stellte sich der Herausforderung. Das kleine Buch Albertis enthielt noch weitere Gedanken, die dem Wesen Pieros entsprachen. Dabei ging es um Anstand und Würde der Bildszenen, um die Vermeidung von Darstellungen, in denen die Apostel zu regelrechten »Degenfechtern und Komödianten« verkümmerten. Womöglich handelte es sich hierbei um eine verdeckte Kritik an Donatello und dessen Türen für die Sakristei von San Lorenzo.[26] Der Passus könnte aber auch als ein polemischer Hinweis auf die spezifisch florentinische Ausprägung der Spätgotik interpretiert werden. In jedem Fall bewirkte diese Textstelle die bewußte Gemessenheit der Gestik in Pieros Bildern, die er mit fast asketischer Strenge verfolgen sollte. Möglicherweise war es denjenigen, die nicht ausschließlich dem Einfluß der großen Künstlerfamilien ausgesetzt waren, schon damals möglich, in Florenz Beispiele der neuen Malerei aus dem Norden zu sehen. Eine erste, indirekte Verbindung schufen die erst kurz zuvor vollendeten Fresken des Portugiesen Giovanni di Gonsalvo im Kreuzgang ›degli aranci‹ der Badia.[27] Die Beziehung zwischen den dargestellten Personen und der Umgebung erschien hier im Vergleich zu den italienischen Gepflogenheiten umgekehrt: Hier dominierten Berge, Flüsse und Bäume über die Aktionen der Menschen, wie sie etwa Fra Angelico malte. Jedoch umgab sie das gleiche Licht, welches selbst den einfachsten Objekten Präsenz und Bedeutung verlieh. Die Erde reflektierte in den mit Segeln durchsetzten Flüssen und Seen das Licht des Himmels.

Von der Anwesenheit Pieros in Florenz wissen wir durch eine Rechnung vom 12. September 1439 bezüglich der Arbeiten Domenico Venezianos in Sant'Egidio. Ein kleiner Zettel mit dem Namen »Maestro Domenico di Bartolomeo da Vinegia« (Meister Domenico di Bartolomeo aus Venedig) und der Anmerkung: »bei ihm Pietro di Benedetto aus Borgo di San Sipolchro«.[28]

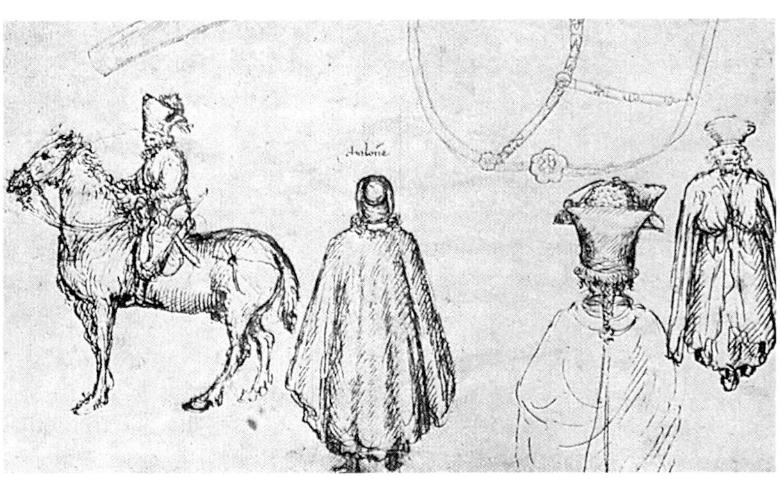

3 Pisanello (Antonio di Puccio), Skizzen vom Konzil, 1439. Chicago, The Art Institute

Die Domenico anvertrauten Fresken in der Hauptkapelle der Kirche Sant'Egidio des von Folco Portinari gegründeten Hospitals zählten zu den bedeutendsten künstlerischen Unternehmungen im damaligen Florenz. Das lag einmal am Prestige des Namens Portinari, zum anderen aber auch am besonderen Interesse der ganzen Stadt an dieser Einrichtung. Domenico war die Bemalung der linken Wand vorbehalten, während die rechte in der Folge Andrea del Castagno anvertraut wurde.[29]

Für die linke Wand waren folgende Szenen geplant: *Die Begegnung an der goldenen Pforte, Geburt Mariens* und *Vermählung der Jungfrau.* Das erste Thema wurde in der Zeit vom beginnenden Frühjahr bis zum September 1439 realisiert. Auf diesen Zeitraum bezieht sich der oben erwähnte Rechnungsauszug mit dem Verweis auf Pieros Namen.[30]

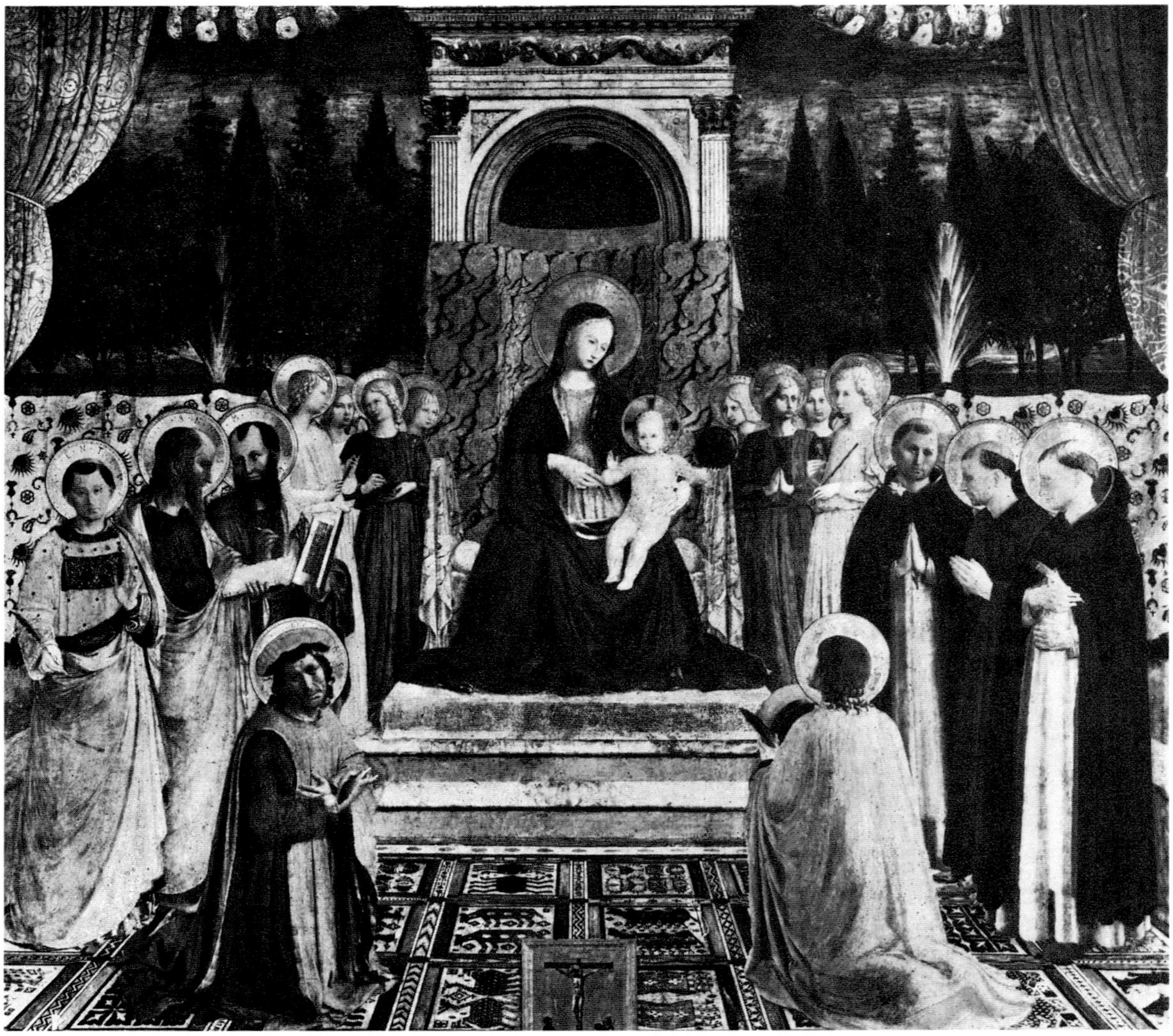

4 Fra Angelico (Guido di Pietro), Madonna mit Kind zwischen Engeln und Heiligen. Florenz, Museo di San Marco

Die Szene der *Geburt Mariens* wurde von Domenico Veneziano im Frühjahr 1441 begonnen. Sein Mitarbeiter war diesmal Bicci di Lorenzo, und die Tatsache, daß Piero durch einen so angesehenen Maler ersetzt wurde (in derselben Kirche hatte Bicci Jahre zuvor die Episode der Weihe durch den damaligen Papst Martin V. in einem Fresko gemalt, Abb. 1)[31], läßt den Schluß zu, daß auch Piero kein gewöhnlicher Werkstattgeselle war. Daß er als Mitarbeiter in der Rechnung genannt ist, bedeutet ferner, daß ihm auch ein gewisses Maß an finanzieller Verantwortung am Unternehmen zukam.

Auch wenn Piero am zweiten Bild nicht mehr direkt beteiligt war, so kannte er sicherlich die vorbereitenden Studien.

Vasari berichtet, wie bestimmte Bilddetails des Domenico Veneziano über Piero auf andere Künstler ausstrahlten.[32] So findet sich in den von Giovanni da Camerino gemalten Teilen der Fresken in der Chiesa degli Eremitani in Padua (vom Frühjahr bis Sommer 1451) eine Szene, die für Piero typisch ist und auf Domenico zurückgeht: »ein reichgeschmücktes Zimmer, in welchem ein Putto mit einem Hammer den Ausgang des Zimmers bearbeitet«.[33] Giovanni da Camerino wandelt lediglich den Putto in einen Zwerg um.[34]

Die Sinopie zur Szene *Vermählung der Jungfrau,* die nicht mehr von Domenico[35], sondern von Alesso Baldovinetti vollendet werden sollte, beweist, daß die nackt vorgezeichneten Figuren erst beim Malen bekleidet wurden. Diese Vorgehensweise machte sich auch Piero zu eigen, und noch im Falle der Personifikation der Tugenden im Montefeltro-Diptychon (S. 221) griff er darauf zurück.[36]

Von Vasari wissen wir ferner, daß sich Domenico, wie bereits erwähnt, nicht allein auf die traditionelle Freskotechnik beschränkte, sondern Öl als Bindemittel verwendete.[37] Auch hierbei handelte es sich um ein technisches und künstlerisches Experiment, das den jungen Piero stark faszinierte.

Die Verbindungen zu Domenico Veneziano erschöpften sich keineswegs mit den Monaten in Florenz. Im Jahre 1447 arbeiteten Piero und Domenico gemeinsam an der Ausschmückung der Sakristei der Pilgerkirche in Loreto. Sie mußten die Arbeit jedoch aufgrund einer Pestepidemie unterbrechen.[38] Geht man davon aus, daß ihre Zusammenarbeit in den Jahren 1437–1438 begonnen hatte, so ist anzunehmen, daß sie mit kurzen Unterbrechnungen an die zehn Jahre lang andauerte. Piero hatte dadurch die Möglichkeit, die kontinuierliche Entwicklung des Meisters zu immer lichtdurchfluteteren Kompositionen zu verfolgen, in denen dieser die Errungenschaften Pisanellos in einen bemessenen Raum transponierte. Er legte großen Wert auf die Besonderheiten der Farbe, doch mehr noch war ihm daran gelegen, das Verfahren der Bildentwicklung vom Entwurf über den Karton zu perfektionieren. Er strebte danach, die Maßverhältnisse des fertigen Wandbildes bereits im Stadium des Entwurfs genau zu durchdenken. Der florentinische Widerspruch zwischen figürlicher Plastizität und Hintergrund, der in so quälender Weise etwa im Werk Paolo Uccellos zum Ausdruck kam, war damit vollkommen überwunden. Die vorbereitende Studie vereinigte in sich sowohl die Umrisse als auch die sie unterbrechenden Zwischenräume. Die Umrisse der Figuren wurden gleichzeitig zu den Begrenzungen des Raumes, und was sich zwischen zwei Begrenzungslinien befand, erlangte eine besondere, fast autonome Bedeutung und führte dazu, die Weite des Hintergrundes als wesentlichen Bestandteil der Gesamtkomposition in die Bildentwicklung miteinzubeziehen. Als Beispiel könnten die zwischen den Figuren eingegliederten fragmentarischen Ortsansichten im Fresko der Cavalcanti-Kapelle in Santa Croce angeführt werden.[39]

Es hat den Anschein, als habe Domenico Veneziano die Werke Robert Campins gekannt. Die Entwicklung einer augenscheinlich realen Landschaft im Berliner Tondo *Die Anbetung der Hl. Drei Könige* (Abb. 46), das kurz nach der Zusammenarbeit mit Piero in Florenz entstanden war[40], läßt an ein Beispiel denken, welches der *Geburt Christi* des Robert Campin in Dijon sehr nahestand.

Da Piero kein Latein studiert hatte, wurden die Begegnungen mit den in Florenz weilenden Intellektuellen wohl primär durch seine außergewöhnlichen mathematischen Kenntnisse gefördert. Sansepolcro war im 15. Jahrhundert eine Welt für sich. Zahlreiche Bürger des Ortes lebten über die ganze Halbinsel verstreut und hatten bedeutende Ämter inne. Mit Alberti und der Wiederentdeckung der Werke des Plinius und des Vitruv begannen sich vermehrt auch Gelehrte für die Aktivitäten der Künstler zu interessieren, auch wenn es seitens der Künstler einiger Anstrengung bedurfte, ihre gebildeten Auftraggeber immer zu verstehen. Der berühmte Humanist Carlo Marsuppini etwa hatte Bicci di Lorenzo damit beauftragt, das Olivetaner-Kloster in Arezzo auszuschmücken.[41]

5 Verkündigungsmadonna, Detail des Polyptychons der Schutzmantelmadonna. Sansepolcro, Museo Civico

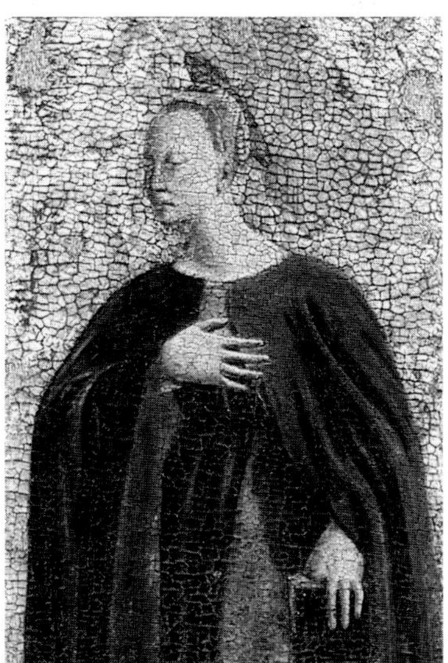

Im Jahre 1442 erscheint Pieros Name auf der Liste der für öffentliche Ämter wählbaren Bürger. Seine Heimat hatte sich in der Zwischenzeit politisch umorientiert. Papst Eugen IV. hatte die Stadt den Florentinern überlassen, um seine Schulden anläßlich der Kosten des Konzils zu begleichen.[42]

Borgo al Santo Sepolcro

Piero hatte zwei Brüder. Der eine hieß Marco, der andere, sein ›leiblicher‹ Bruder, Antonio. Zwei weitere Brüder, Luigi und Matteo, waren im Kindesalter verschieden. Daneben hatte er eine Schwester, Angelica, die vor 1454 geheiratet hatte. Er selbst war weder verheiratet noch sind ledige Kinder von ihm bekannt, die ohnehin im Testament nicht genannt worden wären, da es üblich war, diese zu Lebzeiten zu beschenken. Anscheinend war Piero der Erstgeborene, da seine Anwesenheit in Borgo mit einer gewissen Regelmäßigkeit dokumentiert ist. Dies belegen auch die den anderen Familienmitgliedern übertragenen Verpflichtungen und Aufträge. Piero konnte auf stabile wirtschaftliche und fami-

liäre Verhältnisse bauen. Mit den erzielten Gewinnen erwarb man Ländereien, die von Pächtern bewirtschaftet wurden. Die Hauptbeschäftigung der Franceschi oder der ›della Francesca‹[43] war der Anbau und Vertrieb von Färberwaid *(isatis tinctoria),* einer Grasart, aus der man Indigo-Farbstoff zur Tuchfärbung gewann. Dabei handelte es sich um eine äußerst lukrative Tätigkeit, die der direkten Kontrolle der Stadt Florenz unterstand. Es ist anzunehmen, daß sich die Franceschi dieser Tätigkeit nach der Eingliederung des Ortes unter die Florentiner Herrschaft zugewandt haben. Zuvor war der Vater Benedetto als Fellhändler registriert.[44] Pieros Geschick in der Darstellung der Gewänder hat also seine direkten Wurzeln in der Familientradition.

Borgo San Sepolcro (der Ort zum Heiligen Grab, heute: Sansepolcro) zählte damals ungefähr 4000 Einwohner. Erst zu Beginn des 16. Jahrhunderts wurde der Ort zur Stadt erhoben und zum Bischofssitz erweitert. Zum Vergleich sei Urbino angeführt, das selbst in seiner blühendsten Epoche nicht mehr als 5000–6000 Einwohner besaß.[45] Der Anschluß an den Staat Florenz steigerte die strategische und wirtschaftliche Bedeutung des Ortes, dem ferner die lange Herrschaft der Malatesta ein solides Netz von Verbindungen zu den adriatischen Städten gesichert hatte. Auch Piero della Francesca trug dazu bei, die wirtschaftlichen Möglichkeiten seiner Mitbürger zu fördern. Im *Trattato dell'abaco* (Rechenbuch), das er 1450 verfaßte, findet sich unter den Rechenübungen das Beispiel eines Kaufmanns aus Borgo, der mit einer gewissen Summe Bargeld abreist und sich nach Stationen in Ancona, Recanati, Fermo, Ascoli und L'Aquila mit nur wenigen Scudi der ursprünglichen Summe wiederfindet, da sich während der Reise mehrmals ihr Wert verändert hatte. Ein anderer, der eine wertvolle Kette verschenken will, reist eigens nach Genua, um dort Perlen, Rubine und Smaragde zu kaufen.[46]

Borgo hatte sich zum großen Zentrum an der Grenze des florentinischen Staates entwickelt und war obligatorischer Durchgangsort für Waren vom thyrrhenischen Meer und aus der Toskana, die über den Apennin an die adriatische Küste transportiert wurden. Die Allgemeinbildung der Bewohner war somit eine vorrangige Aufgabe. Als Beleg für diese Tendenzen kann das Rechenbuch Pieros dienen. Wir wissen ferner, daß seine Schwester Angelica einen ortsansässigen Grammatiklehrer namens Francesco Rigi geheiratet hatte.[47] Auch der große Mathematiker Luca Pacioli besuchte in Borgo die Schule. Sein Lehrer war Folco de' Belfolci.[48] Pacioli wurde 1445 in Borgo geboren. Daneben wissen wir von einem Onkel Pieros, einem gewissen Benedetto, der unter Alfons V. in Neapel als Infanteriekapitän diente und anscheinend besondere Fähigkeiten auf dem Gebiet der Militärarchitektur besaß.[49] Ein gewisser Jacopo del Borgo war ferner am Hofe von Sigismondo Pandolfo Malatesta in Diensten. Im Jahre 1452, also ein Jahr nach dem Wechsel Pieros nach Urbino, wurde dieser als Gesandter nach Rom geschickt, »um den Absichten des Herrn von Rimini die Unterstützung des Papstes zu sichern«. Im Jahre 1457 diente er den Malatesta als »Vikar und Berater«.[50] In seinen Untersuchungen erwähnt Carlo Ginzburg einen Mann namens Michelangelo da Borgo.[51] Von Francesco Sforza, dem Herrscher von Mailand, ist bekannt, daß er sich in Borgo nach fähigen und vertrauenswürdigen Männern umsah und etwa im Falle des Antonello dal Borgo auch fündig wurde. Ein weiterer Mitbürger Pieros war Francesco di Benedetto Cereo, geboren um 1425, der um 1450 bei Papst Nikolaus V. die Stellung eines Hofdichters innehatte und in dieser Funktion auch noch den Päpsten Pius II. und Paul II. diente. Er galt als erfahrener Mathematiker und Finanzexperte und bekleidete ein hohes Amt in der päpstlichen Schatzkammer. Ab 1460 war er auch als Architekt tätig.[52]

6 Jan von Eyck und Petrus Christus, Der hl. Hieronymus im Studierzimmer, 1442. Detroit, Institute of Arts

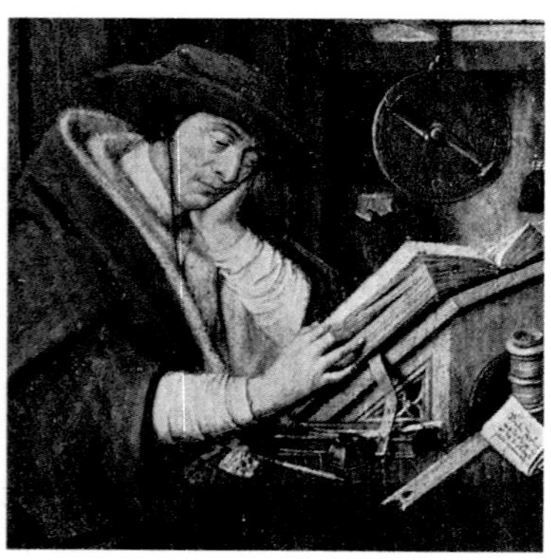

Eine Spur in der Provence

In seiner Monographie über Enguerrand Quarton bereitete Sterling dem scheinbar unausrottbaren Mythos einer stilistischen Verwandtschaft zwischen dem Schöpfer der *Krönung der Jungfrau* in Villeneuve-les-Avignons und Piero della Francesca definitiv ein Ende.[53] Dennoch existieren einzelne seltsame und unerklärliche Verbindungslinien zwischen Borgo San Sepolcro und der Provence. Ein

Aspekt betrifft vorerst lediglich einen Namen, ein zweiter ist durch die Ausbreitung eines Bildtyps gegeben. Im Falle des Namens ist nicht einmal dessen Historizität gesichert, da wir nicht in der Lage sind, ihm eine bestimmte Epoche zuzuordnen. Die *Kurze Geschichte des Ursprungs, der Gründung der Stadt Borgo di San Sepolcro,* 1636 von Alessandro Goracci verfaßt, jedoch erst 1847 veröffentlicht, birgt folgende geheimnisumwobene Geschichte: »Die einzige Erinnerung an P. M. Cristofano den Älteren aus Borgo San Sepolcro vermittelt uns sein Bild, das seit alters her den Baldachinbehang und die Fahnen der Prozession des Heiligsten Sakraments aus der Hauptkirche von Aix in der Provence schmückt, Beweis für die Leidenschaft und Frömmigkeit jenes Vaters, mit der er dort für die Verehrung des Sakramentes eintrat und predigte. So wurde in seinem Andenken jene Gesellschaft gegründet, die es sich zur Aufgabe machte, wann immer erforderlich, dieses Sakrament mit der größten Pracht und Majestät zu begleiten.«[54]

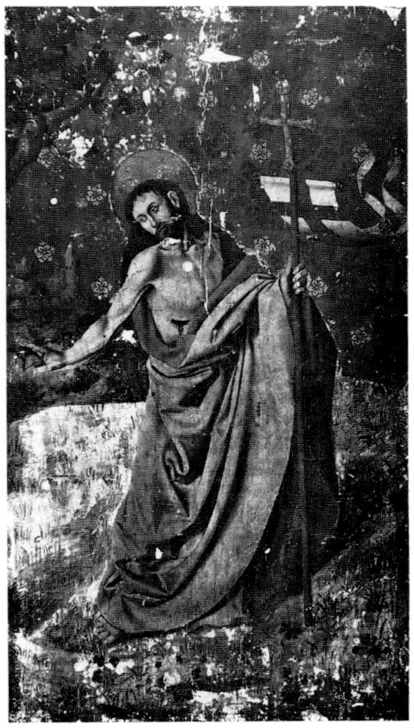

7 Gebrüder Dombet, Noli me tangere, Detail vom rechten Flügel des Triptychons der Verkündigung von Aix, um 1444. Brüssel, Musées Royaux des Beaux-Arts

»Seit alters her« deutet auf eine weit zurückliegende Epoche, ist aber nicht näher zu fixieren. Die Fête-Dieu von Aix (Fronleichnamsprozession) war eine der großartigsten bürgerlichen Veranstaltungen des gesamten Mittelmeerraumes, und das nostalgische Andenken der Provenzalen an König René führte dazu, ihm die Urheberschaft am Fest zuzuschreiben, obwohl es zweifelsohne viel älteren Ursprungs war.[55] Goraccis Beschreibung der Fronleichnamsprozession ist ansonsten äußerst genau. Der enorme Prozessionszug wurde von Masken- und Theatergruppen belebt. Angeführt wurde die Prozession durch das Kreuz von Saint-Sauveur und das Wappen der Stadt, gefolgt von den Magnifizenzen und den Bewohnern des Armenhauses, denen sich die Bannerträger der Zünfte und Bruderschaften anschlossen. Zu den letzteren zählte auch jene Bruderschaft des Heiligen Sakraments, die vermutlich durch Cristofano aus Borgo gegründet worden war. Die Truppen Karls V. hatten im Jahre 1538 die Ausstattungsgegenstände des Festes fast vollständig zerstört, so daß der Maler Louis Jounen kurze Zeit danach beauftragt wurde, die Requisiten zu restaurieren und zu erneuern.[56] Goracci bezog sich also auf die etwa 100 Jahre vor der Niederschrift seiner *Breve storia* realisierte Ausstattung.

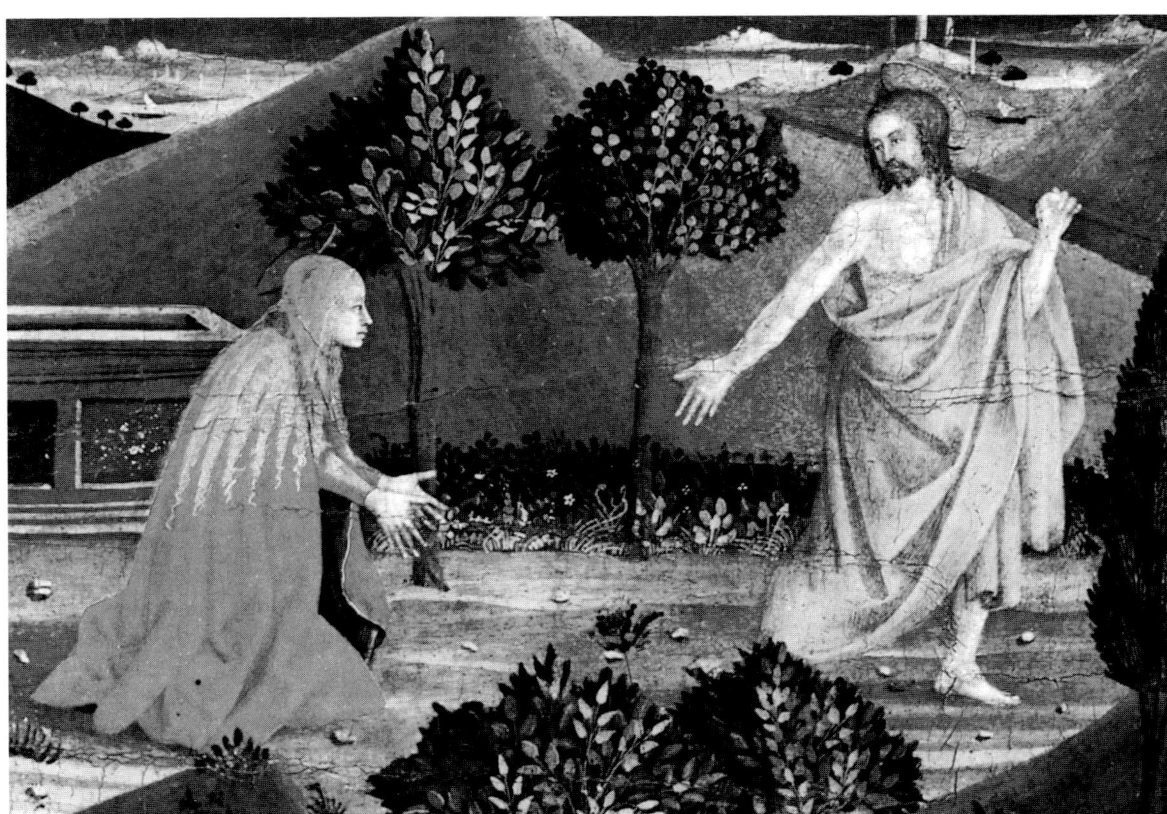

8 Giuliano Amadei, Christus und Maria Magdalena, Predella des Polyptychons der Schutzmantelmadonna. Sansepolcro, Museo Civico

Bei unserem Exkurs könnten wir es bei diesen eher ungenauen Daten bewenden lassen, gäbe es nicht einen anderen, diesmal figurativen Bezugspunkt zwischen Aix und Sansepolcro: Die Predella des Polyptychons der *Schutzmantelmadonna,* die nicht von Piero, sondern von einem seiner Gehilfen gemalt wurde – Salmi hat ihn als Giuliano Amadei oder Amidei aus Camaldoli identifiziert[57] –, beinhaltet unter anderem die Szene des *Noli me tangere.* Die kniende, durch die ausgestreckten Arme und gespreizten Finger blockhaft und steif wirkende Magdalena (Abb. 8) verweist trotz der reduzierten, schematischen Darstellung auf eine weit höher stehende, dramatischere Konzeption des Themas, die auf eine Szene von Ghibertis Bronzeschrein für den hl. Zenobius im Dom vom Florenz (Abb. 9) zurückgeht und bereits von Domenico Veneziano in der Altartafel von Santa Lucia de' Magnoli (Abb. 49) aufgegriffen wurde. Über Domenico gelangte das Motiv zu Piero, der sich für derart versteinerte, von einer inneren Spannung bestimmte Gesten besonders interessierte. Auf der Tafel im Schloß von Konopiště in Böhmen, von Meiss als eine Art Sammlung Pieroscher Themen identifiziert, findet sich eine identische Figur Magdalenas.[58] Somit handelt es sich im Falle des Polyptychons mit Sicherheit nicht um eine Erfindung des Amadei, sondern um eine authentische Idee Pieros.

Die stilistische Herkunft der Christusfigur liegt indes weiter zurück. Ein erstes Bildbeispiel lieferte Giotto in den Fresken der Arena-Kapelle in Padua, doch geht die Drehung des Körpers im offenen Mantel auf eine Sarkophagdarstellung zurück, die bereits von Gentile da Fabriano kopiert worden war und an die sich auch Masolino bei der Ausschmückung der Casa Orsini in Rom erinnert hatte.[59] Dieselbe Konzeption der Christusfigur dominiert auch das *Noli me tangere* auf der Außenseite eines der Flügel des Triptychons der *Verkündigung* von Aix (Abb. 7) und formt einen der zentralen Bezugspunkte der provenzalischen Malerei. Doch wurde das Werk bereits 1443 ausgeführt, also zwei Jahre vor Vertragsunterzeichnung für das Polyptychon der *Schutzmantelmadonna.*[60] Das Altarbild von Aix schreibt Sterling verschiedenen Meistern zu. Nach ihm stammt der Flügel mit Christus von einem Mitglied der Malerfamilie Dombet, die im Jahre 1444 an den Fenstern von Saint-Mithre arbeitete.[61]

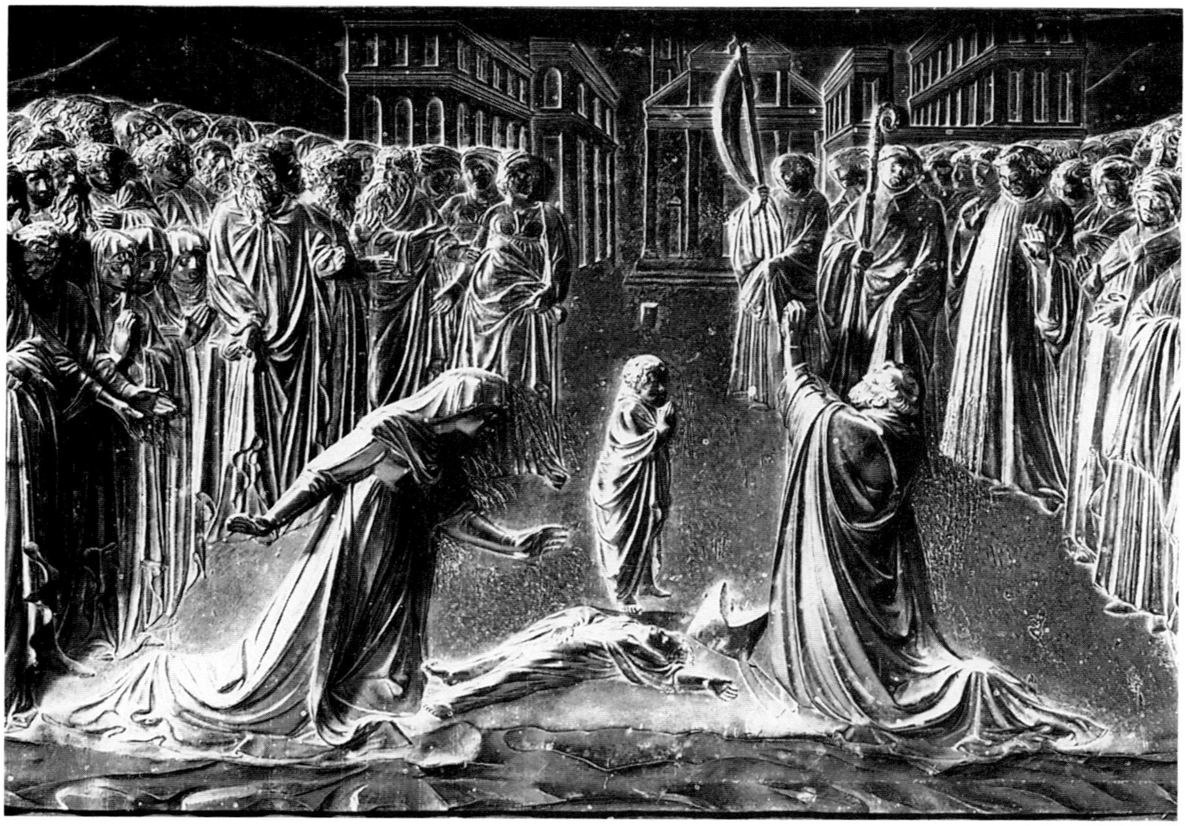

9 Lorenzo Ghiberti, Das Wunder des hl. Zenobius. Sarkophagrelief. Florenz, Dom Santa Maria del Fiore

Die Bezüge zu Piero werden neben der charakteristisch ausladenden Geste durch weitere typische Indizien gestützt. Dazu zählt die Idee, die graue Innenseite des Mantels zu akzentuieren und die chromatische Einheit der Falten des Tuches zu unterbrechen. Dennoch kontrastiert das Verfahren des Meisters von Aix in gewisser Weise mit Pieros Tendenzen, indem er einen grünen Saumstreifen einführt, welcher die plastische Einheit der grauen Stoff-Fläche durchbricht. Eine weitere Analogie ist durch die Tiefe der Landschaft gegeben, welche durch die Kulisse eines mächtigen Baumes erreicht wird, von dem wir lediglich einzelne Äste und den Schatten wahrnehmen. Das von den Wurzeln ausgehende Schattenfeld durchzieht die Bodenzone parallel zum Schatten, den die Christusfigur projiziert. Auch erinnert die ausgesprochen bedeutungsträchtige Handhaltung Christi eher an die Gestik in den Bildern Pieros als an jene bei Giuliano Amadei. Somit stellt sich die Frage, ob nicht eine von Piero gemalte Fahne für die Fronleichnamsprozession existierte?

Der Exkurs stellt uns vor ein weiteres Problem. Wiederum war es Salmi, der dem Giuliano Amadei eine in Miniatur gemalte Initiale in einer Plutarchausgabe der *Biblioteca Malatestiana* in Cesena zuschrieb, welche von einem Schreibgehilfen namens Jacopo della Pergola in den Jahren zwischen 1446 und 1454 kopiert worden war.[62] Auf der Miniatur erscheint der weise Gesetzesgeber und König Numa Pompilius in einer Nische unter einem Regalfach, auf dem ein Buch liegt, aus dem ein Blatt mit dem Namen des Königs herausragt. Man wäre geneigt, darin ein Zitat der Tafel mit dem Propheten Jeremias des erwähnten Triptychons von Aix zu sehen.

Doch findet sich ähnliches auch in Bildern von Piero della Francesca. Es sei nur an die Bücher, das Schreibzeug und nicht zuletzt den Zettel erinnert, der im Bild des *Hl. Hieronymus* in den Berliner Museen seinen Schatten an den Baumstamm wirft.

Trotz der unmittelbaren Assoziation des Buches auf dem Regal in der Miniatur von Cesena mit dem Triptychon von Aix oder mit der exakten Beschreibung der Bücher und Schreibgeräte in Pieros *Hl. Hieronymus* (S. 177) liegt doch ein anderes, nicht-italienisches Modell zugrunde. Es konnte nur jenes Bild sein, das noch Ghirlandaio und Botticelli zu den entsprechenden Fresken in Ognissanti in Florenz inspirieren sollte[63]: die von Jan van Eyck begonnene und von Petrus Christus vollendete kleine Tafel mit dem *Hl. Hieronymus im Studierzimmer* (Abb. 6), die sich heute in Detroit befindet und nach Panofskys überzeugender Beweisführung zunächst Kardinal Niccolò Albergati gehörte, bevor sie in die Kunstsammlung der Medici gelangte.[64]

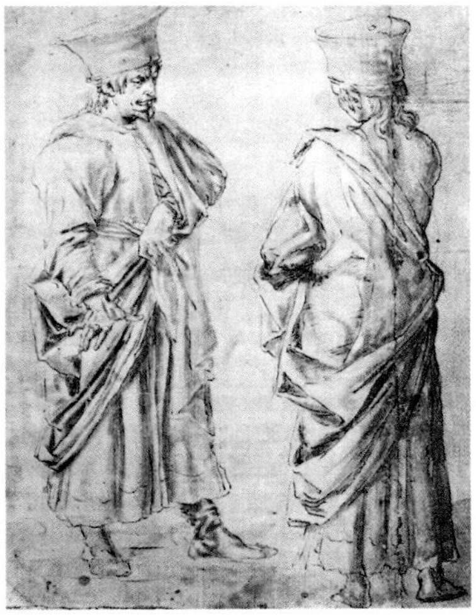

10 Ferrareser Meister, Zwei Gestalten, um 1460. Wien, Graphische Sammlung Albertina

11 Unbekannter Meister, Zeichnung nach einem Sarkophagrelief. Mailand, Biblioteca Ambrosiana

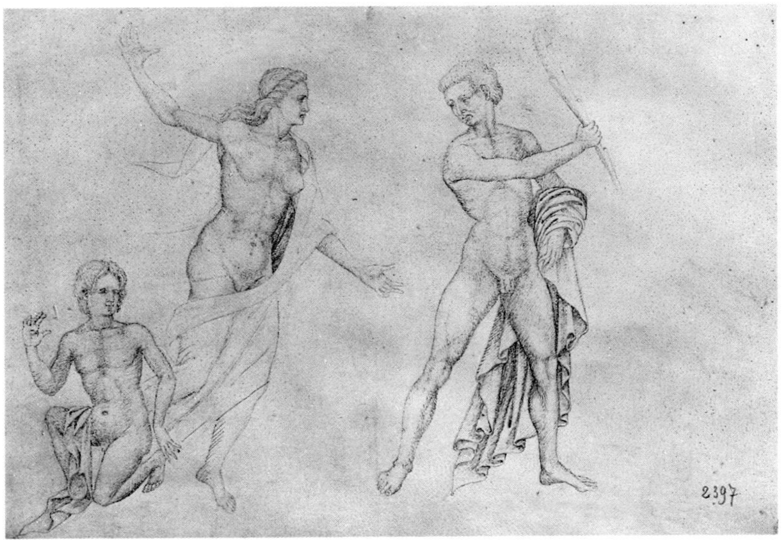

Es kann kein Zweifel bestehen, daß Piero dieses Gemälde kannte. Die Art und Weise, in der sein zweiter *Hl. Hieronymus,* nämlich der in Venedig (S. 183), einen Finger zwischen die Blätter eines Buchs legt, um den Faden der Lektüre nicht zu verlieren, erinnert doch zu sehr an die Fingerposition des Heiligen bei van Eyck, der, wie Panofsky einfühlsam bemerkte, seine schlanken Finger zwischen die Seiten der großen Bibel gelegt hält, als wäre er gerade dabei, zwei Textstellen miteinander zu vergleichen.[65] Das Bild in Detroit ist mit der Jahreszahl 1442 datiert, weshalb sowohl dessen Einfluß auf die Miniatur des Giuliano Amadei aus den Jahren nach 1446 sowie auf das Gemälde Pieros aus dem Jahr 1450 zeitlich zumindest möglich gewesen wäre. Für das Triptychon von Aix, das bereits im Frühjahr 1443 in Auftrag gegeben und sicherlich noch vor 1445 fertiggestellt wurde, war der Zeitraum eher zu kurz, um von einer direkten Beeinflussung sprechen zu können.[66] Es ergeben sich also zwei Möglichkeiten:

Entweder hatte der Meister der Verkündigung von Aix, vermutlich Barthélemy van Eyck, das Gemälde zwischen 1442 und 1443 in Florenz gesehen, oder er kannte einen zweiten, ähnlichen *Hl. Hieronymus* des Jan van Eyck, den Bartolomeo Fazio in Neapel

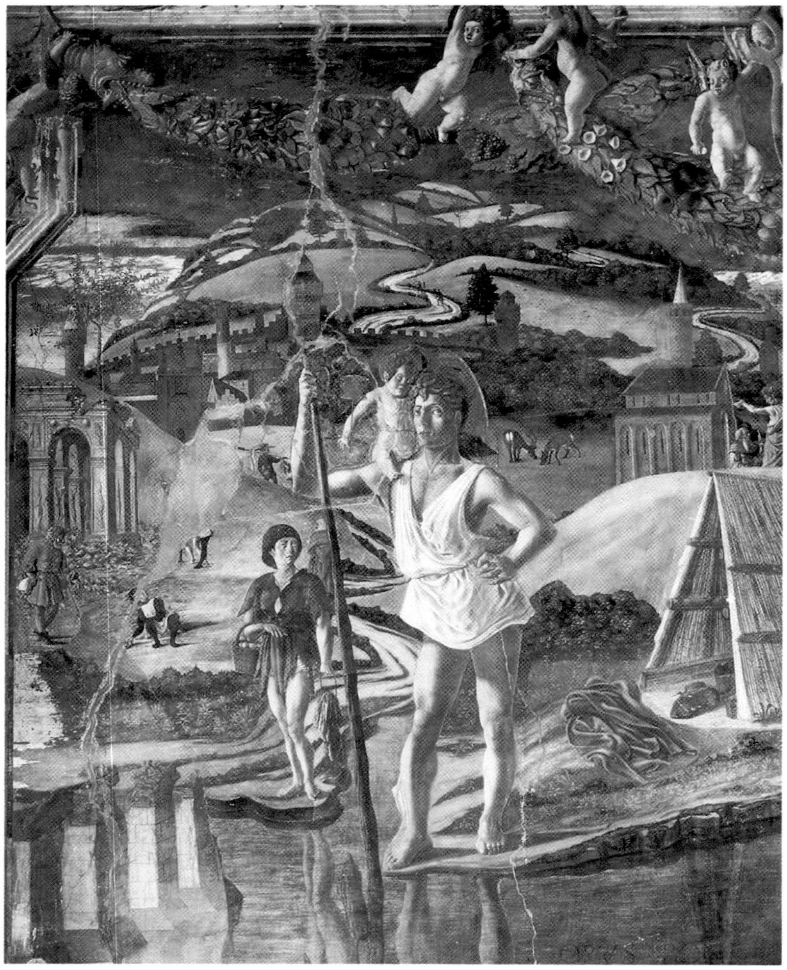

beschrieb.[67] Die Kontakte des Barthélemy zu König René scheinen die zweite These zu stützen. Diese Kontakte waren in der Tat so eng, daß sogar der Verdacht laut wurde, Barthélemy und der König seien ein und dieselbe Person.

Wir wissen indes ziemlich sicher, daß König René mit Kardinal Albergati in Florenz zusammentraf, kurz nachdem Petrus Christus bei diesem das fertige Gemälde des Jan van Eyck abgeliefert hatte. Seit dem 25. Mai 1438 herrschte der König in Neapel, und am 2. Juni 1442 mußte er die Stadt verlassen, da Alfons von Aragon die Macht übernahm. Am 25. November schiffte er sich nach Pisa ein. Von dort reiste er nach Florenz weiter, wo er mit Papst Eugen IV. verhandelte, in dessen Gefolge sich auch Albergati befand.[68]

Wie bereits erwähnt, erscheint Pieros Name im Jahre 1442 auf der Liste jener 300 Bürger von Sansepolcro, die in die Bürgerversammlung gewählt werden konnten.[69] Nach Giorgio Vasari wurde Piero in den Jahren, da er sich in den Marken aufhielt, von Borso d'Este nach Ferrara berufen, um einige Zimmer seines Palastes mit Fresken auszuschmücken.[70] Borso war seit 1450 Herrscher der Stadt, und Piero dürfte kaum wesentlich später nach Ferrara gelangt sein. Dort bekam er vermutlich viele und bedeutsame künstlerische Neuerungen zu Gesicht. Lionello d'Este hatte dem Gelehrten Ciriaco d'Ancona im Jahr zuvor eine *Grablegung Christi* des Rogier van der Weyden gezeigt (Abb. 14), von der dieser zutiefst beeindruckt war.[71]

Einige Jahre zuvor weilte auch Leon Battista Alberti am Hofe Lionellos in Ferrara, wo er anscheinend damit begann, sein Buch über die Baukunst zu konzipieren.[72] Auch Jacopo Bellini, der sich im Jahre 1441 gemeinsam mit Pisanello um den Auftrag für ein Porträt Lionellos bemühte, war wohl von den architektonischen Projekten am Hofe von Ferrara fasziniert. Ein Niederschlag dieser Erfahrungen findet sich in seinen Zeichnungsbänden, in denen er würdevolle Idealstädte für seine religiösen Themen entwarf. Die architektonische Kultur Venedigs verschmolz dabei mit dem archäologischen Purismus Albertis.

12 Bono da Ferrara, Der hl. Christophorus trägt das Jesuskind über den Fluß. Padua, Chiesa degli Eremitani

13 Giuliano Amadei (?), Alkibiades. Cesena, Biblioteca Malatestiana, Cod. S. XV.2, c. 211 v.

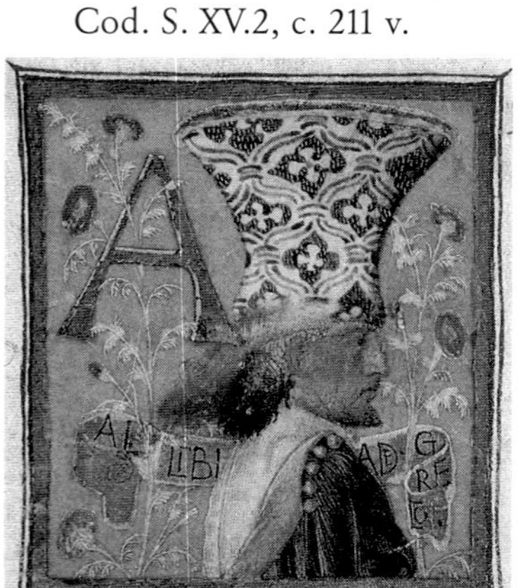

In gewisser Weise vollzog sich in Ferrara die Vorwegnahme des kulturellen Austausches, wie ihn Piero in der Folge in Rimini miterleben sollte. Die von Jacopo Bellini entwickelten Lösungen blieben nicht lange ohne Einfluß auf die Zentren entlang der adriatischen Küste. Selbst Piero blieb davon nicht unbeeindruckt, da er etwa in seiner *Geißelung Christi* (S. 185) die Strenge der klassischen Architekturen durch eine Treppe mit venezianischen Balustern aufbrach.[73] Vermutlich blieb Piero nicht länger als bis Ende 1450 in Ferrara. Dies scheinen die zwischen Frühjahr und Sommer 1451 entstandenen Fresken des Giovanni da Camerino und des Bono da Ferrara in der Eremitani-Kirche zu Padua zu belegen, die deutlich seinen Einfluß zeigen.[74] Im Fresko *Der hl. Christophorus fragt den König, welche Macht der Teufel besitze* von Giovanni da Camerino findet sich ein Zwerg, der an eine Tür klopft. Die durch das Thema des Freskos unbegründete Szene erinnert unmittelbar an den von Vasari beschriebenen Putto in Domenico Venezianos *Geburt Mariens* in Sant'Egidio, der mit einem Hammer an eine Tür schlägt.[75] Dieses Zitat scheint jedoch nicht auf Domenico Veneziano direkt zurückzugehen. Es könnte genauso aus einem Werk stammen, das Piero in den Marken realisiert hatte. Verschiedentlich wurde jedoch auch angenommen, dieses Motiv sei durch Mantegna vermittelt worden, der den Hof in Ferrara im Jahre 1449 besucht hatte.[76]

Ebenfalls in der Ovetari-Kapelle der Eremitani-Kirche befindet sich das von Bono da Ferrara signierte Fresko *Der hl. Christophorus trägt das Jesuskind über den Fluß* (Abb. 12). Longhi bemerkte zu dem Werk, es erinnere aufgrund der energischen, strengen Ausführung und der übertriebenen, akzentuierten Anatomie der Figuren eher an Andrea del Castagno.[77] Diese von Longhi zu Recht ›beklagte‹ Betonung der Anatomie kann indes auch auf Piero zurückgehen, der von Domenico Veneziano die Methode übernommen hatte, die Figuren zunächst nackt zu zeichnen und erst in der Folge mit Kleidern zu versehen. Noch Jahre später, etwa im Fall der Personifikationen im Diptychon der Battista Sforza und des Federico da Montefeltro (S. 221), hielt sich Piero an dieses Verfahren.[78]

Daneben finden sich im Fresko des Bono noch weitere mögliche Anklänge an die Malerei Pieros. Der Jüngling am Ufer verweist in seiner Haltung auf den hl. Sebastian des Polyptychons der *Schutzmantelmadonna* (Abb. 26), die scharf geschnittenen Flußränder sowie die klaren Spiegelungen im Wasser erinnern an den *Hl. Hieronymus* (S. 177), die weite Landschaft hingegen an das Tondo von Domenico Veneziano (Abb. 46). Insbesondere der das ganze Bild durchlaufende Fluß findet sich in analogerWeise auch in Pieros *Hl. Hieronymus*. Hierbei handelt es sich jedoch um ein traditionelles Motiv, das Piero vermutlich den Fresken des Kreuzgangs der Badia in Florenz entlehnt hatte.

Eine Ferrareser Zeichnung in der Albertina in Wien, auf deren Bezüge zur *Geißelung Christi* bereits Gombrich hingewiesen hat (Abb. 10), vermittelt uns womöglich die relativ genaue Vorstellung eines von Piero della Francesca geschaffenen, jedoch verlorengegangenen Bildes.[79] Zwei in Mäntel gekleidete Männer mit den typisch griechischen, zylinderförmigen Kopfbedeckungen, führen ein lebhaftes Gespräch miteinander. Einer der beiden öffnet die Hand mit gespreizt abstehenden Fingern, einer charakteristischen Geste der Gestalten Pieros. Eine weitere Miniatur des oben erwähnten Plutarch-Kodexes der Biblioteca Malatestiana in Cesena (Abb. 13), die Salmi ebenfalls dem Giuliano Amadei zuschreibt, geht wahrscheinlich auf diese Komposition zurück.[80]

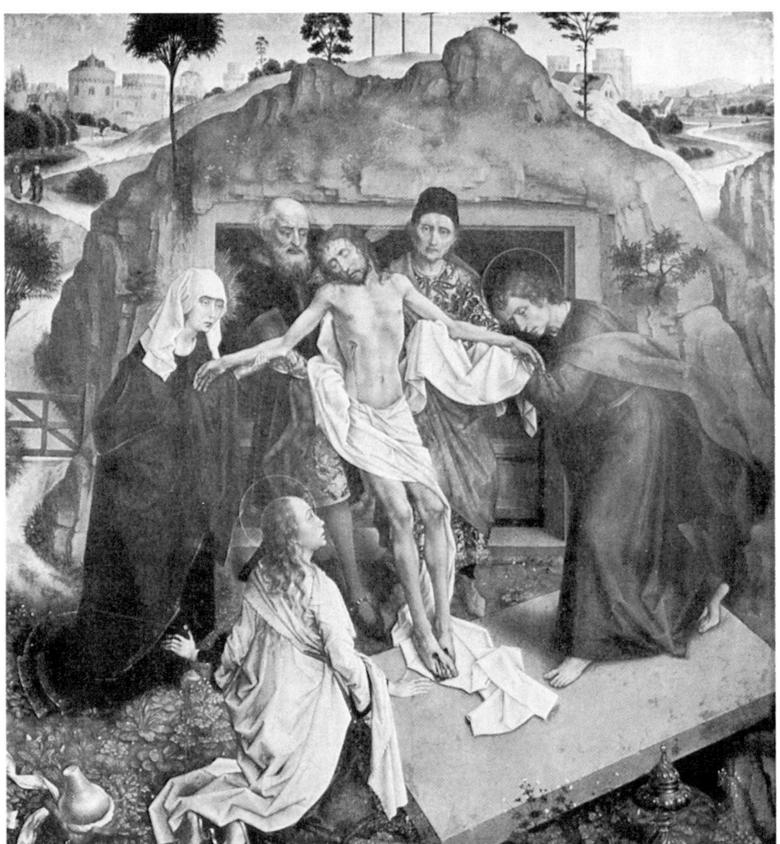

14 Rogier van der Weyden, Grablegung Christi, 1449–50. Florenz, Uffizien

1450: Das Rechenbuch, Der hl. Hieronymus

Nach Daly Davis stellte Piero bereits 1450 mit seinem *Trattato dell'abaco* (Rechenbuch) seine mathematischen Fähigkeiten unter Beweis.[81] In lebhafter Sprache reflektiert der Autor die mathematischen Unterrichtsmethoden seiner Zeit. Dabei unterbreitet Piero keine umfassende Theorie, sondern behandelt eine Serie von Problemen, die progressiv an Komplexität zunehmen und deren Lösungen durch die Synthese von arithmetischen und algebraischen Gesetzmäßigkeiten zu bewerkstelligen waren. Einige dieser Probleme waren indes derart neuartig, daß sie in der Folge auch noch das Interesse Luca Paciolis erregten.

Auf das Jahr 1450 geht auch Pieros erstes signiertes Werk zurück: *Der hl. Hieronymus* (S. 177) ist eine kleine Tafel[82], die lange Zeit von der Kritik unberücksichtigt blieb, da sie partiell übermalt war. Erst nach der Reinigung des Bildes im Jahre 1968 trat die volle Schönheit der einfachen Komposition zutage, obgleich von den Farben nicht viel mehr als die Grundierung gerettet werden konnten. Ob es sich um ein unvollendetes Werk handelt, wie Battisti behauptete, um ein begonnenes Bild, das nach dem Tod Pieros im Besitz der Familie verblieben war, ist nicht gesichert. Piero selbst schien es jedoch geschätzt zu haben, da er das Thema in einer monumentaleren Version erneut realisierte.[83] Der Goldrahmen und die

starke Wölbung der Tafel erinnern an typische Merkmale der Ikonenmalerei, die Piero durch die Werke Jacopo Bellinis in Ferrara kennengelernt hatte. Die abgestuften Wolken im klaren Himmel und die bewußt einfach gehaltene Landschaft erscheinen wie die Antwort auf die ursprünglich für Ferrara bestimmte *Madonna dell'umiltà* von Jacopo Bellini, die sich heute im Louvre befindet.[84]

Im Unterschied zu zeitgenössischen Darstellungen, die den im Gebet versunkenen Heiligen isoliert in einer felsigen Wüstenlandschaft oder im Wald zeigen, wählte Piero für den *Hl. Hieronymus* die vertraute Landschaft des oberen Tibertals – ein Ort der Askese von einer an Giotto gemahnenden Einfachheit. Doch ist diese Einfachheit nur scheinbar. Die Wolken, welche die Sonne abschirmen, sind wie bei Masaccio in den Fresken der Brancacci-Kapelle in Santa Maria del Carmine in Florenz perspektivisch nach hinten abgestuft, das Laubwerk und die Baumstämme erstrahlen in einem geheimnisvollen Gegenlicht. Die Bäume markieren die Kontinuität der Hügelketten und reflektieren den Lichtschein des Flusses. Das Thema des reflektierten Lichts konnte Piero in den Werken von Rogier van der Weyden studieren[85], etwa in der *Grablegung Christi,* die der Niederländer vermutlich im Jahre 1450 in Florenz gemalt hatte. In Analogie zum Fluß in Pieros Bild verbindet dort ein Weg die zentrale Bildebene mit dem Hintergrund.[86] Piero jedoch vereinigte die flämische Landschaftsauffassung mit dem italienischen Gefühl für Raumaufteilung. Die glattgeschnittenen Baumstümpfe, die Spuren der Arbeit setzen den Wald in Bezug zum Wohnhaus. Die drei Abtönungen derselben Grundfarbe helfen dabei, die Verringerung der Größenverhältnisse mit der Entfernung zu fixieren. Die gleiche Genauigkeit der räumlichen Definition kommt durch den Kardinalshut im Vordergrund, die schlanke Holzbank sowie die sorgfältig in den Fels gehauene Nische mit Büchern und Schreibzeug zum Ausdruck, wobei sich Piero offensichtlich durch die Felsen im Polyptychon des Sassetta in Sansepolcro inspirieren ließ.[87] Die Spiegelungen der Baumstämme und Baumkronen im Wasser sind als perspektivische Versuche anzusehen. Sie verweisen deutlich auf das schon erwähnte Fresko des Bono da Ferarra in Padua (Abb. 12). Der Heilige, in einer für Piero äußerst typischen Körperposition, betrachtet ein Kruzifix auf dem Baumstumpf in der rechten Bildecke, an den ein Zettel geheftet ist, der zunächst an einen Gebetstext denken läßt. Erst bei genauerer Betrachtung gibt er sich als Träger der Signatur und des Datum zu erkennen: »Pietro de Burgo opus MCCCCL«. Durch den Verlauf des Weges am unteren Bildrand öffnet sich die Szene zum Betrachter hin, der auf diese Weise in das fromme Geschehen mit einbezogen wird.

15 Schemazeichnung des Freskos in San Francesco, Rimini (James Guthrie und Peter M. Schmitt nach M. Aronberg Lavin, 1984)

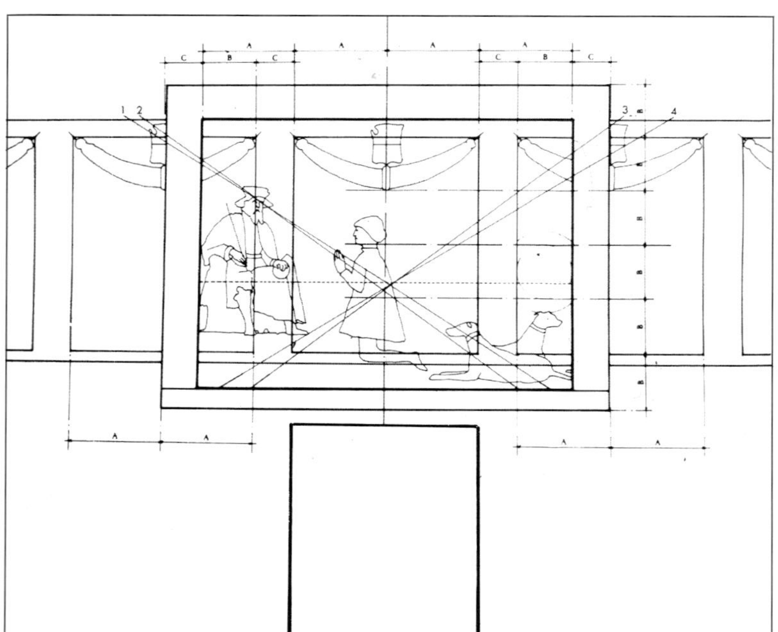

Rimini, 1451: Die Hypothese einer Romreise

Nur ein Jahr nach diesem Kleinod datiert das erste große erhaltene Meisterwerk des Künstlers, das Fresko mit Sigismondo Pandolfo Malatesta im Gebet vor seinem Schutzpatron in der Kapelle des hl. Sigismund in San Francesco zu Rimini (S. 181). Die Existenz des Werks ermöglicht es uns, Pieros eminenten künstlerischen Wandel zu beurteilen.

Nach der Auffassung Battistis steht ein Brief Sigismondos an Giovanni de' Medici vom 7. April 1449 in Zusammenhang mit der Berufung Pieros nach Rimini.[88] Es ist indes nur schwer vorstellbar, auf welche Weise Giovanni de' Medici Bilder von Piero zu Gesicht bekommen haben sollte. Wir wissen jedoch mit Sicherheit, daß Piero seine Arbeit in Loreto unterbrechen mußte. In der Zwischenzeit hatte sich in Arezzo ein Vorfall ereignet, der ihn nicht unberührt lassen konnte. Der greise Bicci di Lorenzo, den er 1439 bei den Arbeiten in Sant'Egidio kennengelernt hatte, war im Jahr

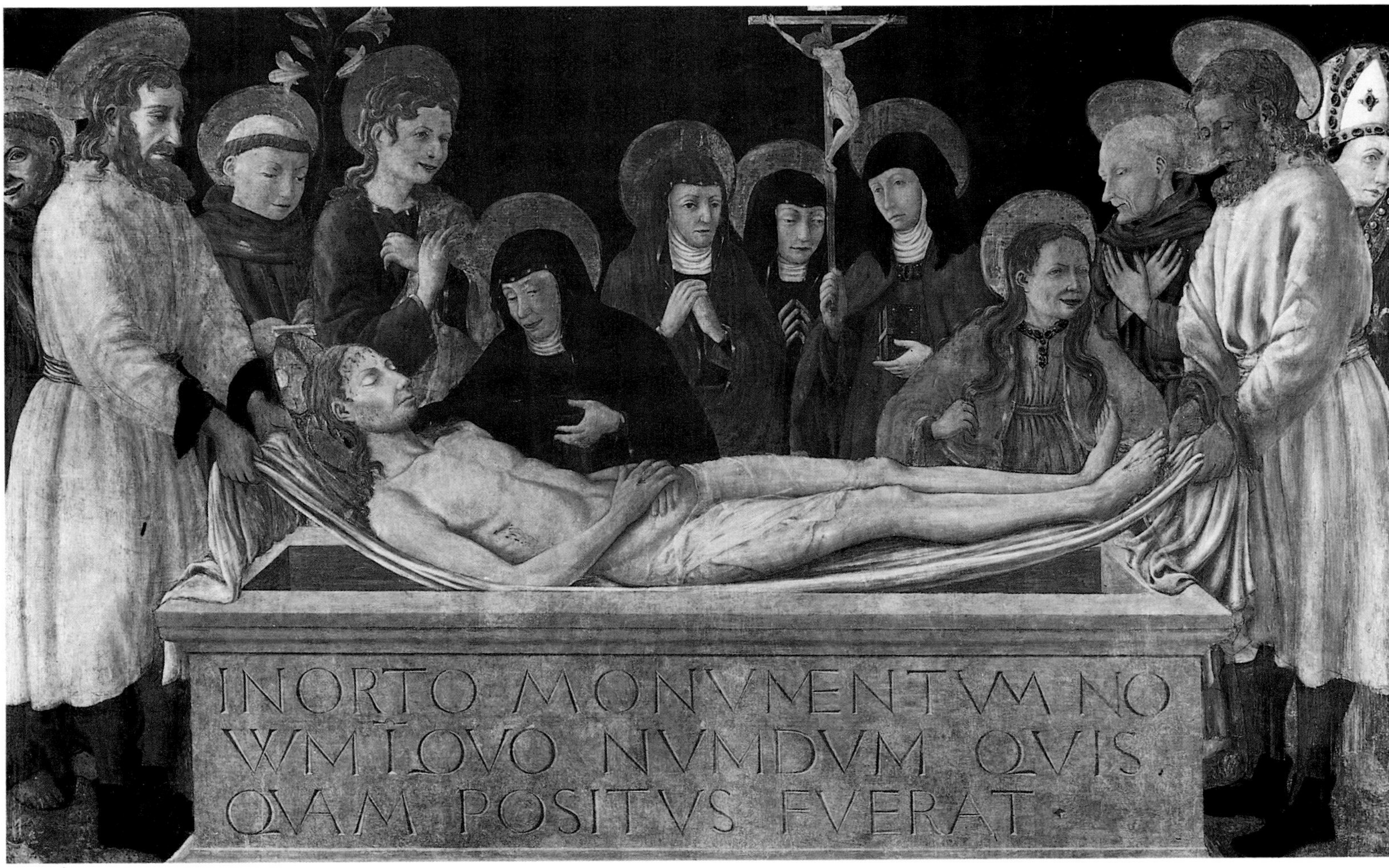

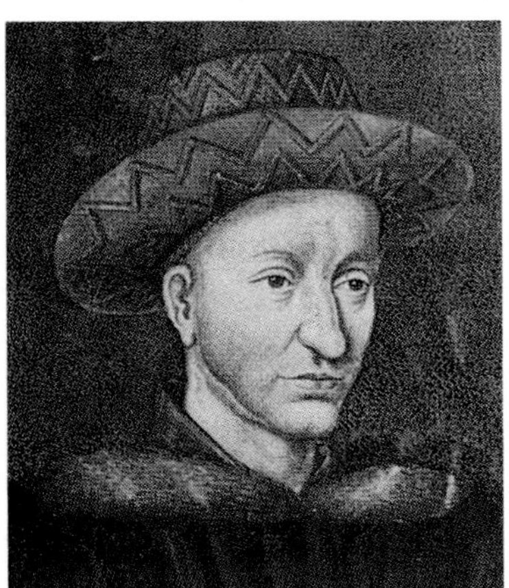

16 Ferrareser Meister, Grablegung. Ferrara, Pinacoteca Nazionale

17 Kopie eines verlorengegangenen Porträts Karls VII. von Jean Fouquet aus dem 16. Jh. Ehem. Mailand, Slg. A. Chiesa

zuvor schwer erkrankt und konnte daher zahlreiche bedeutende Unternehmungen, insbesondere die Ausschmückung der Hauptchorkapelle in San Francesco, nicht zu Ende führen. Wahrscheinlich war es Piero, der die noch fehlenden Teile vervollständigte, damit das Gerüst abgenommen werden konnte. In der Zwischenzeit war wohl auch der erste Teil des Polyptychons der *Schutzmantelmadonna* vollendet, zu dem die erhaltene Tafel der *Kreuzigung* (S. 175) und der linke Teil gehören. Vielleicht bereitete er auch bereits das Polyptychon vor, welches die *Taufe Christi* aufnehmen sollte.

Vermutlich war es die Verehrung für Domenico Veneziano, welche ihn in dieser Phase erneut nach Florenz führte, wo er wohl insbesondere die Altartafel in Santa Lucia de' Magnoli zu sehen begehrte.[89] Domencio hatte eine dreigeteilte Architektur geschaffen, die, obwohl sie sich hinter den Figuren befindet, dennoch bis an das Gebälk des Rahmens heranreicht (Abb. 49). Diese Anordnung korrespondiert deutlich mit dem Fresko in Rimini. Dort akzentuierte Piero ebenfalls den Bezug zwischen dem Gebälk der Rahmung und der dreigeteilten Fläche des Hintergrunds. Dabei handelt es sich um eine äußerst komplexe perspektivische Konzeption, die dem Betrachter höchste Aufmerksamkeit abverlangt. Der obere Querbalken des Rahmens wird nicht, wie es den Anschein hat, vom darunter angeordnetem Gebälk getragen. Vielmehr teilt dieser, gemeinsam mit den Pilastern und dem Fußboden, den Raum auf, in dem die Fresko-Darstellung inszeniert ist. Das Fresko von Rimini scheint ferner auf eine Romreise des Künstlers hinzuweisen. Die extrem asymmetrische Dreiviertelansicht des hl. Sigismund erinnert ikonographisch an jenen Typus der Herrscherdarstellung, wie ihn Jean Fouquet mit seinem Bildnis Eugens IV. in Italien eingeführt hatte.[90] Filarete erwähnte die Entstehung dieses Porträts in seinem Architekturtraktat: »Ein Franzose, besonders geschickt in der Naturnachah-

mung, malte in Rom den Papst Eugen und zwei seiner Gefolgsleute so getreu, daß sie wirklich zu leben schienen. Er malte sie auf ein Tuch, das für die Sakristei der Minerva bestimmt wurde.«[91]

Daß das Bild seinen Platz in der Dominikanerkirche Santa Maria sopra Minerva fand, obwohl der Papst dem Augustinerorden angehörte, ist vielleicht darauf zurückzuführen, daß Eugen IV. während des florentinischen Exils das zum Papstpalast umfunktionierte Kloster von Santa Maria Novella bewohnt hatte.[92] Das Bildnis entstand zwischen September 1443, dem Datum der Rückkehr des Papstes nach Rom, und 1445, da Filarete in diesem Jahr die Stadt wieder verlassen hatte.

Falls sich auch Piero nach Rom begeben hatte, so geschah dies wohl nicht wegen eines Auftrags, sondern aufgrund des Jubeljahres 1450, das auch Rogier van der Weyden in die Stadt des hl. Petrus führte.[93] Die Tatsache, daß man Bicci di Lorenzo in Arezzo beauftragte, für San Francesco verschiedene Szenen zu malen, in denen die Beziehungen zwischen Rom und Jerusalem zum Ausdruck kommen sollten, könnte im übrigen ebenfalls mit dem Jubeljahr 1450 in Verbindung stehen. Die Pilgerscharen sollten die Möglichkeit haben, während eines Aufenthalts in Arezzo die *Geschichte von Helena und Konstantin* zu bestaunen.[94] Die Auftraggeber konnten indes nicht ahnen, daß der letzte Gegenpapst zurücktreten würde und 1450 als das erste große Jubeljahr nach dem Schisma in die Geschichte eingehen sollte.

Hinsichtlich einer eventuellen Romreise Pieros wäre zu überlegen, ob er zu diesem Zeitpunkt bereits das Ansehen genoß, das es ihm ermöglicht hätte, mit den humanistischen Gelehrten um Nikolaus V. Kontakt aufzunehmen, zu denen unter anderen auch Leon Battista Alberti zählte. Zu den Vertrauten des Papstes gehörte jedoch auch Francesco del Borgo, ein begeisterter Mathematiker und Architekturtheoretiker. Obgleich er noch jünger als Piero war, hätte er ihm theoretisch den Zugang zu den Humanisten am Hofe des Papstes eröffnen können. Ferner wäre er bestens dazu geeignet gewesen, ihm die antiken Ruinen näherzubringen und die neuen Bauprojekte der Stadt vorzustellen.[95]

In Rimini war Piero nicht unwesentlich in die Debatte um die Beziehungen von Kirche und Tempel involviert, an der neben Agostino di Duccio, einem florentinischen Bildhauer mit norditalienischen Wurzeln, auch Matteo de' Pasti teilhatte, ein der Tradition Pisanellos nahestehender Maler. Mitchell äußerte die Vermutung, Piero habe auch die Kapelle des hl. Sigismund mit Fresken ausgeschmückt (mit der *Geschichte der Thebanischen Legion*). Den Beweis für diese These bleibt er jedoch schuldig.[96] Rimini bietet sich auch als möglicher Ort einer engeren Kontaktnahme zwischen Piero und Leon Battista Alberti an. Doch verließ Piero Rimini noch vor dem Beginn der Umbaumaßnahmen von San Francesco in einen ›Tempel‹. In jedem Fall hinterließ er im Kontext des nach venezianisch-gotischem Muster konzipierten Kirchenraums des Matteo de' Pasti mit seinem Fresko ein beredtes Dokument toskanischer Architektur. Auch war es Piero, der mit diesem Fresko erstmals eine Inschrift nach antikem Muster in den Kirchenraum einführte.[97]

18 Inneres von San Francesco, Arezzo

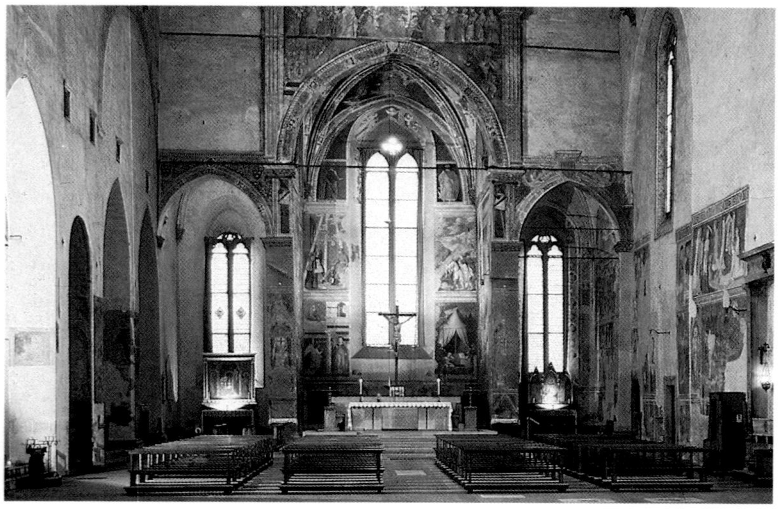

In Sigismondos Herrschersitz konnte Piero zwei große flämische Wandteppiche mit der *Geschichte Karls des Großen bestaunen*[98], deren Schlachtenmotive vielleicht den Entwurf analoger Szenen im Fresko von Arezzo inspirierten. Doch vermittelte ihm die Baustelle von San Francesco noch weitreichendere Impulse. Dort traf er mit Agostino di Duccio zusammen. Für Agostino bedeutete die Arbeit in Rimini die größte Herausforderung seines Lebens. Da im Jahre 1451 die Pläne Albertis noch nicht in die Tat umgesetzt waren und obwohl sich Agostino im Antependium der Kapelle des hl. Sigismund auf eine Verbindung von toskanischen Elementen mit den Stilmerkmalen Pisanellos berufen hatte, stand die neue Gründung von Isotta und Sigismondo eindeutig im Zeichen des von Ravenna ausgehenden Einflusses. Besondere Vorbildfunktion kam der bedeutendsten Kirche Ravennas, San Vitale, zu,

fertiggestellt unter Bischof Maximianus um 547. Die Szenerie des Hofstaats der Königin von Saba im Fresko von Arezzo jedenfalls scheint sich Piero mit der Erinnerung an die Mosaiken von Kaiserin Theodora und ihrem Gefolge in San Vitale offenbart zu haben.[99]

Arezzo

Die Epoche der Fresken in Arezzo (S. 79–113, S. 186–191) gibt seit geraumer Zeit Anlaß zu Diskussionen. Die Ausmalung der Hauptchorkapelle wurde von Bicci di Lorenzo in den Jahren 1447–1448 begonnen, doch kurz darauf erkrankte der Meister. Er verstarb 1452. Es ist anzunehmen, daß Piero die Arbeit in Arezzo noch zu Lebzeiten des Bicci aufnahm. Auch der Zeitpunkt der Fertigstellung der Fresken ist nicht gesichert, selbst wenn wir über ein schriftliches Dokument aus dem Jahre 1466 verfügen, das auf die fertigen Fresken verweist.[100]

Glücklicherweise gibt es verschiedene figurative Bezüge, die es nahelegen, von einer kürzeren Arbeitszeit auszugehen. Im *Urteil Salomons* eines Florentiner Meisters (in Richmond/Virgina), um das Jahr 1477 entstanden, erkannte Wohl insbesondere in der Architektur, der Beschaffenheit der Landschaft und den orientalischen Gewändern das Echo der Fresken von Arezzo.[101] In Santa Maria di Morrocco bei Tavernelle schuf ein Kleinmeister, der mit Giovanni di Francesco identifiziert oder auch dem Umkreis des Giovanni di Piamonte zugeordnet wurde, eine *Verkündigung*, für die er auf zahlreiche Elemente Pieros zurückgriff und die Darstellung Gottvaters aus dessen Verkündigungsszene in Arezzo übernahm.[102] Zu guter Letzt kannte scheinbar auch der 1459 verstorbene Giovanni di Francesco *Die Schlacht zwischen Heraklius und Chosroës*. Seine für Santa Croce in Florenz bestimmten Tafeln, die heute in der Casa Buonarotti aufbewahrt werden (Abb. 21), belegen dies eindringlich.[103]

Am 16. Oktober 1458 hielt sich Piero in Rom auf. Wahrscheinlich weilte er schon eine geraume Zeit in der Stadt.[104] Am 14. Januar 1455 aber hatte man ihn nach Sansepolcro beordert, wo unter seiner Aufsicht das Polyptychon der *Schutzmantelmadonna* fertiggestellt werden sollte.[105] Die Arbeitszeit in

19 Engel von Giovanni di Piamonte (links) und Piero della Francesca (rechts). Arezzo, San Francesco

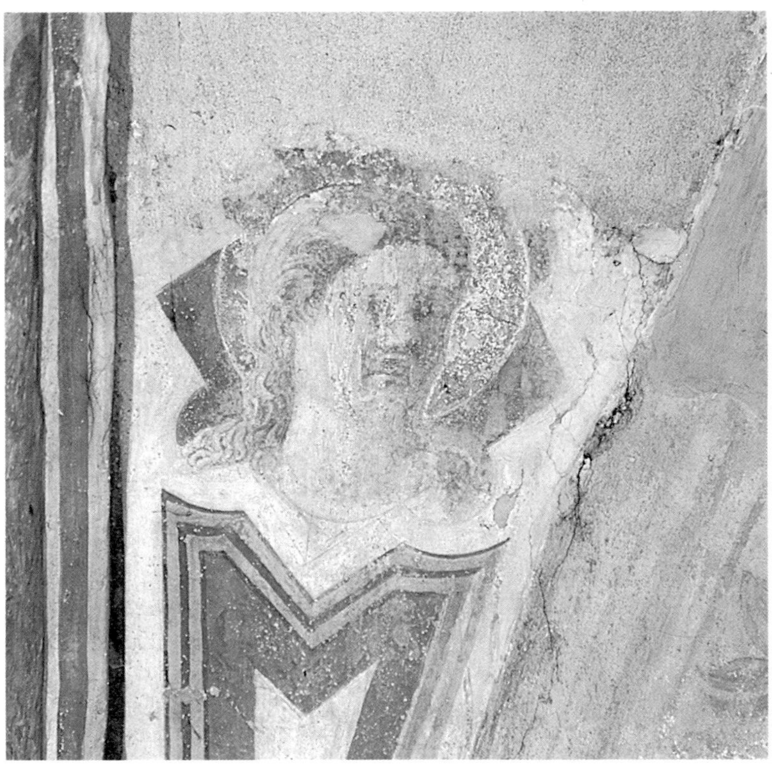

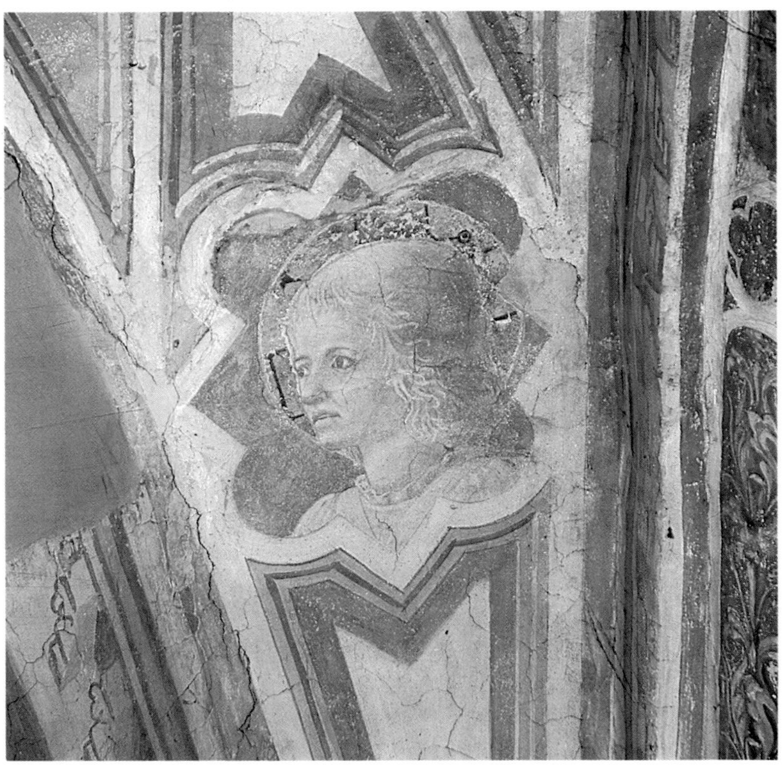

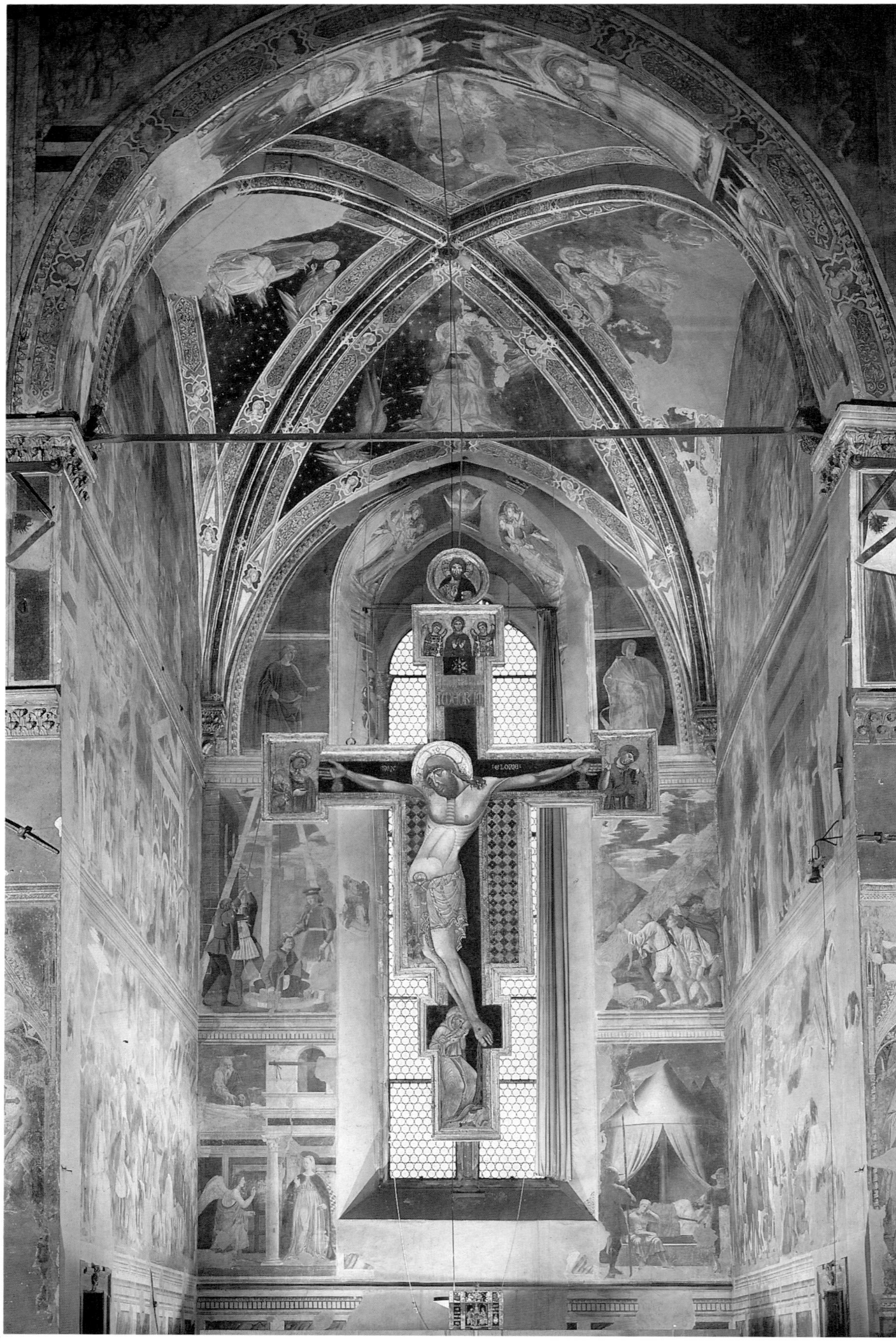

20 Die Hauptchorkapelle in San Francesco in Arezzo mit dem bemalten Kreuz des 13. Jh.s

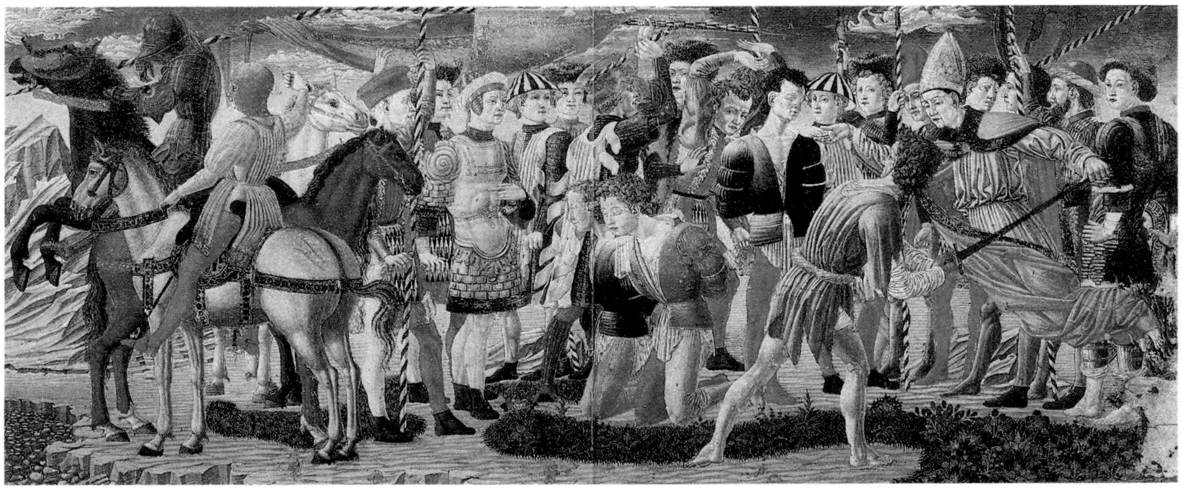

21 Giovanni di Francesco, Die Geschichte des hl. Nikolaus. Florenz, Casa Buonarotti

Arezzo grenzt sich somit immer mehr ein. Der Aufwand für das Projekt in Arezzo war enorm. Piero fertigte für sämtliche Szenen komplette Kartons an. Die Spuren des Transfers von der Zeichnung auf die Wandfläche sind noch heute auszumachen. Jedes Detail wurde zunächst zeichnerisch entwickelt und in der Folge im Kontext der Gesamtkomposition ausgewertet. Der maßvolle, kontrollierte Charakter und die tiefe Sakralität der Fresken sind nicht zuletzt das Ergebnis dieser durchdachten Vorbereitung. Leon Battista Alberti charakterisierte den Übergang vom Entwurf zur Ausführung folgendermaßen: »Der Maler strebt danach, festzulegen, auf welche Weise er das, was er mit dem Verstand erfaßt hat, mit der Hand ausführen kann.« Die Bezugnahme auf einen genauen Entwurf zielte insbesondere darauf ab, die Ausführung zu leiten und zu überwachen. Sie ermöglichte es eigentlich erst, mit Gehilfen zu arbeiten. Zu Pieros Mitarbeitern in Arezzo zählten Giovanni di Piamonte, Lorentino d'Arezzo und, nach Meinung von Lionetto Tintori, einem Kenner der Fresken, ein dritter, unbekannter Maler.[106]

Das Dokument des Jahres 1466, in dem die Fresken überaus gelobt werden, überliefert uns einen Text von seltener Anmut. Darin wenden sich die Mitglieder der Bruderschaft der Verkündigung mit der Bitte an Piero, für sie eine Prozessionsfahne »a oglio« (in Öl) zu malen. Die Auftraggeber erinnerten sich wohl an die 1450 nach Arezzo gelangte Fahne des Domenico Veneziano mit einer *Geißelung Christi.* Doch Domenico war bereits 1461 verstorben.[107] Sie beschreiben ihr Vorgehen folgendermaßen: »»Wir haben untereinander überlegt und auch die Mitglieder unserer Gemeinschaft in Florenz befragt, um einen guten Meister zu bekommen, der unseren Vorstellungen entspräche«. Letztendlich einigten sie sich, mit der Ausführung der Fahne »Meister Pietro di Benedetto aus Borgo Sansepolcro, Malermeister, der die Hauptkapelle in San Francesco in Arezzo gemalt hat«, zu beauftragen.[108] Die von ihnen geforderten Bedingungen geben Aufschluß über ihre Vorstellungen: »Unter folgenden Vereinbarungen und Bedingungen: ... daß sämtliches Blau feinstes Ultramarin sei, und daß es überall wo vonnöten auf der Fahne verwendet werde, für den Mantel Unserer Herrin und für die Luft und die Ränder, wie es sich eben ergibt ..., und daß der Rand um das Ganze eine Girlande sei, wie man sie nicht edler und schöner machen könne ... und daß die Gesichter Unserer Herrin und des Engels edel und schön seien wie Engelsgesichter.« In den Text ist auch das Gespräch mit Piero eingegangen, der auf die Forderung, eine edle und schöne Girlande zu malen, antwortete, daß er sie noch viel schöner zu malen gedenke.

In den Fresken von San Francesco präsentiert uns Piero sein zweites Selbstbildnis. Das erste fand sich in der zentralen Tafel des Polyptychons der *Schutzmantelmadonna* (Abb. 25). Piero hatte sich dort unter die Andächtigen zu Füßen der Gottesmutter eingereiht. Das zweite ist in der Szene der *Auffindung des wahren Kreuzes* (Abb. 22) enthalten. Die Restaurierungsarbeiten haben dieses jugendliche Gesicht leider seiner früheren gebieterischen Mimik beraubt. Die Farbe ist nur noch sehr dünn und

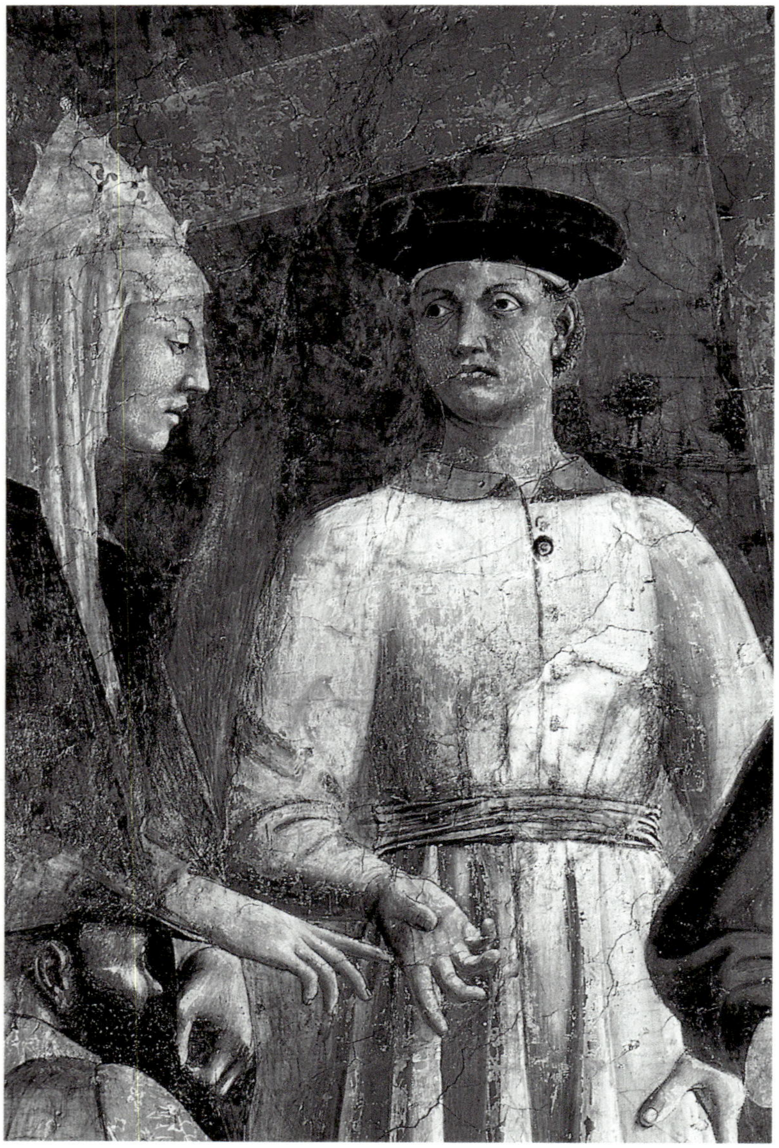

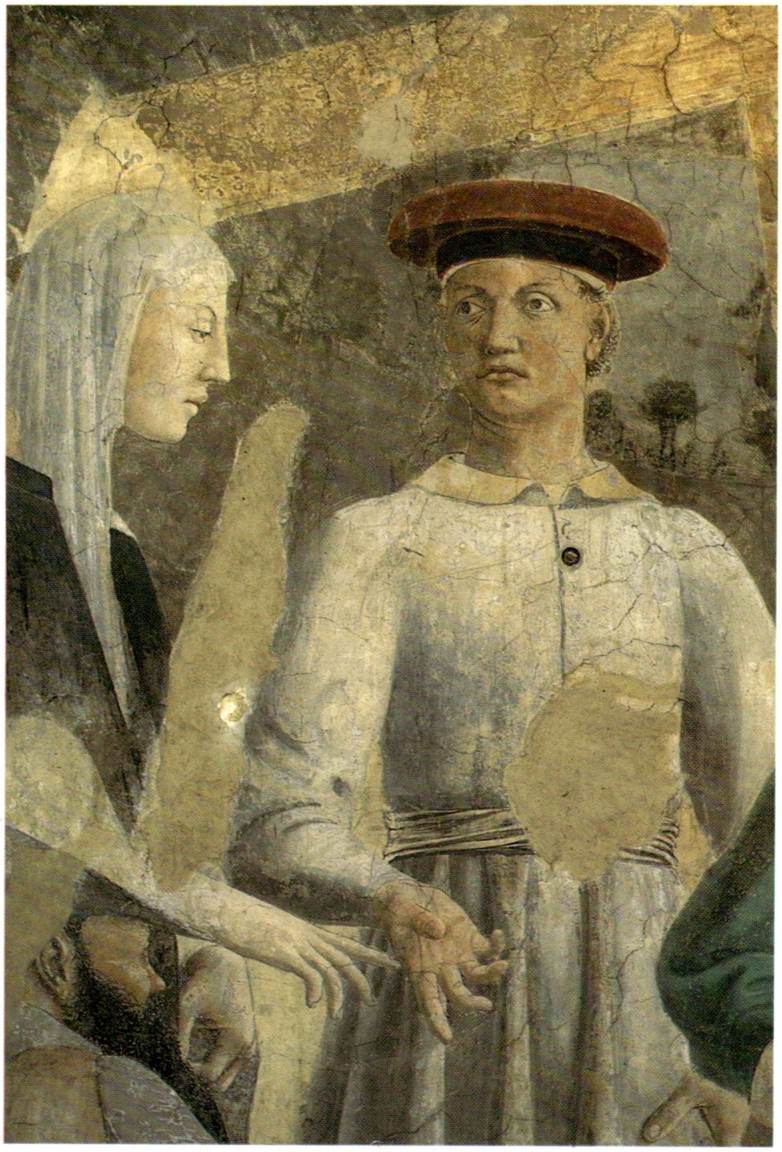

22 Die Auffindung des wahren Kreuzes, links in einer historischen Aufnahme von Anderson, rechts Foto von 1990

läßt an mehreren Stellen den Kalkgrund durchscheinen. Es ist augenscheinlich, daß Piero dieser Figur im Rahmen einer relativ breitangelegten, schnellgearbeiteten Bildzone größte Sorgfalt angedeihen ließ.

Es ist interessant, daß sich Piero als kaiserlichen Beamten darstellte, der die Grabungsarbeiten leitet und sich mit der Kaiserin berät. Es mag verwegen erscheinen, auf der Basis dieses Porträts Rückschlüsse auf das Alter Pieros zu ziehen. Der Dargestellte mit seinen vereinzelten feinen Falten um die Augen kann jedoch meines Erachtens nicht älter als 40 gewesen sein.[109]

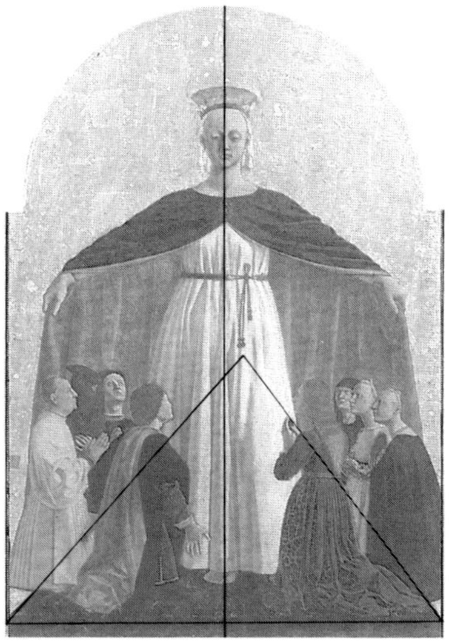

23 Schema der Haupttafel des Polyptychons der Schutzmantelmadonna

Die Entstehungsphasen des Polyptychons der Schutzmantelmadonna

Arbeitsbeginn und Vollendung liegen für Pieros zentrale Werke so weit auseinander, daß es kaum möglich ist, den Verlauf der gleichsam unmerklichen stilistischen Veränderungen in seiner Kunst wahrzunehmen und eine Chronologie der Werkabfolge zu erstellen. Für den Zyklus von Arezzo ist im Extremfall die Zeit von 1448–1466 dokumentiert, für das Polyptychon der *Schutzmantelmadonna* (S. 173) ist gar von einer Entstehungsphase von 1444–1461 auszugehen.

Das Polyptychon beinhaltet verschiedene Elemente, die unmittelbar auf seine Entstehungsgeschichte verweisen. Piero wurde im Jahre 1444 mit dem Werk beauftragt. Er war durch einen anspruchsvollen Vertrag gebunden, der ihm für die Arbeit lediglich drei Jahre zugestand, ihm jedoch

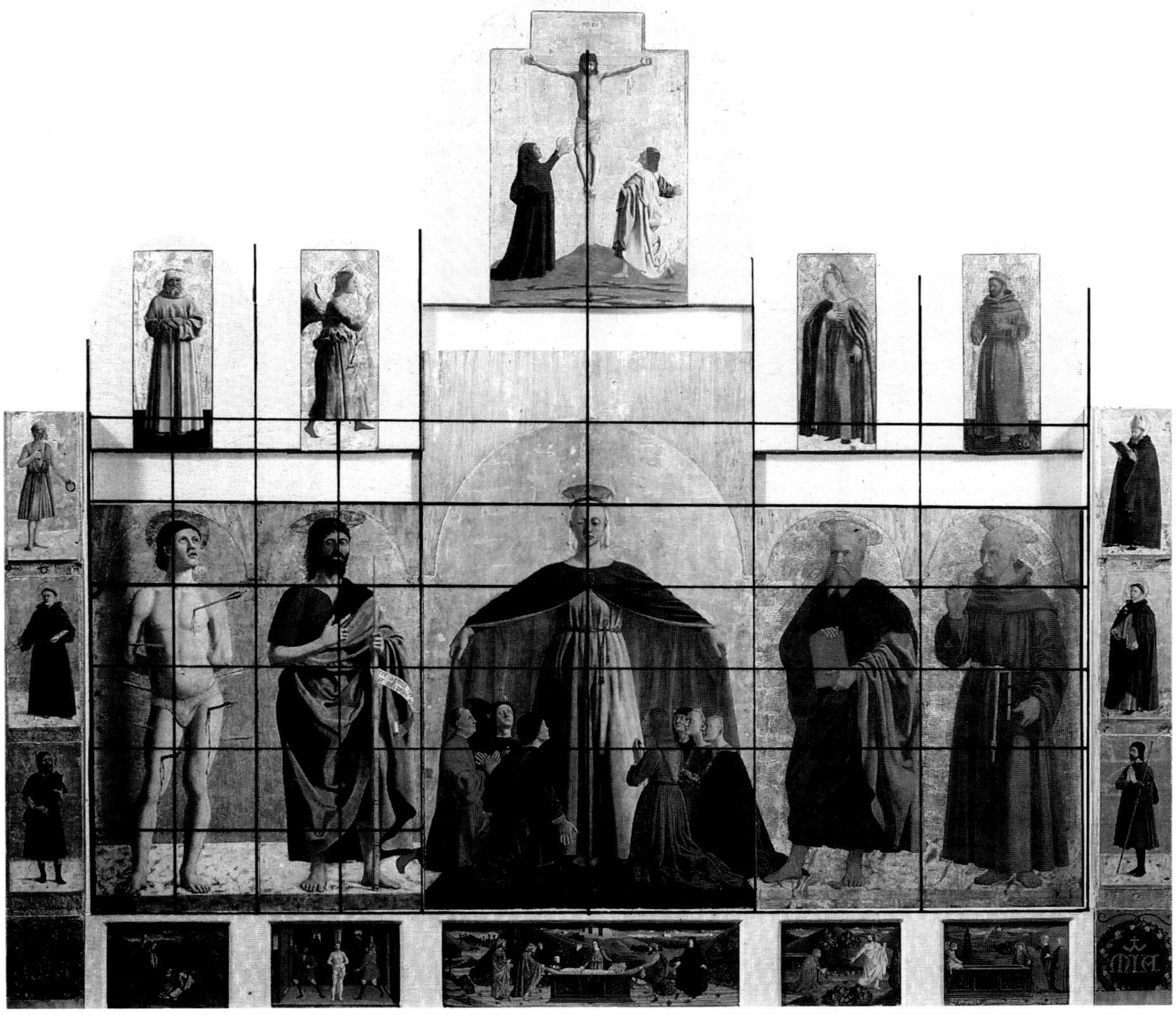

24 Gesamtschema des Polyptychons der Schutzmantelmadonna

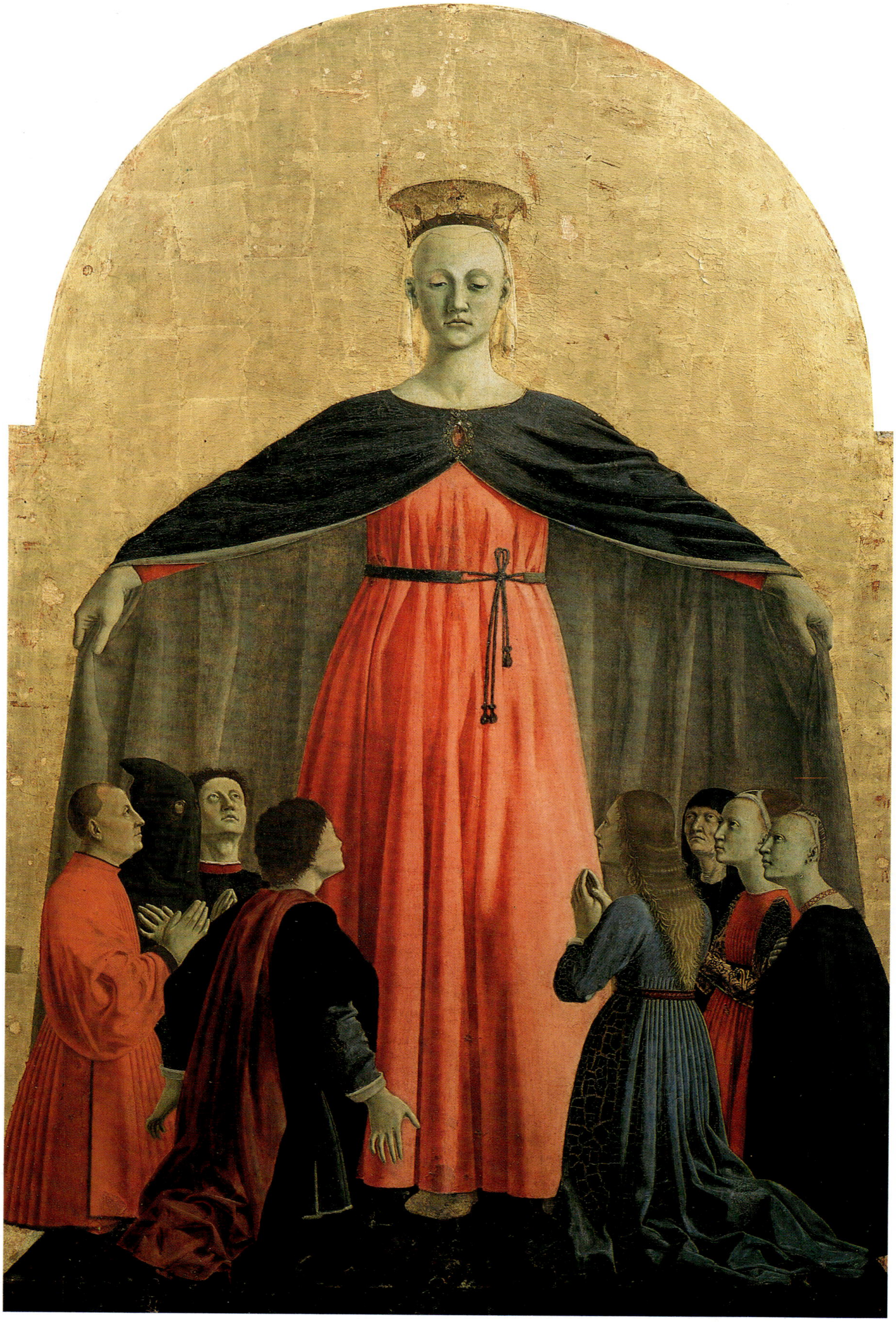

25 Haupttafel des Polyptychons der Schutzmantelmadonna. Sansepolcro, Museo Civico

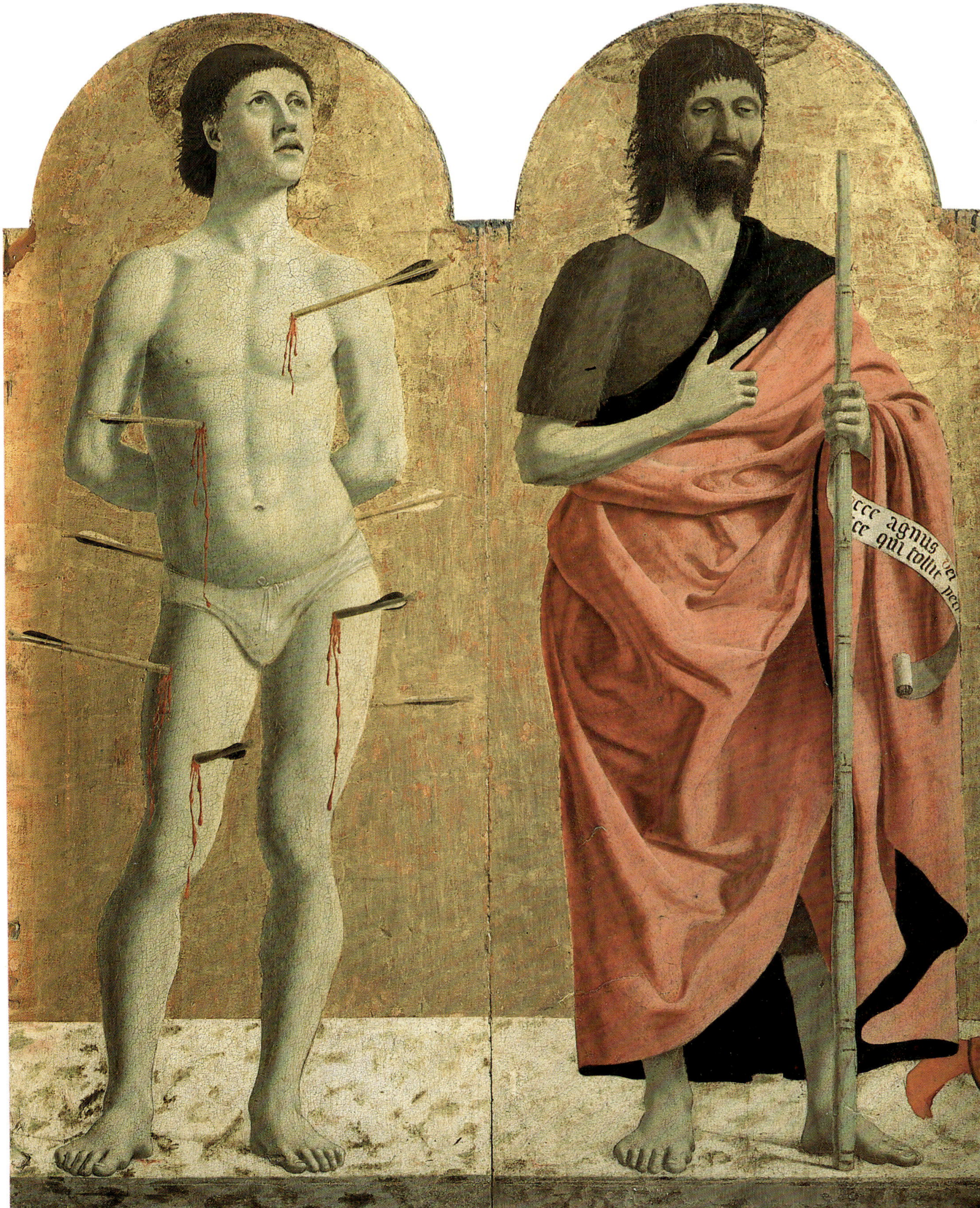

26 Die Heiligen Sebastian und Johannes der Täufer. Polyptychon der Schutzmantelmadonna

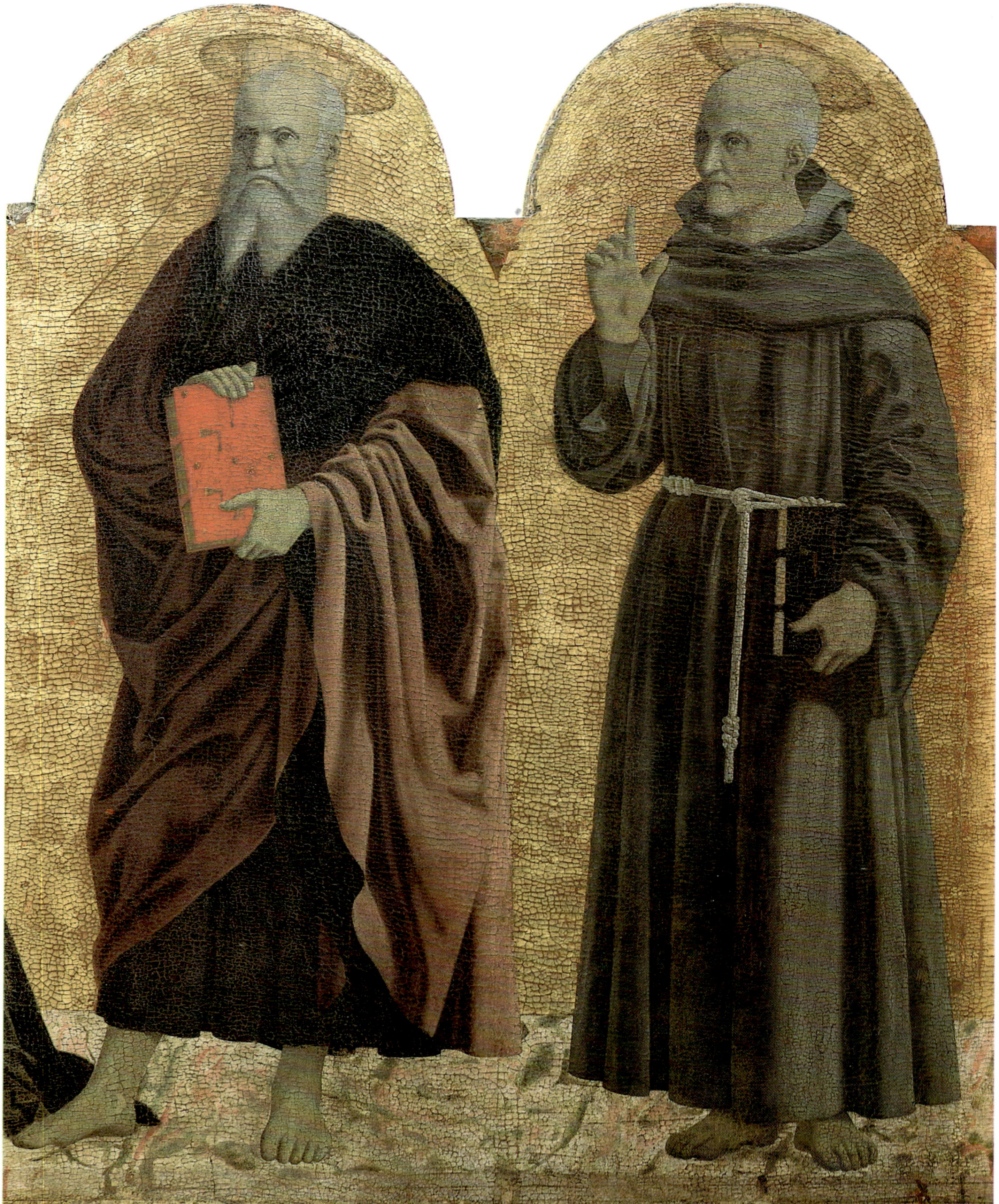

27 Der Evangelist Johannes und der hl. Bernhardin von Siena. Polyptychon der Schutzmantelmadonna

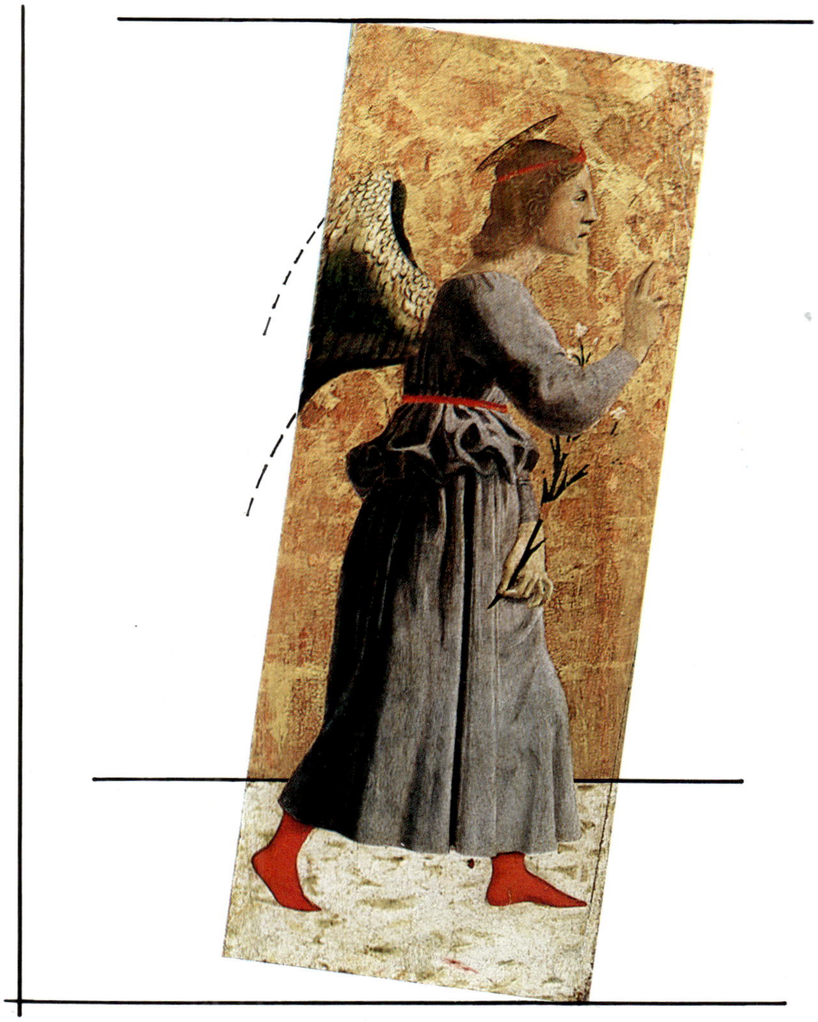

28 Graphische Rekonstruktion der Tafel mit dem Verkündigungsengel. Polyptychon der Schutzmantelmadonna

für weitere 10 Jahre die Verantwortung für jeden Schaden an der Malerei oder am Holz übertrug.[110]

Obwohl er sich an eine vorgegebene Altarstruktur zu halten hatte, verlangte man von ihm dennoch eine Zeichnung der Gesamtanlage. Auch wenn Pieros Polyptychon im 17. Jahrhundert zerteilt und arg verstümmelt wurde, so scheint es doch offensichtlich, daß er die Darstellungen des Altars in ihrer Gesamtheit nach einem einheitlichen Liniensystem ausgerichtet hatte. Er unterteilte die Basis des Altarblatts in sechs gleiche Segmente und die resultierenden Flächen in gleiche Quadratfelder. Dabei entsprach die Breite eines Segments gemäß den theoretischen Forderungen Albertis der Armlänge einer der Figuren. Die linke Seite des Altars besteht aus nur einer Tafel. Ursprünglich schloß sie den hl. Romuald und den Verkündigungsengel des darüberliegenden Registers mit ein. Das Werk wurde häufig mit Masaccios (heute verstreutem) Polyptychon in Santa Maria del Carmine in Pisa verglichen, auf das die Einteilung in Register zurückzugehen scheint. Die Rekonstruktion des Altars in Pisa ist jedoch immer noch problematisch.[111] Masaccio hielt sich dabei an die klassische Formel, das obere Register mit Halbfiguren zu versehen. Die Einführung der *Verkündigungsszene* im Polyptychon der *Schutzmantelmadonna* war wohl verantwortlich dafür, daß sich Piero für ganze Figuren entschied. Die Motive des oberen Registers sind in ein kräftiges, gleißendes Licht getaucht, das die lebhafte Farbigkeit der Ausführung akzentuiert. Sie sollten den Anschein erwecken, als stünden sie im Vergleich zu den Heiligenfiguren des unteren Registers auf einer weiter nach hinten versetzten Ebene.

Die traditionelle Ikonographie, an der sich Piero zu orientieren hatte, nötigte ihm eine bedachtsame Anwendung perspektivischer Effekte ab. Die Bedeutung der Schutzmantelmadonna sollte im Vergleich zu den von ihrem Mantel umschlossenen Gläubigen deutlich zum Ausdruck kommen.

Das von Piero angewandte Verfahren ist so einfach, daß es kaum auffällt. Er durchbrach die chromatische Einheit der Stufe, auf der die Heiligen stehen, indem er im Zentrum, unter der Madonna mit den Gläubigen, eine schwarze, marmorähnliche Platte einführte, deren seitliche Begrenzungen zur Mitte streben. Die zentrale Gruppe ist somit zur Ebene der Heiligen leicht nach hinten versetzt. Die Jungfrau überragt zudem die Heiligen des unteren Registers mit den sie einfassenden Bögen, so daß sie eine eigene, den anderen Figuren nicht vergleichbare Räumlichkeit suggeriert. Die ausladende Geste des geöffneten Mantels, die Autorität des perspektivisch ausgerichteten Nimbus', die auffällige Entsprechung des Nischenbogens und des Halbkreises, den die Gläubigen beschreiben, verleihen dieser zentralen Tafel eine unangefochtene architektonische Autorität.

Piero fand indes nicht auf Anhieb zu dieser großartigen räumlichen Konzeption, die seine Genialität im intelligenten und sparsamen Umgang mit den künstlerischen Mitteln unter Beweis stellt. Der Fuß und der rote Gewandsaum des linken Gläubigen der Haupttafel, die in die linke Seitentafel hineinragen und den zyklamfarbenen Mantel Johannes des Täufers berühren, wurden in einem zweiten Schritt erdacht und realisiert. Bis hierher präsentiert sich die Entstehungsgeschichte des Polyptychons der *Schutzmantelmadonna* als das kontinuierliche Reifen einer homogenen Idee. Gleichsam in einer Vision der Moderne erahnte Piero die Notwendigkeit, sich mit einem traditionellen Thema auseinanderzusetzen, um es in seiner ursprünglichen Unschuld neu vorzuführen. Da die großen Heiligenfigu-

ren der linken Tafel bereits vollendet waren, kam es darauf an, die neue Idee der Verschmelzung der zentralen Szene mit den seitlichen Darstellungen möglichst unauffällig, ohne große Umstände einzubringen. Und gerade die Feinheit und Zerbrechlichkeit der Ausführung zeitigt eine Art andeutende Perspektive, die der rigorosen Forderung eines Ghiberti, das Auge habe die Raumverhältnisse und die Tiefenbezüge zu »ermessen«, nicht standhalten konnte. Eine strenge perspektivische Ausrichtung hätte es eben nicht erlaubt, den durch die Ikonographie geforderten Gegensatz zwischen der Madonna und den Gläubigen zum Ausdruck zu bringen.

Die leichte Verschiebung des Zentralpunkts der Darstellung zur symmetrischen Achse hin versetzt das Bild der Haupttafel in eine geheimnisvolle Bewegung und gewährleistet, daß die Figuren vor dem Goldgrund nicht zu sehr abflachen. Der offene Mantel der Madonna gewährte einmal die Möglichkeit, die bevorzugten Grau- und Silbertöne Domenico Venezianos weiterzuentwickeln. Dann motivierte er aber auch die sorgfältige Behandlung minimaler Details, wobei sich Piero mit Sicherheit der flämischen Gemälde erinnerte, die er damals bereits gesehen hatte. Er erkannte, daß die Details nicht nur Spuren einer beobachteten Realität präsentieren, sondern gleichsam zu Indikatoren des Raumes werden. Darauf verweisen etwa die roten Dreiecke der Ärmel, die sich neben den kräftigen Gelenken der Madonna kaum abzeichnen, die Bänder des Ledergürtels, von denen eines durch den säulenförmigen Faltenvorsprung des Kleides wie von einer Lanzette durchschnitten ist.

Vermutlich hatte sich Piero im Jahre 1450 kurze Zeit in Rom aufgehalten. Es war dies auch das Jahr der Heiligsprechung des Bernhardin von Siena. Es wurde oft darauf hingewiesen, daß noch nach dem Leichnam des Heiligen im Jahre 1444 zahlreiche Bildnisse angefertigt worden waren. Doch erst nach der Heiligsprechung konnte er offiziell auf den Altären verehrt werden. In Sansepolcro sah man sich aufgrund der Ereignisse dazu veranlaßt, die wahrscheinlich schon fast vollendete rechte Seitentafel durch das Bildnis des neuen Heiligen zu ersetzen.

Der Blick des Evangelisten Johannes, auf der rechten Seite des Polyptychons, ist durch eine stark individuelle Charakterisierung hervorgehoben. Aus diesem Grund muß er wohl in Verbindung mit den ebenfalls psychologisch fein gezeichneten Physiognomien im Fresko von Rimini und dem *Hl. Hieronymus* in Venedig gesehen werden. Wahrscheinlich hatte Piero die neue Tafel gleich nach Rimini begonnen, als er bereits an den Fresken in Arezzo arbeitete. Ein von Battisti entdecktes Dokument des Jahres 1455, in welchem Piero aufgefordert wird, zwecks Vollendung des Altarbildes nach Sansepolcro zurückzukehren, könnte sich auf die veränderten Umstände beziehen.[112]

Geht man davon aus, daß Piero mit der linken Tafel, der *Kreuzigung* und den Details der zentralen Tafel erst in einem zweiten Schritt beschäftigt war, so zwang ihn dies zu einem Rückschritt in seiner eigenen künstlerischen Entwicklung. Er mußte sein mittlerweile erreichtes künstlerisches Bewußtsein gleichsam verbergen, um die Einheit der Gesamtkomposition nicht zu zerstören. Die Hinwendung von Maria und Johannes zum Gekreuzigten, die Bewegung im Knie der Maria der *Verkündigung*, vom direkt einfallenden Licht akzentuiert, die Anordnung der Bücher zwischen den Händen der Heiligen sind jedoch eindeutige Indizien einer neuen Meisterschaft. Lediglich der äußerst schlechte Erhaltungszustand der linken Tafel beeinträchtigt die Wertschätzung dieser Partie des Polyptychons. Vermutlich verwendete Piero hier ein Bindemittel, mit dem er noch keine Erfahrungen hatte, denn beim Trocknungsprozeß formierten sich in der dünnen Grundierung unzählige Risse. Auch in der Haupttafel, wo insbesondere die Frauenbildnisse den Einfluß des Rogier van der Weyden zeigen, von dem er eventuell in Ferrara Gemälde gesehen hatte, experimentierte Piero mit neuen Techniken, etwa im dunkelblauen Mantel der Frau im Vordergrund. Piero war gerade im Begriff, sich der technischen Grundlagen der Ölmalerei zu bemächtigen.

Im Januar 1462 erhielt Pieros Bruder Marco eine bescheidene Summe ausbezahlt, die sich jedoch kaum auf eine Ausbesserung am Polyptychon beziehen konnte, da dieses noch im Jahre 1455 nicht vollendet war und der Künstler gemäß Vertragsklausel von der Fertigstellung an zehn Jahre für das Werk zu garantieren hatte.[113]

Rom 1458–1459

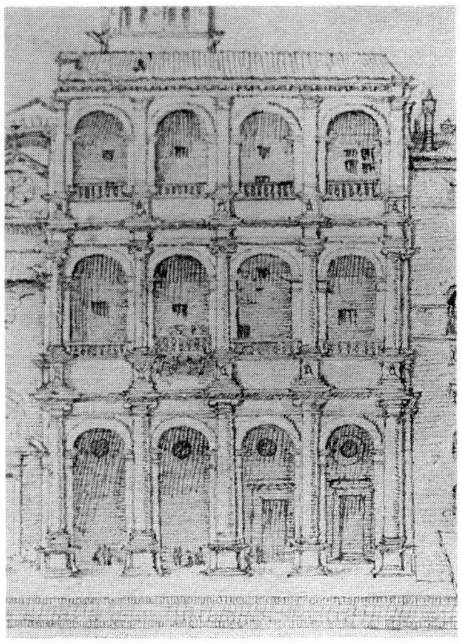

29 Marten van Heemskerck, Die Benediktionsloggia von Alt-St. Peter, begonnen von Pius II., vollendet unter Alexander VI. und Julius II., nach einem Entwurf von Francesco del Borgo, Ausschnitt aus einer Federzeichnung. Wien, Österreichische Nationalbibliothek

In einem etwas unklaren Textabschnitt der Lebensbeschreibung Pieros überliefert uns Vasari, daß dieser von Papst Nikolaus V. nach Rom berufen wurde, wo er Teile der päpstlichen Gemächer mit Fresken schmückte, die jedoch bald wieder abgeschlagen werden sollten, um für Raffaels *Gefangenschaft des hl. Petrus* und *Die Messe von Bolsena* Platz zu schaffen.[114]

Die Dokumente der päpstlichen Schatzkammer sprechen hingegen von Zahlungen an Piero unter Papst Pius II. 1458–1459, also nicht unter Nikolaus V.[115] Reynaud konnte diese Daten auf der Basis anderer Beobachtungen bestätigen.[116] Vasari sah weder die Fresken Pieros noch diejenigen, welche er dem Bramantino zuschrieb, da sie bereits zerstört waren, als er nach Rom kam. Bezüglich der Fresken Bramantinos überliefert er uns jedoch wertvolle Informationen: »Wie ich gehört habe, hat Bramantino in den besagten Werken, die zerstört wurden, einige Köpfe nach der Natur gemalt, die so schön und anmutig waren, daß es eines Wortes genügt hätte, sie zum Leben zu erwecken. Diese Köpfe wurden bekannt, da Raffael aus Urbino Kopien von ihnen anfertigte, um Bildnisse von den großen Persönlichkeiten der Vergangenheit zu haben. Giovio, der diese Bilder von Giulio Romano erhalten hatte, bewahrt sie in seinem Museum in Como auf.«[117] Vasari erwähnt folgende Porträts: Karl VII., Niccolò Fortebraccio, Antonio Colonna, Kardinal Giovanni Vitelleschi, Francesco Carmagnola, den Heerführer Canetoli sowie Kardinal Bessarion, alles Persönlichkeiten, die unter dem Pontifikat Eugens IV. bedeutende Positionen innehatten, wie Reynaud anmerkt.[118] Es ist jedoch nicht möglich, daß Bramantino, der erst 1508 nach Rom kam, diese Bildnisse gemalt hatte. Sie waren hingegen Bestandteil der von Piero im Vatikan ausgeführten Fresken.

Im Abschnitt der *Vita dell'Angelico* (Leben des Fra Angelico) kehrt Vasari zu den unter Nikolaus V. im Vatikan gemalten Fresken zurück und erwähnt die von Fra Angelico geschaffenen Werke, die unter Paul III. zerstört wurden. Nach Vasari hätten sich unter diesen »viele Bildnisse bedeutender Personen dieser Zeit« befunden, die wohl alle verlorengegangen wären, hätte nicht Giovio für sein Museum Kopien davon anfertigen lassen. Zu den Porträtierten zählen unter anderen: Papst Nikolaus V., Kaiser Friedrich III., Fra Antonio, der spätere Erzbischof von Florenz, Biondo da Forlì und Ferdinand von Aragon.[119] Aber auch hier verweist Reynaud darauf, daß Fra Angelico nach den Dokumenten im Vatikan seine Arbeiten zwar unter Eugen IV. begonnen hatte, daß er aber kaum Personen wie Friedrich III., 1452 in Rom zum Kaiser gekrönt, und König Ferdinand, seit 1458 König von Neapel, porträtiert haben konnte. Reynaud schließt daraus, daß sich Vasari in seinen Aufzeichnungen zu Giovios Porträtgalerie nicht mehr ganz zurechtfand.[120] Vasari verwechselte die Herkunft der Bildnisse. Alle stammen sie aus dem Vatikan, doch nicht aus der von Paul III. eingerissenen Kapelle des Hl. Sakraments, wie Vasari vermeinte. Setzt man aber die Liste der Porträtierten in Bezug zu Pieros dokumentarisch gesicherter Tätigkeit unter Pius II., so kommt die Geschichte ins rechte Lot. Alle sind sie mehr oder weniger in Zusammenhang mit der Karriere Enea Silvio Piccolominis zu sehen. Dieser wurde als Pius II. am 19. August 1458 zum Papst gewählt, und bereits am 16. Oktober ordnete er an, die notwendigen Vorbereitungen für die Ausmalung der Räume im Vatikan zu treffen.[121]

Andererseits ist es kaum vorstellbar, daß sämtliche oben genannten Persönlichkeiten mit ihren unterschiedlichen persönlichen Erfahrungen auf nur zwei Bildszenen erschienen. Dies wäre nur in einem Bildtypus zu bewerkstelligen, wie ihn Bicci di Lorenzo für Giovanni de' Medici im Palazzo der Via Larga oder Andrea del Castagno im Jahre 1449 für den Gonfaloniere Filippo Carducci in Legnaia gemalt hatten – in einer Art Galerie berühmter Persönlichkeiten.[122]

»Die Malerei besitzt göttliche Kraft, nicht nur hinsichtlich der Freundschaft, da sie abwesende Menschen gegenwärtig macht, sondern noch mehr hinsichtlich der Toten, da sie es ermöglicht, daß diese nach Jahrhunderten fast lebend sind, so daß man sie zur größten Bewunderung und Freude der Künstler wiedererkennt.« Diese Zeilen, von Leon Battista Alberti 20 Jahre früher verfaßt, dürften auf eine Persönlichkeit wie Pius II. großen Eindruck gemacht haben, der sich eigens eine ganze Stadt – Pienza –

30 Der hl. Augustinus (Detail). Seitliche Tafel des Polyptychons der Augustiner. Lissabon, Museu Nacional de Arte Antiga
→ S. 203

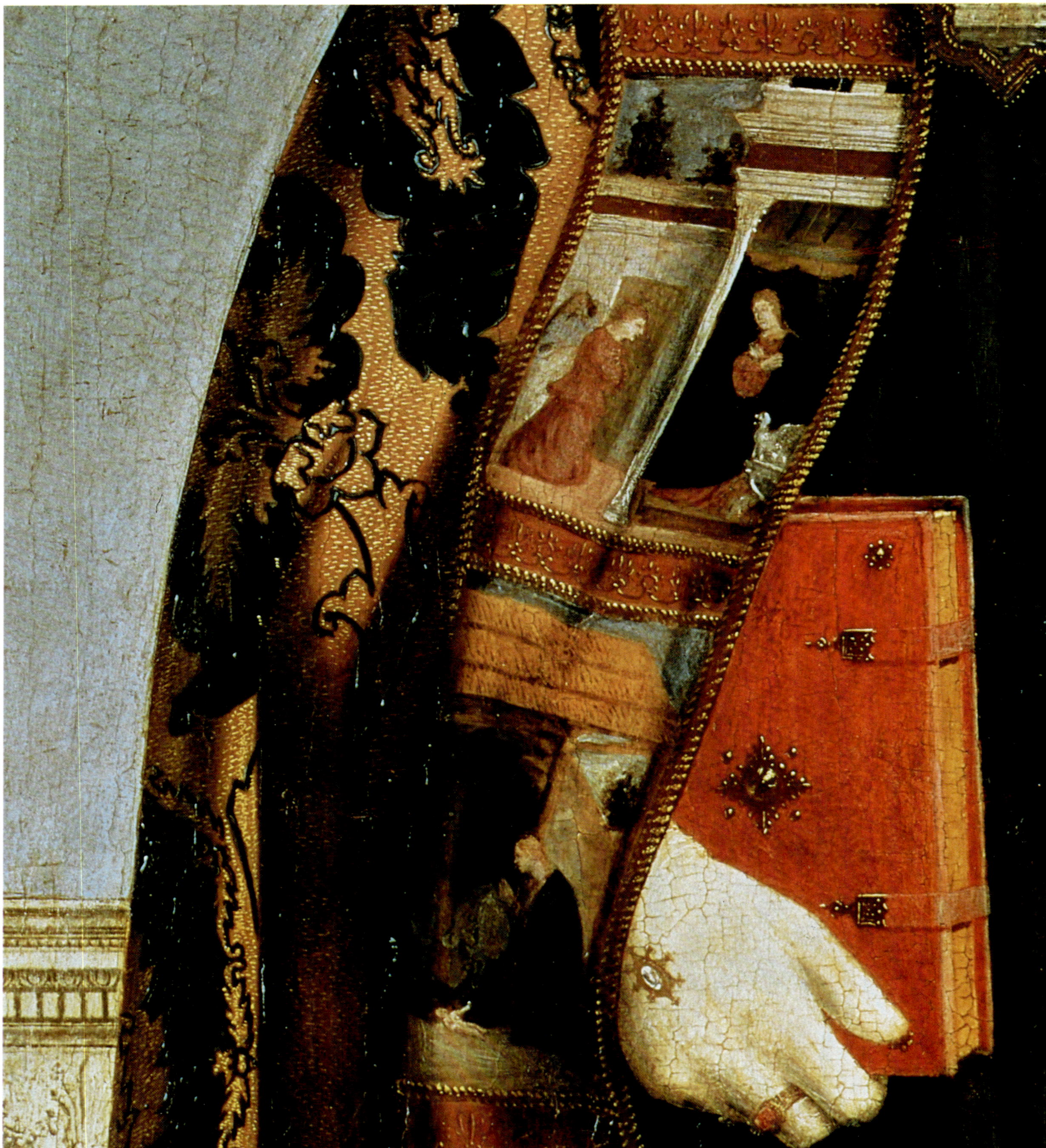

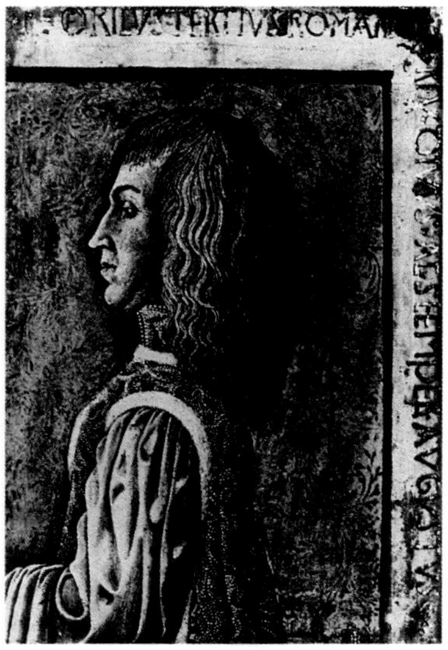

31 Porträt Kaiser Friedrichs III. Miniatur auf Pergament. Florenz, Uffizien

errichten ließ, um die Ungerechtigkeit der Zeit zu besiegen und ihren unerbittlichen Lauf anzuhalten. In den Monaten vor der Papstwahl war Enea Silvio mit der Abfassung seiner großen historischen Abhandlungen *Historia Frederici III imperatoris, De Europa* und *Historia Bohemica* beschäftigt, wobei er großen Wert darauf legte, die eigene Lebensgeschichte mit einfließen zu lassen. Wundert es da, daß er sich danach sehnte, die durch seine Feder heraufbeschworenen Geister um sich zu versammeln?[123] Die Besonderheit der Porträtserie des Vatikan bestand eben darin, daß sie die Grenzen einer enzyklopädischen Systematik überschritt und als Organisationskriterium die biographischen Bezüge der Dargestellten zum Auftraggeber geltend machte. In nuce waren bereits hier die Fresken vom Wirken Pius II. vorformuliert, welche dann Pinturicchio an die Wände der Biblioteca Piccolomini in Siena bannen sollte.

Die Kopien der Vatikan-Fresken, die Passavant angeblich in der Sammlung William Roscoe in Liverpool gesehen hatte, sind leider verlorengegangen.[124] Doch liefert uns Vasari selbst Hinweise, die uns auf die Spuren weiterer Kopien der Fresken führen, welche nach den bereits erwähnten Kopien Raffaels angefertigt wurden. Nach dem Tode Paolo Giovios im Jahre 1522 schickte man Cristofano dell'Altissimo von Florenz nach Como, um die Werke der Sammlung Giovio zu kopieren. Viele dieser Kopien werden bis heute in den Uffizien aufbewahrt. Darunter finden sich auch Bildnisse, die für unsere Problemstellung von Bedeutung sind: Fra Antonio, Carmagnola und Bessarion. Das Porträt Fra Antonios stammt jedoch kaum aus der Sammlung Giovio, da es viel einfacher war, in Florenz selbst ein Bildnis des Bischofs der Stadt ausfindig zu machen. Das in Halbschatten gehüllte Bildnis des Carmagnola in Dreiviertelansicht und mit perspektivisch verkürzter Gesichtspartie scheint aus einem größeren Bildzusammenhang herausgelöst zu sein und könnte daher problemlos auf ein Fresko zurückgehen.

Über das Bildnis des Bessarion sind wir am besten informiert, da wir neben der Kopie des Cristofano dell'Altissimo eine weitere nach einem Original in der Vatikanischen Bibliothek besitzen. Dessen Porträt findet sich ferner auf der Titelseite der von Bessarion selbst besorgten Ausgabe seiner *Elogia*.[125] Alle drei Bildnisse zeichnen sich durch das analoge Profil aus, das offensichtlich auf eine einzige Quelle, wahrscheinlich auf ein Werk Pieros, zurückgeht. Die venezianischen Porträts, die wir vom Kardinal kennen, stehen mit den besprochenen Bildnissen in keinem Zusammenhang. Es scheint mir ferner, daß sich auch ein in Miniatur auf Pergament gearbeitetes Bildnis Friedrichs III. in den Uffizien mit den Fresken im Vatikan in Beziehung setzen läßt. Es könnte zu Pieros Zeiten entstanden sein und wurde bisher verschiedenen bedeutenden Künstlern zugeschrieben, unter anderem auch Leon Battista Alberti.[126] Das Gesicht im Profil ist unruhig, hochmütig, mit kleinen, furchteinflößenden Augen. Es ist in ein hartes, scharfes Licht getaucht und erinnert an Pieros Porträt des *Sigismondo Pandolfo Malatesta* im Louvre (S. 211). Auf der wie ein Helm anmutenden Masse der Haare schlängeln sich in der für Piero typischen Art die vom Licht markierten Strähnen.[127] Des weiteren belegt die Detailgenauigkeit bei der Zeichnung der Perlen, des Pelzbesatzes und des Tuches die Affinität des entsprechenden Künstlers zu Domenico Veneziano und Piero, die beide den leuchtenden Mikrokosmen der Juwelen und der prunkvollen Gewänder größte Aufmerksamkeit widmeten. Und schließlich bringen uns die logisch und konsequent durchkonstruierten, betont plastisch geformten Ärmelfalten einzelne Motive der Fresken von Arezzo und die späten Werke Pieros in Erinnerung. Wahrscheinlich handelt es sich also bei dieser Zeichnung um die in etwa zeitgleiche Kopie eines Motivs der zerstörten Vatikan-Fresken.

Auffälliges Detail dieser Herrscherdarstellung ist das markante Doppelkinn, welches das scharfe Licht deutlich zur Geltung bringt. Im Gegensatz zum perfekt modellierten Profil des Sigismondo Pandolfo Malatesta im Fresko von Rimini (Abb. 52) scheint der Kopf hier regelrecht auf dem hohen, engen Kragen aufzuliegen. Vielleicht hatte Pius II. dem italienischen Maler dieses eher nordische Motiv nähergebracht. Doch könnten auch andere Umstände im Zusammenhang mit den Fresken im Vatikan dafür verantwortlich sein.

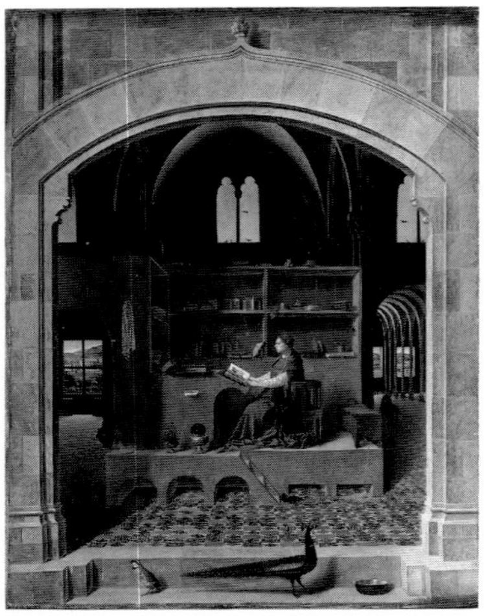

32 Antonello da Messina, Der hl. Hieronymus im Studierzimmer. London, National Gallery

Hatte sich Piero anläßlich des Freskos in Rimini mit dem berühmten Porträt Papst Eugens IV. von Jean Fouquet intensiv auseinandergesetzt, so ist kaum daran zu zweifeln, daß er im Fall der Fresken im Vatikan das Bildnis Karls VII., welches Fouquet anläßlich seiner Romreise dem Papst geschenkt hatte (Abb. 17), als direkte Vorlage verwendete.[128] Damit würde sich auch erklären, wie das Porträt in Vasaris Liste gelangen konnte. Kopieren bedeutet indes etwas anderes als den wesentlichen Aspekt eines Werkes erfassen. Fouquet gab dieses Gesicht ohne Nachsicht, aber auch ohne Minderung der überirdischen Königswürde wieder und bereitete so einer Entwicklung den Boden, die im kartographisch exakt erforschten Profil des Federico da Montefeltro im Diptychon der Uffizien gipfelte (S. 223). Ferner trugen die hellen Farben Fouquets dazu bei, in einem entscheidenden Moment der Entwicklung die Grenzen zwischen den Intentionen Pieros und den flämischen Vorbildern zu definieren.

In Rom fand eine weitere Begegnung statt, die für die Entwicklung der italienischen Malerei von großer Bedeutung war: Antonello da Messina sah Pieros römische Schöpfungen. Nach Gilbert beruhen gerade auf dieser Tatsache die entscheidenden Impulse, die von Pieros Aktivitäten ausgingen.[129] Erst kürzlich hat Ridderbos vorgeschlagen, daß es sich bei der Figur des *Hl. Hieronymus im Studierzimmer* von Antonello da Messina in der Londoner National Gallery (Abb. 32) um ein Porträt des Nicolaus Cusanus handeln könnte, der in Abwesenheit von Pius II. die Position eines apostolischen Stellvertreters innehatte und mit der Organisation des Kreuzzuges beauftragt war.[130] Sollte sich die Datierung des Bildes auf das Jahr 1460 bestätigen, so wäre dies ein zusätzlicher Beweis dafür, daß es sich bei den Gemeinsamkeiten mit Pieros Fresko in Rimini um keine bloßen Zufälle handelt. Beide Werke präsentieren das Bildnis im Profil nach dem Muster der italienischen Medaillendarstellung, einen von gleißendem Licht belebten Innenraum, Tierdarstellungen im Vordergrund sowie die analoge Ausrichtung der großen Tür, welche den Blick des Betrachters perspektivisch ins Innere des Zimmers lenkt. Das frontal plazierte Bücherregal in Antonellos Bild ist darüber hinaus vergleichbar mit den Pilastern der rückseitigen Raumbegrenzung in Rimini, da es ebenfalls dazu dient, das Gesichtsprofil in einen geometrischen Kontext einzuordnen und so zu akzentuieren.

Antonellos Einfluß auf Piero indes zeigt sich etwa in der sorgfältigen Modellierung der von dem gläsernen Salbengefäß ausgehenden Lichtreflexe auf dem Umhang der *Hl. Maria Magdalena* im Dom von Arezzo (S. 195) sowie in den Lichteffekten, welche die Plastizität der fleischigen Lippen und der zuckenden Schläfen der Heiligen betonen – nach den unnahbaren Prinzessinnen der Fresken in San Francesco die erste wirklichkeitsnahe Frauendarstellung in der Malerei Pieros.

In Rom begegnete Piero vermutlich auch Francesco del Borgo, dem Vorsteher der apostolischen Schatzkammer. Da Piero seine Aufträge direkt mit der päpstlichen Finanzbehörde abrechnete, kann mit ziemlicher Sicherheit von einem Treffen der beiden ausgegangen werden.[131] Wahrscheinlich erlaubte Francesco seinem Landsmann die Benutzung seiner Privatbibliothek, in der er auch astronomische Instrumente wie ein Astrolabium aufbewahrte. Auf diese Weise bekam Piero die Werke der antiken Mathematiker und Astrologen Archimedes, Euklid, Ptolemäus und Ben Muza Alkhawarisi zu Gesicht, welche Francesco kurz zuvor hatte kopieren lassen und in einem von ihm selbst illustrierten Kodex zusammenfaßte. Das Werk, datiert auf den 28. Oktober 1458, gelangte später in die Bibliothek des Federico da Montefeltro.[132]

Vermutlich wurde Piero durch diese Begegnung dazu motiviert, seine Studien zu Euklid erneut aufzunehmen und einen Traktat zur Perspektive zu konzipieren, der nicht mehr nur die theoretische Arbeit eines Gelehrten repräsentierte sondern mit gezeichneten Lösungsvorschlägen für konkrete künstlerische Problemstellungen die Theorie praktisch bestätigte. Francesco verfügte über weitreichende architektonische Kenntnisse, hatte aber bis zu diesem Zeitpunkt noch keine eigenen Bauprojekte realisiert. Erst im Jahre 1460, als Piero Rom wieder verließ, begann er, sich konkret mit der Benediktionsloggia in Sankt Peter zu beschäftigen (Abb. 29). Bei diesem Entwurf handelte es sich um eine gigantische und stolze, aber nüchterne Struktur, die in ihrer Dreidimensionalität an den Bogengängen des Kolosseums orientiert war und eine neue Phase der römischen Architektur initiierte. Auch

wenn Piero die Entstehung dieses Projekts nicht mehr direkt miterleben konnte, so fand zwischen den beiden sicherlich ein intensiver Gedankenaustausch auch zu architektonischen Fragen statt. Etwas später, für San Marco, verwendete Francesco verkürzte, halbelliptische Apsiden, ein Element, das Piero in der *Pala Montefeltro* (S. 211) wieder aufgreifen sollte. Von Urbino aus gelangte dieses architektonische Motiv dann über Bramante nach Mailand, der es sich in San Satiro zunutze machte. Das Vorbild für dieses architektonische Stilmittel lieferte ein Bauwerk, das Piero nicht kannte: die Fassade des Doms von Pienza mit ihren flachen Nischen.

Ein mögliches Echo der von Piero im Vatikan geschaffenen Werke findet sich in den Fresken des Boccati im herzoglichen Palast in Urbino. Wie wir wissen, wurde die dortige ›camera picta‹ noch vor dem Jahre 1467 ausgemalt.[133] Auf die Bezüge zwischen dem Baldachin in Pieros *Madonna del Parto* in Monterchi (S. 207) und demjenigen des Boccati über dem Kamin im Saal von Urbino wurde des öfteren hingewiesen. Die Komposition Boccatis ist von einer Dynamik geprägt, welche Figuren und Architektur zu einer einheitlichen Bildkonzeption verschmelzen läßt, in der nicht mehr die perspektivische Kohärenz, sondern die jeweilige Wertigkeit der Einzelelemente im Vordergrund steht. Boccati umgab seine Gestalten mit feinstem Brokat, wobei der Glanz der Seidenstoffe des Hintergrunds zur lebhaften Plastizität der Figuren in markanter Weise kontrastiert. Die Stoffdekoration wirkt natürlich ganz anders als eine Kulisse aus verschiedenfarbigem Marmor, wie sie Andrea del Castagno in der Villa Pandolfi in Legnaia zur Anwendung gebracht hatte. Die Dekoration in Boccatis Fresko gibt den Blick frei auf das Deckengebälk imaginärer Räume. Donato Bramante sollte sich Jahre später, als er die Casa Panigarola in Mailand mit Fresken ausschmückte, dieser Bildidee erinnern.

Die Werke in Sansepolcro

Über Pieros Aktivitäten nach dem kurzen Romaufenthalt wissen wir relativ wenig. Die vorhandenen Dokumente beziehen sich fast ausschließlich auf sein Leben in Sansepolcro. Am 6. November 1459 starb seine Mutter Romana, die aus Monterchi stammte. Die *Madonna del Parto* scheint nicht viel später entstanden zu sein, denn außer dem Todesfall der Mutter ist kaum ein Grund vorstellbar, der Piero in den kleinen Ort hätte führen können. Im Februar 1464 starb der Vater. Er wurde in der Kapelle der Franceschi in der Badia in Arezzo beigesetzt, wo auch Piero seine letzte Ruhestätte finden sollte. Im Februar des Jahres 1468 wurde er beauftragt, eine Prozessionsfahne mit der Szene der Verkündigung für Arezzo zu malen. Am 13. November war die Fahne fertiggestellt, und die Auftraggeber waren mit dem Ergebnis zufrieden: Sie lobten, daß sie schön sei.[134]

Unter den zahlreichen überlieferten Notizen ragt ein Dokument aufgrund seiner besonderen Bedeutung heraus. Bereits 1454 hatte Piero den Vertrag zum großen *Polyptychon der Augustiner* in Sansepolcro unterzeichnet.[135] Er hatte sich dabei strikt an eine vorhandene Rahmenkonstruktion zu halten. Die vier Seitentafeln befinden sich heute an verschiedenen Orten (S. 202 ff.), die zentrale Tafel, zu der Polcri ein aufschlußreiches Dokument aus dem 19. Jahrhundert entdeckte, gilt als verloren.[136] Doch schon die erhaltenen Tafeln bestechen durch kühne Innovationen. Der Goldgrund ist durch einen leuchtenden Himmel ersetzt. Die sonst übliche Nische hinter den Heiligen, ein Relikt byzantinischer Kunst, das insbesondere von Künstlern wie Antonio Vivarini kultiviert wurde, transformierte Piero in eine terrassenartige Brüstung nach klassischem Muster, die den Blick auf den Himmel freigibt. Des weiteren sind die Tafeln in Öl gemalt.

Ein Dokument vom 14. November 1469 bezieht sich erneut auf das Polyptychon. Dabei handelte es sich um die Bestätigung einer kleinen Summe, die dem Orden berechnet wurde. Den Hauptteil der Kosten hatten die Auftraggeber bereits zuvor bezahlt.[137] Battisti bemerkte zu Recht, daß das Altarbild zu diesem Zeitpunkt schon eine geraume Zeit fertiggestellt sein mußte. Im Vertrag hatte man nämlich den Oktober des Jahres 1462 als Termin der Fertigstellung festgesetzt.

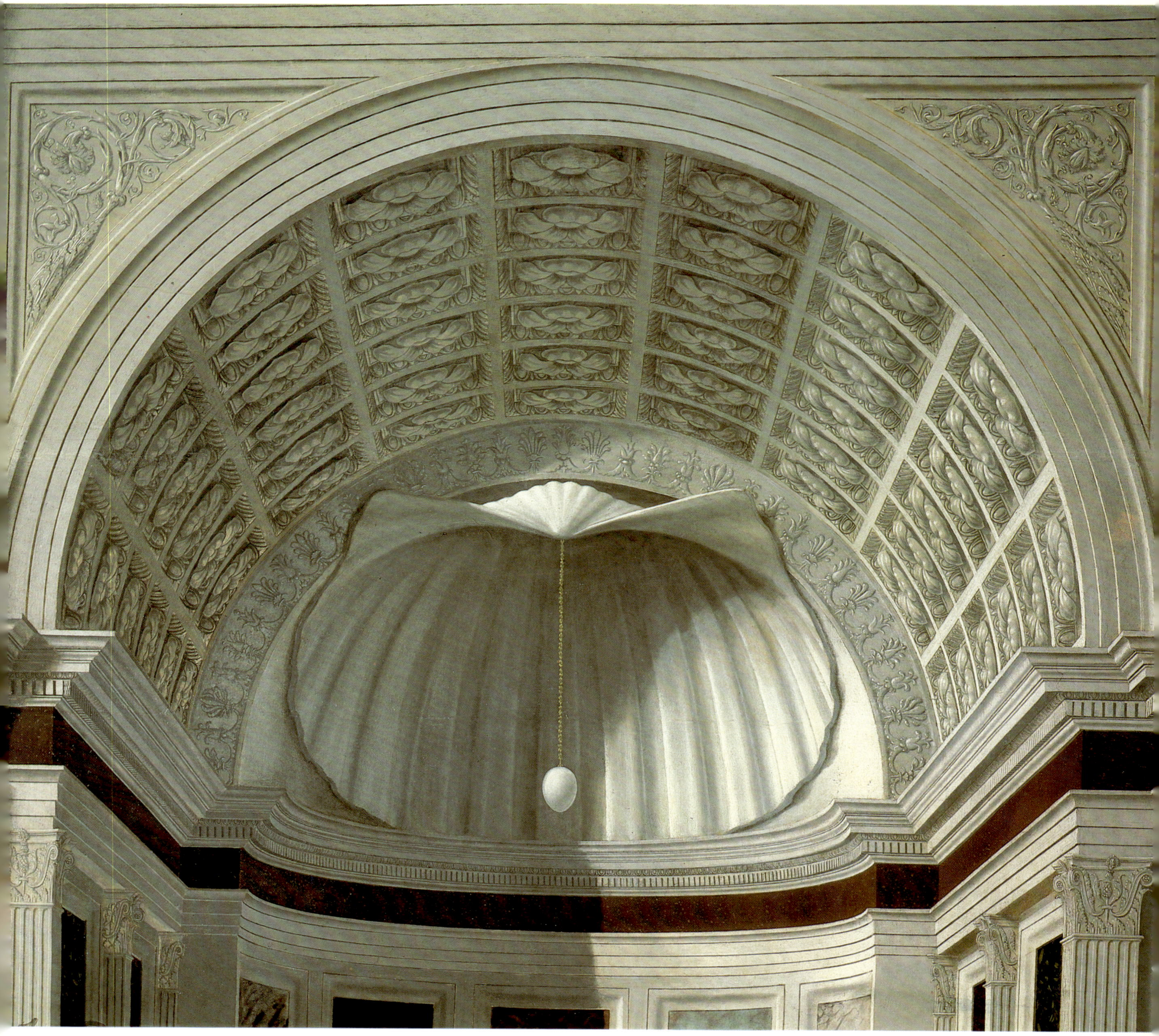

33 Maria mit Kind zwischen Engeln und Heiligen (Pala Montefeltro), Detail. Mailand, Pinacoteca di Brera

Die relativ lange Arbeitszeit am Polyptychon sowie die Tatsache, daß die Tafeln getrennt wurden, führte zahlreiche Forscher zu der Annahme, sie seien zu verschiedenen Zeitpunkten entstanden. Bereits Longhi verwies mit erstaunlicher Genauigkeit auf die entscheidenden stilistischen Aspekte der Tafeln, deren Identifikation beziehungsweise Zusammengehörigkeit damals noch ungesichert war. Zum *Hl. Nikolaus aus Tolentino* im Museo Poldi Pezzoli schrieb er: »Er ist charakterisiert durch eine unmittelbare Evidenz der Farbtöne, welche jegliche Formenstrenge überwunden hat.« Der *Erzengel Michael* aus der National Gallery in London hingegen erschien ihm wie ein »himmlischer Leibwächter, ... das Paradebeispiel einer klassizistischen Figur, ... bis zu den Schuhen mit Perlen und Filigranschmuck prunkvoll ausgestattet«. Er verwies ferner auf die große Verwandtschaft dieser Figuren mit den »heiligen Rittern des Carpaccio«.[138] Zwischen den Extremen dieser beiden Figuren des Polyptychons sind die damaligen künstlerischen Intentionen Pieros anzusiedeln.

Heute werden den beiden Tafeln ein *Evangelist Johannes* der Frick Collection in New York sowie ein *Hl. Augustinus* des Museo de Arte Antiga in Lissabon zugeordnet. Auch wenn nach wie vor von der Haupttafel jede Spur fehlt, so gelang es doch, die Anordnung der vier Heiligen festzulegen. Der *Hl. Augustinus* ist in kräftigen Farben gehalten, wobei die Lichtreflexe der Perlen und die Transparenzen der Edelsteine den Schöpfungen eines Antonello da Messina, etwa der *Lesenden Jungfrau mit Kind* der Walters Art Gallery in Baltimore oder der *Madonna* der National Gallery in London in nichts nachstehen. Es ist anzunehmen, daß Piero mit den linken Tafeln begonnen hatte. Die illusionistische Gestaltung der in den Umhang gewirkten Goldfäden sowie des transparenten Bischofsstabs aus Bergkristall sollten in virtuoser Manier demonstrieren, daß Piero den an ihn gestellten Anforderungen, »mit schönen und feinen Farben, mit Gold, Silber und anderem Schmuckwerk zu malen, darzustellen und auszuschmücken«, sehr wohl zu entsprechen wußte.[139]

Der Suche nach neuen künstlerischen Wegen, wie sie in den Tafeln des Polyptychons der Augustiner zum Ausdruck kommt, entspricht auch das wohl erhabenste und außergewöhnlichste Werk des gesamten 15. Jahrhunderts: die *Auferstehung Christi* (S. 199), im Palazzo della Residenza, heute Museo Civico. In diesem Fresko überliefert uns Piero sein Porträt als reifer Mann.[140]

Urbino

Piero verbrachte anscheinend nur wenige Jahre in Urbino. Das früheste Dokument, welches seine Anwesenheit in der Stadt belegt, ist auf den 8. April 1469 datiert. Vom 20. Juli 1472 an hielt er sich indes erneut häufig in Sansepolcro auf. Und dennoch bilden Piero und Urbino in unserer Vorstellung eine untrennbare Einheit. In einem berühmten öffentlichen Schreiben an den Architekten Luciano Laurana bestätigte Federico da Montefeltro, der Herzog von Urbino, daß der Architektur »die Künste der Arithmetik und der Geometrie zugrundeliegen, die ersten der sieben freien Künste, da sie in höchstem Grade gesichert sind«.[141] Piero war überzeugt, daß dieser Grundsatz auch für die Malerei Gültigkeit besaß. Er ging daran, dies sowohl durch seine Malerei, deren geometrische Komplexität dem Betrachter gleichsam den Atem raubt, als auch durch ein regelrechtes theoretisches Werk, einen Traktat mit dem Titel *De prospectiva pingendi* (Von der Perspektive beim Malen) unter Beweis zu stellen.

In Analogie zum Gelehrten und Mathematiker Alberti, der Jahre zuvor für Francesco Gonzaga einen Traktat über die Malerei verfaßt hatte, widmete auch der Maler Piero seinem Herrn ein theoretisches Werk. Der Autor des Nachworts von *De prospectiva pingendi* wandte sich mit den folgenden Worten an Piero: »Du verherrlichst den Namen von Borgo und aller Städte Italiens: Aus der Kunst entsteht dir dein Ruhm.«[142] In der Widmung hingegen sicherte Piero seinem Herrn Loyalität im Kampf gegen die umliegenden feindlichen Mächte zu.[143] Federico war damals noch Herzog und wurde von zahlreichen Feinden bedroht, welche die Gebiete um Urbino besetzt hielten. Der Hinweis auf eine kriegerische Auseinandersetzung in der Widmung kann sich eigentlich nur auf den Krieg in Rimini

Ende August des Jahres 1469 beziehen, denn es ist nur schwer vorstellbar, daß Piero ein weiter zurückliegendes Ereignis der Erwähnung für würdig befand. Angesichts der Tatsache, daß Piero nicht allzu lange Zeit zuvor bei Isotta und Sigismondo in Rimini in Diensten stand, bot sich ihm nun eine günstige Gelegenheit, das Vertrauen seines neuen Herrn zu gewinnen. Aus diesen Gründen scheint der Traktat früher entstanden zu sein, als allgemein angenommen wird. Es handelt sich dabei also nicht um die späten Überlegungen eines Künstlers, der nicht mehr in der Lage war, seine Kunst in der Praxis auszuüben, sondern um die theoretische Fundierung einer im Werden begriffenen künstlerischen Meisterschaft. Mit dem Traktat trat ferner Pieros didaktische Ader erneut zu Tage, wie sie sich 20 Jahre früher mit seinem Rechenbuch erstmals darstellte. Richtete sich der *Trattato dell'abaco* jedoch an den einfachen Kaufmann aus Sansepolcro, so war diesmal ein äußerst gebildeter Fürst, dessen Palast bedeutende Gelehrte wie Vittorio da Feltre oder Leon Battista Alberti frequentierten, der Adressat des Werks.

Bis zum März des Jahres 1469 weilte Federico bei Galeazzo Maria Sforza in Mailand. Piero begab sich nicht seinetwegen nach Urbino, sondern wegen der Verhandlungen mit der Bruderschaft Corpus Domini über ein Altarbild für den Dom. Er wohnte bei Giovanni Santi, einem einheimischen Maler.[144] Piero war also nicht an den Hof geladen. Battisti glaubte gar, der erste Aufenthalt Pieros in Urbino war nur eine Zwischenstation auf der Reise nach Pesaro, wo er seines Erachtens damals tätig war. Er verweist diesbezüglich auf die Altartafel des Marco Zoppo, die sich heute in Berlin befindet und die deutlich den Einfluß Pieros zeige.[145] Marco Zoppo entnahm insbesondere der Kunst Bellinis zahlreiche Anregungen, wenn es ihm auch nicht gelang, die innovative Kraft dieses Meisters weiterzuentwickeln. Somit ist Giovanni Bellini diejenige Persönlichkeit, welche Piero sowohl künstlerisch als auch geographisch in diesem Moment vermutlich am nächsten stand. Das von Bellini für Pesaro geschaffene Altarbild der *Marienkrönung* wurde wohl zu voreilig auf das Jahr 1473 datiert. Es scheint vielmehr einige Jahr älter zu sein und ist vermutlich bereits im Jahre 1469 fertiggestellt worden. Seine reife perspektivische Anlage korrespondiert in markanter Weise gerade mit jenen künstlerischen Problemen, mit denen sich Piero in diesen Jahren auseinandersetzte.

Einige Jahre vor Piero hatte die Bruderschaft Corpus Domini Paolo Uccello nach Urbino berufen, der jedoch nur die Predella ausgeschmückt hatte und noch zwischen August 1467 und Oktober 1468 Zahlungen von der Bruderschaft erhielt.[146] Wohl nimmt gar an, daß Piero mit Paolo Uccello konkurrierte, als er seine *Geißelung Christi* (S. 185) malte.[147] Ginzburg vertritt die Meinung, daß es sich bei einer der dargestellten Figuren der *Geißelung Christi* um das Bildnis des Giovanni Bacci handle, dem er das Verdienst zuspricht, Piero als Nachfolger von Bicci di Lorenzo für die Vollendung der Fresken in Arezzo vorgeschlagen zu haben.[148] Ferner sollte es Bacci gewesen sein, der gemeinsam mit Bessarion den Kontakt zwischen Piero und Federico da Montefeltro vermittelt hatte.[149] Piero war jedoch damals auf keine besonderen Empfehlungen mehr angewiesen, hatte er doch bereits für Borso d'Este, für Sigismondo Malatesta und insbesondere für Pius II. gearbeitet. Kurioserweise war es gerade Federico da Montefeltro, der Sansepolcro besetzt hielt, als Piero dorthin zurückkehrte, nachdem er mit Domenico Veneziano in Sant'Egidio in Florenz gearbeitet hatte.[150]

Im Jahr 1469, als sich Piero nach Urbino begab, erhielt er die vorletzte Zahlung für das von ihm gefertigte *Polyptychon der Augustiner* in Sansepolcro. Insbesondere die beiden zuletzt geschaffenen Tafeln des Polyptychons geben Aufschluß über den Stil Pieros zur der Zeit, als sich die ersten Kontakte mit Urbino anbahnten. Eine geradezu heroische Spannung bemächtigte sich nunmehr der Komposition. Eine Spannung zwischen der äußeren Architektur und den monumentalen Figuren, die, eingeschlossen in ihre vom Licht vergoldeten marmornen Terrassen, kaum mehr in die geschweiften Tafeln passen. Der morgendliche Himmel im Hintergrund implizierte die Richtigstellung der ursprünglichen chromatischen Lebhaftigkeit. Leuchtende Einschnitte unterbrechen die vorherrschende Monochromie des Gegenlichts. Die Farbe verdichtet sich zu kräftigen Schichten. Die Umrisse sind fast vollständig verschwunden, verzehrt vom Licht, welches das Bild überflutet.

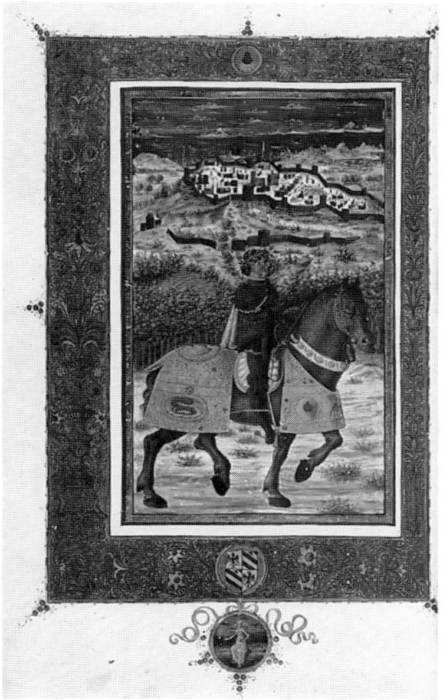

34 Florentintischer Miniaturmaler, Triumph des Federico da Montefeltro bei Volterra. Rom, Biblioteca Vaticana, Cod. urb. lat. 491, fol. II v.

35 Haupttafel des Polyptychons der Schutzmantelmadonna (Detail). Sansepolcro, Museo Civico

Die typischen Merkmale des *Polyptychons der Augustiner* kehren in der heute in der Brera in Mailand aufbewahrten großen Altartafel wieder (S. 213). Dieses außergewöhnliche Bild wurde zu Unrecht als Spätwerk, das nur teilweise von Piero selbst geschaffen wurde, angesehen. Die Restaurierung im Jahre 1981 konnte zweifelsfrei beweisen, daß es Piero mit Ausnahme einiger weniger Nachbesserungen selbst gemalt hatte. Es wurde sicherlich noch vor 1474 vollendet, also noch vor dem Zeitpunkt, da Federico zum Fürsten ernannt und gleichzeitig in den Hosenband- und den Hermelinorden aufgenommen wurde, denn die diesbezüglichen Ehrenzeichen, die er stets zu tragen pflegte, finden sich im Gemälde nicht. Der Helm, den der Herzog zu Füßen der Madonna mit dem Kind abgelegt hat, spielt auf einen Unfall an, der sich in der Jugend Federicos zugetragen hatte und der sein Gesicht für immer entstellte.[151] Für uns, die wir heute in der Lage sind, das persönliche Schicksal des Fürsten in groben Zügen zu rekonstruieren, präsentiert sich das Altarbild als Dokument der Freundschaft zwischen dem Herzog und Piero, der selbst in die vertraulichen Geheimnisse des Montefeltro eingeweiht war. Weiterhin auffällig ist, daß Piero die Modalitäten seines perspektivischen Plans im Bild nicht preisgibt, so daß es für den heutigen Betrachter äußerst schwierig ist, den Bildaufbau und die gemalte Architektur zu verstehen (s. S. 131 ff.).

Die Tafel, die in der Folge das Mausoleum der Fürsten, die Kirche San Bernardino, schmückte, war vermutlich auch ursprünglich für eine Begräbniskapelle des Herzogs bestimmt, welche als Zentralbau im Hof des Palastes errichtet werden sollte.[152] Nachdem man aber Battista Sforza in der Kirche der Klarissinnen bestattet hatte, wurde das Projekt fallengelassen und die Altartafel für die Kapelle des Herzogs bestimmt. In Abwesenheit von Piero wurde der Maler Berruguete damit beauftragt, die erforderlichen minimalen Nachbesserungen durchzuführen.[153]

Ob der Fatalität der Ereignisse war das Jahr 1472 von besonderer Bedeutung für Federico da Montefeltro. Ein glorreicher militärischer Erfolg, wie ihn die Eroberung von Volterra darstellte, war begleitet von der langersehnten Geburt des Thronfolgers Guidobaldo und, nur sechs Monate später, vom Tod seiner Gemahlin Battista.

Das Diptychon in den Uffizien (S. 222/223) nimmt vermutlich Bezug auf die Ereignisse dieses Jahres. Die Stadt im Hintergrund des Bildnisses von Battista – zweifelsohne nicht Urbino – und die beiden Porträts selbst wurden zeitgleich geschaffen.[156] Die Gesichter sind gemäß einem traditionellen Typus der italienischen Porträtmalerei im Profil dargestellt. Die beiden Büsten vor der weiten Landschaft des Hintergrunds sind beredte Indizien für das erneute Interesse an der Kunst eines Rogier van der Weyden aus der Zeit um 1460. Waren aber die Fertigkeiten des Flamen der Darstellung von Heiligen vorbehalten, so besann sich Piero lediglich auf dessen Bildstruktur, um sie individuell und innovativ umzusetzen.[155]

Um ein Bild zu finden, in dem in ähnlich majestätischer Weise die Schrift dominiert, kann wiederum nur auf ein Werk im Umkreis Pieros hingewiesen werden, auf die beachtliche *Grablegung Christi* eines unbekannten Meisters (Abb. 16) in der Pinakothek von Ferrara.[156]

In der *Madonna di Senigallia*, heute im Palazzo Ducale in Urbino (S. 225), setzte sich Piero direkt mit einem flämischen Beispiel auseinander. Die Spiegelung des Fensters an der Zimmerwand im Hintergrund des Bildes erinnert in markanter Weise an den Schatten des gekuppelten Fensters in der Verkündigungsszene des von Hubert und Jan van Eyck geschaffenen *Genter Alters*. Ein analoges Motiv charkaterisierte vermutlich auch das Bild *Der Ofen* von Jan van Eyck, das Federico besaß.[157] Es wäre interessant zu wissen, wie Piero die religiöse Substanz dieses mystischen Themas in einem der seltenen profanen Werke des Flamen gedeutet hat.[158]

Die *Madonna di Senigallia* könnte aber auch für Senigallia bestimmt gewesen sein und nicht, wie gemeinhin angenommen wird, im Jahre 1478 in Urbino als Geschenk für Federicos Tochter Giovanna entstanden sein. Im Jahre 1474 übernahm Giovanni della Rovere die Herrschaft in Senigallia. Von ihm gingen neue Impulse für die Entwicklung der Hauptstadt seines kleinen Staates aus. Auch das Kloster von Santa Maria delle Grazie, der letzte Standort des Bildes, wurde von ihm gegründet.[159]

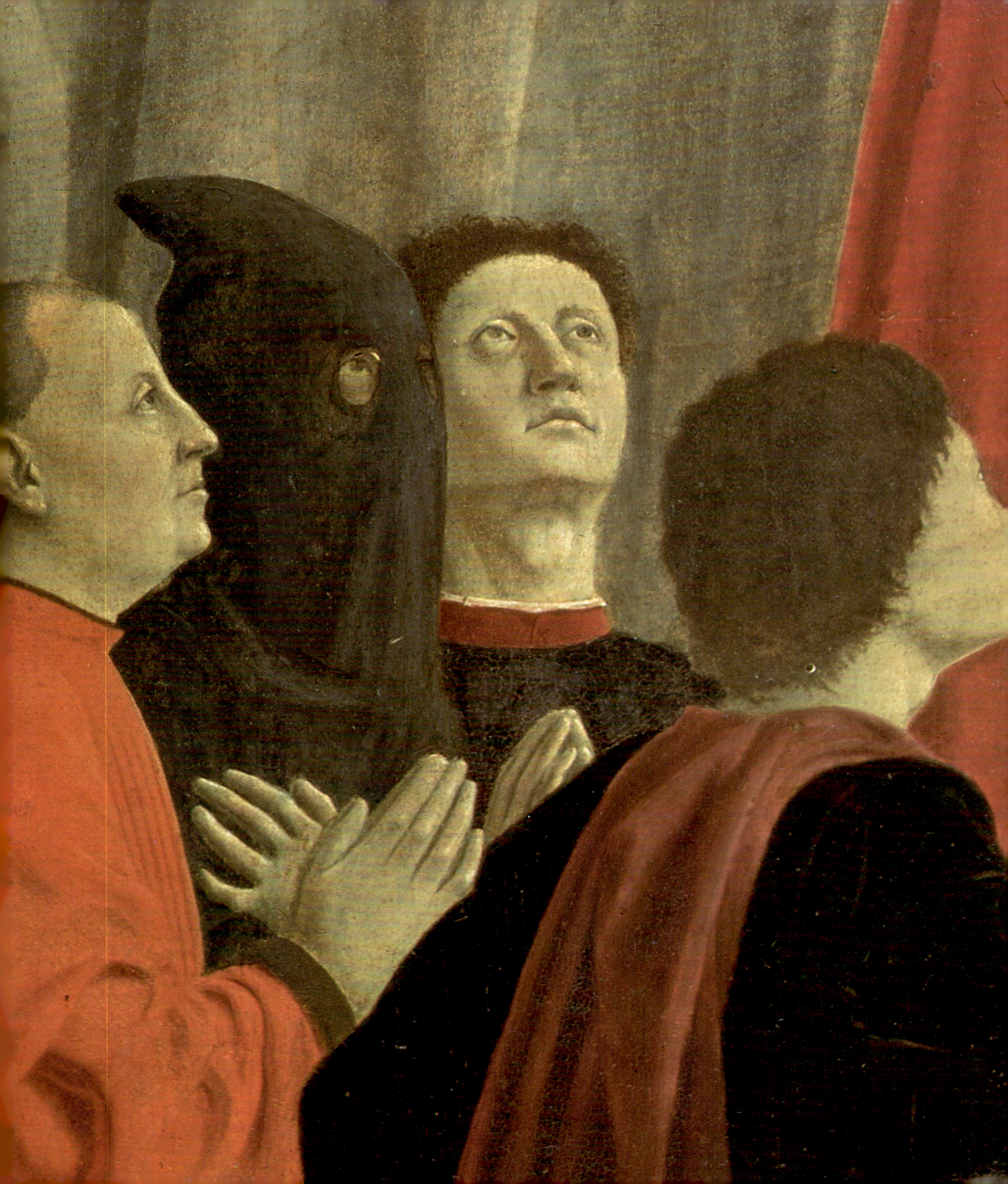

Der Ruhm Federicos, von Jakob Burckhardt maßgeblich erneuert, führte dazu, so viele Schöpfungen Pieros als nur irgend möglich mit Urbino in Verbindung zu bringen. In diesem Sinn betrachtet etwa Clough das Altarbild der Brera als ein von Bernardino della Carda nach dem Tode des Fürsten in Auftrag gegebenes Werk. Seine These basiert auf der Vorstellung einer kontinuierlichen Tätigkeit Pieros in oder für Urbino bis über das Jahr 1482 hinaus.[160] Salmi und Heydenreich haben angenommen, Piero habe selbst an der Planung des Palastes in Urbino aktiv mitgewirkt. Clough vertritt ferner die Meinung, die Wanddekorationen der Studierzimmer in Urbino seien nachhaltig von den Triumph-Szenen des Diptychons in den Uffizien (S. 221) beeinflußt. Seines Erachtens konzipierte Piero selbst noch die Statue auf der Säule in der *Geißelung Christi* (Abb. 113) in Übereinstimmung mit den Figuren des Justus van Gent im Studierzimmer von Urbino.[161]

Wir müssen uns hingegen fragen, wieso der große Meister der Perspektive, der sowohl für Modena als vermutlich auch für Ferrara bereits Entwürfe für Intarsiendekorationen geschaffen hatte, in Urbino nicht zu Rate gezogen wurde, wieso man es dort vorzog, florentinische Zeichner und Meister zu beauftragen.[162] Heute wissen wir, daß die Gemälde des Justus van Gent für das Studierzimmer vor 1474 gemalt wurden. Sie sind somit zeitgleich mit dem Altarbild der Brera entstanden.[163]

Im Jahre 1472, in dem Battista Sforza verstarb, verließ auch der Architekt Luciano Laurana den Palast, um seinen Platz für Francesco di Giorgio Martini zu räumen. Das Jahr markiert den entscheidendsten Einschnitt in der Geschichte Urbinos. Der großartige Plan wurde fallengelassen, den Palast zur alten Residenz der Montefeltro hin auszuweiten. Damit verlor auch das von Pasquino entworfene Konzept des von einem Mausoleum beherrschten zentralen Platzes seine Bedeutung. Sämtliche Kräfte wurden auf die Ausgestaltung der Innenräume verlagert, die nunmehr den repräsentativen Bedürfnissen eines Fürsten zu genügen hatten. Piero lieferte das anläßlich des Todes der Battista Sforza bestellte Diptychon aus Sansepolcro an. Zu diesem Zeitpunkt hatte er vermutlich bereits sämtliche Verbindungen zu Urbino abgebrochen. Die sicherlich von Piero entworfenen, in Miniatur gemalten Initialen im Traktat *De prospectiva pingendi* blieben daher unvollendet.[164]

Zehn Jahre danach, am 22. April 1482, war Piero auf der Suche nach einem Haus in Rimini, wo Roberto Malatesta, der noch im selben Jahr sterben sollte, den erneuten Aufschwung der durch die Aktivitäten seines Vaters arg geschwächten Stadt in die Wege zu leiten suchte.[165] Nach dem plötzlichen Tod Federicos im Jahre 1482 suchte Piero auch erneut den Kontakt zum Hofe in Urbino. Er widmete Guidobaldo, dem noch jungen, aber äußerst klugen Thronfolger, den Traktat *De quinque corporibus regularibus* (Von den fünf regelmäßigen Körpern).

Die Stadtmauer in Sansepolcro

36 Die Taufe Christi, Detail mit der Ansicht von Sansepolcro. London, National Gallery

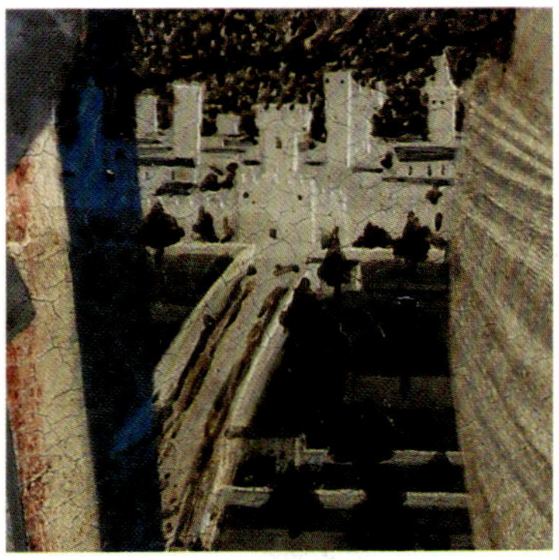

Noch am 28. Februar 1471 war Piero vermutlich mit der Tafel für die Bruderschaft Corpus Domini in Urbino beschäftigt. Am 20. Juli 1472 ist seine erneute Anwesenheit in Sansepolcro dokumentiert, und am 12. Februar desselben Jahres erhielt Justus van Gent eine Abschlagszahlung für die Altartafel, die Piero seit seinem ersten Aufenthalt in Urbino hätte malen sollen.[166] Zwischen 1471 und dem Februar 1472 existieren keine Unterlagen über Pieros Aktivitäten. Man kann jedoch mit Sicherheit davon ausgehen, daß er nach dem dokumentierten Aufenthalt in Sansepolcro nicht mehr nach Urbino zurückkehrte. Die Arbeitsbeziehungen zu Federico da Montefeltro beschränkten sich somit auf den Zeitraum von 1469–1471. Alle Dokumente nach 1471 belegen Pieros Anwesenheit in Sansepolcro, wo er primär der Erledigung öffentlicher Aufträge nachging.[167] Dort widmete er sich den verschiedensten künstlerischen Aufgaben. Im Jahre 1474 malte er gemäß dem Vermächtnis einer gewissen Monna Contessina in der Kapelle des hl. Bartholomäus in der Badia. Im Jahre 1478 ist Piero als ausführender Künstler für Dekorationsarbeiten an der Verbindungsmauer zwischen dem Ospedale della Misericordia und der Kirche dokumentiert.[168]

Im Jahre 1473 wohnte Pieros Familie an der Hauptstraße des Ortes, Ecke Via Graziani.[169] Sie besaß zwei weitere Häuser in der Nähe von San Francesco, die in einem Block miteinander verbunden und an den Fenstern mit Mustern verziert waren, die an die Palastarchitekturen in Gubbio und Urbino erinnerten.[170] Von dort stammt auch das Herkules-Fresko, welches sich heute im Isabella Stewart Gardner Museum in Boston befindet (S. 193). Sicherlich war es Piero, der sich um das Äußere des Hauses kümmerte. Seine architektonischen Ambitionen konnte er jedoch noch weitreichender unter Beweis stellen, als man ihm im Jahre 1474 die Bauaufsicht der Stadtmauer von Sansepolcro übertrug.

In diesen letzten Lebensjahren in der Heimat entstand auch die heute in London befindliche *Geburt Christi* (S. 219). Zu der gängigen Vermutung, es handle sich hierbei um ein unvollendetes Werk, welches erst von Pieros Nachfahren verkauft wurde, trug maßgeblich die Tatsache bei, daß der Künstler in seinen letzten Lebensjahren erblindete.

Doch findet sich im Museum von Sansepolcro eine auf das Jahr 1482 datierte, unscheinbare Tafel des Lorentino d'Arezzo, in der die Gesten und die Instrumente der musizierenden Engel aus Pieros *Geburt Christi* wiederkehren. Dies beweist, daß das Bild damals existierte und daß es vermutlich an einem allgemein zugänglichen Ort ausgestellt war. Einen weiteren diesbezüglichen Hinweis liefert uns ein im selben Museum aufbewahrtes, abgenommenes Fresko des Luca Signorelli aus dem Jahre 1487. Der Maler übernahm die ungewöhnlichen, zu einem Käfig gewölbten Finger der zum Gebet gefalteten Hände Marias und übersetzte diese Anregung mit der für Signorelli so typischen Schärfe. Die Tafel der *Geburt Christi* befand sich wahrscheinlich in der Badia, vielleicht in jener Kapelle, in der Pieros Vater im Jahre 1464 bestattet worden war und in der auch der Sohn seine letzte Ruhestätte zu finden begehrte.[171]

Das Gemälde ist angefüllt mit zahlreichen Reminiszenzen an Florenz und Urbino. So sind die Engel in den in Florenz üblichen leichten Peplon gehüllt oder tragen nach flämischem Muster mit Edelsteinen verzierte Gewänder.[172] Die *Geburt Christi* zeigt sich ferner als frei konzipiertes Bild, in dem sich der Künstler nicht den Verfügungen eines Auftraggebers zu unterwerfen hatte und seine eigensten Ideen kontinuierlich überdenken und entwickeln konnte. Davon zeugt etwa der Esel, der gleichsam an der Musik und am Gesang der Engel teilnimmt und den Piero einfach an die bereits fertiggemalte Stallwand projizierte. Das Bild zeigt einige auffällige Parallelen zum Fresko des Alesso Baldovinetti im Kloster der Annunziata aus den Jahren 1460–1462.[173] Doch scheidet die Scheune in Pieros Gemälde zwei grundsätzlich verschiedene Landschaftansichten: die näher an die Szene herangerückte Stadtansicht im rechten Bildteil, in der Marini Franceschi das Haus der Franceschi in der Via Aggiunte zu erkennen glaubt, und das weite Tal in der linken Bildzone.[174] Durch die kontinuierliche Veränderung des Blickwinkels, das variierende Interesse an bestimmten Motiven entsteht der Eindruck, der Künstler intendiere eine Art dynamischen Raum, der durch den an Jean Fouquet erinnernden halbkreisförmigen Vordergrund noch zusätzlich akzentuiert wird.[175] Die Sorgfalt der geologischen Beobachtungen in den Felsformationen der linken Landschaft, die genaue Rekonstruktion des Flußlaufs, das Ideal einer bewegten Vision generell legen den Schluß nahe, daß Pieros *Geburt Christi* etwa um das Jahr 1473, also zeitgleich zu Leonardos erstem Landschaftsbild, entstanden ist.

Nach Vasaris Aussage erblindete Piero aufgrund eines Katarrhs. Handelte es sich jedoch nicht, wie Vasari annahm, um grauen Star, sondern um ein Glaukom, so wäre Piero wohl ohne eine kontinuierliche Verschlechterung seiner Sehfähigkeit urplötzlich von der Blindheit befallen worden. Vasaris Informationen deuten eher auf eine im Verlauf der letzten Lebensjahre des Künstlers unvermutet eingetretene Blindheit. Eine gewöhnliche Altersblindheit wäre wohl nicht erwähnenswert gewesen. Am 5. Juli 1487 faßte Piero sein Testament ab. Also sah er zumindest zu diesem Zeitpunkt noch so gut, daß er eigenhändig seine Güter inventarisieren konnte. Das Dokument wurde fünf Jahre später in eine notarielle Urkunde aufgenommen.[176] Im Totenbuch von Sansepolcro findet sich unter dem 12. Oktober 1492 folgender Eintrag: »Maestro Pier dei Franceschi famoso pictore sepolto in Badia« (Der berühmte Meister Pier dei Franceschi wurde in der Badia begraben).

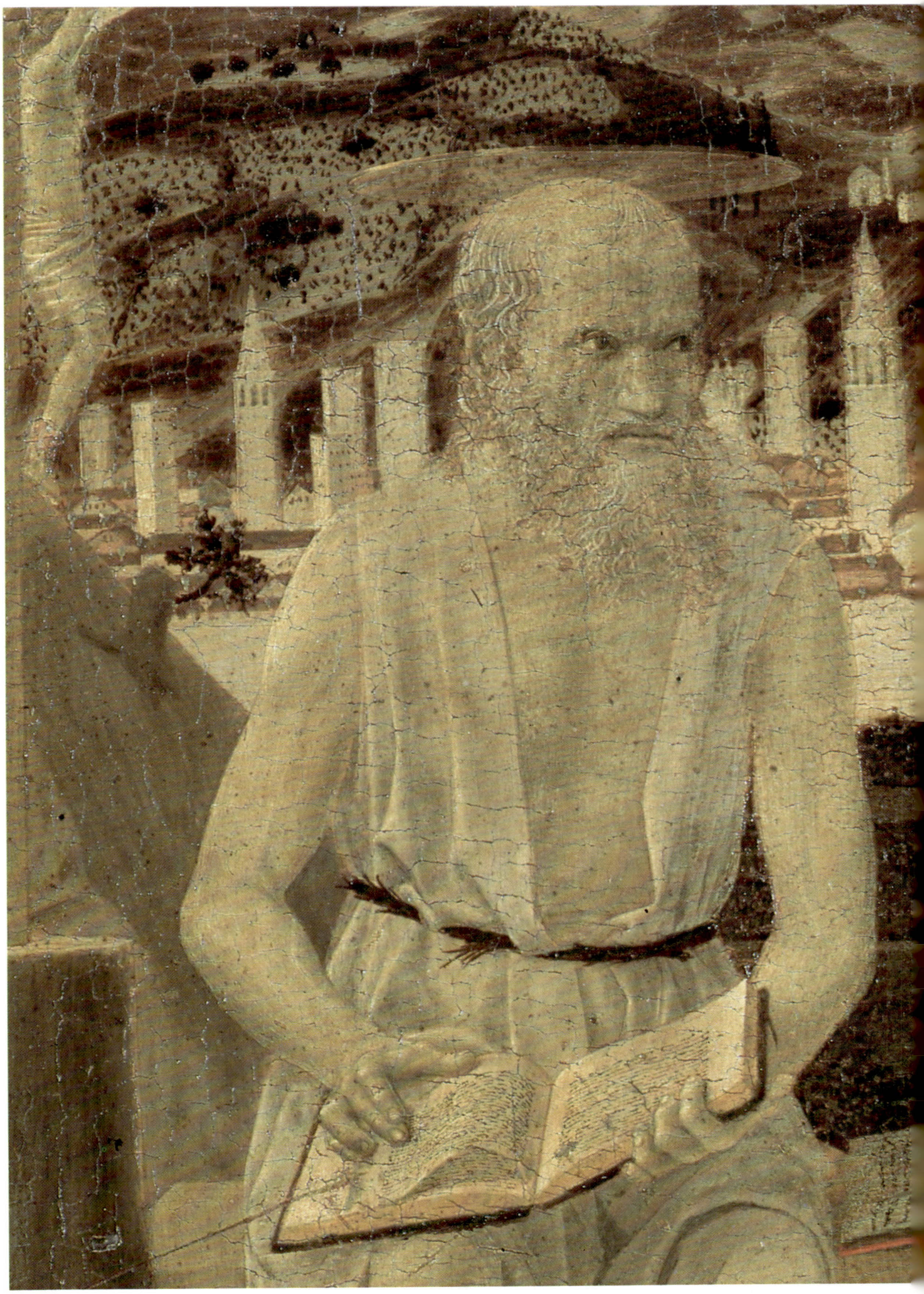

37 Der hl. Hieronymus und ein Betender. Venedig, Galleria dell'Accademia

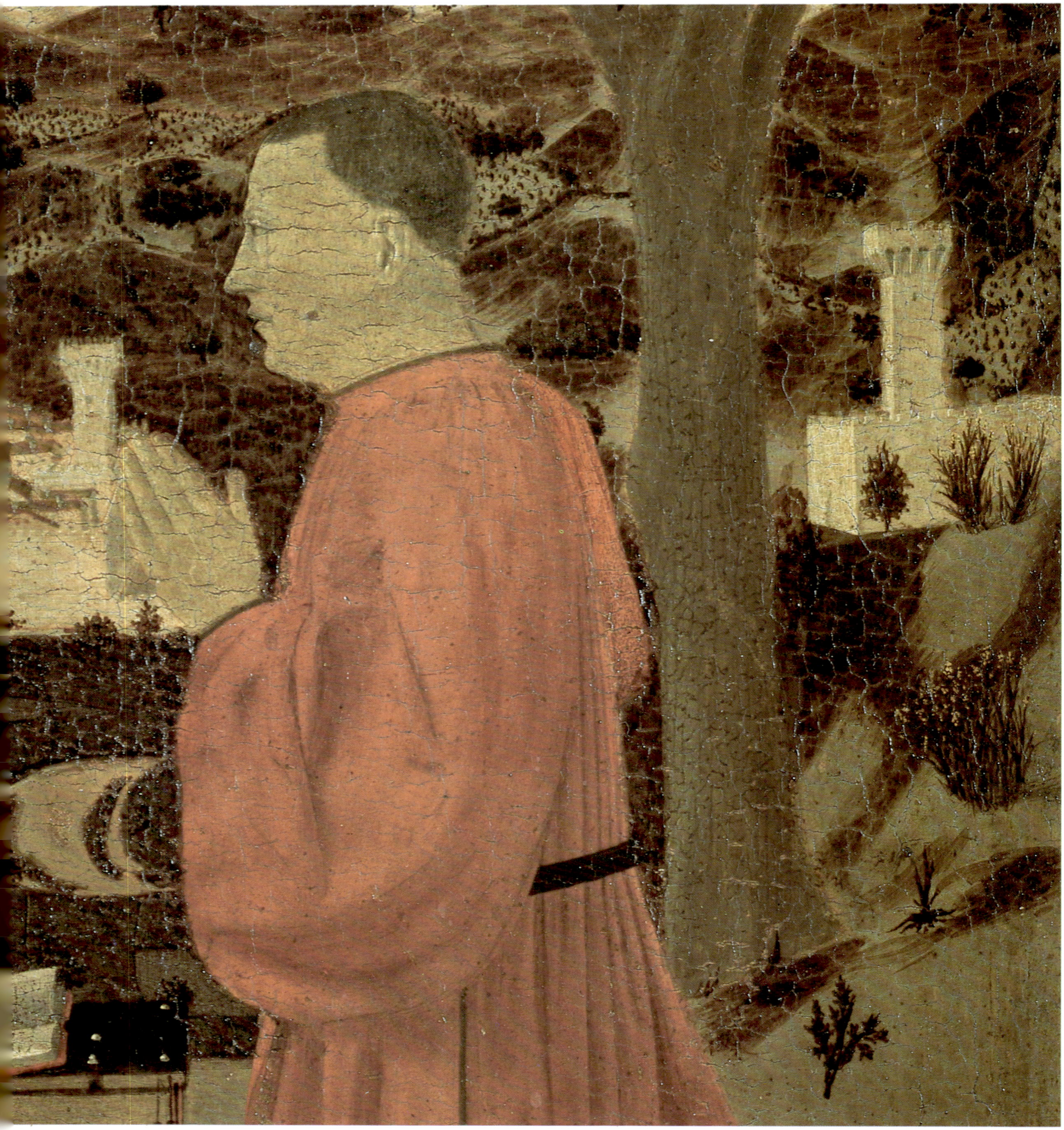

Anmerkungen

[1] J. Gill 1961, S. 206–209, S. 218, S. 220–222.

[2] Flavio Biondo, *Roma triumphans,* Verona 1459, Buch XII, ohne Seitenzahlen. Siehe hierzu: F. Saxl, *Pagan Sacrifices in the Italian Renaissance,* in: *Journal of the Warburg and Courtauld Institutes,* II, 1938/39, S. 346–367.

[3] R. Banker, 1990, (S. 247): »Archivio di Stato di Firenze«, Notarile Antecosimiano 7018 (zuvor f. 176), Ser Mario di Matteo Fedeli, unpaginiert, Datum 2. Dezember 1433, am Rand der Titel »Benedicti«.

[4] Vasari-Milanesi, II, S. 490 (mit geringfügiger Divergenz zwischen den Ausgaben von 1550 und 1568).

[5] Vertrag vom 9. Oktober 1430: F. Dabell, 1984, S. 318.

[6] A. Brahan, 1978. Die Dokumente zum Altarbild des Sassetta wurden von S. Borghesi und L. Banchi publiziert: *Nuovi documenti per la storia dell'arte senese,* Siena 1898, Anm. 64 und 82 zu S. 119–120 u. 142–144.

[7] F. Dabell, 1984.

[8] F. Dabell, 1984.

[9] Vasari-Milanesi, II, S. 674; H. Wohl, 1981, S. 15–17. Die These der künstlerischen Ausbildung bei Domenico in Umbrien wurde von Gronau (Thieme/Becker, *Künstlerlexikon,* XII, Leipzig 1916, S. 289), von Toesca (1935, S. 208) vertreten und von Zampetti (*A Dictionary of Venetian Painters,* I, Leigh-on-Sea 1969, S. 47) und Wohl (1981, S. 18) übernommen, im Gegensatz zur These Longhis einer Ausbildung in Florenz.

[10] H. Wohl, 1981, S. 16.

[11] J. A. Fasanelli, 1965.

[12] Signifikantes Dokument zur Registrierung der künstlerischen Neuigkeiten: das von M. H. Dubreuil (in: *Valencia y el gotico internacional,* Valencia 1987) dem Jacques Coène zugeschriebene Skizzenbuch in den Uffizien. Zu den Studien nach der Antike, siehe: B. Degenhart und A. Schmitt, *Gentile da Fabriano in Rom und die Anfänge des Antikenstudiums,* I und II, in: *Münchner Jahrbuch der Bildenden Kunst,* XI, 1960, S. 59–90; S. 91–151.

[13] R. Krautheimer, 1956, S. 294 ff.

[14] R. Krautheimer, 1956, S. 337–352; H. W. Janson, 1968 (siehe Anm. auf S. 77 f.); M. Greenhalgh, 1982, bes. die Kapitel I und II; J. Alsop, *The Rare Art Traditions. A History of Art Collecting and its Linked Phenomena,* New York 1982, S. 293–372; P. P. Bober/P. O. Rubinstein, 1986, S. 31–49.

[15] P. P. Bober, 1986.

[16] L. Mohler, *Kardinal Bessarion,* Paderborn 1967, III, *Aus Bessarions Gelehrtenkreis.*

[17] *J. Gill, 1961, S. 34, 122, 320.*

[18] *J. Gill, 1961, S. 216–218* (zu den hier verwendeten Quellen zählen: *Historia florentina ab anno 1406 ad annum 1438,* in: L. A. Muratori, *Rerum Italicarum Scriptores,* Erstausgabe, XIX, c. 982). Zum Aufenthalt der Griechen in Venedig, *ebd.,* S. 360 ff., 116–120. Zur Identifikation der Ikonostase des *Pantokrator,* siehe: Syropulos, *Historia Concilii Florentini,* Sect. IV, Kap. XVI, hrsg. von R. Creyghton, 1960. Siehe auch: W. F. Volbach, *Gli smalti della Pala d'oro,* in: *Il tesoro di San Marco, La Pala d'oro,* hrsg. von H. R. Hahnloser, Florenz 1965, S. 1–71, besonders S. 4.

[19] J. Beckwith, *The Art of Constantinople,* London 1961, S. 151.

[20] A. d. Ü.: *Heilige Unterhaltung,* in der ital. Renaissance bedeutsamer Bildtypus der Darstellung Marias mit Heiligen.

[21] Lorenzo Ghiberti's Denkwürdigkeiten – *I Commentari* (hrsg. von J. Schlosser, I, Berlin 1912, S. 35). Um den Auftrag für das Altarbild in San Marco hatte sich auch Domenico Veneziano beworben, der damals in Perugia arbeitete und bei dem sich zu diesem Zeitpunkt vermutlich auch Piero aufhielt. Siehe hierzu: H. Wohl, 1981, Titelblatt und S. 13–14, 200–205.

[22] R. Krautheimer, 1956, S. 159 ff.

[23] R. Krautheimer, 1956, S. 249 ff.; G. Degl'Innocenti, 1980; B. Nagel, 1989.

[24] Nicco Fasola weist darauf hin (1942, S. 129), daß die auf Vitruv zurückgehende Liste der Namen antiker Maler am Anfang des dritten Buches in Pieros Traktat (S. 129) die Orthographie Ghibertis widerspiegelt (Ausgabe Schlosser, S. 9). Sie zieht daraus den Schluß, als »hätten die beiden Künstler denselben Kodex bzw. dieselbe Sekundärquelle« verwendet. Dies würde indes intensive bibliographische Studien der beiden Künstler implizieren. Die einfachere Lösung könnte sein, daß Ghiberti eine Liste von Namen besaß, die irgend jemand für ihn aus Vitruv kopiert hatte. Piero jedenfalls hatte Vitruv nicht gelesen. Er führt jene Maler an, da sie seiner Meinung nach nicht die ihnen gebührende Hochachtung erfuhren. Nach Piero »verdienten sie ewiges Lob«.

[25] C. Grayson, 1975, S. 26 und 40.

[26] R. Krautheimer, 1956, S. 327.

[27] M. Chiarini, 1963. Siehe auch: A. Paolucci, 1989, S. 20, Anm. 13. Wohl (1981) erinnert daran, daß die Segelschiffe auf dem See im Tondo des Domenico Veneziano in Berlin in einem der Fresken des Giovanni di Gonsalvo bereits vorweggenommen sind. Sie verweisen ferner auf die *Geburt Christi* des Robert Campin in Dijon.

[28] E. Battisti, 1971, II, S. 219, Dok. XV; H. Wohl, 1981, S. 341, 200–205.

[29] Die These, daß beide Künstler mit diesem Projekt beschäftigt waren (jedoch zu unterschiedlichen Zeitpunkten) geht auf den Bericht Vasaris zurück, demzufolge Andrea del Castagno Domenico umgebracht hätte, da ihm dieser das Geheimnis der Ölmalerei nicht preisgab. In: E. Kris und O. Kurz, *Die Legenden der Künstler,* Wien 1934, S. 118 ff. Vasari behauptete, Domenico hätte bei der Ausmalung von Sant'Egidio Ölfarben verwendet, und Milanesi (Vasari-Milanesi, II, S. 685) ergänzt diesbezüglich, daß in den Rechnungen zu den betreffenden Fresken eine beachtliche Menge an Leinöl angeführt wird.

[30] H. Wohl, 1981, S. 341, 200–205. Die bei der Restaurierung zum Vorschein gekommenen und in der Folge abgenommenen Gewölbedekorationen datieren auf die Periode der Mitarbeit Pieros und könnten somit von seiner Hand stammen.

[31] Vasari-Milanesi, II, S. 45.

[32] Vasari-Milanesi, II, S. 674.

[33] Im Zusammenhang mit diesem Fresko und dem Bild *Madonna col Bambino e Santi* in der Pinacoteca von Camerino, mit dem Jahr 1449 versehen (R. Longhi, 1927, Ausgabe 1963, S. 71–78; A. Paolucci, 1989, S. 28) bemerkt Zampetti (1988, S. 125–126), daß diese künstlerische Phase des Giovanni da Camerino mit derjenigen Pieros korrespondiert, er aber dennoch autonom blieb.

[34] R. Lightbown, 1987, S. 45–57, 387–400, erinnert daran, daß sich Mantegna 1449 in Ferrara aufhielt.

[35] H. Wohl, 1981, S. 24.

[36] L. B. Alberti, *De Pictura,* hrsg. v. C. Grayson, 1975: »Beim Bekleiden des Menschen umgibt man den zunächst nackten Körper mit Kleidern; genauso gestaltet man beim Malen zunächst den nackten Körper, um die Knochen und Muskeln festzulegen.«

[37] Vasari-Milanesi, II, S. 676.

[38] Vasari-Milenesi, II, S. 495; H. Wohl, 1981, S. 20–21.

[39] Wohl (1981, S. 22) sieht hier einen Zusammenhang mit der *Eva* Andrea del Castagnos in der Villa Pandolfini, während dessen Sinopie zur *Verkündigung* seines Erachtens auf dem Fresko Domenicos basiert.

[40] Wohl (1981) datiert das Bild aufgrund der griechischen Kopfbedekkungen und der Nähe zu Pisanello auf die Jahre nach 1439. Siehe hierzu den von R. W. Kennedy veröffentlichten Ausschnitt mit den Sumpfgräsern und dem Wasservogel (1938, S. 48, Abb. 48).

[41] Vasari-Milanesi, II, S. 56.

[42] A. Brilli, 1989.

[43] A. Del Vita, 1916, S. 9–10; E. Battisti, 1971, I, S. 29–30; II, S. 69, 214, 217; M. Salmi, 1976. Zu den bedeutenden Familien der Toskana, siehe: C. Klapisch Zuber, *Women, Family and Ritual in Renaissance Italy,* Chicago-London 1985 (Sammlung verschiedener Untersuchungen), S. 238–309, *The Name Remade: The Transmission of Given Names in Florence in the Fourteenth and Fifteenth Centuries.*

[44] E. Battisti, 1971, II, S. 218, Dok. I., Zum Handel mit Färberwaid, siehe F. Borlandi, *Il commercio del guado nel medioevo,* in: *Storia economica d'Italia,* hrsg. v. M. Cipolla, I, Turin 1959, S. 269 ff. Siehe auch: F. Polcri, *Della contabilità di una piccola azienda agraria della Valtiberina, secoli XV–XVI,* in: *Proposte e ricerche,* Nr. 25, Sommer-Herbst 1990, S. 144–151.

[45] L. Benevolo, in: *Federico,* 1986, III, S. 9.

[46] E. Battista, 1971, II, Dok. XXXI, S. 221.

[47] *Piero della Francesca,* hrsg. v. G. Arrighi, 1970, S. 69, 97, 99.

[48] B. Boncompagni, *Intorno alle vite di tre matematici (Giovanni Danek di Sassonia, Giovanni de Lineriis e Fra Luca Pacioli da Borgo San Sepolcro),* verfaßt von Bernardino Baldi, in: *Bollettino di bibliografia e storia delle scienze matematiche e fisiche,* XII, Rom 1879; siehe auch: H. Steigmüller, *Lucas Paciuolo, eine biographische Skizze,* in: *Zeitschrift für Mathematik und Physik,* 1889, S. 81–102 und 121–128; G. Biggiogero Massotti, *Della vita e delle opere di Luca Pacioli,* in: L. Pacioli, *De divina proportione,* Mailand 1956; I. Ricci, *Fra Luca Pacioli, l'uomo e lo sienziato,* Sansepolcro 1940; A. M. Gonzales, in: L. Pacioli, *La divina proporción,* Madrid 1987 (mit Bibl.), S. 7–28.

[49] A. M. Gonzales, 1987, S. 8.

[50] P. Paltroni, 1966, S. 115, 118.

[51] C. Ginzburg, 1981, S. 19.

[52] P. Paltroni, 1966, S. 140; siehe insb. auch: C. L. Frommel, 1983.

[53] C. Sterling, 1983, S. 121–123.

[54] A. Goracci, 1847, im Anhang von Giovanni, Matteo und Filippo Villari, *Le vite di uomini illustri fiorentini,* hrsg. v. G. Mazzucchelli.

[55] N. Coulet, in: *Provence historique,* 1981 und in: *Le Roi René,* 1981, mit umfangreicher Bibliographie.

[56] N. Coulet, 1981.

[57] M. Salmi, 1942; 1943; 1961.

[58] M. Meiss, *Italian Primitives at Konopiště,* in: *The Art Bulletin,* XXVIII, 1946, S. 1–16 (S. 15, Abb. 30). Donati (*Note in margine ad Antonio d'Anghiari,* in: *Antichità viva,* III, 6, 1964, S. 17–20) hielt Antonio d'Anghiari für den Schöpfer der Tafel von Konopiště, dem er auch die Teile des Polyptychons der *Misericordia* zuschrieb, die nach Salmi von Giuliano Amadei gemalt wurden. Die Sammlung auf Schloß Konopiště in Böhmen geht auf die Sammlung des Marchese Tommaso degli Obizi zurück und gelangte durch Erbschaft an Erzherzog Franz Ferdinand Este.

[59] Zu den Fresken des Masolino in Monte Giordano: P. Toesca, 1912 (Ausgabe 1966), S. 203–206; I. Toesca, 1952; R. W. Scheller, 1963, S. 209; L. Vayer, 1965; I. Toesca, 1970; R. L. Mode, 1972; L. Scalabroni, *Masolino a Montegiordano: un ciclo perduto di ›Uomini illustri‹,* in: *Da Pisanello alla nascità dei musei capitolini. L'Antico a Roma alla vigilia del Rinascimento.* Katalog zur Ausstellung, Mailand-Rom 1988, S. 569–580. Am Sarkophag sind Szenen aus der Adonis-Sage dargestellt. Am Anfang des 16. Jahrhunderts gehörte er zur Sammlung des Andrea Bregno, heute im Palazzo Ducale in Mantua: P. P. Bober und R. O. Rubinstein, 1986, Nr. 21, S. 64–65.

[60] M. Laclotte und D. Thiébaut, 1983, S. 67–68, 218–222.

[61] C. Sterling, *La Pietà de Tarascon et les peintres Dombet,* in: *Revue du Louvre et des Musées de France,* XVI, 1966, S. 13–26. Die Mitteltafel des Triptychons befindet sich in Ste-Madeleine in Aix.

[62] M. Salmi, 1942. Siehe auch: A. M. Maetzke, 1988, S. 40 ff.; jüngst bestätigte Freuler (1991) die Zuschreibung Salmis, wie im übrigen schon zuvor R. Longhi (1963, S. 196).

[63] E. Panofsky, 1953, S. 1, 189.

[64] E. Panofsky, 1953, S. 189–190, 232 ff.

[65] E. Panofsky, 1953, S. 189. Piero verwendet die Geste dann auch dazu, in seinen *Verkündigungen* die plötzliche Unterbrechung des Gedankengangs darzustellen.

[66] M. Laclotte und D. Thiébaut, 1983, S. 218 ff.

[67] E. Panofsky, 1953, S. 3; M. Baxandall, 1971, S. 110.

[68] Für Pächt waren König René und der Meister (Maler) des Königs ein und dieselbe Person. Die Entdeckung des Vertrags für das Triptychon von Aix indes erschütterte diese Hypothese. Siehe hierzu die Ausführungen von Laclotte und Thiébaut (1983, S. 219–220). Zu Kardinal Albergati, siehe: E. Pasztor, in: *Dizionario biografico degli Italiani,* I, Rom 1960, S. 619–621. Die vermutete Reise von Alberti und Albergati durch Europa wird von Grayson im selben *Dizionario* unter dem Stichwort *Alberti* angezweifelt (Bd. I, S. 702–709, besonders S. 703). In seinem Vortrag am Courtauld Institute im November 1977 bestätigt er die Reise jedoch (veröffentlicht in: *Architectural Design,* XLIX, 5–6, Art Profiles 21, S. 7–17.

[69] E. Battisti, 1971, S. 219–220, Dok. XIX; G. Mancini, 1916, S. 447–448, bemerkt, daß Piero anläßlich der Wahl anwesend sein mußte.

[70] Vasari-Milanesi, II, S. 491; R. Longhi, *Officina ferrarese* (Rom 1934), Ausgabe Florenz 1956; M. Salmi, 1958; 1961.

[71] Dem Ciriaco d'Ancona erschien das Gemälde »potius divina quam humana arte depictam«, in: G. Colucci, *Delle antichità picene,* XV, Fermo 1792, S. 143; zitiert in: M. Baxandall, 1971, S. 108, Nr. 149.

[72] C. Grayson, 1960, S. 706.

[73] K. Christiansen, 1979. In den *Tavole Barberini,* bezüglich derer Zeri auf die Bedeutung des gotischen Rahmens hinwies (*Due dipinti, la filologia e un nome,* Turin 1961), finden sich antikisierende Architekturprospekte, deren geschmückte Fassaden und große Bogenöffnungen auf die Zeichnungen des Jacopo Bellini zurückzugehen scheinen (siehe: C. Eisler, 1989, S. 444–452; zum Einfluß Albertis auf Jacopo Bellini: S. 46).

[74] R. Lightbown, 1987, S. 416–426.

[75] Vasari-Milanesi, II, S. 677, Anm. 34.

[76] Lightbown (1987, S. 422) erinnert an die Ausführungen von Castelfranco (in: *Bollettino d'arte,* 1962, S. 31–32), der annahm, daß die dem Giovanni da Camerino zugeschriebene Lünette in Wirklichkeit von Mantegna gemalt wurde.

[77] R. Longhi, 1927 (1963), S. 10.

[78] C. Caneva, 1986, Anm. 34.

[79] E. Gombrich, 1959. Die Zeichnung trägt die Inventarnummer 33. Sie ist abgebildet in E. Ruhmer, *Tura,* London 1958, Abb. VIa.

[80] M. Salmi, 1958, S. 123–139; ders. 1961, S. 13–16.

[81] M. Daly Davis, Ravenna 1977.

[82] R. Oertel, 1977. Nach Battisti (1971, II, S. 6 u. 87–88) ist das Gemälde unvollendet und mit einem anderen begonnenen Bild der Werkliste zu identifizieren, die Pieros Bruder Marco im Jahre 1500 erstellt hatte.

[83] Siehe Katalog der Werke in diesem Band, Nr. II.

[84] C. Eisler, 1989, S. 47–52.

[85] Etwa im Werl-Altar; siehe E. Panofsky, 1953, S. 264.

[86] E. Panofsky, 1953, S. 272–276.

[87] *Le stigmate di San Francesco,* heute in der National Gallery in London. Siehe: E. M. Davies, 1961, S. 504.

[88] E. Battisti, 1971, II, S. 220, Dok. XXIII. Im Brief erscheint der Ausdruck »maestro depentore«; da Sigismondo noch nicht weiß, um wen es sich handelt, erbittet er von Giovanni de' Medici nähere Angaben.

[89] H. Wohl, 1981, S. 32–63 und 123–132. Die Datierung des Altarbilds ist bis heute umstritten (Angaben zum Forschungsstand: A. De Marchi, Katalog der Ausstellung *Pittura di luce,* 1990, S. 65–68). Es sei deshalb darauf hingewiesen, daß Jean Fouquet die Laube der *Annunciazione* in der Predella in einer Miniatur mit dem hl. Lukas im Stundenbuch des Jean Robertet wieder aufgreift. Fouquets Autorschaft an diesem Stundenbuch wurde meist bezweifelt. (S. Lombardi, 1983, S. 243 ff.) Reynaud (1981, S. 55) konnte jedoch zeigen, daß er der Hauptmeister des Buches war. Im Gegensatz zu Welliwer (1973) negiert Wohl (1980, S. 39) die Möglichkeit, daß Domenico gemeinsam mit Piero die perspektivische Anlage des Altarbildes konzipierte. Es stimmt hingegen, daß wir die Fahne mit der Darstellung der *Geißelung Christi* nicht kennen, die Domenico im Jahre 1450, also kurz vor Pieros Fresko in Rimini, für Arezzo gemalt hatte (siehe hierzu: F. Dabell, *Domenico Veneziano in Arezzo and the problem of Vasari's ancestor,* in: *the Burlington Magazine,* CXXVII, 1985, S. 29–32).

[90] A. de Montaiglon, 1861; K. Schwager, 1970; K. Oberhüber, 1971; S. Lombardi, 1983; N. Reynaud, 1981, S. 9–12; C. Sterling, 1988, S. 22. Fouquet präsentierte den Papst mit zwei Verwandten, ein Motiv, das er aus einem Fresko im Lateran mit dem Bildnis Bonifazius VIII. übernahm. Witting (1898) erkannte im Gesicht des hl. Sigismund den Einfluß von Roger van der Weyden.

[91] Averulino Filarete, *Trattato di architettura,* hrsg. v. L. Grassi, Mailand 1972, S. 265.

[92] J. Gill, 1959.

[93] Dokumentiert durch die Widmung des Bartolomoe Fazio für die *Imagines* des Filostrato (il Giovane): M. Baxandell, 1971, S. 105–106. Der Besuch des Rogier van der Weyden in Italien wurde von E. Kantorowitz negiert (*Journal of the Warburg and Courtauld Institutes,* III, 1939/40, S. 179–180), von Panofsky (1953, S. 272–273) jedoch bestätigt.

[94] Borsook (1981, S. 95) interpretiert das Programm der Fresken als »invitation to a vicarious pilgrimage to the Holy Land«.

[95] Rom zur Zeit des Besuchs von Piero: T. Magnusson, *The project of Nicholas V for the rebuilding of the Borgo Leonino in Rome,* in: *The Art Bulletin,* XXXVI, 1954, S. 89–115; C. W. Westfall, *In This Most Perfect Paradise: Alberti, Nicholas V, and the Invention of conscious urban planing in Rome,* Penn State University Press - London 1974 (aufgrund der Einführung von M. Tafuri auch in ital. Übersetzung zugänglich: *L'invenzione della città. La strategia urbana di Niccolò V e Leon Battista Alberti nella Roma dell'400,* Rom 1984, S. 13–40). Die direkte Beteiligung Albertis an den Plänen zur Erneuerung der Stadt ist ungesichert (C. L. Frommel, XVII, 1986, S. 39–65, besonders S. 43). Francesco del Borgo, schon um 1450 in Diensten des Papstes, hatte besonders unter Pius II. auch bauliche Maßnahmen zu betreuen. Frommel bezeichnet ihn als den Schöpfer einer wahrhaft römischen Architektur, frei des florentinischen oder lombardischen Einflusses (*Francesco del Borgo, Architekt Pius' II,* in: *Römisches Jahrbuch der Kunstgeschichte,* XX, 1983, S. 107–154. Siehe auch 1986, S. 47 ff.).

[96] C. Mitchell, 1973, S. 433. Aus dem Brief Sigismondos an Giovanni de' Medici folgert Mitchell, daß Sigismondo die Absicht hatte, den »maestro depintore« zu entlohnen, also auch mit verschiedenen Arbeiten zu beauftragen. Der Brief stammt vom 7. April 1449. Aus anderen Quellen wissen wir, daß sich für Sigismondo um dieselbe Zeit plötzlich die Chance ergab, sich des Marmors von Classe zu bemächtigen, was ihn sicherlich dazu veranlaßte, seine Pläne umzuwerfen (C. Ricci, 1924, I, S. 210–214 und II, S. 586–587; C. Mitchell, 1973, S. 428).

[97] Die Bedeutung der Tätigkeit des Matteo de' Pasti in Rimini hinsichtlich der antikisierenden Epigraphik wurde von Mardesteig (1959) akzentuiert. Zu Matteo de' Pasti siehe auch Kap. 3 dieser Publikation.

[98] Inventar des *Castel Sismondo e Sigismondo Pandolfo Malatesta* im Jahre 1486, hrsg. v. C. Tomasini Pietramellara u. A. Turchini, Rimini 1985, S. 261.

[99] Ravenna erscheint damals als eine Reliquie des Antiken. Ein Teil des Reichs Justinians, der überlebt hatte. »Fateor, ne Romae quidem pulchriores sacras aedes vidi«, schrieb Ambrogio Traversari in einer der meistzitierten Beschreibungen (A. Taversari, *Latinae Epistolae,* hrsg. v. P. Cannetti, Florenz 1739, S. 419–422; aus einem Brief vom 12. Oktober 1433 an Niccolò Niccoli; partiell veröffentlicht in: M. Baxandall, 1971, S. 152–154).

[100] R. Longhi, 1927, S. 77, 119–120; K. Clark, Ausgabe 1969, S. 38, 49–53, 225–226; P. Hendy, 1968, S. 79; C. Gilbert, 1968, S. XIII und XIV; diese Autoren datieren die Arbeit Pieros an den Fresken von 1452, dem Todesjahr des Bicci di Lorenzo, bis 1465/1466; Gilbert unterteilt die Arbeit in vier Phasen: von 1451–1458 entstehen danach die zwei Lünetten und *Die Bestattung des Holzes;* von 1459 bis 1463 ca. die Szenen der hl. Helena und der Königin von Saba; schließlich 1465/1466 die zwei Schlachten. Dal Poggetto (1971, S. 43) datiert die Fresken vor das Jahr 1459; Witting (1898, S. 102) und Battisti (1971, II, S. 22–24) hingegen vermuten, daß Piero kurz vor seiner Romreise um 1458/1459 mit den Fresken begann (Francesco Baccio stirbt 1459, Agnolo Bacci ist Prior) und um das Jahr 1466 damit fertig war. Salmi (1979) geht von einem Beginn unter Agnolo Bacci aus und glaubt an die Vollendung der Fresken im Jahre 1464. Ginzburg (1981) ist der Meinung, daß der Tod Francesco Baccis für Giovanni Bacci der Anlaß war, die Bauleitung zu übernehmen und das ikonographische Programm abzuändern. Paolucci (1989, S. 35–37) hält sich an die von Longhi vorgeschlagene Chronologie. Dieser Autor nimmt die These von Ginzburg auf (Leitung Giovanni Bacci), deren Unrichtigkeit von Borsook (1983), Pope Hennessy (1986) und Black (1986) bewiesen wurde.

[101] H. Wohl, 1981, S. 190. Cole Ahl (1981–1983) datiert die Tafel aufgrund heraldischer Aspekte auf das Jahr 1467.

[102] L. Bellosi, 1987 (ohne Hinweis auf die Verwandtschaft der Fresken in Morrocco und Arezzo).

[103] L. Bellosi, 1990, S. 171–173.

[104] E. Battisti, 1971, II, S. 223, Dok. LIII.

[105] E. Battisti, 1971, S. 221, Dok. XXXIV.

[106] Zitiert in E. Borsook, 1981, S. 97, siehe dort auch Anm. 100, S. 101. Zu den selben Ergebnissen gelangten Offner und Clark.

[107] Vasari-Milanesi, II, S. 688.

[108] E. Battisti, 1971, II, S. 226, Dok. LXXXVI; H. Glasser, 1977.

[109] Es war erstmals Camponeschi (1886), der darauf hinwies, daß es sich bei dem andächtigen Jüngling mit dem gehobenen Kopf im Polyptychon der *Schutzmantelmadonna* um ein Bildnis des Künstlers handeln könnte. Im übrigen herrscht eine breite Übereinstimmung mit den traditionell angezeigten Selbstbildnissen Pieros, siehe P. L. De Vecchi, 1969, S. 83–84. Es scheint ausgeschlossen, daß es sich bei dem hageren Gesicht in der Szene der *Begegnung zwischen Salomon und der Königin von Saba,* das dem Betrachter zugewendet ist, um ein weiteres Bildnis Pieros handelt. Es könnte vielmehr ein Bildnis des Lorentino d'Arezzo sein, eines der Gehilfen Pieros, welcher diese Szene auch malte.

[110] E. Battisti, 1971, II, S. 220, Dok. XX.

[111] C. Gardner von Teuffel, XIX, 1977.

[112] E. Battisti, 1971, II, S. 221, Dok. XXXIV.
[113] E. Battisti, 1971, ebenda.
[114] Vasari-Milanesi, II, S. 492.
[115] G. Zippel, VI, 1919, S. 81; E. Battisti, 1971, II, S. 223–224, Dok. LIII–LIX.
[116] N. Reynaud, 1981, S. 16–18 u. 80.
[117] Vasari-Milanesi, II, S. 492.
[118] N. Reynaud, 1981, S. 80. Zu den Fresken des Fra Angelico in Rom, siehe C. Gilbert, 1975.
[119] Vasari-Milanesi, II, S. 517.
[120] N. Reynaud, 1981, S. 80.
[121] G. Zippel, 1919. E. Battisti, 1971, II, S. 223, Dok. LIII.
[122] Vasari-Minalesi, II, S. 50; L. Berti, *Andrea del Castagno,* Florenz 1966, S. 36.
[123] Zu den literarischen Aktivitäten des Enea Silvio Piccolomini: E. Garin, *Pio II,* in: *Storia della letteratura Italiana,* III, *Il Quattrocento e l'Ariosto, La letteratura degli umanisti,* S. 7–353, besonders S. 154–197.
[124] J. D. Passavant, Ausgabe 1899, II, S. 123, Anm.
[125] Die Bildnisse des Bessarion wurden erst kürzlich von Ginzburg (1981) zusammengestellt. Auszuschließen ist das angebliche Porträt in der *Geißelung Christi* Pieros in Urbino.
[126] Die kühne Zuschreibung stammt von Parronchi (1964, S. 437). Das kleine Pergamentporträt wurde von Meiss (1961) dem Meister der *Tavole Barberini* zugeschrieben, von Zeri (1961) mit Gioanni Angelo da Camerino identifiziert. Die von Christiansen (1979) erneut zusammengefaßten Dokumente führten dazu, in ihm jenen Fra Carnevale zu sehen, dem früher das Altarbild der Brera zugeschrieben worden war. Bellosi (1990, S. 135) stimmt mit den Ausführungen von Christiansen überein. Meiss (1961, S. 62) jedoch stellt die Frage: »was it not indeed in the painting of Piero that our master found models for the long lighted strands of his (Federicos) hair?« Toesca (1935, S. 209) sprach von einem rein äußerlichen Manierismus, gleichsam einer kalligraphischen Gewohnheit, jedoch einzigartig, wie Piero die festen, scharfen Haare seiner Figuren zeichnete, die so sehr an den Senesen Domenico di Bartolo erinnerten. Das zerfurchte Gewand und der vorspringende Besatz scheinen in der Tat eher auf Piero als auf den Meister der *Tavole Barberini* zu verweisen. Meiss bemerkte dazu, daß die Inschrift des Bildes den Dargestellten als ›Romanorum Rex‹ feiert, ein Titel, der ihm vor der Kaiserkrönung zukam, die im März des Jahres 1452 erfolgte. Er nimmt an, daß es sich um ein Verlobungsgeschenk an Eleonora von Portugal handelte. Auffällig ist, daß das Porträt links beschnitten ist und der Rahmen nur zum Teil erhalten ist. Das Blatt scheint also ursprünglich ein Doppelporträt gewesen zu sein, wohl mit Eleonora auf der linken Seite. Der historische Charakter der Bildnisse erklärt vielleicht, wieso Friedrich mit dem Titel ›rex‹ anstelle des ihm zustehenden ›imperator‹ versehen wurde. Pius II. war wohl der Auftraggeber des kleinen Doppelporträts.
Previtali (1970) schrieb Giovanni di Piamonte die Seitentafeln der *Kreuzigung* zu, die sich heute in der Fondazione Cini in Venedig befindet. Das beweist hingegen lediglich, daß der Meister der *Tavole Barberini,* wer es auch immer gewesen sein mag, im Umkreis Pieros anzusiedeln ist. Darauf verwies bereits Offner (1939). Siehe auch: Schmarsow, *Joos van Gent und Melozzo da Forlì in Rom und Urbino,* in: *Abhandlungen der phil.-hist. Klasse der K. Sächsischen Gesellschaft der Wissenschaften,* XXXIX, 1921, S. 207–210.
[127] P. Toesca, 1935.
[128] C. Sterling, 1988.
[129] C. Gilbert, 1968.
[130] R. Ridderbos, *Antonello's Saint Jerome in his studyroom,* in: *The Burlington Magazine,* 952, 1982, S. 449. Cusanus hatte gerade sein Werk *Dialogus inter Cardinalem Sancti Petri et Paulum Physicum de Circuli Quadratura* (1457) beendet, in dem er sich als Dialogpartner Paolo dal Pozzo Toscanelli, den Freund von Filippo Brunelleschi, erwählt hatte (siehe P. L. Rose, 1976, S. 30).
[131] C. L. Frommel. 1983, Anm. 93.
[132] P. L. Rose, 1976, S. 55. Bei diesem Kodex handelt es sich um: *Urbinate latino* 1329 (287) der Biblioteca Vaticana. Siehe C. Stornaiolo, *Codices Urbinates Latini,* Rom 1920–1921, Index.
[133] Fontana (1986) schrieb die Fresken fälschlicherweise Paolo Uccello zu. Wie Zeri zeigen konnte, stammen sie indes von Giovanni Boccati.
[134] Die Dokumente sind veröffentlicht in Battisti (1971, II, S. 224–225). Tod der Mutter: Dok. LX; Tod des Vaters: Dok. LXXVIII; Anzahlung an Pieros Bruder Marco für ein Altarbild: Dok. LXVII. Dokumente zur Prozessionsfahne für Arezzo: S. 227–229, Dok. LXXXVI, XCII, XCIII.
[135] E. Battisti, 1971, II.
[136] F. Polcri, 1990, S. 3–8.
[137] E. Battisti, 1971, II, S. 228, Dok. XCVII.
[138] R. Longhi, 1927 (Ausg. 1961), S. 100.
[139] Nach dem Vertrag des 4. Oktober 1454 E. Battisti, 1971, II, S. 222.
[140] Die traditionelle Identifikation des Selbstporträts in der Figur des gegen den Sarkophag gelehnten, schlafenden Soldaten (siehe P. L. De Vecchi, 1967, S. 83–84) wird von Salmi bezweifelt (1979, S. 103). Er ist der Meinung, Piero hätte für ein Selbstporträt kaum eine derart ungünstige Darstellungsart gewählt. Hier scheint es sich jedoch vielmehr um die Geste der Anteilnahme des Malers am Schicksal der eigenen Stadt zu handeln, in Analogie etwa zu Duccio, der sich zu Füßen seiner *Maestà* in Siena verewigte. Die Geschichte des Palastes (in Sansepolcro), in dem sich das Fresko *(Auferstehung Christi)* befindet, wurde von Borri Cristelli im Buch von M. G. Paoloni (Hrsg., 1989, S. 7–33) nachgezeichnet. Paolucci (1989, S. 56) glaubt an Verbindungen zwischen den Umbaumaßnahmen des Palastes im Jahre 1458 und der Erstellung des Freskos, weshalb er das Entstehungsdatum noch vor Pieros Romreise ansetzt. In Rom langte Piero vermutlich kurz nach dem 22. September 1458 an. Zuvor hatte er vor dem Notar Ser Leonardo Fedeli eine Vollmacht für seinen Vater und seinen Bruder unterzeichnet (E. Battisti, 1971, II, S. 223, Dok. LII.), wobei Battisti annahm, diese Amtshandlung stehe in Beziehung zur mutmaßlichen Nichterfüllung der Verträge zum Polyptychon der *Schutzmantelmadonna.* Doch scheint es naheliegender, dieses Dokument in Zusammenhang mit der Abreise nach Rom zu sehen, wo sich Piero mit Sicherheit am 16. Oktober 1458 aufhielt. Es ist überliefert, daß man an diesem Tage unter seiner Leitung mit der Errichtung des Gerüsts für das zu malende Fresko begann. Für ein so durchdachtes Werk wie die *Auferstehung Christi* wäre der Zeitraum also sicherlich zu kurz gewesen. Salmi verwies diesbezüglich darauf (1979, S. 103), daß die ausgefeilten Kapitelle der das Fresko rahmenden Säulen das Ergebnis intensiver archäologischer Studien sein mußten, wie sie nur in Rom möglich waren.
[141] Auf den Brief machte erstmals Gaye aufmerksam (in: *Kunstblatt,* 1836, Nr. 86 ff.). In der Folge wurde er mehrmals veröffentlicht, etwa von Rotondi (1950, I, S. 109–110), der ihn im Zusammenhang mit den Arbeiten Lauranas im herzoglichen Palast untersuchte. Die Echtheit des Dokuments wurde mehrfach angezweifelt, konnte mittlerweile indes bewiesen werden (L. Michelini Tocci, *I due manoscritti urbinati dei privilegi dei Montefeltre,* in *La bibliofilia,* LX, 1959, *Miscellanea Mercati* (1959), S. 1–53, insb. S. 35 ff.). Die Argumentation des Federico da Montefeltro korrespondiert in überraschender Weise mit den Anmerkungen von Wittkower zur

italienischen Architektur der Renaissance: »[...] conceived in terms of applied mathematics« (*Architectural Principles in the Age of Humanism,* 2. Aufl., London 1952, IV. Teil, S. 124 ff.).

[142] Hrsg. v. G. Nicco Fasola, 1942 (1984), S. 216.

[143] »tu decus es nostrum: Sequimur tua signa rebelles – His, quicumque tenent castra inimica tuis« (Du bist unsere Zierde: Wir folgen deinen Verbündeten und widersetzen uns jedem, der ein Schloß bewohnt, das deinem Feind ist). Der Ausdruck ›rebelles‹ scheint auf kriegerische Auseinandersetzungen hinzuweisen.

[144] J. Lavallaye, 1964, S. 31; E. Battisti, 1971, II, S. 228, Dok. XCV, vom 8. April 1469: Zahlung an Giovanni Santi »für die Bewirtung des Meisters Pietro dal Borgo, der gekommen war, die zu malende Tafel zu sehen«. Aus den von Lavallaye veröffentlichten Dokumenten resultiert, daß Federico das Vorhaben der Altartafel erst im Jahre 1474 mit einer beachtlichen Zuwendung unterstützte.

[145] Battisti (1971, II, S. 85) rekonstruierte ferner die nach wie vor hypothetische Tätigkeit von Giovanni Bellini zwischen 1469 und 1471 in der Osservanza zu Pesaro. Die Altartafel des Marco Zoppo in Berlin ist datiert: MCCCCLXX/I VINEXIA. Sie wurde also in Venedig gemalt, und der ausführende Künstler hatte vermutlich die Kirche nie gesehen, für die das Bild bestimmt war (L. Armstrong, *The Paintings and Drawings of Marco Zoppo,* London 1976, S. 92–125). Pallucchini ist der Meinung, daß die Altartafel von Giovanni Bellini für Pesaro kurz vor 1471 fertiggestellt wurde und daß Zoppo dieses Werk mit Sicherheit gesehen hatte (*Giovanni Bellini,* Mailand 1959, S. 137).

[146] J. Lavallaye, 1964, S. 31 ff.

[147] H. Wohl, 1981, S. 39.

[148] C. Ginzburg, 1981. Borsook (1983) konnte indes überzeugend darlegen, daß Giovanni Bacci kaum derart weitreichenden Einfluß hinsichtlich eines familieninternen Problems geltend machen konnte, wie es die Ausschmückung der Kapelle erfordert hätte. Black (1986) konnte das Netz der von Ginzburg postulierten humanistischen Verbindungen entwirren. Die Bezüge der Fresken zum geplanten Kreuzzug der Eroberung von Konstantinopel sind indes problematisch, wenn man davon ausgeht, daß die Fresken bereits 1455, also ein Jahr nach dem Fall Konstantinopels, vollendet wurden. Gegen diese Bezugnahme würden auch die engen Beziehungen der Florentiner, der Familie Bacci und der Franziskaner zu den neuen Machthabern in Konstantinopel sprechen. Zur Haltung der Toskaner bezüglich der Kreuzzugsidee, siehe R. Black, 1986, S. 226–240 (Humanistische Literatur zum Kreuzzug), S. 241–276 (die Position von Florenz in den Jahren zwischen 1453 und 1464), S. 277–286 (Die Regierung von Florenz und das Projekt des Kreuzzugs). Ginzburg selbst liefert Material gegen die Hypothese Bacci. Im Jahre 1449 rühmte sich dieser, mit dem Grädisten Giovanni Tortelli befreundet zu sein, während er sich gleichzeitig an Carlo Marsuppini mit der Bitte wandte, für ihn bei Tortelli ein gutes Wort einzulegen (C. Ginzburg, 1981, S. 17–19).

[149] C. Ginzburg, 1981, Kap. IV, S. 63 ff. Die ikonologische Interpretation der *Geißelung Christi* basiert größtenteils auf den angeblichen Verbindungen zwischen Federico und Giovanni Bacci.

[150] P. Paltroni, 1966, S. 54–55.

[151] R. Papini, 1946, II, Anhang II, S. 277 f.; L. Michelini Tocci, in: G. Santi, 1985, S. XLVI ff., S. LXXIX, 152–153, Nr. 181.

[152] P. Rotondi, 1969, S. 62.

[153] Nach den Untersuchungen der Bilder aus dem Studierzimmer in Urbino, die heute im Louvre aufbewahrt werden, war es die Aufgabe Berruguetes, in der Zeit nach 1474 die von Justus van Gent gemalten Bilder zu modernisieren *rammodernare):* N. Reynaud, 1991.

[154] Siehe hierzu Werkkatalog in diesem Band, S. 218 ff.

[155] Die Bezüge zum Triptychon des Rogier van der Weyden wurden bereits von M. Meiss eingehend behandelt: *Lowlands in Highlands,* in: *Gazette des Beaux Arts,* LVII, 1961, S. 273–314.

[156] J. Bentini, 1985, S. 155–161.

[157] Fazio sah das Bild in der Sammlung des Kardinals Ottaviani in Genua. Von dort gelangte es nach Urbino. Fazio beschrieb das Bild als Summe optischer Raffinessen (E. Panofsky, 1953, S. 3, siehe auch Index, Bibliographie, Versuche der Identifikation des Originals unter den verschiedenen Kopien).

[158] Es ist denkbar, daß der Szene im Innenraum (Ofen, Feuer), in der ›Frauen und dem Bade Entstiegene‹ vorkommen, in Wirklichkeit magische Praktiken zugrunde liegen.

[159] E. Deho, *Guida di Senigallia,* Terni 1905, siehe Index.

[160] C. H. Clough, 1970, S. 286.

[161] C. H. Clough, 1970, S. 287.

[162] Zu den florentinischen Meistern der Intarsie: M. Ferreti, *I maestri di prospettiva,* in: *Storia dell'arte italiana,* III (hrsg. von F. Zeri), IV, Turin 1982, S. 457 ff., insbesondere S. 515–517 (Bibliographie der Anm. 8, S. 517–518).

[163] Reynaud (1991) konnte nachweisen, daß die Bilder des Justus van Gent vor 1474 vollendet wurden. Zur Chronologie siehe auch M. Ferretti.

[164] Die zwei bekannten Handschriften des Traktats über die Perspektive, in Parma, Biblioteca Palatina, Kod. 1576 (italienisch) und in der Biblioteca Ambrosiana, Mailand, Kod. 5 P 6/bis (lateinisch), wurden bisher nur hinsichtlich des Textes untersucht. Die künstlerische Erscheinungsform wurde dabei weitestgehend vernachlässigt.

[165] Roberto hatte am 28. April 1471 Elisabetta, die Tochter von Federico da Montefeltro, geheiratet. Zu Rimini zur Zeit des Roberto Malatesta, siehe: Ser Guerriero da Gubbio, *Cronaca,* hrsg. von G. Mazzatinti, in: *Rerum Italicarum Scriptores,* 2, XXV, Teil IV, S. 88 ff.

[166] J. Lavallaye, 1964, S. 32. Vergleiche E. Battisti, 1971, II, 29, Dok. CI.

[167] E. Battisti, 1971, II, S. 235, Dok. CLXXIII.

[168] Zu den Fresken für Monna Contessina: E. Battisti, 1971, II. S. 89 und S. 231, Dok. CXXIII. Das Testament der Monna Contessina geht auf den 21. Juli 1468 zurück, doch die Bereitstellung der Finanzen und die Auftragserteilung erfolgten im Jahre 1474.

Das Fresko für die Misericordia (Battisti 1971, S. 89–90 und S. 233, Dok. CXLII: »una figura depincta« – eine gemalte Figur) wurde zwischen Mai und Dezember 1478 bezahlt. Battisti erinnert daran, daß das Fresko, dessen Gegenstand nicht weiter spezifiziert wird, erstmals von Corazzini erwähnt wurde (*Appunti storici e filologici sulla valle Tiberina superiore,* Sansepolcro 1874, S. 62). Im Juli 1991 erregte die Entdeckung von Freskoresten großes Aufsehen, da sie sich ungefähr an der im genannten Dokument angegebenen Stelle befanden. Diese Information verdanke ich Franco Polcri.

[169] M. Salmi, 1976.

[170] Salmi (1976) glaubte, daß Piero den Typus des Fensters in Ädikula-Form in Urbino eingeführt hatte. Dies ist jedoch eher unwahrscheinlich.

[171] E. Battisti, 1971, II, Dok. LXLV: *in sepoltura sua et suorum predeccessorum* (in seinem Grab und dem seiner Vorfahren).

[172] M.B. McNamee, 1972.

[173] R. W. Kennedy, *Alesso Baldovinetti,* New Haven–London 1938, S. 101–111, 240–241.

[174] E. Marini Franceschi, 1912, S. 113 (die Autorin notiert ferner: »lavoro giovanile senza dubbio« – ohne Zweifel ein Jugendwerk).

[175] L. Brion-Guerry, 1962, S. 42–46; M. Kemp, 1961, S. 64 ff.

[176] E. Battisti, 1971, II, doc. CCIV, S. 234–241.

Die Taufe Christi

Die *Taufe Christi* markiert heute den Höhepunkt des Besuchs im Sainsbury-Flügel der National Gallery in London. Schon einige Säle früher ist das Bild durch die von Robert Venturi entworfenen sandsteingefaßten Türen zu sehen. Wenn wir den Raum betreten, entdecken wir dem Bild zur Seite den *Hl. Michael* des Augustiner-Polyptychons (S. 203) und die *Geburt Christi* (S. 219), Werke also, die sich alle ursprünglich in Sansepolcro befanden. Auf der gegenüberliegenden Seite erblicken wir zwei Freskenfragmente einer Altarnische vom Canto de' Carnesecchi in Florenz, die Domenico Veneziano noch vor seiner Bekanntschaft mit Piero ausgemalt hatte. Gesetzt den Fall, die *Geburt Christi* wäre tatsächlich das letzte von Piero geschaffene Werk, wie zahlreiche Kunsthistoriker annehmen, dann sind in diesem Raum die wesentlichen Stationen seiner künstlerischen Laufbahn repräsentiert und mit zwei Beispielen seines Lehrers ergänzt.

Den Initialpunkt für diese geglückte Synthese der Fragmente aus der Vergangenheit bildete das Meisterwerk der *Taufe Christi* – die zentrale Tafel eines Polyptychons, das erst in der Folge von Matteo di Giovanni vollendet wurde. Als Bekrönung der zentralen Tafel fungierte ein ebenfalls von Piero geschaffenes Tondo mit der Darstellung Gottvaters, der in Analogie zur Taube über dem Haupt Christi in schwebender, perspektivisch extrem verkürzter Position wiedergegeben wurde.[1] Die analoge Gottvater-Figur im Altarbild des Giovanni di Matteo in Asciano ist mit größter Wahrscheinlichkeit darauf zurückzuführen. Die *Taufe Christi* war zweifelsohne für einen Altar bestimmt, wenngleich Piero zum Zeitpunkt, da er das Bild malte, vermutlich nicht wußte, wie der Altar aussah, in den es eingegliedert werden sollte.[2] Gegen die Vermutung, der Altar sei erst nach Vollendung der *Taufe Christi* zusammengesetzt worden, spricht der Charakter der Rahmenkonstruktion, die um 1465–70, als Matteo di Giovanni vermutlich an die Vollendung des Altars ging, stilistisch doch bereits arg überholt gewesen wäre.[3]

Da Piero wahrscheinlich die mit Blattwerk bekrönten Seitentafeln nicht kannte, akzentuierte er die unaussprechliche, erhabene Einsamkeit der Szene in so markanter Weise (Gesamtansicht S. 179). Es war Donatello, der mit seinem Relief am Taufbrunnen in Arezzo eine für die Darstellung der Taufe Christi bedeutsame ikonographische Neuerung eingeführt hatte.[4] Die Taufe ereignete sich nicht mehr an einem unbestimmten, neutralen Ort, sondern in einem schattigen Hain, in dem die zwischen den Bäumen angeordneten Engel wie Geschöpfe des Waldes erscheinen. Den Bäumen kommt hierbei die Aufgabe zu, die perspektivische Tiefe der Szene zu definieren.

Während Donatello gemäß der mittelalterlichen Tradition die Protagonisten der Szene, also Johannes den Täufer und Jesus, im Profil und einander zugewendet darstellte, entschied sich Piero für eine frontale Figurenplazierung. Es war Hartlaub, der auf den Archaismus dieser Komposition hinwies und die Verwandtschaft mit der Tradition des 14. Jahrhunderts, insbesondere mit Domenico di Bartolo, aufzeigte, dessen Vorliebe für die frontale Figurenanordnung etwa in der *Himmelfahrt Mariens* in der Chiesa del Refugio in Siena deutlich wird.[5] Doch muß hierzu relativierend erwähnt werden, daß die traditionellen ikonographischen Darstellungsmöglichkeiten für Maria und Christus eben nicht die gleichen waren. In der *Taufe Christi* wird Christus zudem wie im Thema der Kreuzigung nackt dargestellt.

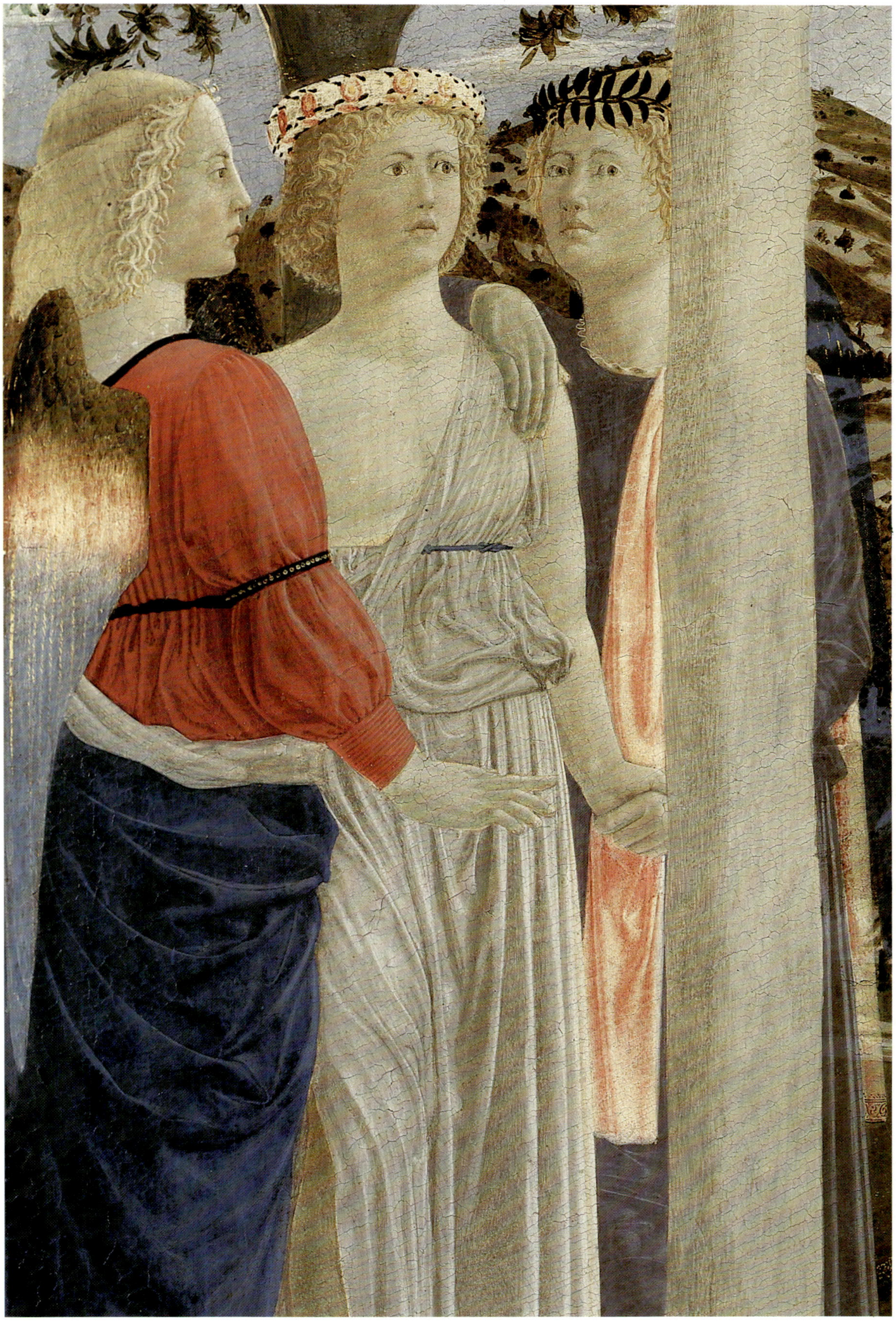

38/39 Die Taufe Christi (Details). London, National Gallery

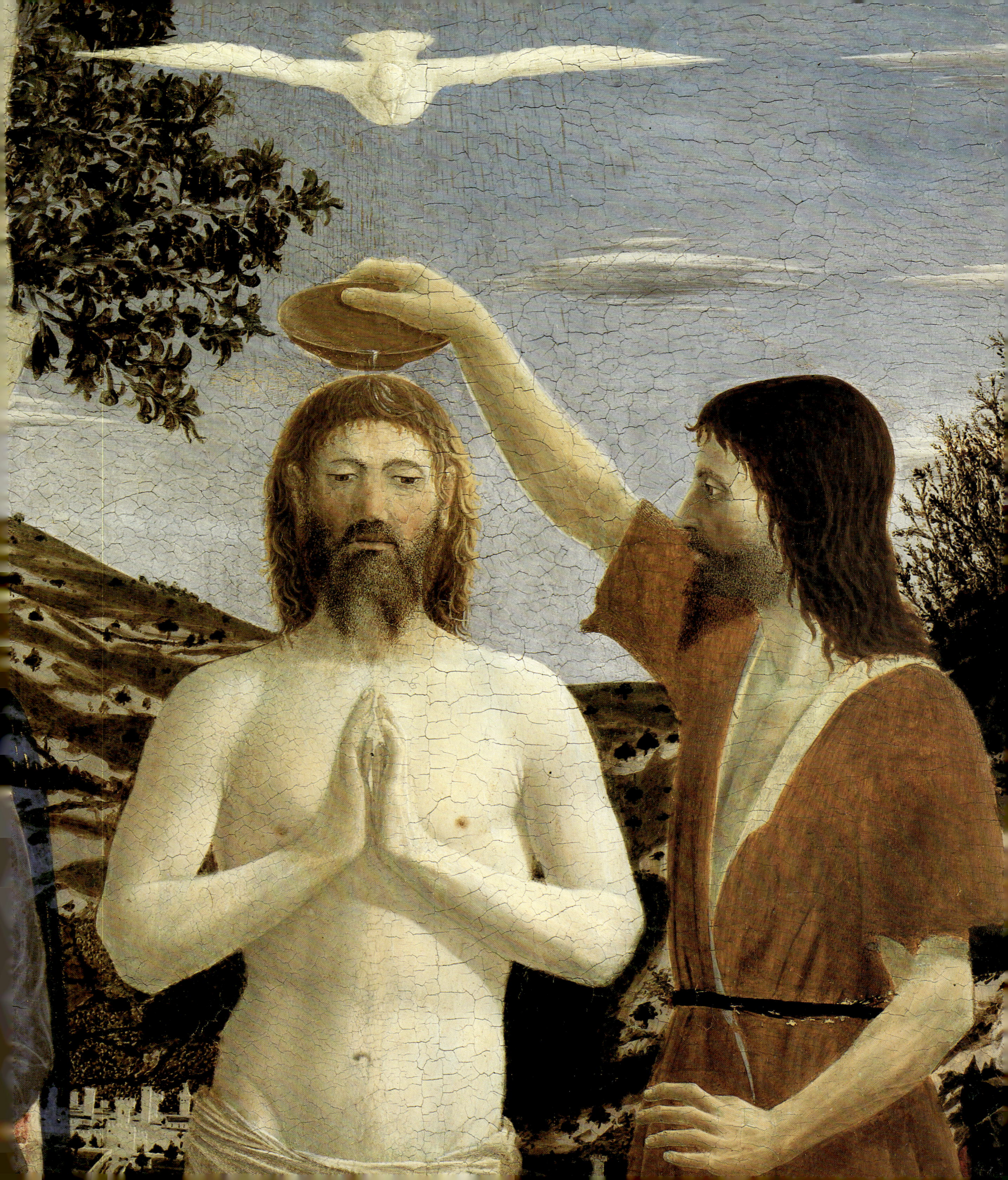

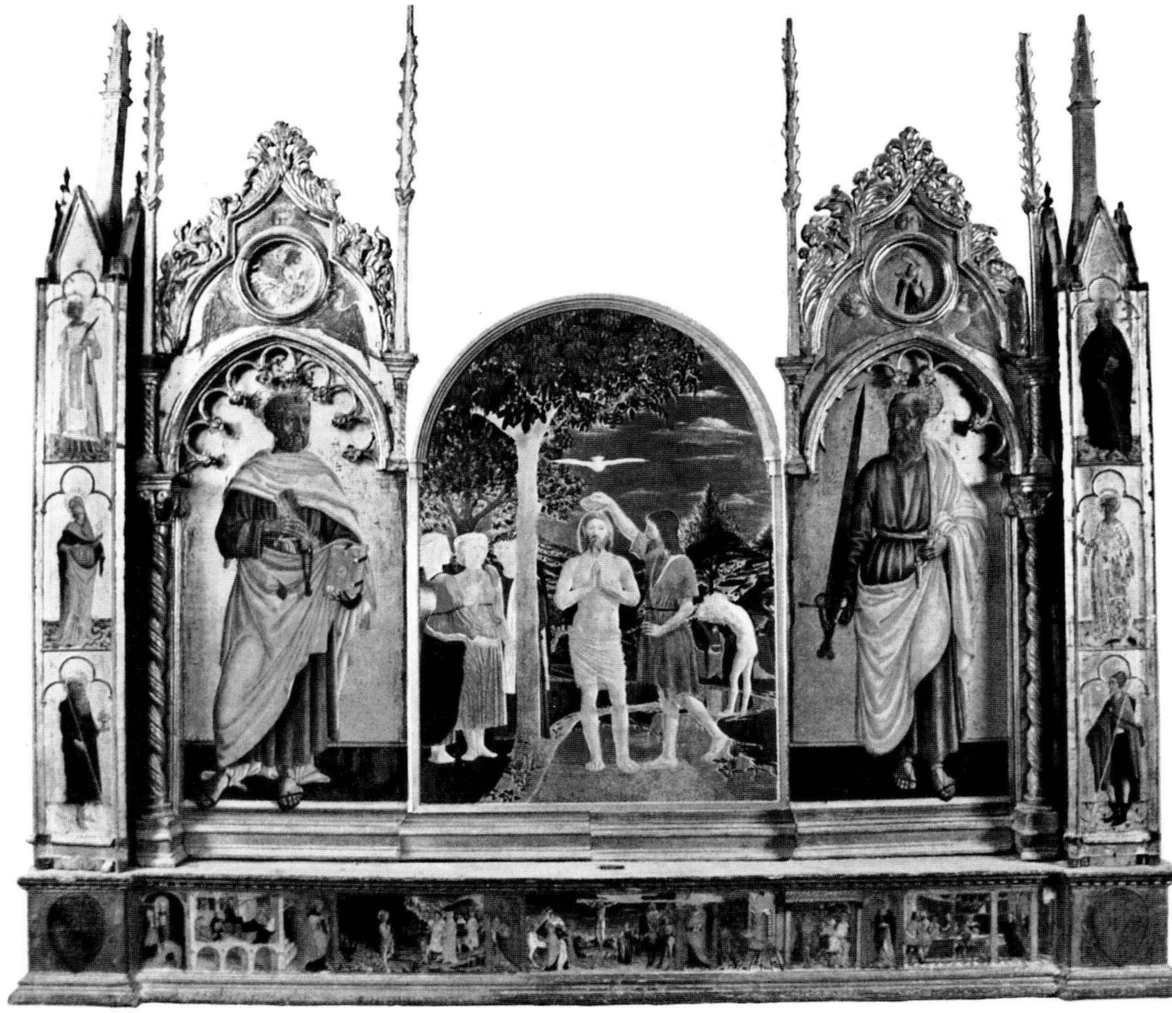

40 Fotomontage der verbliebenen Teile des Polyptychons, zu dem ›Die Taufe Christi‹ gehörte

Geht man davon aus, daß die *Taufe Christi* nach 1451 entstanden ist – es waren sicherlich einige Jahre zur Entwicklung der Landschaftsdarstellung im Vergleich zum Hintergrund des *Hl. Hieronymus* des Jahres 1450 nötig –, so ist anzunehmen, daß Piero in der Zwischenzeit Gelegenheit hatte, die Mosaiken im Baptisterium der Orthodoxen in Ravenna zu sehen.[6] Es ist aufgrund einer früheren unsachgemäßen Restaurierung des Bildes heute kaum noch möglich, die außergewöhnliche Feinheit des jugendlichen Körpers von Christus zu erfassen, dem das Wasser eine leicht bronzene Patina verleiht. Diese Figur atmete in einer bis zu diesem Zeitpunkt nicht bekannten Weise den Geist des antiken Griechenlands.

Christus ist ganz in sich selbst gekehrt und auf die eigene Mission bedacht. Sein Körper zeichnet sich auch unter dem transparenten Lendenschurz ab, der ihn wie ein Ring aus Wellen umwogt. Wie im Gesicht des *Hl. Sigismund* in Rimini formt der Schatten des Arms auf dem Körper Christi eine dunkle Lünette und unterstreicht den Winkel zwischen Handgelenk und Hand, der sich auf dem Brustbein abzeichnet. Ein entrückter, gleichsam unberührbarer und heiliger Körper, den die Schattenfelder zum Leben erwecken. Zwischen dem Täufer und Jesus existiert eine unüberschreitbare Zone, die vom linken Arm des Johannes, der die Begrenzung des eigenen Gewands nicht durchbricht, markiert wird.

Der einheitliche Landschaftshintergrund scheint auf das Tondo *Die Anbetung der Hl. Drei Könige* von Domenico Veneziano in Berlin zurückzugehen (Abb. 46). Pieros Intention, die Figuren so monumental wie nur irgend möglich zu gestalten, führte ihn häufig dazu, bereits fertige Bildzonen zu über-

malen. Durch dieses Verfahren erfuhr der entfernte Hintergrund im Vergleich zu den Figuren der vorderen Bildebene eine deutliche Aufwertung. Ist im Fresko von Rimini das Schloß machtvoll im Innenraum gegenwärtig (S. 181), so ist es hier die kleine Stadt Sansepolcro, die durch die perspektivische Verkürzung unmittelbar an die Ufer des Jordan herangerückt ist.[7]

Am rechten Bildrand beschreibt der Fluß, in dem der Kies des Flußbetts unter den Strahlen der Sonne erglänzt, einen mächtigen Bogen. Die spärlichen Pflanzen am Ufer neigen sich leicht in die Tiefe des Bildes. Vor Christus und Johannes aber nimmt das Flußbett eine rosa Färbung an, als wäre es mit Algen bedeckt oder gar ausgetrocknet. Wo die Füße Christi das Wasser berühren, steht dieses still, bildet eine glatte Fläche, in der sich die Uferlandschaft unverzerrt und scharf widerspiegelt. Aronberg Lavin hat dieses Motiv weitergehend interpretiert. Sie verweist darauf, daß man traditionell glaubte, der Fluß hätte seinen Lauf angehalten, als Jesus getauft wurde.[8] Es ist genau dieses unerklärliche Phänomen, welches die in griechische Priestergewänder gehüllten Männer hinter der Flußbiegung in Erstaunen versetzt. Im Gegensatz zu dem Täufling, der das Ereignis nicht beachtet und spontan sein Hemd über den Kopf zieht, diskutieren die Gelehrten eifrigst und suchen, das Unerkärliche zu erklären: »In der Welt war er, und die Welt ist geworden durch ihn, doch die Welt erkannte ihn nicht. In das Seine kam er, doch die Seinen nahmen ihn nicht auf.« Mit diesen und den nachfolgend zitierten Sätzen beginnt das Evangelium nach Johannes, die primäre Inspirationsquelle des Bildes. Die geschäftigen Schriftgelehrten interessieren sich nicht für Jesus, der einsam und abseits steht: »Ein Mann trat auf, gesandt von Gott, sein Name war Johannes. Dieser kam zum Zeugnis, daß er zeuge von dem Lichte, damit alle zum Glauben kämen durch ihn. Nicht war er selber das Licht, sondern zeugen sollte er vom Lichte. Es war das wahre Licht, das jeden Menschen erleuchtet, der in die Welt kommt.« Die Lektüre des Johannes-Evangeliums verweist auf den tieferen Sinn der einfachen, volkstümlichen Szene.[9]

Das Licht, zentrales Symbol des Textes (»In ihm [das Wort] war das Leben, und das Leben war das Licht der Menschen«), kennzeichnet auch Pieros Komposition in eindeutiger Weise. Das ganze Bild ist lichtdurchflutet: der morgendlich glänzende Fluß, der Himmel, die Spuren der vergoldeten Strahlen, welche sich von oben über die Taube und über Christus ergießen, der Schein der aufgehenden Sonne, welcher das Geäst der Bäume vergoldet. Einer der Gelehrten im Hintergrund deutet mit ausgestrecktem Arm zum Himmel, auf eine Erscheinung, die vor dem Betrachter des Bildes verborgen bleibt. Es handelt sich dabei vermutlich um jenen Punkt am Himmel, von dem der goldene Strahlenregen seinen Ausgang nimmt. Seine Geste verleiht der Erscheinung den Charakter eines Naturwunders, das sich in einer einfachen, aber realen Landschaft mit Sansepolcro als neuem Jerusalem ereignet. Den Menschen, die im Tal der Verna und um den See von Perugia lebten, waren derartige Metamorphosen bekannter Orte in heilige Stätten bereits aus den mystischen Erfahrungen des hl. Franzis-

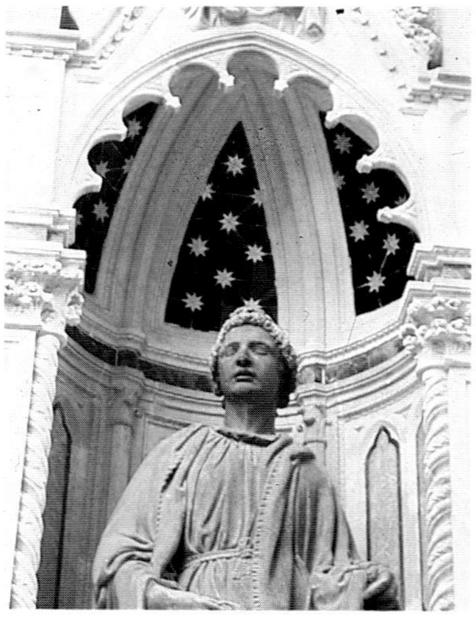

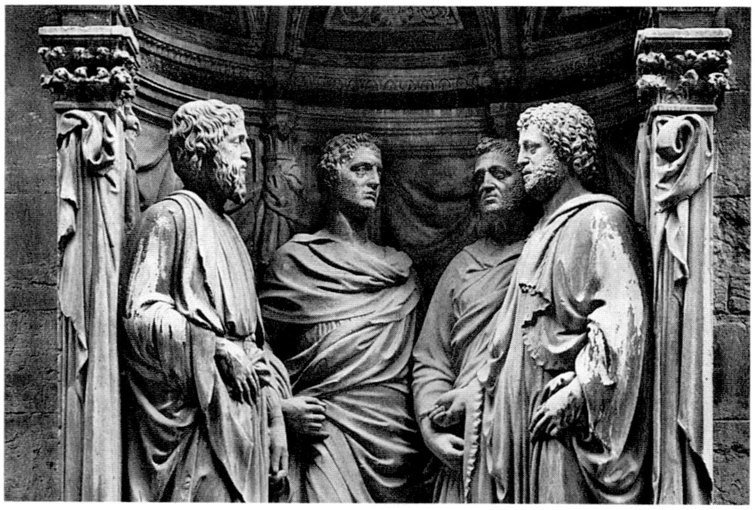

41 Nanni di Banco, Der hl. Philippus. Florenz, Orsanmichele

42 Nanni di Banco, Die vier gekrönten Heiligen. Florenz, Orsanmichele

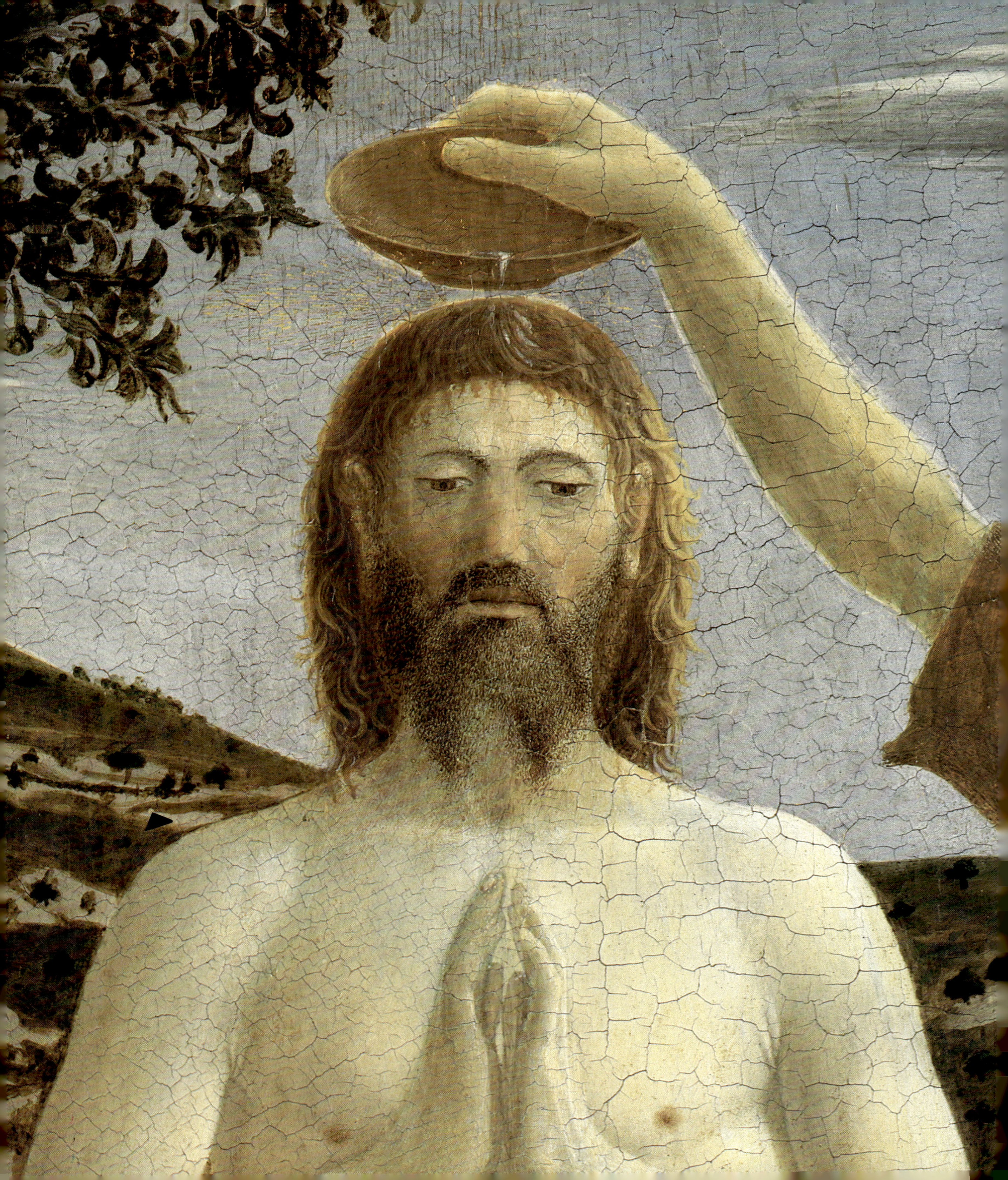

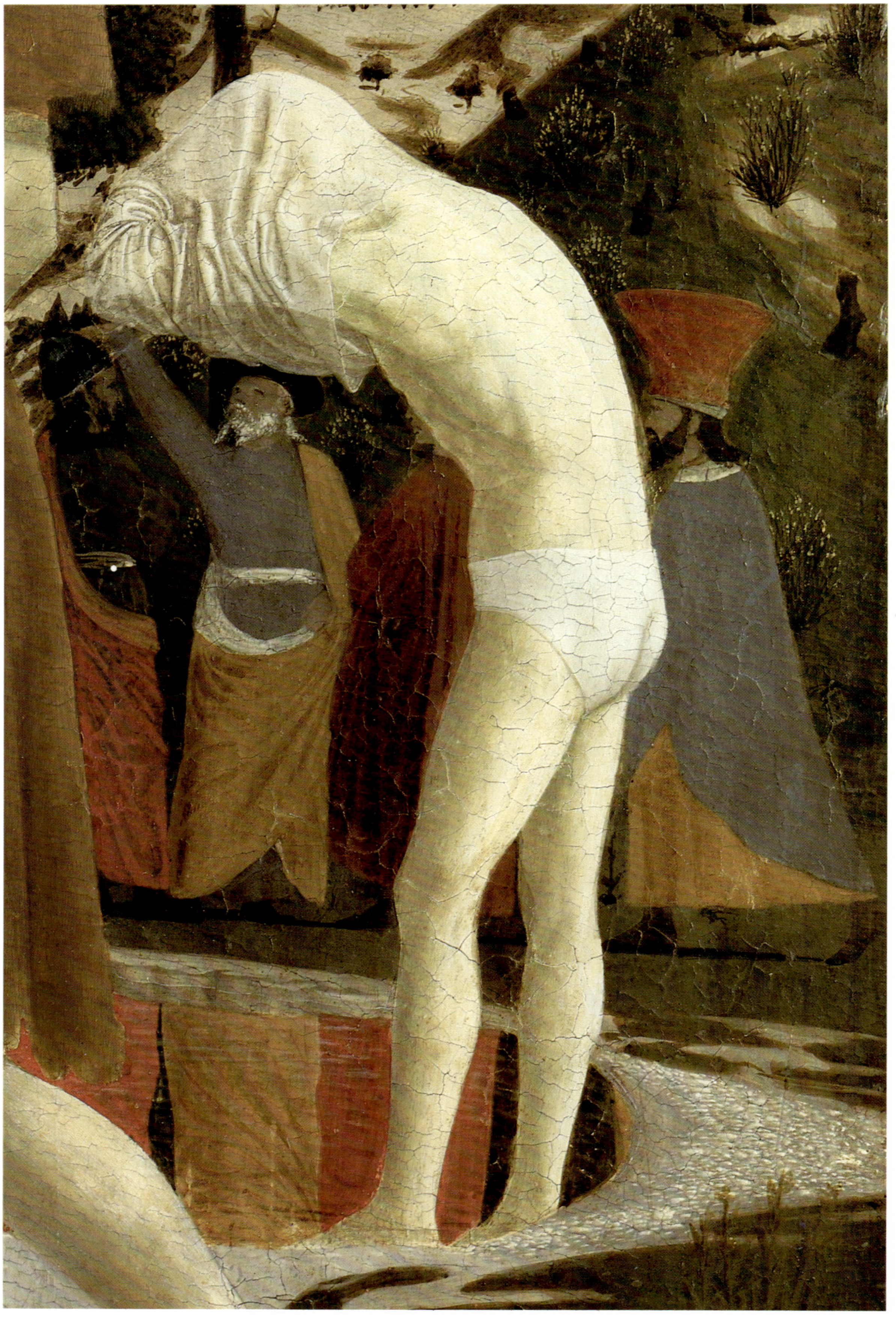

43/44 Die Taufe Christi (Details). London, National Gallery

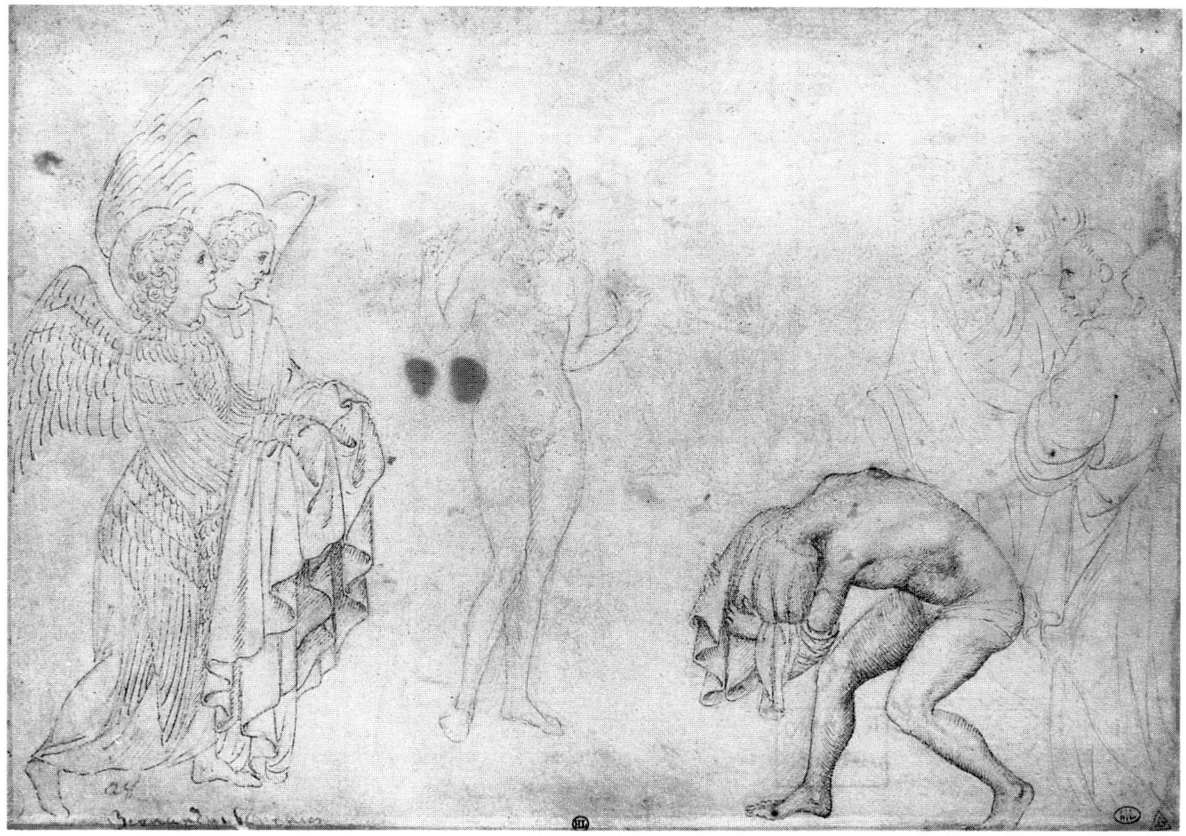

45 Pisanello (Antonio di Pucci), Skizze nach der ›Taufe Christi‹ des Gentile da Fabriano in San Giovanni in Laterano, Rom

kus bekannt. Doch gerade die Akzentuierung, die zusätzliche Semantisierung der im Bild wiedergegebenen alltäglichen Welt verleiht ihr einen enigmatischen, beunruhigenden Charakter.

Unser Gegenüber im Bild sind die Gelehrten, deren farbige Gewänder sich lebhaft im Fluß spiegeln. Doch sind sie von uns so weit entfernt, daß wir ihre Stimmen nicht mehr zu hören vermögen. Sie stammen aus einer anderen Zeit. Wären sie nicht so verblendet, könnten sie das Geheimnis erblicken, welches das dunkle Laubwerk des im Gegenlicht funkelnden Baums – ein Nußbaum – vor unseren Augen verbirgt.[10] Die Geste bezeichnet den Moment der Erscheinung, in dem sich vor unseren Augen das Wasser der Taufschale über das Haupt Christi ergießt, um das sich eine Aureole aus feinsten Goldfäden formiert. »Wie die einzelnen Fäden zur Leinwand verknüpft sind, so verdichten sich die Linien zur Fläche, zur Oberfläche.«[11] Die Dinge fügen sich gleichsam vor unseren Augen zusammen.

Wie in der volkstümlichen Tradition, in der Welt der Sagen und Märchen, wo ein geheimnisvolles, wunderbares Ereignis häufig einhergeht mit dem urplötzlichen, simultanen Stillstand oder der Verwandlung der umliegenden Welt, so ereignet sich auch hier alles in einem Moment. Der Fluß hält in seinem Lauf inne, die Engel jubeln und stimmen ihren Gesang an.[12]

Die Gruppe der Engel erregte schon immer das besondere Interesse der Kunsthistoriker. Ihr antiker Charakter verleitete Battisti zu der Annahme, daß die Gruppe nicht vor Pieros Romreise entstanden sein konnte.[13] Doch genügte bereits eine Reise nach Florenz, um in der Gruppe der *Santi quattro coronati* (der vier gekrönten Heiligen) und des *Hl. Philippus* von Nanni di Banco in Orsanmichele (Abb. 41/42) das Aufblühen der Antike mitzuerleben. Das volle, strahlende Gesicht des mittleren Engels in der *Taufe Christi* mit seinem halbgeschlossenen Mund läßt die Begeisterung erahnen, die Piero vor dem *Hl. Philippus* des Nanni empfunden hat. Auch bildet die Gruppe der Engel einen eigenständigen plastischen Komplex, der den Heiligen in Orsanmichele vergleichbar ist. Die drei Engel mit ihren edlen Gesichtern sind mit frischen Blumengirlanden gekrönt. Um in ihrem einstimmigen Gesang den Rhythmus nicht zu verlieren, halten sie sich bei der Hand oder legen die Hand auf die

Schulter des Gefährten. Der erste der drei, welcher uns einen Teil der Schulter zuwendet, vollführt mit seiner Rechten eine Geste, die Piero des öfteren zum Ausdruck einer Mischung aus Bewunderung und Erstaunen diente. Doch könnte ihr auch musikalische Bedeutung zukommen, scheint doch der Engel den Takt mit dem Fuß anzugeben. Um die Aufmerksamkeit nicht vom zentralen Geschehen der Szene abzulenken, war Piero darauf bedacht, die der Gruppe innewohnende potentielle Bewegung und nicht deren Entfaltung zum Ausdruck zu bringen. Um Bewegungslosigkeit und Aktion miteinander zu versöhnen, mußte er sein ursprüngliches Konzept ändern. So vergrößerte er die Figur des hinter dem Baum halb verdeckten Engels, wobei er einen Teil der bereits fertigen Landschaft übermalte und insbesondere den angehobenen Fuß des Engels im Vordergrund zweimal überarbeitete. Die drei himmlischen Geschöpfe waren ursprünglich mit wesentlich mehr Gold geschmückt, als heute davon übriggeblieben ist. Doch schmälert dies nicht ihre herausragende Bedeutung für die Komposition in ihrer Gesamtheit. Die lebhaften Farben ihrer Gewänder stellen den Bezug her zur reinen Farbskala der im Wasser reflektierten Kleider der orientalischen Gelehrten und leiten den Blick des Betrachters in die Tiefe des Bildes, entlang einer diametralen Linie, die sich von den Hauptfiguren über die Hintergrundfiguren in die Bildtiefe erstreckt.[14] Der Baum hinter den Engeln liegt auf einer weiteren diametralen Linie, die von den Pflanzen am linken Flußufer ihren Ausgang nimmt. Hinter dem Schnittpunkt dieser Achsen, welche dem pyramidalen System der Uferlinien entsprechen, wird ein zweites System wirksam, das an den weit voneinander entfernten Punkten orientiert ist. Die Linie, auf der der Fluß seinen Lauf einstellt, wird so zu einer regelrechten Schwelle.

Die auf Farbe, Licht und Perspektive basierende innere Spannung der Gruppe der drei Engel ist von höchstem ikonologischem Interesse. Und dies um so mehr, als die ihnen zugestandene Bedeutung zu ihrer diskreten Position zwischen den Bäumen deutlich kontrastiert. Hierbei handelt es sich im Vergleich zur Tradition – Donatellos Relief am Taufbrunnen von Arezzo eingeschlossen – um eine wirkliche Innovation. In der traditionellen Ikonographie begleiten die Engel die Erscheinung des Herrn und reichen dem getauften Jesus das Gewand des neuen Lebens, welches nach den 40 Tagen in der Wüste seinen Anfang nimmt. Vor Pieros *Taufe Christi* repräsentierten das rauhe Kamelfell, welches ein Engel dem Johannes überreicht, als sich dieser in die Wüste zurückzieht, sowie das Gewand, welches die Engel für den getauften Jesus bereithalten, zentrale Motive dieses Themenkomplexes. De Tolnay untersuchte erstmals die Beziehungen zwischen den drei Engeln und der gesamten Bildszene in Pieros Bild, wobei er jedoch von einer falschen Voraussetzung ausging.[15] Seine Analyse basiert auf der Tatsache, daß die Engel in Pieros *Taufe Christi* kein Gewand bereithalten und somit die primäre Motivation für ihre Präsenz im Bild fehlt. In Wirklichkeit findet sich das für Jesus bestimmte Gewand jedoch auch hier. Wir erkennen es im rosafarbenen Tuch, welches auf der Schulter des violetten Engels (violett als die Farbe der Passion) ruht. Die nur peripher aufgestellte Hypothese von Krautheimer, die Szene der *Begegnung Salomons und der Königin von Saba* sei als Anspielung auf die während des Konzils von 1439[16] endgültig erzielte Einheit der Kirche in das Programm der Paradiestür eingegangen, beeinflußte Tanners Interpretation der *Taufe Christi,* die in der Folge allgemeine Zustimmung fand.[17] Nach Meinung der Wissenschaftlerin verweise die Geste der beiden Engel, welche sich die Hände reichen, auf das ikonographische Motiv der *Concordia Augustorum* und spiele somit ebenfalls auf die Einigung der Kirche an. Gegen diese Interpretation erhoben sich keine nennenswerten Einwände,

46 Domenico Veneziano, Die Anbetung der Hl. Drei Könige, um 1440. Berlin, Staatliche Museen Preußischer Kulturbesitz, Gemäldegalerie

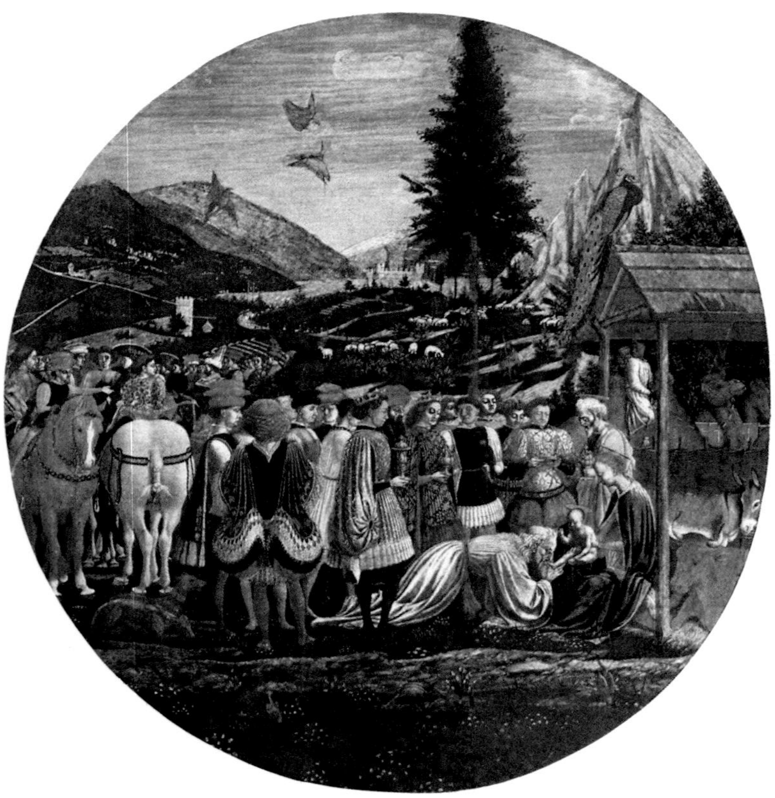

auch wenn sich die zwei Engel an der linken und nicht, wie bei so bedeutsamen Abkommen auch unter Engeln zu erwarten, an der rechten Hand fassen. Aus diesem Grund sah er sich veranlaßt, das Bild auf die Zeit unmittelbar nach dem Konzil zu datieren, da der kurzen erfolgreichen Einigungsphase schon bald die erneute Spaltung der Kirche folgen sollte. Das Problem der Datierung beseitigte Ginzburg, dessen These auf der hypothetischen Herkunft des Bildes aus der ehemaligen Camaldulenser-Abtei von Sansepolcro basiert. Seines Erachtens handelte es sich um ein Geschenk, das dem Andenken des großen Humanisten und späteren Camaldulenser-Superiors Ambrogio Traversari gewidmet war, der den Text des Einigungsdekrets verfaßt hatte.[18] Somit war es nunmehr möglich, das Entstehungsdatum des Bildes unabhängig vom Datum des Konzils zu definieren. Doch müßte dann die bis jetzt nicht nachgewiesene Tatsache zutreffen, daß das Polyptychon für diese Abtei bestimmt war und daß dort eine kleine Gemeinschaft fortbestand, welche ein würdiges Andenken für ihren früheren Ordensvorsteher (Traversari hatte die Funktion von 1431 bis zu seinem Tod im Jahre 1439 inne) wünschte, dessen Bemühungen die Kluft zwischen lateinischer und griechischer Kirche letztendlich nur noch vertieft hatten. Doch berücksichtigt man, daß die drei Engel in Pieros Bild singen, daß sie sich bei der Linken gefaßt halten, daß einer von ihnen das Gewand für Jesus bereithält und daß die Griechen jenseits des Flusses kaum die Einheit der Kirche feiern, da ihnen weit weniger Bedeutung beigemessen wird als etwa dem Täufling, der im Begriffe ist, sich zu entkleiden und dabei die Gelehrten fast verdeckt, so können die bisher angeführten Hypothesen nur schwerlich überzeugen.

In ihre auffälligen Gewänder gehüllt, gleichen die griechischen Priester im Bildhintergrund eher den Levitern, die für Johannes nur ein abschätziges Urteil übrig haben (»Wer bist du? Bist du Eliah? Bist du der Prophet?«) – genau das Gegenteil der getrennten und im Abkommen von 1439 vereinten Brüder. Piero maß ihnen im Bild lediglich eine zweitrangige Bedeutung zu. Das bezeugt auch die Gestalt, die direkt hinter Johannes sichtbar ist und die er nachträglich hinzufügte, als die Landschaft bereits fertiggemalt war.

Die Geste der sich bei der Hand haltenden Engel verweist wohl eher auf die Eintracht der drei himmlischen Geschöpfe im Gesang. Ihre Musik ist nicht die der Menschen noch entstammt sie irdischen Instrumenten: Es ist himmlische Musik[19], kosmische Musik, welche die Menschen, könnten sie sie vernehmen, dem Wahnsinn nahebringen würde. Nach Philon von Alexandria hörte Moses diese Klänge, als er die Gesetzestafeln auf dem Sinai empfing.[20] Nach Augustinus vernehmen sie die Menschen an der Schwelle des Todes, wenn sich ihnen die höchste kosmische Wirklichkeit offenbart.[21] Und ist nicht gerade die Taufe ein ›Sakrament der Toten‹? Bezeichnet sie nicht den Tod des alten Menschen und die Geburt des neuen? Auch für Jesus markiert die Taufe einen Neubeginn. Gottvater bestätigt in aller Öffentlichkeit, daß Jesus der wahrhaftige Sohn Gottes ist. Die Zeit der Buße, der Predigt und der Wunder bricht nunmehr an. Und eine kosmische Musik geleitet Jesus auf seinem Weg.

Die Anspielung auf die Musik lenkt unsere Gedanken erneut auf das zentrale Thema des Bildes, den Glauben, wie er im Kontrast zwischen den unverständigen Gelehrten und dem Täufling, der kraft seines Glaubens begreift, aber auch zwischen der intellektuellen, auf den Gesetzen der Perspektive basierenden Malerei und deren intuitiver, sentimentaler Rezeption zum Ausdruck kommt.

In der deutlichen Kennzeichnung der gemalten Orte spiegeln sich zweifelsohne die Tendenzen des Domenico Veneziano in der Epoche nach dem Berliner Tondo und zur Zeit des Freskos *Hl. Johannes der Täufer und Hl. Franziskus* in Santa Croce in Florenz wider.[22] Wie in diesem Fresko breitet sich auch hier die Landschaft zwischen den Figuren aus und wird bis ins kleinste Detail teleskopisch genau registriert. Die Projektion des vergrößerten Details an die Bildebene ermöglichte es Piero, Entferntes näherzurücken, wobei die Prägnanz der Details durch die kristallklare Luft verstärkt wird. Die Ansicht von Sansepolcro befindet sich nicht, wie zu erwarten wäre, im Bildhintergrund, sondern ist durch ihre Position symbolisch auch mit der Bildebene im Vordergrund in Beziehung gesetzt. Mit seiner außergewöhnlichen Fähigkeit, auch weit zurückliegende Erfahrungen zu aktualisieren, und in einer Phase seiner Entwicklung, in der Piero die Physiognomie seiner Gestalten präzisierte, griff er in der Figur des

Täuflings, der sich gerade das Hemd überzieht, auf die Darstellung einer nackten Figur in Rückenansicht zurück, wie er sie vermutlich bei Domenico Veneziano kennengelernt hatte. Doch Piero übernahm nicht einfach ein bereits von den Salimbeni oder Gentile da Fabriano verwendetes traditionelles Motiv, sondern wertete es symbolisch auf, indem er es der Dialektik überantwortete, welche alle Figuren des Bildes einer einheitlichen Argumentation unterordnete.[23]

Es ist wahrscheinlich, daß Piero durch das erneute Zusammentreffen mit Domenico Veneziano im Herbst 1447 zu dieser Komposition angeregt wurde.[24] Die Gesichtszüge der Figuren sind hier jedoch bereits präziser ausformuliert als in den älteren Teilen des Polyptychons der *Schutzmantelmadonna*. Die Ruhe, die bewußt verhaltene Gestik, die Einheit von Protagonisten und Landschaft sowie die ausgesuchte Anmut der Gesichter künden bereits die Fresken in Arezzo an. Darüber hinaus differiert die Darstellung des nackten Körpers deutlich von der des *Hl. Sebastian* im Polyptychon der *Schutzmantelmadonna* (Abb. 26), dessen Muskelwindungen noch eher an die Zöllner im *Zinsgroschen* des Masaccio erinnern. Der Körper der Christusfigur verrät deutlich eine intensive Beschäftigung mit der Antike. Im Vergleich zum *Volto santo* (Heiliges Antlitz) – ein bemaltes Kruzifix, das in der Abtei verehrt wurde – ist das wahrhaft menschliche Gesicht Christi geradezu bewegend.

Dieser Körper läßt ferner die Vermutung zu, daß Piero das von Leon Battista Alberti verfaßte Werk *De statua* (Über die Statue) kannte.[25] Zusammenfassend scheint die *Taufe Christi* nach der linken Tafel des Polyptychons der *Schutzmantelmadonna* entstanden zu sein, nicht hingegen nach der rechten Tafel, die auf das Fresko in Rimini folgte und bereits in ein anderes Licht getaucht ist. Der *Hl. Hieronymus* aus dem Jahre 1450 (S. 177), diese kleine Probe von Pieros Kunstfertigkeit, steht wohl der *Taufe Christi* zeitlich am nächsten. In beiden Gemälden ist die alltägliche Landschaft wie verzaubert von der Klarheit des Himmels und vom Glanz der Gewässer. Ein ausgeglichenes, freundschaftliches Verhältnis zwischen Mensch und Natur feiert seinen Einzug in die Kunst.

Anmerkungen

1 G. F. Hartlaub, 1910, S. 42 ff. Matteo di Giovanni vollendete das Triptychon in jungen Jahren, vermutlich noch vor dem Altar in Pienza im Jahre 1462–1463. Damals hatte er die *Taufe Christi* von Piero bereits gesehen. Sein Großvater lebte als Installateur in Sansepolcro, und vermutlich kam Matteo dort zur Welt: siehe C. Brandi, 1949, S. 228–229, Anm. 110. Aronberg Lavin (1981, S. 6) veröffentlichte eine hypothetische Rekonstruktion des Triptychons, in dem Gottvater als Büste dargestellt ist. Der schwebende Gottvater des Matteo di Giovanni stand sicherlich der verlorengegangenen Darstellung Pieros sehr nahe. Die perspektivische Verkürzung der Figur Gottvaters entspricht der Perspektive der Flußlandschaft im unteren Bildteil.

2 Das rekonstruierte Programm des Polyptychons ist aufgrund der beiden seitlichen Apostelfiguren stark römisch geprägt.

3 Die Tympanonfelder über gekrümmten Bögen tauchten in Florenz erstmals mit Werken wie der Tafel des *Hl. Blasius* von Rosello di Jacopo Franchi im Florentiner Dom um das Jahr 1408 oder im Umfeld des Agnolo Gaddi auf.

4 J. Pope Hennessy, 1959, S. 47 ff.

5 G. F. Hartlaub, 1910, S. 66–67, Anm. 40.

6 Padoa Rizzi (1972, S. 41–44) glaubt, in den Fresken des Benozzo Gozzoli in Montefalco, 1452 entstanden, insbesondere in der Szene *Der hl. Franziskus als Jüngling verzichtet auf sein Vermögen*, den Einfluß von Pieros *Taufe Christi* zu erkennen. Nach Paolucci (1989, S. 33, Anm. 2) handelt es sich dabei um einen zweifelsfreien Hinweis auf die Datierung von Pieros Bild. Ich bezweifle hingegen, daß die Beziehungen zwischen beiden Figuren so deutlich sind. Ein seltsames Echo der *Taufe Christi* prägt indes den *Hl. Bernhardin von Siena* von Guidoccio Cozzarelli in Sinalunga. Brandi (1949, S. 269, Abb. 217) erkennt im großen, fliegenden Nimbus einen matten Anklang an denjenigen der *Madonna assunta* des Domenico di Bartolo aus dem Jahre 1433. Vereinfacht ausgedrückt handelt es sich hierbei um eine Verfestigung der Goldflitter, welche die Taube im Bild Pieros einrahmen.

7 M. Aronberg Lavin, 1981, S. 24–27 und S. 35–36. Anm. 17. Das Verfahren, religiöse Szenen in eine dem Betrachter bekannte Umgebung zu verlagern, hatte ihre großen Vorläufer in den Stadtansichten des Robert Campin und des Jan van Eyck, Aronberg Lavin (1981, S. 12–38, besonders S. 19 ff.) sieht einen Zusammenhang zwischen der beschwörenden Darstellung von Sansepolcro im Bildhintergrund und dem Namen der Stadt beziehungsweise der Stadtgeschichte. Die Stadt im Bild wurde des öfteren als ›Nuova Gerusalemme‹ (neues Jerusalem) bezeichnet.

8 M. Aronberg Lavin, 1981, S. 39 ff. (3. *The Miracle of the Jordan*). Die Autorin unterstreicht den im Bereich der italienischen Malerei des 15. Jahrhunderts einmaligen Charakter der Darstellung eines Flusses, der aus der Bildtiefe fast senkrecht in die vorderste Bildebene fließt. Als Modell könnte vielleicht der zwischen 1425 und 1430 entstandene *Hl. Christophorus in der Furt* von Jan van Eyck gedient haben, von dem wir heute nur noch Kopien besitzen (eine Zeichnung aus dem Jahre 1430 ca. im Louvre, ein Gemälde im Pennsylvania Museum of Art, Johnson Col-

lection, Philadelphia, aus der Zeit zwischen 1440 und 1450: vergleiche C. Sterling, *Observations on Petrus Christus,* in: *The Art Bulletin,* LIII, 1971, S. 1–26).

[9] M. Aronberg Lavin meint sinngemäß, daß es gerade der tiefere Sinn des Johannes-Evangeliums ist, der es Piero ermöglichte, »the familiar gospel scene« zu überwinden.

[10] Siehe M. Aronberg Lavin, 1981, S. 26.

[11] Leon Battista Alberti, (hrsg. v. Grayson) 1975, S. 12–13.

[12] Schon Lessing verwies auf die Möglichkeit der simultanen Erzählung in den bildenden Künsten im Gegensatz zur geschriebenen Erzählung: G. E. Lessing, *Laokoon oder über die Grenzen der Malerei und Poesie,* hrsg. v. K. Wolfel, Frankfurt a. M. 1988. Mit der *Taufe Christi* berührte Piero zentrale Aspekte des ästhetischen Denkens, wie sie in den Theorien Leon Battista Albertis zum Ausdruck kamen.

[13] E. Battisti, 1971, I, S. 113 ff. Gilbert (1968, S. 33) datierte die *Taufe Christi* auf die Zeitspanne von 1460 bis 1465. Doch vielleicht entstand das Bild bereits vor 1455, denn die Darstellung Gottvaters bei Matteo di Giovanni scheint doch auf das analoge Motiv in Pieros Tondo zurückzugehen, welches vermutlich ursprünglich im Triptychon die Tafel der *Taufe Christi* bekrönte.

[14] Die diametrale Linie verläuft vom hinteren Engel zum entgegengesetzten Entfernungspunkt.

[15] C. de Tolnay, 1963, S. 213.

[16] R. und T. Krautheimer, 1956, S. 181.

[17] M. Tanner, 1972, S. 7 ff. Der Vorschlag Krautheimers wurde von Pogàny-Balàs (1972) aufgenommen, der, gemeinsam mit Longhi (1927, 1961, S. 17–18), de Tolnay (1963, S. 213) und Tanner (1972, S. 7 ff.), Pieros *Taufe Christi* auf die Zeit zwischen 1442 und 1445 datiert.

[18] C. Ginzburg, 1981, S. 5–14; Restmauerwerk der Abtei im Dom.

[19] Die kosmische Musik ist eines der zentralen Themen des platonischen und pythagoräischen Denkens. Die ersten diesbezüglichen Informationen vermittelten sich dem Mittelalter und den Humanisten durch Boethius' *De institutione musica.* Hinsichtlich der mathematischen Interessen Pieros ist es nicht unwahrscheinlich, daß er diesen Traktat zur Musik kannte, der in der handschriftlichen Tradition meist mit den Kapiteln zur Arithmetik in einem Band zusammengefaßt wurde. Die Bibliothek des Kardinals Giordano Orsini umfaßte Werke von Vitruv, Euklid und Boethius. Siehe hierzu A. W. Simpson, *Cardinal Giordano Orsini (d. 1438) as a Prince of the Church and a Patron of the Arts,* in: *Journal of the Warburg and Courtauld Institutes,* XXIX, 1966, S. 135–159, und P. L. Rose, 1975, S. 65, Anm. 114. Potiron (*Boèce théoricien de la musique grecque,* Paris 1954) intendiert die Rekonstruktion der griechischen Musiktheorie über die lateinischen Schriften des Boethius (ebd., S. 59–60, *Harmonie des sphères*). Siehe auch die kritischen Anmerkungen zur Untersuchung Potirons von Chadwick (*Boethius,* Oxford, S. 293, Anm. 27; zur Musik, S. 110–139; zur Musik und deren Verbindungen zur Astronomie, S. 139–146).

[20] Vergleiche H. Chadwick, 1981, S. 111.

[21] H. Chadwick, 1981, S. 112.

[22] Aus den Jahren vor 1448–1450. H. Wohl, 1981, S. 22.

[23] A. Rossi, *I Salimbeni,* Mailand, 1976, S. 135, Abb. 188–195.

[24] Im Jahre 1447 arbeiteten die beiden gemeinsam in Loreto.

[25] Die frontale Christus-Darstellung ist im Bereich der florentinischen Malerei des 14. Jahrhunderts äußerst selten. Erscheint sie doch, so ist sie mit der Ikonographie und dem Kult verbunden, der sich auf das Antlitz Christi bezog (M. Boskovits, 1975: Lorenzo di Bicci, Bologna, Privatsammlung, Abb. 139; Agnolo Gaddi, Florenz, Museo Horne, Abb. 237). Noch seltener findet sich die frontale Dartellung für den Typus des *Cristo benedicente* (Segnender Christus; ebd., Maestro di Santa Verdiana, Prato, Palazzo Datini, Abb. 359; Agnolo Gaddi, Prato, Kathedrale, Abb. 257), der auf die Repliken des Bildes im Lateran zurückgeht, das insbesondere im Gebiet um Rom verbreitet war.

Piero hatte das selten zugängliche *Volto santo* von Sansepolcro mit ziemlicher Sicherheit gesehen, da er in der Szene der *Auffindung des Kreuzes* in Arezzo der hl. Helena eine kaiserliche Krone aufs Haupt setzt, die derjenigen auf dem Haupt Christi des *Volto santo,* heute im Dom von Sansepolcro, auffällig ähnlich ist. Die Datierung aus Albertis *De statua* ist nicht gesichert. Grayson nimmt an, daß das Fresko circa 15 Jahre nach *De pictura* entstanden ist, also um das Jahr 1450 (vergleiche *Architectural Design,* XLIX, Nr. 5–6, *Profile* 21, S. 7–17, Konferenz am Courtauld Institute im November 1977).

Das Fresko in Rimini

Der Betrachter täuscht sich keineswegs, wenn ihn die Landschaft im *Hl. Hieronymus* (S. 177) aus dem Jahre 1450 so vertraut anmutet. Bereits Plinius der Jüngere rühmte in einem Brief an seinen Freund Domizio Apollinare die liebliche Schönheit des Tiber-Tals.[1] Anstatt Piero als den Vorläufer der sogenannten Landschaftsmalerei des 20. Jahrhunderts anzusehen, wie noch vor nicht allzu langer Zeit geschehen,[2] können wir ihn vielmehr als den Initiator einer Entwicklung definieren, die zu Poussin und Claude Lorrain führte. Im Fresko von Rimini (Gesamtansicht S. 181) ging es nicht darum, eine klassische Landschaft zu verherrlichen. Hier entwarf Piero ein neues Raumkonzept im Sinne der Proportions- und Formvorstellungen der Renaissance.

Das Vorhaben in Rimini fiel zeitlich mit der Ausschmückung der Ovetari-Kapelle in der Eremitani-Kirche in Padua zusammen, deren Fresken vermutlich von jenen Werken inspiriert waren, die Piero in Ferrara hinterlassen hatte. Der Vergleich dieser beiden Projekte verdeutlicht Pieros grundlegende Tendenz, seine Themen in geradezu radikaler Weise zu vereinfachen, die Szenen auf ganz bestimmte narrative Momente zu reduzieren.

Das Fresko in Rimini zeigt einen Raum, der außer den konvergierenden Linien der Bodenfliesen und der kalkulierten, durch den Sockel mit dem Heiligen kaschierten perspektivischen Verkürzung keine Indizien für seine Tiefe erkennen läßt. Diese wurde von Piero vielmehr verschleiert, vor dem Auge des Betrachters verborgen. Während die Teilung der Rückwand den weiteren Verlauf des Raums andeutet, unterbricht die runde Fensteröffnung diese Vorstellung und beschwört einen Außenraum, der zur Szene im Zimmer kontrastiert. Die Strenge dieser Anlage belegt die intensive Beschäftigung Pieros mit der Kunst seiner großen Vorgänger, insbesondere mit dem *Dreifaltigkeits-Fresko* von Masaccio (um 1427 entstanden), das sich ebenfalls in einer gotischen Kirche (Santa Maria Novella, Florenz) befand und zu den bestehenden Fensteröffnungen asymmetrisch lag, wodurch die Eigenständigkeit einer Malerei zum Ausdruck kam, die eine radikal erneuerte Räumlichkeit evozierte.

Die zurückgezogene Intimität, in der sich Pieros Werk präsentiert, das fromme Zusammentreffen des Heiligen und des Gläubigen in dem wirklichkeitsnah wiedergegebenen Zimmer, scheint in eindeutiger Weise auf flämische Beispiele zurückzugehen. Piero übernahm aus den räumlichen Modellen der Flamen die kontrastierende Gegenüberstellung eines Innen- und eines Außenraums. Während das Zimmer im Halbschatten liegt, erstrahlt das Schloß in der Fensteröffnung im Lichte des hellen Tages. Piero erkannte ferner, wie sich die potentielle Kraft des Lichts generell für die räumliche Konstruktion nutzbar machen ließ. So gelangte er zu jener kennzeichnenden Schichtung der vom Licht gestreiften Bildebenen, die bereits Brandi erwähnte.[3] Das konstruktive Element ist hier in der Tat das Licht, welches als aktive Kraft seitlich auf die Gegenstände auftrifft, die in die Tiefe gestaffelt sind; Ähnliches ist in der *Arnolfini-Hochzeit* von Jan van Eyck zu verifizieren. Dort fällt das Licht jedoch auf Objekte, deren Volumina bereits definiert und zudem autonom sind. Die Fotografien von Paolo Monti, obgleich lediglich in mangelhafter Druckqualität zugänglich, offenbaren die Barthaare des Heiligen als makellos glänzende Nadeln, als leuchtende Kristalle.[4]

Seit Beginn der Herrschaft der Malatesta fungierte die Kirche San Francesco als deren Familiengrabstätte. Diese Tradition ließ in Sigismondo Pandolfo die Idee heranreifen, sie in eine Art dynasti-

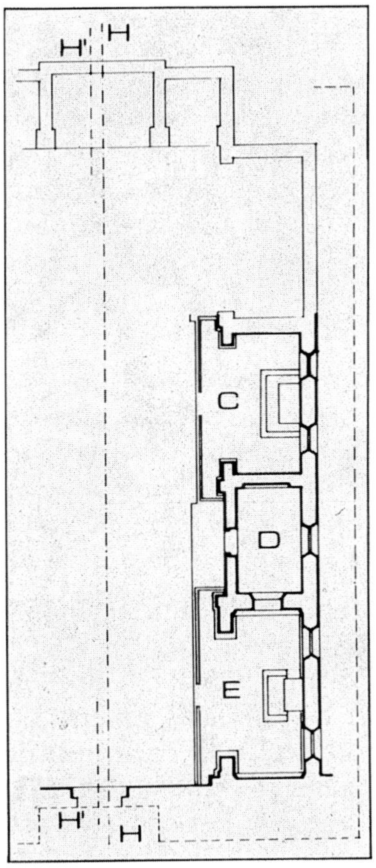

47 Grundriß der Kirche San Francesco in Rimini (von P. G. Pasini, 1984)

schen Tempel umzuwandeln. Doch das Projekt kam nur schrittweise voran.[5] An den Seitenwänden der typisch franziskanischen, rechteckigen Hallenkirche, deren Chor Giotto mit Fresken ausgeschmückt hatte, ordnete man in unregelmäßiger Folge einzelne Kapellen an. An der Nordseite öffnete sich die Kapelle des hl. Hieronymus, an die sich in Richtung Fassade die weniger tiefe Engelskapelle anschloß. Der Raum zwischen dieser Kapelle und der Fassade blieb zunächst leer. Im September des Jahres 1447 erhielt Isotta d'Atti die Erlaubnis, anläßlich des Todes ihres Erstgeborenen Giovanni die Engelskapelle umzugestalten. Zur selben Zeit errichtete Sigismondo die Kapelle für den hl. Sigismund im Bereich zwischen Engelskapelle und Fassade. Der Grundstein hierfür wurde am 31. Oktober 1447 gelegt. Die beiden neuen Kapellen wurden nach der des hl. Hieronymus ausgerichtet und waren durch einen Zwischenraum voneinander getrennt, der vermutlich als Sakristei für die Kapelle des hl. Sigismund fungierte. Den Kapellen wird über hohe gotische Fenster venezianischer Prägung, die vermutlich von Matteo de' Pasti entworfen wurden, Licht zugeführt. Sie sind mit Kreuzgewölben versehen und über große Spitzbögen ans Kirchenschiff angebunden. Der von Agostino di Duccio in Marmor gearbeitete Eingangsbereich der Kapellen erinnert an umbrische Beispiele, etwa die Kapellen des hl. Juvenal und des hl. Cassius im Dom von Narni.

Der verwendete Marmor stammte teilweise aus der Kirche Sant'Apollinare in Classe, die Porphyrscheibe über dem Eingang zur Sakristei vermutlich ebenfalls. Ursprünglich auf dem Fußboden der byzantinischen Kirchen, bezeichneten solche Scheiben den Ort, der dem Kaiser vorbehalten war.[6]

Auch in der Kirche in Rimini markiert die Porphyrscheibe einen besonderen Ort. Wahrscheinlich wurden in der Sakristei die Reliquien des hl. Sigismund aufbewahrt, jenes burgundischen Königs, der als erster zum christlichen Glauben übergetreten war. Sein Kult stand auch mit kaiserlichen Traditionen in Verbindung. Im Jahre 1344 erwarb Kaiser Karl IV., der seinem ältesten Sohn und Thronfolger den Namen Sigismund gegeben hatte, die Überreste des burgundischen Heiligen aus der Abtei Saint-Maurice-en-Agaune.[7] Im Jahre 1365 errichtete er nach dem Modell der Sainte-Chapelle eine Kapelle in Prag, deren Wände mit Porphyr und seltenen Marmorarten verkleidet waren. Dieses Modell einer fürstlichen Kapelle konnte auch in Rimini nicht ohne Echo bleiben, zumal ja auch der Marmor aus Sant'Apollinare von der Würde kaiserlicher Traditionen und vom antiken Wissen um die im Gestein verborgenen magischen Kräfte durchdrungen war. Auf diese Traditionen nahm auch Leon Battista Alberti Bezug, als er an der Fassade des *Tempio Malatestiano* das architektonische Element des Augustäischen Triumphbogens zu neuem Leben erweckte. Über dem Eingangsportal plante er die Kombination von Porphyr und Bronze und die Bekrönung der Fassade mit einem Bronzekreuz. Es war ursprünglich vorgesehen, sämtliche Kapellen mit Fresken auszuschmücken.

Das »Programm des Jahres 1447« (Mitchell) wurde sogleich wieder verworfen. Im September 1448, nach der Schlacht bei Piombino und dem Sieg über Alfons von Aragon, gelobte Sigismondo Malatesta, die Kirche von Grund auf zu erneuern. Am 15. Oktober 1450 wurden die ersten beiden Marmorelefanten (Wappentier der Malatesta) in die Kapelle des hl. Sigismund gebracht, am 1. März 1452 wurde sie feierlich geweiht. Der Altar des Agostino di Duccio trägt das Datum des Gelübdes (MCCCCL). Als Thema für die Antependium-Dekoration wählte man die Begegnung des königlichen Paares mit einem Engel, der sie dazu auffordert, für die Verehrung des Heiligen zu sorgen und das Kloster Saint-Maurice-en-Agaune zu beschützen.[8] Das Fresko von Piero della Francesca überliefert uns mit der Jahreszahl 1451 das einzige widersprüchliche Datum des ›Tempels‹. Die Datierung ist vielleicht damit zu erklären, daß man sich noch nicht zur vollständigen Umwandlung der Kirche in einen Tempel entschlossen hatte und daher eine symbolische Datierung beibehielt, obgleich Piero das Fresko, das eindeutig mit dem neuen Programm für die Kirche in Zusammenhang stand, erst nach dem Gelübde des Jahres 1450 in Angriff genommen haben konnte. Der hohe und enge Raum zwischen der Engelskapelle und der Kapelle des hl. Sigismund wurde dahingehend verändert, daß man seine Höhe verringerte, indem man ein in der Mitte leicht spitz zusammenlaufendes Tonnengewölbe einzog. Das gotische Fenster wurde diesen neuen Proportionen ebenfalls angeglichen. Der verfügbare Raum ist durch

eine links vom Eingang angebrachte Sitzbank zusätzlich reduziert. In die rechte Wand zur Kapelle hin ist ein relativ großes Fenster eingelassen, das mit einem Metallgitter versehen ist und von innen durch Fensterläden geschlossen werden kann. Vor diesem Fenster befand sich früher ein Mauervorsprung, der als Betstuhl interpretiert wurde. Wahrscheinlicher ist jedoch, daß er als Altar der Sakristei diente.[9]

In diesem winzigen, unscheinbaren Raum schuf Piero eine seiner monumentalsten Kompositionen. Anhand der Abbildung hat man eher Schwierigkeiten, sich die Dimensionen des Freskos vorzustellen. Es verfügt immerhin über eine Breite von etwas mehr als 3,50 m. Das Fresko wurde in jüngster Zeit von der Mauer abgenommen und auf einen Rahmen montiert. Ursprünglich überlagerte die obere Freskozone den Gewölbeansatz. Der Teil über der links neben dem Hut des hl. Sigismund erkennbaren hellen Linie markiert in etwa den ursprünglichen Ansatz der Gewölbekrümmung. Die Tür unter dem Fresko, etwa 2,55 m hoch, bedingte zum einen dessen Dimensionen, zum anderen aber auch dessen kompositorische Anlage. Die Fläche zwischen den beiden Pilastern im Fresko entspricht genau der Breite der darunterliegenden Tür.[10] Die Widmung im Sockel, auf der der monumentale Rahmen des Freskos aufliegt, verleiht diesem Element die Funktion eines Architravs. Die Abstände zwischen den Buchstaben sind so kalkuliert, daß der Name des Stifters genau über der Tür steht. Angesichts der fragilen, stilistisch eher heterogenen Architektur des Raumes war es notwendig, im Fresko eine vollkommen autonome Architektur zu formulieren, um deren Realitätscharakter zu akzentuieren. Dabei ging es noch nicht um die illusionistische Darstellung eines Raumdurchbruchs, einer Raumöffnung, wie sie Piero für den *Herkules* in seinem eigenen Haus in Sansepolcro zur Anwendung bringen sollte (S. 193).

48 Seitenwand der Kapelle des hl. Sigismund mit der Fensteröffnung zur Reliquien-Sakristei. Rimini, San Francesco

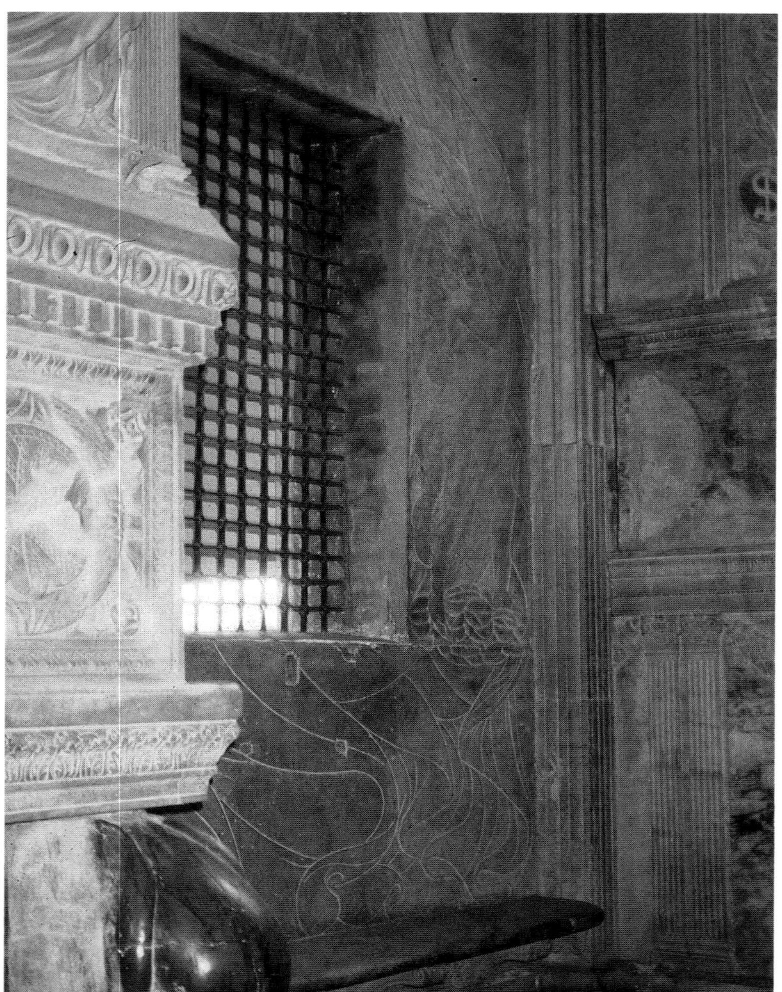

Pieros Fresko scheint nicht unwesentlich vom Altarbild seines Lehrers Domenico Veneziano in Santa Lucia de' Magnoli (Abb. 49) beeinflußt zu sein. In diesem Bild konzipierte der Meister den Rahmen eines dreigeteilten Portikus' hinter der Madonna dergestalt, daß er optisch mit dem Rahmen des Bildes zusammenfiel. Der Betrachter vermeint zunächst, die dreiteilige Bogenhalle stütze das Gebälk des Bildrahmens. Erst der genauere Blick offenbart, daß sich die Säulenhalle hinter der Madonna, also in einer gewissen Entfernung zum Bildvordergrund befindet. Die komplexen räumlichen Verhältnisse im Gemälde Domenicos, welche durch die perspektivischen Fluchtlinien und die Schnitte der Schattenfelder zusätzlich markiert sind, geben sich also nicht sogleich zu erkennen.

Auch im Fresko von Rimini hat man zunächst den Eindruck, die Pilaster des Bildhintergrunds stützten das Gebälk des Rahmens. Doch im Gegensatz zur logischen Strenge der architektonischen Anlage im Gemälde des Domenico Veneziano führte Piero einige problematische Elemente ein. Bereits die Übereinstimmung der Breite der Tür unter dem Fresko und der durch die zwei Pilaster ausgeschnittenen Wandfläche verhindert es, an illusionistische Bezüge zwischen der realen Architektur der Kapelle und der gemalten Architektur zu denken. Äußerst seltsam ist auch das runde Fenster, durch das man ein Schloß erblickt, dessen Umrisse sich am klaren, von wenigen Wolken durchzogenen Himmel abzeichnen. Die tiefliegende, exzentrische Position dieser Öffnung widerspricht jedoch eigentlich der Auffassung, es handle sich hier um ein Fenster. Zusammenfassend ist festzustellen, daß das Bild im Vergleich zur beengten Zelle, in der wir uns befinden,

einen wesentlich monumentaleren Raum suggeriert. Der massive klassische Rahmen schneidet die Szene in der runden Wandöffnung entlang des rechten Turms und verdeckt die Schwanzbiegung des weißen Hunds, dessen Schwanzspitze sich mit der Exaktheit einer Einlegearbeit zwischen die Pfoten des schwarzen Hunds einfügt.

Die Aufforderungen an den Betrachter, sich mit den spontanen Eindrücken nicht zu begnügen, sind vielfältig. Die beiden Windhunde etwa sind so angeordnet, daß sie, wie Longhi anmerkte, an einen jener »prachtvollen Königsthrone erinnern, wie sie nur die besten Handwerker der alten Ägypter zu entwerfen in der Lage waren«.[11] In ihrer Anordnung könnten sie auch mit der Form der Füllhörner im Rahmengebälk verglichen werden. Betrachtet man die beiden Kreaturen indes genauer, so gerät ihre anscheinend so symmetrische Anordnung aus den Fugen. Der eine ist mit treuem Blick den beiden Personen zugewendet – seine Ruhe korrespondiert mit dem geistigen Gehalt des Bildes –, der andere blickt wachsam in die entgegengesetzte Richtung und scheint bereit, das Gebet seines Herrn notfalls auch zu verteidigen.

Die Positionierung der Hunde ist uns dabei behilflich, die realen und fiktiven Bezüge des Freskos zum Kapellenraum zu verstehen: Der Platz des Heiligen ist so gewählt, daß er sich neben dem Fenster befindet, welches in seine Kapelle führt. Das Licht, das den großen Hut des heiligen Königs beleuchtet und den Schatten auf sein Gesicht wirft, dringt durch dieses Fenster aus der Kapelle (wiewohl nur fiktiv, da das Fenster unterhalb der Freskozone liegt). Auf der gegenüberliegenden Seite müssen wir uns den Eingang des Raums vorstellen, in dem sich Sigismondo Malatesta und sein Namenspatron gerade aufhalten und der vom lebhafteren Hund im dunklen Fell bewacht wird. Aronberg Lavin war der Meinung, daß Sigismondo der Meßfeier hinter dem vergitterten Fenster beiwohnte, und verwies diesbezüglich auf analoge byzantinische Traditionen beziehungsweise Herrscherprivilegien.[12] Die Zwischenräume des Gitters sind indes zu groß, um eine dahinter sitzende Person zu verbergen. Ferner ist der Raum so beengt, daß eine derartige Funktion kaum denkbar ist. Die Vermutung, das Fenster hätte zur Präsentation von Reliquien gedient, ist letztendlich ebenfalls nicht zu beweisen.[13] Wir wissen lediglich, daß es sich bei diesem Raum um eine kleine Sakristei handelte. Daher liegt der Schluß nahe, daß das Fenster, welches früher durch Holzflügel verschlossen werden konnte, vermutlich dazu diente, den Verlauf der Meßfeier zu verfolgen. Das Relief des Agostino di Duccio, welches das Fenster umschließt, erlaubt es ferner nicht, mit letzter Sicherheit festzulegen, ob dieses vor oder nach der Vollendung der bildhauerischen Dekorationselemente geöffnet wurde.[14]

49 Domenico Veneziano, Das Altarbild von Santa Lucia de' Magnoli. Florenz, Uffizien

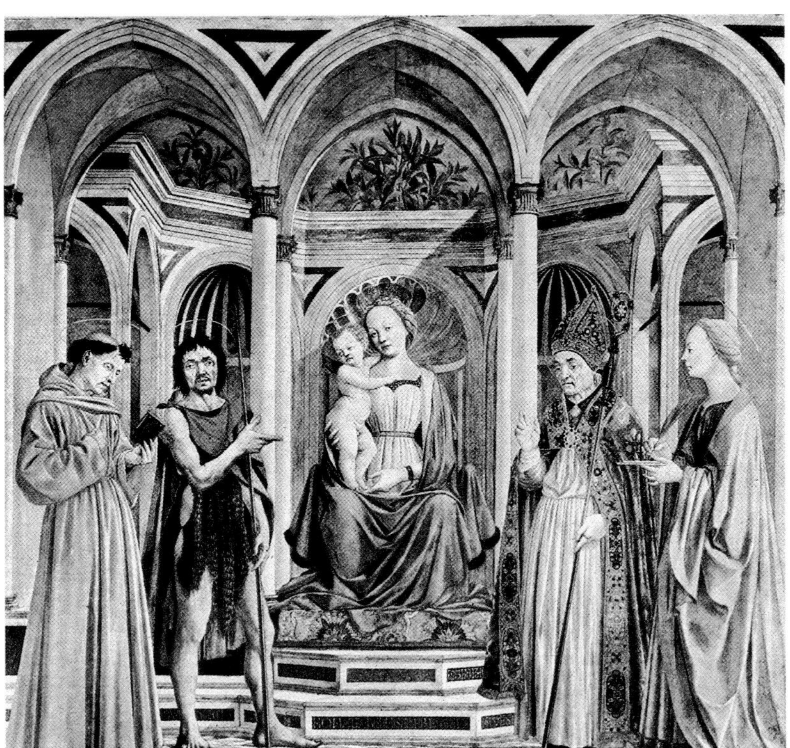

Unsere Aufmerksamkeit ist hier auf den Bereich der privaten Andacht des Fürsten von Rimini gerichtet, zu dem uns nur wenig überliefert ist.[15] Benutzte Sigismondo den kleinen Sakristeiraum tatsächlich selbst, so könnte er ihm womöglich als ›metatorion‹ gedient haben, wie es etwa die Visconti in der Certosa di Pavia für sich in Anspruch nahmen.[16]

Es ist angebracht, nochmals die isolierte Lage dieses Raums anzusprechen. Eine schwere Tür mit drei Schlössern versperrt den Zugang zur Sakristei. Der Eintretende muß sich zunächst um seine eigene Körperachse drehen, um des Freskos über der Tür ansichtig zu werden. Somit liegt der Schluß nahe, daß das Bild für einen intimen Betrachterkreis bestimmt war. In diese Richtung weisen auch die ikonographischen Anklänge an Werke des Jan van Eyck oder des Rogier van der Weyden, in denen die beiden Flamen erstmals Beispiele der ›devotio moderna‹ aufzeigten. Der Intimität der Zelle entspricht die Intimität, die Verschlossenheit

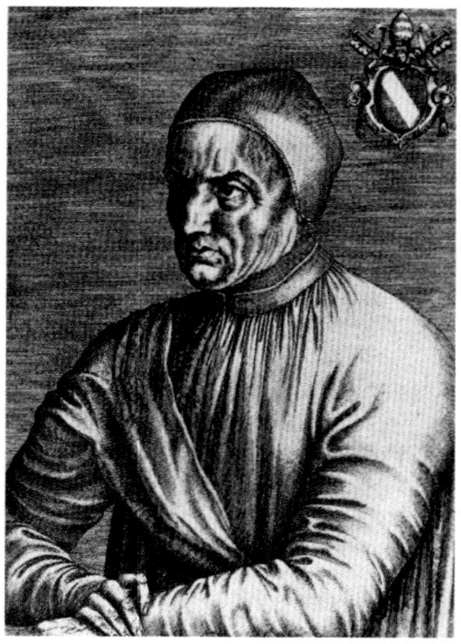

50 Porträt Eugens IV. nach Jean Fouquet (Papst-Porträts der Serie Cancellieri), Kupferstich

des Bildes, die eine politische Auslegung des Freskos doch eher ausschließt, wiewohl Piero den Heiligen nach dem Porträt des Kaisers modellierte.[17]

Sowohl jenseits der Alpen als auch in Italien war es nichts Ungewöhnliches, einem Mächtigen das Gesicht dieses Kaisers zu leihen.[18] Den Realismus dieser bewußt porträthaft gehaltenen Darstellungen akzentuierte Piero durch den Kontrast zwischen dem Bildnis des Sigismondo im Profil gemäß der offiziellen italienischen Porträttradition, wie sie für Medaillen üblich war, und dem des Heiligen in Dreiviertel-Ansicht mit seiner markanten, asymmetrischen Schulterstellung.

Das gutmütige, aber realistische, fast bürgerliche Bild des heiligen Königs ist kaum zu trennen vom familiären Bildnis Eugens IV., welches Fouquet in Rom zurückließ. Wohl ganz bewußt präsentierte dieser den Dargestellten in einer einfachen Mozetta und nicht, wie zu erwarten wäre, im päpstlichen Prachtgewand.[19] Die Kopie beweist uns, daß das Licht auch bei Fouquet frontal auf das Gesicht traf, während die perspektivisch verkürzte Gesichtspartie im Halbschatten liegt. Dem intensiven Licht ausgesetzt, wirft selbst noch der dünne Rand der päpstlichen Kopfbedeckung seinen Schatten auf die Schläfen des Porträtierten (Abb. 50). Die Datierung neben dem Namenszug Pieros, die Jahreszahl 1451, bestätigt erneut den intimen Charakter des Bildes. Alle anderen öffentlich zugänglichen Datierungen im *Tempio Malatestiano* beziehen sich stets auf das Jahr 1450, in dem Sigismondo sein Gelübde ablegte. Unter der Schloßansicht überliefert uns Piero ein weiteres historisches Datum, das Jahr 1446, in dem Sigismondo das Schloß einweihte.[20]

Die von Piero gemalten Inschriften auf Stein verdienen unsere besondere Aufmerksamkeit. Mardesteig hat sich intensiv mit den Marmor-Inschriften in Rimini auseinandergesetzt. Seines Erachtens war Matteo de' Pasti der Schöpfer dieser Inschriften und somit zugleich der Initiator einer humanistischen Bewegung, die sich ganz der Erforschung römischer Epigraphik widmete.[21] Die von Mardesteig aufgezeigten entscheidenden Merkmale der Inschriften des Matteo de' Pasti sind jedoch erst in jenen Medaillen feststellbar, die nach Pieros Fresko entstanden sind. So etwa »die Strichführung des A und die Bogenlinie des P und R, ... hoch angesetzt wie die Gürtel, mit denen Pieros Frauengestalten gemäß der Mode der damaligen Zeit ihre Kleider zusammenhalten«.[22] Vermutlich war es also Matteo de' Pasti, der sich vom Schrifttypus inspirieren ließ, wie er für die Inschriften in Pieros Fresko charakteristisch ist. Vom hier gewählten Alphabet sollte sich Piero zeitlebens nicht mehr trennen. Noch im Diptychon von Urbino verwendete er die hier entwickelten Typen. In dieser Hinsicht beeinflußte er auch zahlreiche andere Künstler. In Ferrara wird die *Grablegung Christi* eines unbekannten Meisters aufbewahrt (Abb. 16), der Piero sehr nahestand. Eine lange humanistische Inschrift, wie sie Alberti an den Außenmauern des *Tempio Malatestiano* anbringen sollte, dominiert den Sarkophag im Bild. Die Buchstaben sind mit denen in Pieros Fresko identisch.[23] Vermutlich stammen die Entwürfe zu den beschriebenen Marmorplatten im Schloß von Rimini eben nicht von Matteo de' Pasti, sondern von Piero. In ihrer römischen Klarheit unterscheiden sie sich deutlich von den größeren, verspielteren Inschriften an den Türmen, die einer jüngeren Hypothese zufolge auf Pisanello zurückgehen sollen.[24] Es ist offensichtlich, daß die Tafeln in das fertige Mauerwerk eingefügt wurden. Der juristische Inhalt der Inschriften, etwa die Verewigung einer vom Herrscher getroffenen Entscheidung (Sigismondo bestimmte, daß das Schloß seinen Namen erhalten sollte) entsprach exakt den Traditionen der römischen Epigraphik, die von den Humanisten und Künstlern mit großer Leidenschaft erforscht wurden.

Wie in Ferrara trafen somit auch in Rimini verschiedene, wenn nicht gar konträre Tendenzen und Lösungsvorschläge aufeinander. So vertrat Matteo de' Pasti, mit dem Piero regelmäßig zusammentraf, die Tradition Pisanellos.

In der Literatur wird mehrfach darauf hingewiesen, daß die Pilaster mit den daran befestigten Girlanden im Fresko dem Relief der Sockelzone der Kapelle des hl. Sigismund entsprechen.[25] Doch wissen wir nicht, wie weit die Dekorationsarbeiten in der Kapelle fortgeschritten waren, als Piero in der Sakristei arbeitete. Es wurde auch darauf aufmerksam gemacht, daß das analoge Motiv der Pilaster mit den Girlanden im oberen Teil der Kirchenwände wiederkehrt.[26] Vermutlich war das Problem einer ein-

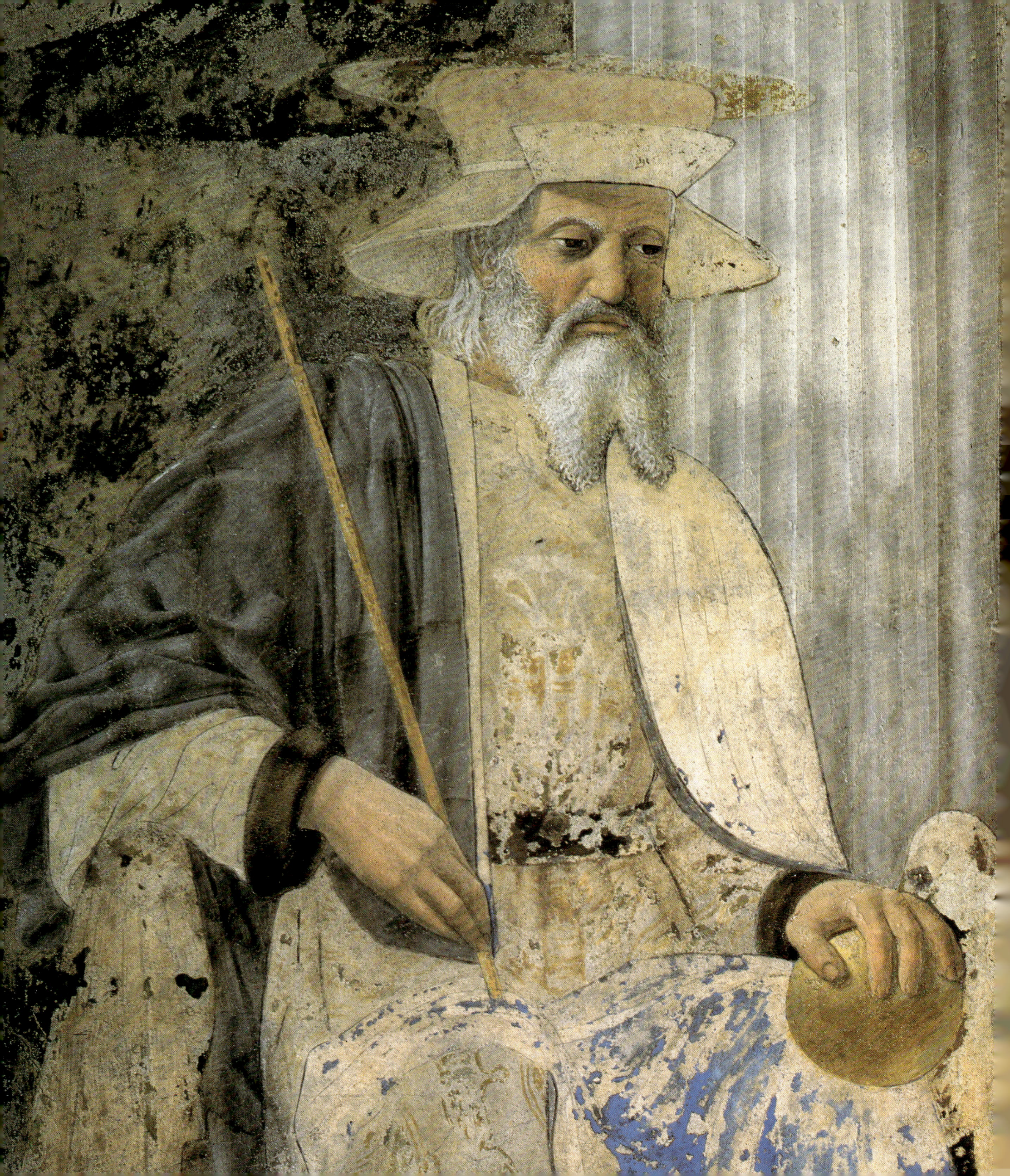

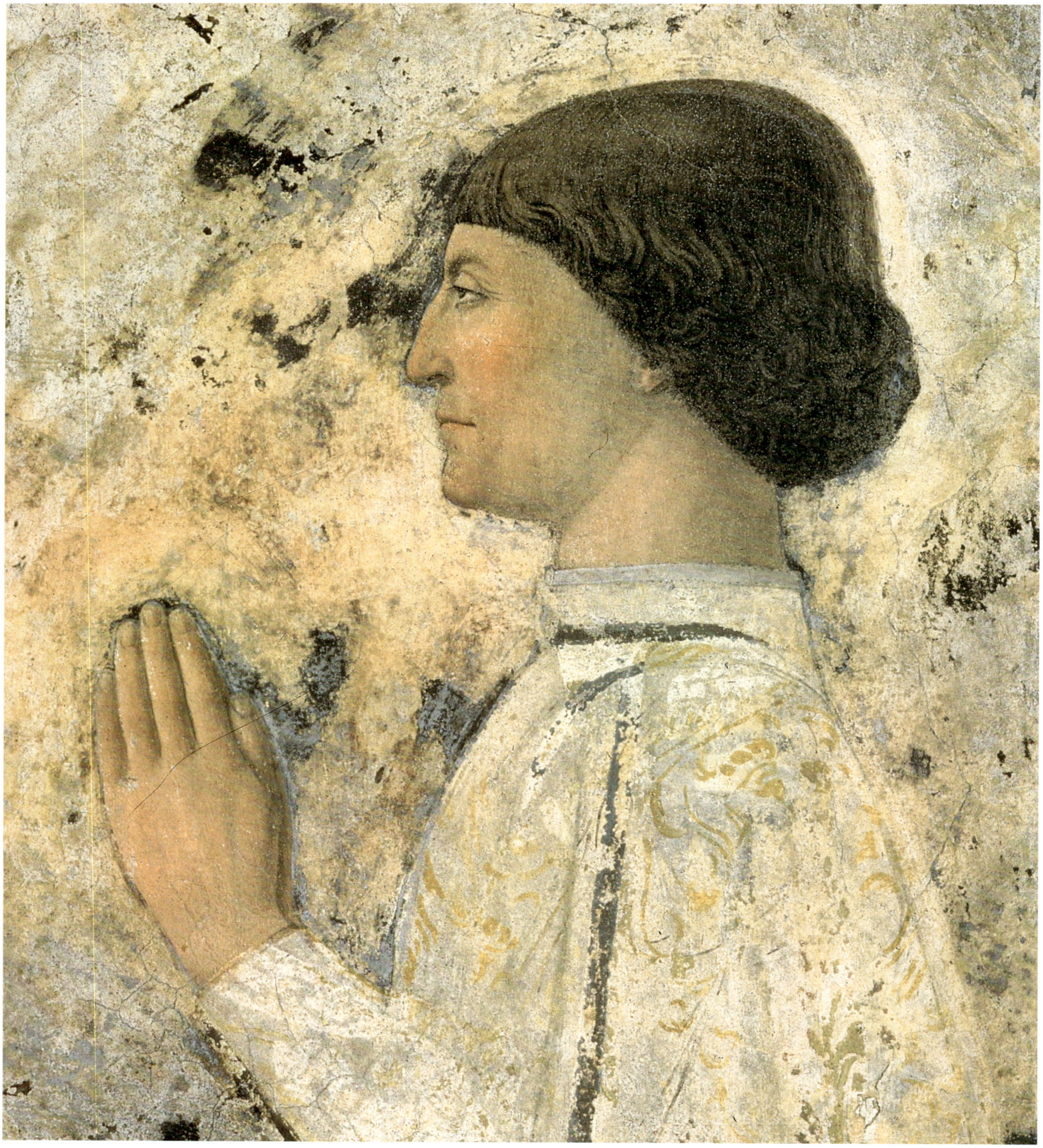

51/52 Der hl. Sigismund und Sigismondo Pandolfo Malatesta (Details). Rimini, San Francesco

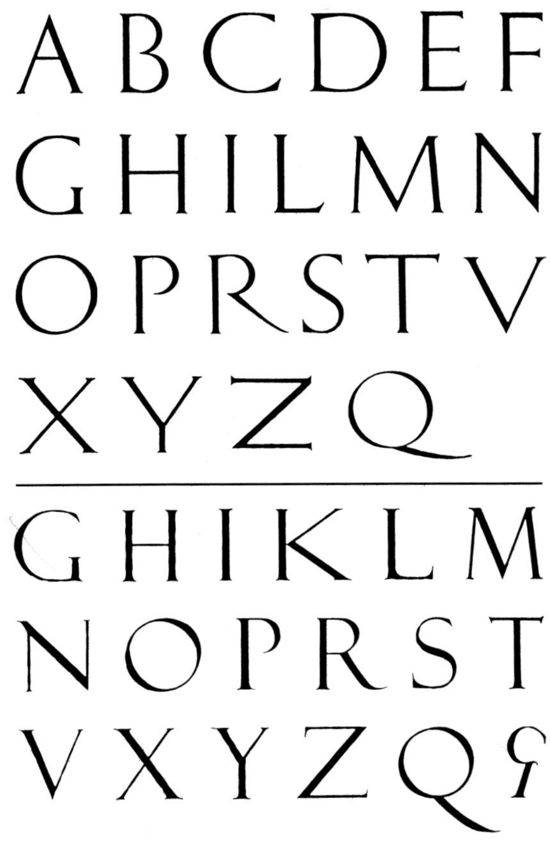

53 Alphabet von Leon Battista Alberti und Felice Feliciano (nach G. Mardensteig)

54 Inschrift vom Fresko ›Der hl. Sigismund und Sigismondo Pandolfo Malatesta‹ (Detail). Rimini, San Francesco.

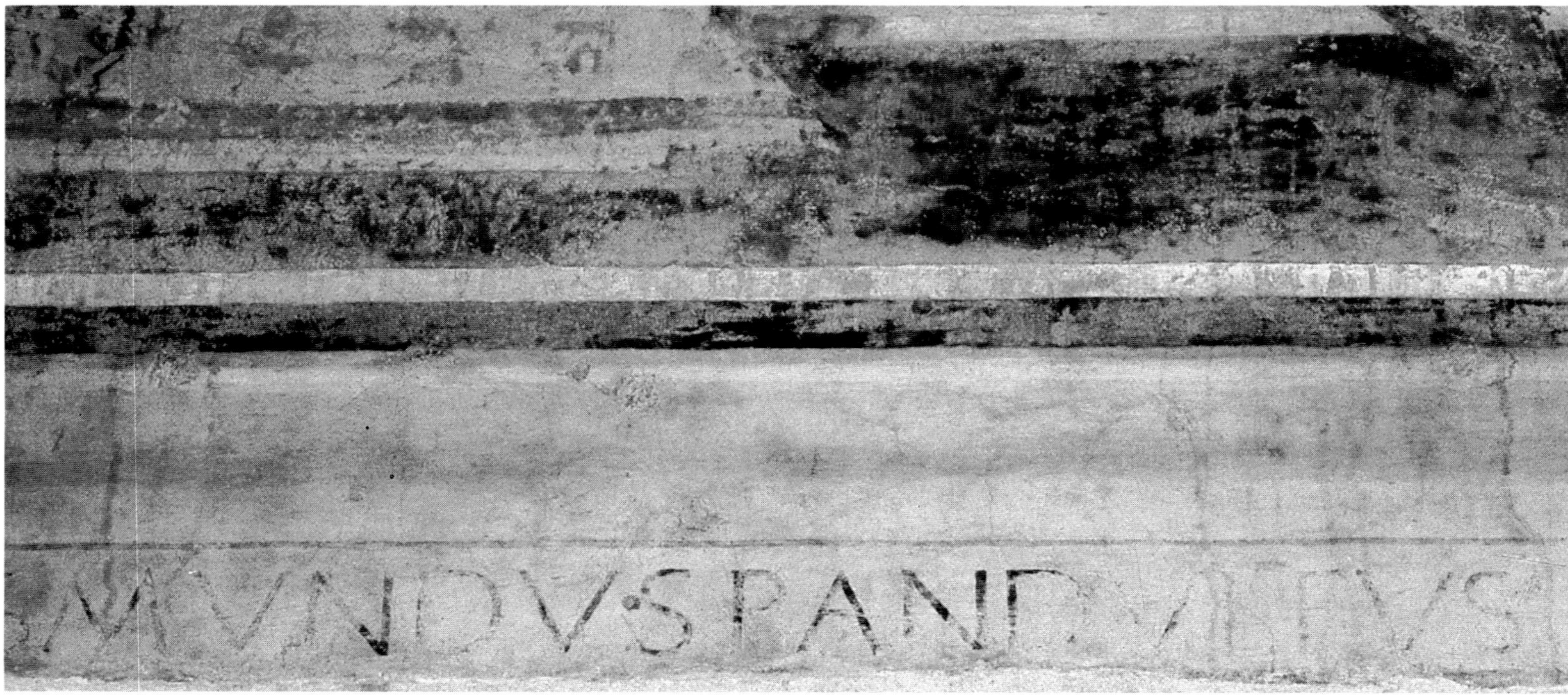

55 (unten) Inschrift auf der Vorderseite der Tafel der Battista Sforza im Diptychon ›Federico da Montefeltro und seine Gemahlin Battista Sforza‹

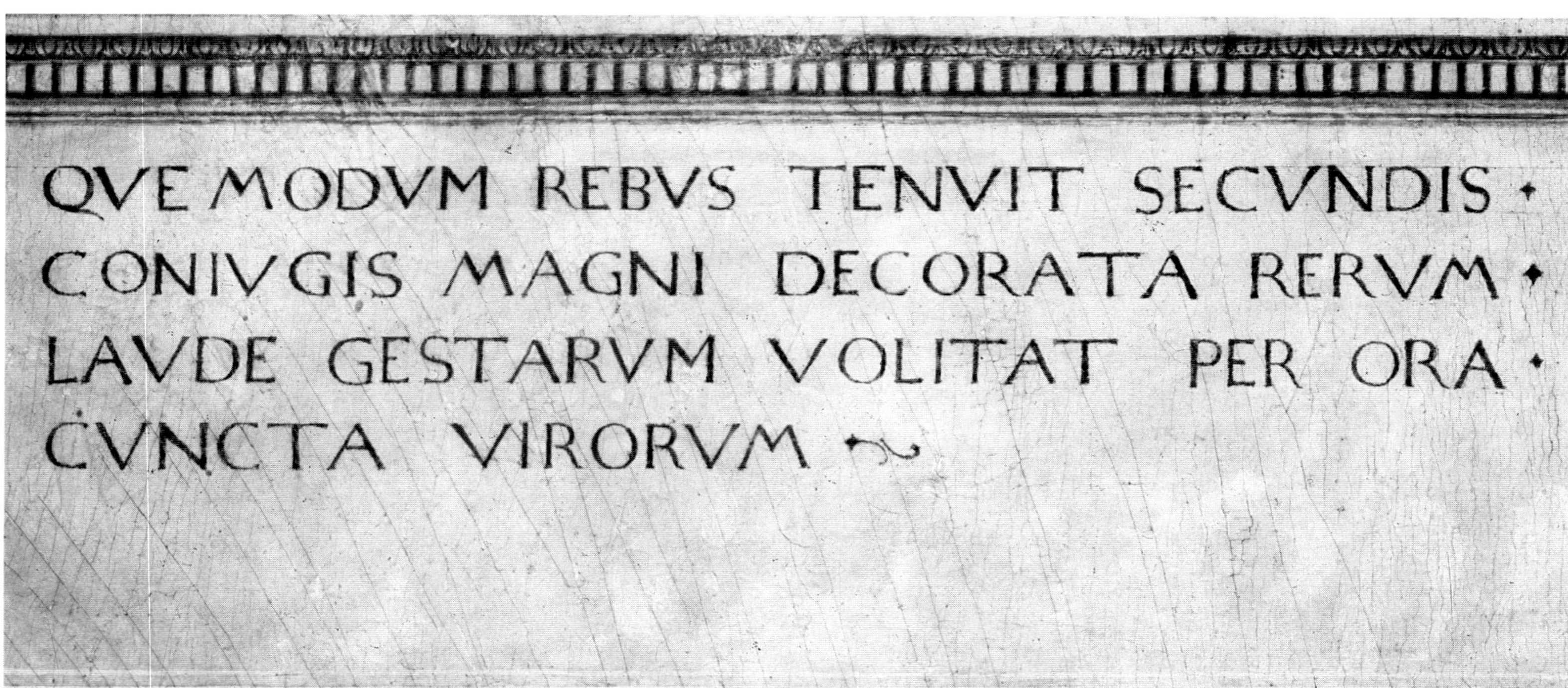

heitlichen Dekoration für Kapellen- und Kirchenraum gerade zu dem Zeitpunkt aktuell, als Piero mit dem Fresko beschäftigt war. Und wahrscheinlich übernahm man das Dekorationselement des Freskos, welches zudem an die architektonische Innengliederung der berühmten römischen Kirche Santa Maria Maggiore erinnerte, für den Bereich der Hochschiffwand zwischen den beiden Kapellen.[27] Eine weitere offensichtliche Analogie zwischen dem Fresko und der Kirchendekoration präsentieren die von Matteo de' Pasti entworfenen und mit Sicherheit um 1452, dem Datum der Kapellenkonsekration, bereits vollendeten Balustraden der Kapellen, welche die Füllhorn-Dekoration der Freskoeinrahmung wiederholen. Mitchell schloß daraus, daß »sich Piero im Fresko an den Plänen des Architekten Matteo de' Pasti orientierte, und nicht umgekehrt«.[28] Betrachtet man die beiden Dekorationsmotive indes genauer, so stellt man doch deutliche Unterschiede fest. Die Füllhörner des Matteo winden sich um die verzierten Initialen Sigismondos, sind zudem durchbrochen und somit eher als die gotische Neuinterpretation eines antiken Motivs anzusehen. Es ist jedoch äußerst unwahrscheinlich, daß sich Piero für ein gotisches Motiv begeisterte, um ihm erneut Gültigkeit zu verleihen. Falls sich die beiden Künstler also gegenseitig beeinflußten, so war es mit Sicherheit nicht Piero, der von Matteo abhing, sondern umgekehrt.

Die beiden Jagdhunde, welche Sigismondo bei der Begegnung mit seinem Patron begleiten, sind zweifelsohne eine Huldigung an den großen Pisanello. Sie repräsentieren ein gleichsam unverzichtbares Attribut der Herrscherdarstellungen im Bereich der französischen und flämischen Kunst sowie insbesondere bei Pisanello.[29] Ihre Präsenz scheint jedoch weniger episodisch und weit signifikanter zu sein als die der Hunde, welche die Prinzessin in Pisanellos Fresko in Verona begleiten. Als Wächter über das Gebet ihres Herrn sind sie zugleich die Bewacher des Bildes.

Die Erkenntnis, daß einer der Hunde gleichsam als leuchtendes Spiegelbild des anderen fungiert, lenkt unsere ganze Aufmerksamkeit auf die über ihnen angeordnete Scheibe mit dem scharf konturierten Bild des Schlosses. Aufgrund des dem Fresko gegenüberliegenden Fensters können wir diese Scheibe theoretisch als Spiegel interpretieren, in dem sich das Bild von Sigismondos Schloß zeigt. Diese Auslegung ist indes nicht unproblematisch, da sie ein seitenverkehrtes Spiegelbild mit dem roten Turm auf der rechten Seite und einen entgegengesetzten Lichteinfall voraussetzen würde. Das Licht, welches den Raum mit den beiden Figuren erhellt und auch noch die Marmorscheibe mit der Ansicht des Schlosses streift, trifft von links auf das Fresko, also aus nordöstlicher Richtung, berücksichtigt man die reale Lage des Bildes. Das Licht hingegen, welches den Füllhörnern im Gebälk Plastizität verleiht, fällt von rechts oben auf das Bild, als befinde sich dort ein breites Fenster, durch das die vormittägliche Sonne in den Raum einbricht. Der gegensätzlichen Beleuchtung von Freskorahmen und Bildraum entspricht nun die bezüglich der Realität umgekehrte Anordnung des Schlosses. Das Schloß, welches vom Fenster der Sakristei aus sichtbar wäre, ist in Wirklichkeit an die gegenüberliegende Wand gemalt, gleichsam projiziert. Daher hat das Licht, welches das Schloß beleuchtet, dieselbe Richtung wie dasjenige, welches das Gesicht und die Hände des hl. Sigismund erhellt, die Kanneluren der Pilaster und den Marmorrahmen der Bildscheibe mit der Ansicht des Schlosses sanft umspielt. Die naturgetreue Darstellung des Schlosses stützt den Realitätscharakter der Szene.

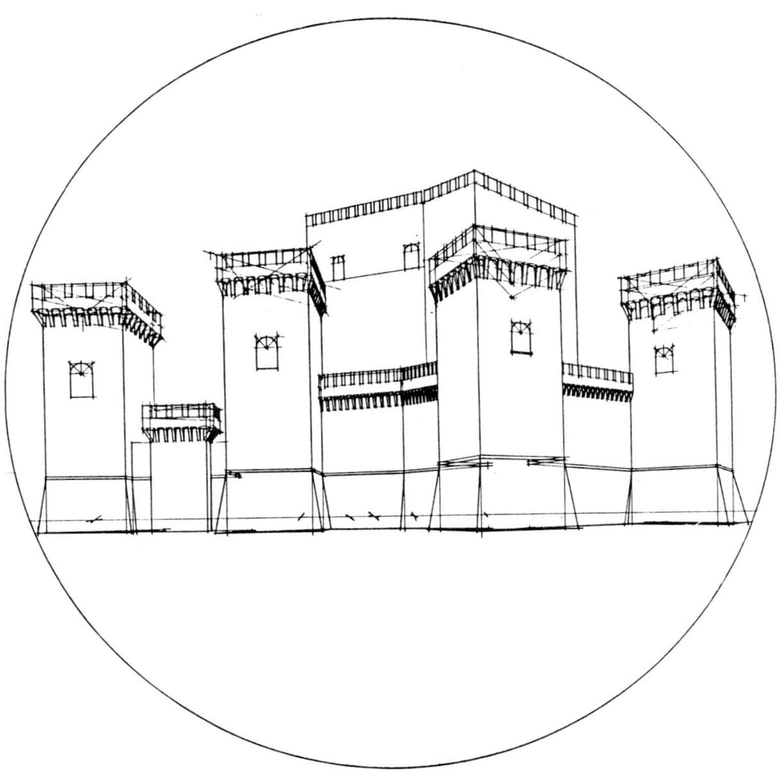

56 Perspektivisches Schema des Schlosses Sigismondo im Fresko in Rimini (nach P. Volsi, Le signorie dei Malatesti)

Das Tondo mit dem Bild des Schlosses und dem historischen Datum zeugt somit in anderer Weise von der Realität als der stumme Spiegel in der *Arnolfini-Hochzeit* des Jan van Eyck. Piero

war primär bestrebt, den fiktiven Bildraum dem realen Raum anzugleichen. Dazu eignete er sich ein spielerisches und subtil intellektualistisches Verfahren an. In Analogie zum Gebälk über den Pilastern, das stufenlos in den Rahmen überzugehen scheint und auf den ersten Blick Kontinuität suggeriert, ist das Wappen an der Wand im Bildhintergrund wesentlich größer als diejenigen, welche die Ecken der Rahmung schmücken. Es scheint sich gleichsam in den Vordergrund zu drängen, die Szene zu dominieren.[30] Mehr noch als durch die angedeuteten Fluchtlinien im Fußboden ließen sich wohl ursprünglich die verschiedenen Ebenen des Bildes aufgrund der differenziert gestalteten Lichtschichtungen unterscheiden. Große Bedeutung kam diesbezüglich sicherlich dem Teppich zu, der durch seine zweidimensionale Anlage mit der symmetrischen Ausrichtung der beiden Hunde in markanter Weise kontrastiert, dem Bild des Schlosses, welches heller leuchtet als die winterlichen Wolken, die es umgeben, dem damastenen Mantel des Malatesta und dem Gewand des Königs, ihren Händen sowie dem Teppich und den Girlanden.

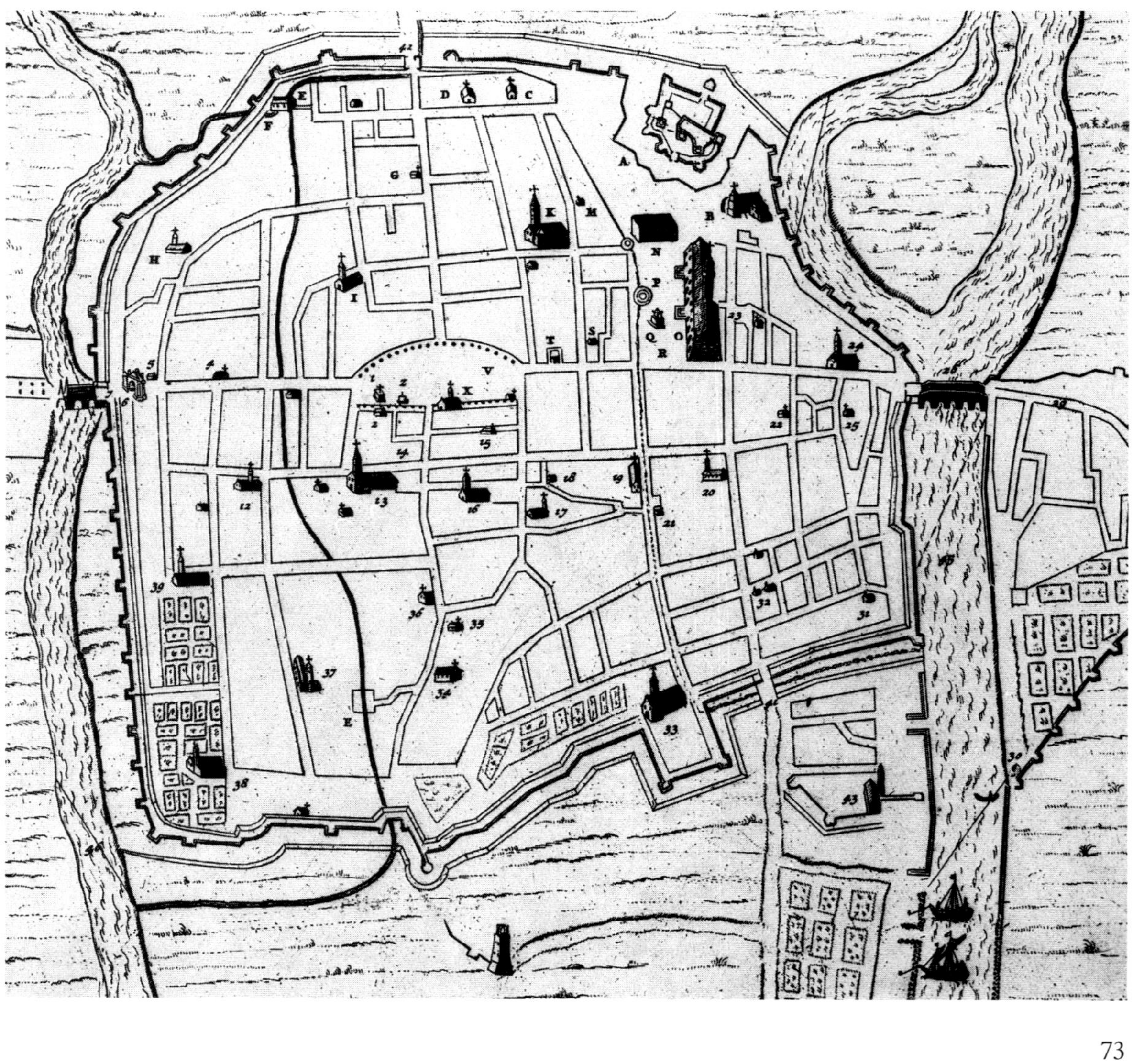

57 Stadtplan von Rimini aus dem Jahre 1660. Rom. Biblioteca Vaticana

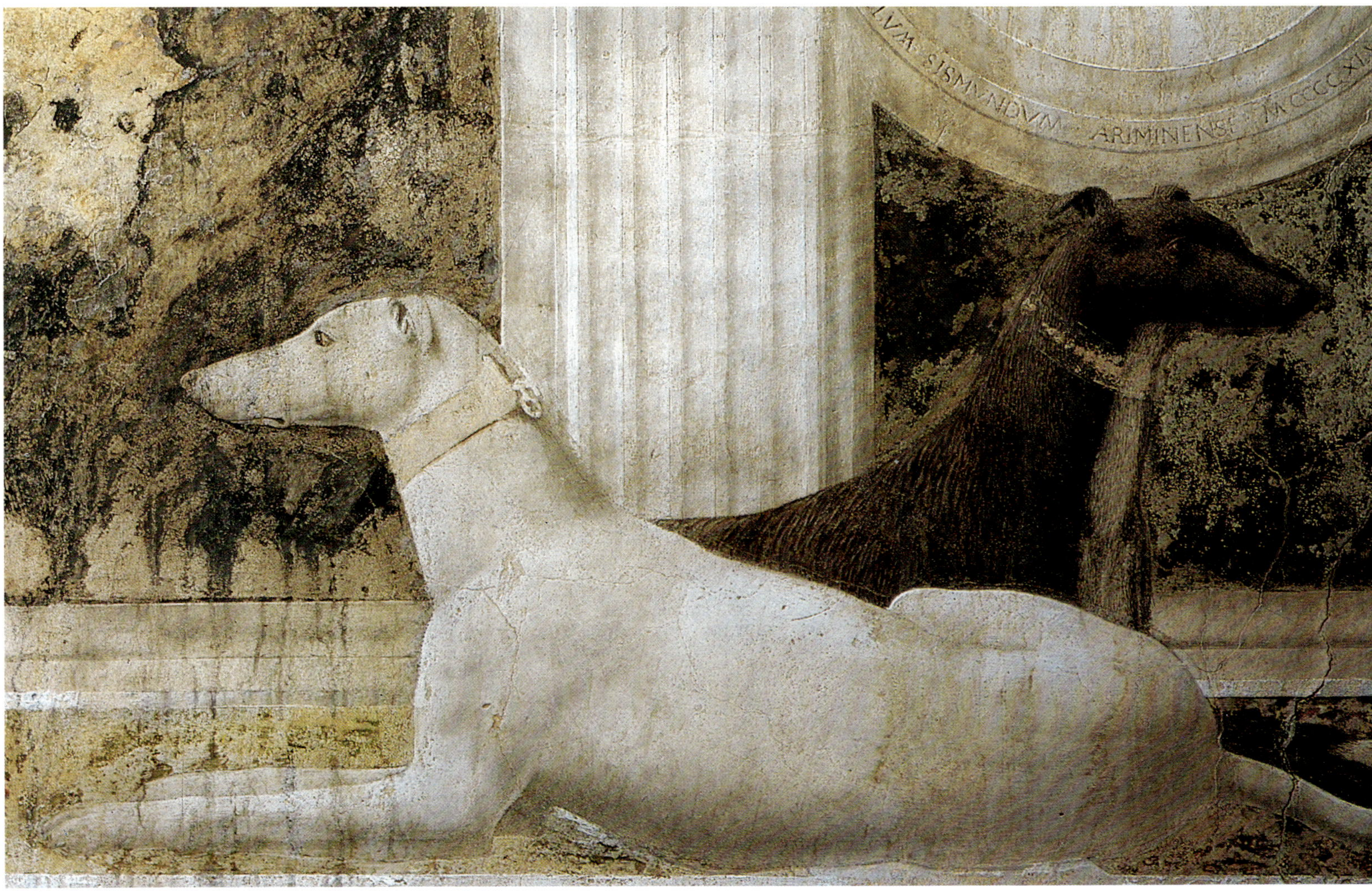

58/59 Der hl. Sigismund und Sigismondo Pandolfo Malatesta (Details). Rimini, San Francesco

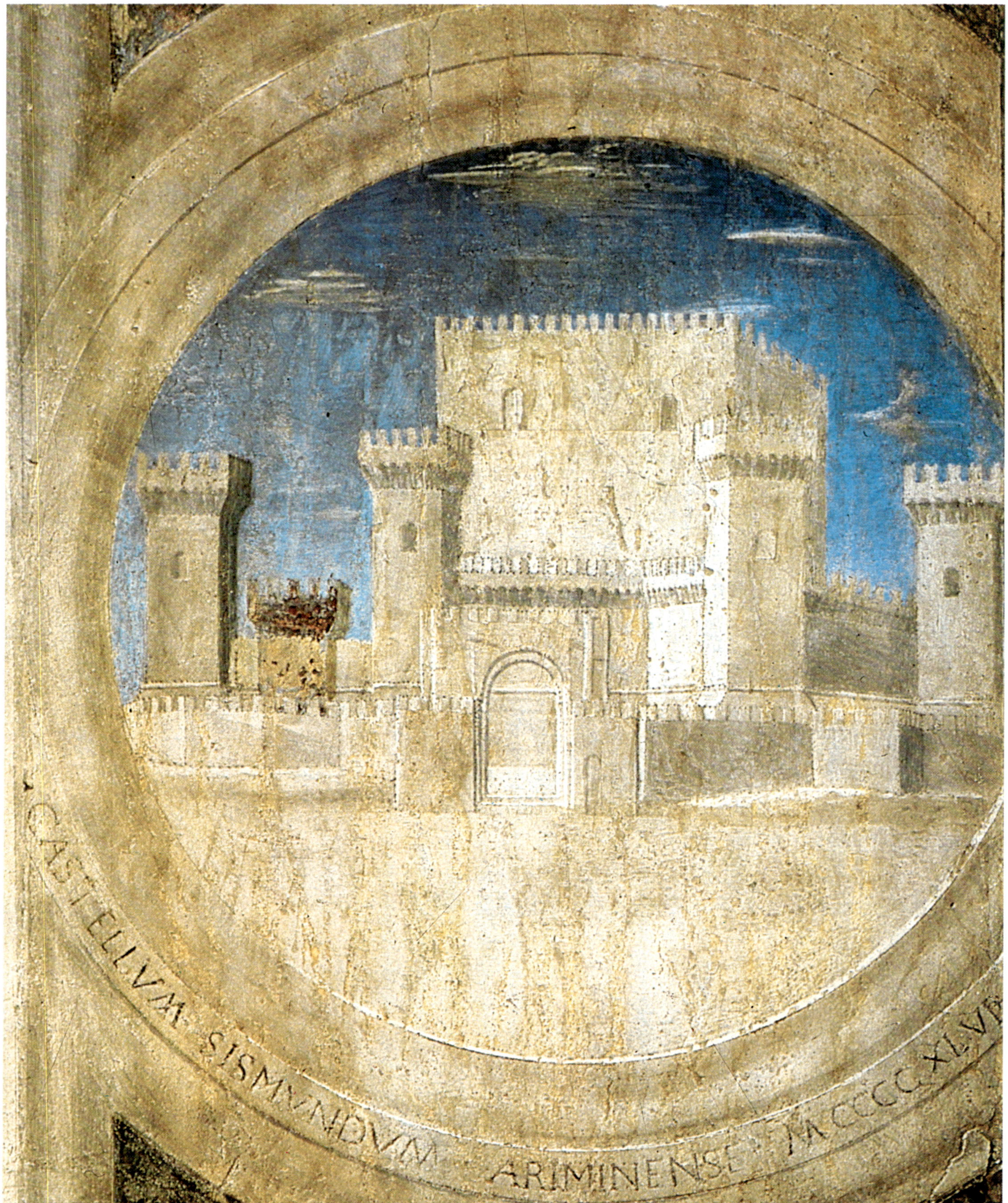
CASTELLVM SISMVNDVM ARIMINENSE MCCCCXLVI

Anmerkungen

[1] Plinius der Jüngere, *Litterae et panegyrici*, zit. in: G. Becatti, *Arte e gusto negli scrittori latini*, Florenz 1951, S. 244–258. Die rühmende Beschreibung des Tiber-Tals mit Borgo kann auf eine lange humanistische Tradition zurückblicken. Es war das Verdienst von Marini Franceschi (1912), den Zusammenhang dieser Tradition mit der Malerei Pieros erkannt zu haben. Siehe besonders auch M. Aronberg Lavin, 1981, S. 34 und Bibliographie.

[2] *Piero della Francesca e il Novecento. Prospettiva, spazio, luce, geometria, pittura murale, tonalismo*, 1920– 1938, Katalog der Ausstellung, hrsg. v. M. Mimita Lamberti und M. Fagiolo dell'Arco, Sansepolcro, Museo Comunale, 1991, Venedig 1991. In einem weitverbreiteten Werk bezeichnete Previtali (1966) Piero als Interpreten eines »landwirtschaftlichen und patriarchalischen Umbrien«, als den Initiator einer »sakralen Restauration«. Diese Formulierungen gehen auf Longhi zurück, der etwa den Christus der *Auferstehung* als »finsteren, von der Sonne einbalsamierten Bauern« bezeichnete.

[3] C. Brandi, 1956, S. 27.

[4] P. Monti, in: M. Aronberg Lavin u. a., 1984, S. 121–150.

[5] C. Ricci, 1924; A. Campana, *Per la storia delle cappelle trecentesche della chiesa malatestiana di San Francesco*, in: *Studi romagnoli*, II, 1951, S. 5 ff.; C. Mitchell, 1973; M. Aronberg Lavin u. a., 1984.

[6] Der Erwerb des Marmors von Sant'Apollinare ist gut dokumentiert: siehe C. Ricci, 1924, S. 210–211. Der Marmor wird auch in den Lobreden auf das Bauwerk erwähnt (Basinio »mirabile templum marmore de Pario . . ., marmore tum partim fulvo concunctur in auro«, zit. in: G. Del Piano, *L' enigma filosofico del Tempio Malatestiano*, Forlì 1928, S. 14). Es handelt sich um die Aneignung eines Monuments aufgrund praktischer Überlegungen, jedoch mit betont symbolischer Bedeutung: die Sakralität des alten Gebäudes sollte auf das neue übergehen, vergleichbar dem Austausch von Reliquien. Bereits Karl d. Großen gewährte man das Recht, den Palast in Ravenna abzutragen, um daraus seinen eigenen Palast in Aachen zu errichten. Die Herrschaft über das Reich Theoderichs und Justinians ging damit symbolisch auf ihn über. Die Abtragung alter heidnischer Heiligtümer implizierte meist deren Unterordnung unter eine neue Gottheit. Siehe hierzu Deichmann, 1940, S. 116; L. Kitschelt, *Die frühchristliche Basilika als Darstellung des himmlischen Jerusalem*, München 1938; F. W. Deichmann, *Säule und Ordnung in der frühchristlichen Architektur*, in: *Römische Mitteilungen des Deutschen Archäologischen Instituts*, LV, 1940 (neuveröffentlicht in: Deichmann, *Rom, Konstantinopel, Ravenna)*; G. Bandmann, *Mittelalterliche Architektur als Bedeutungsträger*, Berlin 1951, S. 145. Zur Kaiser-Scheibe aus Porphyr: O. Treitinger, *Die oströmische Kaiser- und Reichsidee nach ihrer Gestaltung im höfischen Zeremoniell vom oströmischen Staats- und Reichsgedanken*, Darmstadt 1938, S. 58 ff. (S. 61 zum Rad in Santa Croce in Ravenna). Für die westlichen Kaiserkrönungen nutzte man das große Rad des Konstantin in Sankt Peter: P. E. Schramm und F. Mütherich, *Die Denkmale der deutschen Kaiser und Könige*, München 1962, S. 140–141. Der Stein, auf dem der Herrscher in der Basilika Platz nahm, erinnerte an die alte Tradition im Heer, den Neugewählten auf ihren Schilden zu tragen. Aus der Sicht des Sigismondo Pandolfo stand diese Bezugnahme für *imperium* und *victoria*. Schritt für Schritt reifte in ihm die Idee, den Tempel als *ex voto* für den Sieg zu errichten. Dieser Zusammenhang wurde von Basinio (op. cit.) zusammengefaßt: »Hinc ad Ariminum fertur laetissimus Urbem – Victor ubi superis votum dum solvit honorem – Ipse deo reddens summe mirabile templum«. Siehe auch: J. Gagé, 1933; M. McCormick, 1986, S. 11 ff. Nach Battisti (1971, II, S. 7) handelte es sich bei der geschmückten Wand zwischen den Pilastern im Fresko um ein Stoffgewebe mit einem Muster aus grünen Zweigen und Blumen. Ich würde die winzigen Farbspuren eher als Reste einer spiegelnden Marmorfläche interpretieren. Wäre ein anderes Material als Hintergrund für das Haupt des hl. Sigismund denkbar? Hinsichtlich der Porträts von Piero schrieb bereits Sterling: »qui s'isolent dans leur mystère marmoréen« (1988, S. 41).

[7] Zur Geschichte von Saint-Maurice-en-Agaune, siehe: M. Besson, *Monasterium Acaunense*, Freiburg/Schweiz 1913.

[8] Zu den im Tempel angebrachten Datierungen: siehe C. Mitchell, 1973, S. 430; Zum Basrelief des Agostino di Duccio, siehe C. Bertelli, *Une vue idéale de Lausanne au XVe siécle*, in: *Etudes des lettres*, LXV, 1991, S. 41–46.

[9] Ricci brachte diesen »Vorsprung im Boden« mit der Reliquien-Verehrung in Verbindung. Nach Aronberg Lavin saß Sigismondo hinter dem Fenster auf einem Thron, der wie im Fresko auf einem Podest stand, von wo aus er dem Gottesdienst in der Kapelle beiwohnte. Die private Teilnahme am Gottesdienst war ein Privileg des byzantinischen Kaisers. Auf diese Bezüge verweist auch das Bild des Herrschers, das bei Abwesenheit als dessen Vertretung fungierte. Aronberg Lavin verweist ferner darauf, daß die Schloßkapelle im Jahre 1454 noch nicht fertiggestellt war und Sigismondo im Jahre 1451 somit über keine Privatkapelle verfügte.

[10] Es ist interessant, daß Brandi (1956, S. 28) die Rückkehr des Freskos an seinen ursprünglichen Ort verurteilte, da man es nur sehr schlecht sehen könne. Dieses Argument müßte seines Erachtens ausreichen, diejenigen zum Stillschweigen zu bringen, welche ein Kunstwerk an dem Ort am besten aufgehoben glauben, für den es geschaffen wurde.

[11] R. Longhi, 1927, S. 44. Die zwei Windhunde sind so auffällig in dieser Szene mit jeweils zwei Protagonisten, daß sie das Interesse praktisch aller Forscher erregten, die sich mit den ikonographischen Bedingungen des Freskos auseinandersetzten. Insbesondere Rzepinska (1971) versuchte, die Ideen Longhis wissenschaftlich zu fundieren. Dem widersetzte sich Aronberg Lavin (1984, S. 55–57, Anm. 118). Battisti (1971, I, S. 54–74 und II, S. 6–10) sah in einem der Windhunde die »immacolata fedeltà« (unbefleckte Treue), im anderen »vigilanza e prudenza« (Wachsamkeit und Klugheit). Suggestiver sind wie immer die Vorschläge von Aronberg Lavin (1984, S. 44 ff.). Sie bezieht den aus zwei Hunden geformten Thron nicht auf Ägypten, sondern vergleicht ihn mit der Darstellung auf einer Medaille des Sperandio für Antonio Sarzanella de' Manfredi (S. 36, Abb. 29). Nach ihr repräsentieren die beiden Hunde zwei Aspekte des unerschütterlichen Glaubens *(Fides)* des hl. Sigismund: der weiße Hund, der der andächtigen Szene im linken Bildteil zugewandt ist, repräsentiert *Fides Catholica*, der dunkle Hund, welcher gebannt in den Scheinkorridor blickt, als gelte seine Aufmerksamkeit den Ereignissen, die sich außerhalb dieses Audienzzimmers zutragen, *Fides Publica* (S. 57–58). In einer breitangelegten Untersuchung berührt die Wissenschaftlerin verschiedene hochinteressante Aspekte, wie etwa die Tatsache, daß sich im Stundenbuch des Jean de Berry zahlreiche Miniaturen finden, in denen Hunde vorkommen. Neben einer Miniatur in den *Petites Heures*, Paris, Bibliothèque Nationale, Ms. lat. 18014, fol. 97 v, bei Aronberg Lavin abgebildet (1984, S. 50, Abb. 27), bietet der Band von Meiss (1967) mehrere Möglichkeiten, die Hunde des Fürsten kennenzulernen: *Heures de Turin*, Abb. 488; *Boccace*, Paris, Bibliothèque Nationale, Ms. fr. 226, fol. 1 r, Abb. 503; *Très riches Heures*, usw. Damit entfernen wir uns aus dem Bereich des Symbolischen und nähern uns der Realität. Das persönliche Leben des Fürsten wird als anerkanntes Modell wiedergegeben. Nicht von ungefähr

zeigt die erste Szene in den *Très riches Heures* den Herrscher bei Tisch. Die beiden weißen Hunde begleiten den Fürsten beim Gebet, zu Tisch, beim Empfang eines Boccaccio-Kodex durch Premierfait. Sie finden sich auch in der Bibel, welche der bibliophile Fürst nach Avignon schickt. Jacquemart d'Hesdin malte sie bellend zwischen die Wappen des Papstes, des Königs und des Fürsten. Sie spielen ferner in den Erzählungen des Hofes eine Rolle. Die Hunde des Sigismondo sind wohl auch eher als empirische Abbildungen, denn als symbolische Geschöpfe zu verstehen. Im *Stundenbuch der Maria von Burgund* präsentiert sich uns die Herrscherin in einem der Sakristei ähnlichen, prächtigen und stillen Raum, wo sie neben dem geöffneten Fenster in ihrem Stundenbuch liest. Das Fenster gibt den Blick frei ins Innere einer Kirche, in der eine Gruppe von Damen der Madonna mit Kind vorgestellt werden: vermutlich Margherita von York mit ihrem Patenkind Maria von Burgund. Die völlige Versunkenheit der andächtigen Herrscherin in ihre Lektüre wird durch die Ruhe ihres Schoßhündchens akzentuiert (J. J. G. Alexander, *The Master of Mary of Burgundy, A Book of Hours for Engelbert of Nassau,* London 1970, fol. 1 r). Die Hunde sind sicherlich Symbole der Treue und des Glaubens. In diesem zwischen Realität und Symbolik angesiedelten Raum fungieren sie jedoch primär als Realitätsreferenzen. Siehe hierzu Pächts Analyse analoger Szenen im Werk des Jan van Eyck (O. Pächt, *Jan van Eyck,* München 1990, S. 107–108).

In der Folge erscheinen immer häufiger Hunde in Herrscherbildnissen (siehe etwa Tizians Bildnis Karls V.), wobei sie einer zweifachen Strategie entsprechen. Sie dokumentieren einmal das öffentliche Interesse an der Privatsphäre des Herrschers und akzentuieren das Bedürfnis einer auf die Person des Herrschers bezogenen Verehrung, einer Gefaßtheit, die den neuen Geist der Zeit widerspiegelt. So wird auch verständlich, wieso sich Piero an flämischen Vorbildern orientierte, etwa an der *Madonna des Kanzlers Rolin* von Jan van Eyck oder am *Hl. Lukas, die Madonna malend* von Rogier van der Weyden. Auf einer Tagung in München zu den *Ursprüngen und Anfängen der Renaissance* in den 50er Jahren verwies Siebenhüner ferner auf die politische Bedeutung des Freskos in Rimini (veröffentlicht in: *Kunstchronik,* VII, 5. Mai 1954, S. 124–125). Seines Erachtens verehrt Sigismondo Malatesta »den Kaiser Sigismund in der Person des hl. Sigismund«, weil ihn dieser in den Ritterstand erhoben und somit legitimiert hatte. Eine Blasphemie also, da der Herrscher von Rimini zudem das Zentrum des Bildes einnimmt (wir wissen jedoch, daß sich der Heilige neben seiner Kapelle befindet). Gegen diese Legende argumentiert F. Gaeta, in: Jones, 1978.

[12] M. Aronberg Lavin, 1984, S. 63.

[13] C. Ricci, 1924, S. 411–422.

[14] Ricci (1924, S. 173) glaubte, das Fenster sei im Zuge der Deckenabsenkung eingebracht worden: »diesen Maßnahmen verdanken wir auch das vergößerte oder neu in die Wand zur Kapelle des hl. Sigismund eingemeißelte Fenster«. Aronberg Lavin schließt sich dieser Meinung an, sieht aber einen Zusammenhang zwischen der Einbringung des Fensters und der Entstehung des Freskos: »es gibt keinen Zweifel, daß das Gitterfenster bei der Planung des Freskos berücksichtigt wurde« (1984, S. 62); »die gemalten Figuren entsprechen der Höhe des Gitterfensters und haben somit gleichsam Zugang zur Kapelle des Heiligen« (S. 63). Wie die Schnittstellen beweisen, wurde die Fensteröffnung nachträglich in das Relief mit den Engeln des Agostino di Duccio eingeschnitten. Die ursprüngliche Funktion des Reliefs ist heute nicht mehr rekonstruierbar. Auf ein analoges Motiv – Engel, die eine Art Vorhang halten – griff Agostino auch für das Grabmal Sigismondos zurück. Abschließend kann festgestellt werden, daß wir nicht wissen, ob das Fenster bereits im 15. Jahrhundert oder erst später angebracht wurde. Daß man dazu einen Teil des Reliefs von Agostino di Duccio zerstörte, spricht eher gegen die Annahme, dies sei noch während der Bautätigkeiten geschehen. Es ist möglich, daß sich ursprünglich eine kleinere Wandöffnung anstelle des heutigen »kerkerähnlichen« Fensters befand.

[15] Das eindrucksvollste Beispiel hierfür ist der von Simone Ferrucci geschaffene Schädel des Vorfahren *(caput avi mei),* welcher in einer Art Reliquienschrein aufbewahrt wurde, der das Datum MCCCCVIIIL trägt (Museo Civico, Modena). Siehe hierzu C. Ricci, 1924, S. 384–390. Man denkt unweigerlich an ähnliche Beispiele realistischer Reliquien-Nachahmungen, etwa an die nicht weniger beunruhigende Maske Maria Magdalenas, von Francesco Laurana für König René gefertigt (O. Pächt, *Dévotion du roi René pour sainte Marie-Madeleine et le sanctuaire de Saint-Maximin,* in: *Chronique méridionale,* I, 1981.

[16] D. Santambrogio, 1895, S. 444–468; H. Semper, 1896, S. 56–85. In Konstantinopel war es üblich, daß der Kaiser entweder den Patriarchen ins *metatorion* der Kirche der hl. Sophia zum Frühstück lud oder sich selbst dorthin zurückzog. F. Mathews, *The Early Churches of Constantinople, Archaeology and Liturgy,* Park University, London 1977, S. 93, 132, 134 (vergleiche *De ceremoniis,* I, 32 (23) und I, 9, Ed. Vogt, S. 124 und 161). Ch. d. F. Du Cange *(Glossarium ad scriptores infimae graecitatis, ad vocem),* auf den sich Mathews bezieht, leitet *metatorion* vom Verbum *mutare* ab und definiert den Begriff als Ort, an dem der Kaiser seine Gewänder wechselte.

[17] G. Scaglia, 1968, S. 428–434. Die Identifizierung des Kaiserporträts ist das Verdienst von Degenhart (*Un' opera di Pisanello: il ritratto dell' imperatore Sigismondo a Vienna,* in: *Arti figurative,* II, 1946, S. 184). Auf dieser Identifizierung basiert die oben erwähnte politisch motivierte Interpretation Siebenhüners.

[18] A. de Montaiglon, I, 1861, S. 466; K. Schwager, *Über Jean Fouquet in Italien und sein verlorenes Porträt Papsts Eugen IV,* in: *Argo. Festschrift Kurt Badt,* Köln 1970, S. 206–234; K. Oberhüber, *Raphael and the State Portrait, I: The Portrait of Julius II,* in: *The Burlington Magazine,* CXIII, 1971, S. 124–130; N. Reynaud, 1981, S. 9–12; C. Sterling, 1988. Das Interesse Pieros für Fouquets Porträt übertrug sich vielleicht auf Melozzo da Forlì, einer der wenigen Maler des 15. Jahrhunderts, der Zugang zur Privatsphäre des Sigismondo Malatesta gehabt haben könnte. Im Fresko in der Bibliothek des Vatikan finden sich zahlreiche Hinweise auf Fouquet, etwa im »fauteuiltrone orné de boules d'où pendent d'abondantes franges«, aber auch im Motiv der übereinandergelegten Hände, das sich auch im Porträt Eugens IV. findet. Melozzo verwendet diese Gestik für den Kardinal, vielleicht Giuliano della Rovere, der vor dem Papst steht. Der Kontrast zwischen der Gesichtsdrehung und der gesamten Figur des Kardinals sowie das scharf konturierte Profil des Papstes gehen eindeutig auf Pieros Fresko in Rimini zurück.

[19] *Gli Uffizi,* Catalogo generale, Florenz 1979, S. 626. Dieses Porträt wurde bei der Suche nach dem verlorenen Bildnis Fouquets nicht berücksichtigt. Es hat jedoch den Vorteil, das Bild nicht seitenverkehrt wiederzugeben, wie dies in den Grafiken der Sammlung Cancellieri der Fall ist. Das entsprechende Gemälde von Altissimo entstand vor 1568.

[20] C. Ricci, 1924, S. 139 ff.

[21] G. Mardesteig, 1959. Vergleiche A. Petrucci, *La scrittura fra ideologia e rappresentazione,* in: *Storia dell' arte italiana,* III, II, 1, Turin 1980, S. 5–114 (mit wertvollen bibliographischen Angaben auf S. 115–123). Mardesteig verglich die Antiqua-Inschriften im Castello von Rimini (siehe auch C. Ricci, 1924, Abb. 187) mit denen am Sarg der Cecilia Metella.

[22] G. Mardesteig, 1959.

[23] J. Bentini, 1985, S. 1–54. Zuletzt in Romano, Ausstellungskatalog *Collecciòn Cambò, Sala Sant Jaume de la Fondaciòn Caja de Barcelona,* 1990–1991, S. 192–202. Der anonyme Ferrarese ahmte Pieros Inschrift im Rahmen der runden Marmoröffnung in der Wand nach. Eine Inschrift innerhalb der Geschichte also, ein Element des Bildes, ähnlich den Inschriften auf den Bildrahmen der Gemälde des Jan van Eyck. Piero unterschied somit die bildinterne von der bildexternen Inschrift. Er erkannte die machtvolle und repräsentative Kraft der Schrift, wie er sie am Triumphbogen des Augustus und an den Ruinen in Rom beobachten konnte. Darauf verweist auch die Aufgliederung der Inschrift unter dem Fresko, wobei er sich an der darunterliegenden Türrahmung orientierte. Mitchell (1951) äußerte die Ansicht, die Unterteilung des Namens Pandolfus in Pan und Dolfus in Entsprechung zur darunterliegenden Tür, markiert das Wort *dolfus* im Sinn von *delphinus* (vergleiche M. Aronberg Lavin, 1984, S. 47). Vielleicht ist dieser Sinntransfer für einen Engländer natürlicher als für einen Bewohner der Romagna. Aronberg Lavin verweist ferner auf den Unterschied der Namenszüge *Sismondo* als Bezeichnung für das Schloß und *Sigismondo* als Name des Königs und Herrschers von Rimini. Des weiteren vermutet sie einen ethymologischen Zusammenhang zwischen diesem Namen und dem germanischen Wortstamm *Sieg.* In den Chroniken von Rimini findet sich auch der Name *Gismondo.*

[24] G. Milantoni, *Riflessioni sul castel Sismondo: alcune trecce, Pisanello e una festa, in Castel Sismondo e Sigismondo Pandolfo Malatesta,* hrsg. v. C. Tomasini Pietramellara und A. Turchini, Rimini 1985, S. 281 ff.

[25] Mitchell (1973, S. 431–432) äußerte, Piero habe sich von dieser Dekoration in der Kapelle inspirieren lassen. Das Gegenteil trifft jedoch zu. Die Sockelzone der Kapelle, die am 1. März 1452 feierlich geweiht wurde, stellte den letzten Arbeitsgang dar (C. Ricci, 1924, S. 220).

[26] C. Mitchell, 1973, S. 432. Nach Ansicht dieses Forschers beweise die Analogie der Dekorationen des Kapellensockels und der Kirchenwände, daß der Entwurf von Matteo de' Pasti stamme und über diesen zu Piero gelangt sei. Hinsichtlich der Maßverhältnisse der Pilaster folgte Piero indes wesentlich genauer den Vorschriften Vitruvs als Matteo, denn die Pilaster an den Kirchenwänden fußen auf viel zu hohen Basen. Wahrscheinlich war es eher so, daß Matteo das Motiv von Piero, der es in den Komplex des Kirchenbaus eingebracht hatte, übernahm und seiner venezianischen Sensibilität gemäß variierte.

[27] R. Krautheimer, *Corpus basilicarum christianarum Romae,* III, Vatikanstadt 1967, S. 49, Abb. 50.

[28] C. Mitchell, 1978, S. 77.

[29] M. Aronberg Lavin, 1984, S. 44 ff.

[30] Die Strategie Pieros konzentrierte sich vornehmlich auf die Scheibe mit dem Bild des Schlosses, die auch das besondere Interesse der Kritik auf sich zog. So wurde mehrfach die Außergewöhnlichkeit und der symbolische Charakter des Motivs betont. Aronberg Lavin verglich es mit dem Kirchenmodell in den Händen des Bischofs Ekklesius im Mosaik in der Apsis von San Vitale in Ravenna (1984, S. 37–39). Den Kontrast zwischen Innen- und Außenraum, der in flämischen Gemälden die Darstellung selbst beeinflußte, denunzierte Piero im Fresko als einen realen räumlichen Kontrast. Er gelangte somit zu einer Darstellung, die sich in markanter Weise von niederländischen Beispielen absetzt, etwa von der Stadtansicht in der *Verkündigung* des Robert Campin oder vom Motiv des mystischen Fensters in der *Verkündigung* des Jan van Eyck in Gent. Vergleiche M. Vloberg, *La Vierge notre médiatrice,* Grenoble 1938, S. 173–196; C. Gottlieb, *The Mystical Window in Paintings of Salvator Mundi,* in: *Gazette des Beaux Arts,* LVI, 1960, S. 313 ff.; J. Bialostocky, in: *Festschrift G. von der Osten,* Köln 1970, S. 169.

Die Inversion der Lichtrichtung im Inneren des Bildes im Vergleich zum Rahmen ist das deutlichste Indiz für den Gegensatz zwischen Pieros Fresko und seinen flämischen Vorbildern. Während er den Betrachter auf Distanz hält (E. Panofsky, 1953, S. 8), würde ein flämisches Gemälde unsere ungeteilte Anteilnahme beanspruchen. Befände sich das Fresko in einem besseren Erhaltungszustand, käme der Bezug beziehungsweise der Kontrast zwischen den Lichtreflexen auf dem goldenen Reichsapfel in der Hand des heiligen Königs und dem Licht im Rundfenster sicherlich noch deutlicher zum Ausdruck.

Die Kreuzeslegende

Lange Jahre ruhte die Hauptchorkapelle der Kirche San Francesco in Arezzo (S. 23, S. 186 ff.) kahl und unscheinbar im Halbschatten, ohne anderen Schmuck als das von Niccolò di Pietro Tedesco im Jahre 1417 bemalte Fenster.[1] Wo sich heute die Szene der Niederlage des Chosroës von Piero ausbreitet, beherbergte sie das Grab des seligen Benedetto Sinigardi. Den dominantesten Akzent in der Kapelle bildete vermutlich das bemalte Monumentalkreuz des Meisters von San Francesco, das erst in jüngster Zeit wieder an seinen ursprünglichen Ort zurückkehrte.[2] Auf der Höhe des Kreuzes und des Fensters, im Fußboden des Hochschiffs vor dem Chor, befand sich die Grabplatte der Familie Bacci, der Stifter der Hauptchorkapelle, die in der großen Krypta unter dem Hochschiff begraben liegen.[3]

Die Situation veränderte sich im Jahre 1447, als die Familie Bacci die durch den Verkauf eines Weinbergs erzielten Mittel dazu bestimmte, die Ausschmückung der Kapelle in die Wege zur leiten.[4] Die Erben des Baccio Bacci, der im Jahre 1410[5] die Freskenausschmückung der Kapelle testamentarisch verfügt hatte, verhielten sich zunächst eher zurückhaltend hinsichtlich des letzten Willens ihres Vorfahren. Erst im Jahre 1422 erklärten sie sich offiziell bereit, der Verfügung nachzukommen; den Impuls für diese Willensbezeugung gaben vermutlich die Verantwortlichen für Kloster und Kirche San Francesco, die Stadtverwaltung sowie die Bruderschaft Santa Maria della Misericordia.[6]

Der erwählte Meister, der florentinische Maler Bicci di Lorenzo, war in Arezzo nicht unbekannt.[7] Sein den Traditionen des 14. Jahrhunderts verbundener, ausgeglichener Stil schien vermutlich dazu prädestiniert, mit dem Kapellenfenster und dem großen mittelalterlichen Kreuz zu harmonisieren. Das bemalte Fenster und das Kreuz waren neben einem Polyptychon, von dem heute jede Spur fehlt, die entscheidenden Blickpunkte der Kapelle und somit die maßgeblichen Anhaltspunkte für die Freskoausschmückung.[8] An die Eingangswand zur Kapelle, gegenüber dem Grab der Bacci, malte Bicci das *Jüngste Gericht,* ein Thema, welches nur in bezug auf das Grabmal der Auftraggeber gerechtfertigt war. Die Arbeit am Gewölbe und an der Innenseite des Eingangsbogens, wo er mit den *Vier Evangelisten* und den *Vier Kirchenvätern* begonnen hatte, mußte er unterbrechen, als er um die Jahre 1447–1448 schwer erkrankte. Bicci kehrte daraufhin nach Florenz zurück, wo er 1452 verstarb.[9]

Es ist wahrscheinlich, daß Piero seinem Kollegen, für den er bereits in der Kirche Sant' Egidio in Florenz eingesprungen war, sogleich zu Hilfe kam und mit der Arbeit an den Fresken fortfuhr.[10] Vermutlich wußte Piero zunächst nicht, daß man ihn damit beauftragen würde, die ganze Kapelle auszuschmücken. So ging er zunächst daran, die unvollendeten Partien zu komplettieren, wobei er sich strikt an die dekorative Struktur seines Vorgängers hielt. Er benutzte das von Bicci errichtete Gerüst und malte etwa einen hinreißenden Engel in einen der Dekorationsfriese entlang der Gewölbegrate, welcher in der Folge die Szene mit dem *Tod Adams* betrachten sollte. Die Ausführung des letzten noch fehlenden Engels überließ Piero einem Gehilfen (Abb. 19).

Vermutlich begab sich Piero sofort nach Arezzo, als nach der Arbeit in Loreto keine weiteren Verpflichtungen anstanden. In Loreto mußten Domenico Veneziano und sein Gehilfe Piero die Arbeiten in der Sakristei aufgrund einer Pestepidemie unterbrechen.[11] Als dann klar war, daß Bicci nicht mehr

nach Arezzo zurückkehren sollte, dauerte es aller Wahrscheinlichkeit nach immer noch eine Weile, bis sich die Familie Bacci dazu durchrang, mit Piero einen neuen Vertrag zu schließen.

Piero versuchte von Anfang an, seine Pläne unter allen Umständen mit den bereits vollendeten Freskoteilen abzustimmen. Seinem Gehilfen Giovanni di Piamonte überließ er die Vollendung der von Bicci begonnenen gotischen Tabernakel mit den vier Kirchenvätern an der Laibung des Kapellenbogens.[12] In der Folge bearbeitete Piero die rechte, sein Gehilfe die linke Seite der Kapellenrückwand neben dem Mittelfenster. Der Prophet im rechten Lünettenausschnitt (Abb. 61) stammt somit von Piero, der Heilige an der linken Seite (Abb. 60) von Giovanni di Piamonte. Außer dieser beibehaltenen Hintergrundstruktur verbindet die beiden Figuren jedoch nichts mehr mit der Malerei des Bicci. Es drängt sich vielmehr der Vergleich mit den im Jahre 1449 fertiggestellten Fresken der *Uomini illustri* des Andrea del Castagno in der Villa Pandolfini in Legnaia auf.[13] Der Verweis auf Castagno gilt insbesondere für die Figur des Giovanni di Piamonte, auch wenn sich der Gehilfe an den Entwurf seines Meisters hielt, wie die für Piero so typische Handhaltung beweist.[14] Schon hier vollbrachte Piero das erste künstlerische Wunder. Er machte sich das Fenster zunutze, indem er es als Lichtquelle beim Bildaufbau berücksichtigte. Das einströmende Licht überwindet alle Hindernisse und akzentuiert die Plastizität der Figur des jungen Propheten im Gegenlicht, die blonden Locken, die Oberlippe sowie die nackten Füße. Fast die ganze Figur liegt im Halbschatten. Das über die Schulter geworfene Gewand unterteilt die Figur in ein graues Dreieck, ein blaues Trapez und ein rotes Dreieck. Zu dieser Akzentuierung der Objekte, diesem für Piero so wesentlichen stilistischen Motiv, sollte der Künstler auch in der Folge immer wieder zurückkehren. Der graue Umhang der *Madonna di Senigallia* (S. 225) liefert dafür ein spätes Beispiel. In der Figur des Propheten zeigte Piero erstmals seine typische Sensibilität. Die genaue Beobachtung der Lichteffekte rückt sie bereits in die Nähe des Freskos von Rimini. In ihr vollzog sich ein erster Schritt hin zum großen Notturno, dem *Traum Konstantins* (Abb. 88), den der Künstler am Ende der Arbeit in Arezzo an eben diese Wand malen sollte.

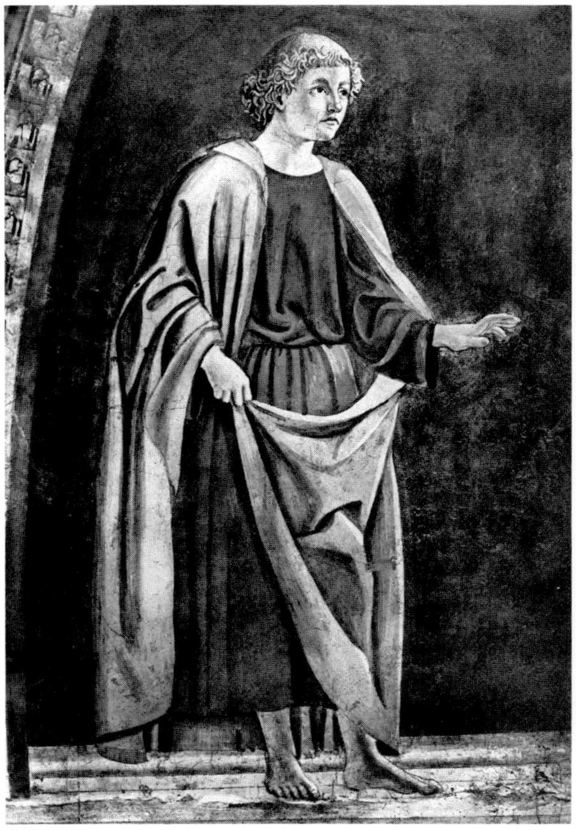

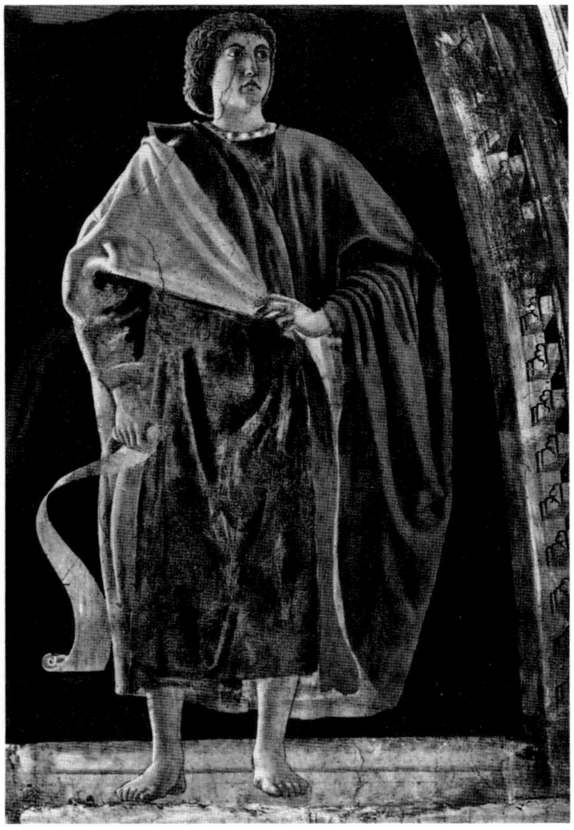

60 Giovanni di Piamonte, Heiliger. San Francesco, Arezzo

61 Prophet. San Francesco, Arezzo

Bezüglich der Entstehungszeit der abschließenden Szenen lassen sich zwei gesicherte Indizien anführen: die Tafel des Giovanni di Francesco, eines im Jahre 1459 verstorbenen Malers, für die Cavalcanti-Kapelle in Santa Croce in Florenz[15] und die noch vor 1460 entstandenen Fresken in Santa Maria di Morrocco bei Tavernelle d'Anghiari.[16] Die komplette Dekoration der Kapelle war somit noch vor 1459 fertig, vielleicht sogar bereits am 14. Januar 1455, als Piero in seine Heimatstadt zurückbeordert wurde, um, wie ich glaube, die rechte Tafel des Polyptychons mit der *Schutzmantelmadonna* zu vollenden beziehungsweise mit den Figuren des *Evangelisten Johannes* sowie des *Hl. Bernhardin* (Abb. 27) zu ergänzen.[17] Die eindrucksvolle Modellierung des *Evangelisten Johannes* steht den künstlerischen Intentionen ziemlich nahe, wie sie im *Propheten* in Arezzo zum Ausdruck kommen. Der entsprechende Teil des Polyptychons wurde um 1450, also kurz nach der Heiligsprechung Bernhardins, in Angriff genommen. Nach eingehender Betrachtung der Figur des Propheten wird die folgende Bemerkung Vasaris nachvollziehbar, die ihm die Gestalten in Pieros Bildern allgemein abnötigten: »... er verwendete lebende Modelle, die er in feinste Gewänder mit reichem Faltenwurf hüllte, um sie nachzuahmen und sich ihrer in seinen Werken zu bedienen«.[18]

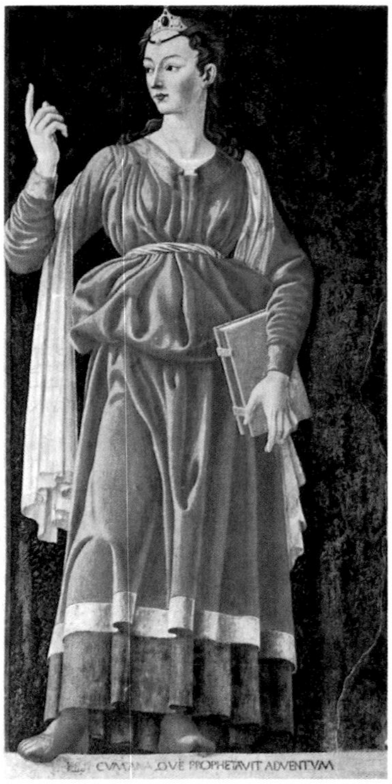

62 Andrea del Castagno, Die Sibylle von Cumae, Fresko aus der Villa Pandolfi in Legnaia. Florenz, Uffizien

Wiewohl sich Piero mit diesen beiden isolierten Figuren noch unmittelbar am dekorativen Programm des Bicci di Lorenzo orientierte, so glaube ich nicht, daß dies die allerersten Motive waren, die Piero und seine Gehilfen in der Kapelle ausführten. Gilbert bemerkte dazu, daß sich Piero auch noch in der Szene der *Rückführung des wahren Kreuzes nach Jerusalem* (S. 187, VII.1) der Sinopie des Bicci di Lorenzo bediente. Nach dem traditionellen Schema, wie wir es etwa aus den Werken des Agnolo Gaddi in Santa Croce in Florenz oder des Cenni di Francesco in San Francesco in Volterra kennen, erschien auch im Entwurf des Bicci die hl. Helena, die nach Ansicht dieses Autors erst von Piero in den Kaiser Heraklius verwandelt wurde.[19]

Die These ist heute nicht mehr nachprüfbar. Dennoch besteht kein Zweifel, daß Piero hier noch den Vorstellungen des Bicci di Lorenzo und der Auftraggeber folgte. Ganz bewußt vermied er zunächst den Bruch mit der Tradition des 14. Jahrhunderts, sondern ließ sie vielmehr erneut aufleben. Selbst der die Lünetten umgebende Dekorationsfries bleibt diesen Traditionen verhaftet. Für die neuartigen, mit klassischer Regelmäßigkeit und klassischem Fluß präsentierten Palmenmotive findet sich jedoch in keinem antiken Repertoire eine Entsprechung.

Richten wir nun erneut unsere Aufmerksamkeit auf den Einfluß, den Pieros Werke in Ferrara ausübten. Die in diesem Zusammenhang bereits erwähnten Indizien, die Miniatur des *Alkibiades* im Plutarch-Kodex in Cesena sowie die Zeichnung zweier Männer in der Albertina in Wien[20], stehen der Szene des Heraklius in stilistischer Hinsicht sehr nahe. Sie veranlassen dazu, diese Szene der Frühphase der Arbeiten in Arezzo zuzuordnen. Die gleichsam bildhauerische Modellierung der nassen Gewänder – so Vasari –, der Figuren des Kaisers und der beiden ihm unmittelbar folgenden Beamten korrespondiert mit jenen Ausdrucksmitteln, die Piero vermutlich den Künstlern in Ferrara vermittelt hatte. Trotz der außerordentlichen Erfindung des einheitlichen Blocks der Stadtbewohner, die vor dem Kreuz auf die Knie gesunken sind – die Einführung der perspektivischen Verkürzung veranlaßte zu maßvollen Varianten –, tritt in diesem Fresko noch eine gewisse Verlegenheit in der Anordnung und gegenseitigen Abstimmung der Figuren zutage, wobei die Farbe noch nicht jene Modulationen und leuchtenden Transparenzen aufweist, wie sie den jungen Propheten neben dem Fenster charakterisieren.

Auch in technischer Hinsicht nimmt das Fresko in dieser Lünette im Vergleich zu den übrigen Szenen eine Sonderstellung ein. Während Piero normalerweise bei der Ausführung eines Himmels das Blau auf den weißen Kalkgrund auftrug und die Wolken dabei aussparte, also den nackten Verputz stehen ließ, ist die Lünette des Heraklius der einzige Fall, wo er die Wolken mit weißer Farbe auf den durchgehenden blauen Himmelsgrund malte.[21] Auch die Kronen der beiden Bäume sind in ihrer Ausführung traditionell gehalten. Die grünen Blätter wurden dabei auf die dunkle Baumschablone aufgetragen. Im Gegensatz dazu ist der große Baum der gegenüberliegenden Lünettenszene, der sich über

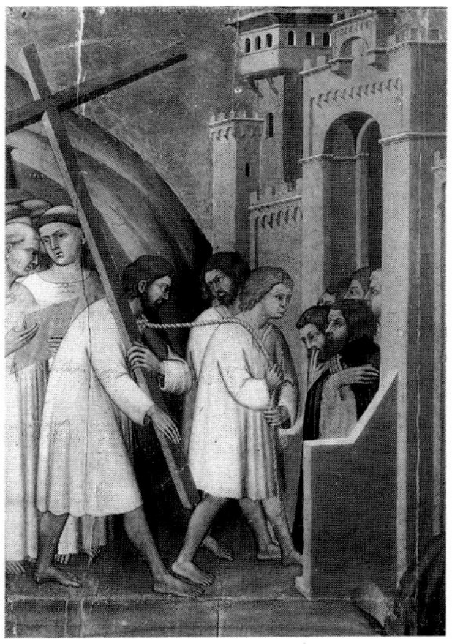

63 Benedetto di Bindo, Heraklius zieht in Jerusalem ein. Siena, Museo dell'Opera del Duomo

die ganze Himmelszone ausbreitet, mit geradezu botanischer Genauigkeit entworfen, die bereits Leonardo vorwegnimmt. Piero entwickelte zunächst mit äußerster Sorgfalt das Astwerk, an dem er in der Folge die Blätter befestigte, wobei er sich der Secco-Technik bediente. Es läßt sich somit ein deutlicher Unterschied zwischen der Heraklius-Lünette und den restlichen Fresken feststellen. Die Fresken in Arezzo offenbaren einen tiefgreifenden Umschwung in Pieros Kunst.

Heute ist es möglich, die Etappen dieses Umschwungs zu rekonstruieren. Im *hl. Hieronymus* aus dem Jahre 1450 (S. 177) ist erstmals diese veränderte Sensibilität spürbar. Die Bäume sind vom Stamm über die Äste entwickelt. Ihre Kronen beleben einen Himmel, der von den Lücken der winterlichen Wolken geprägt ist. Im Fresko in Rimini des Jahres 1451 (S. 181) akzentuierte Piero den Glanz der Landschaft im Motiv des Schlosses, die Nutzung des weißen Kalkgrundes durch fein aufgetragene, andere Weißtöne. Die Figur des hl. Sigismund besticht durch die Feinheit der Modellierung, die raffinierte Orchestrierung der Grautöne, die mit den prächtigsten Farbwerten kontrastieren. Die Architektur verleiht der Szene eine geheimnisvolle Feierlichkeit. Die Konturen der Objekte fügen sich wie in einer Intarsie in den perspektivischen Plan der Komposition.

Die *Taufe Christi* (S. 179) scheint in etwa zur Zeit des Freskos von Rimini entstanden zu sein, obgleich bisher nicht mit Sicherheit nachgewiesen werden konnte, daß das Gemälde vor 1452 fertiggestellt wurde.[22] Die nackten Körper der Figuren verbinden sich hier wie in der Lünette des *Adam* (S. 187, VII.2) in Arezzo erstmals zu gleichsam architektonischen Blöcken. Die Figuren sind einem umfassenden Rhythmus unterworfen, der durch den nicht ausformulierten geometrischen Plan der Komposition vorgegeben ist. Die Naturwerte sind bereits um eine Stufe besser erfaßt als im *Hl. Hieronymus* in Berlin.

Rimini markierte vermutlich den entscheidenden Prüfstein, den ersten Kulminationspunkt der künstlerischen Entwicklung vor der Wiederaufnahme der Arbeiten in Arezzo. Dabei dürfen die intellektuellen Impulse nicht außer acht gelassen werden, die Pieros künstlerischen Reifeprozeß unterstützten: Rom, die Stadt der Antike, die Offenbarung des Porträts von Fouquet; Rimini mit seinen bedeutenden flämischen Wandteppichen, der Ort heftigster Diskussionen zu Spätgotik und Renaissance mit Leon Battista Alberti als weithin vernehmbarem Wortführer; Ravenna als Zentrum einer glänzenden und machtvollen christlichen Vergangenheit. Die Lünette mit dem *Tod Adams* vervollständigt die humanistischen Ideale, die im gegenüberliegenden Bild lediglich angedeutet werden. Präsentiert uns Piero im linken Fresko die Gestalten des antiken Kaiserreichs, wie er sie selbst 1439 beim Konzil in Florenz erlebt hatte, so vollzog sich im rechten Bild die Wiedergeburt der antiken Plastik. Piero befreite sich aus der Abhängigkeit von den humanistischen Schriftstellern und stützte sich auf die eigene Wahrnehmung der antiken Skulptur.[23]

Der Wille zur Darstellung des nackten menschlichen Körpers ist – als der unmittelbare Impuls der Antike – der klassischen Skulptur zuzuschreiben. Der breit angelegte, objektive Rahmen der Beobachtung schließt die Analyse der menschlichen Altersstufen, schließt Schnitte und expressive Verformungen mit ein, die bereits auf Leonardo verweisen. Diese Komposition aus menschlichen Körpern enthält ferner die entscheidende Problematik der damaligen Kunstdebatte, die Frage, inwieweit sich im historischen Modell die Gegenwart widerspiegelt. »Die Künste [...] nahmen so ihren Anfang, meine ich«, schrieb Leon Battista Alberti im Traktat *De sculptura*, wobei er den Anfang der Künste als die auf historischen Ereignissen basierende Erfahrung eines aktuellen Phänomens interpretierte.[24] Nur einige Jahre später sollte sich Filarete in seinem Architektur-Traktat fragen, wie wohl das erste Haus ausgesehen haben mag, das sich Adam im Paradies errichtete.[25] Der essentielle Kern der Entdeckung der ersten Menschen in Pieros Lünette ist indes nicht der Beginn der menschlichen Eroberungen, sondern die Erfahrung des Todes.

Hatte Agnolo Gaddi der Szene des Seth, der Übergabe des Zweiges vom Baum des Lebens durch den Engel, noch zentrale Bedeutung beigemessen, so verbannte Piero diese in eine entfernte, versteckte Bildzone im Hintergrund. Leider ist die zentrale, emotionalste Szene des Freskos zerstört: der

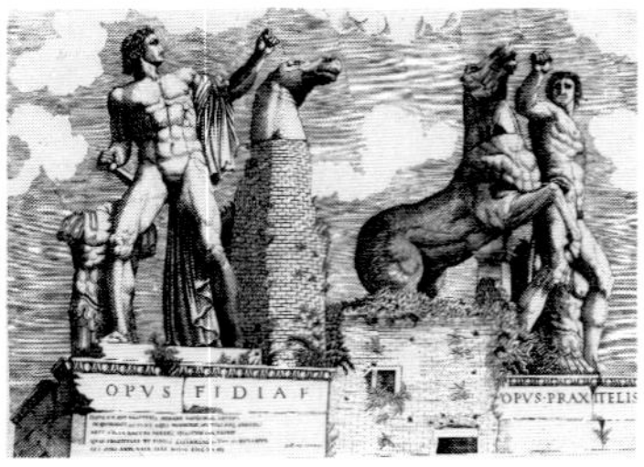

Niccolò Beatrizet, Die Dioskuren, 1546 (in: A. Lafréry, Speculum romanae magnificentiae)

perspektivisch verkürzte Körper Adams mit Seth, der – in ein weißes priesterliches Gewand gehüllt – den Baum des Lebens einpflanzt. Niemand außer Piero hatte bis zu diesem Zeitpunkt gewagt, mit derart unbekümmerter Frische Gestalten im Stil der Antike darzustellen.

Groß ist der Unterschied zwischen dieser innovativen Komposition und der traditionellen Darstellung der gegenüberliegenden Lünette. Als der Baum des ursprünglichen Laubs noch nicht beraubt war,[26] kontrastierte der Himmel als horizontale Lichtzone in markanter Weise zum Halbschatten des Blattwerks und dem von den ersten Menschen bewohnten Hain. Die Figuren heben sich nur minimal voneinander ab. Sie sind wie im Fresko in Rimini durch das Licht in horizontale Ebenen gegliedert. Dieses Licht bricht sich an der geballten Hand der einzigen voll bekleideten Figur mit dem rotblauen Gewand, trifft also von links, wo sich das Kapellenfenster befindet, auf das Fresko.

Als Piero den *Tod Adams* realisierte, stand vermutlich das ikonographische Programm für die gesamte Fresko-Ausschmückung bereits fest. Es war klar, daß die beiden Lünetten den Anfangs- und Endpunkt des ganzen Zyklus bezeichnen sollten. Das Programm der Fresken basiert auf der *Legenda aurea* (Goldene Legende – Kreuzeslegende) des Jacobus da Voragine. Der Bezug zum hl. Franziskus, dem Patron der Kirche, war durch dessen Stigmatisierung gegeben.[27] Ihm war vermutlich das Fenster geweiht. Die Fresken und das Fenster präsentierten somit gemeinsam mit dem bemalten Monumentalkreuz ein die ganze Kapelle einschließendes homogenes ikonographisches Gesamtkonzept.[28]

Dieses umfassende Programm machte es erforderlich, das Grab des seligen Benedetto zu entfernen und das Arcosolium, also die entsprechende Wandnische, zu schließen. Es ist anzunehmen, daß diese Maßnahmen sofort durchgeführt wurden, nachdem man sich entschlossen hatte, die Kapelle der *Kreuzeslegende* zu widmen.

Es wurde des öfteren darauf verwiesen, daß den Fresken ein theologisches Programm zugrunde lag, welches von den zuständigen Stellen vermutlich noch vor Pieros Ankunft ausgearbeitet worden war.[29] In diesem Programm waren von Anfang an die *Verkündigung an Maria* und der *Traum Konstantins* als analoge Verkündigungsszene enthalten.

Wir wissen, daß das Konzept für die Fresken des Bicci di Lorenzo im Olivetaner-Kloster in Arezzo von Carlo Marsuppini, einem angesehenen Humanisten, entwickelt worden war. Es ist daher leicht möglich, daß sich die Franziskaner ebenfalls an diesen Gelehrten gewandt hatten. Im Vergleich zum Originaltext der *Legenda aurea* basieren die Fresken auf einer bis zu diesem Zeitpunkt ungekannten spirituellen Geographie, welche Rom mit Jerusalem, das Tal des Tiber mit den Orten der Heiligen Schrift in Beziehung setzte.

Sowohl Schneider als auch Borsook haben auf die offensichtlichen Bezüge der Fresken zur Stadt Jerusalem hingewiesen. Sie führen dies auf die Tatsache zurück, daß die Franziskaner seit 1342 die offiziellen Hüter des Heiligen Landes waren.[30] Durch die Fresken verwandelte sich die Kapelle in Arezzo zu einer Metapher der Heiligen Stadt. Bezüglich der Vorstellungen, die man mit Jerusalem verband, resümierte Schneider: »... die Stadt wird als Gründung auf göttlichen Ratschluß dargestellt, die mit militärischer Strenge verteidigt wird«.[31]

Die Zurschaustellung militärischer Macht wäre zweifelsohne eine zu riskante Lösung für jemanden wie die Mitglieder der Familie Bacci beziehungsweise die Franziskaner gewesen, die aufgrund ihrer persönlichen Interessen primär auf ein friedliches Zusammenleben mit Arabern, Türken und Orthodoxen bedacht waren. Das lebhafte Interesse seitens der Franziskaner an Kreuzesreliquien ist nicht erst seit dem Jahre 1342 belegt, als man den Orden zum Beschützer des Heiligen Landes bestimmt hatte. So existieren insbesondere in der Gegend um Arezzo verschiedene kostbare Reliquienschreine mit Kreuzpartikeln, die nachweislich bereits im 13. Jahrhundert angefertigt wurden.[32] Auch das bemalte Monumentalkreuz in der Kirche San Francesco in Arezzo bringt diese grundlegenden Bezüge zum Ausdruck. In der Figur des Heiligen zu Füßen des Gekreuzigten verwandelt sich die antike rituelle Geste der Proskynese (des Kniefalls) in leidenschaftliche Hingabe. Die topographischen Metamorphosen charakterisieren viele der Freskoszenen. Der *Sieg Konstantins über Maxentius*

ereignet sich nicht mehr vor den Toren Jerusalems, sondern vor Rom. Auch der *Traum Konstantins* ist in der Gegend um Rom in Szene gesetzt. Parallel dazu ist die *Verkündigung* angeordnet, wobei sich die Behausung Marias, in der ihr die Botschaft zuteil wird, und der Zelt-Tabernakel des Konstantin, dem ebenfalls ein Engel prophezeit, entsprechen (Abb. 86 u. 88) und in dieser symmetrischen Strukturierung an die Gegenüberstellungen der heiligen Städte Jerusalem und Betlehem in frühchristlichen und mittelalterlichen Mosaiken erinnern.

Neben den angedeuteten Aspekten könnte noch ein anderes Motiv ausschlaggebend für die Entstehung des Programms und die Bezugnahme auf die apokryphe Geschichte des Jacobus da Voragine gewesen sein. Bereits im Jahre 1440, also unmittelbar nach dem Konzil von Florenz, hatte die Wahl des Anti-Papstes Amedeo VIII. von Savoyen alle Hoffnungen auf eine geeinte Kirche erneut zunichte gemacht. Erst im September des Jahres 1443 konnte der legitime Papst Eugen IV. nach Rom zurückkehren. Die Szene des *Jüngsten Gerichts* von Bicci di Lorenzo mit den heftig agierenden Engeln und Teufeln könnte als Reaktion auf diese Ereignisse gedacht gewesen sein. Man erwartete vom alten Meister ein aussagekräftiges, gleichsam propagandistisches Werk. Als man dann Piero mit der Ausschmükkung beauftragte, hatte sich die politische Situation verändert. Im Jahre 1449 war Amedeo VIII. freiwillig zurückgetreten. Wie in Pieros Fresko, in dem Konstantin die Stadt Rom ohne Blutvergießen erobert und triumphal Einzug hält, wurde auch Eugen IV. die Genugtuung zuteil, die Kapitulation seiner Feinde mitzuerleben.

Die Kreuzeslegende, wie sie Piero auslegte, war nicht mehr dazu geeignet, auf Nebensächlichkeiten Rücksicht zu nehmen. Er entledigte sie insbesondere ihres ursprünglichen Fabelcharakters. Die Konzeption, welche Rom und Jerusalem zur Deckung brachte, ermöglichte es Piero, zu einer allgemeingültigen historischen Reflexion zu gelangen: zu einer Meditation über das Schicksal des Menschen und über die Fatalität der Ereignisse, welche die Geschichte der Städte Rom und Jerusalem begleiteten.

65 Cupido steckt seinen Pfeil in den Köcher zurück. Arezzo, San Francesco

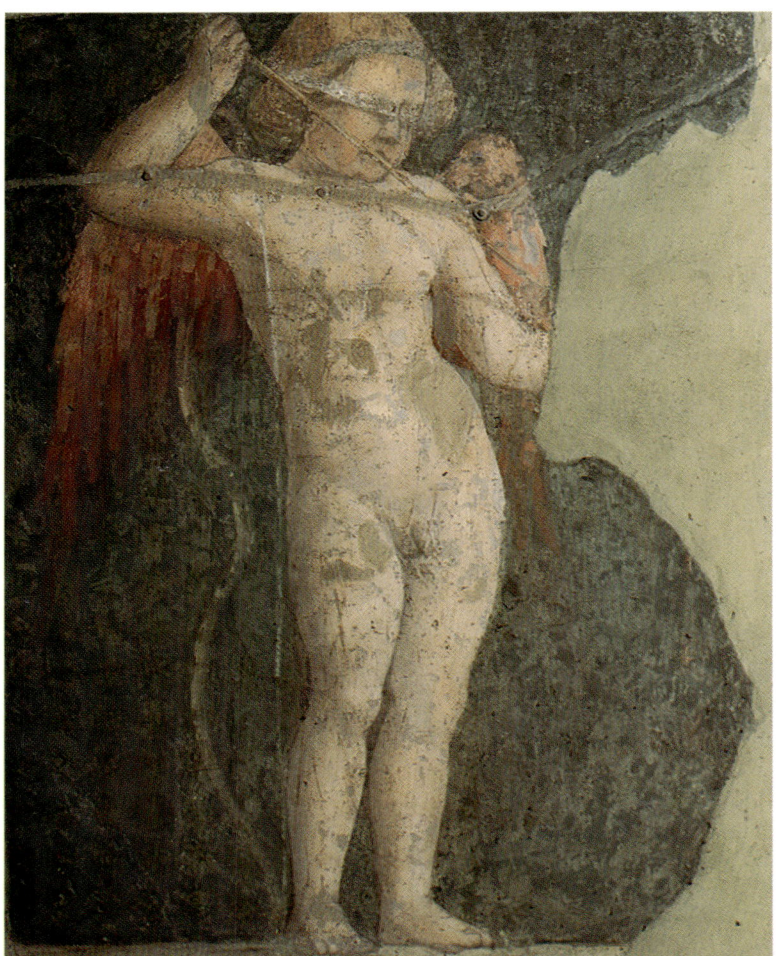

Die Kenntnis der öffentlichen römischen Monumente, die entscheidende Voraussetzung für die Lünette des *Adam*, kommt auch in den übrigen Szenen zum Tragen. Aus dem gelehrten Zitat entwickelte sich die konstitutive Substanz einer neuen Form, die Piero hier feierlich einweihte.

Der nackte Körper des von den Toten Auferstandenen in der Szene *Die Prüfung des wahren Kreuzes* (Abb. 84) mit seinen akzentuierten Muskelpartien und dem nach oben gewandten Kopf geht auf einen der *Dioskuren* vor dem Quirinalspalast in Rom zurück. Dieser Dioskurengruppe entstammt ferner der Typus des scheuenden, aufsteigenden Pferdes, wie er in den beiden Schlachtenszenen wiederholt erscheint (Abb. 64). Die weißen Pferde vermitteln in der Tat den Eindruck, als seien sie aus Marmor.

Den Riesen vom Quirinal war jene Autorität eigen, die es Piero ermöglichte, sich aus den nostalgischen Banden eines Pisanello, der ihn noch in Rimini so nachhaltig beeinflußt hatte, gänzlich zu lösen. Es verwundert nicht, daß sich noch Raffael für diese antike Gruppe begeistern sollte.[33]

Das zweite Vorbild für die Pferde in den Schlachtenszenen in Arezzo vermittelte sich Piero auf indirektem Weg, über die Fresken Paolo Uccellos in Santa Maria Novella in Florenz und, vielleicht, über das Reiterstandbild des Niccolò Baroncelli in Ferrara, das er im Modell kannte. Dabei handelte es sich um den Typus der

Bronzepferde von San Marco in Venedig, die sicherlich auf eine Schöpfung des Lysippos zurückgehen, auch wenn die jüngsten Forschungen eher zögern, sie diesem Künstler persönlich zuzuschreiben.[34] Doch auch die Marmorpferde in Rom – die Proportionen, die kurzgeschnittene Mähne, die schwungvolle Bewegung – gehen auf attische Schöpfungen aus dem 5. Jahrhundert v. Chr. zurück.[35]

Durch diese Beispiele wurde Piero gleichsam in die Geheimnisse der griechischen Skulptur eingeführt. Dabei war es anscheinend für ihn von besonderer Bedeutung, daß diese spätantiken Repliken auch Spuren der eigenen Gegenwart in sich bargen. Im Fall der *Dioskuren* faszinierte ihn insbesondere die neoarchaische Interpretation der antiken Skulptur, die extreme Vereinfachung der Ebenen, welche nicht auf die anatomische Genauigkeit in der Darstellung abzielte, sondern die Volumenwerte akzentuierte. Piero erkannte intuitiv, daß dieses stilistische Charakteristikum mit einer tiefgründigen Religiosität korrespondierte. In diesen zwei himmlischen Pferdebändigern offenbarte sich Piero eine neue Geistigkeit, wie wir sie heute der ganzen Epoche der Spätantike zuerkennen.

Das heldenhafte Antlitz der Riesen, das perfekte Oval ihrer Gesichter, ihr kleiner, leicht geöffneter Mund sowie die großen, leidenschaftlich gegen den Himmel gerichteten Augen entsprachen einem Ideal, dem Pieros eigene Vorstellungen an sich schon sehr nahestanden, wie etwa die Engel in der *Taufe Christi* oder die Jugendlichen im *Tod Adams* zu zeigen vermögen. Daneben war Piero sicherlich begeistert von den monumentalen Dimensionen der *Dioskuren*. Er ahnte, daß die Faszination der antiken Skulptur in ihrer isolierten Erscheinungsform begründet liegt. Daher vernachlässigte er die florentinischen Bestrebungen einer Versöhnung von Statue und Architektur. In den Fresken, welche auf die erste Lünette folgten, tritt deutlich die Intention zutage, den nackten Körper isoliert darzustellen. Als Beispiele hierfür können der Auferstandene in der *Prüfung des wahren Kreuzes* (Abb. 84) oder der Kämpfende in der *Schlacht zwischen Heraklius und Chosroës* (S. 191, VII.8) angeführt werden. Im ersten Fall geht der emphatische, gegen den Himmel gerichtete Blick der beiden Dioskuren auf den privilegierten Jüngling über, der als einziger mit Gott in geheimnisvoller Verbindung steht. Das mächtige Kreuz ruft ihn ins Leben zurück. Piero rezipierte somit nicht nur den formalen Aspekt der spätantiken Skulptur, sondern insbesondere ihren ekstatischen, religiösen Gehalt, indem er sich der dem Archaismus eigenen Werte bemächtigte. Auf diese Weise erschloß sich Piero ohne jede direkte Erfahrung die Welt Griechenlands.[36] Damit bewegte er sich auf einem ganz anderen Terrain als die florentinischen Künstler am Ende des Jahrhunderts, die sich wie etwa Filippino Lippi darauf beschränkten, antikes Material in umfangreichen, komplexen Sammlungen anzulegen.

Es gab aber noch weitere Gründe für Pieros Interesse an der römischen Bildhauerei. Einmal begeisterte ihn die kompositorische Einheit des Basreliefs. Auch hierbei handelte es sich um einen Aspekt, der Piero schon vor den Fresken in Arezzo beschäftigt hatte. Dabei berief er sich zunächst auf die Beispiele des Nanni di Banco, der diese Einheit durch die Entsprechung beziehungsweise gegenseitige Abstimmung seiner Figuren bezüglich der Gestik und der Gewandungen zu erzielen suchte. Die römischen Sarkophage und Siegessäulen hingegen boten Beispiele von Reliefs, in denen die Handlungen miteinander verknüpft sind und sich kontinuierlich aneinanderreihen. Nicht einmal die großen flämischen Wandteppiche, welche Piero in Rimini oder Ferrara gesehen hatte, konnten einen derartigen Fluß der Aktionen aufweisen. Die wie in einem Fries organisierten Szenen entfalteten sich frei und unabhängig von einem einzigen, zentralen Blickpunkt. Im Bewußtsein der Grenzen, die durch die Architektur der Kapelle gegeben waren, besann sich Piero auf das Verfahren der römischen Reliefdarstellungen. Dazu ermutigte ihn vermutlich das Beispiel Filaretes, der an der Tür zur Peterskirche in Rom den horizontal angeordneten Handlungssequenzen eine Reliefplatte gegenüberstellte, in der sich die Erzählung in Analogie zu den Darstellungen auf dem Triumphbogen des Septimius Severus von oben nach unten schlangenlinienförmig entwickelt – ein Verfahren, das sich bereits die gotische Malerei zunutze gemacht hatte.

Das auf Chosroës zusprengende Pferd im rechten Teil des Schlachtengewühls in der Nähe des Throns (S. 191) hat nun in diesem Fresko die Funktion, die Bildmotive miteinander zu verbinden.

Dazu konvergieren die Linien des Thronaufbaus auf einen unsichtbaren, von der Schlachtenszenerie verdeckten Punkt hin, während der Blick des Betrachters durch die Schrägen der Waffen und der Fahnen irregeleitet wird. Die große Fahne mit dem Emblem des Mohren ist in der Mitte gerissen, so daß man der Fahnenrückseite mit dem analogen Motiv ansichtig wird. Das aufgerissene Loch gibt den Blick frei auf das unendliche Blau des Himmels (s. auch Abb. 106). In der intensiven Beobachtung der römischen Antike offenbarte sich Piero zudem die Bedeutung des Fragments und dessen dramatischer Kraft.

Vielleicht waren es auch die antiken oder mittelalterlichen römischen Reliefdarstellungen, die sich ohne Rücksicht auf die Architektur entfalteten, welche Piero dazu ermutigten, die Ecken der Kapelle nicht weiter zu beachten und die Szenen kontinuierlich zu entwickeln, ohne die Begrenzungen durch gemalte Architekturelemente zu akzentuieren, wie es gemeinhin üblich war.

Daß die rechte Lünette den Anfang des Zyklus markieren sollte, entsprach vermutlich auch der ursprünglichen Konzeption der Dekoration. Die endgültige Anordnung der nachfolgenden Szenen ging vermutlich auf Pieros eigenste Entscheidung zurück, wobei auch diesbezüglich von einer römischen Beeinflussung ausgegangen werden kann. Am Konstantinsbogen etwa folgen den feierlichen, würdevollen Szenen im oberen Register die darunter angeordneten Schlachtenszenen. Das System der Organisation der Erzählung in übereinanderliegenden Registern, die jeweils einem bestimmten Thema gewidmet waren, findet sich in noch markanterer Weise im Triumphbogenmosaik in Santa Maria Maggiore in Rom. Das oberste Register thematisiert die Verkündigung und die Darstellung Jesu im Tempel; in der zweiten Darstellungsebene unterwerfen sich Christus die weltlichen Herrscher; das untere Register berichtet vom Kindermord durch Herodes und dessen moralischer Niederlage. Diese eher ideologisch motivierte Anordnung machte es jedoch erforderlich, relativ frei mit der narrativen Vorlage und deren szenischer Abfolge zu verfahren.

In ähnlicher Weise entspricht in den Fresken in Arezzo jeder Bildbereich einem bestimmten Moment der Kreuzeslegende, einer bestimmten Situation der Verherrlichung oder der Verunglimpfung beziehungsweise Schändung des Kreuzes. Die Vorgeschichte in der rechten Lünette steht dem Epilog in der linken Lünette gegenüber. In den Mittelzonen der Längswände wird die wundertätige Kraft des heiligen Kreuzes verherrlicht. Das mittlere Register der Fensterwand ist den Szenen vorbehalten, in denen die Menschen das Kreuz verachten. Sie hegen die Absicht, es im Fluß zu versenken. Daneben weigert sich Judas, das Versteck des Kreuzes preiszugeben. Im Zeichen des Kreuzes gelingt schließlich der Sieg, aus dem das christliche Reich hervorgeht. Der christliche Kaiser kämpft um das Kreuz und besiegt den ungläubigen Feind. Die Parallelisierung der Szenen *Traum Konstantins* und *Verkündigung* sowie der darüberliegenden Gestalten des Propheten und des Heiligen verweisen auf den tieferen religiösen Sinn des gesamten Zyklus. Die Legende wird zur Metapher der Erlösung, wie sie durch die Fleischwerdung des Wortes und durch Christi Tod am Kreuz erst möglich wurde. Im Traum des Kaisers wie auch in der Verkündigung des Engels an Maria vernehmen wir das Wort des Heiligen Geistes. Ein analoges Vorgehen kennzeichnete bereits die frühchristlichen Mosaiken in Rom und Ravenna.

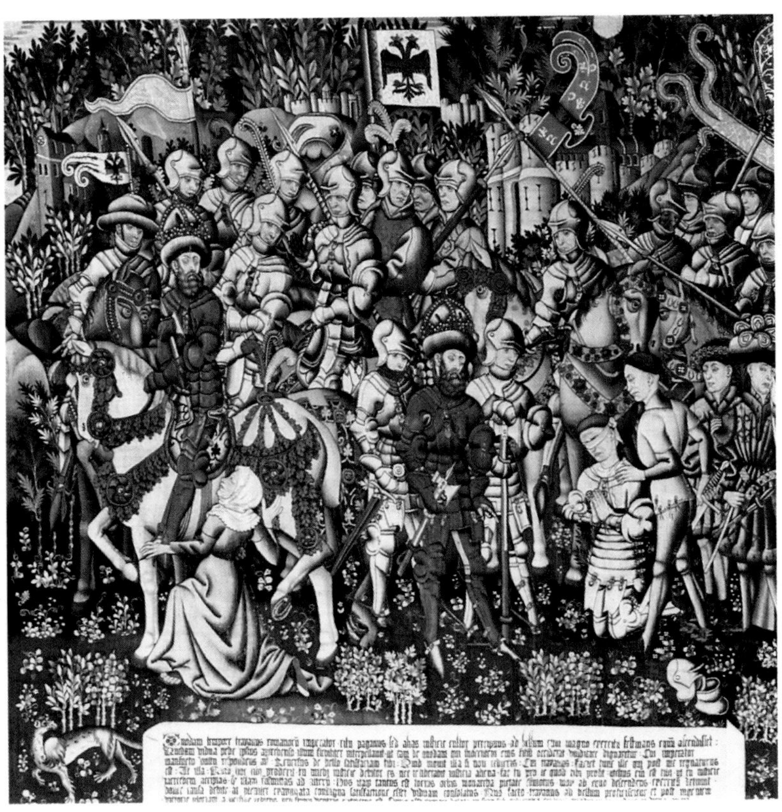

66 Trajans-Teppich, Wandteppich nach einem Entwurf von Rogier van der Weyden. Bern, Historisches Museum

Die Szenen im zweiten Register, über den beiden Verkündigungen, sind von einfachen, einfältigen Gestalten bevölkert. Die drei Männer, welche das schwere Kreuz aufrichten, haben ihre Gewänder zu Boden geworfen. Die weitgehend bekleidete, mit einer

Krone aus Weinlaub geschmückte Figur scheint zudem betrunken zu sein. Sie wissen nichts von der Botschaft der Propheten, welche der gefolterte Hebräer in der gegenüberliegenden Szene zu verleugnen sucht (S. 190, VII.5/VII.6).

In den entsprechenden Szenen an den Seitenwänden wird die geheimnisvolle Kraft des Kreuzes, seine heilbringende Wirkung, von den Menschen gewürdigt. In obskurer, heidnischer Weise erweist ihm die Königin von Saba ihre Achtung, im Bewußtsein der christlichen Wahrheit wird es von der Mutter Konstantins verehrt (S. 189).

Die *Verkündigung* bezeichnet letztlich auch das neue Schicksal des Kreuzes. Vor seiner Konversion zum Christentum erscheint es dem Kontantin als immaterielles Zeichen, als erhellendes Traumerlebnis, das ihm den Weg zu einem unblutigen Sieg weist. Der konkrete Kampf um die Kreuzesreliquie wird indes mit äußerster Grausamkeit geführt. Die Ungläubigen, die Schänder des Kreuzes, werden verdammt. Durch den *Traum Konstantins* wird das Kreuz von allen fetischistischen Implikationen befreit. Der ungetaufte Konstantin entspricht wiederum exakt der Königin von Saba. Diese erkennt im Kreuz eine Energie, welche den Fall des hebräischen Reiches und die Entstehung einer neuen Ordnung bewirkt. Dem Konstantin offenbart sich jedoch die wahre Macht des Kreuzes, die ihm zum Sieg über die Heiden und zur Errichtung eines christlichen Reiches verhilft. In der Geschichte des Heraklius schließlich verbinden sich die spirituelle und materielle Komponente der Kreuzesreliquie zu der einen, unumstößlichen Wahrheit. Das Holz des Kreuzes erweist sich als das geheiligte Holz. Die Schändung des Kreuzes, welcher sich Chosroës schuldig macht, wird vom byzantinischen Heer unbarmherzig gerächt. Machtvoll drängt die Fahne mit dem Zeichen des Kreuzes ins Zentrum der gesamten Komposition (S. 191). Daneben das Emblem des Mohrenkopfes, das Symbol des Dämonischen. Das christliche Banner verweist auf die Parallele zur Geschichte Konstantins, die sich Jahrhunderte später ereignet. Auch Heraklius kämpft lediglich im Zeichen des Kreuzes, das wirkliche Kreuz besitzt er zu diesem Zeitpunkt nicht. Nicht zufällig markiert die Kreuzesfahne die analoge Position, welche das Kreuz in der Szene des Heraklius in der Lünette einnimmt, als es der Kaiser nach Jerusalem zurückführt (S. 187).

Der Kaiser kann sich dem Kreuz allerdings erst dann nähern, als er es nicht mehr lediglich als Zeichen seines Triumphes betrachtet, sondern sich ehrfurchtsvoll vor der Reliquie verneigt. In noch expliziterer Weise brachte Benedetto di Bindo die analoge Szene im Dom von Siena zum Ausdruck (Abb. 63). Vermutlich war diese Darstellung sowohl Piero als auch seinen Auftraggebern nicht unbekannt.[37] Das Kreuz zwingt zu Demut, zu Erniedrigung.

Die alten Pilgerführer verweisen auf einen quadratischen, eine Elle breiten, gespaltenen Stein, welcher jene Stelle bezeichnen sollte, an der Heraklius das Kreuz überwand, indem er sich »seiner kaiserlichen Gewänder entledigte, sich in ein rauhes Büßerkleid hüllte, seinem Volk befahl, genauso zu handeln, und um Verzeihung bat«. Sogleich »öffneten sich die Tore der Stadt und er zog mit großer Andacht ein«.[38] Piero wählte indes nicht den Augenblick der wundertätigen Öffnung der Stadtmauern, sondern den unmittelbar vorhergehenden Moment, als einzig der Glaube die Hoffnung des Kaisers nährte. Im Gegensatz zu seinen Vorgängern, die das gleiche Thema bearbeitet hatten, verzichtete er auf die Darstellung der Öffnung der Stadtmauer. Der demütige Kaiser zieht in die Stadt Jerusalem ein, die sich in das himmlische Jerusalem zu verwandeln scheint. Dabei bewegt er sich zugleich auf das von Bicci di Lorenzo an die Frontseite der Kapelle gemalte Kreuz in der Szene des *Jüngsten Gerichts* zu. Berücksichtigen wir ferner die Gegenwart des hl. Franziskus im bemalten Monumentalkreuz, welches vor den Fresken hängt, so drängt sich dem Betrachter die Überzeugung auf, daß es auch der Liebe bedarf, um sich der Nähe des Kreuzes erfreuen zu dürfen. Dabei handelt es sich aber nicht um jene Liebe, wie sie die heidnischen Gottheiten vorstellen. Am linken Pilaster findet sich das Bild *Cupidos,* des ikonographischen Repräsentanten der leidenschaftlichen Liebe.[39] Doch ruht sein Bogen auf seiner Schulter. Er ist gerade dabei, seinen Pfeil in den Köcher zurückzustecken. Seine Gestik deutet auf einen Rückzug, er gibt sich geschlagen. Die gegenüberliegende Darstellung am entsprechenden Pila-

ster, das Gegenstück zu diesem atypischen Eros, kennen wir leider nicht. Als Salomon daranging, den Tempel zu erbauen, überbrachte ihm der Erzengel Michael das Siegel des Engels Araph, durch welches es ihm gelang, den heidnischen Architekten Hiram für seine Pläne zu gewinnen und die Dämonen zur Mitarbeit zu zwingen. Silvia Eteria überliefert uns in ihrer *Pilgerfahrt ins Heilige Land,* daß das Salomonssiegel gemeinsam mit dem wahren Kreuz am Karfreitag verehrt wurde und in der Apsis der Golgotha-Kapelle ausgestellt wurde.[40] Zeifelsohne formte das Bild des Engels Araph das Gegenstück zu Cupido. Sein Erscheinen fungierte gleichsam als Bindeglied zwischen den Szenen Salomons und Helenas. An einem 14. September, dem Tag der Auffindung des Kreuzes, weihte auch Salomon feierlich den fertigen Tempel ein.[41]

Auf der Seite des *Cupido* findet sich ferner eine Anspielung auf Venus. Nach Rufino d' Aquileia befand sich der Aphrodite-Tempel in Jerusalem auf dem Kalvarienberg, in der Nähe jener Grube also, in der angeblich das Kreuz versteckt gehalten wurde.[42] Der Tempel in der Szene der *Auffindung des wahren Kreuzes* (S. 189, VII.4) kann somit als Tempel der Aphrodite interpretiert werden. In gewisser Weise ist es eben die Figur des Cupido an der Innenseite des Eingangspilasters, die das Gebäude gleichsam indentifiziert. Von den Ikonen der Heiligen durch einen hellen Marmor- und Porphyrrahmen getrennt, gehört Cupido zur Szene der hl. Helena. Die Liebe Helenas zum Kreuz markiert die Niederlage Aphrodites. Helena wird in der Folge das Heiligtum der Aphrodite einreißen und einen neuen Tempel errichten. Auch die Königin von Saba hatte Salomon das Ende des Reiches und die Zerstörung des Tempels vorhergesagt. Cupido und Araph sind somit die Schutzgötter der beiden Tempel, welche durch die Macht des Kreuzes zerstört werden.

Neben den bisher angeführten szenischen Entsprechungen können noch weitere geltend gemacht werden, ohne daß diese den erstgenannten widersprechen würden. In den Lünetten stoßen wir auf zwei Szenen unter freiem Himmel, im mittleren Register vollziehen sich die Handlungen in höfischer Umgebung, vor einer Kulisse aus Architekturen, darunter sind jeweils die zwei Schlachten inszeniert. An der Fensterwand haben wir oben den Propheten und den Heiligen, im unteren Register die beiden Erscheinungen des Engels. Die Folterung des Hebräers im Mittelregister betrifft einen Akt der Gerechtigkeit. Der Richter gibt sich als solcher durch seinen Richtstab und die in seiner Kopfbedeckung aufbewahrten Dokumente zu erkennen, wobei die Ecke eines Blatts mit der Aufschrift ›prudens‹ (Weisheit) herausragt. Die Szene auf der anderen Seite des Fensters entbehrt jeglicher Autorität. Die drei Gestalten, welche das Kreuzesholz transportieren, sind als einfache, einfältige und unwissende Personen charakterisiert (S. 190). Diese Szene, an den Leidensweg Christi gemahnend,[43] nimmt in gewisser Weise die Gotteslästerungen des Chosroës vorweg. Dieser spottet der göttlichen Dreifaltigkeit, indem er dem Kreuz einen Thron und einen Hahn gegenüberstellt.

In der berühmten Konferenz des Jahres 1912 verwies Warburg darauf, daß Kopien der Fresken von Arezzo existieren, die von Ramboux angefertigt wurden. Dazu erwähnte er, das Antlitz Konstantins im *Sieg Konstantins über Maxentius* erinnere ihn an die Gesichtszüge des Johannes VIII. Palaiologos, wie sie Pisanello auf einer Medaille wiedergab. Daraus schließt er, Piero habe mit seinen Fresken in Arezzo bewußt auf die durch den Fall Konstantinopels am 29. Mai 1453 motivierten Pläne eines neuerlichen Kreuzzugs Bezug genommen.

Im Rahmen dieses fast spielerischen Umgangs mit dem narrativen Material stellen uns die Physiognomien der Protagonisten vor schier unlösbare Probleme. So verleiht er etwa Chosroës das Antlitz Gottvaters (vgl. Abb. 87 u. 104). Sollte Chosroës Gottvater ähnlich sein, da er die Dreifaltigkeit nachzuahmen suchte? Doch sowohl das Gesicht Chosroës als dasjenige der Gottvater-Figur entsprechen dem Antlitz des *Hl. Sigismund* im Fresko in Rimini (Abb. 51). Überwog also die Vorstellung eines würdevollen Herrschergesichts? Sind somit die drei erwähnten Gestalten durch einen analogen Gesichtstypus charakterisiert? In der Tat müßige Überlegungen! Die Forschung nach der Identität der abgebildeten Personen würde uns zudem verleiten, Pieros indifferente Haltung gegenüber den individuellen Schicksalen aus dem Auge zu verlieren. Wäre ihm daran gelegen gewesen, hätte er sicherlich das glei-

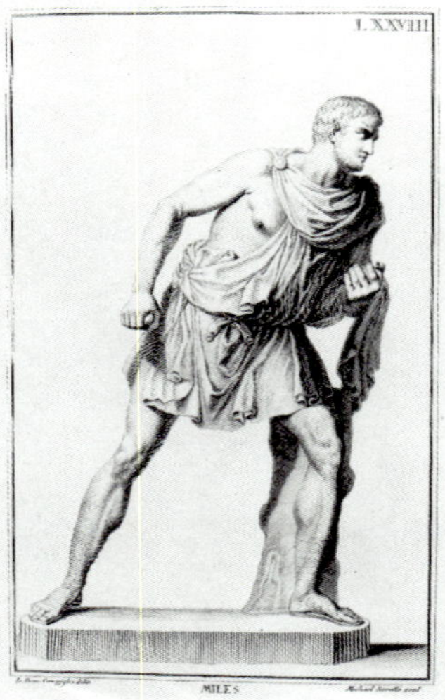

67 Meleagros, Stich nach einer römischen Statue (in: F. Gori, 1724)

che Gesicht nicht in unmittelbarer Nachbarschaft erneut präsentiert. Verschiedentlich wurde auch darauf hingewiesen, es könnte sich hierbei um die Bildnisse des Giovanni Bacci und seines Zwillingsbruders handeln.[44] Schließlich Heraklius. Es war unvermeidbar, den siegreichen Kaiser der Hinrichtung seines Feindes beiwohnen zu lassen. Wir entdecken ihn am rechten Bildrand, links neben dem knieenden Chosroës, mit seinem auffälligen, mit rotem Stoff überzogenen Helm und dem Szepter in der Linken. Auch sein Gesicht erinnert an die Züge des Johannes VIII. Palaiologos und somit an das Antlitz Konstantins. In der Schlacht selbst erkennen wir Heraklius zu Pferde, mit grünem Helm und gezücktem Schwert, wie er gerade einen der Feinde unter dem Kreuz erdolcht und gleichsam opfert (Abb. 96).

Die Vielfalt der Rüstungen und Waffen korrespondiert mit der kalkulierten Wiederholung physiognomischer Typen. So präsentiert Piero die Frauen um die Königin von Saba und um Helena mit bewußt homogenen Gesichtern und wiederholt praktisch ein und denselben Kopf in den verschiedensten perspektivischen Ansichten. Bei der Typologie der weiblichen Figuren beschränkte sich Piero auf zwei Modelle: einmal die Züge der Königin von Saba (Abb. 83), die in identischer Form im Gesicht Helenas (Abb. 22) sowie in verschiedenen anderen Frauengestalten wiederkehren[45]; daneben ein Gesicht mit breiter Nasenwurzel und geringem Abstand zur gewölbten Oberlippe.

In seiner *Kurzen Geschichte der italienischen Malerei* propagierte der damals noch junge Kunsthistoriker R. Longhi ein Geflecht von Beziehungen zwischen den Fresken Pieros in Arezzo und den Mosaiken in Ravenna: »... die monumentale Form ermöglichte es ihm, eine auch farblich monumentale Komposition zu realisieren. Dabei setzte er in Analogie zu den byzantinischen Schöpfungen in San Vitale geräumige Farbflächen nebeneinander«.[46] Auf die Mosaiken mit Theodora und ihrem Gefolge geht zweifelsohne die Feierlichkeit und Würde der Frauengruppen in Arezzo zurück.

Longhis Hypothese wäre dann nachvollziehbar, wenn sie durch die biographischen Fakten gestützt würde, wenn es also Beweise dafür gäbe, daß Piero bereits vor seinem künstlerischen Abenteuer in Arezzo in Rimini war. Die Fresken in Arezzo jedenfalls scheinen dies zu bestätigen. Die Goldkugeln, welche Piero im Zentrum der Dekorscheiben an der Palastfassade in der Szene der *Prüfung des wahren Kreuzes* anbrachte (S. 189, VII.4) dieselben, welche Paolo Ucello aus Venedig nach Florenz mitbrachte und damit den Rahmen des *Giovanni Acuto* schmückte, sind eine Hommage an die venezianische Architektur, die Piero durch die Vermittlung des Matteo de' Pasti in Rimini kennengelernt hatte. Daneben war es wohl Agostino di Duccio, ein eifriger Erforscher des Hellenismus byzantinischer Prägung, der Piero auf die Würde der byzantinischen Architektur aufmerksam gemacht hatte.[47]

Wir wissen nicht, ob Piero die Schlachtendarstellungen des Pisanello, etwa jene in Mantova, gesehen hatte oder ob er, wie Warburg annahm, mit den in Rimini und an anderen Höfen so bewunderten flämischen Wandteppichen und deren realistischen Darstellungen zu konkurrieren suchte.[48] In jedem Fall zeigte auch Piero in seiner Schlachtendarstellung die besondere Wertigkeit des unabwendbaren, grausamen Todes. Perspektivisch gesehen, besteht eine Schlachtendarstellung aus einer vorderen Reihe von Kämpfenden sowie aus einer Ansammlung von bunten Beinen zwischen bewegten Pferdeleibern. Auf dem Boden vor den Kämpfenden liegen vereinzelt zerbrochene Gegenstände oder Waffen. Den Hintergrund markiert der Steilhang einer Hügelkette. In einer Art teleskopischen Projektion verknüpfte Piero hingegen wie auf römischen Sarkophagreliefs den Vordergrund mit dem Hintergrund, das Geschehen in der Nähe mit dem entfernten. Ein Landschaftsausschnitt, hier der Lauf des Tibers als essentieller geographischer Bezugspunkt der Erzählung, wurde dazu herangezogen, die beiden sich gegenüberstehenden Heerscharen voneinander zu scheiden (S. 191, VII.7).

Sowohl Uccello als auch Piero hielten sich nicht an die von Ghiberti definierten ikonographischen Elemente einer Schlachtendarstellung. Gemäß der antiken Schlachtordnung dominierte in der *Davidsschlacht* an der Paradiestür des Baptisteriums in Florenz der Imperator, also der Heerführer, auf seiner Quadriga das Kampfgewühl. Dabei handelte es sich um ein von den antiken Schriftstellern abgeleitetes, fiktives Motiv. Augenzeugenberichte, die eine derartige Schlachtordnung belegt hätten,

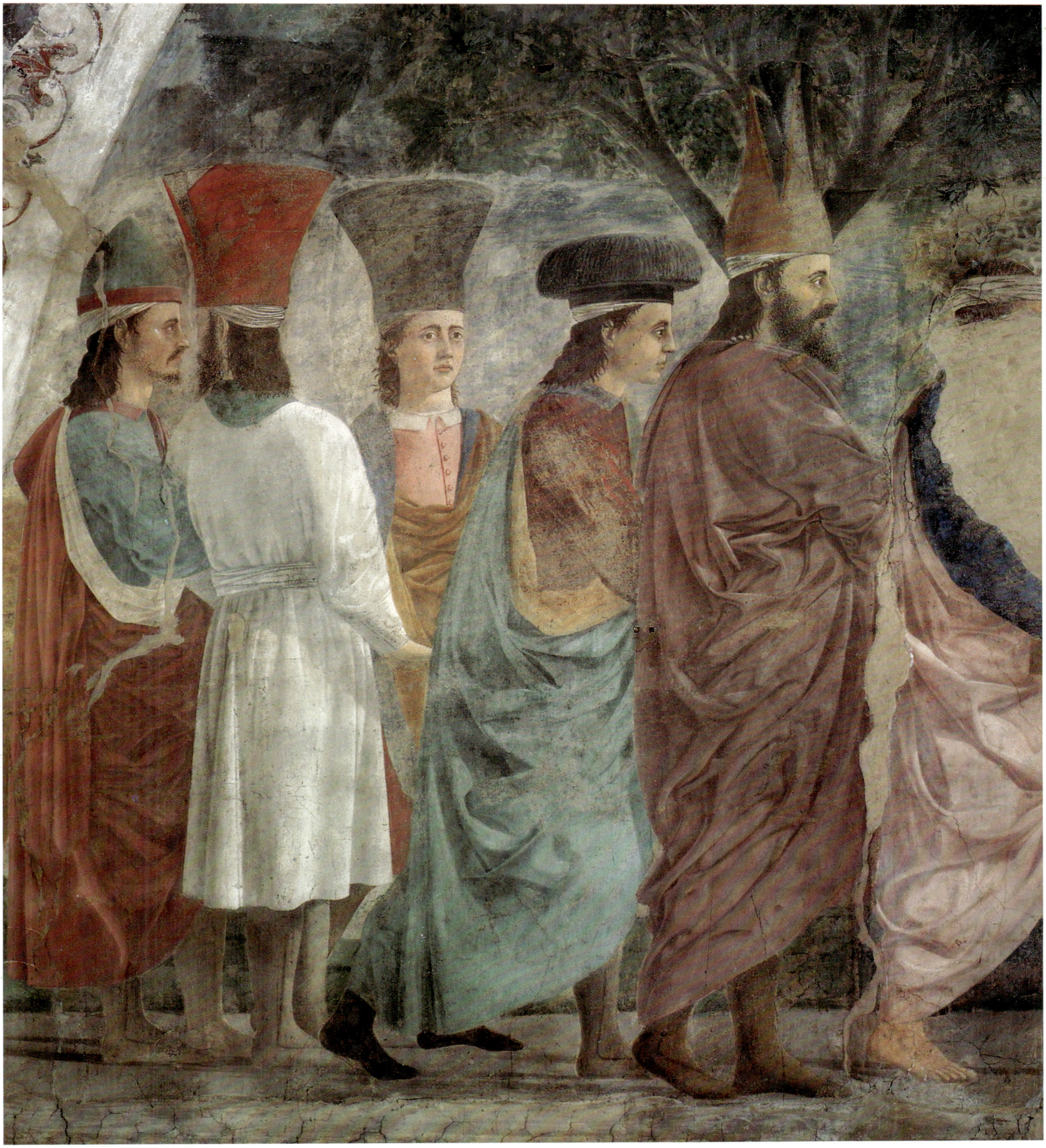

68/69 Die Kreuzeslegende: Die Rückführung des wahren Kreuzes nach Jerusalem (Details). Arezzo, San Francesco

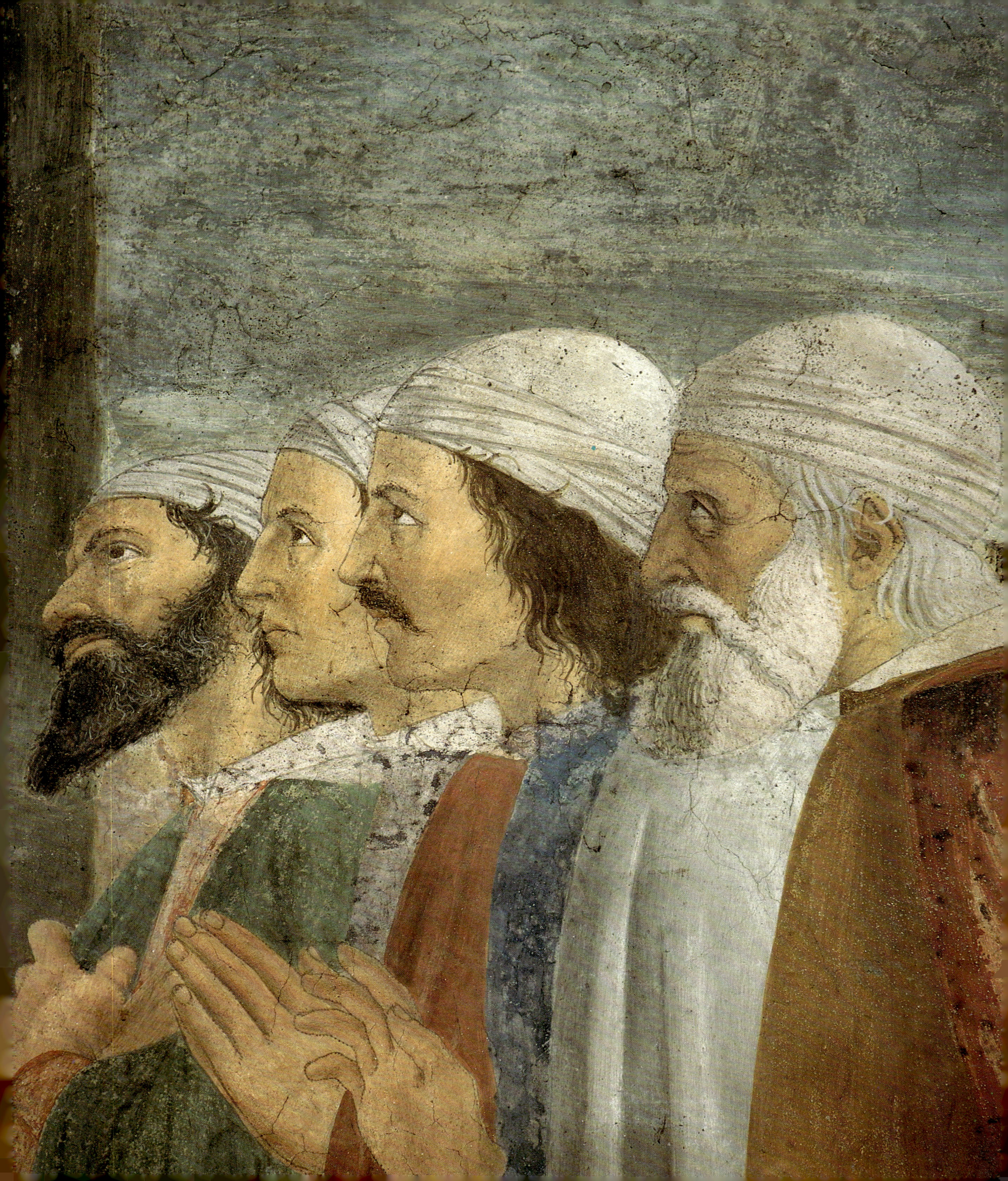

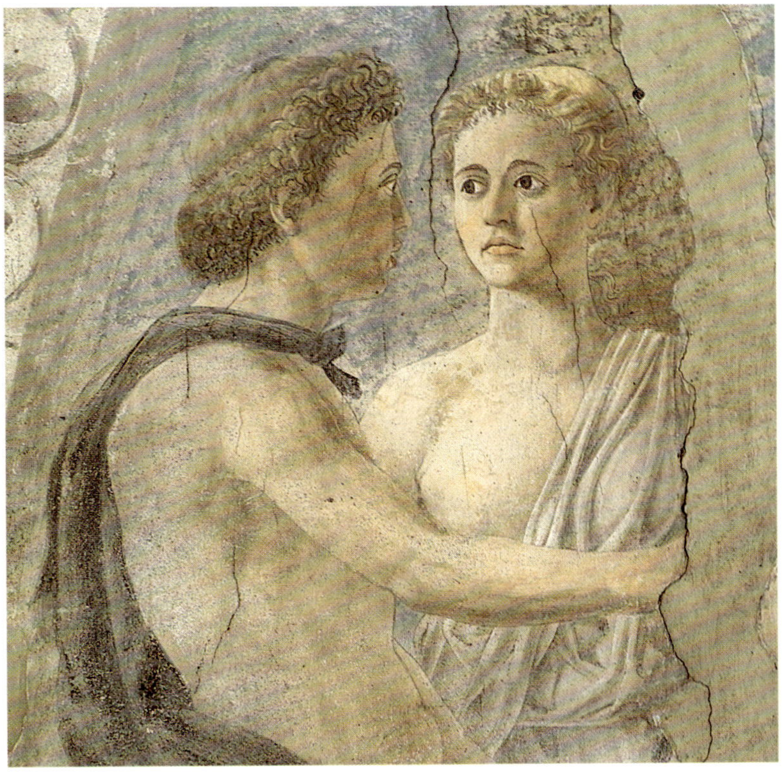
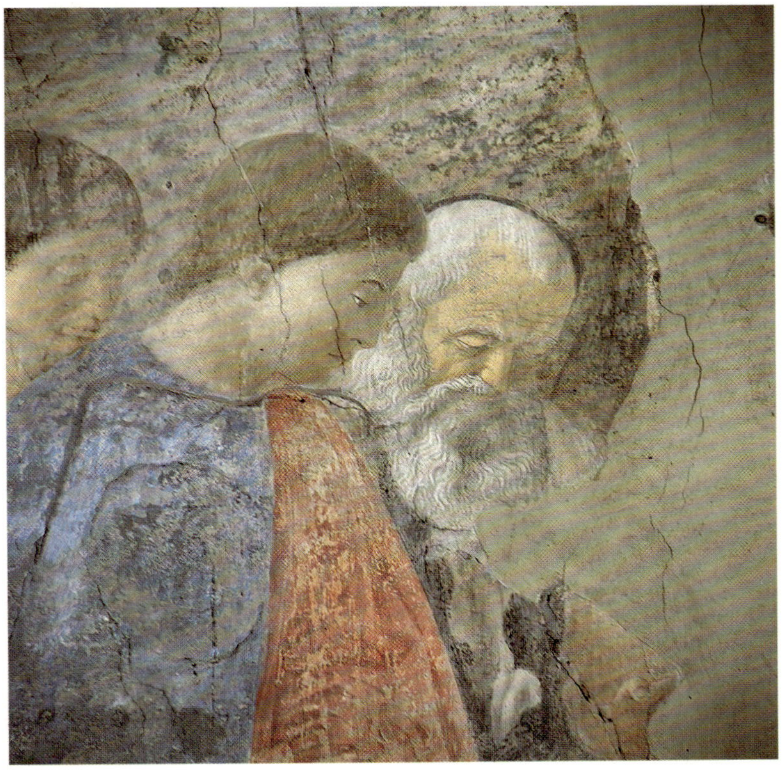
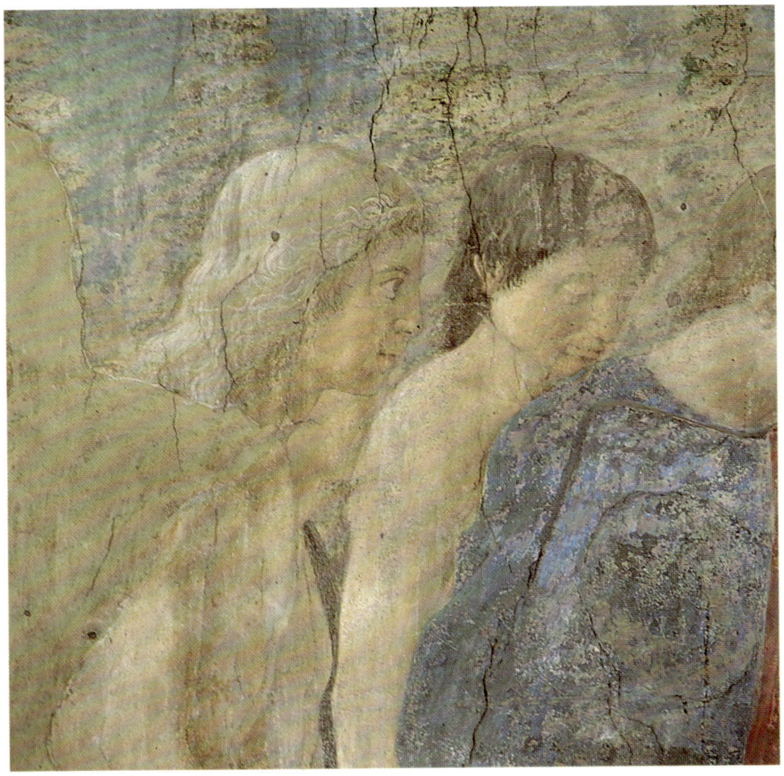
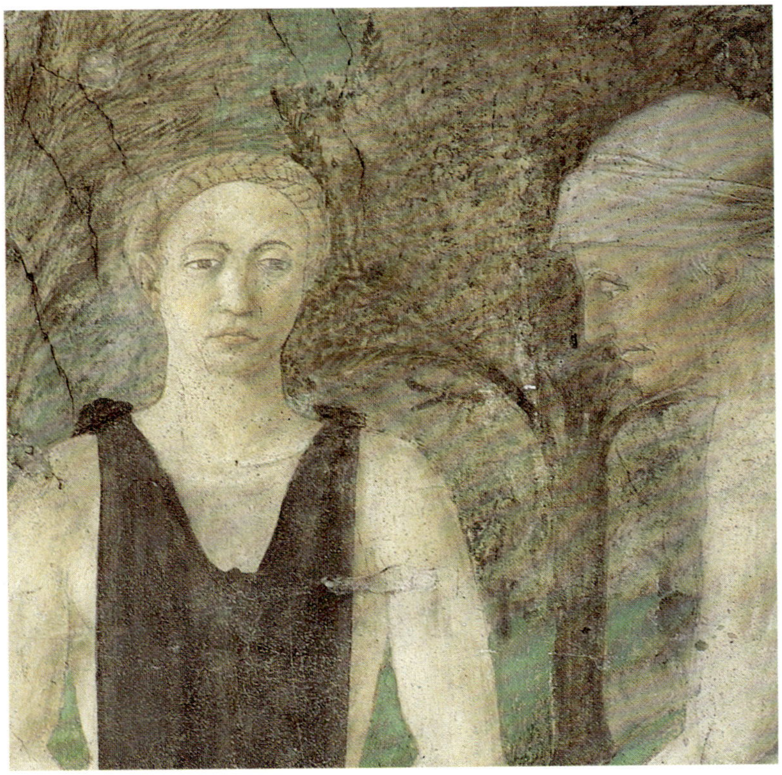

70–74 Die Kreuzeslegende: Der Tod Adams (Details). Arezzo, San Francesco

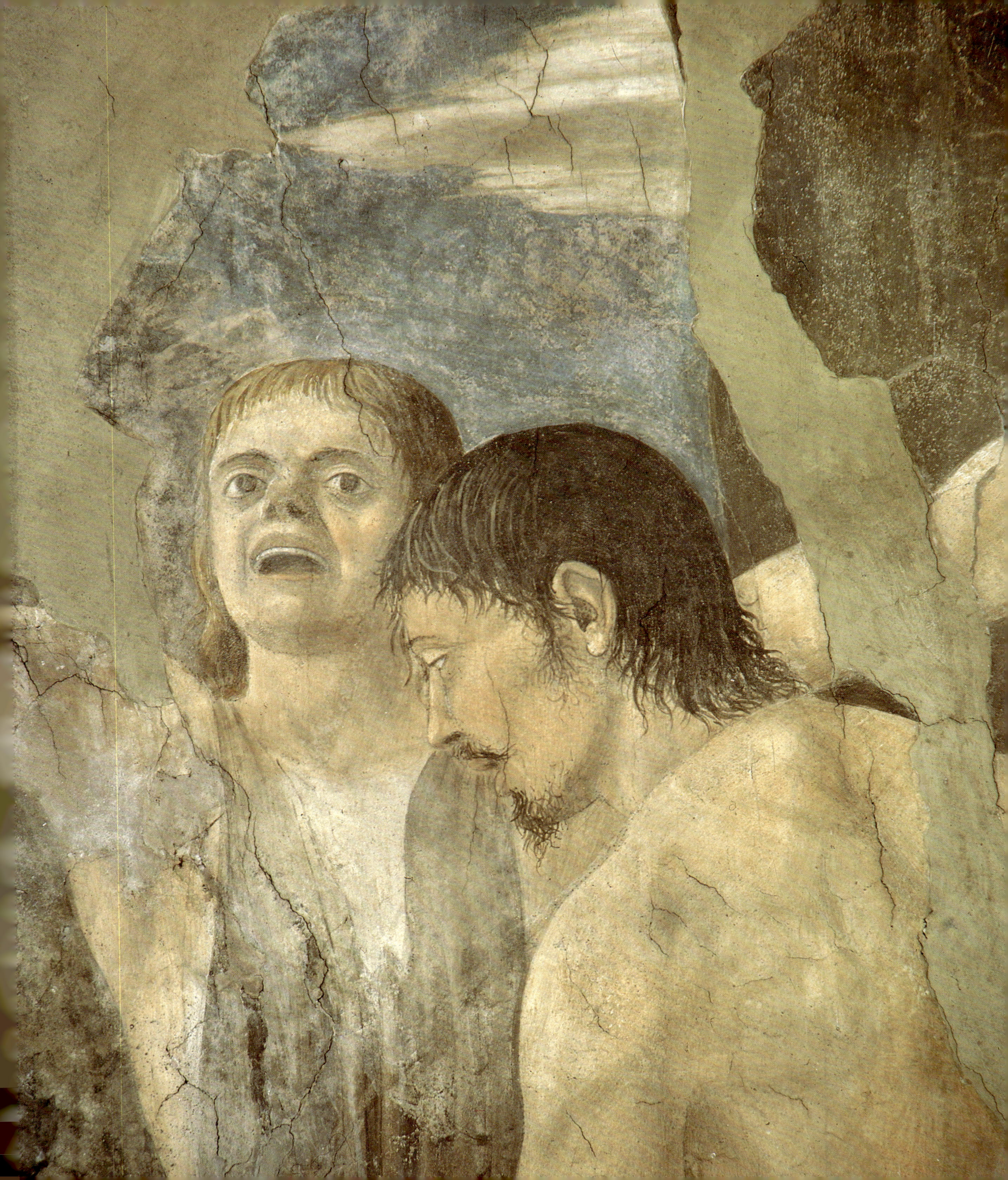

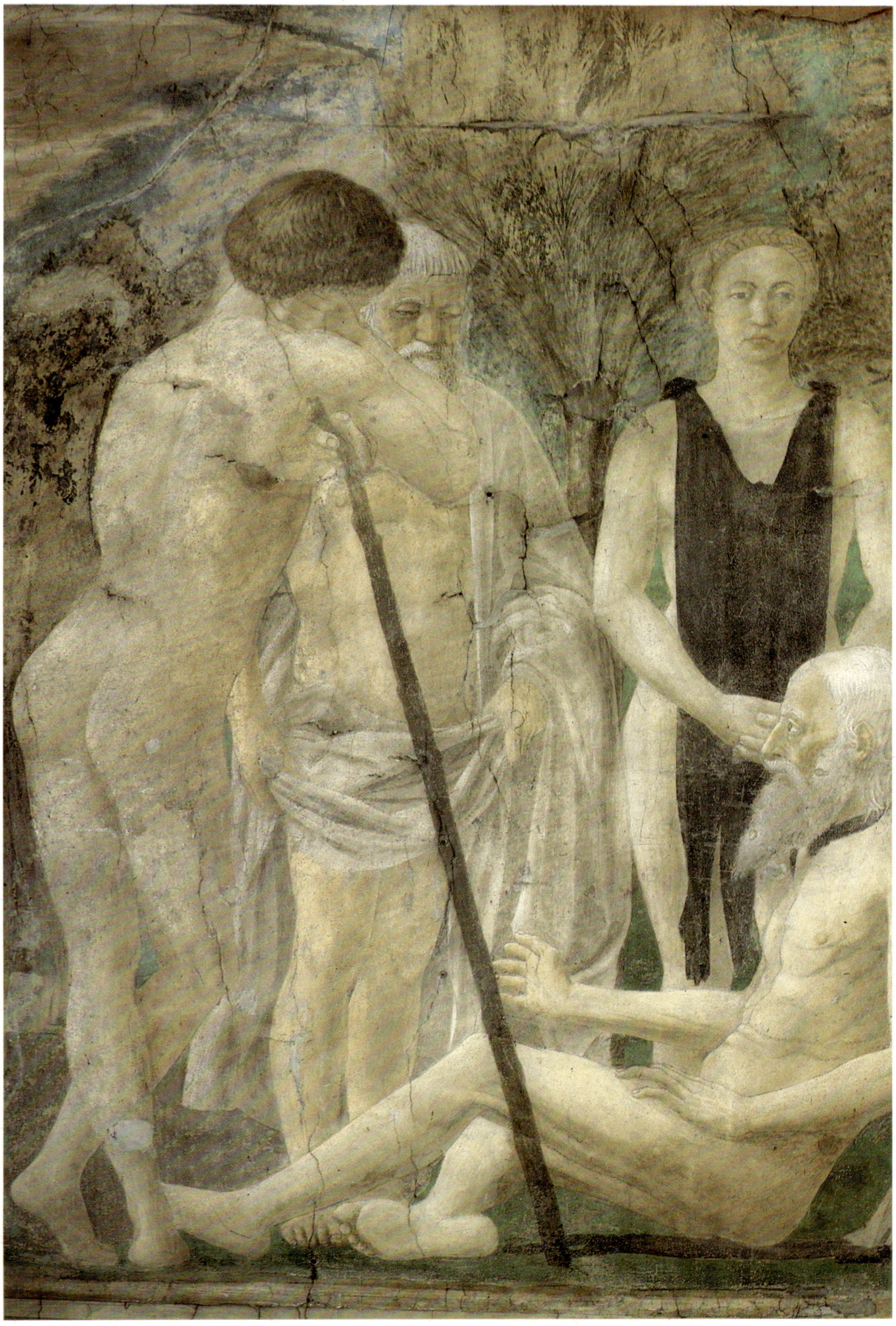

75/76 Die Kreuzeslegende: Der Tod Adams (Details). Arezzo, San Francesco

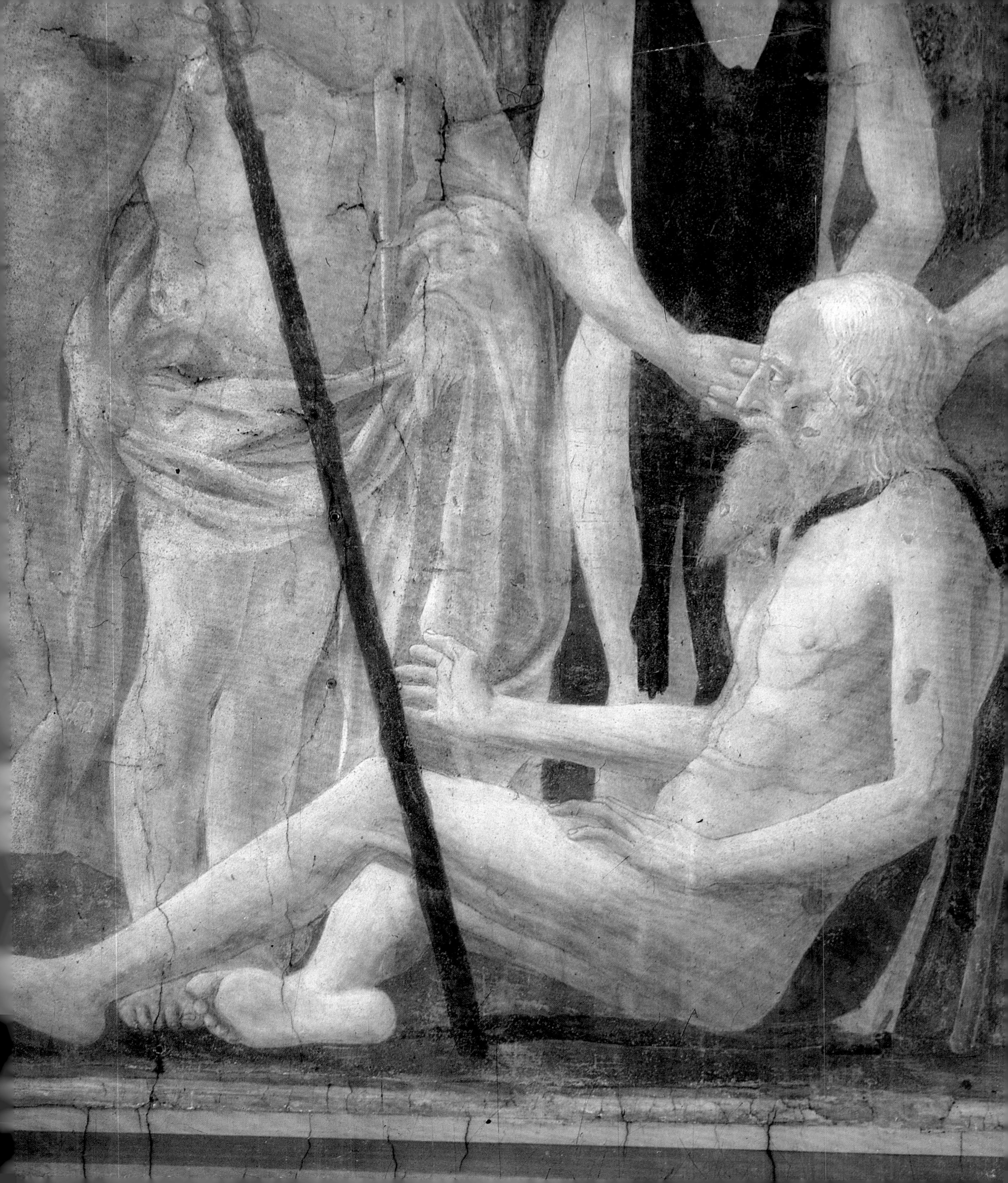

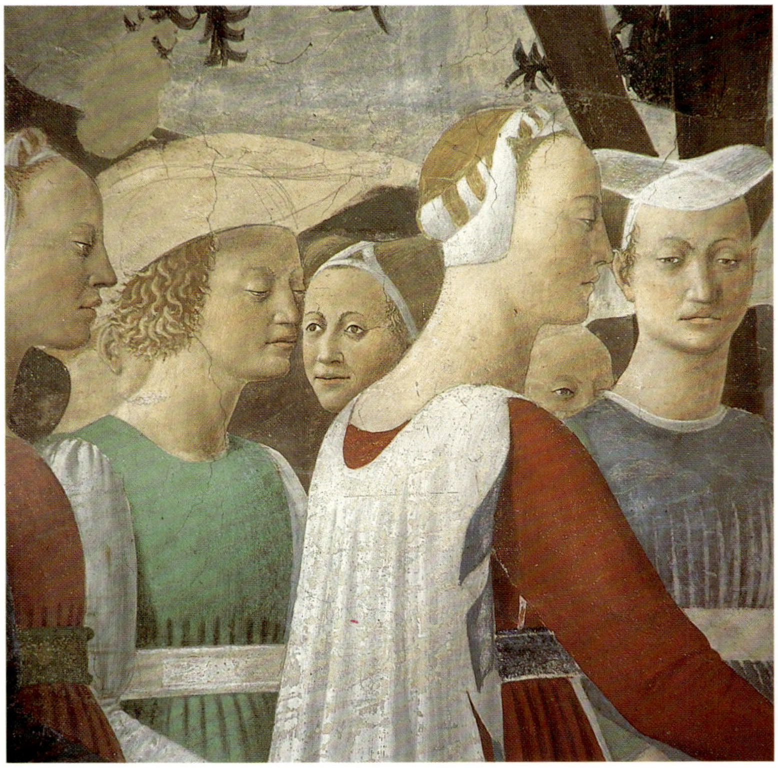
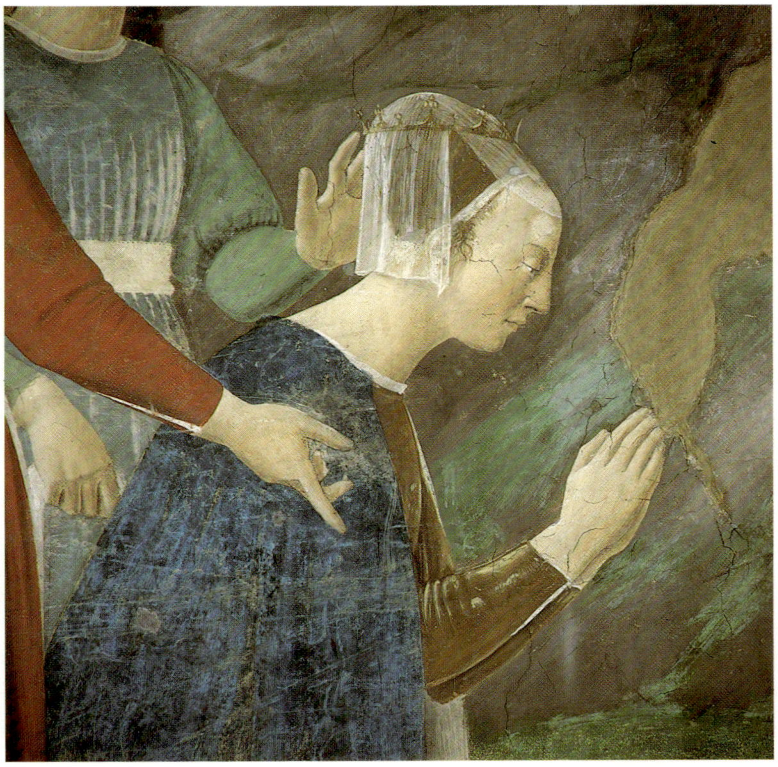
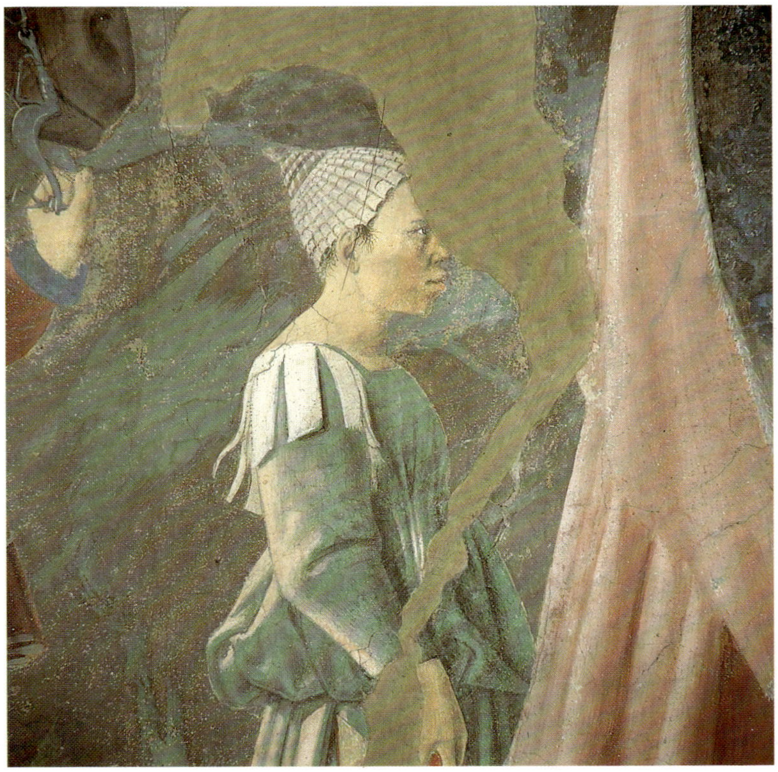
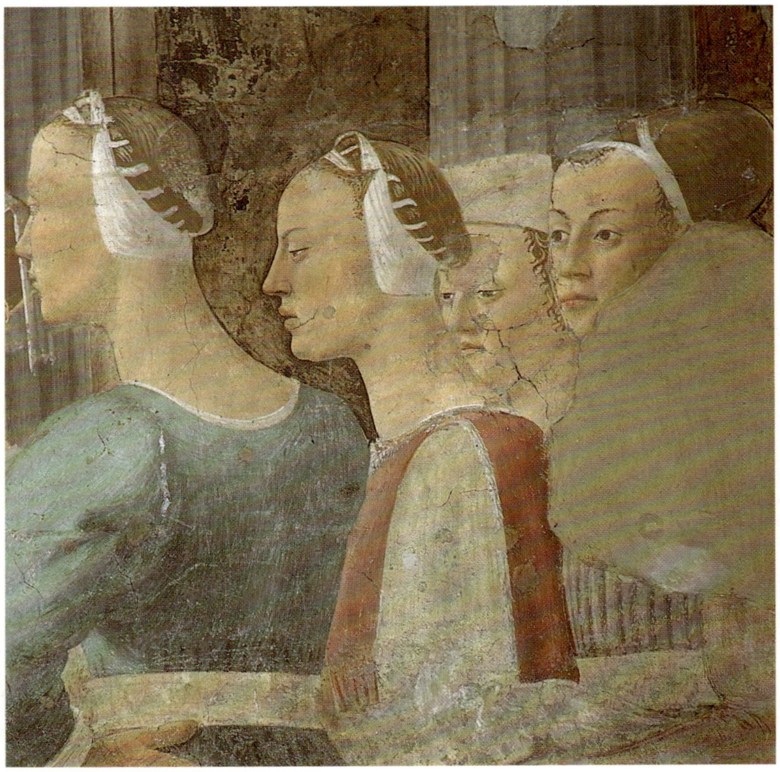

77–80 Die Kreuzeslegende: Die Anbetung des Heiligen Holzes (Details)

81 Die Kreuzeslegende: Die Begegnung Salomons mit der Königin von Saba. Arezzo, San Francesco

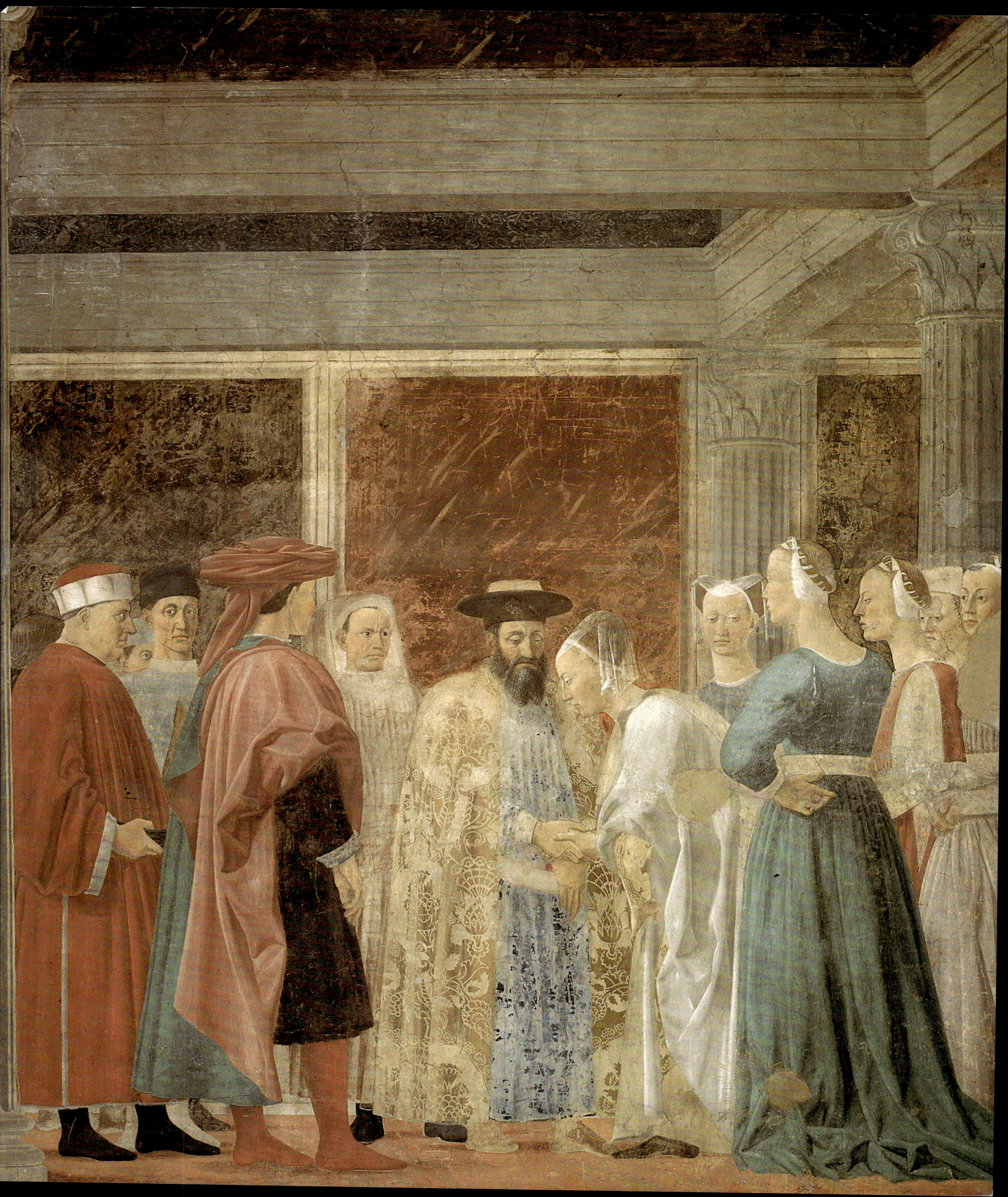

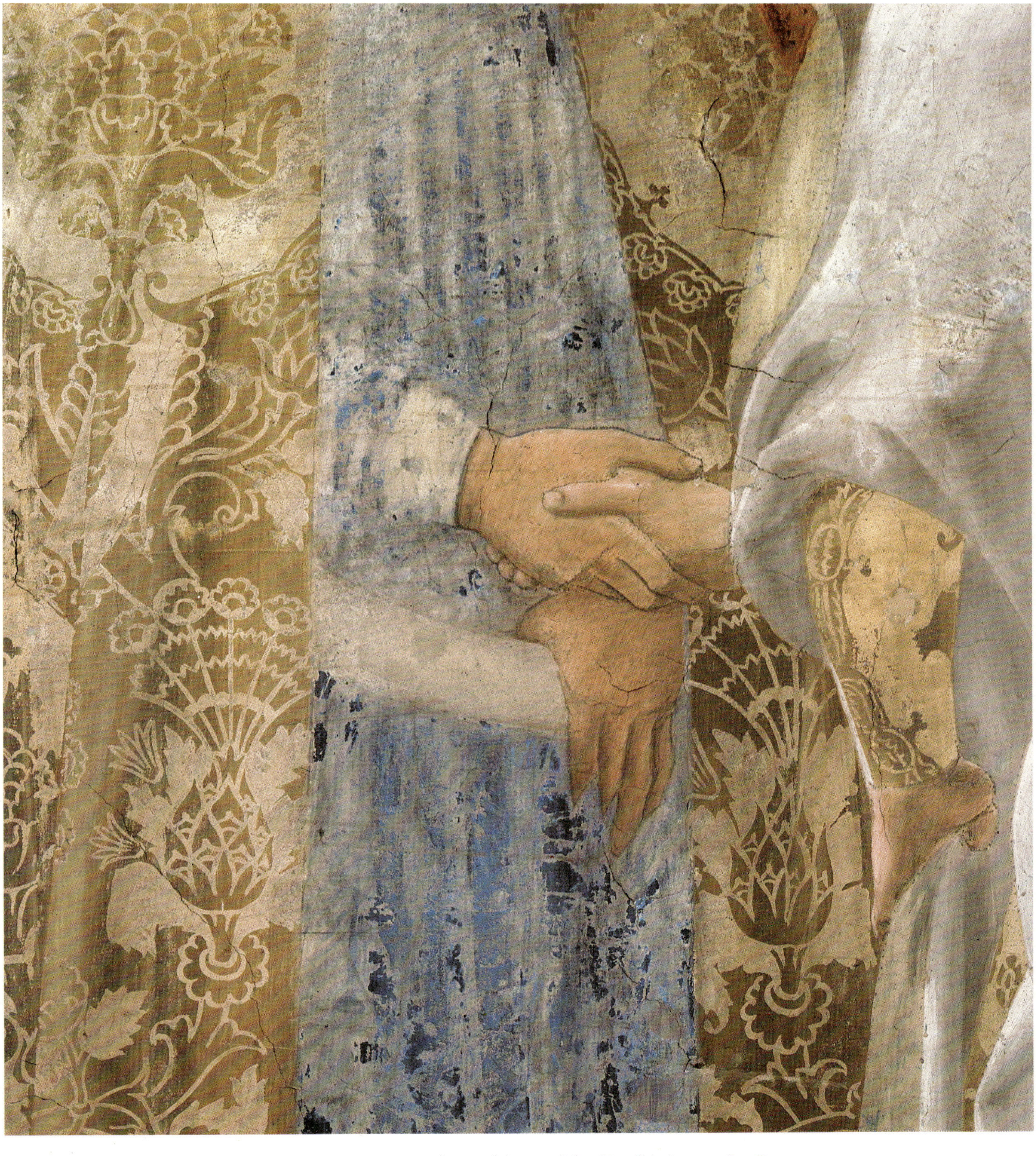

82/83 Die Kreuzeslegende: Die Begegnung Salomons mit der Königin von Saba (Details). Arezzo, San Francesco

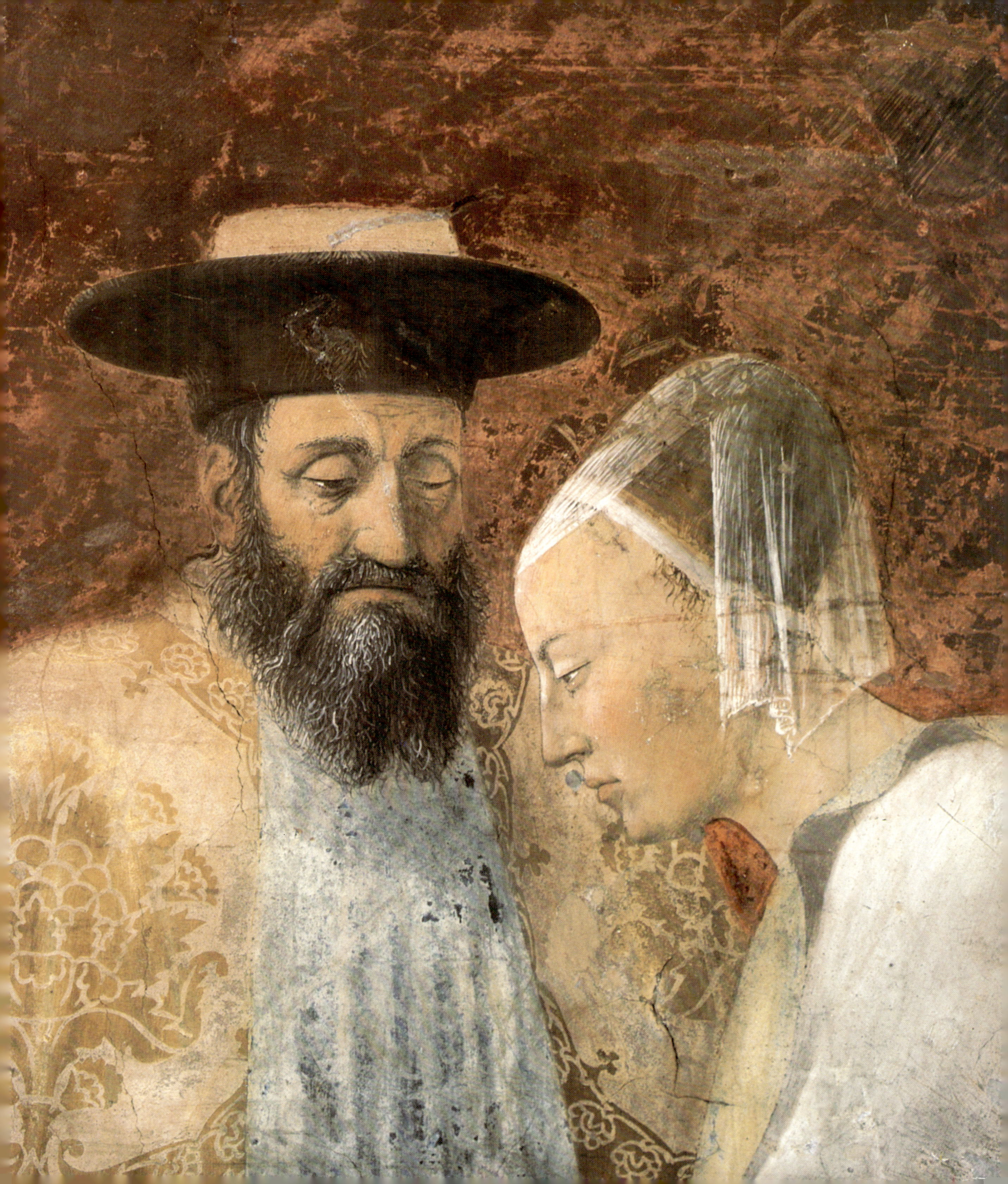

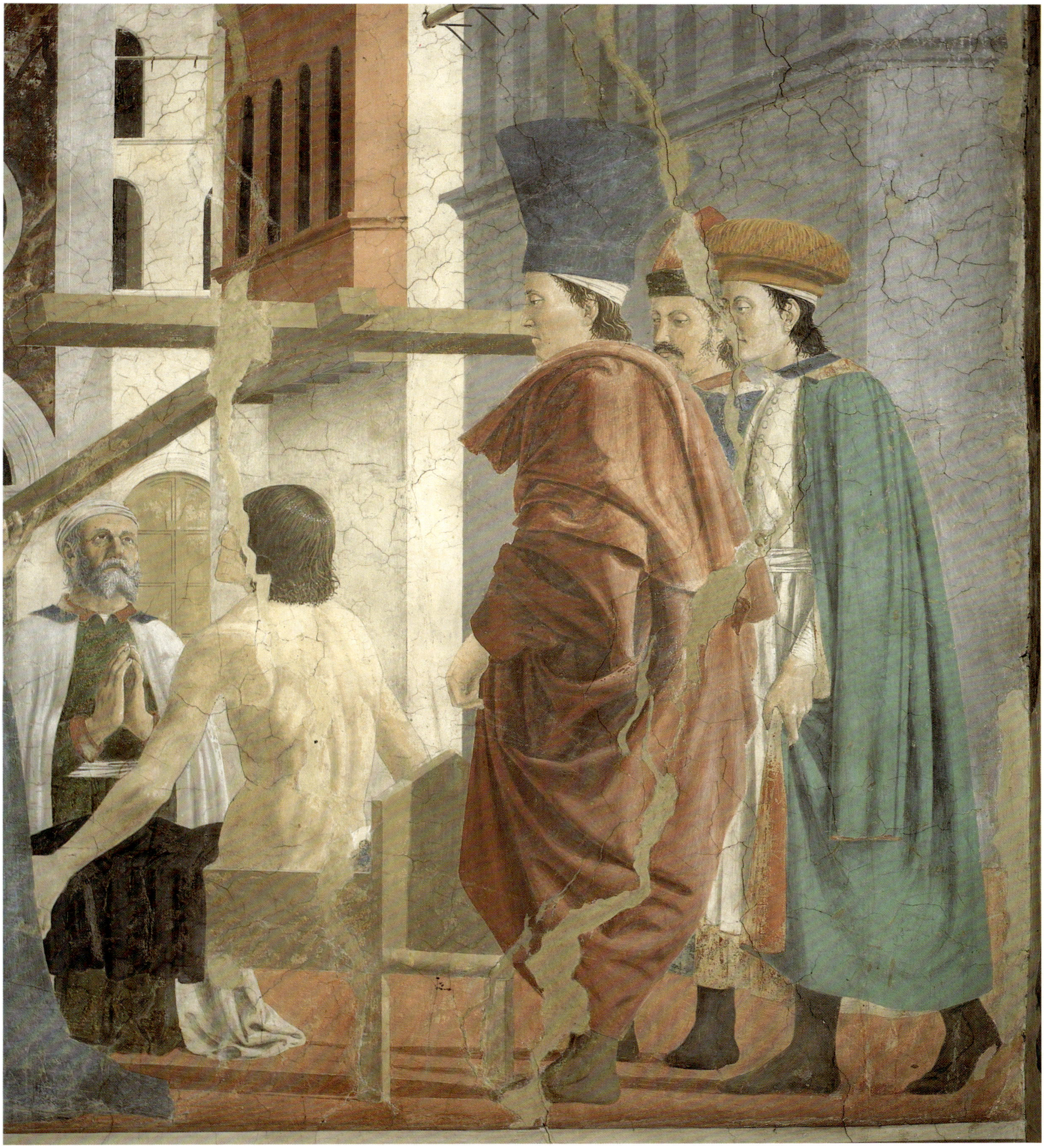

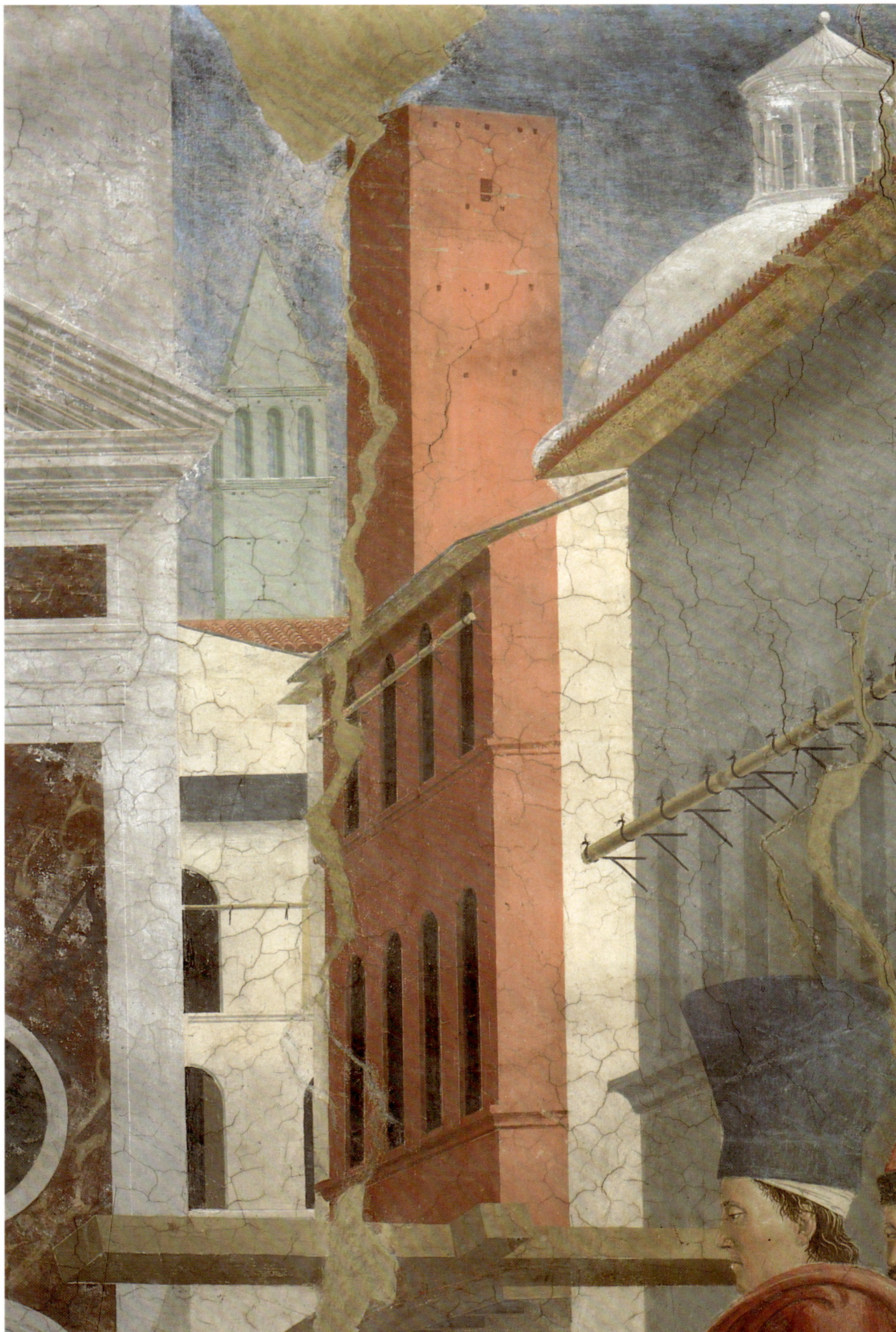

84/85 Die Kreuzeslegende: Die Prüfung des wahren Kreuzes (Details). Arezzo, San Francesco

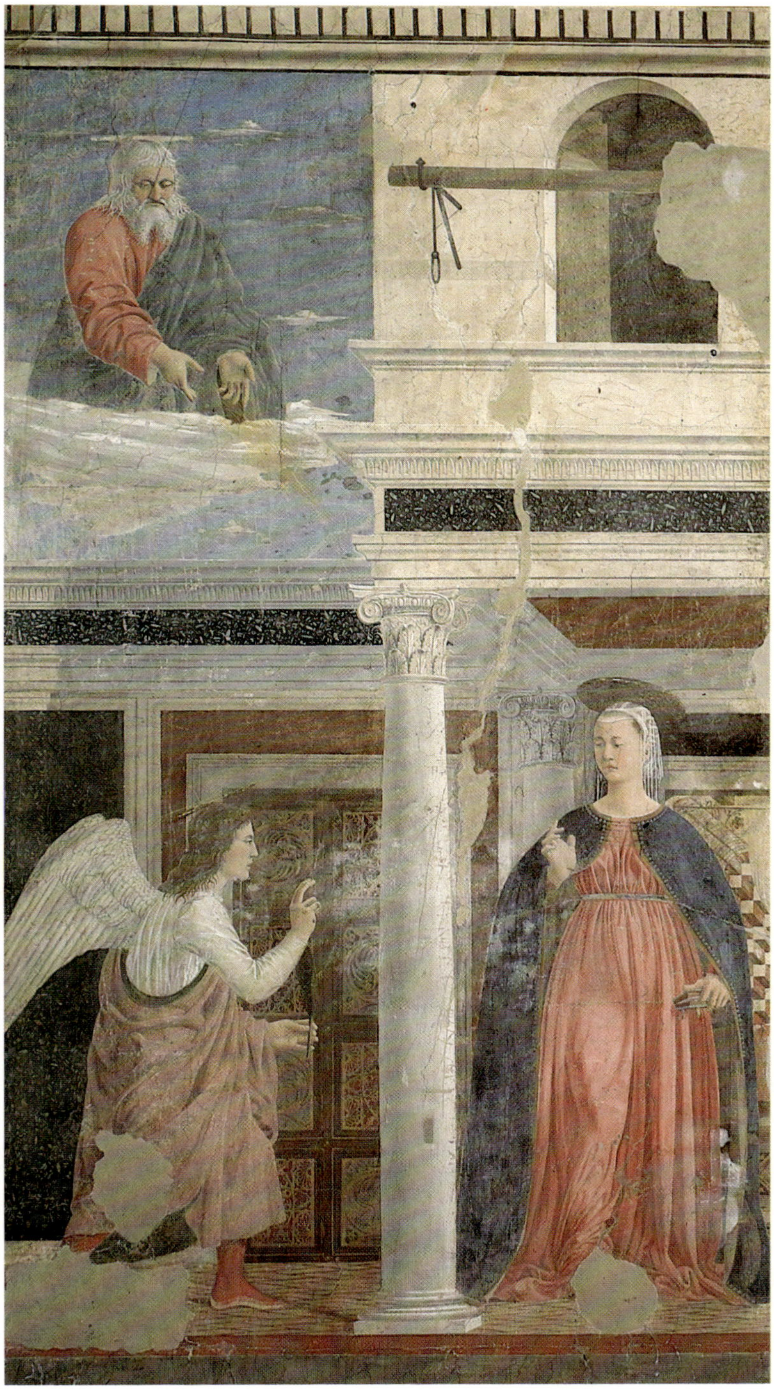

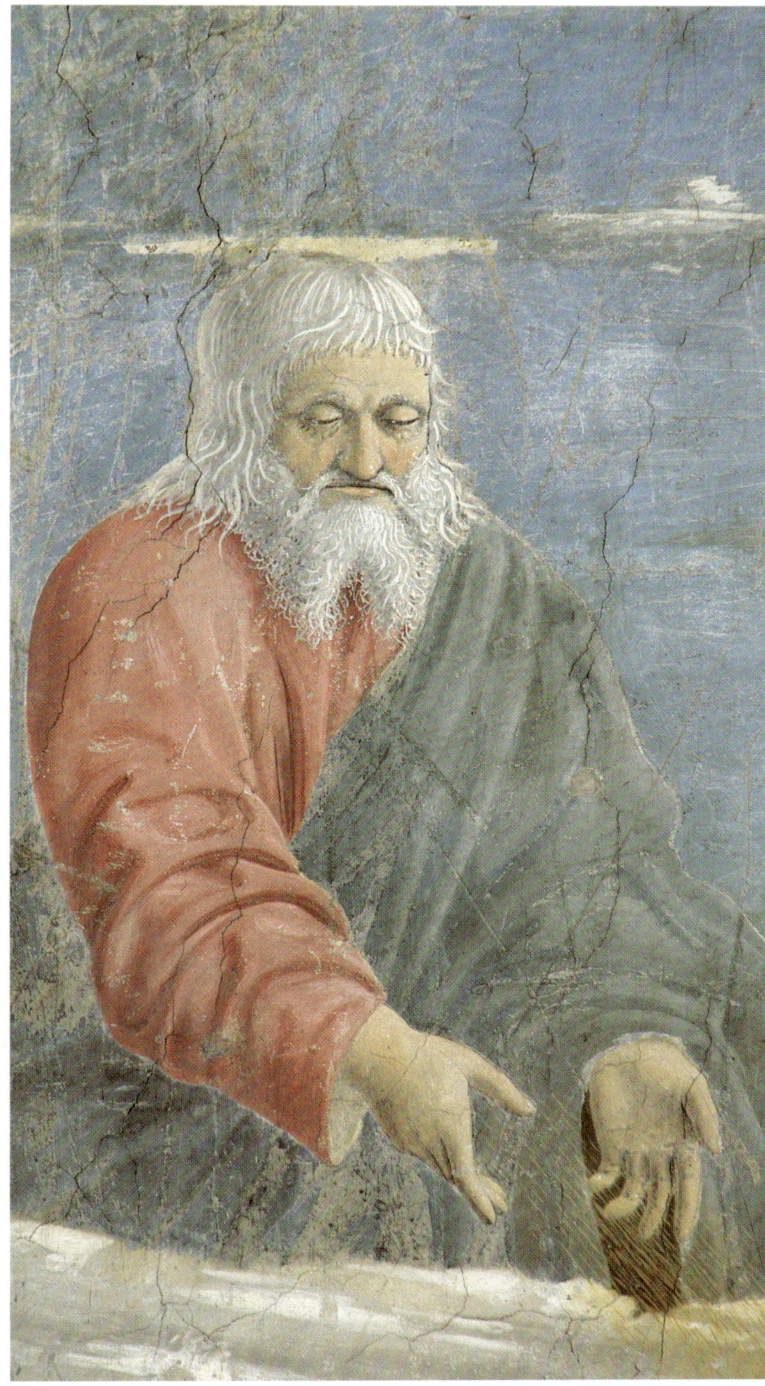

86/87 Die Kreuzeslegende: Die Verkündigung (Gesamtansicht und Detail). Arezzo, San Francesco

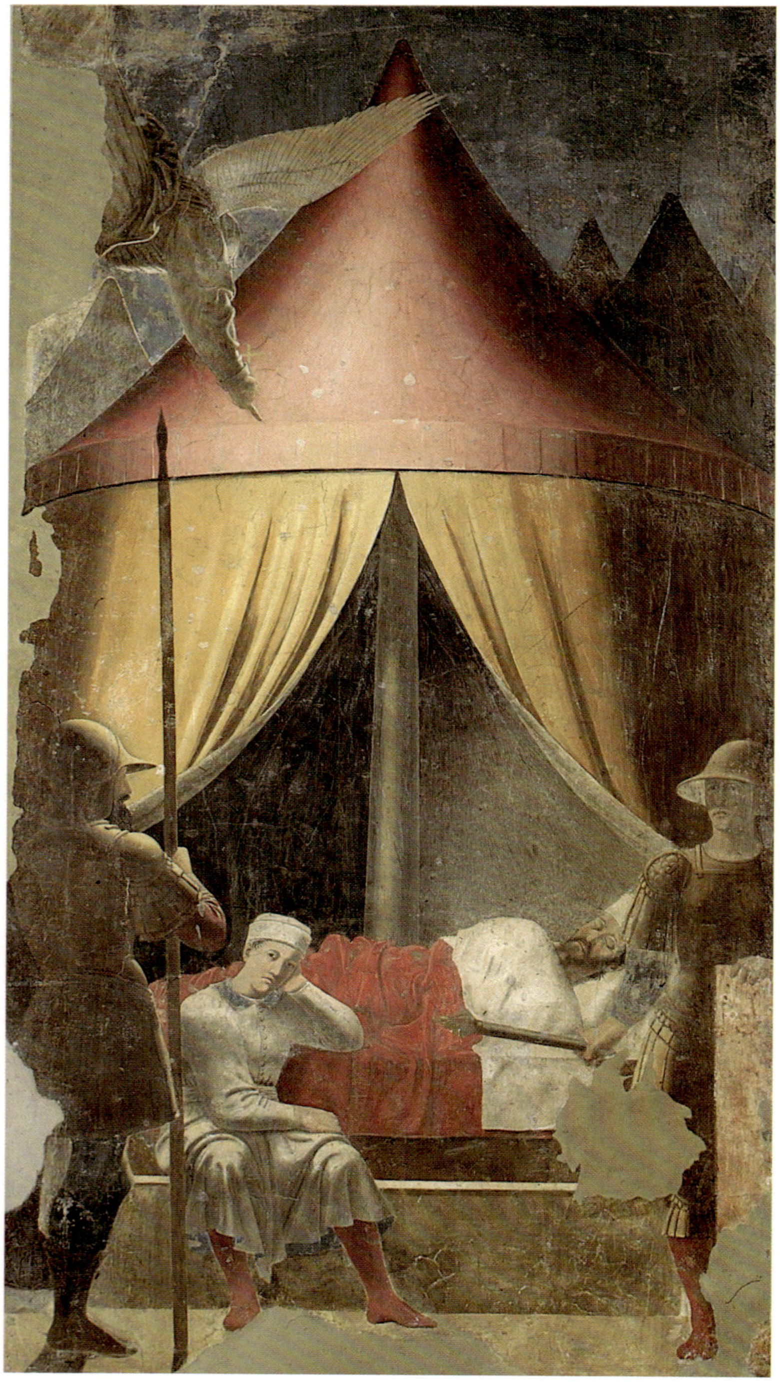

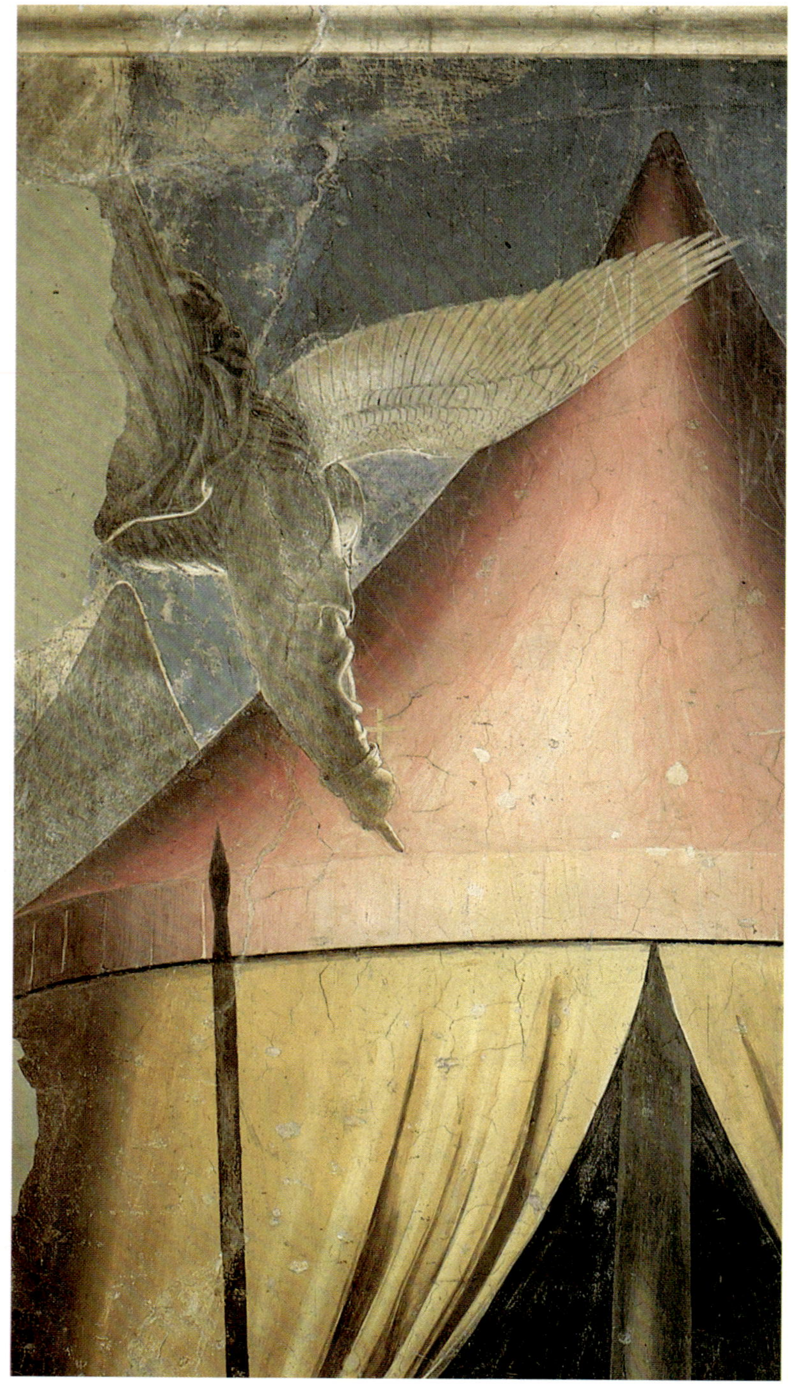

88/89 Die Kreuzeslegende: Der Traum Konstantins (Gesamtansicht und Detail). Arezzo, San Francesco

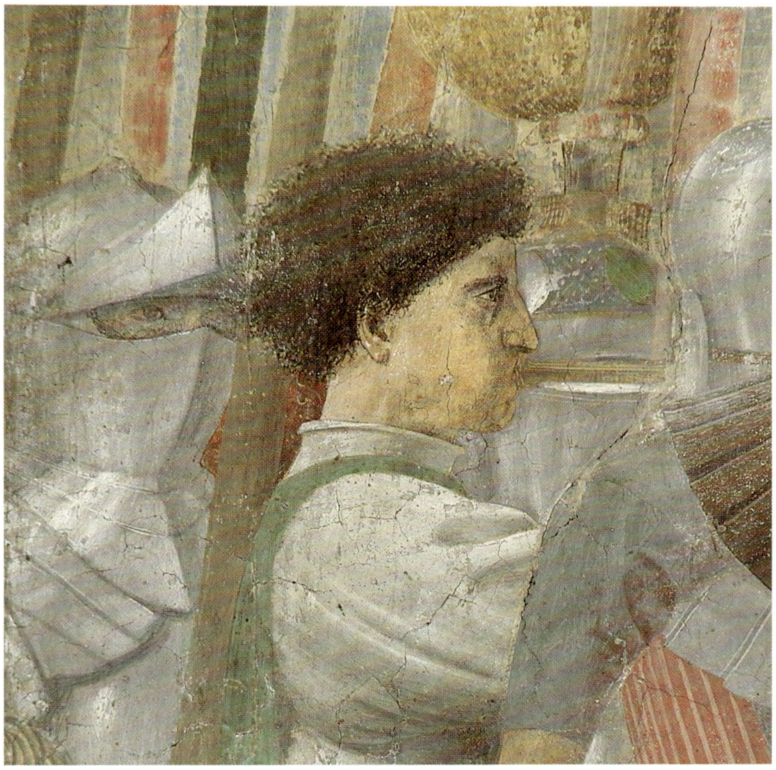
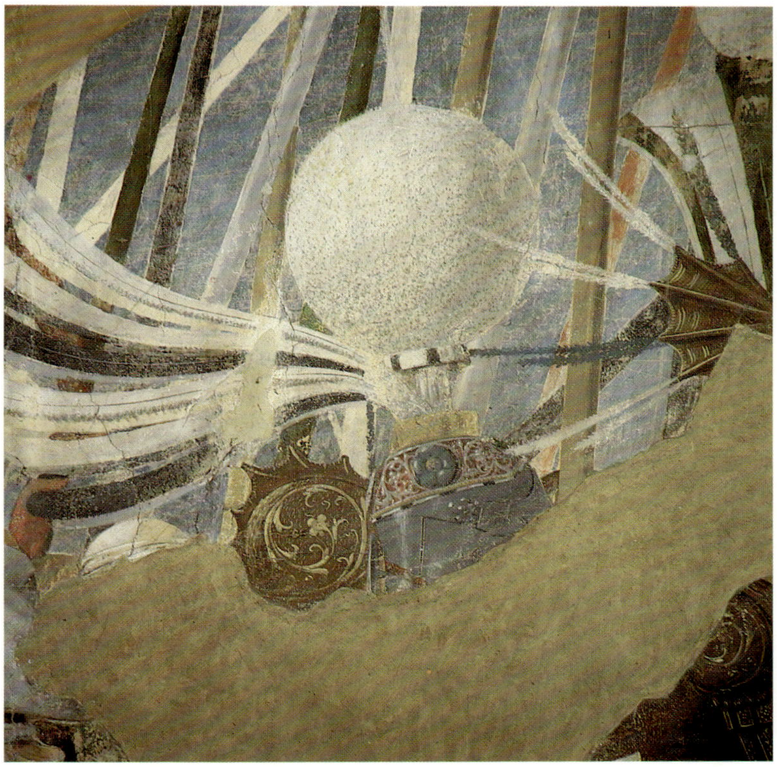
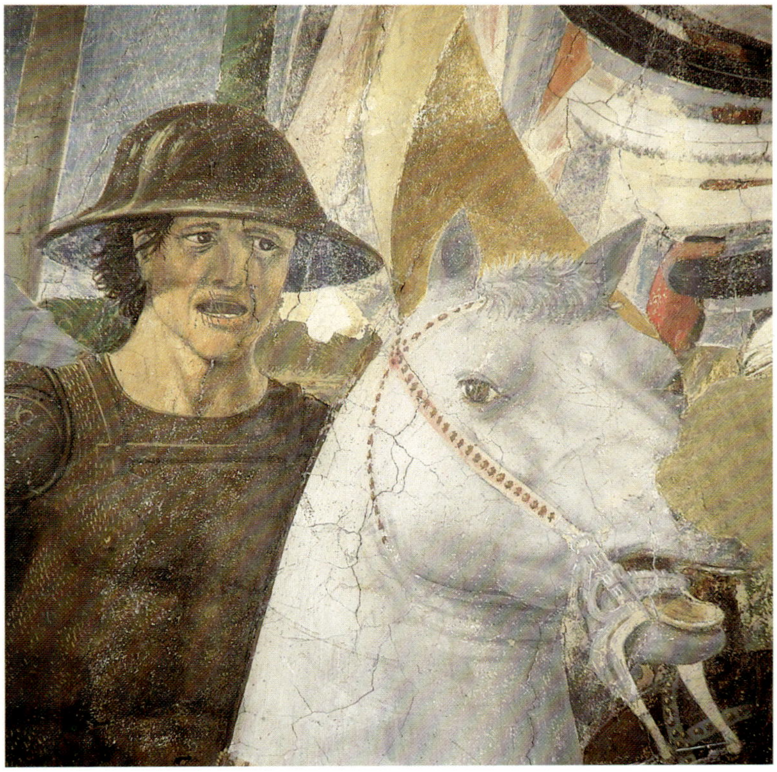
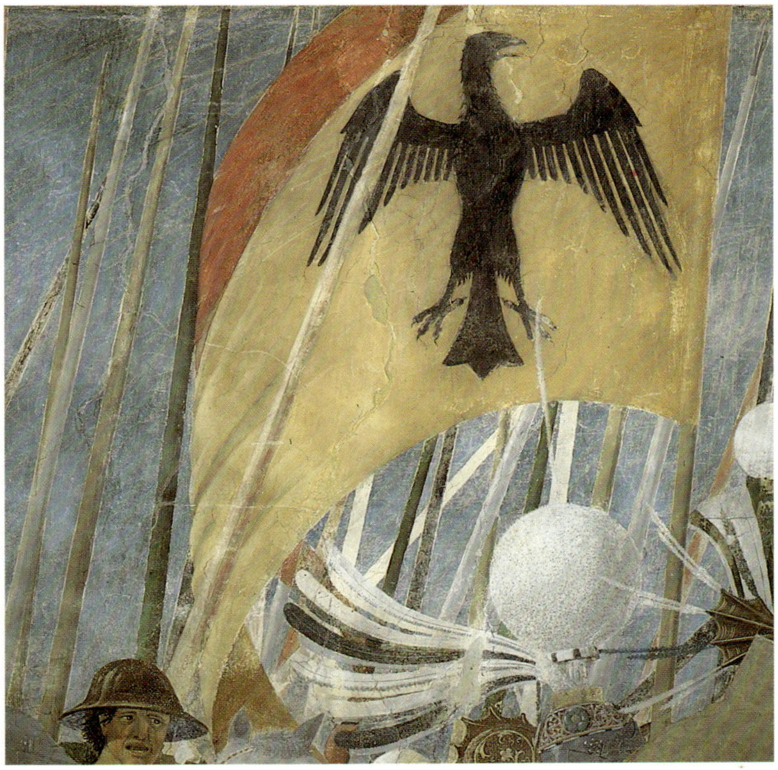

90–94 Die Kreuzeslegende: Der Sieg Konstantins über Maxentius (Details). Arezzo, San Francesco

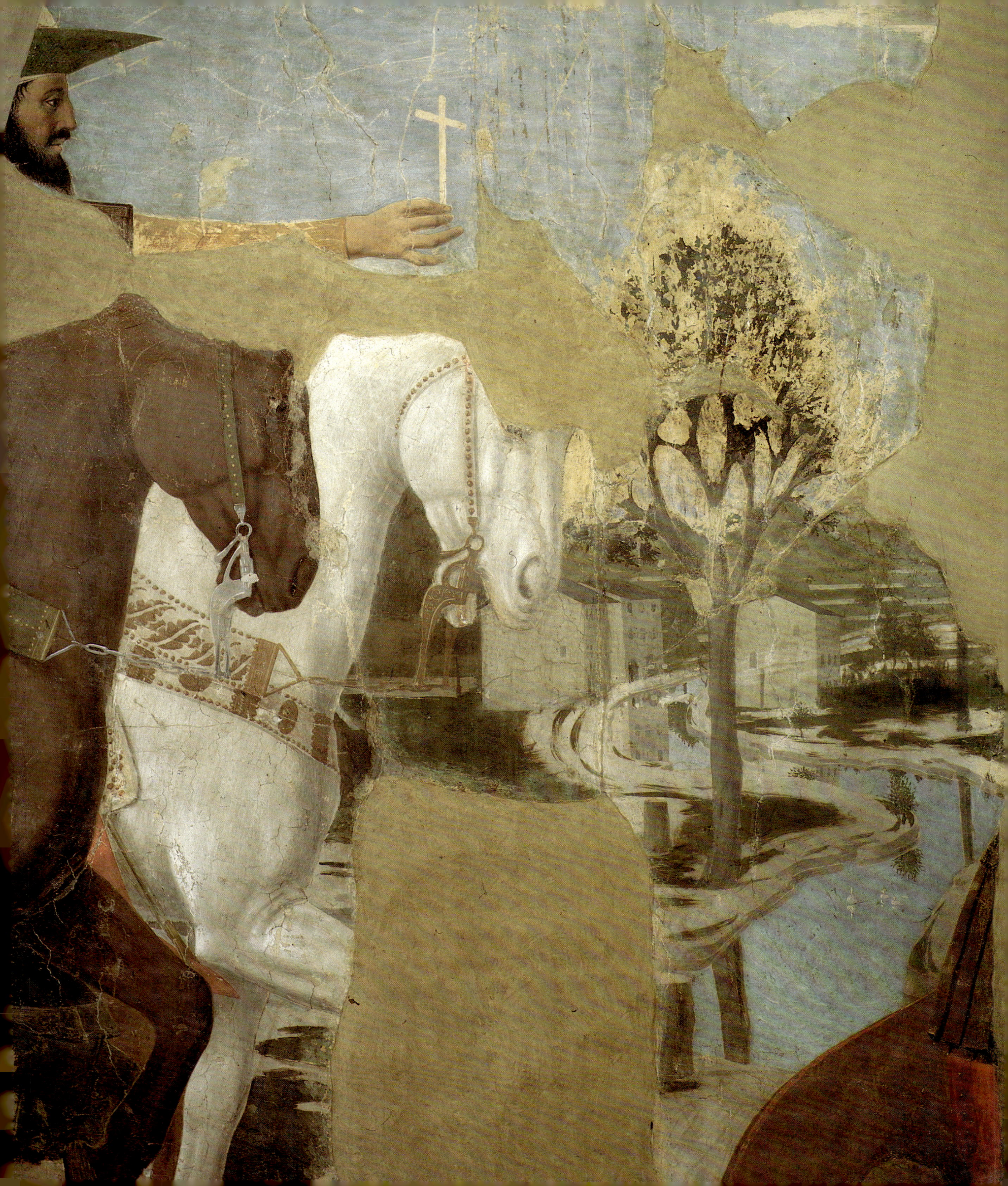

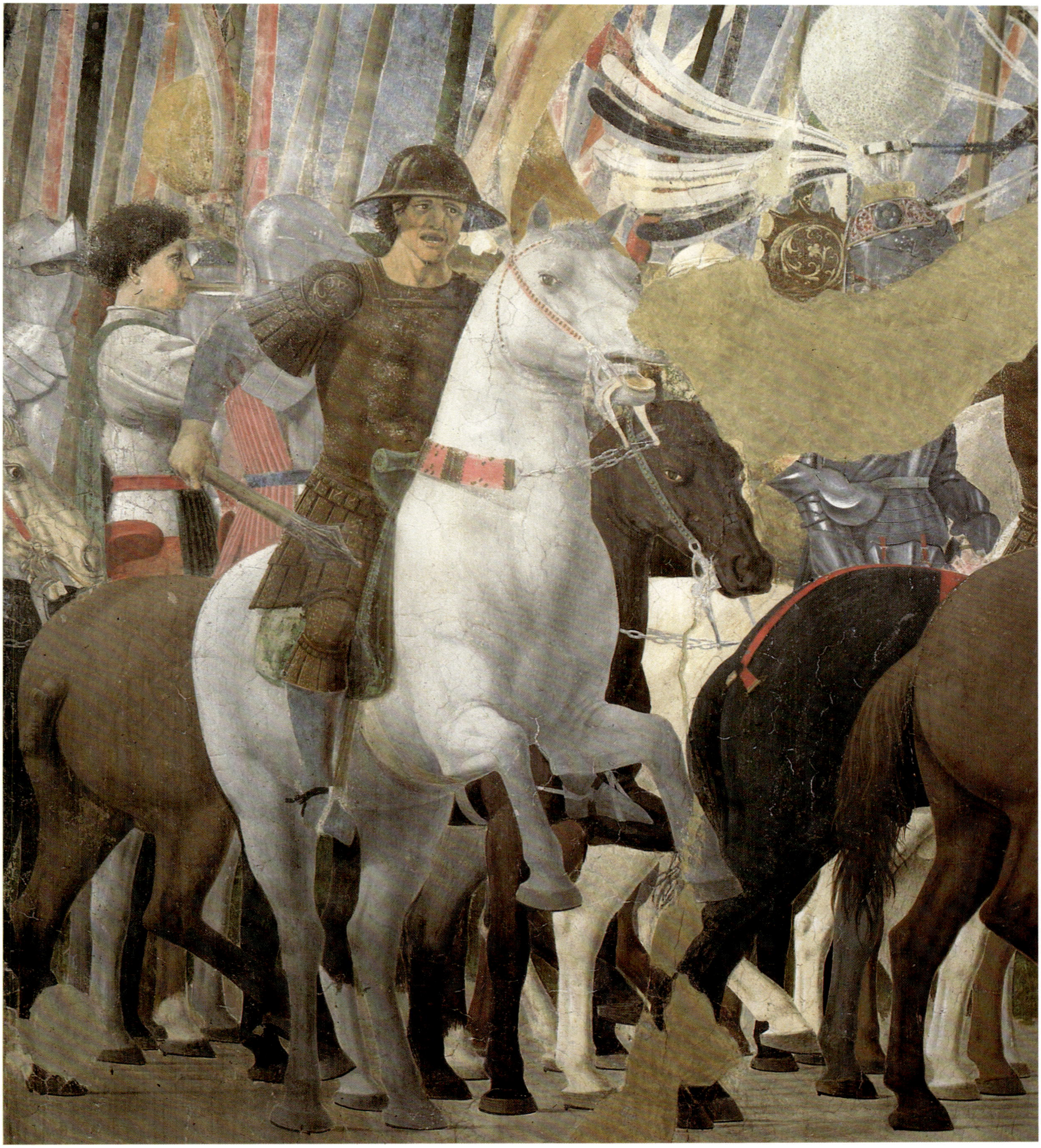

95 Die Kreuzeslegende: Der Sieg Konstantins über Maxentius (Detail). Arezzo, San Francesco

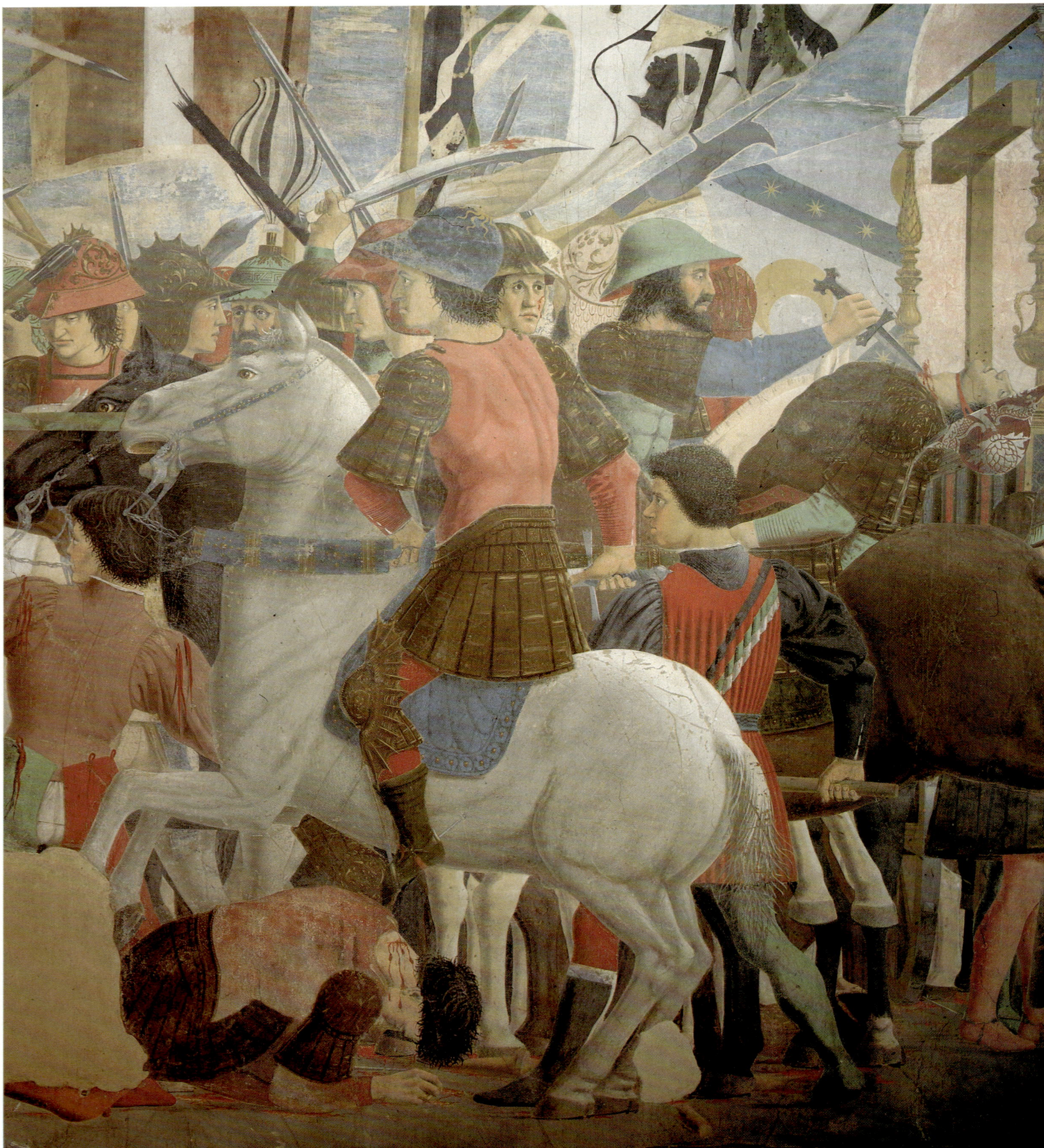

96 Die Kreuzeslegende: Die Schlacht zwischen Heraklius und Chosroës (Detail). Arezzo, San Francesco

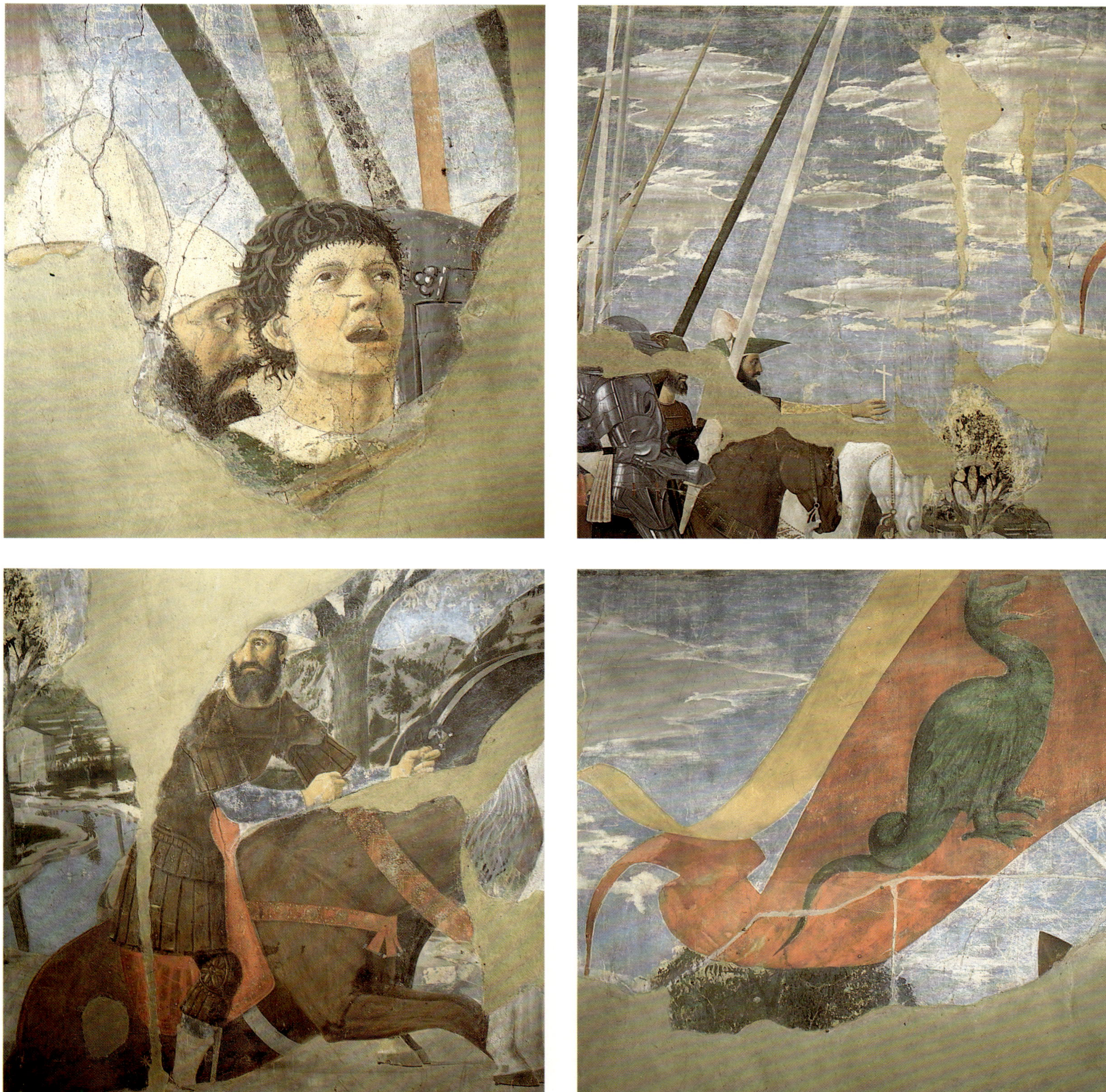

97–100 Die Kreuzeslegende: Der Sieg Konstantins über Maxentius (Details). Arezzo, San Francesco

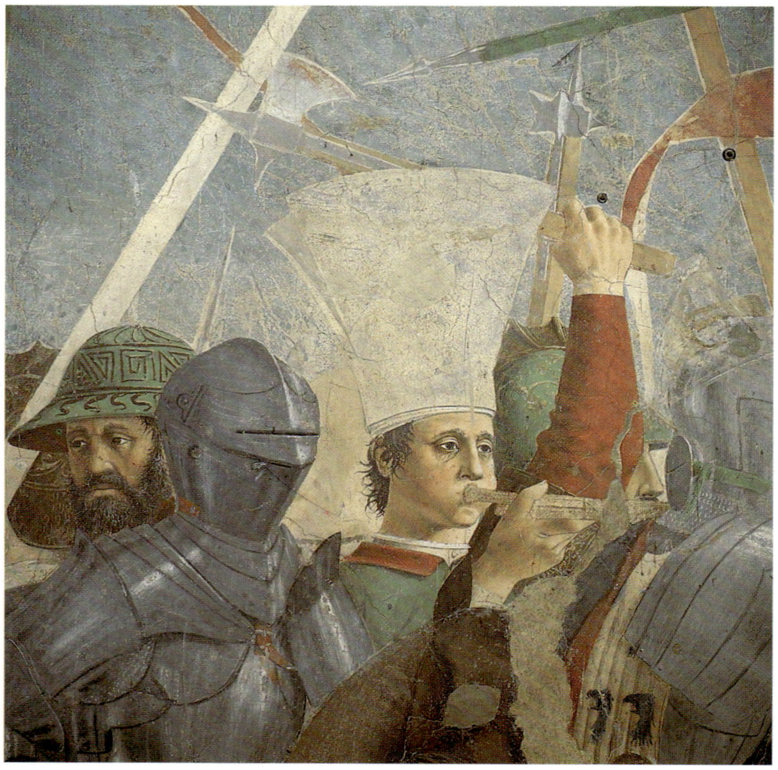
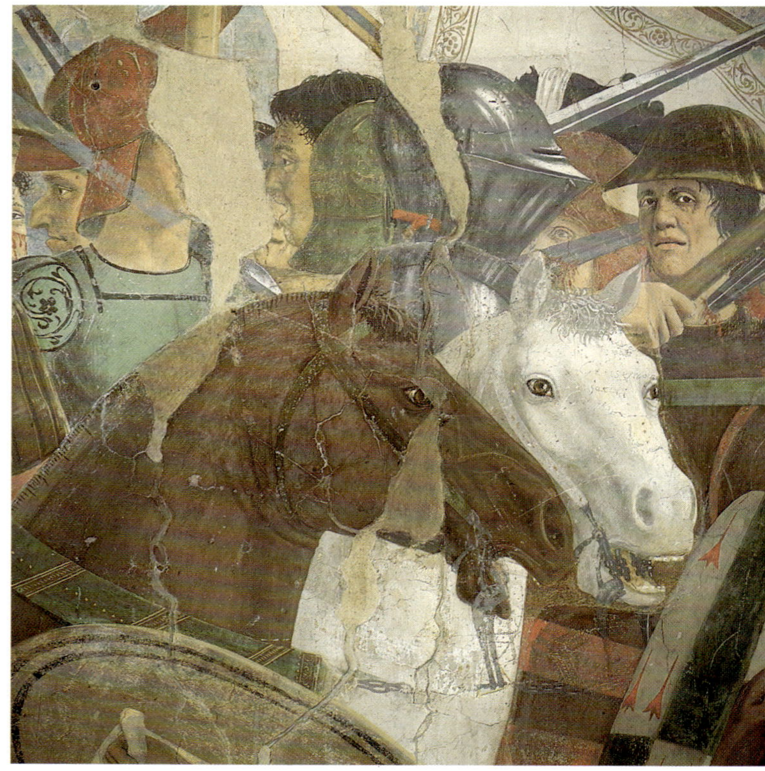
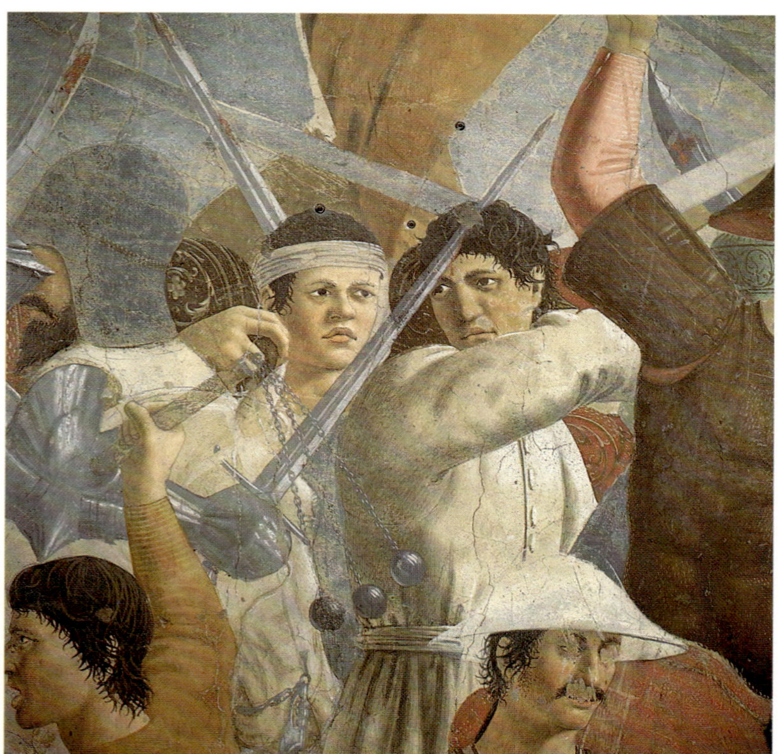
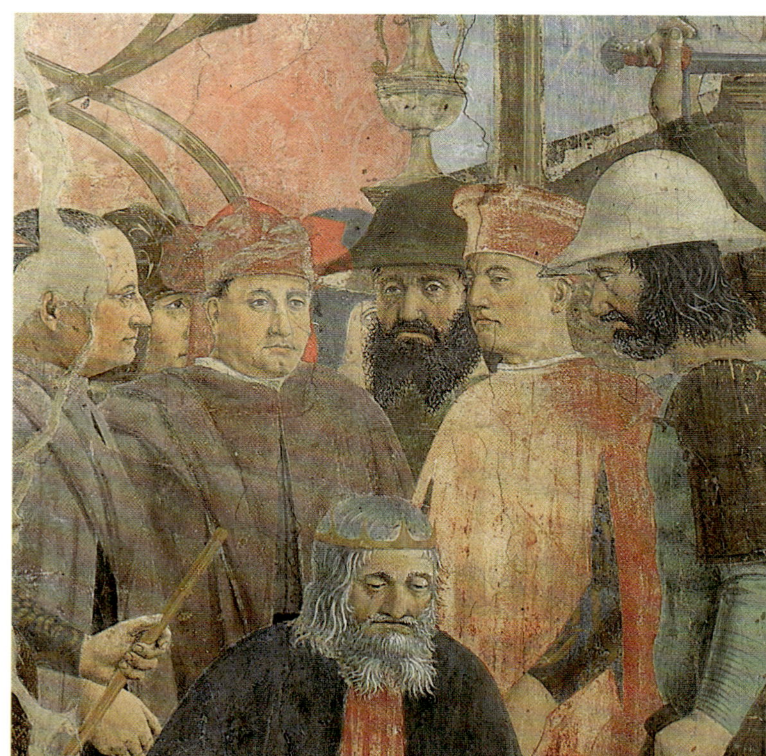

101–104 Die Kreuzeslegende: Die Schlacht zwischen Heraklius und Chosroës (Details). Arezzo, San Francesco

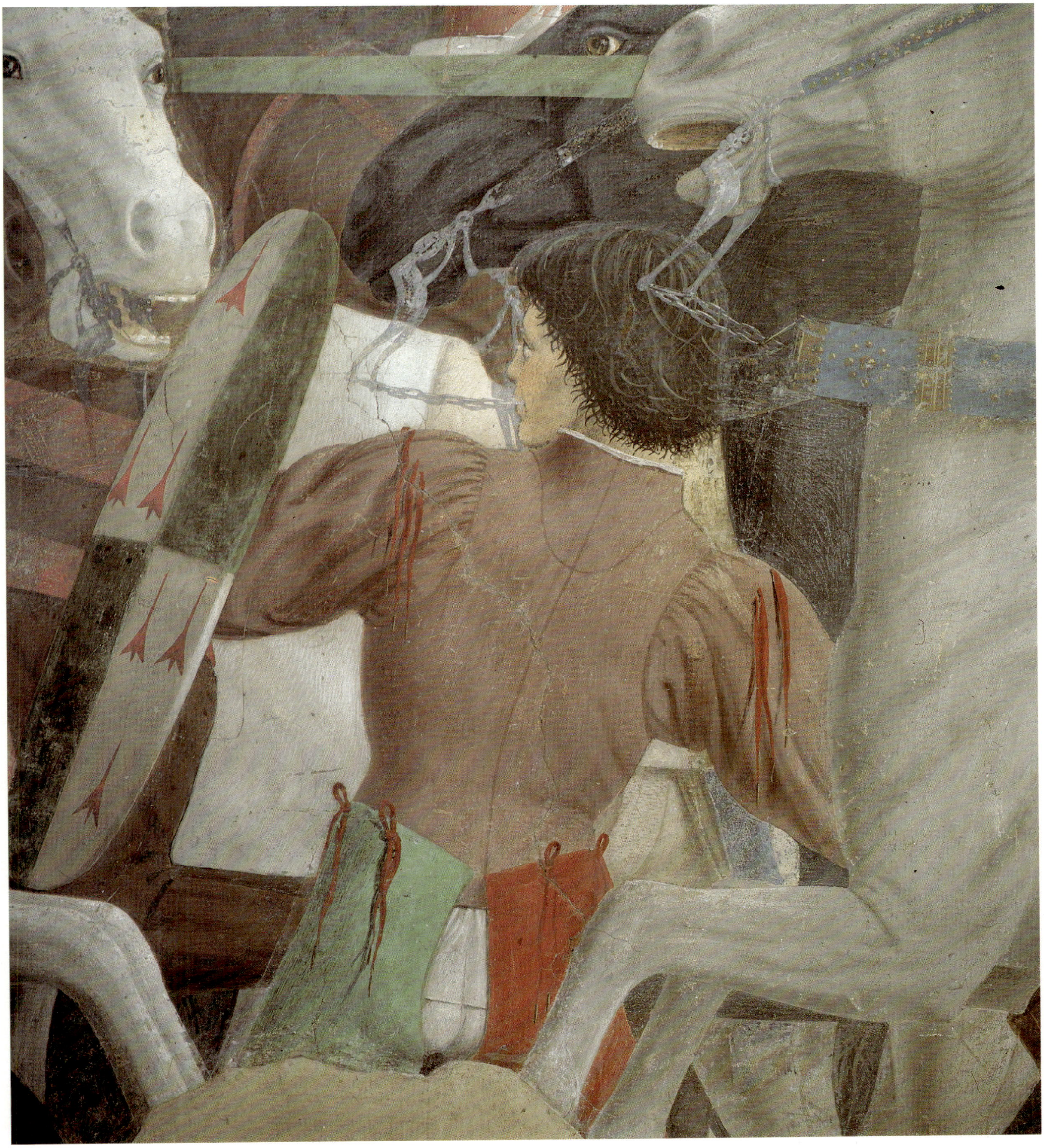

105/106 Die Kreuzeslegende: Die Schlacht zwischen Heraklius und Chosroës (Details). Arezzo, San Francesco

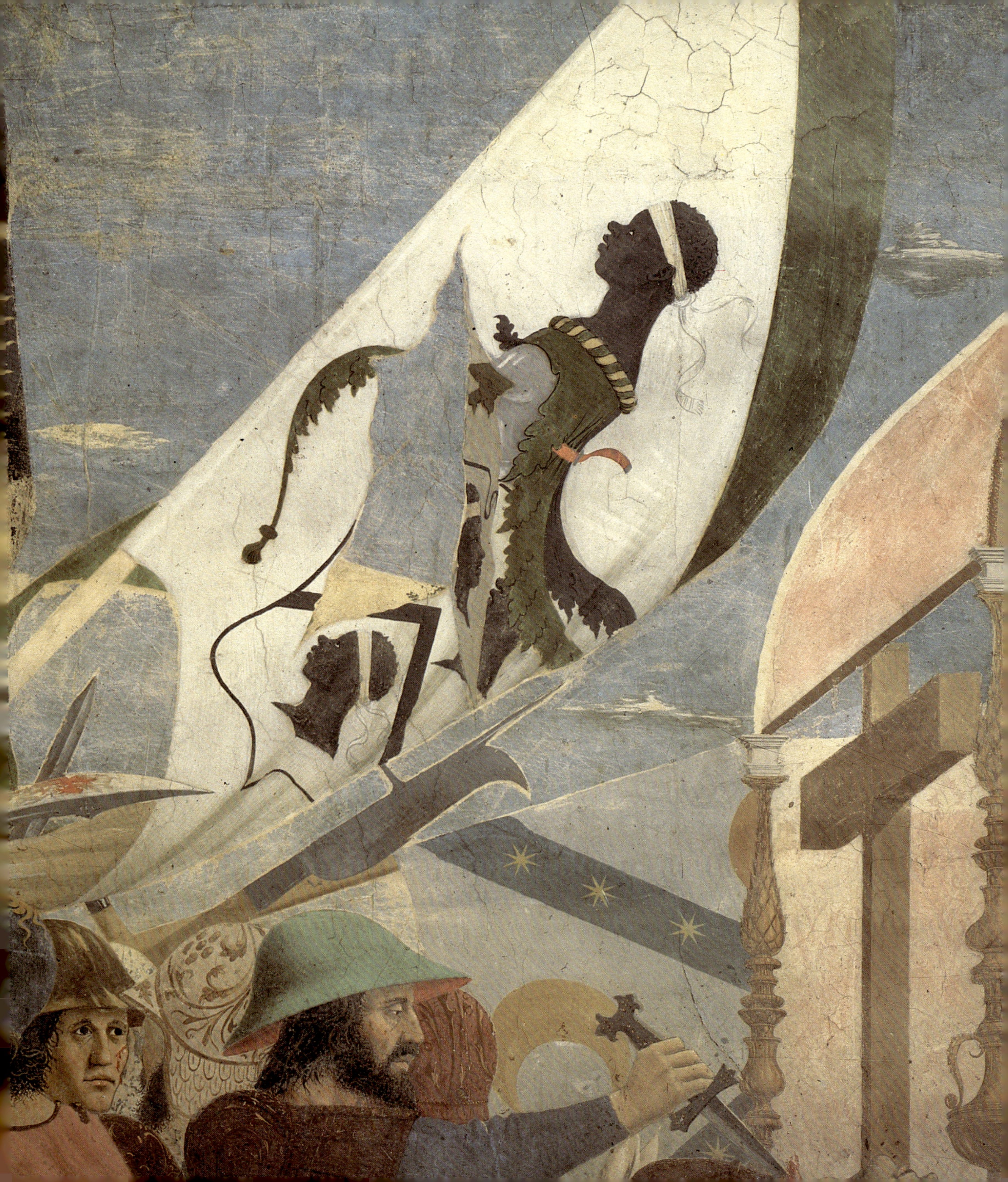

waren im 15. Jahrhundert nicht bekannt. Paolo Uccello übernahm indes von Ghibertis Schlachtenrelief die Funktion der drohenden Vegetation und der Felsformationen, die gleichsam eine Mauer hinter den Kämpfenden formten, die Szene zusammendrängten und diese dem Betrachter annäherten. In diesem entscheidenden Punkt unterscheidet sich nun Pieros Darstellung von der seiner großen Vorgänger. Wie die *Dioskuren*-Gruppe auf dem Quirinal oder das Bronzepferd in Ferrara setzte er seine Krieger gegen die unendliche Kulisse des Himmels.

Die Beschäftigung mit römischen Denkmälern motivierte ihn zur Dramatisierung seiner eigenen Lösungen. An einem berühmten Sarkophag, der sich früher in der Peterskirche befand und heute in der Villa Borghese zu besichtigen ist, findet sich eine Kampfszene, in der das Auge des Betrachters zwischen den Beinen eines mit einem Knie auf dem Boden abgestützten Kämpfers einen nach hinten gestürzten Gefallenen erblickt.[49] In einer der Trajan-Szenen am Konstantinsbogen wird ein Gefallener von dem Bogen gerahmt, den die Vorderbeine und der Bauch eines Pferdes formen.[50] Ferner ermöglichte es insbesondere ein Monument wie die Trajanssäule, dieselben Figuren aus den unterschiedlichsten Blickwinkeln zu beobachten. Gerade hier kommt das enorme Interesse der römischen Bildhauer an den Getöteten und Verwundeten, an der Grausamkeit des Kampfes deutlich zum Ausdruck. Geradezu ostentaiv werden abgeschlagene Häupter vorgeführt.[51] Piero wandte sich diesen antiken Monumenten jedoch mit einer anderen Sensibilität zu als etwa der Florentiner Bertaldo.[52] Inspiriert durch römische Basreliefs, wurde er sich der Tatsache bewußt, daß es ihm seine spezifische Vorstellung von Perspektive ermöglichte, entfernte Objekte denjenigen im Vordergrund anzunäheren, und er erkannte auch die außergewöhnliche Bedeutung des Fragments. Ein verzweifeltes Gesicht inmitten der tobenden Schlacht, ein Auge, zwei Blicke, die sich ganz zufällig kreuzen, eine blutüberströmte Wange werden zu domininierenden Motiven der Komposition. Mittels der modernen Fotografie ist es heute möglich, die Fragmentarisierung der Bildelemente in Pieros Schlachtendarstellung hervorzuheben (Abb. 90–106) Dabei ist es notwendig, in die Tiefe zu gehen, zwischen die Reihen der Kämpfer einzudringen, den Raum hinter den großen Pferdeleibern zu erforschen, die Motive in ihre grundlegenden Einzelbestandteile zu zerlegen und diese im Bildausschnitt zu fixieren.[53]

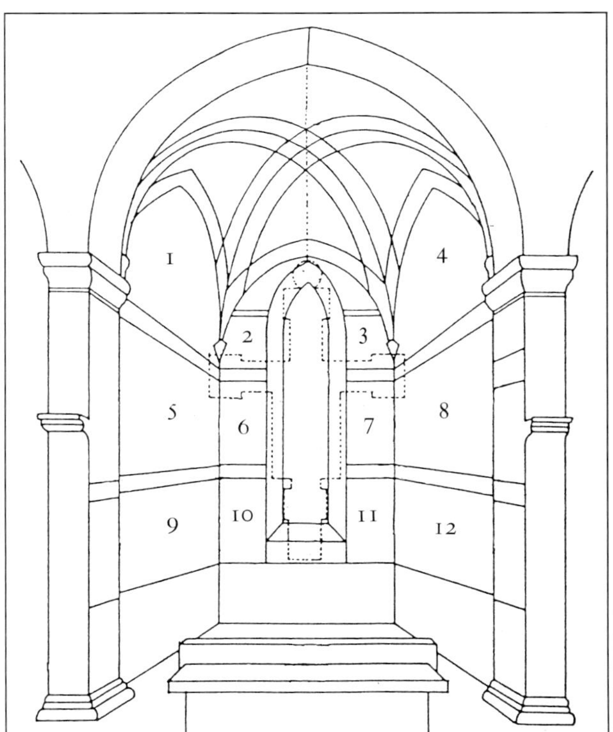

107 Anordnung der Fresken der Kreuzeslegende in der Hauptchorkapelle von San Francesco, Arezzo

1 Die Rückführung des wahren Kreuzes nach Jerusalem
2 Heiliger
3 Prophet
4 Der Tod Adams
5 Die Auffindung und Prüfung des wahren Kreuzes
6 Die Folterung des Juden namens Judas
7 Die Aufrichtung des Kreuzesholzes
8 Die Anbetung des Heiligen Holzes Die Begegnung Salomons mit der Königin von Saba
9 Die Schlacht zwischen Heraklius und Chosroës
10 Die Verkündigung
11 Der Traum Konstantin
12 Der Sieg Konstantins über Maxentius

Es ist einzigartig, wie Piero noch die blutigste Szene zu formalen Architekturen reduzierte und dadurch zu jener überwältigenden räumlichen Einheit gelangte, wie sie die Chorkapelle in Arezzo charakterisiert, ohne dabei den Betrachter mittels architektonischen Illusionismus in die Szenerien einzubinden. Nur so wird es möglich, daß die in verschiedenen Registern wiedergegebenen historischen Ereignisse aufeinander verweisen. Der Blick des Betrachters wird über vertikale Achsen durch diese Bilderwelt geleitet. Gesichter und Gesten wiederholen sich in den unterschiedlichsten Szenerien. Damit ging Piero einen Schritt weiter als die Künstler der Antike, die ihre Intentionen in immer partielleren Formulierungen zu definieren suchten. Piero entdeckte in ihren Werken die Bedeutung der Wiederholung, der Analogie, des Verweises, der Kontinuität der epischen Erzählung, wie sie in der Trajanssäule in Rom so modellhaft präsent ist.[54]

Anmerkungen:

[1] G. Marchini, *Le vetrate italiane,* Mailand 1956, S. 229, Nr. 53 (zu Niccolò di Pietro Tedesco). Die aufschlußreichste Dokumentation zur Geschichte der Kapelle besorgte Borsook (1981, S. 92–95). Ergänzend zu erwähnen sind die Untersuchungen von Moriondo Lenzini, veröffentlicht in A. Paoloucci, 1989, S. 83–104 und G. Centauro, 1990.

[2] Zur Kapelle vor der Freskoausschmückung: siehe auch G. Centauro 1990, S. 101–107.

[3] M. Salmi, 1920, S. 103; M. Salmi und U. Lumini, 1960. S. Pieri (in: G. Centauro, 1990, S. 99) verweist auf das entsprechende Dokument im Archivio Borghini Baldovinetti: am 11. November 1417, Francesco di Baccio begraben, »al nostro monimento a l'entrata de l' ussio di mezzo del coro« (in unserem Gotteshaus beim mittleren Chorzugang). Zur Unterkirche von San Francesco: siehe G. Centauro, 1990, S. 79–89; der bei Salmi veröffentlichte Plan des 14. Jahrhunderts wird dort farbig wiedergegeben und graphisch interpretiert.

[4] Der Verkauf des Weinbergs erbrachte 69 Lire, wie Francesco Bacci in seinem Geschäftstagebuch vermerkte, eine zu geringe Summe also, um den Maler für die gesamte Ausschmückung der Kapelle zu bezahlen. Vergleiche S. Pieri, *Considerazioni sui documenti dei secoli XIII–XVI, dall'insediamento dei frati minori alle memorie attinenti alle famiglie Bacci,* in: *G. Centauro, 1990, S. 90–100, insbesondere S. 100.*

[5] C. Lazzeri, 1937, S. 119–125; E. Borsook, 1980, S. 32.

[6] E. Borsook, 1980, S. 92–93.

[7] Vasari-Milanesi, II, S. 26 und 65.

[8] R. und T. Krautheimer, 1956, S. 214–225.

[9] Vasri-Milanesi, II, S. 26 und 65.

[10] Die ebenfalls von Bicci unvollendet zurückgelassenen Fresken im Kloster San Bernardo in Arezzo wurden von Marco di Montepulciano im Jahre 1448 vollendet (Vasari-Milanesi, II, S. 65); diese Tatsache belegt, daß man sich sofort der Schwere der Krankheit des Bicci bewußt war und nicht an seine Rückkehr glaubte. Hier war es Carlo Marsuppini, der Auftraggeber, der sich sofort um den Fortgang der Arbeiten bemühte.

[11] Vasari-Milanesi, II, S. 65. Die Pest dauerte von 1447 bis 1452. Somit hätten die beiden Künstler um das Jahr 1452 nach Loreto zurückkehren können. Piero nahm vermutlich in der Zwischenzeit die reizvolle und prestigeträchtige Einladung nach Rimini an, bevor er eine endgültige Entscheidung in der Frage fällte, ob er nach Loreto zurückkehren oder dem Ruf nach Arezzo folgen sollte. Nach der Heraklius-Szene in Arezzo entstand dann die erste Serie von Meisterwerken: der *hl. Hieronymus* (in Berlin), die *Taufe Christi,* der *hl. Hieronymus* (in Venedig).

[12] R. Longhi, 1927, S. 175–176; K. Clark, 1969, S. 51; E. Battisti, 1971, I, S. 138 ff.; E. Borsook, 1981, S. 97; L. Bellosi, 1987.

[13] L. Berti, 1966, S. 36.

[14] Zur Zeit der Veröffentlichung der Untersuchungen von Longhi, 1927 (1961) wußte man noch nichts von Giuliano Amadei. Daher ging der Autor davon aus, daß Piero sowohl in Arezzo als auch beim Polyptychon mit der *Schutzmantelmadonna* mit demselben Gehilfen arbeitete. Bezüglich der erwähnten Figuren verwendete der Gehilfe einen rötlichen Untergrund für seine Lapislazuli-Fläche, Piero einen schwarzen.

[15] L. Bellosi, 1987 und 1990.

[16] L. Bellosi, 1987.

[17] E. Battisti, 1971, II, S. 98 f. Dok. XXXIV und S. 474, Anm. 127; E. Battisti, 1980, S. 189.

[18] Vasari-Milanesi, II, S. 498–499.

[19] C. Gilbert, 1968, S. 74–75.

[20] Siehe in diesem Band S. 16 und 17.

[21] Ich möchte an dieser Stelle dem Verantwortlichen für die Restaurierung in Arezzo, Herrn Prof. Silvano Lazzeri, für diesen und andere wertvolle Hinweise danken.

[22] R. Cocke, 1980, S. 21–32; P. P. Bober und R. O. Rubinstein, 1986.

[23] Die Lünette des *Heraklius* beschließt eine Phase der künstlerischen Entwicklung Pieros, die des *Adam* formuliert den Beginn einer neuen.

[24] Grayson (1975, S. 8) nimmt für den Traktat *De sculptura* an, er sei ca. 15 Jahre nach *De pictura,* also ca. 1450 entstanden.

[25] Averulino Filarete, *Trattato di architettura,* hrsg. v. L. Grassi, Mailand 1972, S. 23. Das Interesse an den Lebensumständen am Anfang der Welt wurde durch die Abhandlung im ersten Buch des Vitruv sowie durch die Entdeckung der Schriften des Lukrez geweckt.

[26] Die in Secco-Technik ausgeführten Blätter sind so stark verblichen, daß es den Anschein hat, der Baum wäre kahl.

[27] K. A. H. Keller und A. Mercati, *L' anno ecclesiastico e le feste dei santi nel loro svolgimento storico,* Rom 1906, S. 285–291.

[28] Ein erhaltenes Freskofragment an der linken Fensterlaibung zeigt den hl. Bernhardin. Obgleich nicht von Pieros Hand, gehört er doch demselben Dekorationsprogramm an. Der Heilige wurde auf blauen, mit Blumen geschmückten Grund gemalt: ein Motiv, das auf gotische Wandteppiche zurückzuführen ist und das gotische Fenster mit den Fresken verbinden sollte. Über den Altarschmuck haben wir keine Notizen.

[29] C. de Tolnay, 1963, S. 215 ff.; G. Renzi, 1990.

[30] L. M. Schneider, 1967, S. 171; E. Borsook, 1981, S. 93.

[31] L. M. Schneider, 1967, S. 143. E. Borsook, 1981, S. 95: sie übernimmt die Interpretation der Kapelle als ein Bild der Stadt Jerusalem, negiert aber die kriegerischen Implikationen dieser Auslegung. Meines Erachtens schließt sie einen Zusammenhang mit dem Kreuzzug, wie ihn Warburg (1912) versuchsweise postulierte, Ginzburg (1981) als gesichert ansah und Agosti (1984) ebenfalls annahm, zu Recht aus. Borsook verweist ferner darauf, daß zur Zeit der Ausschmückung der Kapelle in Instanbul ein Franziskaner-Kloster existierte und daß sich ein Mitglied der Familie Bacci aus geschäftlichen Gründen dort aufhielt.

[32] Siehe hierzu G. Renzi, 1990.

[33] G. Benedinelli, 1962; P. P. Bober und R. O. Rubinstein, 1986, Anm. 125, S. 159–161.

[34] L. Borrelli, G. Fogolari, A. Guidi Tomiato, in: *The Horses of San Marco,* Ausstellungskatalog, Metropolitan Museum 1980, S. 9–31.

[35] Bendinelli, 1962, datiert die Dioskuren-Gruppe ins 2. Jh. Dagegen spricht, daß sie bereits auf einer Münze aus der Zeit des Kaisers Maxentius erscheint (vgl. H. Sichtermann, in: *Propyläen der Kunstgeschichte, Das römische Weltreich,* hrsg. v. T. Kraus, Berlin, Ausgabe 1990, S. 248).

[36] Ricci (1924, S. 239, Anm. 42) konnte die von C. Yriarte geäußerte Hypothese entkräften, Sigismondo Pandolfo Malatesta habe sich vom Peloponnes antike Statuen nach Rimini bringen lassen. Hingegen schenkte ein gewisser Fausto Gualdi aus Rimini der Stadt Rom einige von ihm selbst gesammelte Antiken, darunter die berühmten griechischen Kapitelle (Trinità dei Monti) sowie verschiedenste Fragmente, darunter der Rest eines neoattischen Reliefs aus der Zeit des Kaisers Hadrian, die an einem der von Papst Nikolaus V. am Kapitol errichteten Türme angebracht wurden. Eigentlich hätte Piero nur in Venedig Originalbeispiele griechischer Skulptur sehen können. Doch ist nicht bewiesen, daß er die Lagunenstadt besuchte. Einziges Indiz hierfür sind die Pferde im Diptychon des Montefeltro in den Uffizien, in denen insbesondere hinsichtlich ihrer Anordnung ein deutliches Echo der Pferde von San Marco nachklingt.

[37] C. Brandi, 1949, S. 29–33, Abb. 12–15.

[38] *Viazo da Venezia al Sancto Iherusalem,* hrsg. v. A. Petrucci, Rom 1972.

[39] Jede Interpretation der *Cupido*-Darstellung muß von der Tatsache ausgehen, daß sein Bogen nicht zum Schuß bereitgehalten wird. Bei der Restaurierung durch Fiscali wurde die Darstellung in die Fresken mit einbezogen (die Pfeilspitze wurde in die Freskowand gemalt), bei der Restaurierung durch Lionetto Tintori wurde diese Integration wieder rückgängig gemacht.

[40] Eteria besuchte das Salomonssiegel, das auch als wundertätiges Amulett in Umlauf war: P. Perdrizet, *Sphragis Salomonos,* in: *Revue des Etudes Grecques,* XVI, 1903, S. 42–61. Der Engel Araph erscheint in einem der gnostischen Medaillons: P. Verdier, 1971, S. 35, Abb. 8.

[41] Tatsächlich ist für die drei entscheidenden Ereignisse der 14. September überliefert: die Einweihung des von Konstantin in Jerusalem errichteten Martyriums, die Einweihung des Salomonischen Tempels und die Auffindung des wahren Kreuzes. Vergleiche P. H. Vincent und F. M. Abel, 1912, S. 214.

[42] Rufini Aquileiensi, *Historia ecclesiastica,* X, 7, 8.

[43] R. Longhi, 1927 (1961), S. 53: »es ist nicht auszuschließen, daß Piero ... bewußt auf den zukünftigen Träger des Kreuzes, auf Jesus hinweisen wollte ... Es ist sicher nicht zufällig, daß der Kopf des Kreuzträgers exakt auf den durch die Maserung des Holzes geformten ›Heiligenschein‹ fällt«. Siehe hierzu auch S. Bann, 1989, S. 229–233. Piero betonte den Materialcharakter des Kreuzes. Vergleiche hierzu H. M. Errfa, 1989, Stichwörter *Lebensbaum* und *Kreuzlegende,* S. 107–128.

[44] C. Ginzburg, 1981, S. 65. Andere Identifizierungsvorschläge: Luigi Bacci, sein Bruder Carlo und andere Bewohner Arezzos (Vasari-Milanesi, II, S. 497); Francesco di Bacci und Agnolo di Girolamo di Bacci (im Jahre 1458 Prior, M. Salmi, 1979, S. 100).

[45] Von der ersten Lünette an nutzte Piero immer wieder dieselben Kartons. Die Verwendung analoger Kartons für verschiedene Personen wurde eingerückt von K. Clark, 1969, S. 46 sowie von E. Battisti, 1971, II, S. 29. Salmi (1979) glaubt an die Verwendung desselben Kartons für die Figuren des Chosroës und Gottvaters. Borsook (1981, S. 96) führt verschiedene Beispiele an.

[46] R. Longhi, *Breve ma veridica storia della pittura italiana* (1914), Florenz 1980, S. 130.

[47] Der humanistische Enthusiasmus für Ravenna kommt deutlich in dem auf S. 48, Anm. 97, zitierten Brief Traversaris zum Ausdruck.

[48] A. Warburg, 1912. Im Jahre 1438 fertigte der Brüssler R. Wauters in Siena Wandteppiche, beschloß aber in der Folge, sich ganz dem Handel mit den gefragten Dekorationsobjekten zu verschreiben. Im Jahre 1442 fertigte ein Meister aus Arras Gobelins mit den Wappen der Stadt und verschiedene mehr, die zu festlichen Anlässen öffentlich ausgestellt wurden. Sie gingen auf Motive der Fresken des Ambrogio Lorenzetti im Rathaus von Siena zurück. Daß flämische Künstler nach italienischen Motiven arbeiteten, war vermutlich einmalig. Nach Cetto gehörte der Wandteppich mit der Geschichte Trajans im Museum von Bern, zuvor in der Kathedrale von Lausanne, ursprünglich Lionello d'Este. Von diesem ging er auf Giorgio di Saluzzo über, der ihn über die Alpen brachte. Stimmt die These von Cetto, wie ich glaube, so handelt es sich hierbei um das einzige uns bekannte Beispiel eines Wandteppichs, das Piero della Francesca gesehen hatte. A. M. Cetto, *Der Berner Trajan- und Herkenbaldteppich,* Bern 1966. Das Blütenornament im Hintergrund des hl. Bernhardin belegt Pieros Interesse für derartige Wanddekorationen. Deuchler (1984) nimmt an, daß dieses für Wandteppiche so typische Motiv aufs Paradies verweist. Vergleiche M. Viale Ferrero, *Arazzo e pittura,* in: *Storia dell'arte italiana,* III, *Situazioni, momenti, indagini,* IV, *Forme e modelli,* Turin 1982, S. 114–158.

[49] P. P. Bober und R. O. Rubinstein, 1986, S. 188, Anm. 156. Dieser Sarkophag war bereits Lorenzo Ghiberti bekannt (R. und T. Krautheimer, 1956, S. 341 ff., Anm. 13–17).

[50] P. P. Bober und R. O. Rubinstein, 1986, S. 191, Anm. 158.

[51] In der *Schlacht des Heraklius* zieht ein Kämpfer am Haar seines Gegners mit der offensichtlichen Absicht, ihn zu enthaupten. Die Enthauptung war der Ethik des mittelalterlichen Kampfes fremd, während etwa die Trajanssäule römische Soldaten vorführt, welche sich mit den Häuptern ermordeter Dazier zwischen den Zähnen präsentierten (S. Settis, A. La Regina, G. Agosti, V. Farinella, *La Colonna Traiana,* hrsg. v. S. Settis, Turin 1988, S. 288, Abb. 30 [XXIV, 59–61]).

[52] W. Bode, *Bertoldo di Giovanni und Lorenzo de' Medici,* Freiburg/Br. 1925, S. 55 ff.

[53] Wittkower (*Architectural Principles in the Age of Humanism,* London 1962) verwies auf die analogen optischen Grundlagen der Fotografie und der perspektivischen Projektion Brunelleschis.

[54] Brilliant (*Gesture and Rank in Roman Art,* Memories of the Connecticut Academy of Arts and Sciences, XIV, 1963) rückte in seiner Arbeit unter anderem die Bedeutung der Wiederholung bestimmter Motive im Fries der Trajanssäule ein. Sie habe einmal den Zweck, die Aufmerksamkeit des Betrachters auf dieses Element zu lenken. Daneben wird in der Wiederholung der symbolische Wert eines Motivs gleichsam fixiert. Settis (1988, siehe Anm. 51 in diesem Kapitel) setzte sich kritisch mit der Analyse Brilliants auseinander.

Die Geisselung Christi

Die dem »physischen Aspekt« der *Geißelung Christi* zugrundeliegende »intellektuelle Struktur« wurde von der Forschung derart in den Vordergrund der Untersuchungen gerückt, daß das Werk selbst ganz in Vergessenheit zu geraten schien.[1] Deshalb soll hier versucht werden, zu einer wertfreien Betrachtung des Gemäldes zurückzukehren.

Die kleine Tafel mit den Maßen 51 x 81 cm stammt aus der Sakristei des Doms von Urbino. In den Jahren zwischen 1472 und 1482 wurde die alte Kathedrale nach den Plänen Francesco di Giorgio Martinis umgebaut. Während des Erdbebens im Jahre 1789 wurde das Gebäude zerstört und in der Folge nach den Entwürfen des Giuseppe Valadier wiedererrichtet. Wir verfügen somit über keine gesicherten Informationen hinsichtlich des ursprünglichen Standorts der *Geißelung Christi*. Das Bild befand sich noch nach der Auslagerung der herzoglichen Kunstsammlungen nach Florenz in Urbino, obwohl es nicht im herzoglichen Inventar des Jahres 1599 aufgeführt wird. Vermutlich gehörte das Gemälde also nicht zum Inventar des Palastes oder war in ein größeres Möbelstück eingegliedert. Nicht einmal Bernardino Baldi, der eine detaillierte Beschreibung des Palastes im Jahre 1582 verfertigte, erwähnt das Bild, welches seiner Aufmerksamkeit sicherlich nicht entgangen wäre.[2] Somit sprechen verschiedene Gründe dafür, den Dom als ursprünglichen Standort des Gemäldes in Betracht zu ziehen.

In den Schriften Passavants (1839) findet sich die Notiz, daß neben, vermutlich jedoch unter den drei Figuren im Vordergrund – ob im Gemälde oder auf dem Rahmen, wird nicht spezifiziert – folgende Inschrift zu lesen war: »convenerunt in unum«. Der Ausdruck ist Teil des 2. Psalms: »Adsisterunt reges terrae, et principes convenerunt in unum adversus Dominum et adversus Messiam[3] eius«.[4] Vermutlich gehörten die zu Beginn des vorigen Jahrhunderts noch lesbaren Worte zu einer Inschrift, die aus zwei ungefähr gleich langen Versen dieses Psalms bestand. Clark hat darauf hingewiesen, daß es insbesondere in Stundenbüchern üblich war, die Darstellung der *Geißelung Christi* mit diesen Versen zu versehen, welche ferner fester Bestandteil der Karfreitagsliturgie sind.[5]

Die in der Hochrenaissance geäußerte Ansicht, bei der Figur des barfüßigen Jünglings handle es sich um Oddantonio da Montefeltro, der im Jahre 1444 einer Verschwörung zum Opfer gefallen war, kann heute ausgeschlossen werden. Im großen und ganzen teilt sich die Forschung in zwei Richtungen: Zahlreiche Wissenschaftler nehmen an, den drei Personen am rechten Bildrand komme eine spezifische historische Bedeutung zu, während andere diese These negieren. Sie wehren sich generell, in den Gestalten der neutestamentlichen Szene bedeutende Bürger Urbinos zu sehen.

Die Argumentationen derer, die versuchten, der Präsenz der drei Figuren einen konkreten Sinn zu verleihen, sind so komplex und so reich an Verweisen, Verästelungen und Implikationen, daß man sie problemlos als eigenständige historische Abhandlungen über die zwei zentralen Jahrzehnte des Jahrhunderts in die Geschichtsschreibung aufnehmen könnte. Als Alternative zu diesen Konstruktionen steht die Meinung derer, die sich darauf beschränken, die Einzigartigkeit des Gemäldes zu betonen, nach eventuellen Analogien zu forschen und dabei der Versuchung widerstehen, sich zur Identität der dargestellten Personen zu äußern.

Sich einer Aussage über die Identität der drei Figuren zu enthalten, würde indes bedeuten, auch alle anderen bis hierher geäußerten Identifikationen in Frage zu stellen. Eine derartige Verweigerung verweist dazu noch auf ganz andere Argumente: auf ein grundsätzliches Mißtrauen in die Möglichkeit, auf der Basis des gesicherten Materials zu einer befriedigenden Lösung zu gelangen, sowie auf die Überzeugung, eine Identifikation der drei Gestalten hätte dem nichts hinzuzufügen, was das Bild an

sich schon auszudrücken vermag. Würden wir die Namen der drei Gestalten im Bildvordergrund kennen, wäre es vermutlich möglich, ihre würdevolle Haltung zu rechtfertigen. Doch auch das Bild selbst liefert uns diesbezüglich zahlreiche Hinweise. Die markante Definition der Gewänder, der offensichtliche Altersunterschied und die ethnische Differenzierung der drei Figuren lassen vermuten, daß Piero hier eher eine Typologisierung beabsichtigte und wohl kaum individuelle Geschichten zu illustrieren suchte. Ginzburg verwies darauf, daß die linke Figur durch das Gewand und die Gesichtszüge eines Griechen gekennzeichnet sei und an einen hohen Würdenträger am kaiserlichen Hofe erinnere.[6] Die Gestalt mit dem pelzgefütterten Damastgewand am rechten Bildrand trägt über der rechten Schulter eine rote Stola, die fast bis zu den Füßen hinabreicht und sie als Autorität kennzeichnet. Die Figur des barfüßigen Jünglings zwischen ihnen umgibt indes eine eher befremdliche Aura.

Sicherlich handelt es sich bei diesen drei Gestalten nicht um jene Fürsten, die sich gemäß den erwähnten Psalmversen gegen den Messias verschworen haben. Dagegen spricht zum einen die Präsenz des barfüßigen Jünglings, zum anderen die Tatsache, daß die drei nichts gegen Christus unternehmen. Auch Jacopo Bellini hatte in sieben seiner acht *Geißelungen* Personen im Bildvordergrund angeordnet, die wie die drei Figuren in Pieros Bild als Zeugen der Ereignisse auftreten. Auch der Venezianer präsentierte sie in unterschiedlichen Gewändern und in verschiedenen Altersstufen. Sie erinnern an Orientalen oder an byzantinische Würdenträger. Darunter finden sich aber auch Figuren in zeitgenössischer oder klerikaler Kleidung.[7] Doch Jacopo Bellinis Gestalten stützen die Glaubwürdigkeit der Geschichte und suggerieren in ihren Gewändern sowie der sie umgebenden Architektur einen spezifischen sozialen Kontext. Vermutlich kannte Piero die Studien des Jacopo Bellini, die weit über die Jahrhundertmitte hinaus die höchste Bewunderung seitens jener Künstler fanden, die in Urbino tätig waren, wie etwa die *Tavole Barberini* zu belegen vermögen.[8] Der von Piero eingeschlagene Weg führte hingegen in eine andere Richtung.

Die vergrößerten Proportionen der im Vergleich zu den eigentlichen Protagonisten der Geschichte sekundären Figuren, wie sie sich aus den von Alberti postulierten perspektivischen Gesetzmäßigkeiten ergaben, beruhten nicht auf einer Bildidee Jacopo Bellinis. Bereits Lorenzo Ghiberti hatte in den zentralen Darstellungen an der Paradiestür bewiesen, wie man mittels der neuen Regeln zu räumlichen Situationen gelangte, die zu den hierarchischen Proportionen, zur »umgekehrten Perspektive« der mittelalterlichen Kunst deutlich kontrastierten. Es war auch Ghiberti, der die Künstler zu heftigsten Diskussionen inspirierte, indem er aufzeigte, wie es mittels der Architektur möglich war, die spezifischen Rollen der Figuren hervorzuheben, und wie es kraft der Perspektive gelang, gerade die perspektivisch verkleinerten Figuren als maßgebliche Träger der Handlung zur Geltung zu bringen. Blatt für Blatt entwickelte etwa Jacopo Bellini neue Demonstrationen für die Gültigkeit dieses scheinbar paradoxen Verfahrens. Die Integration der Figuren in den Kontext der Architektur wurde zum zentralen Thema der Kunstentwicklung.

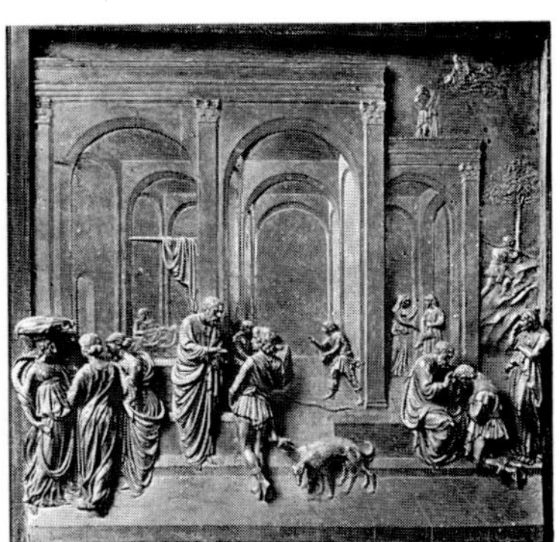

108 Lorenzo Ghiberti, Die Geschichte Isaaks. Florenz, Baptisterium, Paradiestür

Die diesbezüglichen Problemstellungen waren vielfältig. Wie ist es etwa möglich, die Figuren in einem Innenraum darzustellen, ohne nur eine partielle Ansicht dieses Raums vorzuführen? Seit Masaccios *Dreifaltigkeit* kannte man zwei Möglichkeiten: die italienische Lösung einer simultanen Darstellung von Innen- und Außenraum und die flämische Lösung der Verkleinerung der Architektur im Vergleich zur Figur. Durch das Verfahren, die Architekturen bis an die Figuren im Bildvordergrund heranzuführen, gelang Ghiberti die totale Darstellung der Architektur – die simultane Vision des Innen- und Außenraums –, ohne dabei die korrekten Proportionen der Figuren in ihrem architektonischen Gehäuse aus dem Auge zu verlieren. Die großen Figuren im Vordergrund wurden zu wesentlichen Kompositionselementen. Im Kontrast zu den Hauptfiguren im Hintergrund brachten sie die Bedeutung der Architekturen und der Handlungen in überzeugender Weise zur Geltung.

Diese für die Komposition so bedeutsamen, für das narrative Handlungsgerüst eher nebensächlichen und anonymen Figuren sollten jedoch die Architekturdekorationen nicht beeinträchtigen, sondern vielmehr selbst Teil der Dekoration werden. Machtvoll drängten sich die Thesen Albertis ins Zen-

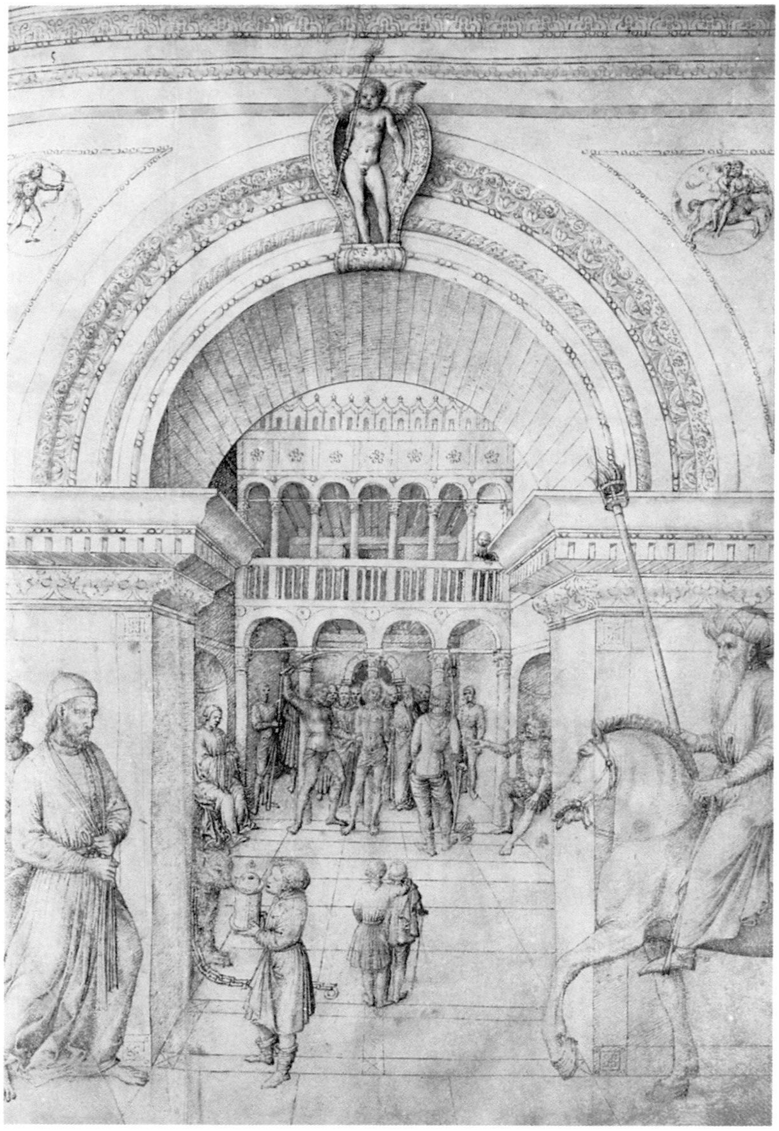

109 Jacopo Bellini, Geißelung Christi. Zeichnung. Paris, Louvre, Cabinet des dessins

trum der Kunstdiskussion. Ghiberti verlieh seinen Gestalten im Vordergrund Glanz und Würde. Jacopo Bellini, auf den Traditionen eines Altichiero aufbauend, akzentuierte die Vornehmheit und die sentimentale Anteilnahme seiner Zeugen. Piero schuf aus all diesen Thesen jene drei enigmatischen Figuren, deren Identität uns immer noch so viele Rätsel aufgibt.

Die Irrealität der Begegnung zwischen den drei Personen ist an die wie verzauberte Szenerie des Platzes gebunden. Der barfüßige Jüngling gleicht einem überirdischen Wesen, das nach Erklärungen außerhalb der Sphäre des Alltäglichen zu suchen scheint. In der Weise, wie seine zwei Begleiter nach Rang und ethnischer Zugehörigkeit definiert sind, so entbehrt seine Gestalt jeglicher sozialer oder historischer Bezüge. Selbst der Lorbeerbaum, gegen den sich sein Gesicht abhebt, scheint nach einer sensibleren Interpretation zu verlangen als die »quadratischen Nimben«, welche die Architekturen des Hintergrunds um die Profile seiner beiden Gefährten legen.[9] Sind diese durch eine Fülle von Aspekten charakterisiert, so fehlt jenem jegliches spezifische Merkmal.

Die drei Figuren sind Teil der Platzarchitektur, in Analogie zu den drei Engeln in der *Taufe Christi,* die zu den Bäumen und Gewässern gehören. Erscheinen diese als die Personifikationen einer einladenden Natur, so repräsentieren jene eine verschlossene Stadt. Das Naturfragment hinter dem Kopf der mittleren Figur ist der einzige Verweis darauf, daß neben der fest gefügten, maßvollen Stadtarchitektur auch noch etwas anderes existiert. Im Gegensatz zu den zur Natur hin offenen und dicht bevölkerten städtischen Räumen bei Perugino befinden sich die drei Gestalten im Vordergrund der *Geißelung Christi* allein auf einem weiten, leeren Platz. Durch ihre Isolation und die Leere des Platzes wird der Blick des Betrachters wie von selbst auf die mit größter Sorgfalt realisierten Architekturdetails gelenkt, etwa auf die Bodenfliesen, die Dachziegel oder die Arkaden.

Die Feierlichkeit der Gruppe formuliert eine Art Kontrapunkt zu den konvergierenden Raumlinien und den perspektivischen Verkürzungen. Der heroische Aspekt des Barfüßigen sowie Rang und Haltung der beiden anderen entsprechen den aristotelischen Anforderungen an die Protagonisten der Tragödie: »[...] die erste und entscheidendste Bedingung ist, daß die Charaktere tüchtig sind. Eine Person hat einen Charakter, wenn [...] ihre Worte oder Handlungen bestimmte Neigungen erkennen lassen [...] Dies ist bei jeder Art von Menschen möglich. Denn auch eine Frau kann tüchtig sein und ebenso ein Sklave; allerdings ist ja wohl die Frau im allgemeinen unterlegen, und der Sklave vollauf untüchtig. [...] Da die Tragödie Nachahmung von Menschen ist, die besser sind als wir, muß man ebenso verfahren wie die guten Porträtmaler«.[10]

In seiner Studie zur *Geißelung Christi* verweist Gilbert auf zwei Besonderheiten bezüglich der rechten Figur: Sie ist mit einem Brokatmantel bekleidet, wie er in der flämischen Malerei häufig vorkommt, im Bereich der italienischen Malerei jedoch beispiellos ist; zudem trägt sie keine Kopfbedekkung – gleichsam das Erkennungszeichen des Bürgers in der italienischen Malerei.[11] Fügen wir diesen Beobachtungen noch die Tatsache hinzu, daß der Brokatmantel wie der Umhang des hl. Königs im Fresko in Rimini mit Pelz gefüttert ist und daß eine lange rote Schärpe seine rechte Schulter schmückt, so haben wir damit eine Anzahl von Elementen isoliert, welche eindeutig den hohen Rang dieser Per-

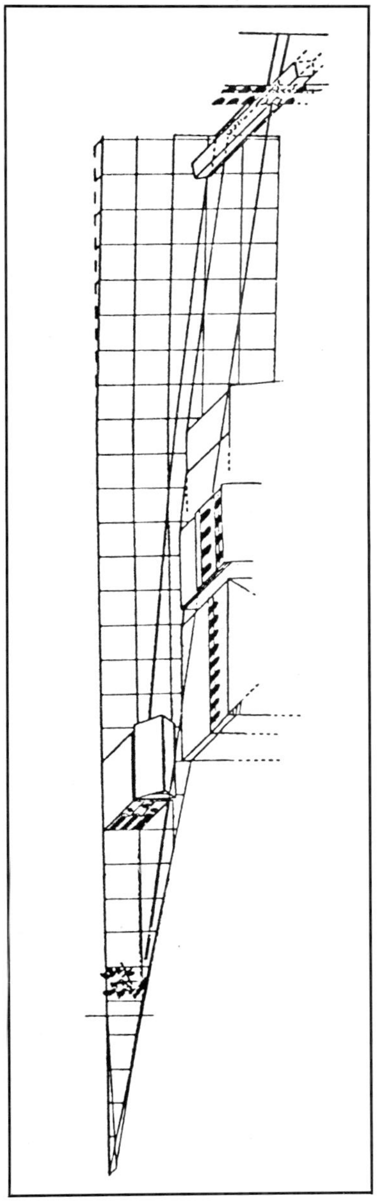

110 Plan der sichtbaren Bildzone in der Szene der ›Prüfung des wahren Kreuzes‹ der Fresken in San Francesco, Arezzo (nach A. Martone, zit. in: O. Calabrese, 1984)

son unterstreichen. Das Fehlen des Hutes verweist in Pieros Malerei generell auf die Frömmigkeit und Demut des Dargestellten. Das Fehlen der Kopfbedeckung kann aber auch als Bezugnahme auf die Antike interpretiert werden. Insbesondere der barhäuptige Würdenträger im Fresko in Arezzo erinnert aufgrund seines runden Schädels und der Regelmäßigkeit seines Profils an antike Porträtbüsten (Abb. 104). Sowohl Gilbert als auch Ginzburg haben darauf hingewiesen, daß sich gerade das eben erwähnte Gesicht in der Malerei Pieros häufig wiederfindet.[12] Auch der Barhäuptige in der *Geißelung Christi* trägt analoge Züge. Dadurch könnte er einmal als Gläubiger, dann aber auch als eine Gestalt gekennzeichnet sein, die aus einer anderen Welt, aus einer anderen Zeit stammt. Sein Auge fixiert das Gesicht des Barfüßigen, während die Blicke seiner zwei Begleiter wie verloren in die Ferne starren. Seine geschlossenen Fäuste erinnern an die edle und maßvoll gespannte Gestik der Gestalt hinter Helena in der Szene der *Auffindung des Kreuzes* in Arezzo (S. 189).

Den oben zitierten Theorien von Aristoteles gesellen sich die Thesen Vitruvs hinzu: »Es gibt drei Stilarten der Inszenierung: der tragische, der komische und der satirische Stil. Dementsprechend unterscheiden sich auch die Gegenstände. Der tragische Stil ist durch Säulen, Girlanden, Statuen und andere erhabene Elemente definiert (V,6).« Die Architektur der *Geißelung Christi* entspricht in eindeutiger Weise diesen von Vitruv für die Tragödie geltend gemachten Forderungen. Das Bürgerhaus am rechten Bildrand unterstreicht den herrschaftlichen Charakter des Palastes. Wir entdecken ferner einen Aussichtsturm, wie ihn Piero vielleicht in Rom, zum Beispiel im Hause des Kardinals Branda Castiglione, zu sehen bekam,[13] eine Gartenmauer, die mit Fresken sowie mit einem Dekorationsfries geschmückt ist, das deutlich an die Dekoration der Sockelzone am *Tempio Malatestiano* in Rimini erinnert, eine Treppe mit venezianischen Marmorbalustern, wie wir sie vom Campanile in Sant'Agostino in Rimini oder vom *Tempio Malatestiano* her kennen. Porphyrflächen zwischen den Pilastern und Arkaden gliedern die Wände und das Gebälk der Halle, in welcher Pilatus auf einem vergoldeten Sessel der *Geißelung* beiwohnt. Er ist gekennzeichnet durch einen spitz nach vorne zulaufenden Hut, wie ihn die Palaiologen trugen. Die mit äußerster Sorgfalt entworfene Architektur, die bereits Wittkower und Carter detailliert untersuchten,[14] fungiert hier in markanter Weise als Rahmen einer Tragödie im Sinne Vitruvs.

Die detaillierte Charakterisierung der Architektur entspricht ferner dem Bedürfnis, den Ort des Geschehens, also Jerusalem, auch topographisch exakt zu kennzeichnen. Sie stimmt indes nicht mit der Epoche Christi überein, sondern beschreibt vielmehr die Phase der römischen Erneuerung der Stadt in den ersten nachchristlichen Jahrhunderten. Die Geißelungssäule, deren Existenz erstmals aus dem Bericht eines Pilgers aus Bordeaux aus dem Jahre 333 hervorgeht, befand sich ursprünglich im Hause des Kaiphas am Südhang des Berges Sion. Später wurde sie in der Kirche von Sion aufbewahrt.[15] Es war jedoch Pilatus, der Jesus im Rathaus geißeln ließ. Und es war Pieros Intention, genau dieses Gebäude in der Form einer majestätischen Säulenhalle darzustellen.[16] Dabei suggeriert seine Interpretation zwei spezifische Konnotationen. Zum einen entschied er sich im Fall der Säule, an die Jesus gebunden ist, für den ionischen Typus, dem Vitruv femininen Charakter zuordnete. Zum anderen bekrönte er diese Säule mit der vergoldeten Statue einer heidnischen Gottheit. Dabei ist es eher unwahrscheinlich, daß Piero diese beiden Aspekte im Kontext der sorgfältigen Auswertung jedes einzelnen Details ohne spezifische Zielrichtung einführte.

Nach der Zerstörung Jerusalems durch Titus wurde die Stadt von Hadrian (Aelius Hadrianus) erneut aufgebaut und vergrößert. Sie erhielt den römischen Namen *Colonia Aelia Capitolina*.[17] Zu ihrem Symbol, das etwa in einem Mosaik aus dem 6. Jahrhundert in Madaba belegt ist, erkor man eine Säule. Dieses Zeichen findet sich ferner in einem Mosaik mit der *Schlafenden Jungfrau* in Santa Maria Maggiore in Rom (vermutlich von einem Künstler aus der Umgebung des Jacopo Torriti), wo die Säule in einem Kreuz endet.[18] In verschiedenen mittelalterlichen Handschriften taucht indes auch das Zeichen *Christus-Sonne* oder die Darstellung des Gekreuzigten als Symbol für Jerusalem auf.[19] Aus *Aelia Capitolina* entwickelte sich bereits im 5. Jahrhundert der neue Name *Helia*. Dies belegen unter

anderem auch die Aufzeichnungen der Pilgerin Aetheria: »regressa sum in Helia, id est in Ierusalimam«.[20] Die Gedenksäule des Hadrian verwandelte sich so in eine Sonnensäule, die sich im Mittelalter großer Beliebtheit erfreute. In der berühmtesten Beschreibung der Heiligen Stätten, von einem gewissen Arcolphus im 8. Jahrhundert verfaßt, auf die sich unter anderem auch Beda Venerabilis berief, findet sich der Hinweis auf die besagte Säule, deren Schaft angeblich den Stand der Sonne zur Zeit der Sommersonnenwende bezeichnete und die zudem den Mittelpunkt der Erde markierte.[21] Aufgrund dieser geozentrischen Position glaubte man, Jerusalem sei der Nabel, aus dem die Welt hervorging.[22] Die Säule erinnerte auch an ein historisches Ereignis. Sie markierte den Punkt, »an dem ein Jüngling durch die Berührung mit dem Kreuz unseres Herrn von den Toten auferweckt wurde«.[23]

Es handelte sich also um jenes Wunder, das Piero bereits in der Szene der *Prüfung des wahren Kreuzes* in Arezzo zur Darstellung gebracht hatte. Das Wunder wurde also nicht Helena, sondern dem Kreuz beziehungsweise Christus selbst zugeschrieben. Es ereignete sich im Zentrum von Jerusalem, dem Nabel der Welt. Berücksichtigt man all diese Aspekte zu Jerusalem, die, wie die Fresken in Arezzo beweisen, Piero keineswegs fremd waren, so könnte es sich bei der Figur des Barfüßigen im Vordergrund der *Geißelung Christi* sehr wohl um jenen Jüngling handeln, der durch das Kreuz zum Leben erweckt wurde. Die Ergebnisse jahrzehntelanger Forschungen stimmen darin überein, die geheimnisvolle Entrücktheit dieses Jünglings, seine Zugehörigkeit zu einer anderen Welt, als sie im Bild vorgeführt wird, zu betonen. In seinem Gesicht entdecken wir einen ähnlichen Schleier des Erstaunens, wie er den Blick des auferstandenen Christus im Fresko in Sansepolcro charakterisiert. Doch muß darauf hingewiesen werden, daß jeder Beweis fehlt, welcher die hier propagierte These zu stützen vermöchte.

Dagegen offenbaren uns die Architektur sowie die Säule zahlreiche Indizien, die unseren Gedankengang stützen. Schon Haftmann verwies auf die Analogien der vergoldeten Säulenbekrönung im Gemälde mit insbesondere römischen *Sol*-Darstellungen.[24] Die ionische Säule repräsentiert aber nicht nur das Sonnensymbol Jerusalems, sondern zudem den Mittelpunkt der Erde. Dies ist zumindest der Sinn des großen Marmorkreises, auf dem die Säule steht. Die drei Sterne im Fußboden verweisen zudem auf ihre Position im Meridian: von der Wintersonnenwende zur Sommersonnenwende.[25] Vom Kommentar des hl. Ambrosius zum Lukas-Evangelium bis hin zu einem griechischen Jerusalemführer aus der Zeit um 1400 eines unbekannten Autors wird auf den Ort des Kreuzeswunders im Atrium zwischen *Anastasis* und *Martyrion* hingewiesen: »Der verehrungswürdige Hof des Heiligen Grabes ist mit Marmor ausgelegt. Dort stehen vier Säulen. An diesem Ort wurde das Kreuz über den Toten gehalten, der sogleich zum Leben zurückkehrte.«[26] Nach dem *Typicon* der Kirche von Jerusalem führte die Karfreitagsprozession durch den Hl. Garten an den »Mittelpunkt der Erde«, wo unter anderem die Leidensgeschichte nach dem Matthäus-Evangelium gelesen wurde, in der davon berichtet wird, wie Pilatus Jesus geißeln und dann in »Golgotha, was soviel bedeutet wie Schädelstätte«, kreuzigen ließ.[27] Das von Piero entworfene Atrium wird rechts von vier Säulen begrenzt. Der Boden ist aus Marmor, wobei die runde Porphyrscheibe das Zentrum der Erde markiert.

Im 11. Jahrhundert wurde der sogenannte *omphalos*, der Nabel der Welt, mit einer Art Ädikula umgeben, die ein Mosaik schmückte, in dem Christus dargestellt war. Darin fand sich folgende Inschrift: »Meine Fußsohle ist der Maßstab für den Himmel und die Erde«.[28] Auch wenn sich Piero um die mittelalterlichen Charakteristika dieses Ortes nicht weiter kümmerte, so interessierte ihn sicherlich die Tatsache, daß hier Christus als das Maß der Welt definiert wurde. Es ist das Verdienst von Ginzburg, die der Struktur des Bildes zugrundeliegenden rätselhaften Zahlenverhältnisse entdeckt zu haben, auch wenn diese sich nicht, wie er annahm, auf den Lateran beziehen.[29]

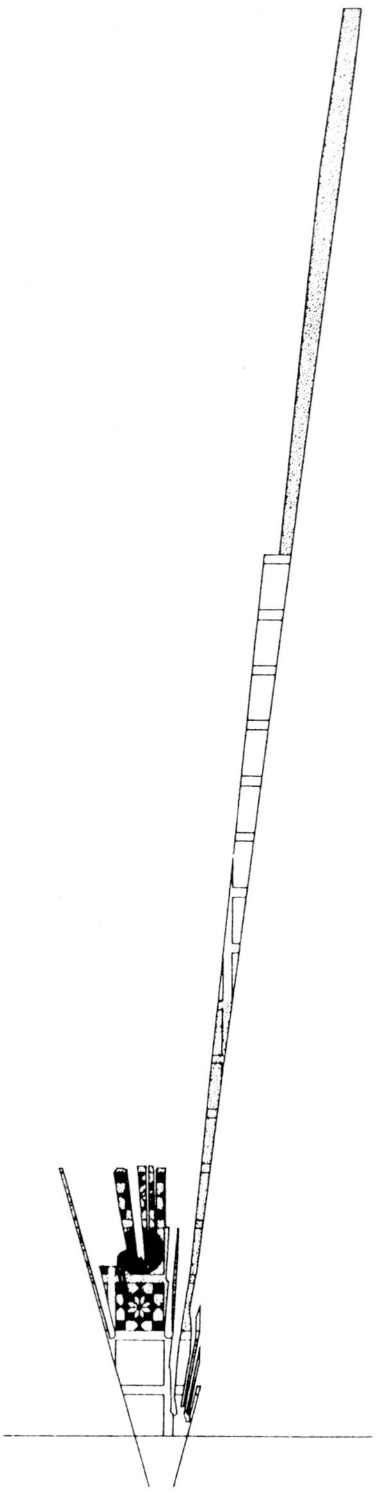

111 Plan der sichtbaren Bildzone in der linken Szene der ›Geißelung Christi‹ (zit. in: M. Aronberg Lavin, 1981)

Es ist nicht Pieros Absicht, die Epochen seiner doppelten Geschichte zu vermischen. Neben der *Geißelung* präsentiert er ein Ereignis, welches sich fast drei Jahrhunderte später zutrug. Die zeitliche Differenzierung autorisiert die Verwandlung der *Helia*-Säule in die Säule der Geißelung. Letztendlich fungiert ja gerade diese Säule als einziges Indiz dafür, daß die Szene in Jerusalem stattfindet. Die Säule ist somit kein Dekorationselement des Atriums. Vielmehr entwickelte sich die gesamte Architektur

gleichsam um den geozentrischen Punkt, welchen die Säule und die Porphyrscheibe markieren. Es ist interessant, Pieros Gemälde diesbezüglich mit einem Jugendwerk seines Schülers und vermutlichen Gehilfen Luca Signorelli zu vergleichen. In Signorellis *Geißelung Christi,* heute in der Pinacoteca di Brera in Mailand, steht Christus ebenfalls vor einer Säule mit der analogen vergoldeten Statue über dem Kapitell. Die Säule selbst ist jedoch korinthisch. Die Inschrift *LUCE* (Licht, aber auch Genitiv von Luca) unmittelbar hinter der Säule kann als Wortspiel mit dem eigenen Namen interpretiert werden.[30] Die Analogien zwischen den beiden Werken sind so vielfältig, daß man eigentlich davon ausgehen muß, daß der Meister seinen Schüler in seine Geheimnisse eingeweiht hatte.

Das eigentliche Thema der *Geißelung Christi* Pieros ist das Licht. Seine Beobachtung liefert hilfreiche Hinweise zum Verständnis des Bildes. Dies erkannte insbesondere Aronberg Lavin.[31]

Auf den Hof hinter der Tür, deren Rahmen die Figur des sitzenden Pilatus umschließt, fällt ein kaltes, ruhiges Licht. Es beleuchtet das Treppengeländer aus Marmor, die Ränder der Stufen und überzieht die weiß getünchte Wand mit einem bläulichen Schimmer. Dabei handelt es sich um ein seltsames Licht, das sich deutlich von den Sonnenstrahlen unterscheidet, welche die Marmorflächen und die Fassadenwände der Gebäude im rechten Bildhintergrund entzünden, den Terrakotta-Boden und die Dachziegel erwärmen und den Wolken ihren Glanz verleihen. Es ist das weiche, betörende Licht des Mondes. Weich dringt es in die Halle und erhellt den geöffneten Handrücken der Figur mit dem Turban, die uns den Rücken zuwendet, umspielt die Falten seines weiten Kaftans. Bei genauerem Hinsehen erkennen wir, daß eben diese gestreckte Hand von verschiedenen Lichtquellen erreicht wird. Während der kleine Finger den Schein des gemäßigten Mondlichts trägt, treffen am Zeigefinger zwei verschiedene Lichtquellen zusammen: links das gedämpfte Mondlicht, rechts ein weit lebhafteres Licht aus einer Quelle in unmittelbarer Nähe. Diese findet sich, wie Aronberg Lavin zu Recht feststellte, zwischen dem zweiten Interkolumnium, über dem erhobenen Arm des rechten Folterknechts, in Höhe der Knie der Statue. Von dort ergießt sich ein Licht über die Szene, das Piero etwas wärmer anlegte als das Sonnenlicht außerhalb des Atriums. Es wirft warme, weiche Schattenfelder auf den Atriumboden. Vermutlich handelt es sich bei dieser Lichtquelle um eine Lampe.

Betrachten wir die Geißelung als isolierte Szene, die von den zwei parallelen Säulen an der Rückwand des Atriums und der Lichtschwelle begrenzt wird, welche bis an die Füße der Figur mit dem Turban heranreicht, so nehmen wir an einem nächtlichen Geschehnis teil. Auch die literarischen Dokumente verweisen darauf, daß sich die Geißelung Christi des Nachts zutrug. »Vor Sonnenaufgang«, informiert uns Aetheria, »in der Karfreitagsnacht gehen die Eifrigsten bis nach Sion, um an der Säule zu beten, an der der Herr gegeißelt wurde.«[32] Auch Jacopo Bellini und die venezianischen Maler nach ihm berücksichtigten stets, daß es sich bei der Geißelung um eine nächtlicht Szene handelte.

Das Licht zerstört somit die Einheit des Ortes und scheidet die Gesamtszene in zwei Teilszenen. Der sowohl zeitliche als auch atmosphärische Kontrast zwischen den beiden Szenen wird indes durch den perspektivischen Plan des Bildes so stark vermindert, daß er vom Betrachter kaum mehr wahrgenommen wird. Die Säule aus *Helia Capitolina* wird zur Geißelungssäule. Neben ihr symbolisiert nicht mehr das Kreuz den Tod Christi, sondern Christus selbst gibt ein Beispiel seines überwältigenden Leidens. Der von den Toten auferstandene Jüngling bezeugt die Macht des Kreuzes.

Der Mann mit dem Turban, an der Schwelle zwischen Tag und Nacht, fungiert als Verbindungsglied dieser beiden Welten. Seine Geste korrespondiert mit der Handhaltung des Griechen im Vordergrund. Damit befiehlt er keineswegs die Folterung Christi. Dies ist die Aufgabe des Pilatus. Wir kennen diese Geste bereits von einem der drei Engel in der *Taufe Christi* und von zahlreichen Figuren in Arezzo, welche als Außenstehende die Ereignisse gleichsam bezeugen. Es handelt sich dabei um eine für Pieros Figuren typische Körpersprache, welche Bewunderung und Kontemplation zum Ausdruck bringt. Der Mann mit dem Turban wohnt der Geißelung bei und manifestiert mit der geöffneten Linken seine innere Anteilnahme. Seine Position zwischen Tag- und Nachtszene belegt ferner, daß er auch mit den Personen der jüngeren Geschichte im besonnten Bildvordergrund in Verbindung steht.

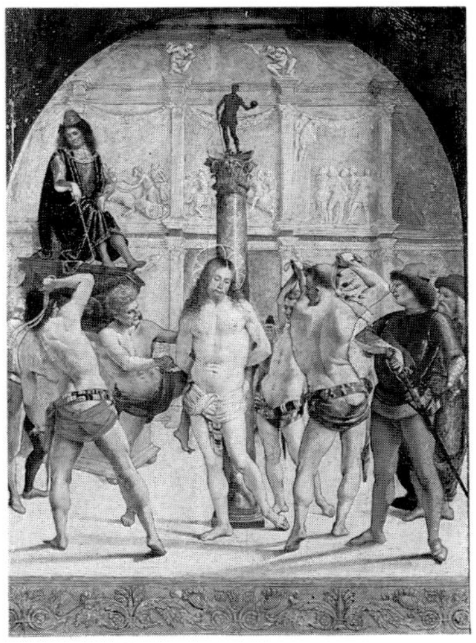

112 Luca Signorelli, Geißelung Christi. Mailand, Pinacoteca di Brera

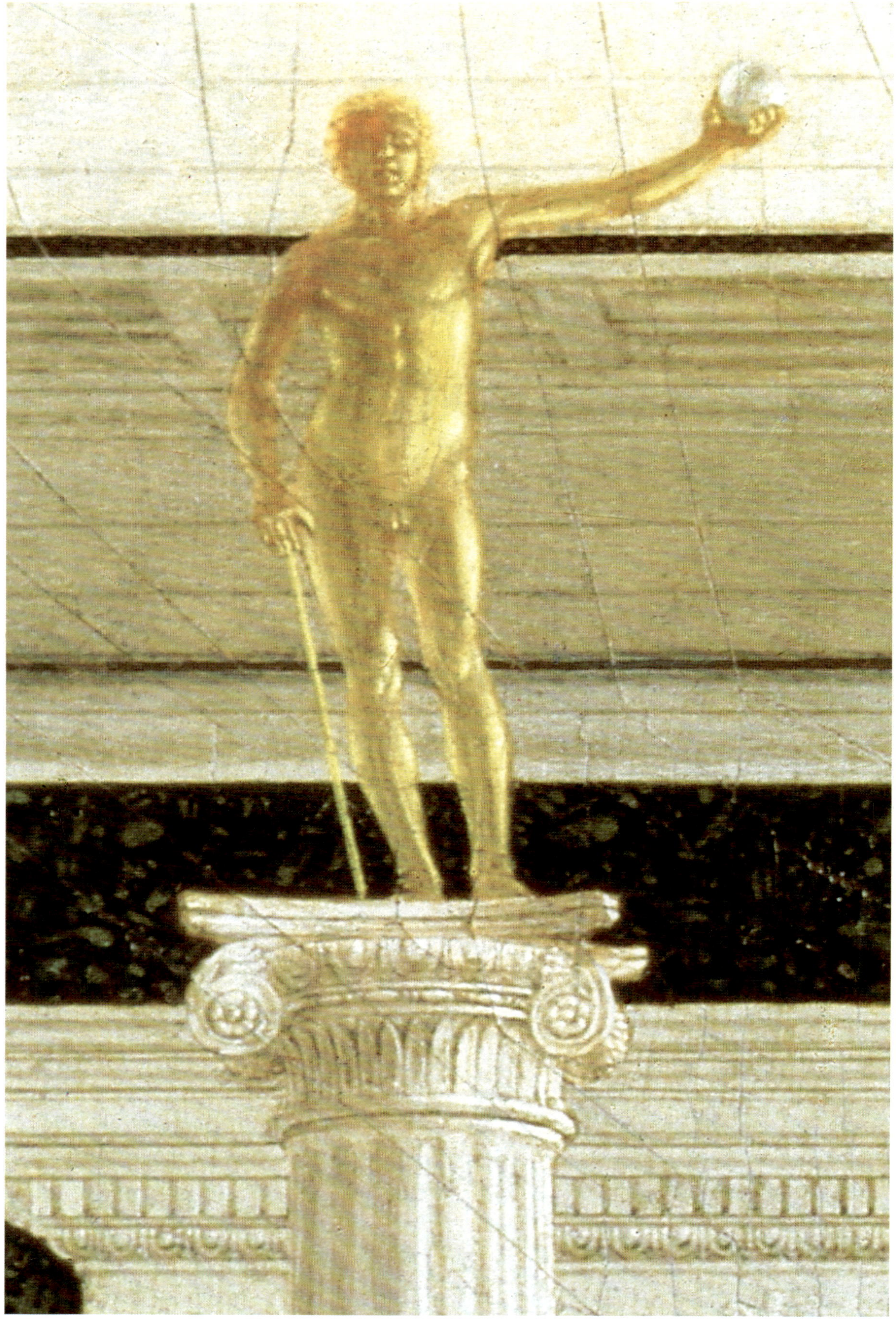

113 Geißelung Christi (Detail). Urbino, Galleria Nazionale delle Marche

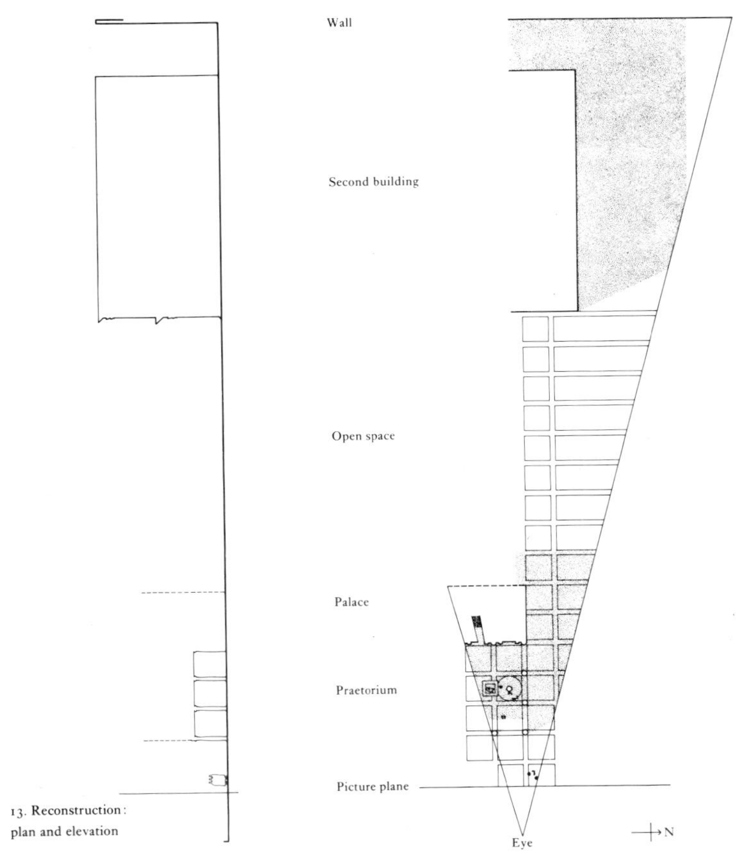

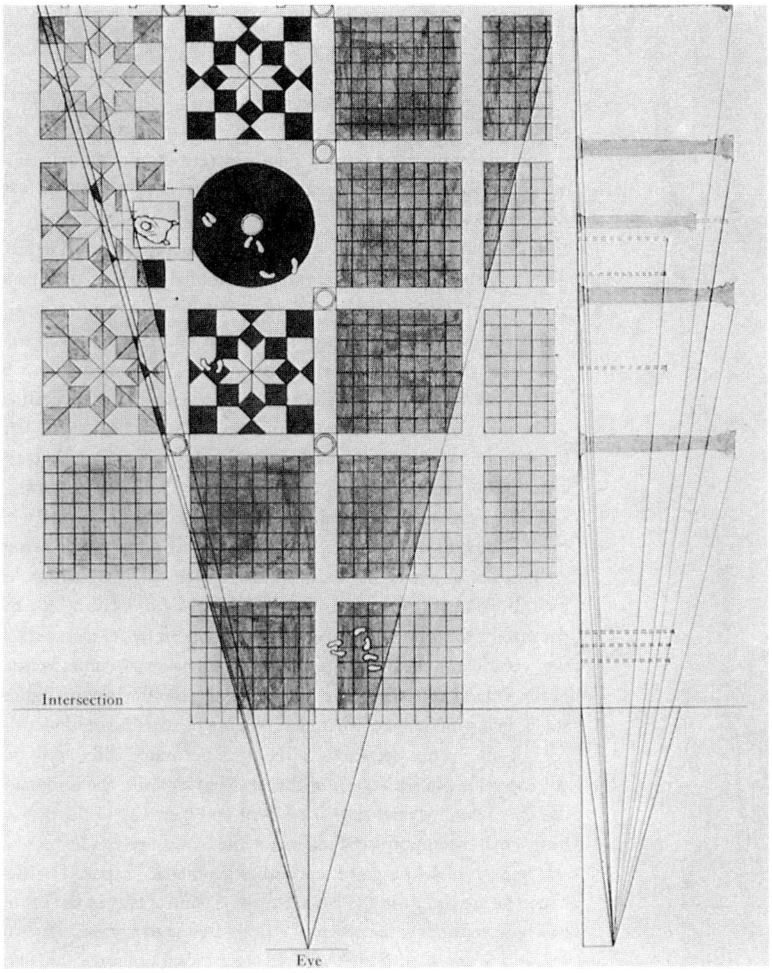

114 Profilskizze der sichtbaren Bildzone in der ›Geißelung Christi‹, daneben Darstellung der Licht- und Schattenfelder des Gemäldes (zit. in: M. Aronberg Lavin, 1981)

115 Grundrißplan und Profilskizze mit Darstellung der sichtbaren Bildzone der ›Geißelung Christi‹ (B. A. R. Carter und R. Wittkower, 1963)

Die Sonnensäule symbolisiert somit weiterhin die Stadt Jerusalem, während sich das Kreuz in der Tat seit der Zeit des Heraklius nicht mehr in der heiligen Stadt befand. Hier zeigt sich in markanter Weise Pieros Intention, den Ort des Bildgeschehens so wirklichkeitsnah wie nur irgend möglich vorzuführen. Aus der Stadtsäule wurde die Geißelungssäule, auf das Kreuz wird lediglich indirekt hingewiesen. Wir verstehen nun, warum Piero dem Turban der Figur, welche die Geißelung Christi aus nächster Nähe betrachtet, so große Sorgfalt in der Ausführung zukommen ließ.[33] Es handelt sich dabei um ein ähnlich charakterisierendes Merkmal wie das griechische beziehungsweise römische Gewand der beiden Figuren im Vordergrund.

Christus wird in Jerusalem gegeißelt, dem Mittelpunkt der Erde. Seine Leiden bringen der ganzen Menschheit die Erlösung, ganz gleich ob Griechen, Römer oder Araber (vgl. Matth. 28, 19).

Die Tatsache, daß diese Episode der Leidensgeschichte mit einem römischen Monument in Verbindung gebracht wird, basiert noch auf anderen Gründen, welche die innere Dialektik des Bildes betreffen. Ein diesbezüglicher Hinweis findet sich im berühmten Ausspruch des Kaisers Justinian in Dantes *Göttlicher Komödie* (Paradies, VI. Gesang, 91–94), der Piero und seinen Zeitgenossen zweifelsohne bekannt war:

Or qui t' ammira in ciò ch'io ti replico:	*Nun staune, was ich daran weiter knüpfe:*
poscia con Tito a far vendetta corse	*Mit Titus eilte er (der Adler) dann, Rache*
de la vendetta del peccato antico.	*Zu nehmen für der alten Sünden Rache.*[34]

Die semantische Dichte dieser Terzine Dantes entspricht in überraschender Weise der Sinnschichtung in Pieros Bild. In seiner Beschreibung der Reise nach Jerusalem (*Itinerarium ad sepulchrum Domini nostri Ihesu Christi)* verweist Francesco Petrarca explizit auf das analoge Ereignis, wobei seine Erläuterungen an Giovanni Mandelli gerichtet sind, dem er das Werk widmete[35]: Die Eroberung der Stadt durch die Römer ist das Werk Gottes; als ein römischer Prätor die Geißelung Christ befiehlt, bereitet Rom seinen »Rachefeldzug« vor; die Auferstehung des Jünglings durch die Kraft des Kreuzes besiegelt einen neuen Pakt mit dem Reich. Jetzt begreifen wir auch die resignierten Gesichtszüge des Pilatus; sein Palaiologen-Hut und seine Ähnlichkeit mit dem byzantinischen Kaiser sind so anachronistisch wie die Hadrian-Sonnen-Statue auf der Geißelungssäule. Die Zeugen des Kreuzeswunders zur Zeit Konstantins sind nicht durch Zufall zwei kaiserliche Würdenträger. Einer von ihnen ist Grieche, der andere vielleicht Römer. Neben ihnen verklingen gerade die letzten Worte des ersten Psalmverses: *»convenerunt in unum«* (sie treten zusammen wider den Herrn). Die traditionelle Auslegung des Psalmverses bezüglich der Leidensgeschichte Christi verankerte Piero in einer allgemeineren Reflektion über die Fatalität der Geschichte des römischen Reiches und dessen Rolle im göttlichen Heilsplan. Die Fürsten und Könige der Erde, welche sich gegen den Messias verbündeten, trugen in Wirklichkeit dazu bei, den Plan Gottes zu erfüllen, der den Opfertod seines Sohnes einschloß.

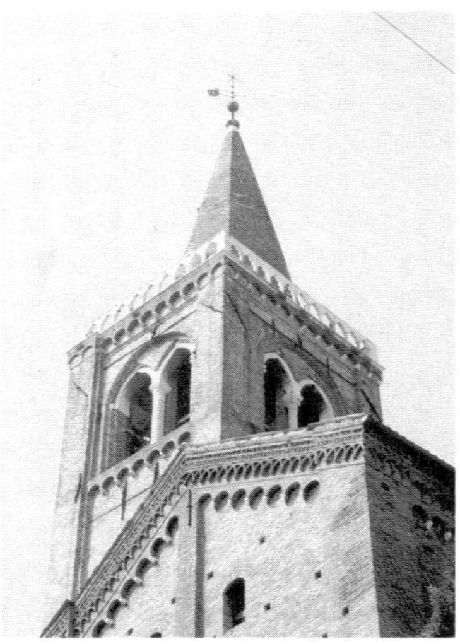

116 Der Campanile von Sant' Agostino, Rimini

Die Verknüpfung der römischen Geschichte mit dem göttlichen Heilsplan (Dante spricht von »Rache«) war eines der zentralen Themen der Patristik. Äußerst geistvoll machte sich Piero diese Aspekte in der *Geißelung Christi* zunutze. Die Universalität der Aussage und seine Verwurzelung in einem Denken, welches die ghibellinische Philosophie Dantes mit der humanistischen Ergriffenheit Petrarcas verbindet, motivieren eine weitere, für die Geschichte der Kunst bedeutsame Fragestellung: Für wen schuf Piero das Bild, wer waren seine Mitarbeiter, wer gab den Auftrag dazu?

Schon die außergewöhnliche Figur des Arabers im Gegenlicht ermöglicht es, Beziehungen zu anderen Werken Pieros aufzuzeigen. Als Vergleichsmoment drängt sich unweigerlich der Engel im *Traum Konstantins* auf. Es besteht kein Zweifel, daß die beiden Figuren der gleichen künstlerischen Entwicklungsphase angehören.

Neben der außerordentlichen Sorgfalt, die Piero den Architekturen und der städtischen Szenerie sowohl in der *Geißelung Christi* als auch in Arezzo angedeihen ließ, läßt sich insbesondere eine auffällige Analogie zwischen diesen beiden Werken Pieros anführen, auf die bereits Gilbert und Ginzburg hingewiesen haben. Dabei handelt es sich um die rechte Gestalt im Vordergrund der *Geißelung* im römischen Gewand, welche auch in den Fresken in Arezzo zweimal auftaucht.[36] Doch damit nicht genug. Dieselbe Figur findet sich zudem im Polyptychon der *Schutzmantelmadonna,* neben Pieros Selbstporträt, und vermutlich handelt es sich auch bei dem Gläubigen im *Hl. Hieronymus* in Venedig um das Bildnis derselben Person.[37] Ihre Identifikation mit Giovanni Bacci ist eine reine Vermutung, auch wenn es sehr wahrscheinlich ist, daß die Person mit Sansepolcro in Verbindung stand.

Diese lokalen beziehungsweise autobiographischen Bezüge lassen es eher unwahrscheinlich erscheinen, daß das Gemälde in Urbino oder für den Hof in Urbino realisiert wurde. Das Format entspricht weder einem Altarbild noch einer Predella-Tafel. Die Spannbreite archäologischer, politischer und theologischer Aspekte, welche im Bild thematisiert werden, schließen zudem eine kultische Bestimmung eher aus. Es ist vielmehr ein meditatives, ja geradezu programmatisches Werk, das vermutlich für eine Bibliothek konzipiert war, für einen Raum also, in dem sowohl die Autoren der Antike als auch die christlichen Schriftsteller in Ehren gehalten wurden und der sich zudem den neuen Wissenschaften nicht verschloß.

Die wenigen Auserwählten, welche Zugang zu einer Hofbibliothek und somit zum Gemälde Pieros hatten, erinnerte die von einem Quadrat eingeschlossene Porphyrscheibe mit der Säule zweifelsohne an eines der zentralen Themen der Humanistendiskussionen, an das Problem der »Quadratur des Kreises«.[38]Doch noch spontaner drängte sich ihnen beim Anblick des Bildes vermutlich die Vorstellung auf, welche in jenen Versen des Lukrez zum Ausdruck kommt, die von einer Halle berichten, wel-

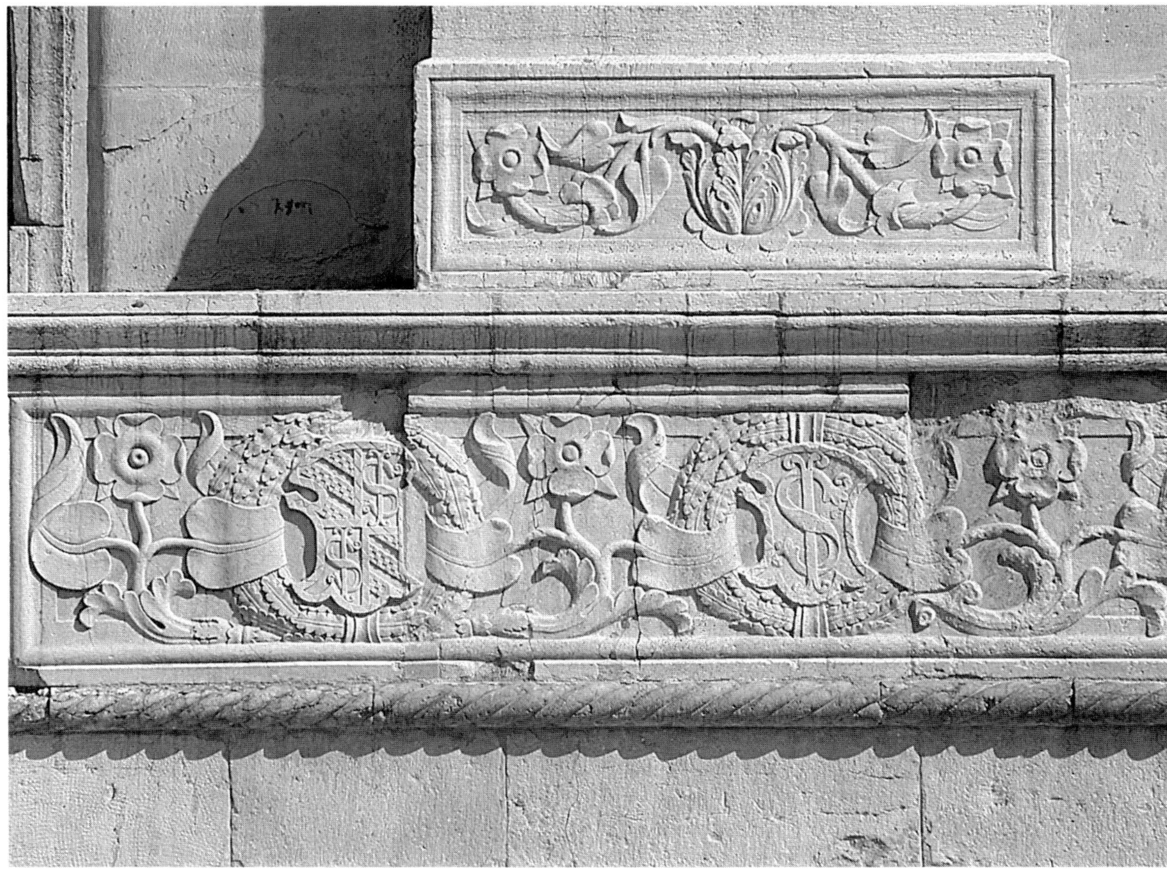

117 Dekorationsfries an der Außenwand der Kirche San Francesco, Rimini

che von unzähligen Säulen gleichen Abstands gebildet wird, die sich in der Entfernung scheinbar aufeinander zubewegen, bis endlich das Dach und der Boden, die linke und die rechte Hand in einem einzigen Punkt zusammentreffen.[39] Die Perspektive in Pieros Bild endet jedoch vor diesem zentralen Punkt. Lediglich die hellen Linien des Pflasters, welche den Platz unterteilen, vereinigen sich annähernd in einer einzigen horizontalen Linie im rechten Bildhintergrund. Ihre endgültige Vereinigung verhindert eine Gartenmauer: der Abschluß der Sehpyramide liegt dahinter, bleibt im Verborgenen. Die strategische Position der Mauer veranlaßt uns dazu, sie genauer in Augenschein zu nehmen. Darauf entdecken wir ein geometrisches Muster, welches wie in den Fresken der zweiten pompejanischen Epoche[40] die Vorstellung einer glatten Mauerfläche beeinträchtigt und Tiefe suggeriert, sowie die kaum wahrnehmbaren Spuren von Dekorationselementen und Zeichen, die bis hierher unserer Aufmerksamkeit entgangen sind. Sie gehören zum Zeichenrepertoire der Heraldik.

Der die Gartenmauer viermal durchlaufende Dekorationsfries, darauf wurde bereits hingewiesen, erinnert an die Sockeldekoration am *Tempio Malatestiano* in Rimini.[41] Das analoge Motiv aus Rosenranken findet sich in verschiedenen für Novello Malatesta angefertigten Handschriften, etwa im ersten der drei Bände der *Vite* (Lebensbeschreibungen) Plutarchs, welche von einem Schreiber namens Jacopo della Pergola realisiert wurden, der zwischen 1446 und 1454 in Cesena dokumentiert ist.[42]

Diese Feststellungen legen es nahe, eine bisher noch nicht in Erwägung gezogene These zu propagieren: Wäre es nicht möglich, daß Piero seine *Geißelung Christi* für ein Mitglied der Familie Malatesta in Cesena oder Rimini und nicht für den Hof in Urbino konzipierte? Im Jahre 1471 heiratete Roberto Malatesta die Tochter Federicos, Elisabetta da Montefeltro. Nachdem Federico seinen Nachbarn Roberto in militärischer und diplomatischer Hinsicht unterstützt hatte, wurde durch diese Hochzeit die Freundschaft zwischen den beiden zuvor stets rivalisierenden Herrschergeschlechtern besiegelt. Es ist daher durchaus denkbar, daß Roberto Malatesta das Bild Pieros der Stadt Urbino schenkte.

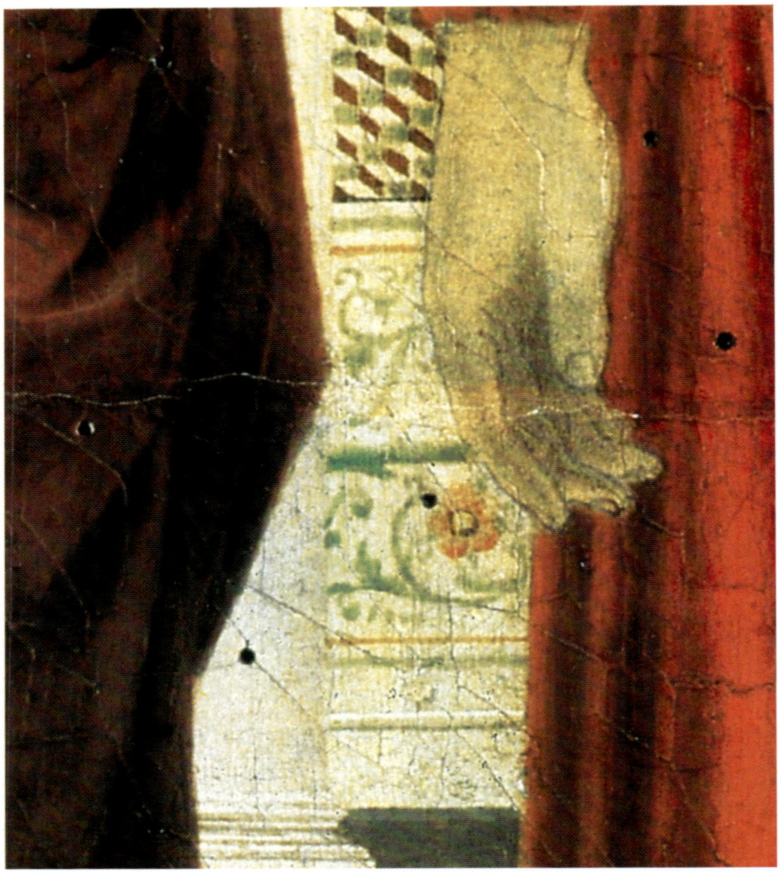

118 Geißelung Christi (Detail). Urbino, Galleria Nazionale delle Marche

Damit wäre auch geklärt, wie das Bild in den Dom von Urbino gelangen konnte. Das tiefgründige Gemälde hätte sich zweifelsohne bestens dazu geeignet, an den Friedensschluß dieser beiden Herrscherfamilien zu erinnern, die beide nicht unwesentlich an der Ausbreitung der humanistischen Kultur in Italien beteiligt waren. Gegen diese These sprechen indes zwei Aspekte: Wieso sollte Rimini auf ein so bedeutendes Gemälde verzichten, und wieso sollte man ein aktuelles Ereignis durch ein bereits existierendes und nicht durch ein neues Werk würdigen?

Die Intuition all derer, die den ausgesprochen privaten und familiären Charakter der in der *Geißelung Christi* präsentierten Geschichte bemerkten, ist doch nicht so einfach von der Hand zu weisen. Diesbezüglich sei nur daran erinnert, daß sich Ferdinand von Tirol eine Kopie vom Gesicht des barfüßigen Jünglings anfertigen ließ, da er in dieser Gestalt Oddantonio da Montefeltro zu erkennen glaubte.[43] Selbst Montaigne, der das Bild um das Jahr 1580 sah und in seiner italienischen Reisebeschreibung erwähnt, scheint auf den Zusammenhang mit dem Schicksal des Oddantonio hinzuweisen. Die Textstelle ist jedoch etwas unklar.[44]

Der junge Herrscher von Urbino, Oddantonio da Montefeltro, wurde im Jahre 1444 ermordet. Der Verdacht fiel zunächst auf seinen Stiefbruder Federico, der unmittelbar danach die Herrschaft in Urbino übernahm. Seine Stiefschwestern, legitime Töchter von Oddantonios Vater, verweigerten ihm sogar die Anerkennung.[45] Unter ihnen befand sich Violante, die von ihrem Stiefbruder, dem neuen Herrscher von Urbino, noch auf Jahre hin die Rückgabe der ihr zustehenden Schlösser forderte. Ihrem Ersuchen kam Federico erst im Jahre 1466 nach. Als sie sich nach dem Tode ihres Gatten in ein Kloster in Ferrara zurückzog, wurde sie mit der Summe von 1000 venezianischen Dukaten entschädigt. Das Schicksal fügte es, daß gerade sie ihrem Stiefbruder Federico in der Stunde seines Todes im Jahre 1482 beistehen sollte.[46] Violante hatte Domenico Novello Malatesta, den Herrscher von Cesena, geheiratet. Wenn wir uns nun nochmals die Tatsache vor Augen führen, daß sich der Dekorationsfries im Hintergrund der *Geißelung Christi* auch in den Handschriften des Novello Malatesta findet, so wäre es durchaus denkbar, daß Pieros Gemälde, welches im Besitz der Malatesta war, durch Violante nach dem Fall der Stadt Cesena nach Urbino kam. Damit wäre auch erklärbar, weshalb das Bild traditionell mit dem Schicksal Oddantonios in Verbindung gebracht wurde. Gehörte es ursprünglich Violante und nicht Federico, so wird auch verständlich, wieso es in der Sakristei des Doms und nicht im Palast aufbewahrt wurde. Vielleicht wollte Violante auch ihr persönliches Schicksal zum Ausdruck bringen, indem sie jene Psalmverse am Rahmen anbringen ließ, von denen Passavant nur noch die Worte »convenerunt in unum« entziffern konnte.

Da die Stadt Cesena nun einmal erwähnt wurde, sei ferner daran erinnert, daß Pacioli in seinen Schriften auf ein dort befindliches Werk Pieros verwies.[47] Befand sich die *Geißelung Christi* zu diesem Zeitpunkt bereits in Urbino, so konnte er dieses Bild nicht gemeint haben.

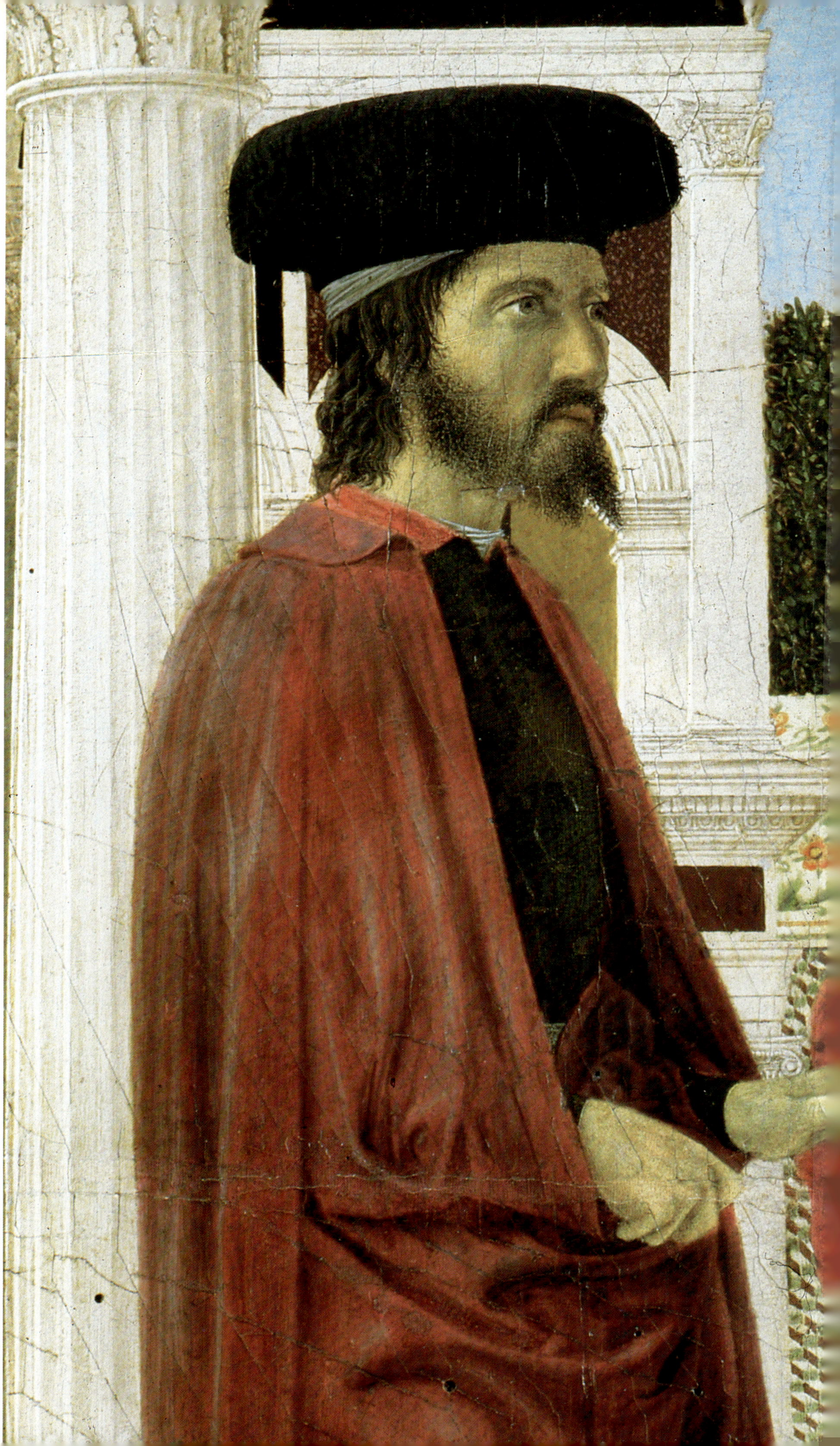

119 Geißelung Christi (Detail).
Urbino, Galleria Nazionale
delle Marche

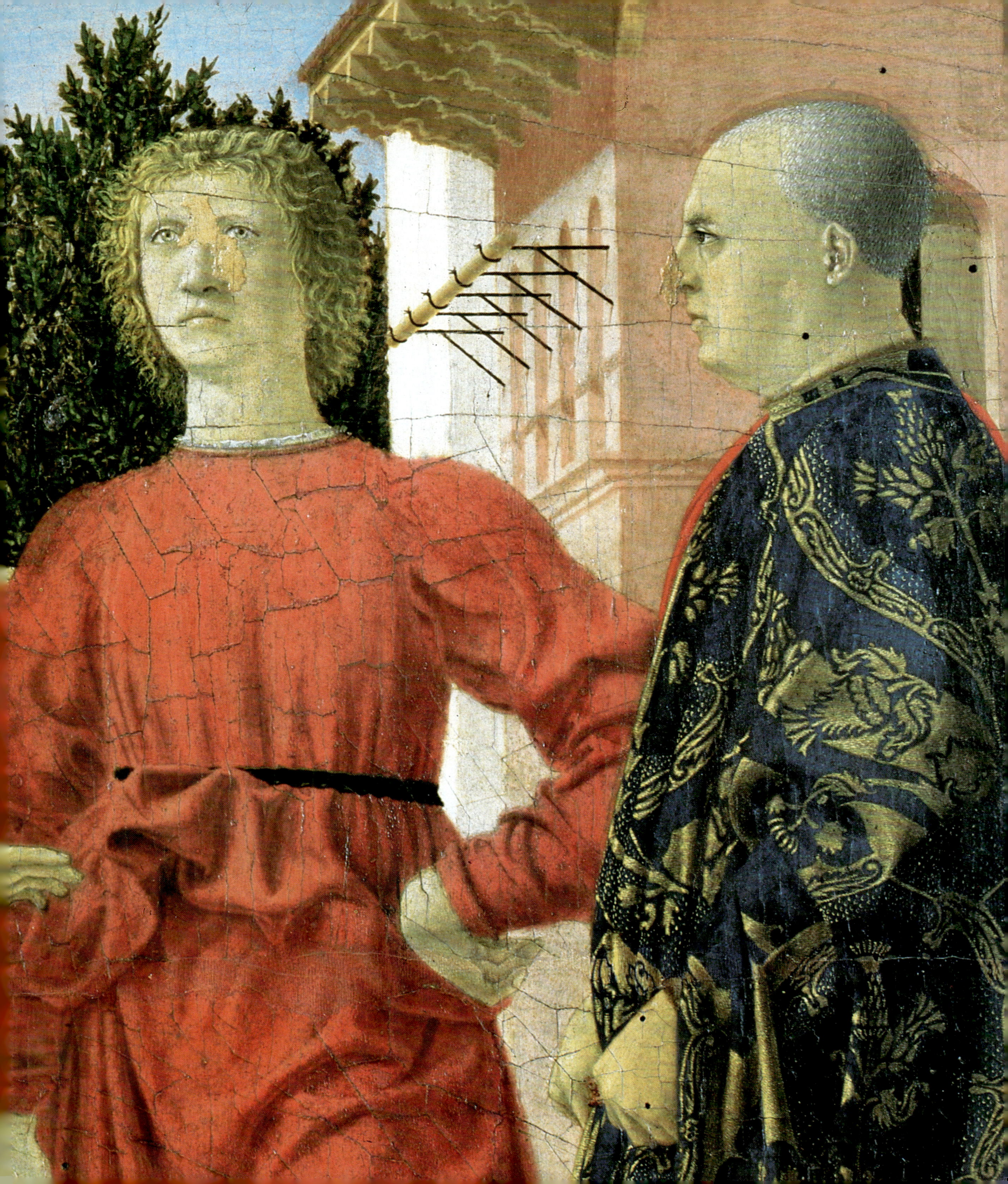

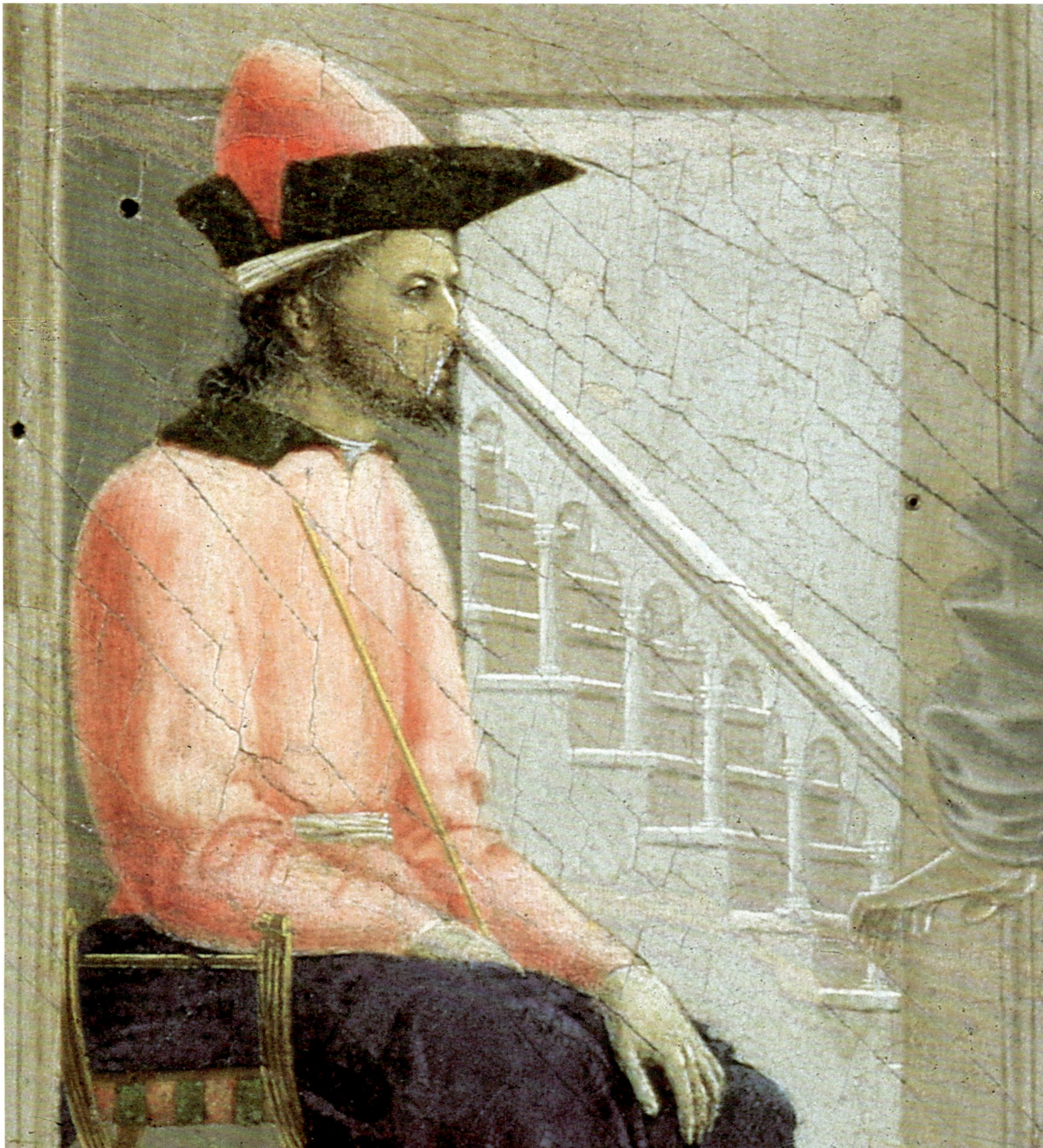

120/121 Geißelung Christi (Details). Urbino, Galleria Nazionale delle Marche

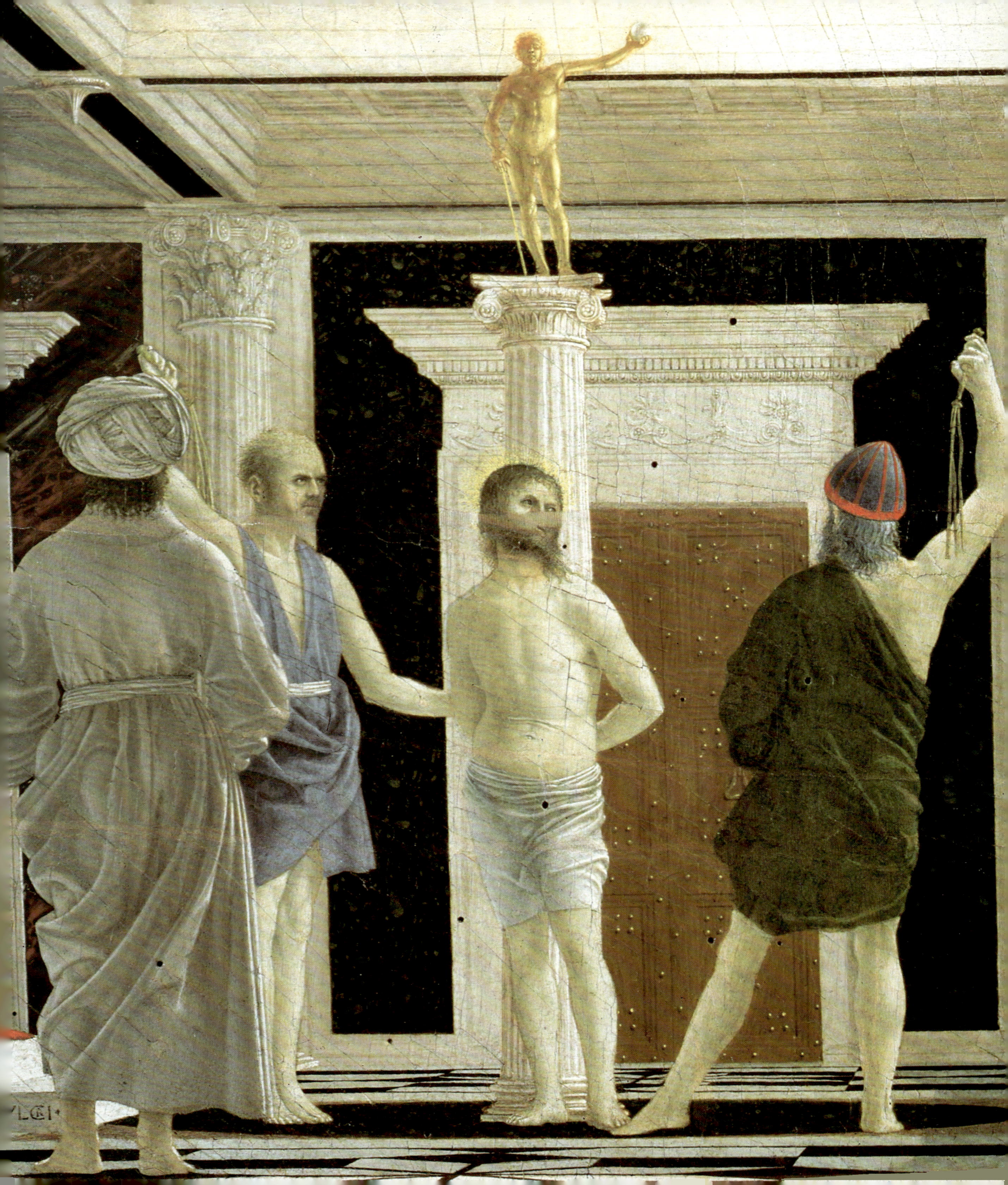

Anmerkungen

[1] M. Aronberg Lavin, 1981, S. 1.

[2] B. Baldi, 1859.

[3] Gilbert (1971, S. 41–42) verweist darauf, daß zu diesem Passus noch eine weitere Version existiert, in der man anstatt von *Messiam* das Wort *Unctam* liest.

[4] In Kap. 4, 2, nachdem Petrus und Johannes zur Verhandlung vor Kaiphas und die Schriftgelehrten zurückgekehrt waren, erhoben die Apostel ihre Stimmen zu Gott und wiederholten unablässig die ersten zwei Verse des 2. Psalms. Vgl. C. Gilbert, 1971, S. 42. Die deutsche Fassung lautet: »Was toben die Heiden und sinnen die Völker nichtige Pläne? Die Könige der Erde treten zusammen, Machthaber verschwören sich gemeinsam wider den Herrn und seinen Gesalbten ...«. Vgl. *Die Heilige Schrift,* Augsburg 1988, S. 674–675.

[5] K. Clark, 1951, S. 19–20; Ginzburg (1981, S. 61, Anm. 20) verweist darauf, daß erstmals Bombe (1909, S. 470) auf die Bedeutung der Verse im Rahmen der Karfreitags-Liturgie aufmerksam machte.

[6] C. Ginzburg, 1981, S. 76–80. Borgo (1979, S. 550) erkennt in dieser Figur einen hebräischen Priester. Beide verweisen auf die Ähnlichkeit der Gewänder mit denen der griechischen Priester, welche am Konzil in Florenz teilnahmen (siehe hierzu auch M. Aronberg Lavin, 1968 und 1981, die auf die Reliefs des Filarete an der Tür zur Peterskirche hinweist).

[7] E. C. Eisler, 1988, S. 443 ff.

[8] Vgl. Kap. 1, Anm. 71.

[9] M. Aronberg Lavin, 1968 u. 1981.

[10] Aristoteles, *Die Poetik,* übersetzt und herausgegeben von M. Fuhrmann, Stuttgart 1982, Kap. 15 (1454), S. 47–49.

[11] C. Gilbert, 1971, S. 46, Anm. 24: »der Hut kennzeichnet den Bürger«.

[12] C. Gilbert, 1968.

[13] Im Hause des Kardinals Branda Castiglione in der Nähe von Sant'-Agostino: C. Pulin, 1982, S. 24.

[14] R. Wittkower und B. A. R. Carter, 1963.

[15] *Peregrinatio Aetheriae,* 1958, 37 und Komm. von H. Petre, S. 226–227.

[16] P. H. Vincent und F. M. Abel, 1912.

[17] Vitruv, 4, 1.

[18] *La basilica di Santa Maria Maggiore,* hrsg. v. C. Piertangeli, Rom 1989.

[19] München, Bayerische Staatsbibliothek, Clm. 13 002 aus Prüfening, datiert 1165: P. Verdier, 1974, S. 17–19; Sankt Gallen, Stiftsbibliothek, Ms. Nr. 237, aus dem 11. Jahrhundert: P. Verdier, 1974, S. 30–31.

[20] *Peregrinatio Aetheriae,* 1958, 9, 7, S. 122. »zurückgekehrt bin ich nach Helia, was gleichbedeutend ist mit Jerusalem«.

[21] Die Berichte des Arcolphus über seine Reise ins Heilige Land wurden ca. um das Jahr 670 von Adamnanus zusammengefaßt. Auf diese Sammlung berief sich Beda Venerabilis anläßlich seines um 720 verfaßten Werks mit dem Titel *Liber de locis sanctis (Itinera Hierosolymitana.* hrsg. v. P. Geyer, S. 239–240). Vergleiche P. Verdier (1974, S. 22), der neben Adamnanus auch Beda zitiert, der die analogen Gedanken über den Psalmisten aufgreift.

[22] P. Verdier, 1974, S. 26; W. Roscher, *Omphalos,* in: *Abhandlungen der Königlichen Sächsischen Gesellschaft der Wissenschaften,* Phil. Hist. Kl., XXIX, 1913, S. 17; M. Eliade, *Le Sacré et le Profane,* Paris 1965, S. 41.

[23] Adamnanus, op. zit; Vergleiche hierzu die Ausführungen bei Beda: »... im Zentrum von Jerusalem, wo man durch die Kraft des Kreuzes unseres Herrn einen Toten zum Leben erweckte, erhebt sich eine Säule, die zur Sommersonnenwende keinen Schatten wirft«. Mit dieser Beschreibung korreliert nach Verdier die Darstellung des Sonnen-Christus, des *Sol Justitiae* auf der Säule in der Ansicht Jerusalems im erwähnten Kodex von Prüfening.

[24] G. Haftmann, *Das italienische Säulenmonument,* Leipzig–Berlin 1939, S. 95–97. Nach Ginzburg ahmte Piero die bronzene Monumentalstatue Konstantins nach, von der lediglich der Kopf, die linke Hand und die Erdkugel erhalten sind (S. 71).

[25] P. Verdier, 1974, S. 30–31.

[26] Ambrosius, *Explan. in Lucam, X,* 23. Nach Johannes Chrysostomus gab Gott selbst das Versteck des Kreuzes preis, während Ambrosius das Verdienst der Auffindung des Kreuzes Helena zugesteht. Auf ihn geht ferner die Vorstellung zurück, daß sich auf dem Hügel Golgotha, dem Ort der Kreuzigung, auch das Grab Adams befand. Der von Verdier (1974, S. 28) erwähnte griechische Führer wurde 1723 in Venedig veröffentlicht. *Anastasis* = Bezeichnung für den Rundbau, der das Hl. Grab überdachte; *Martyrion* = Bau über dem Grab eines christlichen Märtyrers, auch: Altar.

[27] Das *Typicon* (Stiftungsurkunde) stammt aus der Zeit vor 720: P. H. Vincent und F. M. Abel, 1912, S. 239. Vergleiche P. Verdier, 1974, S. 28.

[28] Diese Informationen finden sich bei Vincent/Abel, 1912, S. 258.

[29] C. Ginzburg, 1981, S. 72–73.

[30] Scarpellini (*Luca Signorelli,* Florenz 1964, S. 12) verweist auf die nachhaltige Beeinflußung der *Geißelung Christi* durch das Bild Pieros.

[31] M. Aronberg Lavin, 1968, S. 329; 1981, S. 45 ff.

[32] *Peregrinatio Aetheria,* 1958, 37, 1, S. 226.

[33] M. Aronberg Lavin, 1981, S. 19.

[34] Dante Alighieri, *Göttliche Komödie,* übersetzt von Karl Witte, Berlin 1917, Paradies, VI. Gesang, V. 91–93, S. 308.

[35] F. Petrarca, *Itinerario in Terra Santa,* 1358, hrsg. v. F. Lo Monaco, Bergamo 1990, S. 74–75 und 115–116.

[36] Der analoge Kopf erscheint, aus verschiedenen Winkeln betrachtet, zwei-, wenn nicht gar dreimal, in der Szene der *Hinrichtung des Chosroës* in der *Schlacht zwischen Heraklius und Chosroës.*

[37] C. Gilbert, 1952, S. 208; C. Ginzburg, 1981, S. 63 ff. Aronberg Lavin (1968, S. 335, Anm. 71) weist darauf hin, daß alle drei genannten Darstellungen auf ein und dieselbe Vorstudie zurückgehen, nämlich auf das Bildnis im Polyptychon der *Schutzmantelmadonna.*

[38] Im Jahre 1457 veröffentlichte Nicolaus Cusanus sein Werk *Dialogus* zur Quadratur des Kreises. Zu den mathematischen Studien der Humanisten in Florenz, Rom, Venedig, Urbino, Mailand und Neapel; siehe P. L. Rose, 1975, S. 5–75.

[39] Lukrez, IV, 426–431.

[40] Im archäologischen Museum in Arezzo werden Beispiele römischer Fußbodenfragmente aufbewahrt, die Piero gesehen haben könnte.

[41] Aufgrund des gotischen Charakters eher Matteo de' Pasti als L. B. Alberti zuzuschreiben.

[42] A. Domeniconi, *La biblioteca Malatestiana,* Udine 1960.

[43] E. Battisti, 1971, II, S. 169, Abb. 153.

[44] *Journal de voyage en Italie,* Paris 1946, S. 269; Ital. Übersetzung hrsg. v. A. Cento, Bari 1991, S. 245, Anm. 55. Vergleiche F. Sangiorgi, 1976, S. 43.

[45] Am Tag der Ermordung, dem 22. Juli 1444, verteidigte Federico Pesaro gegen Sigismondo Pandolfo Malatesta; trotz dieses Alibis fiel der Verdacht auf ihn, denn erst der Tod des legitimen Thronfolgers eröffnete ihm die Möglichkeit, in Urbino die Herrschaft selbst zu übernehmen.

[46] J. Robertson, *Cesena: governo e società dal sacco dei Bretoni al dominio di Cesare Borgia,* in: *Storia di Cesena,* II, *Il medioevo, Secoli XIV-XV,* hrsg. v. A. Vasina, Rimini 1985, S. 5–89.

[47] E. Battisti, 1971, II, S. 83.

Das Altarbild der Montefeltro

Selbst in den Ausführungen von Roberto Longhi zur *Pala Montefeltro* verspürt man eine gewisse Reserviertheit hinsichtlich der Beurteilung der Bildqualität. Er war fasziniert von der Situation, »sich wie ein Zuschauer am Eingang eines Tempels zu finden«, er bewunderte die Verbindung von Architektur und Figur sowie die neuartige, »atmosphärische« Farbigkeit, das »bläulich-grüne Licht«. Diese Begeisterung wurde indes durch »jene geheimnisvollen stilistischen Varianten« getrübt, »deren definitive Beurteilung so problematisch ist«. Der Autor erblickte darin einmal die Konzessionen seitens Pieros an »den unersättlichen Ästhetizismus des Fürsten«, dann aber insbesondere die Rücksichtnahme auf die Bedürfnisse der Gläubigen bei der Darstellung der Heiligenfiguren. Zugleich erkannte er Pieros Bestreben, seine Kunst den »anthropomorphen Übertreibungen« der neuen florentinischen Strömungen und den »linearen Paradigmen« gegenüberzustellen, wie sie etwa in den von Botticelli entworfenen Intarsien zum Ausdruck kamen; natürlich entging es seiner Aufmerksamkeit nicht, wie nachhaltig die flämische Malerei auf Piero einwirkte. »Die nach Urbino gelangten Beispiele flämischer Kunst führten letztendlich dazu, daß Piero dem Spanier Pedro Berruguete das Feld räumen mußte, der über eine nordische Ausbildung verfügte«.[1]

Die Restaurierung der *Pala Montefeltro* (farbige Abbildung S. 213) im Jahre 1982 offenbarte, mit welcher Präzision Longhi das unter der vergilbten Firnisschicht verborgene »bläulich-grüne Licht« erahnte. Longhi ging von einer Entstehungszeit des Bildes um das Jahr 1477 aus. Er interpretierte es als eines der letzten Werke Pieros, das den Zeitpunkt markierte, als er seinem Nachfolger Berruguete die Pinsel übergab, jenem Spanier, den weniger die Gesamtheit des Bildes interessierte als vielmehr dessen »epidermische Details«. Im Zusammenhang mit diesem Altarbild ereignete sich nach Longhi der tragische Niedergang eines Künstlers, der die heroische Epoche eines Domenico Veneziano, eines Masaccio und eines Jan van Eyck miterlebt hatte. Die zeitgleiche flämische und florentinische Kunst, welche der Autor nicht gerade liebte, stand seines Erachtens dem Werk Pieros feindlich gegenüber. Pieros Nachfolger waren anderswo zu suchen, in erster Linie im Umfeld der venezianischen Kunst. Wissenschaftler nach Longhi sollten in der Folge zu dem Schluß gelangen, daß die Epoche der italienischen »Malerei des Lichts« schon bald nach Piero ihrem Ende zuging.[2]

Erachtete Longhi das Altarbild als das letzte Werk Pieros, so gehen andere Wissenschaftler von einer früheren Entstehungszeit aus. So bezeichnete Shearman das Jahr 1466, das wahrscheinliche Datum der Fertigstellung der Fresken in Arezzo, als frühestmögliches Entstehungsdatum. Damit berücksichtigte dieser Wissenschaftler die von Longhi diagnostizierte dramatische Konfrontation der Kulturen nicht, welche den Großteil der nachfolgenden Kritik so nachhaltig beeinflußen sollte.[3] Meiss hingegen vertrat die Ansicht, das Bild sei vor 1474 entstanden. Im Gegensatz zu Shearman basierte seine Untersuchung nicht auf stilistischen Gesichtspunkten, sondern auf bildexternen Daten. So betonte er insbesondere, daß im Altarbild jeder Hinweis auf die Ritterorden fehle, in die Federico ab 1474 aufgenommen wurde, wobei er es in der Folge nicht versäumte, sich stets mit den diesbezüglichen Ehrenzeichen zu präsentieren, wie unzählige spätere Bilddokumente beweisen.[4]

Die scheinbare Logik dieser chronologischen Argumentation wurde von Aronberg Lavin vermutlich ganz unbewußt relativiert, die darauf verwies, daß sich Federico absichtlich ohne die Abzeichen

der Ritterorden darstellen ließ, da er dem Bild einen demütigen und ganz individuellen Charakter zu verleihen gedachte und daher darauf drängte, jeglichen offiziellen Aspekt aus der Darstellung zu verbannen. Ihres Erachtens spielte hierbei die Tatsache eine nicht unwesentliche Rolle, daß Federico vermutlich gerade die Bestätigung seiner Ernennung zum Fürsten durch das Kardinalskollegium erwartete, die man ihm am 22. August 1474 überbrachte.[5] Berücksichtigt man diese Hinweise von Aronberg Lavin, so muß die von Meiss propagierte Chronologie eigentlich ausgeschlossen werden, denn Federico hätte im Grunde auch noch später darauf verzichten können, sich mit den Ehrenzeichen porträtieren zu lassen.

Als Pedro Berruguete einige Jahre nach 1474 Hand an Pieros Altarbild legte – wie Longhi zu Recht anmerkte, im Gegensatz zu Aronberg Lavin, die auf Justus van Gent verwies[6] –, überarbeitete er die Hände des Fürsten und übermalte ein Schmuckstück an der Haube Mariens. Sowohl der Hosenbandorden als auch die Halskrause aus Hermelin, die Berruguete in sämtliche seiner Porträts des Herrschers von Urbino aufnahm, gingen auf Piero zurück. Diese Tatsache muß bei der ikonologischen Untersuchung berücksichtigt werden, hinsichtlich der Datierung des Werks führt sie jedoch zu keiner Präzisierung.

Diesbezüglich steuerte Shearman ein Indiz bei, welches die Argumente von Meiss bestätigte.[7] Er wies darauf hin, daß Piero für das Bildnis Federicos im Altarbild der Brera denselben Karton als Vorlage verwendete wie für das Diptychon in den Uffizien (die in der Folge von Battisti durchgeführten direkten Untersuchungen bestätigten diese Vermutung).[8]

Aufgrund verschiedener praktischer Überlegungen ist ferner davon auszugehen, daß das große Altarbild in Urbino gemalt wurde, während das Diptychon (S. 220 ff.), das heute in Florenz aufbewahrt wird, vermutlich in Sansepolcro entstand. Der Karton diente somit zunächst als Vorlage für das Altarbild und wurde in der Folge für das Diptychon wiederverwendet. Falls das Diptychon, wie vermutet wird, auf das Jahr 1472 zu datieren ist, so mußte Piero demnach mit dem Altarbild schon früher begonnen haben.[9] Der Fürst erscheint sowohl im Diptychon als auch im Altarbild jünger als in den Gemälden des Berruguete, der sich von 1477 an in Urbino aufhielt, und im Bronzerelief des Francesco di Giorgio Martini in der Chiesa del Carmine in Venedig.[10]

Die These, daß das Altarbild in Urbino ausgeführt wurde, konnte durch die Restaurierungsarbeiten am Gemälde im Jahre 1982 bestätigt werden.[11] Dabei zeigte sich, daß Piero das Gemälde nicht vollendet hatte. Diese Tatsache legt den Schluß nahe, daß er das Bild nicht in Sansepolcro gemalt hat, da er wohl kaum ein so bedeutendes Auftragswerk unvollendet in Urbino abgeliefert hätte. Heute ist der unvollendete Charakter des Gemäldes relativ offensichtlich. So scheint die Grundierung an manchen Stellen, etwa in zahlreichen Partien der Architektur oder im Gewand des hl. Franziskus, deutlich durch die dünne Farbschicht. Auch sind einige Figuren nur unvollständig ausgeführt; der linke Arm des hl. Hieronymus ist lediglich angedeutet und entbehrt jeglicher Modellierung. Dagegen erscheinen andere Bildzonen, etwa der Umhang der Madonna, bis ins minimalste Detail ausgefeilt.

An dieser Stelle sei nochmals daran erinnert, daß Piero im Jahre 1466 damit beauftragt wurde, für Arezzo eine Prozessionsfahne »mit Ölfarben« zu bemalen. Er war also schon damals als Spezialist der neuen Maltechnik weithin bekannt und geschätzt. Die technischen Fertigkeiten, die man gemeinhin auf die flämischen Einflüsse zurückführte, welchen Piero in Urbino ausgesetzt war, als er dort neben Justus van Gent und Berruguete tätig war, hatte er sich somit schon wesentlich früher angeeignet.[12]

Neben der außerordentlichen Meisterschaft im Umgang mit Ölfarben wurde insbesondere die Figur der Madonna mit Kind auf die Beeinflussung durch die in Urbino tätigen flämischen Maler zurückgeführt. In Wirklichkeit entdecken wir hierin das ikonographische Repertoire eines Jan van Eyck, welches durch Petrus Christus um die Jahrhundertmitte weiterentwickelt worden war.[13] Aronberg Lavin war der Meinung, Pieros Szene sei durch das ebenfalls in Urbino realisierte Altarbild des Justus van Gent inspiriert *(Pala del Corpus Domini)*.[14] Diesbezüglich ist anzumerken, daß es sich bei diesem Altarbild eigentlich um kein typisch niederländisches Gemälde handelt. Auch wenn die roma-

122 Das perspektivische System der Pala Montefeltro, von Marcella Sorteni rekonstruiert

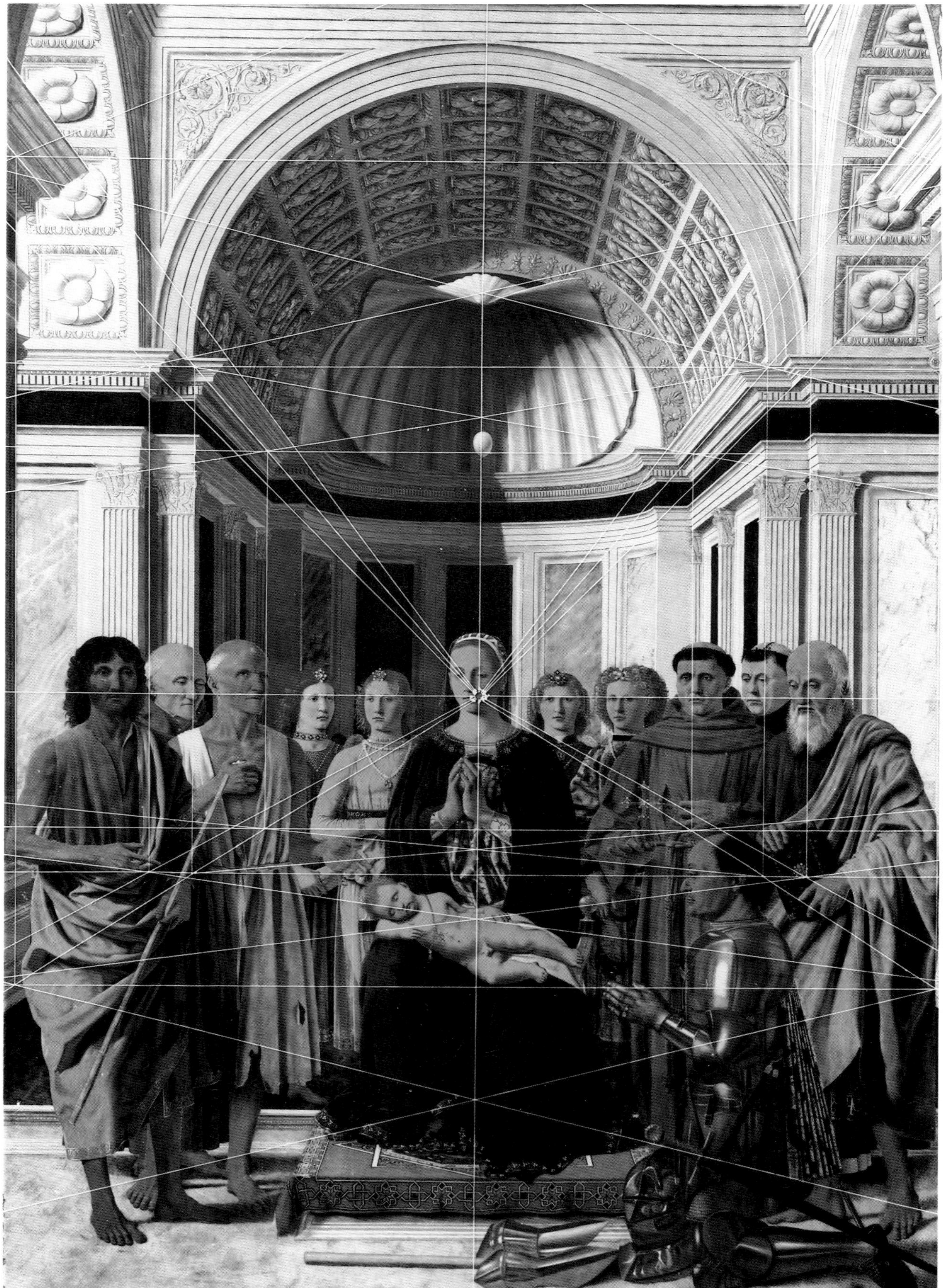

nische Säulenhalle, in der die Zusammenkunft der Heiligen inszeniert ist, auf einer traditionell flämischen Bildidee basiert,[15] so sind die monumentalen Maße des Altarbildes für einen niederländischen Maler doch eher ungewöhnlich. Bei den großen Formaten des Justus van Gent oder des Hugo van der Goes handelte es sich fast ausschließlich um Triptychen und nicht um ein isoliertes Gemälde wie im Fall der *Pala del Corpus Domini*. Auch das große Triptychon der *Kreuzigung Christi*, das Justus van Gent vor seiner Italienreise gemalt hatte, ist mit kleinen Figuren bevölkert, während die Gestalten in seinem in Urbino geschaffenen Altarbild durch ihre Monumentalität überraschen. Die Dimensionen des Altarbilds waren, wie wir wissen, durch die Predellatafel des Paolo Uccello vorgegeben. Da vermutlich zunächst Piero das Altarbild hätte malen sollen, ist es nicht unwahrscheinlich, daß sich Justus van Gent an der von Piero entwickelten Bildkonzeption orientierte.

Das Altarbild Pieros unterscheidet sich von analogen niederländischen Beispielen in einem spezifischen Punkt: Der dargestellte Kirchenraum ist als solcher nicht weiter gekennzeichnet, seiner eigentlichen Funktionen entledigt, im Gegensatz zu niederländischen Darstellungen, in denen die Kennzeichnung des Kirchenraums von primärer Bedeutung war. Das Straußenei, welches in Pieros Bild von der Muschel in der Apsis hängt, ist das einzige Element, welches auf einen Altar beziehungsweise auf die liturgische Bestimmung des Raums verweist.[16]

War also in einem flämischen Gemälde die Erkennbarkeit des Ortes der Darstellung eine unumgängliche Bedingung, so finden wir uns in Pieros Bild in einem Phantasiegebäude, das uns an keinen realen Ort erinnert. Es existierte nie eine Kirche, die dieser Architektur auch nur annähernd ähnlich gewesen wäre. Den sakralen Charakter des Altarbildes definieren zweifelsohne die versammelten Figuren, nicht aber die sie umschließende Architektur. Es bleibt offen, ob Piero die Absicht hatte, die Figuren der Heiligen mit Nimben zu versehen. Die Heiligkeit wurde gleichsam verinnerlicht in den nachdenklichen Blicken und in der zentralen Präsentation des schlafenden Jesuskindes, welche das absolute Schweigen der Umstehenden motiviert. Selbst die Gruppe der Erzengel in ihren für die italienische Malerei so ungewöhnlichen Gewändern scheint nicht das geringste Geräusch zu verursachen. Lediglich die Ansätze ihrer Flügel sind zwischen ihren Köpfen angedeutet. Es war F. Hartt, der darauf hinwies, daß die Innenseite des Umhangs der Madonna, auf dem das nackte Jesuskind ruht, mit Lammfell gefüttert ist. Er sah darin einen Hinweis auf den Opfertod Christi, das Lamm Gottes, das die Sünden der Welt hinwegnimmt.[17] Die Knie der Mutter formen seinen Altar. Ist diese Auslegung richtig, so wird es gleichsam zur Gewißheit, daß Piero grundsätzlich auf definitive Attribute verzichtete und die

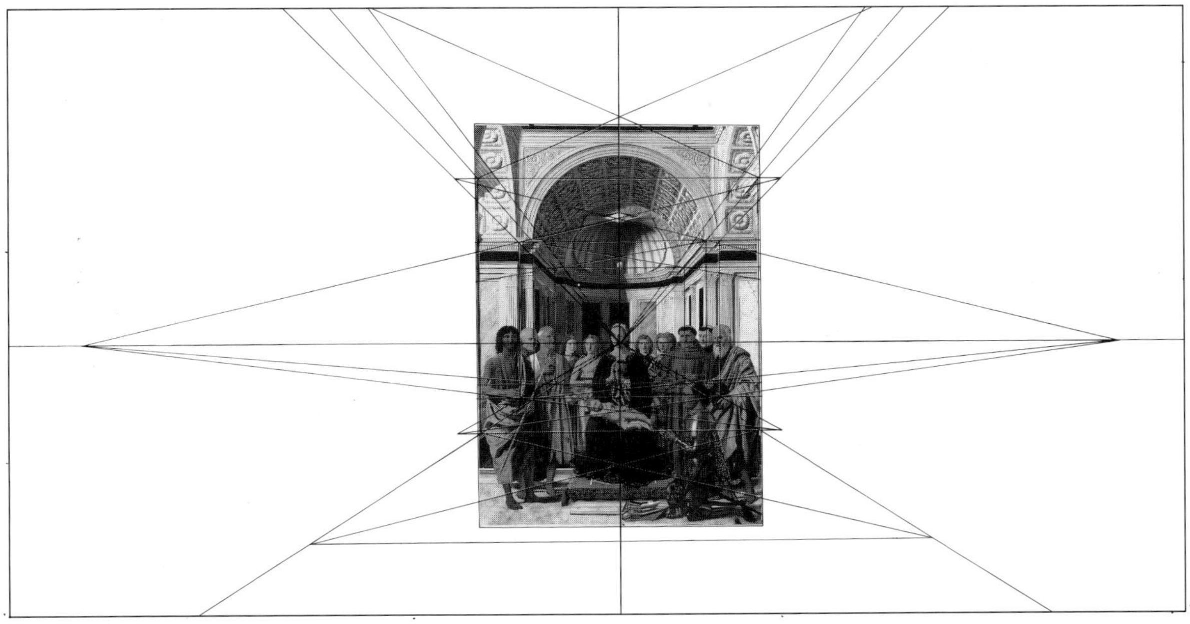

123 Der perspektivische Aufbau des Altarbildes

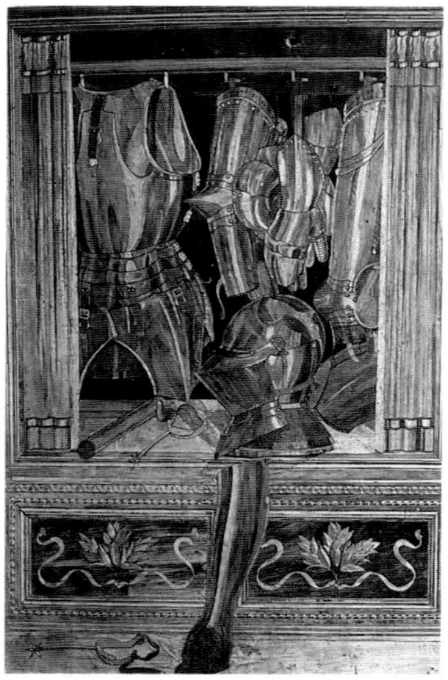

124 Die Rüstungen des Federico da Montefeltro. Intarsie im Studierzimmer des Palazzo Ducale, Urbino

Andeutung bevorzugte; und wie die Darstellung der Engel und Heiligen mit der zentralen Madonna und dem schlafenden Kind die Architektur im Hintergrund zum Kirchenraum verwandelte, so sollte sich die Thematik des Altarbildes gleichsam auch auf den Ort übertragen, für den es bestimmt war.

Bei genauerer Betrachtung des Bildes offenbart sich die scheinbare Abhängigkeit des Lichts auf dem Schulterpanzer der Rüstung Federicos von den realen räumlichen Gegebenheiten als pure Täuschung, die wohl dazu dient, den fiktiven Charakter des Gemäldes zu betonen, der auf eine andersgeartete, jenseitige Realität verweist. Wir entdecken keine mystischen Fenster wie in der niederländischen Malerei. Die Lichtquelle ist präzise definiert, sie liegt links oben außerhalb des Bildes. Die hoch angesetzte Horizontallinie in Augenhöhe der Madonna und der Heiligen sowie der von Piero gewählte Blickwinkel lassen es ferner nicht zu, daß sich der Betrachter den Raum im Bild als Verlängerung eines realen Raums vorstellt.

Der Helm im Vordergrund ist dem Betrachter am nächsten. Er ist gegen ihn gerichtet. Er bezeichnet den Ort, an dem der authentische Betrachter im Bild, der in stiller Andacht versunkene Herrscher von Urbino, dem Ereignis beiwohnt. Die Position des Helms stimmt indes nicht mit der Ebene des realen Bildbetrachters überein. Mit äußerster Sorgfalt sind die Verwandlungen durch die Lichtreflexe auf den unterschiedlichen – sowohl den konkaven als auch den konvexen – Oberflächen realisiert, welche die Verbindung zwischen dem Stifter und der Jungfrau herstellen. Die Verschmelzung der Madonna mit dem Kind und der Kirchenarchitektur, die zentrale Forderung der flämischen Ikonographie, vollzieht sich hier durch die kompromißlose Anwendung der optischen Gesetze. Auf dem Brustpanzer des Fürsten erkennen wir den gelben Reflex des Throns, das Grau und das Lapislazuli des Umhangs, das helle linke Fenster, das sich im Spiel der Lichtreflexe dreimal spiegelt, und schließlich das matte Licht des rechten Fensters. Der Helm fungiert gleichsam als Spiegel des Stifters oder Büßers. Er deformiert jedoch das Spiegelbild auf seiner zerbeulten Oberfläche. Das den markanten Reflex auf dem Helmrund verursachende Licht fällt ganz offensichtlich von rechts oben ein.[18]

In einem der intarsierten Scheinschränke im Studierzimmer Federicos im Palast von Urbino findet sich die Darstellung desselben zerbeulten Helms (Abb. 124).[19] Ein realer Gegenstand also, ein Symbol des Kriegers. Sowohl vor der Madonna mit dem Jesuskind als auch in seinem Studierzimmer entledigte er sich der Zeichen des Kriegsgottes Mars. Dort nutzte er die Möglichkeit, sich zu Lektüre und Meditation zurückzuziehen.

Der beschädigte Helm veranlaßt uns zu der Annahme, daß es sich bei der *Pala Montefeltro* trotz der Größe des Bildes eher um ein Zeugnis der Privatsphäre des Fürsten handelt. Die intime Atmosphäre des Gemäldes kontrastiert jedoch zu seiner offensichtlichen Funktion als allgemein zugängliches Altarbild. Federico ist ganz in sich gekehrt, von einer inneren Vision erfaßt. Aufgrund seiner starren seitlichen Position parallel zur Bildebene sowie seines im Kampf zerstörten rechten Auges kann er nicht wahrnehmen, was der Betrachter des Bildes sieht.

Die Verletzung am Auge hatte sich Federico im Jahre 1450 zugezogen. Noch viele Jahre später sollte er reuevoll auf das Ereignis zurückblicken. In der von Giovanni Santi[20] in Reimen abgefaßten Biographie des Fürsten wurde jene Textstelle, welche die prekäre Episode schildert, mit einem Pergamentstreifen überklebt, um zu vermeiden, daß der junge Guidobaldo von dem Vorfall erfuhr.[21]

Was war geschehen? Der junge Herzog verliebte sich einst in eine Dame, um deren Gegenliebe er inständig warb, bis sie sich ihm schließlich in einem hohlen Eichenstamm hingab. Nach diesem Abenteuer weigerte sie sich indes hartnäckig, dem inständigen Drängen des Herzogs nachzukommen. Im Jahre 1450 erblickte Federico seine Angebetete unter den Gästen eines Turniers, das unter seiner Schirmherrschaft stattfand. Der junge und leidenschaftliche Liebhaber verließ daraufhin sofort seinen Logenplatz, legte seine Rüstung an und begab sich auf die Kampfbahn. Um von der geliebten Dame erkannt zu werden, ließ er das Visier seines Helms offen und befestigte daran einen Eichenzweig. Sein Leichtsinn sollte fatale Folgen haben. Eine Lanzenspitze zerschmetterte sein Nasenbein und verletzte das rechte Auge. Die Verwundung war so schwer, daß er dem Tode nur knapp entging. In

der Folge befiel Federico bittere Reue. Er klagte sich an, sich der Ausschweifung hingegeben und zudem sein Leben und das Wohl seines Staates sowie seiner Verbündeten aufs Spiel gesetzt zu haben.[22] In noch umfangreicherem Maße warf man jedoch Sigismondo Malatesta, dem großen Widersacher Federicos, seinen unkeuschen Lebenswandel vor.[23]

Nachdem wir das Rätsel des verbeulten Helms gelüftet haben, erscheinen auch die blutigen Wunden der Heiligen des Altarbilds in einem neuen Licht. Aus der Wunde des Märtyrers Petrus tropft noch Blut, der hl. Franziskus öffnet behutsam seine Kutte, um seine Brustwunde zu präsentieren, der hl. Hieronymus schlägt mit einem Stein an sein Brustbein, das sich am ausgezehrten Körper abzeichnet. Die Wunden der Heiligen formulieren eine deutliche Ermahnung hinsichtlich der Verletzung Federicos, die er sich aus weniger hohen Beweggründen zugezogen hatte. Der Geist der Reue und Vergebung durchströmt das Altarbild.

Die Darstellung eines bewaffneten Gläubigen, wie sie in der italienischen Malerei des 14. Jahrhunderts häufig anzutreffen ist, war auch im Gebiet um Arezzo, insbesondere aus Fresken zum Thema der *Kreuzigung Christi*, nicht unbekannt.[24] In etwa zeitgleich zur *Pala Montefeltro* erfuhr dieses ikonographische Motiv im Lünettenrelief des Andrea Rizzo in Sant'Elena in Venedig eine monumentale Ausformung. Dort wird Vittorio Capello in Rüstung, jedoch ohne Helm, zu Füßen der Kirchenpatronin dargestellt. Im Hintergrund findet sich der Sarkophag mit folgender Inschrift: »hic eius ossa, in caelo anima« (hier sind seine Knochen, seine Seele ist im Himmel).[25]

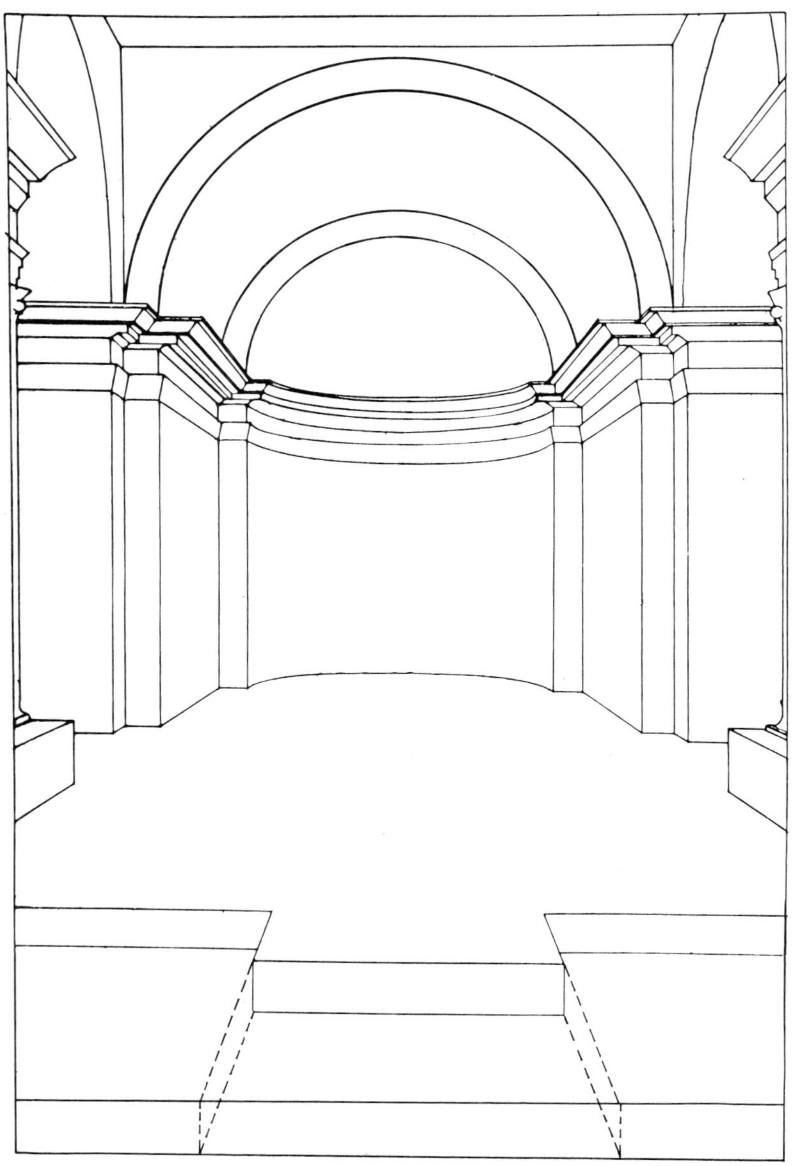

125 Schematische Darstellung der Architektur der Pala Montefeltro, wie sie sich dem Betrachter ursprünglich präsentierte

Das Altarbild sollte dem Andenken des Fürsten gewidmet sein. Den Zeitgenossen Pieros war diese Bedeutung sicherlich bewußt. Dies belegt etwa das von Giovanni Santi nach dem Modell der *Pala Montefeltro* gefertigte Gemälde für das Mausoleum der Herzöge Oliva in Montefortino, die den Fürsten von Urbino unterstanden.[26] Dieses Altarbild ist auch noch aufgrund eines anderen Aspekts von Interesse. Es wurde des öfteren darauf hingewiesen, daß das Fehlen von Battista Sforza, der Gemahlin Federicos, darauf zurückzuführen sei, daß die Fürstin zu dem Zeitpunkt, da Piero mit dem Gemälde begann, bereits verstorben war.[27] Das Altarbild von Montefortino, in dem ebenfalls der Fürst alleine in der gleichen Haltung wie Federico in der *Pala Montefeltro* präsentiert wird, belehrt uns indes eines Besseren, denn Gianfrancesco Oliva starb 1478, seine Frau jedoch erst 1485, also nach ihm. An ihrer Grabstätte wurde noch 1493 gearbeitet. Die Grabmäler schuf Simone Ferrucci. Es war also durchaus üblich, nur den bewaffneten Herrscher abzubilden, wie auch die *Pala della Vittoria* Mantegnas mit dem Bildnis des Marchese von Mantua beweist.[28]

Diese Anmerkungen scheinen die gravitätische, nachdenkliche, fast traurige Atmosphäre des Bildes zu rechtfertigen. Die würdige und zugleich bescheidene Geste des hl. Franziskus faszinierte so bedeutende Künstler wie Giovanni Bellini, der sie in sein in den 80er Jahren gemaltes Altarbild des Hiob aufnahm. Die *Pala Montefeltro* existierte somit bereits zu der Zeit, da sich Giovanni Bellini nach Pesaro begab, um dort die *Krönung der Jungfrau Maria* zu malen (sein Aufenthalt in Pesaro ist dokumentarisch gesichert). Die Forschung geht davon aus, daß Bellinis Bild in Pesaro spätestens in den Jahren 1472–1473 entstanden ist. Diese Tatsache

stützt erneut die hier vorgeschlagene Datierung des Altarbilds der Brera. Andererseits griff Piero in seinem Altarbild auch auf ein typisch venezianisches Element zurück. Wie bereits in den Fresken in Arezzo war Piero auch hier daran gelegen, der Darstellung der physischen Realität der Fleischwerdung und der Leidensgeschichte, etwa durch die Wunden an Brust und Hand des hl. Franziskus, eine reine Lichterscheinung gegenüberzustellen. Das transparente, leuchtende Kreuz in der Hand des hl. Franziskus ist jedoch zugleich ein reales Objekt, eines jener mit Miniaturen geschmückten Bergkristallkreuze, wie man sie im 13. und 14. Jahrhundert speziell in Venedig anfertigte und wie sie noch heute in einigen Kirchen in den Marken zu bewundern sind.[29]

Trifft es tatsächlich zu, daß das Altarbild für das Mausoleum Federicos bestimmt war – und viele Indizien deuten darauf hin –, so ist seine Geschichte eng mit dem Projekt der Grabanlage für den Herzog und späteren Fürsten verbunden. Traditionell wurden die Mitglieder der Familie Montefeltro in der Stadt beigesetzt: entweder in San Francesco oder auf der Anhöhe in San Donato, in deren unmittelbarer Nähe die Kirche des hl. Bernhardin entstehen sollte.[30] Bevor Pieros Altarbild in die Pinacoteca di Brera in Mailand gelangte, hing es in San Bernadino, wo es sich vermutlich seit dem 16. Jahrhundert befand, wie eine Zeichnung des Girolamo Genga beweist.[31]

Aufgrund der Untersuchungen von Rotondi wissen wir, daß man mit dem Bau von San Bernardino nicht vor 1482 begonnen hatte.[32] Wurde das Altarbild einige Jahre nach seiner Vollendung in diese neue Kirche gebracht, so bedeutet dies, daß es sich zuvor an einem Ort befand, von dem es problemlos entfernt werden konnte. Eher unwahrscheinlich ist, daß das Bild aus der Kirche der Franziskaner in die des hl. Bernhardin kam. Es befand sich also ursprünglich entweder im Palast oder in San Donato, da diese Kirche ebenfalls den Observanten von San Bernardino unterstand.

Wir wissen, daß auch die sterblichen Überreste Federicos zunächst in San Donato bestattet waren, bevor sie in San Bernardino ihre definitive Ruhestätte fanden.[33] Daß es sich auch bei der Kirche San Bernardino nicht um den geplanten Standort der Grabstätte und des Altarbildes handelte, wird daraus ersichtlich, daß der Kirchenpatron, der für ein Hauptaltarbild unumgänglich war, auf der Tafel nicht dargestellt ist.

Federico spielte immer wieder mit dem Gedanken, ein eigenes Familiengrab zu erbauen. Es existierten unter anderem Pläne für einen kleinen Zentralbau, der im Hof des Palastes errichtet werden sollte. Er sollte als Bindeglied zwischen der alten Residenz und den unter Federico realisierten Erweiterungsbauten fungieren. Ferner sollten auch die Bürger Zugang zu dieser Kapelle haben, um an den Begräbnis- und Gedächtnisfeierlichkeiten teilnehmen zu können. Nach Bernardino Baldi sollte sie zudem vom Tal aus durch das von Laurana als großartiger Triumphbogen zwischen zwei Türmen angelegte Eingangstor sichtbar sein.[34]

Die Ähnlichkeit zwischen dem Tonnengewölbe, welches die Architektur in Pieros Bild abschließt, und dem Gewölbe der von Laurana entworfenen Fassade könnte somit nicht bloßer Zufall sein. Der Besucher des Grabdenkmals hätte den Triumphbogen des Laurana spontan mit der Architektur über der Madonna des Bildes in Verbindung gebracht; diese thront zudem auf einer Art Feldherrensitz. In diesem Zusammenhang überlagert den individuellen Charakter des Bildes eine umfassendere, außerpersönliche Komponente: Die Dargestellten und insbesondere Maria sind die Beschützer der Stadt und des Staates. Die weltliche Schutzmacht wird nicht mehr wie im Fresko in Rimini durch das Schloß repräsentiert, sondern durch die der Jungfrau geweihten Waffen. Als weitere Beschützer werden die heroischen Heiligen und die furchtlos blickenden Engel beschworen. Der ungestörte Schlaf des Jesuskindes garantiert zudem Ruhe und Frieden. Die Seele Federicos wurde in den Himmel aufgenommen und sicherte den unbeschadeten, ruhigen Fortbestand der Herrschaft der Montefeltro.

Das Projekt für das Mausoleum wurde im Jahre 1472 fallengelassen, so daß vermutlich auch die Entscheidung über das Gemälde offenblieb. In diesem Jahr verließ der Architekt Luciano Laurana den Hof in Urbino. Dieses Datum stimmt mit dem Zeitpunkt überein, den wir bereits daraus abgeleitet

haben, daß Piero sowohl für das Altarbild als auch für das Diptychon hinsichtlich des Porträts Federicos auf ein und denselben Karton zurückgriff.

Zurück zu Berruguete, dem Nachfolger Pieros. Wie bereits erwähnt, änderte er zwei Details der Altartafel: Er übermalte ein Schmuckstück am Kopf Mariens, wie wir es aus dem Porträt der Battista Sforza kennen (S. 222) – vermutlich war es sogar dasselbe Schmuckstück – und überarbeitete die Hände Federicos. Die Ultraschall-Untersuchungen und die Röntgenaufnahmen beweisen, daß Piero die Hände des Herzogs schlanker und gepflegter ausgeführt hatte als Berruguete, der sie kräftiger gestaltete. Der spanische Maler änderte jedoch nicht nur die Anatomie der Hände, sondern steckte Federico drei Ringe an, während Piero ursprünglich nur zwei gemalt hatte. Vermutlich handelte es sich dabei zunächst um den Ehering der ersten Frau Federicos. Als dann Battista Sforza, seine zweite Gemahlin, ebenfalls verstorben war, ergänzte Berruguete gemäß einem noch heute üblichen Brauch ihren Ehering.

Wir wissen nicht, aus welchem Grund Berruguete beauftragt wurde, die von Justus van Gent gemalten Porträts für das Studierzimmer Federicos frei nach seinem Ermessen zu überarbeiten.[35] Im Fall der *Pala Montefeltro* waren seine Eingriffe glücklicherweise limitiert. Pieros Altarbild flößte ihm vermutlich großen Respekt ein.

Als man den ursprünglichen Plan für das Mausoleum fallen ließ, führte dies vermutlich zu einer Aufwertung des feierlichen und intimen Charakters des Gemäldes. Wie das Beispiel des verbeulten Helms belegt, verzichtete bereits Piero keineswegs auf Aspekte, welche auf Federicos Privatsphäre verweisen. Als Berruguete seine Nachbesserungen am Altarbild durchführte, war wahrscheinlich bereits entschieden, daß es letztendlich eine der Observantenkirchen, also San Donato oder San Bernardino, schmücken sollte. Höchstwahrscheinlich befand es sich zu diesem Zeitpunkt bereits in San Donato, wo es vermutlich länger bleiben sollte. Die erwähnte Zeichnung des 16. Jahrhunderts, die das Altarbild am Hochaltar von San Bernardino zeigt, beweist im Grunde nicht viel, da es sich dabei lediglich um den Entwurf für ein Bauprojekt handelte.[36]

Das Gemälde der Montefeltro war unter den Werken Pieros das erste isolierte Altarbild, da man die *Taufe Christi* nicht als solches im eigentlichen Sinn bezeichnen kann, da dieses Bild vermutlich die zentrale Tafel eines Polyptychons war. Und dennoch fungierte es sofort als Modell für die in Venedig und in Mittelitalien entstehenden Altäre. Piero liebte Bezüge auf traditionelle Darstellungsformen, die er in den neuen Bildaufbau aufnahm. Diese seine Verwurzelung in der Kunst der Vergangenheit mußte insbesondere den venezianischen Geist ansprechen.

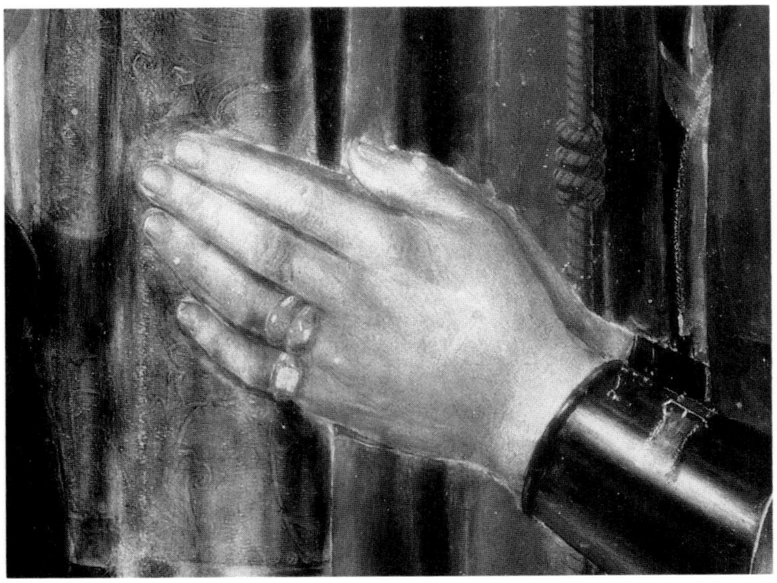

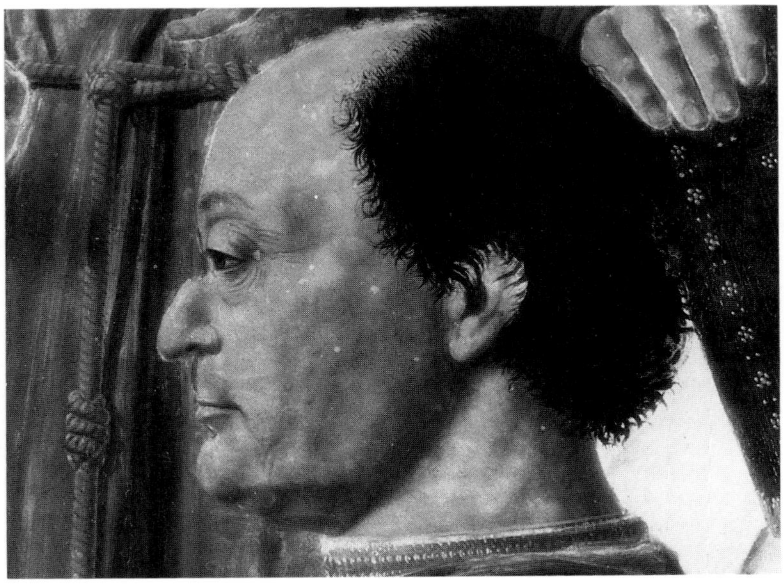

126 Hände und Gesicht des Fürsten in der Pala Montefeltro, Infrarot-Aufnahme. Mailand, Pinacoteca di Brera

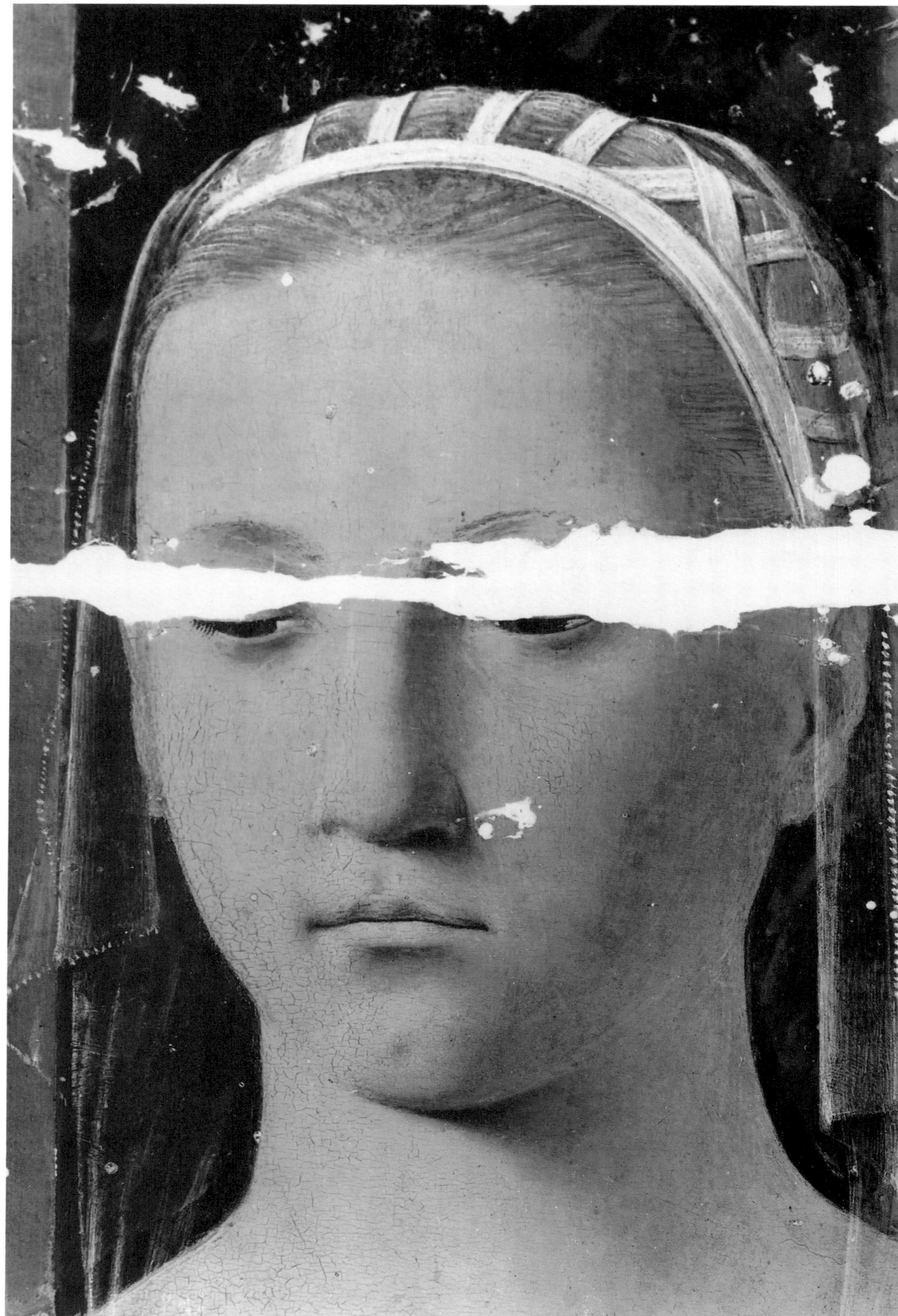

127 Das Gesicht der Jungfrau in der Pala Montefeltro während der Restaurierung; die Spuren der Nachbesserungen wurden entfernt und die beschädigten Partien geschlossen. Mailand, Pinacoteca di Brera

Bei der Ausführung des Gemäldes hielt sich Piero strikt an die Vorzeichnung des Kartons, dessen Spuren noch deutlich sichtbar sind. Es handelte sich dabei um einen Entwurf, der sich in gewisser Weise an der architektonischen Struktur des Triptychons orientierte. Die seitlichen Darstellungen der Heiligen sind in Dreiergruppen angeordnet, wobei jeweils eine Gruppe mit einer seitlichen Tafel des traditionellen Altars korrespondiert, vergleichbar etwa der kompositorischen Anlage des Polyptychons in Perugia (S. 215). Die vier Erzengel, durch die perspektivische Verkürzung kleiner als die Heiligen selbst, verbinden diese mit der Darstellung der Madonna im Zentrum. Sie entsprechen gleichsam der Rahmenstruktur des Polyptychons.

Bevor Berruguete Hand an das Gemälde legte, charakterisierte der Schmuck auf dem Haupt Mariens ihre Zugehörigkeit zur himmlischen Sphäre, der auch die vier Erzengel angehören, die sternförmige Schmuckstücke aus Edelsteinen im Haar tragen. Gemeinsam mit Maria formulierten sie ursprünglich eine Fünfergruppe, die sich durch den Schmuck deutlich von den restlichen Figuren abhob. Fünf Blüten aus Perlen, Rubinen, Saphiren und Smaragden erglänzten im Zentrum des Bildes und formten einen Kontrapunkt zur matten Oberfläche des Straußeneis und zur Goldkette, an der dieses befestigt ist. Die unterschiedliche Helligkeit und der unterschiedliche Oberflächencharakter zwischen der Stirn Mariens und dem Ei ermöglicht es dem Betrachter sofort, die Tiefenabstufung der Komposition wahrzunehmen.

Wie bereits im Polyptychon mit der *Schutzmantelmadonna* wurde es erst durch die Isolierung der zentralen Figurengruppe möglich, die hinsichtlich der umstehenden Figuren weit größere Madonnendarstellung glaubhaft ins Bild einzubinden. Wie in diesem Jugendwerk bediente sich Piero auch hier eines Podests, um die Figur der Madonna zu akzentuieren. Dieses ist mit einem Teppich belegt, auf dem das zentrale Sternmuster die räumliche Eigenständigkeit der darauf plazierten Gruppe markiert.[37]

Die Tatsache, daß Piero mit den Traditionen brach und einen architektonischen Einheitsraum konzipierte, belegt, daß er sich erneut der Bedeutung hierarchischer Proportionsverhältnisse bewußt geworden war, wie er sie in den Mosaiken in Ravenna beobachtet hatte. Die Isokephalie der Heiligenfiguren und ihre Frontalität verweisen deutlich auf diese Erfahrungen. Im Gegensatz zu den statischen Darstellungen in Ravenna ordnete Piero seine Figuren jedoch harmonisch in den Bildraum ein.

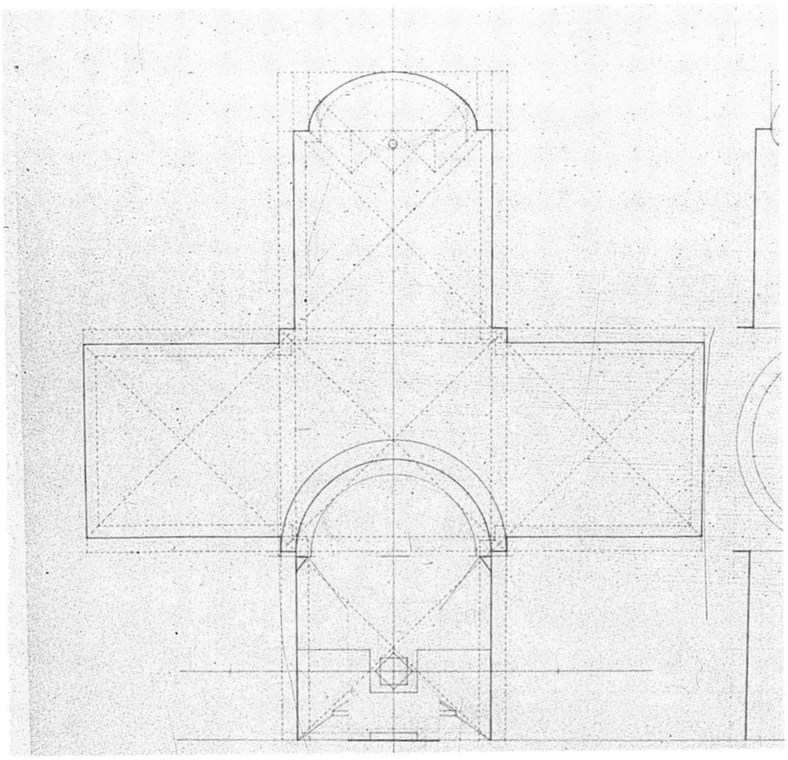

128 Hypothetische Rekonstruktion des Grundrisses der Pala Montefeltro, schematische Darstellung nach Marcella Sorteni

Die perspektivische Anlage oder, wie Piero es ausgedrückt hätte, die räumliche Ausgeglichenheit der Bildelemente führt uns zu weiteren Überlegungen. Bereits in der *Geißelung Christi* veränderte die neue Kunstauffassung die hierarchischen Bildstrukturen, welche die mittelalterliche Kunst kennzeichneten. Die drei Figuren im Bildvordergrund, die Zeugen der Ereignisse, werden durch die Perspektive wesentlich größer als die eigentlichen Protagonisten der dargestellten Geschichte. In Analogie dazu präsentiert sich die Figur des Stifters als monumentalste Gestalt der Altartafel. Es zeichnete sich somit die totale Umkehrung der mittelalterlichen Regeln ab. Die psychologische Spannung des Zusammentreffens zwischen dem Gläubigen und der himmlischen Gruppe wird durch die dimensionale Verwandtschaft dieser Figuren verstärkt. Die Heiligen fungieren als Zeugen des Gebets, welches Maria und der Herzog an das schlafende Jesuskind richten.

Die variierenden Proportionen unterstützen das Spiel mit den Details: etwa die ineinandergelegten Hände des linken Erzengels oder die Kette eines nicht sichtbaren Weihrauchgefäßes in den

Händen des rechten Erzengels. Durch das Überschneiden beziehungsweise Überlagern der Figurenebenen gelangte Piero zu zahlreichen Schnitten, insbesondere den Randzonen und Schnittebenen galt seine Aufmerksamkeit. Dabei ließ er sich sogar dazu hinreißen, von der Vorzeichnung abzuweichen. So erscheint etwa zwischen den Schultern des hl. Johannes und des hl. Hieronymus, gleichsam als Spiegelbild des letzteren, der Kopf des hl. Bernhardin.

Oberstes Gebot auch bei der Detailbehandlung war indes der Zusammenhang der Darstellung. Den harmonischen Gesamteindruck erzielte Piero durch die Unterordnung der kompositorischen Linien unter die Achsen der Architektur, welche die Szenerie umschließt. Die unteilbare Einheit von Figuren und Architektur ist an vielen Beispielen verifizierbar. Es ist beispielsweise offensichtlich, daß die Position des Kopfes der Madonna vor der zentralen Porphyrplatte der rückwärtigen Nischenwand ganz bewußt gewählt wurde. Die Spiegelflächen der Wände korrelieren mit der Zweidimensionalität der bemalten Fläche und kontrastieren zugleich zur Dreidimensionalität der Architektur.

Die Darstellung einer Figurengruppe im Inneren eines Gebäudes war seit langem ein bevorzugtes Thema der italienischen Malerei. Das berühmteste Beispiel ist vermutlich der um 1360 entstandene *Dragomanni*-Altar in der Kirche San Domenico in Arezzo.[38] Ein von Meiss in Zusammenhang mit dem Altarbild Pieros veröffentlichtes Fresko des Neri di Bicci aus den Jahren 1454–1455 ist insofern von Interesse, da es in eindringlicher Weise belegt, wie Piero in der *Pala Montefeltro* einen traditionellen Darstellungstypus radikal erneuerte.[39]

Doch wenden wir uns nun dem perspektivischen Plan des Altarbilds zu, der schon von so vielen Wissenschaftlern untersucht wurde.[40] Es ergeben sich in der Tat Schwierigkeiten, die Beziehung zwischen den Figuren und der Architektur zu verstehen. Sie sind einmal das Ergebnis der unerschöpflichen perspektivischen Lösungen, mit welchen uns Piero konfrontiert. Daneben resultieren sie aber auch aus dem gegenwärtigen Erhaltungszustand des Gemäldes, das sowohl auf der linken Seite, aber insbesondere auf der rechten Seite beschnitten wurde, so daß die beiden vordersten Pfeiler nur noch oben im Bild ansatzweise erkennbar sind. Zudem fehlt heute jene Tafel, welche das Bild an der Unterseite abschloß. Diese setzte sich aus kleinen horizontalen Tafeln zusammen.[41]

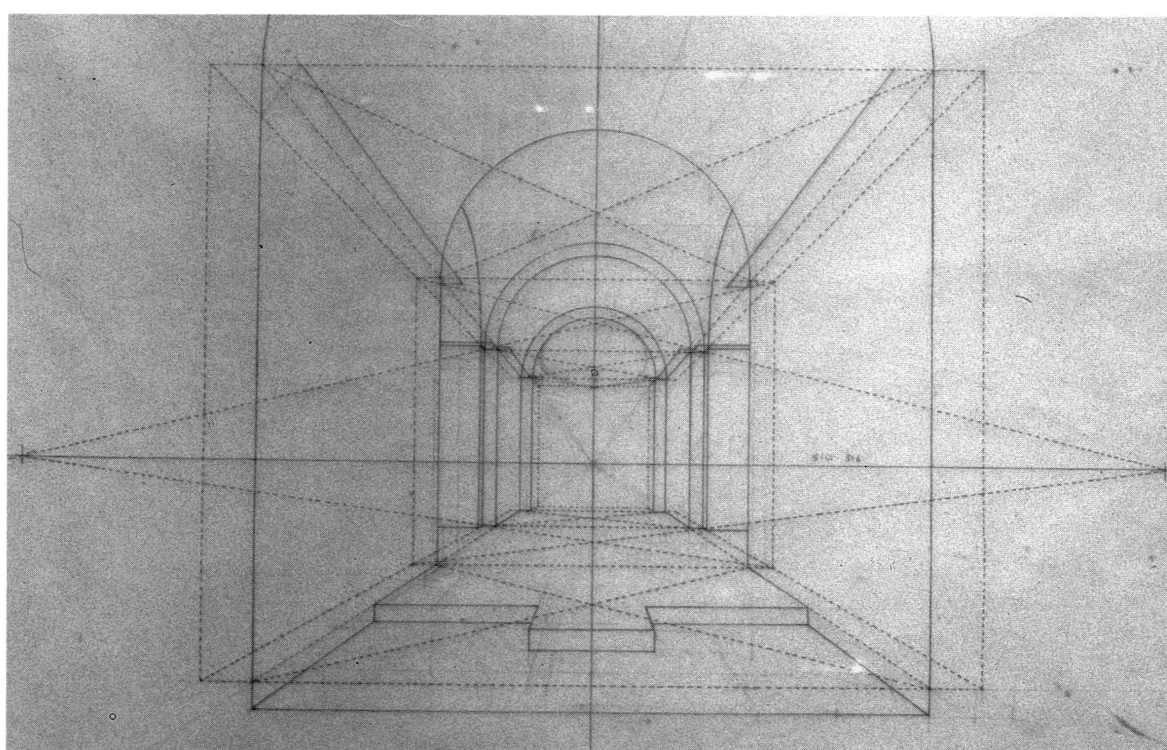

129 Schematische Darstellung des perspektivischen Aufbaus der Pala Montefeltro, nach Marcella Sorteni

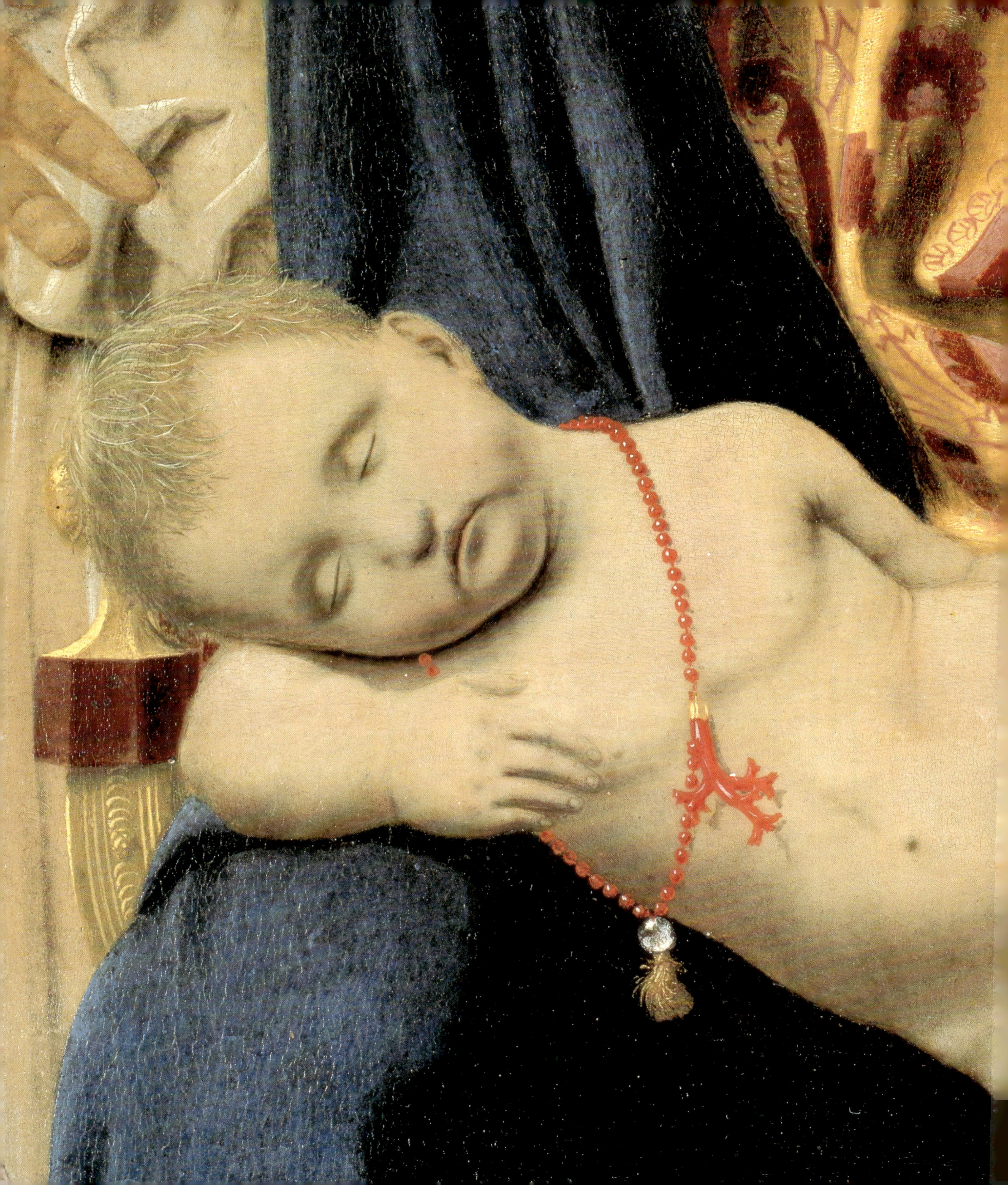

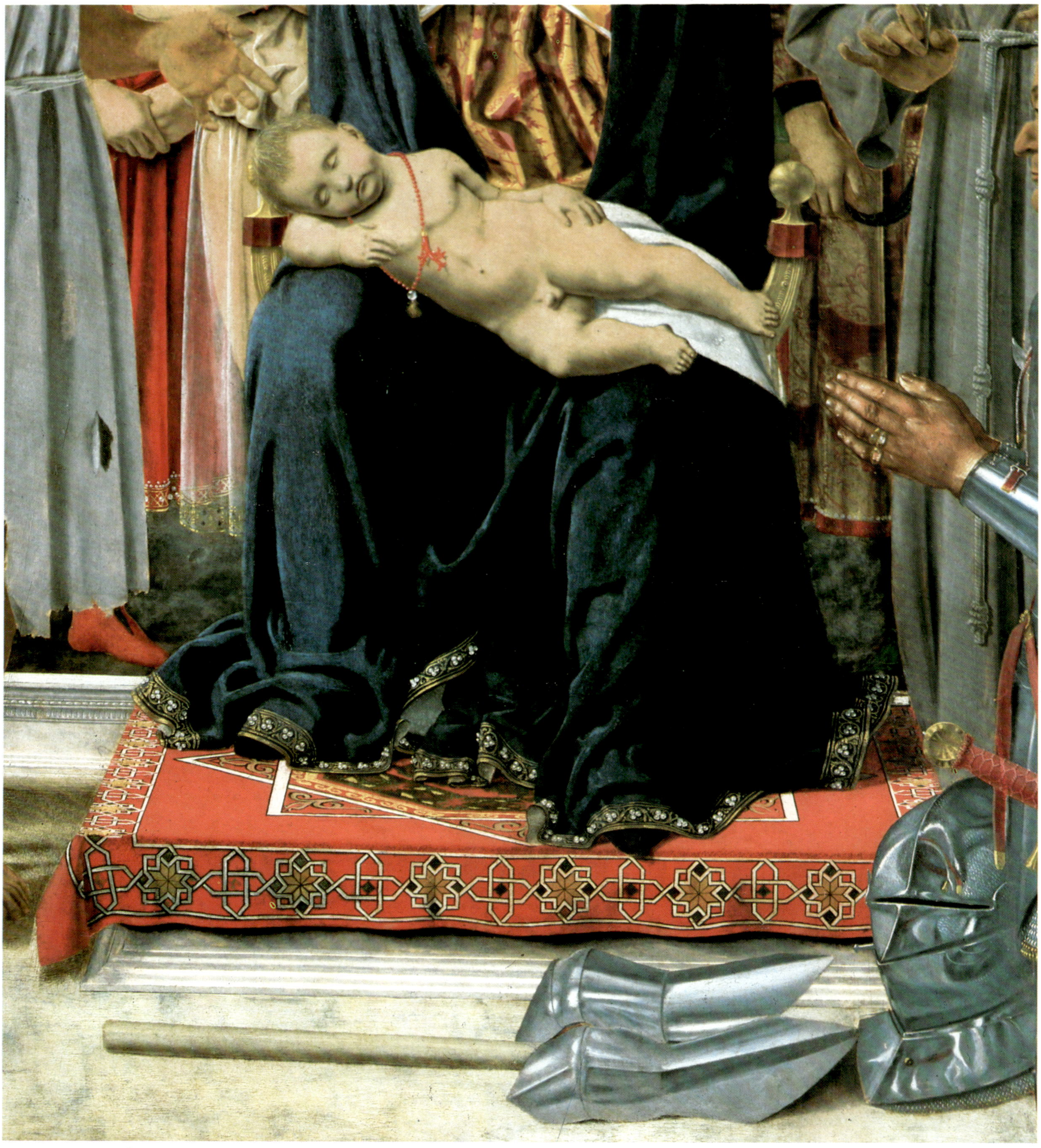

130/131 Pala Montefeltro (Details). Mailand, Pinacoteca di Brera

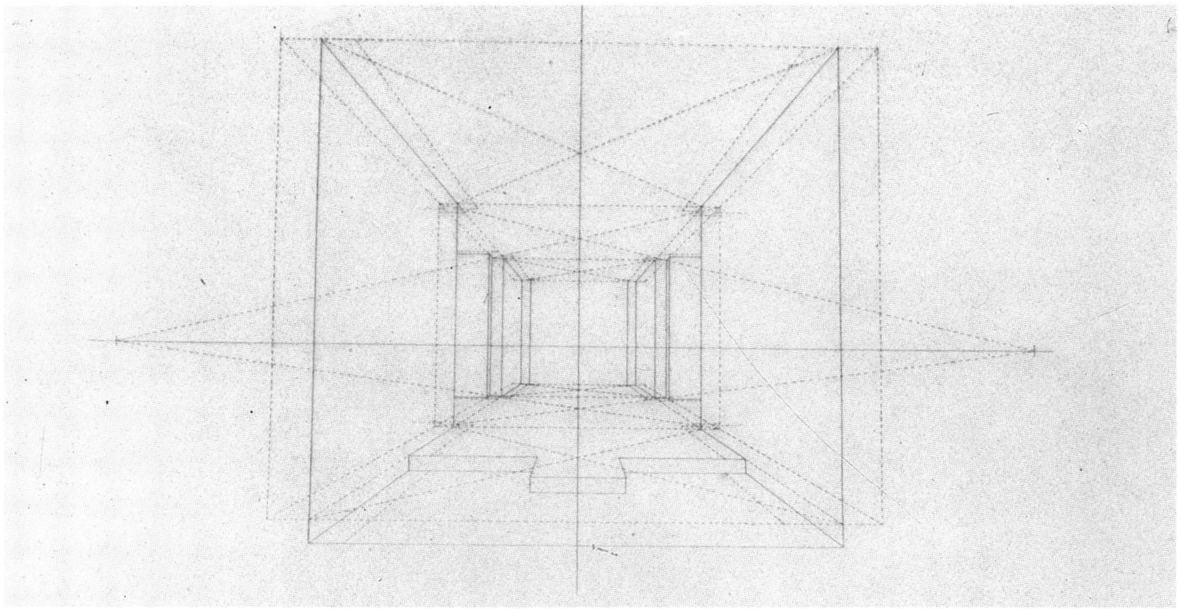

132 Schematische Darstellung des perspektivischen Aufbaus der Pala Montefeltro, nach Marcella Sorteni

Der letztgenannte Aspekt beeinträchtigt nachhaltig das Verständnis des Bildes. Die fehlende Tafel zeigte vermutlich eine Stufe im Vordergrund, welche mit der Schnittebene korrespondierte und die Architektur abschloß. Dieses Element war unumgänglich für eine Komposition des 15. Jahrhunderts. Da die Stufe im Vordergrund sicherlich der Höhe des Podests der Madonna sowie dem erhöhten Fußboden entsprach, auf dem die Engel stehen, können wir uns diesen vorderen Abschluß des Bildes gut vorstellen.

Als sich das Altarbild noch im Originalzustand präsentierte, konnte der Betrachter die Abfolge von drei sich perspektivisch verjüngenden Stufen wahrnehmen: die fehlende Abschlußstufe, den Sockel unter dem Thron und den Fußboden unter den Erzengeln. Der architektonische Raum war somit deutlich dreigeteilt.

Diese scheinbare Logik wird indes dadurch getrübt, daß die drei den Fußboden gliedernden Abschnitte nicht mit den Bögen der Deckenarchitektur übereinstimmen. Interpretiert man das unsichtbare Gewölbe über dem zentralen Raum als einen Abschnitt, so entsprechen das Podest mit dem Thron und der erhöhte Fußboden eben nicht dem zweiten der drei Gewölbeabschnitte, sondern reichen bis auf gut zwei Drittel in den ersten Gewölbeabschnitt hinein. Wie bereits im Fresko in Rimini, wo das Gebälk mit den Girlanden nur scheinbar den Architekturrahmen trägt, wie im Altarbild des Domenico Veneziano in Santa Lucia de' Magnoli, wo sich die Pfeiler, welche die Bogenarchitektur tragen, nur scheinbar vor den Figuren befinden (Abb. 49), so schließt im Altarbild der Montefeltro der zentrale Gewölbeabschnitt nur scheinbar die Figurengruppe ein. Dieses Gewölbe überspannt in Wirklichkeit einen Raum, der sich hinter den Figuren ausbreitet.

Wären wie im ursprünglichen Gemäldeformat die Basen der vorderen Pfeiler noch sichtbar, würden wir feststellen, daß sich diese hinter den Heiligen befinden. Sie beschließen die erste Raumeinheit des Gebäudes, also das vordere Tonnengewölbe. Piero wählte somit den Ausschnitt eines größeren architektonischen Organismus, der seitlich und an der Decke vom Bildrahmen beschnitten wird. Er verzichtete insbesondere auf das vordere Tonnengewölbe, so daß wir den wirklichen Verlauf der Wände und der Decke nur erahnen können. Die Architekturstrukturen hinter den Figuren befinden sich eigentlich relativ weit im Hintergrund. Da jedoch keinerlei Bezüge wahrzunehmen sind, aus denen sich Nähe und Ferne ablesen ließen, neigt der Betrachter zu der Ansicht, es handle sich hierbei um einen Raum, welcher die Figuren umschließt, und nicht um eine entfernte Apsis. Es ist auffällig, daß Piero zudem darauf verzichtete, die perspektivischen Linien auf dem Fußboden anzudeuten. Er über-

ließ es ganz dem Betrachter, sich den räumlichen Plan des Bildes gedanklich zu erschließen. Aufgrund des Fehlens perspektivischer Leitlinien ist unser Blick ganz auf die Abfolge paralleler Bildschichten angewiesen. Dabei befindet sich die gesamte Figurengruppe scheinbar auf ein und derselben Ebene.

Ganz anders ist die Situation an der Decke. Deutlich zeichnet sich dort das zentrale Quadrat über den Vierungspfeilern ab. Aufgrund der Gewölbestruktur ergibt sich ein logisches und lineares perspektivisches System. Lediglich der Schnitt der Bildebene beeinträchtigt unsere Orientierung. Es ist jedoch offensichtlich, daß dieser Schnitt nötig war, um die Würde der Figuren zur Geltung zu bringen. Sie sollten sich eben nicht in einem gigantischen Architekturrahmen verlieren. Deshalb plazierte Piero die Figurengruppe vor dem Raum, den das zentrale Gewölbe überdacht. Die Monumentalität sowohl der Figuren als auch der Architektur war auf diese Weise besser in Einklang zu bringen. Die Faszination dieses Plans ist es nun aber, daß Piero ganz bewußt den Eindruck zu erwecken suchte, die Figuren seien unter dem Vierungsquadrat plaziert und somit von der Nischenarchitektur umschlossen. Sowohl die Architektur als auch die Figuren sind in ein kräftiges Licht getaucht, das seinen Ausgang von mindestens zwei definierten Punkten nimmt. Eine der Lichtquellen offenbart sich in den Lichtspiegelungen auf dem Schulterpanzer der Rüstung Federicos. Es handelt sich dabei um das Licht aus dem Rundbogenfenster, welches auch den Schatten der rechten Hand des hl. Franziskus auf seine Kutte wirft. Es befindet sich hoch über dem Fußboden und verdeutlicht die effektiven Raumverhältnisse.

Als zweite Lichtquelle fungiert das Fenster im linken Querhaus. Das davon ausgehende Strahlenbündel ist so hell, daß es sich auf dem Fußboden bricht und die Goldstickereien am Gewand der linken Erzengel sowie die Kapitelle der Pilaster und die Lisenen des Chors beleuchtet. Dieses Licht erhellt ferner den an sich schwarzen Marmorboden, auf dem die vier Erzengel stehen. Wie das in die Apsis einfallende Licht beweist, ist diese nicht halbkreisförmig, wie es zunächst scheint, sondern halbelliptisch. Es handelt sich dabei um dieselbe Apsisform, wie sie Jahre später Donato Bramante für die Kirche San Satiro in Mailand entwerfen sollte, wobei er sicherlich das Beispiel Pieros vor Augen hatte, oder wie sie Bernardo Rossellino für die Nischen der Fassade des Doms von Pienza eingeführt hatte.

Die von Marcella Sorteni erstellten einleuchtenden schematischen Darstellungen des perspektivischen Systems des Altarbilds werden jedoch von zahlreichen Elementen wieder in Frage gestellt.[42] Die blütenbesetzten Kassetten an der Laibung der beiden Scheidbögen des Querhauses können nicht vom selben Licht aus dem Fenster im linken Querhausarm beleuchtet werden, da die Reliefs der Bogenlaibungen in diesem Fall von unten beleuchtet werden müßten. Das Kassettenrelief hingegen wird von einem Lichtbündel getroffen, dessen Einfallswinkel sich aus den Schattenfeldern um die Blüten ablesen läßt. Vermutlich flutet es durch ein im Lünettenbereich des Querhausabschlusses befindliches Rundfenster in den Raum.

Das Altarbild präsentiert uns eine äußerst komplexe Gebäudestruktur: eine individuelle, erfundene beziehungsweise erdachte Architektur. Aufgrund ihrer Komplexität widersetzte sie sich zweifelsohne den Imitationsversuchen durch andere. Insbesondere Künstler aus Ferrara und Venedig versuchten in der Folge, das von Piero entworfene System mit der von Petrus Christus propagierten Form des offenen Arkadenraums zu vereinigen.

In keinem anderen italienischen Gemälde spielten Grautöne eine so dominante Rolle wie im Altarbild der Montefeltro. Dem Grau der Gewölbefelder und der Pilaster sind die dazwischen eingefügten, fein strukturierten Marmorspiegel untergeordnet. Sie erinnern deutlich an die Marmorflächen und Marmorsäulen in Ravenna, wie sie etwa die Basilika San Vitale schmücken. Grau sind die Schattenfelder im Umhang des hl. Hieronymus und in der Kutte des hl. Franziskus, die von lebhaften Farbtönen, besonders vom himmelblauen Gewand des Täufers am linken und vom hellroten Umhang des Evangelisten Johannes am rechten Bildrand eingefaßt sind. Dabei kontrastiert das kalte Grün der Tunika des Evangelisten mit dem ockerfarbenen Hemd des Täufers, welches seine braungebrannte Brust bedeckt. In kaltem Stahlgrau präsentiert sich die Rüstung Federicos, ein heller Schlammton charakte-

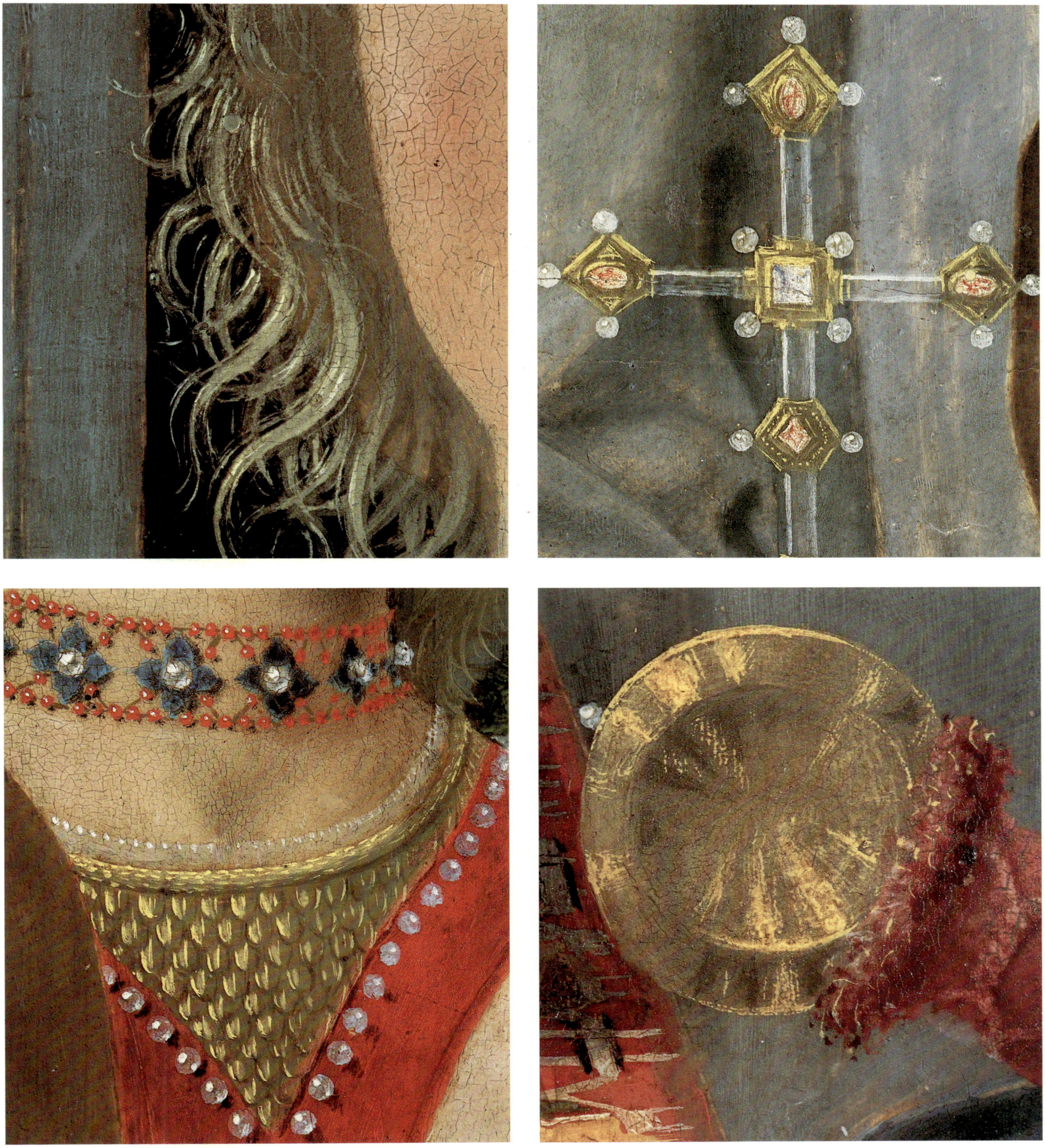

133–136 Pala Montefeltro (Details). Mailand, Pinacoteca di Brera

risiert den Fußboden. Im kalten Licht variiert die Hautfarbe der Figuren gemäß ihrer biographischen und charakterlichen Eigenschaften. Besonders auffällig ist diesbezüglich das pfirsichfarbene Gesicht des frontal aus dem Gemälde blickenden Erzengels, das sich von der himmelblauen Marmorfläche des Hintergrunds abhebt. Doch auch die Gegenstände sind mehr noch als durch ihre räumliche Anordnung durch ihre chromatische Wertigkeit gekennzeichnet. Der Rohrstab in der Hand des Täufers, der die Seitenlinie eines idealen Dreiecks markiert, dessen Spitze in den Muschelansatz des Apsisgewölbes fällt, ist hellgelb erleuchtet und übertrumpft das nachtblaue Buch des Evangelisten, dessen Einband mit einem Stern geschmückt ist, wie er die Stirn der Erzengel ziert.

Die Nüchternheit der Grautöne akzentuiert die Licht- und Farbexplosionen der Schmuckstücke und Verzierungen. Gold, Bergkristall, Edelsteine und Perlen sind wie Sonnen und Planeten behandelt, die jedoch dem System der Lichtquellen rigoros unterworfen sind.[43] Der von Pedro Berruguete übermalte Edelsteinschmuck auf der Stirn Mariens bekrönte ursprünglich die zentrale Gestalt der Komposition, die gemeinsam mit den beiden Johannes-Figuren auch chromatisch hervorgehoben ist. Die markante Modellierung des Umhangs belegt Pieros Interesse für Problemstellungen, mit denen sich etwas später auch Leonardo da Vinci intensiv auseinandersetzen sollte. Wie in Leonardos *Felsgrottenmadonna* intendierte Piero durch den tiefblauen Umhang, den dominierenden Farbwert des gelben Gewandes zu zähmen.

Betrachtet man die Hände der Jungfrau sowie den Körper des Kindes genau – die weiche *Chiaroscuro*-Modellierung präsentiert sich als Reflex der Lichteffekte und als Kriterium der Anordnung der Körper im Raum –, offenbart sich die große Ähnlichkeit des Altarbildes mit der Tafel des *Hl. Nikolaus von Tolentin* im Mailänder Museo Poldi Pezzoli (S. 204/XII. 4). Im Jahre 1469 wurde Piero für das Polyptychon bezahlt, dem die Tafel mit dem hl. Nikolaus ursprünglich angehörte. Es war das Jahr, in dem Federico da Montefeltro den Künstler nach Urbino holte.

Anmerkungen

1 R. Longhi, 1927 (1961), S. 101.

2 L. Bellosi, 1990.

3 J. Shearman, 1968. Die von Longhi analysierten Bezüge zur flämischen Kunst wurden von Meiss (1941) und von Castelfranchi-Vegas (1983) weiterverfolgt. Meiss analysierte insbesondere die generelle Anlage des Bildes (»The earliest example in Italian painting of the Madonna and saints represented in a Church«), die Farbigkeit und das Licht (»especially in the armor of the Duke«). Keiner hat jedoch den Kontrast zwischen dem Bild Pieros und der flämischen Bildkonzeption so deutlich dargestellt wie Panofsky (1958, S. 7–8). Im Altarbild Pieros, so Panofsky, hält uns die Architektur auf Distanz, die Handschuhe und der Kommandostab am Boden vor der Jungfrau fungieren als Schranken zwischen dem Betrachter und Maria. In den Rüstungen in Arezzo nutzt Piero die Lichtreflexe des Metalls eher zur Akzentuierung der Volumenwerte als zur Darstellung der Bezüge zwischen diesen spiegelnden Objekten und deren Umgebung. Nur ausnahmsweise spiegeln sich die roten Riemen im Metall. In der *Pala Montefeltro* hingegen umarmen die leuchtenden Oberflächen der Rüstung und des Helms den umgebenden Raum. Es existieren innere Bezüge zwischen den reflektierenden Gegenständen und dem Rest der Darstellung, deutliche Indizien für die Beeinflussung durch flämische Kunst, wie sie sich Piero durch die Begegnung mit Antonello da Messina in Rom vermittelte. Gilbert (1968) setzte bereits für die Rüstungen in Arezzo die in Rom zwischen 1458 und 59 gesammelten Erfahrungen voraus.

4 M. Meiss, 1941.

5 M. Aronberg Lavin, 1969, S. 369.

6 Nach der Restaurierung der Tafeln des *Studiolo* (Studierzimmer) von Urbino im Louvre war es möglich, den Farbauftrag des Justus van Gent von dem des Berruguete zu unterscheiden. Somit konnte man den Stil des spanischen Malers während seines Aufenthalts in Urbino genau bestimmen (der ihm zugeschriebene *Hl. Sebastian* im Palazzo Ducale stammt nicht von seiner Hand). Siehe hierzu N. Reynaud, 1991. In jedem Fall hatte Aronberg Lavin recht (1969, S. 367, Anm. 4), als sie auf den geometrischen Plan des Bildes verwies, der nur auf Piero zurückgehen konnte. Berruguete beschränkte sich darauf, die bereits von Piero gemalten Hände auszubessern.

7 J. Shearman, 1968, S. 185.

8 E. Battisti, 1971, I, S. 356, Abb. LV.

9 Shearman (1968, S. 185) wies darauf hin, daß Federico sowohl im Diptychon als auch im Altarbild jünger erscheint als im Bronzerelief der *Grablegung Christi* des Francesco di Giorgio Martini, das sich heute in Venedig befindet, früher jedoch in Santa Croce in Urbino belegt ist. Darauf erscheint Guidobaldo, der Sohn Federicos, als kleines Kind, weshalb es auf 1473–1474 datiert wird. Das von Aronberg Lavin publizierte Relief (1969, Abb. 4) ist auf das Jahr 1474 datiert. Der Fürst erscheint dort deutlich älter als im Altarbild und im Diptychon.

[10] C. Bertelli, 1983, und in: *Festschrift T. Buddensieg* (Veröffentlichung in Vorbereitung).

[11] E. Battisti, 1971, I, S. 356, Abb. LV.

[12] Pieros Bezugspunkte waren vermutlich die *Madonna des Kanzlers Rolin* von Jan van Eyck und die *Madonna Exeter* von Petrus Christus. Doch bereits mit dem Wandgemälde in Rimini stellte Piero seine Unabhängigkeit vom flämischen Modell unter Beweis. Auch in der *Pala Montefeltro* verweisen insbesondere die monumentalen Dimensionen sowie die strenge, leuchtende Architektur auf andere Intentionen. Wiewohl sich alle Figuren zweifelsohne in einem Kirchenraum befinden, erinnern die Triumphbögen, aus denen die Architektur zusammengesetzt ist, eher an klassische Formen (E. Battisti, 1971, I, S. 351, fühlte sich an den Konstantinsbogen erinnert). Der Raum ist vom Licht durchflutet, wobei die Lichtquelle, etwa ein Fenster, unsichtbar bleibt. An van Eyck erinnert höchstens das Netz der Falten im Gesicht des Fürsten.

[13] Aronberg Lavin (1967, S. 20) vertrat die Ansicht, die Darstellung einer Heiligengruppe vor der Apsis eines Chorraums gehe auf das Altarbild *Corpus Domini* des Justus van Gent zurück. Nach Shearman (1968) sei dieser Darstellungstypus bedingt durch den venezianischen Bildtypus der *Madonna in una cappelletta* (Maria mit Kind in einer Kapelle). Shearmans Annahme wird gestützt durch den von Piero gewählten Typus der Madonnendarstellung mit dem schlafenden Jesuskind. Das Altarbild des Justus van Gent unterscheidet sich indes deutlich von Pieros Gemälde. Im Gegensatz zu Piero präsentiert Justus van Gent seine Figuren im Halbschatten, durch die Fenster dringt ein mattes, entferntes Licht. Die von den Figuren beschriebenen Dreiecke sowie die Gewänder stehen ferner der Gotik noch sehr nahe. Den Ausschnitt, welchen ein italienischer Künstler (vermutlich Giovanni Santi) vom Altarbild des Justus van Gent anfertigte, belegt in eindeutiger Weise, für welche Aspekte der Kunst des Niederländers sich die italienischen Künstler und das italienische Publikum interessierten: die mittealterliche, mystifizierende Darstellung der Figuren von Christus und Petrus im Rahmen einer naturalistischen, modernen Malerei (»clouded by somber pathos«, E. Panofsky, 1953, S. 342 – das Bild wird im Raffael-Haus in Urbino aufbewahrt). Justus ist bis 1466 in den Niederlanden dokumentiert (J. Lavallaye, 1964, S. 412). Vermutlich sah er gerade noch den *Passions-Altar* des Caspar Isenmann in Kolmar, der 1465 vollendet wurde (C. Sterling, *Oberservations on Petrus Christus,* in: *The Art Bulletin,* LIII, 1971, S. 1–26, insb. S. 25). Aronberg Lavin forschte sicherlich zu Recht nach Bezügen zwischen zwei so bedeutenden, um dieselbe Zeit in Urbino entstandenen Gemälden. Doch müssen ihre Folgerungen meines Erachtens dahingehend relativiert werden, daß sich Justus van Gent von Piero inspirieren ließ. Die Schüssel und der Krug im Bildvordergrund, zwischen dem Betrachter und der mystischen Szene, schaffen wie der Helm Federicos Distanz, fungieren gleichsam als Barriere vor der heiligen Darstellung.

[14] Als Vorbild für die Architektur im Altarbild des Justus van Gent fungierte vermutlich der von Jan van Eyck in der *Madonna des Kanonikus Georg van der Paele* immaginierte Kirchenraum. Dieses Gemälde unterscheidet sich deutlich von Pieros Altarbild. Panofsky (1953, S. 7) gab zu bedenken, daß der Teppich im Bild des Jan van Eyck gleichsam zum Betreten der Szene auffordert, während der Teppich in Pieros Bild die gravitätische Madonnendarstellung geradezu isoliert. Man beachte ferner den Kontrast zwischen den Lichtreflexen auf der vergoldeten Rüstung des hl. Georg im Werk des Jan van Eyck und dem kalten Stahl der Rüstung Federicos. Zudem ist das Licht, welches die transparenten Schleier der Engel in Pieros Bild durchdringt, viel energiereicher als jenes, welches im Bild des Jan van Eyck das Tuch beleuchtet, mit dem der heilige Bischof seinen Kreuzstab hält. Ganz zu schweigen von der spontanen und höflichen Geste, mit der der hl. Georg seinen Helm abnimmt und zur Verbeugung ansetzt (Pächt, 1989, S. 82), die in markanter Weise zur stummen Frontalität der Heiligen in Pieros Bild kontrastiert.

[15] E. Panofsky, 1953, S. 341 ff.

[16] Shearman schrieb seinen Artikel zur *Pala Montefeltro* im Jahre 1968. Er verwies darauf, daß das Bild bereits der Gegenstand zahlreicher, gründlicher Untersuchungen war, daß geradezu ein eigener Zweig der Kunstgeschichte existierte, der sich ausschließlich der Erforschung des Eis widmete. Die Erforschung des Straußeneis und seiner verschiedenen Bedeutungen, wie sie in den mittelalterlichen Bestiarien zum Ausdruck kommen, wurden von Meiss initiiert (1954), der seine Studie mit folgender Anmerkung beschloß: »Auch die Ovologie kann sich hier als Zweig der Ikonographie etablieren«. Diese Vermutung bewahrheitete sich in der Folge. Das diesbezüglich traurigste Kapitel schrieb wohl Brisson (1980), der zu dem Schluß kam, es handle sich um ein Hühnerei; indes hatte bereits Toesca auf das Straußenei am Grabmal des Antonio Fissiraga in Lodi hingewiesen (*La pittura e la miniatura nella Lombardia,* Mailand 1912 [1966], S. 92). Es erscheint ferner häufig in orientalischen Kirchen und findet sich vereinzelt auch auf venezianischen Altarbildern des 16. Jahrhunderts. In einem bekannten Reiseführer zu den Heiligen Stätten wird der Strauß folgendermaßen beschrieben: »Vom Vogel genannt Strauß. Ich sage, der Strauß ist so hoch wie ein Pferd ... Von diesem Vogel sind die großen Eier, die sehr gut schmecken, die wir in den Kirchen vor den Altären aufhängen« (*Viazo da Venezia al Sancto Iherusalem – Reise von Venedig zur heiligen Stadt Jerusalem,* hrsg. v. A. und F. Petrucci, Rom 1972, S. 64). Möglicherweise sollte des Ei die Position eines Altars, den Raum, in dem sich Maria mit dem Kind befindet, oder eine Kirche markieren. I. Ragusa (*The Egg Reopened,* in: *The Art Bulletin,* LIII, 1971, S. 455–461) beklagte die Tatsache, daß Toesca das Ei in Pieros Bild mit der Darstellung in Lodi in Zusammenhang brachte und somit einer kunsthistorisch motivierten Untersuchung zuführte, während seine theologischen Implikationen unberücksichtigt blieben.

[17] F. Hartt, History of Italian Renaissance Art: Painting, Sculpture, Architecture, London-New York 1970.

[18] Aronberg Lavin (1969, S. 367, Anm. 4) wies auf zwei Porträts hin: das von Federico und das seiner Rüstung. Es handelt sich hierbei um eine mailändische Rüstung, in der die Wissenschaftlerin den Stempel der Werkstatt Missaglia zu erkennen glaubt. Battisti (1971, II, S. 512, Anm. 435) veröffentlichte die Meinung von Boccia und von Coelho, die Rüstung sei zwischen 1450 und 1460 entstanden, jedoch nicht später als 1460, da sie einem älteren Typus angehört als die Rüstung, welche Federico im Gemälde des Berruguete trägt. In den erwähnten Intarsien sind in einem halbgeschlossenen Schrankfach zwei Rüstungen Federicos zu sehen. Neben dem Helm findet sich auch das Schwert des Altarbildes. Battisti vertrat ferner die Meinung, Federico wurde im Altarbild mit derselben Rüstung präsentiert wie im Votivrelief in San Francesco in Mercatello sul Metauro (M. Aronberg Lavin, 1969, Abb. 4), welches auf das Jahr 1474 datiert. In Wirklichkeit sind jedoch deutliche Unterschiede festzustellen.

Dem Studierzimmer sowie dem Porträt des Fürsten, das ihn als lesenden Gelehrten zeigt, eignete primär repräsentative Funktion. Die Darstellung der Privatsphäre des Herrschers war eines der zentralen Themen der Zeit. Erinnert sei nur an die Hunde, welche im Fresko in Rimini das Gebet ihres Herrn Sigismondo Pandolfo Malatesta bewachen, an die Scharen von Philosophen, Theologen und Dichtern, welche in den Gemälden des Justus van Gent und des Berruguete den studierenden Für-

sten zu bestaunen hatten, oder an die geradezu intime Atmosphäre der *Camera degli Sposi* von Mantegna in Mantua. Signorini (*Opus hoc tenue. La Camera Dipinta de Andrea Mantegna, Lettura storica iconografica iconologica,* Mantua 1985) dokumentierte den zweifachen Sinn des Zimmers: einmal als Privatgemach, dann als Repräsentationszimmer. Er verweist diesbezüglich auf noch vorhandene Haken, die vermutlich zum Anbringen eines Baldachins dienten. Im Jahre 1470 empfing Ludovico Gonzaga in diesem Raum die Gesandten des Galeazzo Maria Sforza, des Herrschers von Mailand (S. 118 u. 308, doc. 8). Fünf Jahre später – der Fürst litt an einer Entzündung am Fuß – veranlaßte Ludovico, »in der *Camera Depincta* zu decken, da dies für alle am bequemsten sei« (S. 305, Dok. 21); einige Monate später beklagte Gian Galeazzo, daß Ludovico den Kaiser und den »König der Dazier« im Zimmer darstellen ließ, »zwei der traurigsten Menschen der Welt« (S. 305–306, Dok. 23).

[19] M. Ferretti, 1982, Abb. 483. Der Brustpanzer in der Intarsie scheint der Rüstung anzugehören, die Federico im Altarbild trägt. Die Armpanzer stimmen indes nicht überein.

[20] Biblioteca Vaticana, Kodex Ottoboniano lat. 1305, darin: *Cronaca rimata delle imprese del duca Federigo d'Urbino* von Giovanni Santi (hrsg. v. H. Holtzinger, Stuttgart 1893; Neuedition 1985, hrsg. v. D. Michelini Tocci).

[21] Die Entdeckung der überklebten Textstelle ist das Verdienst von Roberto Papini (1946, II, Anhang, II, S. 277 ff.).

[22] G. Santi, *La vita,* hrsg. v. L. Michelini Tocci, S. XLVI ff., besonders LXXIX, Vers 152–153, Anm. 181.

[23] Um die amourösen Abenteuer Sigismondos rankte sich eine regelrecht ›schwarze‹ Legende; siehe hierzu die Untersuchungen von F. Gaeta in: *Studi malatestiani,* hrsg. v. P. J. Jones, Rom 1978, S. 159–196.

[24] M. Aronberg Lavin, 1969, S. 368. In San Domenico in Arezzo finden sich zumindest in drei Fresken aus dem 14. Jahrhundert Bewaffnete zu Füßen des Gekreuzigten, während die norditalienischen Beispiele bewaffnete Gläubige vor der thronenden Madonna zeigen.

[25] J. McAndrew, *Venetian Architecture of the Early Renaissance,* Boston 1980, S. 81–84.

[26] R. Dubos, *Giovanni Santi, peintre et chroniquer à Urbin,* Bordeaux 1971; G. Marchini, in: *Restauri nelle Marche, Testimonianze, acquisti, recuperi,* Ausstellungskatalog, Urbino 1973, S. 269–70. Vergleiche M. Aronberg Lavin, 1967 und 1969. Im Bild des Giovanni Santi spiegelt sich das verzerrte Bild des Herzogs Giovan Francesco Oliva in der Rüstung des hl. Georg.

[27] Siehe besonders M. Meiss, 1966, S. 205. Es wurde immer wieder die Vermutung geäußert, die Madonna des Altarbildes trage die Züge der verstorbenen Herzogin. In Wirklichkeit entsprechen die Gesichtszüge einem Madonnentypus, wie ihn Piero bereits in den Fresken in Arezzo in Anwendung gebracht hatte und wie er sich auch auf der Tafel in Senigallia, dem Polyptychon in Perugia und dem Bild – von Gehilfen Pieros ausgeführt – in Williamstown wiederfindet. Lediglich die Madonna der *Geburt Christi* bricht mit diesem Gesichtstypus. Sie ist eher porträthaft angelegt. Murray verwies mit Nachdruck auf den konservativen Charakter der Ikonographie Pieros. Diesbezüglich gab auch die Figur des Apostels neben Federico Anlaß zu lebhaften Diskussionen. Am wahrscheinlichsten ist die These, es handle sich um den Evangelisten Johannes. Damit hätte Piero die beiden Heiligen des gleichen Namens wie in der berühmten *Maestà* im Lateran aus dem 14. Jahrhundert in einem Bild vereint. Nur Aronberg Lavin (1969, S. 371) glaubt, in dieser Figur den hl. Paulus zu erkennen, der jedoch nur selten in einem so fortgeschrittenen Alter dargestellt wurde (siehe hierzu ein vermutlich von Marco di Oggiono geschaffenes Bild in der Brera). Während Johannes der Täufer auf das »fleischgewordene Wort« deutet, führt der Evangelist das heilige Buch mit sich. Auf dem tiefblauen Ledereinband glänzt ein Stern. Dieser liegt auf einer Horizontalen, welche den Stern, die Augen des Fürsten und den Zeigefinger des Täufers miteinander in Beziehung setzt. Auch darin offenbart sich Pieros Kontemplation der Fleischwerdung des Wortes.

[28] R. Lightbown, *Andrea Mantegna,* Mailand 1981, S. 203 ff., 457–458. Auf Seite 203 schildert der Autor die Ereignisse, welche dem Altarbild vorausgehen. Paolucci (1989, S. 75) nahm an, daß es sich wie bei der *Pala della Vittoria* auch bei der *Pala Montefeltro* um ein Votivbild handelte: das Bild von Mantua für den Sieg von Fornovo, das Bild in Urbino für den Sieg von Volterra. Diese These ist jedoch nicht beweisbar. Für Aronberg Lavin (1969, S. 370) präsentiert sich im Bildnis des Federico kein Schutzsuchender, sondern vielmehr »a strong, selfsufficient agent. It is he who offers protection«.

[29] P. Toesca, *Storia dell' arte italiana,* I, *Il medioevo,* Turin 1927, S. 1146; ebd., *Il Trecento,* Turin 1952, S. 912; H. Hahloser, *Das venetianische Kristallkreuz im Bernischen Kunstmuseum,* in: *Jahrbuch des Bernischen Historischen Museums,* XXXIV, 1954, S. 35 ff. Das Beispiel venezianischer Goldschmiedekunst, welches uns der hl. Franziskus vorführt, veranlaßt uns, ein weiteres venezianisches Element zu berücksichtigen, dem im Hinblick auf die Gesamtkonzeption des Altarbilds zentrale Bedeutung zukommt. Das Motiv der Jungfrau, die über dem schlafenden Jesuskind betet, ist keine Erfindung Pieros. Es ist vielmehr venezianischen Ursprungs. Zumindest seit dem Jahre 1450 war es fester Bestandteil des Motivrepertoires der Gebrüder Vivarini, wie das Polyptychon der Certosa von Bologna zeigt (heute in der Pinakothek der Stadt: R. Pallucchini, *I Vivarini,* Venedig o. D., S. 30–31, 108–109. Abb. 90–91. Der große Altar (ca. 4 x 3 m) wurde von Papst Nikolaus V. in Auftrag gegeben, um damit des Kardinals Niccolò Albergati zu gedenken (die Widmung, vermutlich vom Papst selbst verfaßt, nennt das Polyptychon explizit ein *monumentum*). Die Brüder Antonio und Bartolomeo Vivarini ließen sich vermutlich von einer Komposition des Antonello da Messina inspirieren, in der die Madonna gemeinsam mit dem wachen Jesuskind auf ihren Knien betet (Houston, Museum of Fine Arts, Pallucchini, op. zit., Abb. 40). Sie präsentierten das Jesuskind hingegen schlafend. Das Motiv wurde von den Vivarini in der Folge häufig verwendet. Wir finden es im Polyptychon des Bartolomeo aus dem Jahre 1464 für Ca' Morosini (Pallucchini, op. zit., Abb. 149), im Altarbild von Capodimonte, ebenfalls von Bartolomeo, aus dem Jahre 1465 (Pallucchini, op. zit., Abb. 150); im Jahre 1476 übernimmt es Alvise Vivarini für das Polyptychon von Montefiorentino. Der Ursprung des schlafenden Jesuskindes fällt in den Umkreis der *Madonna dell' umiltà* (Antonio Vivarini, Tafeln im Museum Davia Bargellini, Bologna, Pallucchini, op. zit., Abb. 74, sowie in amerikanischem Privatbesitz, Pallucchini, op. zit., Abb. 73).

Für die Gebrüder Vivarini implizierte das Studium des nackten schlafenden Kindes den Übergang von der Gotik zur Renaissance. Das Altarbild von Bartolomeo Vivarini aus dem Jahre 1465 korrespondiert auffällig mit Pieros Darstellung: es wiederholen sich die Lage des Kopfs auf dem gebogenen Arm, die Umrißlinie des anderen Arms, welche die Körperlinien widerspiegelt, sowie die auf der Hüfte ruhende Hand. Da der Ellbogen des linken Arms im Polyptychon der Morosini vom Körperprofil unterbrochen ist und somit noch deutlicher der Interpretation Pieros entspricht, ist der Schluß naheliegend, daß weder der eine noch der andere der beiden erwähnten Altäre das Vorbild für Pieros Bild repräsentierte, sondern vermutlich eine dem Werk des Bartolomeo Vivarini ähnliche Arbeit. Das von Bartolomeo im Jahre 1475 gefertigte Polyptychon (Pallucchini, op. zit., Ab. 171) beweist zudem, daß der Künstler die Trans-

formationen sehr wohl kannte, welche Piero dem alten Familienmotiv der Vivarini angedeihen ließ. Das Kind liegt nicht mehr starr auf dem Rücken wie in den früheren Bildern, sondern ist entsprechend der Pieroschen Konzeption auf eine Körperseite gedreht, so daß sich der linke Arm hinter dem Körper findet, teilweise von diesem verdeckt wird, bevor er sich auf der Hüfte wieder mit ihm vereint. Dieser Wandel im Werk des Bartolomeo bestätigt erneut, daß Pieros Werk um das Jahr 1475 bereits eine geraume Zeit existierte. Das schlafende Jesuskind ist seit langem ein zentrales Moment bei der kritischen Auseinandersetzung mit dem Altarbild der Montefeltro. Auf die erste Untersuchung von G. Firestone (*The Sleeping Christ-child in the Renaissance,* in: *Marsyas,* II, 1942, S. 43 ff.) folgten noch zahlreiche weitere, die bei Battisti (I, 1971, S. 516, Anm. 457) zusammengefaßt sind. Zu Recht verwies Shearman (1968) auf das Polyptychon des Antonio Alberti aus dem Jahre 1439, das sich heute im Palazzo Ducale in Urbino befindet. Meiss (1954) erinnerte an die Verbreitung des Themas insbesondere in der Ferrareser Malerei. Hier wurde indes versucht, die Herkunft der erwähnten Stilmittel zu verfolgen. So hat es den Anschein, daß man von Piero verlangte, sich auf ein bestehendes Werk im Umkreis der Gebrüder Vivarini zu beziehen.

[30] B. Ligi, *Il convento e la Chiesa dei minori conventuali,* Urbino 1972, S. 9 ff.

[31] P. Rotondi, 1947.

[32] Die diesbezüglichen Folgerungen von Rotondi (1947) und Meiss (1966) konnten durch neuere Forschungsergebnisse widerlegt werden (Sangiorgi, 1973). Das Altarbild sollte so lange in San Donato bleiben, bis die neue Kirche vollendet war. Meiss (1966, S. 199) nimmt an, das Altarbild sei zunächst für San Donato bestimmt gewesen. Dagegen spricht indes, daß der Kirchenpatron im Altarbild nicht vorkommt.

[33] E. Battisti, 1971, I, S. 352.

[34] Im Jahre 1587 sah Bernardino Baldi, der Verfasser einer biographischen Abhandlung über Federico *(Vita e fatti di Federigo di Montefeltre duca di Urbino),* das Holzmodell des Rundtempels, der als Mausoleum der Fürstenfamilie konzipiert war (P. Rotondi, 1947, S. 194; 1950, S. 294–296, 444; 1969, S. 194; F. Sangiorgi, 1976, S. 43).

[35] N. Reynaud, 1991.

[36] Im Gegensatz zu Pieros rechtwinkeligem Gemälde war die von Timoteo Viti für San Bernardino gemalte Altartafel geschweift. Schon diese Tatsache deutet darauf hin, daß die beiden Gemälde nicht für denselben Raum bestimmt waren (vgl. *Raffaello e Brera,* Ausstellungskatalog, Mailand 1984, S. 61–63). Siehe diesbezüglich auch Battisti (1974, S. 267 bis 282) und H. Burns (ebd., S. 304). Die Zeichnung 245 der Uffizien ist abgebildet in Battisti (1974, CXXVIII, Abb. 18).

[37] Siehe hierzu Davies und Snyder (1970).

[38] Der *Dragomanni*-Altar in Arezzo steht an der Grenze zwischen der Vermischung von realer und gemalter Architektur, zwischen Liturgie und Fiktion.

[39] Meiss (1966, Abb. 5) und Shearman (1968, S. 181) verwiesen in diesem Zusammenhang auch auf ein weiteres Fresko des Neri di Bicci, das sich im Kloster San Pancrazio in Florenz befindet. Es zeigt den thronenden Heiligen, von Mönchen umgeben, in einer kuppelbekrönten Kapelle. Diese Darstellung geht vermutlich auf ein bedeutsameres florentinisches Modell zurück (Shearman erwähnt ein Gemälde des Filippo Lippi). Es zeigt indes deutlich die durch die perspektivische Wissenschaft aufgeworfenen Problempunkte: im Vergleich zu den Figuren wirkt das Gebäude klein. Giovanni Santi sollte sich in der Folge an Pieros Konzeption orientieren. Er präsentierte eine entfernte Kirchenrückwand, vor der er die Figur des hl. Domenikus aufbaute (Museo del duomo, Urbino). Die Tafeln der Gebrüder Angelo und Bartolomeo degli Erri in der Kirche San Domenico in Parma markieren ein Zwischenstadium auf dem Weg zu Piero. Der im Vergleich zu den Figuren immer noch relativ kleine Innenraum ist nur partiell sichtbar (D. Benati, *La bottega degli Erri e la pittura del Rinascimento a Modena,* Modena 1988, S. 69 ff.).

[40] Obwohl Meiss (1966, S. 198) darauf hinwies, daß sich der Betrachter von der Architektur eingeschlossen fühlt (»the observer senses that he is enclosed by them«), erkannte erst Shearman die große Entfernung zwischen Betrachter und Architektur. Federico agiert als Vermittler zwischen den Heiligen und dem Betrachter.

[41] Siehe hierzu C. Bertelli, in: *Festschrift Buddensieg,* Veröffentlichung in Vorbereitung.

[42] Marcella Sorteni war mit der Restaurierung des Altarbildes in der Brera betraut. Sie hatte die geniale Idee, bei der Rekonstruktion des perspektivischen Plans des Gemäldes von der klaren Gewölbestruktur auszugehen. Sie untersuchte das Bild in der Folge äußerst detailliert. Leider verstarb sie, ohne ihre Untersuchungen zu Ende führen zu können. Sie waren Gegenstand einer Ausstellung in der Brera anläßlich der Restaurierung des Gemäldes. Die hier veröffentlichten schematischen Darstellungen gehen auf ihre Zeichnungen zurück. Sorteni beschränkte sich auf die Architektur, wie sie sich im Bild darstellt, und versuchte nicht, eine komplexe Struktur zu rekonstruieren, wie etwa Ugolini (1985), der von einem bestimmten Basilika-Typus ausging. Ebenfalls unrealistisch erscheint die Auffassung von Maltese (1974), der annahm, Piero habe sich ein Gipsmodell der Architektur angefertigt, wobei sich im Falle der Lichteffekte beim Transfer der Situation vom Modell auf das Gemälde Fehler eingeschlichen hätten.

[43] J. Shearman, 1968. Shearman vermutet, Piero habe die Figuren des hl. Bernhardin und des hl. Petrus Märtyrer der ursprünglichen Bildentwurf nachträglich hinzugefügt. Die Restaurierung konnte indes zeigen, daß sie von Anfang an vorgesehen waren. Auch Paolucci (1989, S. 76) äußerste die Ansicht, die beiden Heiligen seien nachträglich ins Bild eingefügt worden. Seines Erachtens hätte man sie in einem Altarbild, das für eine Franziskanerkirche bestimmt war, nicht derart in den Hintergrund gedrängt.

De Prospectiva Pingendi – Sehen und Malen

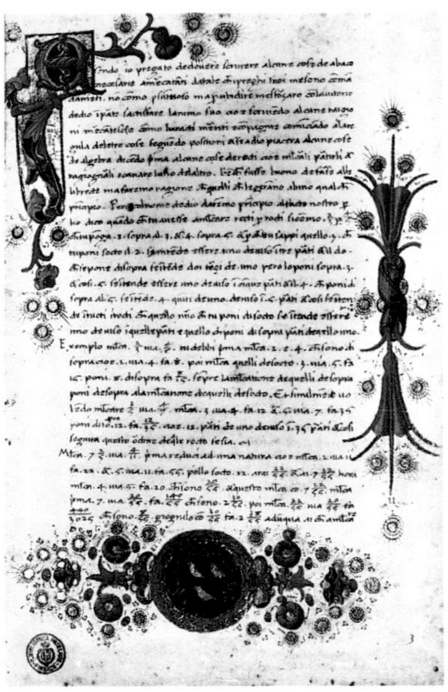

137 Erste Seite von Pieros Rechenbuch (Trattato dell'abaco). Florenz, Biblioteca Laurenziana, Cod. Ashburnham 359, fol. 1 r.

Auch wenn die *Pala Montefeltro* mit dem für die sienesische Kunst des 14. und 15. Jahrhunderts so bedeutsamen Bildtypus der ›Maesta‹ noch vergleichbar ist, so erneuerte Piero in seinem Altarbild das religiöse Thema doch grundlegend, indem er die aktuelle politische Situation mit einbezog. Er präsentierte den gewappneten Herrscher, der sich dem Schutz der Jungfrau und der Heiligen anvertraut (S. 213). Damit waren gleichzeitig auch die Sicherheit und der Wohlstand der Untertanen gewährleistet. Die politische Anspielung unterstrich des weiteren der Rückgriff auf das von Luciano Laurana für die Fassade des Palazzo Ducale verwendete Motiv des Triumphbogens, welches auch die Architektur des Altarbildes dominiert. Indem sich Piero gerade auf diese Triumphbogenstruktur konzentrierte, verdichtete er die Bedeutung des Motivs und die symbolische Verbindung zum Palast. Die Muschel und das enigmatische Ei verleihen der Architektur den nötigen sakralen Charakter.

In einer der originellsten Passagen des Traktats *De prospectiva pingendi* verweist Piero darauf, daß die visuelle Wahrnehmung von Objekten ab einem bestimmten Winkel derart beeinträchtigt ist, »daß der Verstand diese Objekte nicht mehr erfaßt und nur noch einen aus der Ferne gesehenen Fleck wahrzunehmen vermag, wobei es ihm nicht mehr möglich ist, zu unterscheiden, ob es sich um einen Menschen oder ein anderes Lebewesen handelt«.[1] Daher ist es konsequent, daß nur jene Objekte ins Bild aufgenommen werden, welche klar und deutlich erkennbar sind und somit den Regeln der Perspektive unterworfen werden können, während undeutliche Objekte ausgeschlossen werden.

H. Damisch unterstrich in seiner Untersuchung insbesondere folgenden Aspekt: Die von Piero aufgezeigten Abweichungen sind weder physiologisch noch optisch bedingt; vielmehr sind sie das Ergebnis der geometrischen Projektion der Objekte auf die Bildebene.[2]

Nur die Veränderung der Blickrichtung garantiert ein klares Bild der Extrempunkte des Sehfelds. Doch jede Bewegung des Auges führt zu unterschiedlichen Blickwinkeln und somit zu unterschiedlichen Wahrnehmungen der Objekte. Mit Pieros eigenen Worten ausgedrückt, »zeigen sich alle Dinge, werden sie aus verschiedenen Winkeln gesehen, ganz unterschiedlich«. So formieren sich »verschiedene Seheindrücke«. Die Malerei nun entscheidet sich für einen einzigen dieser Seheindrücke.

Die Wahl des Ausschnitts im Fall des Altarbildes der Montefeltro ist somit nicht vom Zufall diktiert, sondern durch die Kompatibilität der Elemente des Bildes bedingt, die der Blick klar und deutlich zu erfassen vermag und die auf der Bildebene aufeinander abgestimmt werden können.

Die grundlegende Norm, welcher sich die Bestandteile der Darstellung unterzuordnen haben und welche ihre geometrische Wertigkeit bestimmt, bezeichnet Piero in erster Linie mit dem Begriff der ›commensuratio‹ (Angleichung, Abstimmung). Mit der Absicht, seinen theoretischen Erörterungen noch mehr Klarheit zu verleihen, weicht er auch auf den Begriff ›prospectiva‹ (Perspektive) aus.[3] Piero betrachtete die Mechanik des Sehens zweifelsohne nicht isoliert, sondern analysierte sie in Verbindung mit der bildlichen Darstellung der optischen Erfahrung. Die perspektivische Darstellung war für ihn nicht eine Ermessensfrage, sondern eine eindeutige Wissenschaft.[4] Anderenfalls wäre Malen und Darstellen ein privater, unvermittelbarer Vorgang. Für ihn jedoch basierte die Möglichkeit der Kom-

munikation auf der generellen Erkenntnis der Entsprechung von wahrgenommenem Objekt und dargestelltem Objekt. Es ist in jedem Fall von Bedeutung, daß sich Piero zur Bezeichnung der geometrischen Projektion eines Objekts auf die Ebene für ›commensuratio‹, die lateinische Entsprechung des von Vitruv benutzten griechischen Ausdrucks ›symmetria‹, entschied, und den Begriff ›prospectiva‹ – aus dem Bereich der Optik – als sekundäres Synonym verwendete. Es hat den Anschein, als hätte Piero das Bedürfnis verspürt, die eigene geometrische Konstruktion von allen Relikten der mittelalterlichen Wissenschaft freizuhalten, um vielmehr den rationalen, nicht aber den empirischen Charakter seiner Studien zu betonen.

Das Auge ist nur ein Punkt, in dem die Linien zusammentreffen, die von den Extrempunkten der Objekte ausgehen. Natürlich sind sowohl Punkt als auch Linien unsichtbar, nur intellektuell erfaßbar. Und dennoch existieren sie, haben eine ihnen eigene »Kraft«, und »die Malerei ist nichtig, wenn sie nicht den Beweis für die Existenz der Oberflächen und der verkleinerten oder vergrößerten Körper auf der Fläche erbringt«, auf der Schnittfläche also, auf welcher Oberflächen und Körper »gemäß den von den Augen wahrgenommen wirklichen Dingen plaziert sind, sich jedoch unter veränderten Winkeln präsentieren«.[5]

Malerei wird somit, was die Analyse der Bezüge zwischen der Darstellung auf der Bildebene und den optisch wahrgenommenen Objekten betrifft, als ein intellektueller Prozeß aufgefaßt. Um diese intellektuelle Qualität unter Beweis zu stellen, mußte sie sich der praktischen Aspekte entledigen, wie sie sich in der Organisationsform der Künstlerwerkstatt überlieferten, gegen die bereits Alberti argumentiert hatte, aber auch der puren Intuition entsagen.

Indem sich Piero auf die projizierten Formen konzentrierte, wie sie auf der Ebene des Bildes erschienen, ging er noch einen Schritt weiter als Euklid oder Alberti. Er bewies die Existenz einer geometrischen Verbindung zwischen den wahrgenommenen Größen und demonstrierte die Möglichkeit, diese Verbindung auf die Ebene zwischen dem Auge und dem Objekt zu übertragen. Beschränkte sich Euklid im VIII. Kapitel seines großen Traktats zur Optik auf die Aussage, daß gleiche Quantitäten in unterschiedlicher Entfernung vom Auge nicht reziprok proportional wahrgenommen werden, da sie unter verschiedenen Winkeln auf das Auge treffen, so führte Piero (Kap. I, XII des Traktats) in die euklidische Modellvorstellung die Projektionsebene ein und konnte so nachweisen, daß jene Größen umgekehrt proportional wahrgenommen werden.[6]

Auffällig ist die Plazierung dieses Abschnitts im Traktat. Er findet sich dort, wo die Ausführungen zu den auf der Ebene dargestellten Oberflächen enden und Piero das Problem ihrer perspektivischen Darstellung in Angriff nimmt. Die Aussage wird überdeutlich, wenn wir die Wortfolge im Original leicht abändern: »Man muß vom gegebenen Blickpunkt aus die entsprechende Oberfläche auf die Bildfläche projizieren.«[7]

Pieros Vorstellung der Perspektive gestaltete sich im Kontext der geometrischen Beziehungen zwischen Auge, Abbildungsebene und abzubildender Fläche, wobei er zwei Darstellungsmöglichkeiten miteinander verglich: die orthogonale und die perspektivische Projektion. Unter orthogonaler Projektion verstand Piero die Darstellung eines Objekts »in seiner eigentlichen Form«.[8] Von dieser Darstellungsform gelangt man zur »verkürzten Form«, daß heißt, zur perspektivischen Darstellung,

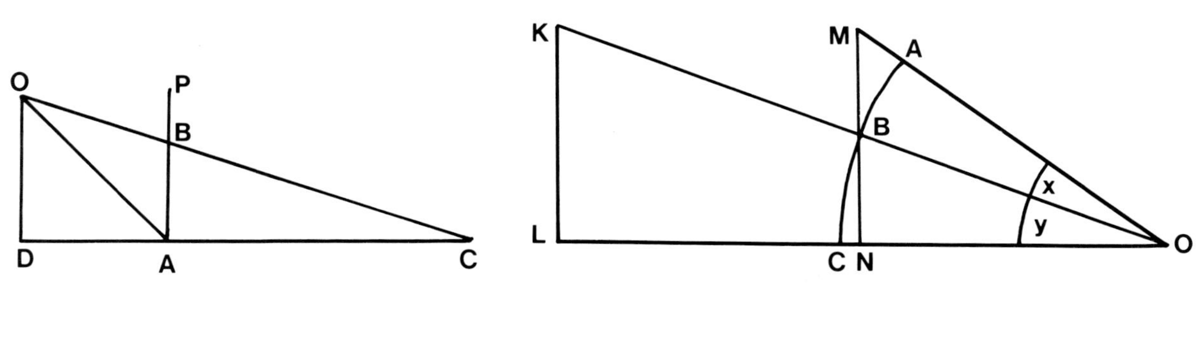

138 Links: Proportionales System der perspektivischen Verkürzung nach Piero della Francesca.
O = *occhio* (Auge), C = Objekt hinter der Abbildungsebene, PA = Abbildungsebene, DC:AC = OD:BA
Rechts: Euklidische Darstellung der perspektivischen Verkürzung von Objekten in unterschiedlichen Entfernungen. Obwohl das Objekt KL vom Punkt O aus kleiner erscheint als MN, so ist die Verkürzung hinsichtlich der sich ergebenden Winkel dennoch nicht proportional. ON:OL ≠ BC:AC (≠y:y+x) (Darstellungen nach M. Kemp)

indem man die Punkte der Oberfläche im Grundriß mit einem Punkt O verbindet, der das Auge des Betrachters darstellt. Der euklidische Lehrsatz von den Ecken ermöglicht ein normatives, unfehlbares System zur Übertragung von Oberflächen auf eine Vertikalebene, wobei das verkürzte Bild der entsprechenden Oberfläche entsteht. F. Ghione bemerkte hierzu: »Dahinter verbirgt sich die Idee, ein Objekt nicht als solches in seinen eigentlichen Qualitäten zu beschreiben, sondern aufgrund der verschiedenen Sehweisen und Darstellungsmöglichkeiten, die wir von ihm haben.«[9]

Piero war kein Schriftsteller. Sein Traktat ist weder ›narrativ‹ noch ›rhetorisch‹ konturiert.[10] Er verspürte nicht das Bedürfnis, den trockenen, nüchternen Text schönen zu müssen. Schon der Text seines Rechenbuchs belegt, daß es Piero faszinierend fand, von Algebra und Trigonometrie zu sprechen, ohne sich dabei jedoch zu sehr vom Modell der antiken Autoren zu entfernen. Der Traktat präsentiert sich als eine Abfolge von Lehrsätzen und verzichtet im großen und ganzen auf rhetorische Elemente. Die didaktische Strategie des Werks ist indes verblüffend. Auffällig ist ferner, daß der Text weder eine Rechtfertigung seiner selbst anstrebt, noch den Leser mit strengen Vorschriften konfrontiert. Piero ging es ferner nicht darum, über Malerei im allgemeinen zu sprechen, sondern einen seines Erachtens grundlegenden Aspekt der Malerei darzulegen. Dabei war er akribisch darauf bedacht, die Beschränkungen nicht zu überschreiten, welche er sich selbst auferlegt hatte.

Diese rigorose Position schloß jedoch Polemik keineswegs aus, die sich primär gegen zwei Gruppen von Künstlern und Theoretikern wandte: gegen jene, die nicht verstanden hatten, daß perspektivische Malerei in erster Linie die Möglichkeit bot, den Bereich des Bildes genauer zu bestimmen und zu begrenzen – eben auf die Bildfläche zwischen dem Betrachter und dem Objekt, auf die jene Linien treffen, welche das Auge mit dem Objekt der Wahrnehmung verbinden –, und gegen jene, welche die Perspektive generell ablehnten.

Die Kenntnis der Gegenspieler Pieros ist in gewisser Weise abhängig von der Datierung des Traktats. Im Kapitel über das Leben Pieros wurde in Anbetracht der Widmung von einer Datierung um die Jahre 1469–1470 ausgegangen. Doch der Entstehungsprozeß des Werks dauerte zweifelsohne wesentlich länger. Als Piero zu Beginn der fünfziger Jahre sein Rechenbuch verfaßte,[11] verfügte er bereits über weitreichende Kenntnisse auf den Gebieten Trigonometrie und Algebra. Zudem hatte er sich schon damals mit den Theorien des Euklid bestens vertraut gemacht. Die in Rom geknüpften Kontakte zu Leon Battista Alberti, Nicolaus Cusanus, Bessarion und Francesco del Borgo hatten sicherlich großen Einfluß auf die Systematisierung seiner theoretischen Überlegungen. Die Geschichte der Kritik zieht ihre Schlüsse vornehmlich aus dem Vergleich eines Werks mit einem anderen und vergißt auf diese Weise meist die biographischen Daten. Pieros Werk sollte daher nicht einzig und allein mit dem im Jahre 1435 von Leon Battista Alberti verfaßten Malereitraktat verglichen, sondern es sollten insbesondere auch die persönlichen Treffen der beiden am Hofe von Papst Pius II. berücksichtigt werden. Alberti selbst weist uns darauf hin, daß das Wenige, was er im Jahre 1435 zu Papier gebracht hatte, längst nicht alles sei, und man wesentliche Aspekte im Freundeskreis ausführlich diskutiert habe. Wir wissen zudem, daß er im Verlauf seines Lebens immer wieder auf sein Jugendwerk zurückgriff, um es zu überarbeiten und zu vervollkommnen.[12] Hinsichtlich der Persönlichkeit des Francesco del Borgo ist die Tatsache von Interesse, daß er eine lateinische Ausgabe der mathematischen Schriften des Archimedes besaß, welche in die Bibliothek von Urbino gelangte, für die auch Pieros Traktat bestimmt war. Dieser Aspekt belegt zudem, wie nicht nur die philosophisch-philologischen, sondern auch die mathematischen Zeugnisse der Antike im 15. Jahrhundert zunehmend bekannt wurden.[13]

B. Citati konnte zeigen, daß sich Lorenzo da Lendinara, der Piero »wie ein Bruder« nahestand, bei den zwischen 1461 und 1465 geschaffenen Intarsien im Dom von Modena an einigen der von Piero im Traktat propagierten Thesen orientierte.[14] Der Verweis auf die Meister der Intarsienkunst ist äußerst erhellend. Piero schrieb, daß »einige anführen, die nicht erfahren sind in dieser Wissenschaft, daß beim Übertragen des Plans und dessen Verkürzung mittels der Einheit der Armlänge das Ergebnis länger erscheint als die unverkürzten Teile«, daß ihnen also die verkürzte Seite eines Polygons länger

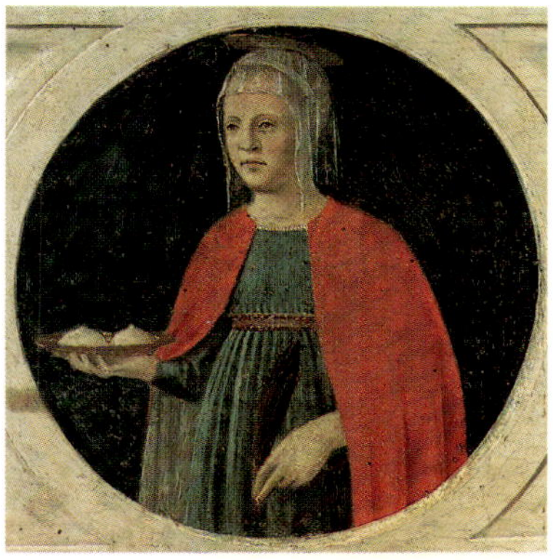

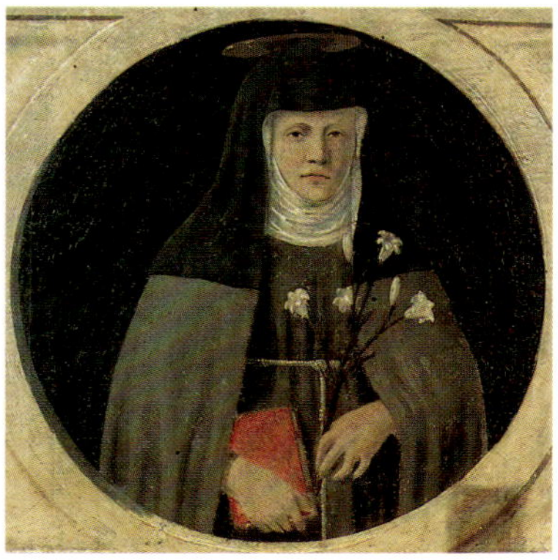

139 Die hl. Klara und die hl. Agatha, Predella-Bildfelder des Polyptychons des hl. Antonius. Perugia, Galleria Nazionale dell' Umbria

erscheint als die visuell erfaßte Seite. Dies geschehe, »weil jene weder die Entfernung zwischen dem Auge und der Fläche, auf die die Objekte gesetzt werden, verstehen, noch sich darüber bewußt werden, daß das Auge an sich in der Lage ist, mit seinen Strahlen den Blickwinkel zu vergrößern«.[15]

Die perspektivischen Darstellungen in den Studierzimmern von Gubbio und Urbino sind gute Beispiele dafür, daß beim Entwurf die Distanz des Betrachters von der Darstellungsebene außer acht gelassen wurde. Vergeblich suchen umgestürzte Sessel, halbgeöffnete Türen und scheinbar zufällig zurückgelassene Objekte die Unmöglichkeit einer korrekten illusionistischen Darstellung in den unteren Bildzonen zu verschleiern.[16] Vermutlich war es also kein Zufall, daß man nicht Piero, sondern Justus van Gent mit der Fertigstellung des Studiolo in Urbino beauftragt hatte, und daß der Fürst nicht Piero, sondern Pedro Berruguete damit betraute, die Arbeit des Justus van Gent in der Folge zu ›korrigieren‹.[17]

Piero liefert uns noch einen anderen Hinweis auf die von ihm kritisierten Meister. Sie konstruierten ihre Perspektiven auf der Basis von nach Armlängen unterteilten Achsen, das heißt, sie greifen auf das von Ghiberti und Leon Battista Alberti propagierte System der symmetrischen Unterteilung der Grundlinie in gleichlange, eben armlange Abschnitte *(bracci)* zurück.[18]

Diese Indizien lassen auf die Position schließen, die Piero – und vermutlich auch Laurana – im Kontext der künstlerischen Vorhaben des Fürstenpaares einnahmen, wobei sie anscheinend zumindest von den Aktivitäten des Fürsten selbst nicht immer überzeugt waren.

Pieros Schrift richtete sich jedoch insbesondere gegen diejenigen, welche die Bedeutung der Perspektive grundsätzlich negierten: »Viele Maler verachten die Perspektive, weil sie die Bedeutung der Linien und der Winkel nicht verstehen.«[19] Nachdem Giovanni Boccati in Urbino seine *Galerie bedeutender Persönlichkeiten* gemalt hatte, war es um das Jahr 1470 eher unwahrscheinlich, daß Piero auch nur einen der italienischen Maler von den Vorteilen der Perspektive überzeugen mußte. Seine polemischen Äußerungen richteten sich vermutlich primär gegen Justus van Gent.

Der Helm im Altarbild der Montefeltro belegt eindeutig, daß sich Piero den flämischen Spezifika keineswegs unterwarf, sondern sich vielmehr auf dem äußerst komplexen Gebiet der Lichtreflexion mit ihnen zu messen suchte. Der verbeulte Helm mit seiner unregelmäßigen und gekrümmten Oberfläche lieferte dazu ein ideales Motiv. Der Schulterpanzer mit seinem dreifachen Lichtreflex verweist zudem auf einen Lehrsatz des Heron von Alexandria, den Piero direkt oder indirekt über Philopon kennengelernt haben mußte.[20] Der Lichtreflex des außerhalb des Bildes befindlichen Fensters zeigt sich zuerst am gekrümmten Rand des Schulterpanzers und kehrt neben dieser markanten Zeichnung als gedämpfter Lichtschein wieder. Wir können somit den Verlauf der Lichtstrahlen und die progressive Abnahme ihrer Intensität genau verfolgen. Die zweite, matte Reflexionsmarke auf dem Schulterpanzer bezeichnet den Blickpunkt beziehungsweise die Augenhöhe des Betrachters. Damit entspricht Pieros Lichtführung den von Heron bewiesenen Gesetzmäßigkeiten. Die Rüstung Federicos funktioniert gleichsam als Demonstrationsmodell der Reflexionstheorie. Sie ist vergleichbar mit der Bedeutung der regelmäßigen geometrischen Körper im Bildnis des Luca Pacioli.[21]

In stets neuer Form fungiert jedes Schmuckstück des Altarbildes als Studie eines Refraktions- oder Reflexionsproblems. In jedem dieser Mikrokosmen offenbart sich eine wissenschaftliche Entdeckung. Die farbenprächtige Transparenz der Perlen, Rubine und Kristalle kontrastiert zur matten Dichte und zur farblichen Neutralität des Eis.

Nochmals zurück zum Helm. Er ist dem Betrachter zugewendet. Das heruntergelassene Visier suggeriert die Vorstellung eines dahinter versteckten Gesichts, eines Blicks. Dabei handelt es sich um einen abstrakten, irrealen Blick, der jedoch als Indiz dafür interpretiert werden kann, daß die richtige Position des Bildbetrachters eben gerade diejenige ist, die der irreale Betrachter unter dem Helm einnimmt, um auf uns zu blicken.

Auch die Lichtspiegelungen auf dem Schulterpanzer sind im Bezug zu dem Raum angelegt, den der Bildbetrachter einzunehmen hat. Philopon formulierte erstmals die Regel: Wenn sich in einem Spie-

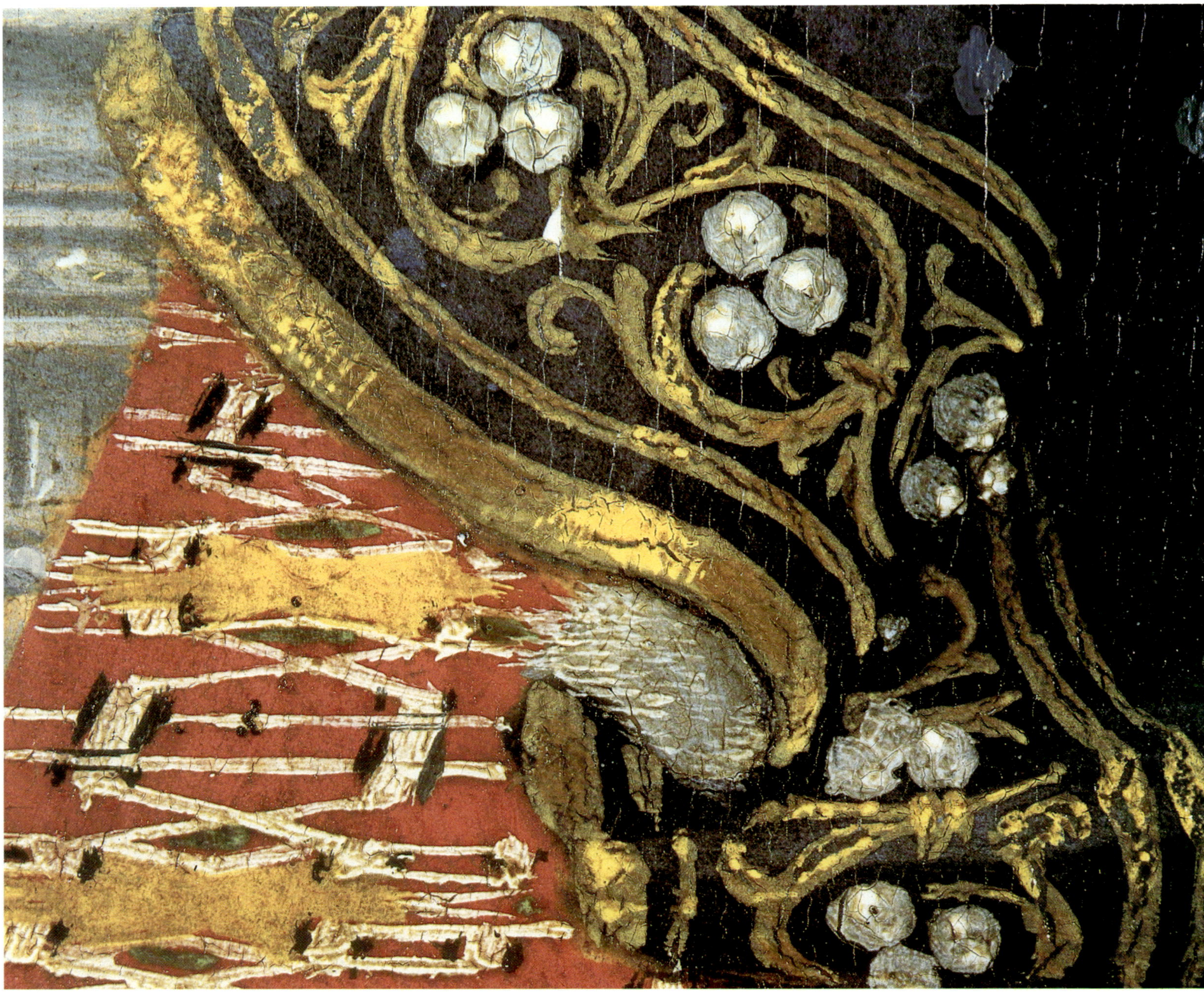

140 Pala Montefeltro (Detail).
Mailand, Pinacoteca di Brera

gel Objekte abzeichnen, die wir nicht direkt sehen, bilden die Strahlen des Objekts zum Spiegel denselben Winkel wie die reflektierten Strahlen zum Betrachter.[22] Die These wird unter anderem auch von Lukrez bestätigt.[23] Das Bild des Fensters im Altarbild trifft also auf den Schulterpanzer und wird von dort unter demselben Winkel auf das Auge des Betrachters übertragen. Vermutlich hatte Piero im Entwurf für das Bild sowohl die Position des Fensters als auch des Betrachters genau festgelegt und zugleich die Höhe des Fensters berechnet.

Obgleich Pieros Traktat ohne die Thesen Albertis undenkbar ist, so ist es doch bestechend, wie es ihm gelang, auf Distanz zu seinem Vorbild zu gehen. Selbst der lexikalische Vergleich offenbart Pieros Autonomie. Sein Text basiert direkt auf der lateinischen Euklid-Übersetzung[24] und übernimmt in keinem Punkt die Thesen Albertis. Betrachten wir diesbezüglich etwa Pieros Definition des Punkts: »puncto è la cui parte non è« (ein Punkt ist [etwas], von dem es keinen Teil gibt). Bei Leon Battista Alberti heißt es hingegen: »novisse oportet punctum esse signum, ut ita loquar, quod minime queat in partes dividi« (man soll wissen, daß der Punkt ein Zeichen ist, welches nicht teilbar ist). Die Formulierung bei Euklid lautet: »punctus est cuius pars nulla« (ein Punkt ist [etwas], von dem es keinen Teil gibt).[25]

Die rigorose Reduktion auf Aspekte, welche ausschließlich die Malerei betreffen, führte dazu, daß Piero weit klarer argumentieren konnte als sein Vorgänger Alberti. Aufschlußreich hierfür ist der Passus über die Sehpyramide, in dem Alberti urplötzlich das Beispiel des Chamäleons anführt: »[...] die mittleren Strahlen (der Pyramide) [...] verhalten sich wie das Chamäleon, von dem man sagt, daß es die Farbe der ihm nächsten Gegenstände annimmt. Von der Oberfläche, an der sie sich brechen und zum Auge gehen, übernehmen sie Farbe und Licht, und wo immer man sie anhalten würde, so würden sie doch diese Farbe und dieses Licht mit sich führen«.[26]

Piero indes differenziert exakt zwischen den Problemen des Lichts, der Farbe und der Perspektive. »Die Malerei«, so schreibt er, »beinhaltet drei prinzipielle Bestandteile, die wir Zeichnung, Maßverhältnisse und Farbe nennen. [...] Wir geben den Dingen die Farben, in denen sie sich zeigen, helle oder dunkle, je nach dem Licht, das sie aussenden.«[27]

Und in der Folge erklärt er: »Von diesen Teilen gedenke ich nur von den Maßverhältnissen zu sprechen, die wir auch Perspektive nennen, wobei einige Aspekte der Zeichnung mit einfließen [...]; die Farbe behandeln wir nicht.«[28]

Auch Albertis Metapher vom Fenster (»wo ich ein rechteckiges Viereck malen muß, [...] das ich als offenes Fenster interpretiere«) erscheint in den Abhandlungen Pieros weit präziser. Piero bezeichnet die Ebene, auf die er die Umrisse der ›verkürzten‹ Objekte zu transferieren gedenkt, nicht als Viereck. Der entscheidende Aspekt für ihn sind die Entfernungen dieser eingeschobenen Ebene vom Auge des Beobachters und vom abzubildenden Objekt.

Doch ist es zweifelsohne richtig, daß für Leon Battista Alberti die vom ›Fenster‹ bezeichneten Begrenzungen noch eine andere Bedeutung hatten. Sie bestimmten in dessen Konzeption die menschliche Figur, deren Maß und deren Proportionen. Die Armlänge fungierte als Maßstab für die Abschnitte, in welche »die Linie unter dem Viereck« zu teilen ist.[29] Die verwendeten Begriffe – Fenster, Fußboden – und besonders das Bedürfnis, jede Konstruktion auf die Maßverhältnisse der menschlichen Figur zurückzuführen, charakterisieren sehr gut Albertis eigentliches Anliegen: »Das Ziel des Malers ist die Darstellung einer Geschichte; Teil der Geschichte sind die Körper; Teil der Körper sind die Glieder; Teil der Glieder sind die Oberflächen.«[30]

In der Seitentafel des Polyptychons der *Schutzmantelmadonna* mit dem hl. Sebastian entspricht die Dreiteilung der Figur der ›Armlänge‹, welche dem Raster zugrunde liegt, nach dem der gesamte Altar proportioniert ist (s. Abb. 24).

Doch nachdem Piero sein ausschließlich mathematisch orientiertes Rechenbuch verfaßt hatte, wandte er sich Schritt für Schritt von jeglichem Antropomorphismus ab. In den Lehrsätzen des Traktats erscheint der Mensch nur noch im Zusammenhang mit der perspektivischen Darstellung des Kop-

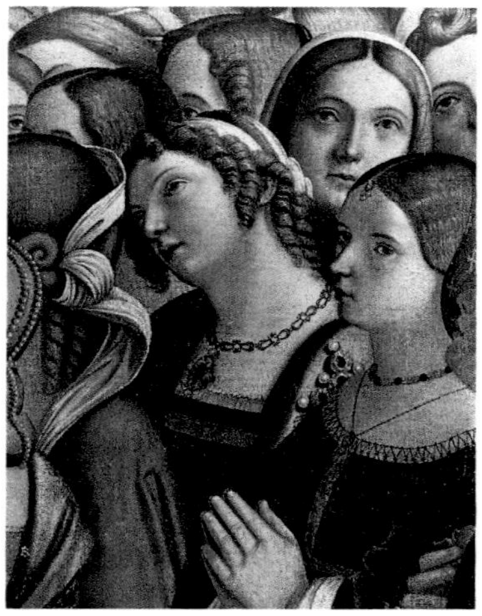

141 Vittore Carpaccio, Verherrlichung der hl. Ursula (Detail). Venedig, Galleria dell' Accademia.

fes. Dieser wird aufgefaßt als komplexes Volumen, das in dünne Schichten unterteilt werden kann. Jede dieser übereinander angeordneten Ebenen kann nun perspektivisch verkürzt werden. Es handelt sich dabei um dasselbe Verfahren, das Piero auch für die perspektivische Darstellung der Haartracht[31] und anderer komplexer Volumen empfiehlt.

Die perspektivische Darstellung fungiert bei Piero jedoch auch als ein Mittel, die Dramatik der Erzählung, oder mit den Worten Albertis ausgedrückt, der »Geschichte« zu steigern.

Lenkten früher die hierarchischen Proportionen die Aufmerksamkeit des Betrachters auf das zentrale Ereignis der Darstellung, so konzentrierte die perspektivische Verkürzung das Interesse auf das entfernte Ereignis, welches auf die Bildebene übertragen wurde. Dies zeigt sich etwa in zahlreichen Zeichnungen von Jacopo Bellini, dessen Versuche Piero vermutlich während seines Ferrara-Aufenthalts kennengelernt hatte.[32] Auch Matteo di Giovanni, ein Landsmann von Piero, blieb, obwohl seine Malerei grundsätzlich ganz andere Tendenzen zeigte, nicht unbeeindruckt von den narrativ-perspektivischen Strategien des venezianischen Meisters.[33]

Die räumliche Tiefe ermöglichte ferner die simultane Darstellung verschiedener Ereignisse in einem Bild, ein Phänomen, mit dem sich bereits Ghiberti in der Paradiesestür des Baptisteriums in Florenz intensiv auseinandergesetzt hatte.

In der *Geißelung Christi* (S. 185) präsentieren uns die verschiedenen Bildebenen, auf denen die Protagonisten angesiedelt sind, drei Epochen der Geschichte: die Epoche des Kaisers Tiberius, die des Kaisers Hadrian und die des Kaisers Konstantin. Die heraldischen Verweise auf der Gartenmauer im Bildhintergrund stellen zudem den Bezug zur unmittelbaren Gegenwart her. In der Lünette mit dem *Tod Adams* in Arezzo (S. 187) ist das Zusammentreffen zwischen Seth und dem Engel in die Entfernung des Bildhintergrundes gerückt. Die Geschichte entwickelt sich zeitlich progressiv zunächst von der Kapellenrückwand nach vorne, dann von rechts nach links. Im *Sieg Konstantins über Maxentius* verleiht die ruhige Flußlandschaft dem präsentierten Geschehen seine epische Größe: der Kaiser überschreitet den Tiber und besetzt kampflos Rom. In der gegenüberliegenden *Schlacht zwischen Heraklius und Chosroës* ereignet sich die Szene der Hinrichtung des Choroës, welche die Geschichte beschließt, im Vergleich zur Schlacht selbst in größerer Entfernung (S. 191). Dies beweisen die verkürzteren Proportionen der Figuren und die durch die Luft wirbelnden Hinterhufe des hintersten Kampfrosses. Hinter diesen Hufen erstreckt sich der Raum der Hinrichtungsszene.

In den Geschichten in Arezzo offenbart die perspektivische Darstellung die Bewegung der Handelnden, das Fließen oder Innehalten der Erzählung. Nur die Kreuze sind den perspektivischen Fluchtlinien nicht untergeordnet und scheinen sich gerade deshalb in kontinuierlicher Bewegung zu finden. Sie sind gleichsam das aus dem unmittelbaren Kontext der Szenen losgelöste übergeordnete Zeichen der Geschichte.[34] Die Zeichnungen des Traktats beweisen, mit welcher Freiheit Piero den menschlichen Kopf aus den verschiedensten Blickwinkeln analysierte (Abb. 144). Auch in der *Kreuzeslegende* in Arezzo stoßen wir immer wieder auf gleiche Profile, die aus verschiedenen Blickwinkeln gesehen wurden. Piero war der einzige mittelitalienische Maler, der stets den einheitlichen Charakter der dargestellten Geschichten akzentuierte. Seine Figurengruppen haben z. B. nichts mit denen eines Benozzo Gozzoli gemein, bei dem die physiognomische Differenzierung die gestische Monotonie vergessen macht. Paolo Uccello hingegen reduzierte seine unscheinbaren Kämpfer mit ihren aufsteigenden oder zu Boden gestürzten Pferden gleichsam zu perspektivischem Spielzeug, um die Figur des Helden zur Geltung zu bringen. Piero zögerte indes nicht, denselben Gesichtstypus mehrmals zu wiederholen, so daß sich letztendlich selbst das Gesicht des Heraklius nicht mehr von dem seiner Krieger unterscheidet.

Unter Pieros Zeitgenossen ist wohl nur noch Jean Fouquet anzuführen, dem ähnlich komplexe Darstellungen homogener sozialer Gruppen gelangen. Diesbezüglich sei nochmals an die von O. Pächt illustrierten Kontakte zwischen Jean Fouquet und Jacopo Bellini in Ferrara erinnert.[35] So läßt sich eine Gemeinsamkeit zwischen Piero und Jacopo Bellini ausmachen, die auf gemeinsamen Vorbedin-

gungen basiert: War jener Zeit seines Lebens von den Mosaiken in Ravenna tief beeindruckt, so wuchs dieser in einer Stadt auf, die nach wie vor vom byzantinischen Geist geprägt war. Vittore Carpaccio, ein venezianischer Maler, auf dessen Abhängigkeit von Pieros perspektivischen Grundlagen bereits verwiesen wurde, sollte sich noch Jahre später der Erzähltechnik der Fresken in Arezzo erinnern; er konzipierte seine Figurengruppen als Einheit gleicher Einzelelemente, vergleichbar den Ähren eines Kornfelds, die sich nur durch ihre Neigung im Wind unterscheiden.[36] Diese objektivierende Behandlung wird jedoch bei den anonymen Kleindarstellern angewandt und betrifft nicht die Hauptdarsteller der Geschichte. Sowohl im Polyptychon der Schutzmantelmadonna als auch im Fresko der *Auferstehung Christi* setzte Piero sein Selbstporträt den Deformationen der perspektivischen Verkürzung aus. Dieser Prozeß führt dabei zur Nivellierung der Gesichtszüge und vermindert die Möglichkeit, ihre individuellen Merkmale zu erfassen. Es ist daher nur konsequent, daß Piero bei den Figuren, die in thematischer Hinsicht erkennbar sein mußten, diese Darstellung vermied.

Eine besondere Behandlung hinsichtlich ihrer Erkennbarkeit erfuhren jene Gestalten, für die eine traditionelle Ikonographie existierte. Schon Masaccio hatte in seinem *Dreifaltigkeits*-Fresko in Santa Maria Novella in Florenz die beiden wichtigsten Figuren, also Christus und Gottvater, nicht der Perspektive unterworfen. In ihrer Majestät entziehen sie sich den Regeln, welche den perspektivischen Aufbau des Bildes bestimmen. In analoger Weise ist die Figur des auferstandenen Christus in Pieros Fresko in Sansepolcro ebenfalls nicht dem perspektivischen System der sie umgebenden Architektur untergeordnet. Sie erscheint im Kontext der Komposition als eine unabänderliche Größe, als ein konstantes, im Gedächtnis verankertes Bild. Damit beziehe ich mich auf ein kollektives Gedächtnis und verstehe meine These keinesfalls als Hinweis auf neuplatonische Vorstellungen. In seinen Schriften operierte Piero streng nach experimentellen und mathematischen Gesichtspunkten. Der Kontrast zwischen seiner intelligenten und verständlichen Prosa und der mystifizierenden Sprache, welche dem Traktat über die regelmäßigen geometrischen Körper des Luca Pacioli die Aura einer neuplatonischen Metaphysik verleiht, könnte wohl nicht größer sein.[37]

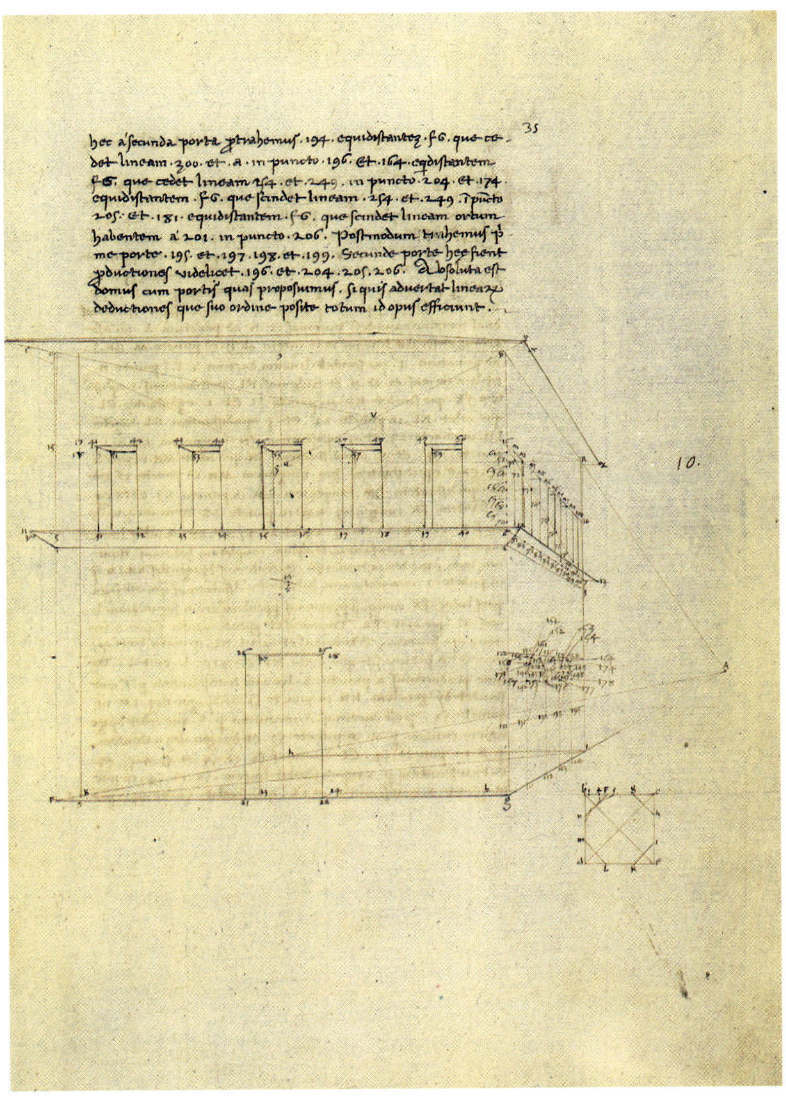

142 Seite aus: De prospectiva pingendi. Mailand, Biblioteca Ambrosiana, cod. S. P. 6 bis, fol. 25. v.

Pieros eher scheuer Umgang mit der von ihm selbst propagierten Vorstellung von der »Kraft der Linien und der Winkel« scheint mit einer uralten Tradition in Verbindung zu stehen, die auf Lukrez und Epikur sowie deren Vorstellung von der Großartigkeit des Weltenspektakels basierte.

Pieros Objektivität erklärt auch sein Interesse für das Landleben. Sicherlich kannte er die großen Wandteppiche von Ferrara und Rimini, in denen einfache Dorfbewohner, deren Status im Gegensatz zu den höfischen Lebensformen geadelt wird, die Freiheit des Lebens in der Natur repräsentieren.

Viele Gegenstände in Pieros gemalten Geschichten würden uns nicht auffallen, wären sie nicht durch ihre spezifische Farbgebung hervorgehoben: das Taufkleid Christi auf der Schulter eines der Engel in der *Taufe Christi* (Abb. 38), das rote Gewand des Gläubigen im *Hl. Hieronymus* in Venedig (Abb. 37), der rote Schal des Würdenträgers im Brokatgewand in der *Geißelung Christi* (Abb. 119), die Spiegelbilder der Jungfrau und des Kindes sowie der Rüstung Federicos auf der Oberfläche seines Helms im Altar-

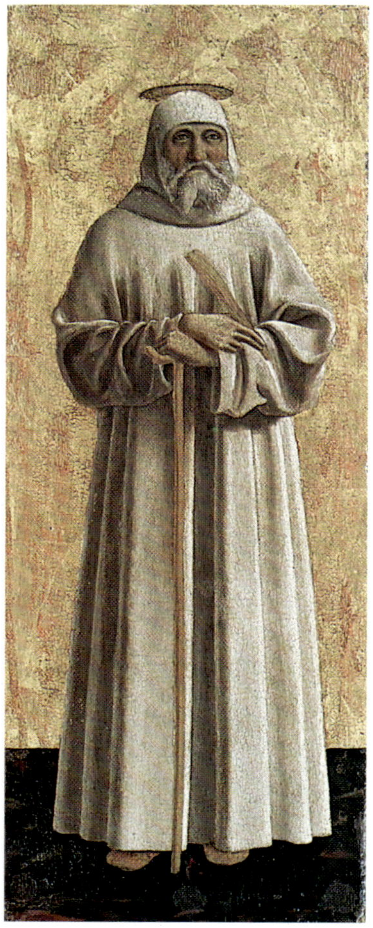

143 Hl. Romuald (?), Detail vom Polyptychon der Schutzmantelmadonna. Sansepolcro, Museo Civico

bild der Montefeltro (S. 213), die Porphyrflächen zwischen den Pilastern der Verkündigungsszene im *Polyptychon des hl. Antonius* (S. 216, XVI. 1).

Im Jahre 1450, dem Entstehungsjahr des *Hl. Hieronymus* in Berlin, übergab Domenico Veneziano seinen Auftraggebern in Arezzo eine bemalte Prozessionsfahne.[38] Das Werk ist leider verlorengegangen, so daß wir nur ahnen können, wie es insbesondere Pieros Wandel in der visuellen Konzeption der Landschaft motivierte, der in der Entwicklung vom *Hl. Hieronymus* zur *Taufe Christi* so deutlich zum Ausdruck kommt. Für die nachfolgenden Werke Pieros, die Fresken in Rimini und Arezzo, war diese Entwicklung von eminenter Bedeutung. Es war das sonnige Licht des Domenico Veneziano, welches Piero während seiner künstlerischen Entwicklung begleiten sollte. Wie im Fresko des Domenico Veneziano in der Cavalcanti-Kapelle in Santa Croce in Florenz, so füllen auch in der *Taufe Christi* wirklichkeitsnahe Landschaftsstücke die Freiräume zwischen den Figuren, fungieren gleichsam als Farbskalen wie etwa die Gewänder der Weisen, die sich im Fluß spiegeln.

Bereits R. Longhi wies auf die Wertigkeit hin, die der perspektivischen Darstellung hinsichtlich der chromatischen Vielfalt im Werk Pieros zukommt.[39] Die proportionale Gewichtung der optisch erfaßten Gegenstände impliziert die Proportionierung, die Dosierung ihrer Farbwerte. In dem Maße, wie sich die Formen der Gegenstände auf der Bildebene verändern, so sind auch die Farben der abgebildeten Oberflächen eigenen Regeln unterworfen, die durch die Bildtiefe definiert werden. Dies wird offensichtlich, wenn Piero durch die spiegelbildliche Umkehrung der Farben die Ähnlichkeit perspektivisch verkürzter Körper zum Ausdruck bringt. Erinnert sei diesbezüglich nur an die beiden Windhunde des Sigismondo Malatesta, an die Pferde der Königin von Saba im Fresko in Arezzo, an die Schlachtrosse in den Schlachtendarstellungen in denselben Fresken, an die gleichzeitige Vorführung der Vorder- und Rückseiten der Mäntel und Umhänge.

Pieros Farbgebung ist zunächst einmal leuchtend, sie präsentiert sich bevorzugt in der kontrastierenden Gegenüberstellung der Komplementärfarben Rot und Blau, wobei das Blau häufig ins Grüne oder Violette übergeht. Die Ausgewogenheit der *Pala Montefeltro* basiert auf der farblichen Abstimmung der beiden äußeren beziehungsweise vordersten Heiligen: Rot und Grün in der Figur des Evangelisten Johannes zum Hellblau und Ocker in der Figur des Täufers. Das Streben nach chromatischer Ausgewogenheit zeigt sich aber auch bereits im *Polyptychon der Augustiner.* Den unterschiedlichen Farbtönen im glänzenden Umhang der Figur des hl. Augustinus (S. 203, XII. 1) auf der äußeren linken Tafel steht das schwarze Gewand des hl. Nikolaus von Tolentin (S. 204, XII. 4) auf der rechten Tafel gegenüber. Das Gesicht und insbesondere die linke Hand des hl. Nikolaus offenbaren ferner die innovative Behandlung des Inkarnats. Die anatomischen Details weichen einer vom Licht diktierten Helldunkel-Modellierung. Es zählen nicht so sehr die Ausbuchtungen der Fingerknöchel an sich. Von Interesse ist lediglich, wie sie das einfallende Licht absorbieren. Die helleren und dunkleren Schichten scheinen gleichsam in der Materie selbst angelegt zu sein: kein *Chiaroscuro* im eigentlichen Sinn also, sondern eine Malerei, die sich aus der unmittelbaren Synthese von Licht, Schatten und Farbe entwickelt. Das Bildnis der *Ginevra Benci* von Leonardo steht dieser Entdeckung des Inkarnats als lebendiger Substanz sehr nahe.

Am deutlichsten zeigt sich diese neue Art des Malens in den vollendeten Partien der *Pala Montefeltro* und insbesondere in der Figur des Jesuskindes. Bereits R. Longhi verwies auf die »verzerrte Position des Kindes, in der die Plastizität des kindlichen Körpers mit einer an Leonardo erinnernden Prägnanz erfaßt ist«.[40] Doch es ist nicht nur die Körperposition, welche an Leonardo erinnert, sondern vor allem auch die leuchtende Haut des blonden Kindes, die von den Schatten liebkost wird. Die feinen Schattenspuren modellieren den Bauch, die kindlichen Falten der Schenkel, die Grübchen der Hände. Die Analyse der Methoden und der Ergebnisse der Ölmalerei auf der einen Seite und der Temperamalerei sowie der Freskomalerei auf der anderen Seite motivierte die italienischen Künstler zu Experimenten. Was Piero betrifft, so ging er aus der Schule eines äußerst experimentierfreudigen Meisters hervor.

Da alle anderen Freskenzyklen Pieros verlorengegangen sind, kann uns nur die Hauptchorkapelle in Arezzo Aufschluß über die großflächige räumliche Organisation seiner Malerei geben. Der Verzicht auf ein illusionistisches System aus Rahmenwerk und fiktiven Architekturen wird durch die einzigartige Aufwertung der Farbe in ihrer Ausdehnung über die Wandflächen aufgewogen. In Arezzo zeigt sich ferner, daß Piero nach neuen technischen Varianten suchte, um das traditionelle Verfahren der Wandmalerei zu vervollkommnen.

Das Wappen der Bacci ist das letzte Relikt des von Niccolò di Pietro Tedesco bemalten Kapellenfensters. Der Prophet und der Heilige in den Lünetten der Kapellenrückwand mit dem Fenster heben sich von einem blauen Hintergrund ab, der mit dem von Bicci di Lorenzo bemalten blauen Gewölbe und vermutlich ursprünglich auch mit der dominierenden Farbe des bemalten Glasfensters korrespondierte. Die helleren, leuchtenden Flächen des Himmels an den Seitenwänden erzielte Piero durch den Auftrag eines mit weiß gemischten Blautons. Für die von der Sonne erleuchteten Ränder der Wolken sparte er die entsprechenden Partien beim Malen des Himmels aus, so daß der weiße Putz sichtbar blieb. Es ist das überall gegenwärtige Blau des Himmels, welches die einzelnen Episoden der Geschichte miteinander verbindet. Sicherlich hätte auch eine fiktive Architektur als verbindendes Element in Anwendung gebracht werden können, doch verzichtete Piero ganz bewußt darauf, um die Darstellung nicht durch derartige Effekte unnötig zu verdichten und die Bezüge zwischen dem Betrachter und der Bildwand somit zu komplizieren.

Ganz unvermittelt treffen wir im unteren Register auf zwei parallelisierte Szenen, die scheinbar nichts miteinander zu tun haben und die uns dazu auffordern, nicht primär der präsentierten Geschichte zu folgen, sondern vielmehr nach dem darin verborgenen Sinn zu forschen. Die linke Darstellung, die *Verkündigung an Maria* (Abb. 86) wird durch einen von oben einfallenden Lichtstrahl erhellt, der an die Rückwand den Schatten des Gebäudes wirft, in dem sich Maria aufhält. Man kann sich des Eindrucks nicht erwehren, daß der Lichtstrahl seinen Ausgang vom monumentalen Holzkreuz nimmt, welches heute von der Decke der Kapelle hängt.

Der Traum Konstantins (Abb. 88), die gegenüberliegende Nachtszene, erneuerte die traditionelle Darstellung nächtlicher Erscheinungen grundlegend, wie wir sie aus einer Inkunabel des Taddeo Gaddi kennen.[41] Die wesentlichste Neuerung – zweifelsohne nicht die einzige – besteht in der Farbgebung. Das Bild setzt sich eigentlich nur aus grauen Massen zusammen, die sich vom ursprünglich mit weißen Sternen übersäten Himmel abheben. Lediglich das Zelt Konstantins und die Bettdecke sind farblich gekennzeichnet. Alle anderen Farbwerte erzeugt einzig und allein das Licht.[42]

Dem Zelt des Kaiser gebühren kaiserliche Farben: Goldgelb und Purpur. Die blitzartige Lichterscheinung aus der linken oberen Bildecke überstrahlt diesen Purpurton fast vollständig, der die ihm eigene Qualität nur in der Zone im Halbschatten offenbart, bevor er sich im Schwarz der Nacht zu verlieren scheint.

Im Freskenzyklus in Arezzo überrascht uns Piero mit verschiedenen kühnen technischen Experimenten. So finden sich etwa weiße Pferde, die nur aus der jungfräulichen Putzschicht bestehen, auf die Piero mit dem Pinsel einzelne Lichtreflexe und Schattenspuren auftrug; oder eine grüne Heerfahne, für die Piero keine Farbe im eigentlichen Sinn, sondern ein harzhaltiges Bindemittel verwendete. Ferner ist der Baldachin des Chosroës mit einer lackartigen Farbe gemalt, wie sie für die Tafelmalerei charakteristisch ist.

Der Zustand der Fresken ermöglicht es, noch weitergehende Aussagen über ihren Entstehungsprozeß zu formulieren. Schon während des Übertrags der Zeichnung vom Karton auf die Wand wurden auch die Farben festgelegt. Piero malte jedoch nicht vom Bildrand zum Zentrum hin, sondern umgekehrt, vom Zentrum zu den Rändern. An verschiedenen Stellen kommt heute der unbemalte Putz zum Vorschein, der den Eindruck erweckt, es handle sich um grelle Lichtreflexe. Dieser Eindruck bedarf indes einer Relativierung, denn Piero sparte diese Partien zunächst bewußt aus, um sie in der Folge mit Secco-Farben auszuführen. Aufgrund der abgefallenen Secco-Schichten präsentieren sich

heute zahlreiche Umrißlinien wie verdoppelt. Das in Boston aufbewahrte Fresko des *Herkules* (S. 193) gibt Aufschluß über wesentliche Aspekte der Pieroschen Freskotechnik: Eine hellere Randzone vermittelt die Vorstellung eines voluminösen Körpers. Es handelt sich dabei also nicht so sehr um ein technisches Verfahren, als vielmehr um eine stilistische Intention. Auch in der *Pala Montefeltro* finden sich zahlreiche Stellen, an denen die weiße Grundierung aufscheint. Da das Altarbild, wie schon erwähnt, von Piero nicht vollendet wurde, entdeckt man auch um Gegenstände ohne Volumen, etwa um die Ränder eines Gewandes, einen weißen Rand. Doch selbst in einem so ausgefeilten Gemälde wie im *Diptychon mit Federico da Montefeltro und seiner Gemahlin Battista Sforza* (S. 222/223) offenbart sich das analoge Prinzip. Der Hals Federicos ist kaum merklich verbreitert und bedeckt einen Streifen des blauen Himmels, während der entsprechend vergrößerte Kragen auf die weiße Grundierung trifft, da die angrenzende Landschaft noch nicht gemalt war. Zwischen der Landschaft und der Begrenzung des Kragens entdecken wir daher einen minimalen weißen Rand. Wenden wir nun unseren Blick auf die Grenzlinie zwischen Federicos Brust und der Zypressengruppe, die sich im Wasser spiegelt, so erkennt man auch hier einen hauchdünnen weißen Streifen. Analoges läßt sich ferner für die Grenzlinie zwischen Federicos rotem Hut und dem blauen Himmel anführen.

Es ist möglich, daß das Verfahren, die einzelnen Farbzonen wie in einer Intarsie zusammenzusetzen, mit den Gepflogenheiten der Freskomalerei in Zusamenhang stand, bei der es aufgrund der Festlegung des täglich zu bearbeitenden Wandbereichs äußerst schwierig war, die chromatische Kontinuität zu wahren. Und in der Tat behandelte Piero die Grenzen zwischen den einzelnen Tagwerken mit äußerster Sorgfalt, wie die Fresken in San Francesco und im Dom zu Arezzo sowie das Fragment des *Hl. Julianus* (S. 197) im Museum in Sansepolcro beweisen. Doch ist dieser rein technische Aspekt nicht hinreichend, die konsequente gedankliche Konzeption zu erklären. Die herrlichen Zeichnungen des Traktats, in denen jeder einzelnen Linie ihre spezifische Bedeutung zukommt, sind von größtmöglicher Klarheit und Rationalität geprägt. Insbesondere die Ausgewogenheit zwischen der Beschreibung der »gesehenen Sache« und seiner geistigen Analyse ist beeindruckend. Worauf Piero nicht einging, war jenes geheimnisvolle Medium, in dem sich die visuellen Strahlen bewegen. Die Idee, daß sie sich nicht im Nichts übertrugen, konnte Piero bei zahlreichen Autoren finden. So liest man etwa bei Cicero: »Die Luft sieht mit uns, hört mit uns, sendet mit uns Laute aus.«[43] Galenus sprach von der Luft als einem »visuellen Organ«, wenn sie von der Sonne beleuchtet wird.[44] Auch Lukrez betrachtete die Luft als das Medium, in dem die Bilder wandern, die zu unseren Augen gelangen.[45]

In der Landschaft im Diptychon der Uffizien berücksichtigte Piero eindeutig die Luft als Naturphänomen. Dabei handelt es sich nicht um die von Jan van Eyck in der in New York befindlichen *Kreuzigung Christi* so genial erfaßte Luftperspektive. Piero reagierte nicht auf die Realität, sondern unterzog seine Landschaftsansicht einer geistigen, rationalen Analyse. Bereits Lukrez formulierte die Beobachtung, daß die Luft die Ecken der Objekte unscharf macht und daß aus der Ferne gesehene Türme eher rund als quadratisch erscheinen.[46] Die durchdachte und geographisch genau definierte Landschaft im Diptychon korrespondiert mit der Bedeutung der gemalten Marmorinschriften und mit der Idee eines Triumphgemäldes generell (S. 223). Aus den Beschreibungen von Plinius wissen wir, daß geographische Anspielungen ein wesentlicher Bestandteil der antiken *›pictura triumphalis‹* (Triumphmalerei) waren.[47]

Im Gemälde *Maria mit Kind* für Senigallia *(Madonna di Senigallia)* verdichten sich die Fragen nach der Natur des Lichts. »Warum«, so fragte sich der griechische Philosoph Alexander von Aphrodisias, »können Gegenstände, die sich im Dunkeln befinden, von einem hellen Ort aus nicht gesehen werden. Und warum ist es umgekehrt möglich, von einem dunklen Ort aus die Objekte im Licht zu erkennen? Vielleicht ist die dunkle Luft weniger dicht und kann daher vom Blick nicht getroffen werden?«[48] Und Philopon, dessen Schriften Piero zweifelsohne kannte, reflektierte darüber, was das Licht sei, warum es, wenn es durch die Luft übertragen wird, nicht vom Wind beeinträchtigt wird, und warum das Licht, wenn es durch eine farbige Glasscheibe dringt, nicht auf die Luft färbt. Er folgerte daraus,

daß das Licht Energie ist, welche transparente Körper und Luft durchdringt, ohne sich damit zu vermischen noch seinen Zustand zu verändern.[49]

Daß Piero in diesen eifrigen Fragen jene mystischen Analogien gesucht hätte, welche nach Jahrhunderten wieder aktuell wurden und welche die moderne Ikonologie in der älteren flämischen Malerei zu erkennen glaubte, ist eher unwahrscheinlich. Das Werk Pieros, insbesondere seine Malerei, dann aber auch seine theoretischen Schriften, sprechen dagegen.

Erst Newton sollte auf diesen Fragen befriedigende Antworten präsentieren. Doch seit Poggio Bracciolini die Werke des Lukrez entdeckt und in Umlauf gebracht hatte, kam diesen Fragen neben ihrer wissenschaftlichen Bedeutung noch eine andere Qualität zu: Man schätzte sie als reinste Poesie.

Vielleicht kannte Piero das IV. Buch des Lukrez, auf das schon des öfteren hingewiesen wurde, durch die Übersetzung eines seiner humanistischen Freunde. Darin analysiert Lukrez die visuelle Wahrnehmung der Dinge.[50] Doch auch andere Passagen dieses Werks offenbaren überraschende Parallelen zur Malerei Pieros, etwa zur *Madonna di Senigallia* (S. 225).

Im Halbdunkel des Raums hinter der Tür projizieren die schräg einfallenden Sonnenstrahlen die Umrisse der runden Bleiglasplättchen wie verzerrte Würfelpunkte an die geöffneten Fensterläden. Die zwei durch das Doppelfenster diagonal in den Raum eindringenden Strahlenbündel vereinigen sich zu einem einzigen Lichtfeld. Dort wo sie zusammentreffen, ist der Lichtschein natürlich am hell-

144 Seiten aus: De prospectiva pingendi. Mailand, Biblioteca Ambrosiana, cod. S. P. 6 bis, fol. 81 r. und 82 v.

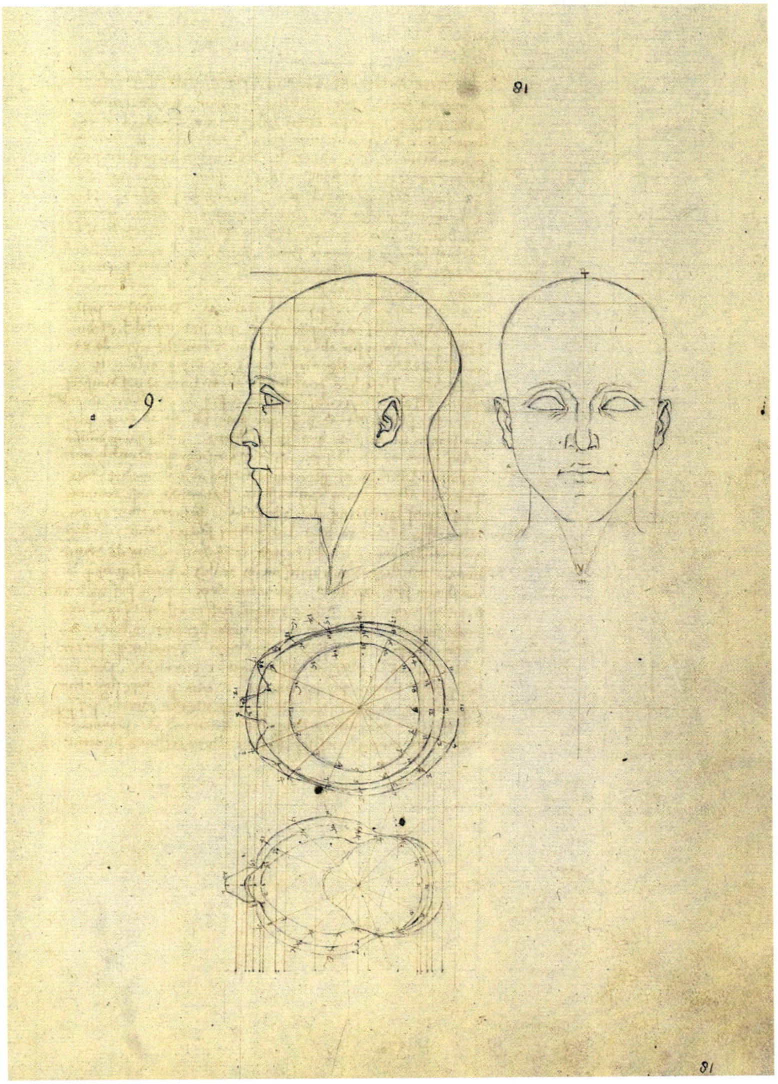

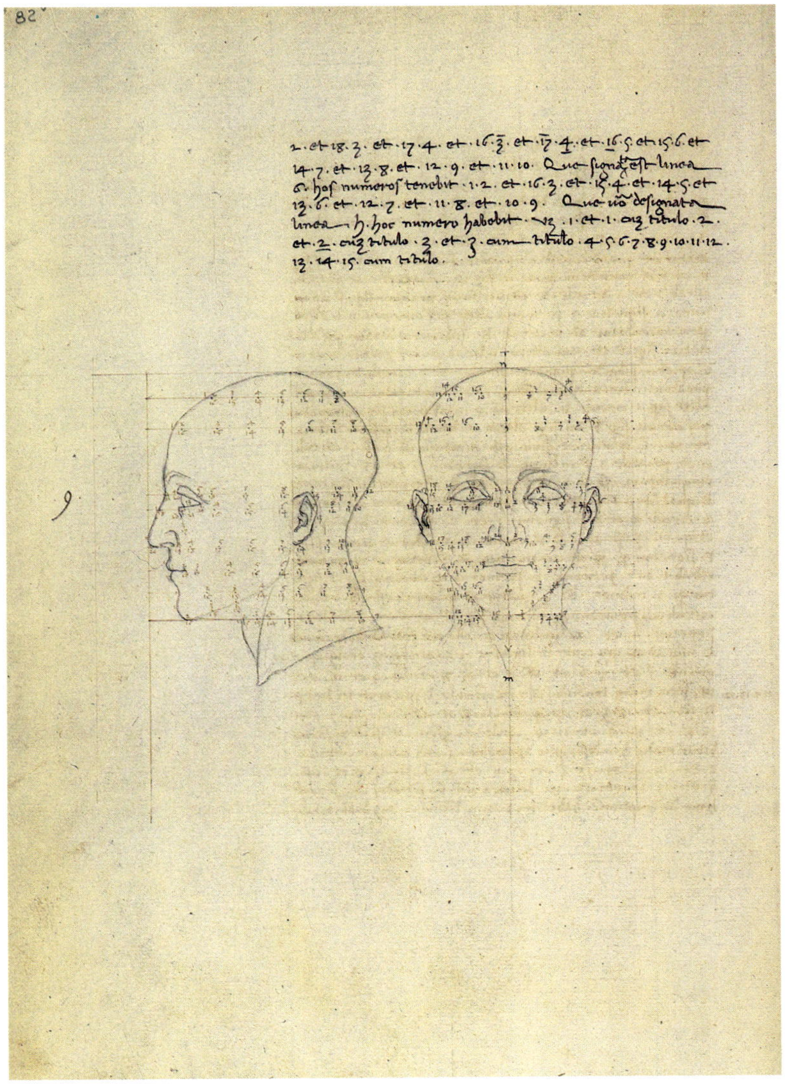

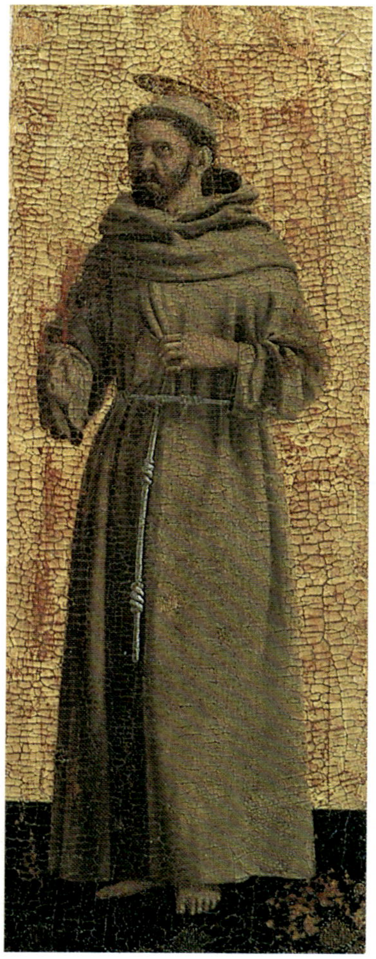

145 Hl. Franziskus, Detail vom Polyptychon der Schutzmantelmadonna. Sansepolcro, Museo Civico

sten. Über dem gebündelten Licht kann man deutlich jene Zone des Strahlenbündels ausmachen, welche nicht mit den übrigen Strahlen zusammenfällt. Endpunkt des vereinten Lichtbündels ist die Wand, die unmittelbar an die Fensterwand anschließt. An der Mauer zeichnet sich das Trapez des Fensters ab. Es leuchtet dort am hellsten und ist dort am klarsten definiert, wo das vereinte Strahlenbündel auf die Wand auftrifft, während es an den Stellen dunkler ist und weniger klare Umrisse zeigt, wo nur ein Strahlenbündel wirksam wird. Die durch das doppelte Fenster verursachte Zweiteilung des Lichts hat sich schließlich verloren, ist in der Entfernung zu einem einzigen Lichtschein verschmolzen. Auf dem Weg durch das Zimmer erzeugt das doppelte Lichtbündel je nach Entfernung vom Punkt des Eintritts mehr oder weniger intensive Lichtreflexe, etwa am Türrahmen oder an den Dekkenbalken im Zimmer.

Das Licht, welches in das Zimmer flutet, bewegt sich keinesfalls im leeren Raum. Unendlich viele Staubkörnchen erheben sich in die Luft und werden vom Licht markiert: ein Universum, wie es Demokrit beschrieb: unendlich viele Atome, die sich unaufhörlich bewegen. Vermutlich war dies das erste Mal, daß ein Künstler Staub zum Objekt der Malerei erkor.

Bereits Lukrez beschrieb im II. Buch seines Werks das Schauspiel der leuchtenden Staubkörnchen in einem lichtdurchfluteten dunklen Zimmer: »Sie mischen sich kontinuierlich, sie vereinigen und spalten sich, schließen sich zu Wirbeln zusammen, steigen und fallen, wie in einem Wettkampf oder in einer Schlacht nehmen sie zunächst Aufstellung, um sogleich auseinanderzustürmen.«[51]

Auch wenn Piero mit dem vom Licht verklärten Zimmer primär symbolische Intentionen verfolgte, wie sie ihm aus den in Urbino gesehenen Werken des Jan van Eyck bekannt waren, so ist diese dunkle Kammer doch primär aus anderen Gründen von Interesse.[52] Es handelt sich um eine kluge Analyse der Schattentheorie und der Ausbreitung des Lichts aus einer nicht punktförmigen Quelle. Es ist diese Analyse, welche uns den Schlüssel zum Verständnis der Gesamtkomposition in die Hand gibt, denn sie konfrontiert uns mit der Frage, wie weit die Figuren eigentlich vom Bildhintergrund entfernt sind. Ein winziges rotes Dreieck neben der äußeren Hüfte des linken Engels verweist auf die Existenz eines Terrakotta-Fußbodens. Das Kandelaber-Relief des Nischenrahmens verdeutlicht die ungefähre Höhe der Nische vom Fußboden. Sie wird sich in etwa in derselben Position befinden wie die Marmornische in der linken Predella-Tafel des *Polyptychons des hl. Antonius* (S. 216, XVI.2).

Somit können wir davon ausgehen, daß der Fußboden und die rückwärtige Wand mit der Nische in etwa auf der Höhe zusammenstoßen, die der Gürtel des rechten Engels markiert. Erst jetzt erkennen wir, daß sich der linke Engel weiter im Hintergrund befindet, dem geheimnisvollen Zimmer näher steht als sein rosaroter Begleiter. Nächtlich und beunruhigend der eine, frisch und heiter der andere. Da sie sich in einer gewissen Entfernung hinter der Madonna befinden, sind sie kleiner als die zentrale Figurengruppe. Ihre Augen liegen auf derselben Höhe wie die des Kindes. Ist der linke Engel im höfischen Gewand der Bewacher des dunklen Zimmers, so symbolisiert der andere das Leben, sichert das Leben des Kindes. Vielleicht hatte Piero die Darstellung des Engels der Nacht und des Engels des Tages in Sant'Apollinare Nuovo in Ravenna gesehen und unterbreitete hier seine Interpretation dieses Motivs. Dabei fand er zu einer bis dahin unerreichten Ausgewogenheit zwischen der Monumentalität des Ausdrucks, der theologischen Reflexion und der direkten Bezugnahme auf den Betrachter, der in den Extremen von Tag und Nacht, die Piero wie in antiken Sarkophagdarstellungen gegenüberstellte, auch die Anspielung auf ein individuelles Schicksal zu erkennen glaubt.

Die Gegenüberstellung der Grundfarben in den früheren Werken ist hier einer gemäßigteren Farbgebung gewichen. Zum Pfirsichrosa des rechten Engels kontrastiert das Aschgrau des linken Engels. Im Vergleich zu ihnen trägt Maria keinen Schmuck. Die graue Rückseite ihres Umhangs – ein von Piero seit jeher geschätztes Motiv – nimmt die zentrale Bildzone ein. Die Lippen der Figuren sind Zyklamrot und heben sich überaus markant gegen das blasse Ocker der Gesichter ab. Mit überraschender Brillanz durchbrechen unzählige schwefelgelbe Farbblitze den grau-bläulichen Gesamtton der Komposition. Von primärer Bedeutung ist ferner Weiß: die Rose und das Gewand des Kindes, die

Lichtspuren auf dem Schleier Mariens und den Tüchern im Korb in der Wandnische. Die kräftigen, energiereichen Lichtreflexe überlagern sich mit geradezu autonomer Potenz dem Gewebe des Gemäldes, generell allen Partien, bei denen Weiß auf Weiß trifft.

Nicht zuletzt deshalb entsteht der Eindruck, das Gemälde habe sich durch sukzessive Farbschichtungen konstitutiert. Dies belegt etwa das Gewand des Kindes, das in seiner Transparenz die Dimensionen des linken Arms erahnen läßt, das über den Schenkeln kaum merklich den Rotton des Kleides Mariens absorbiert und den schwarz-blauen Ton des Umhangs Mariens offenbart. Es hat den Anschein, als entwickele sich die Malerei aus den gelben Staubwirbeln, die das Licht im halbdunklen Zimmer im Hintergrund entfacht – Lichtreflexe, die sich der Malerei überlagern. Waren im *Polyptychon des hl. Antonius* erste Spuren dieses Verfahrens zu erkennen, so wurde es hier zum definitiven System erhoben.

Piero präsentierte mit diesem Gemälde eine vollkommen neue Auffassung von Malerei und insbesondere von Ölmalerei. Dem Bildsujet scheint trotz des kleinen Formats eine Bedeutung zu eigen, die gleichsam zur Präzision der Umrißlinie kontrastiert. Im erhobenen Arm des Kindes etwa tendiert die Malerei dazu, die Konturen aufzulösen, so daß es kaum noch möglich ist, zwischen Ober- und Unterarm zu unterscheiden. Diese satte, fast schon behäbige Stofflichkeit kennen wir auch aus den ersten Predella-Tafeln Raffaels.

Zweifelsohne faszinierte Raffael ein Gemälde wie die *Madonna di Senigallia*. Sowohl Piero als auch Raffael strebten nach einer Neubewertung beziehungsweise Erneuerung der Tradition. In der *Madonna di Senigallia* gelang Piero eine Synthese aus den unterschiedlichsten Traditionen und künstlerischen Tendenzen, wie sie auch Raffael intendierte. Das Thema der Ikone verbindet sich hier ganz unproblematisch mit dem Bildtypus des flämischen Andachtsbildes.

Schließlich soll nicht unerwähnt bleiben, daß Piero die perspektivische Struktur des Bilds gleichsam verschwieg. Die beiden Engel befinden sich scheinbar unmittelbar hinter der zentralen Gruppe der Madonna mit dem Kind, der Hintergrund scheint der ›Bildfläche‹ angenähert zu sein. Selbst die diagonalen Lichtstrahlen, welche das Zimmer in seinem linken Abschnitt erleuchten, reduzieren seine scheinbare Tiefe und nähern die Wahrnehmung des Gemäldes der Wahrnehmung eines Basreliefs an. Dabei erinnert die lineare Ausrichtung der Figuren hinsichtlich ihrer Höhe eher an ein römisches Grabrelief als an ein Relief des 15. Jahrhunderts.

Es gab Zeiten im Leben Pieros, in denen er über eine umfangreiche und vielbeschäftigte Werkstatt verfügte. Einige seiner Mitarbeiter hielten ihm noch lange Zeit die Treue. Einer von ihnen (nicht Giovanni di Piamonte) überarbeitete viele Jahre nach 1450 das kleine Gemälde des *Hl. Hieronymus* (Berlin) und vergrößerte das Bild. Ein anderer, Giuliano Amadei, vollendete das *Polyptychon der Schutzmantelmadonna* und zitierte im Jahre 1462 die Figur des Evangelisten Johannes aus dem *Polyptychon der Augustiner* für die Fresken in der Kirche San Marco in Rom.[53]

Alle, die mit Piero zusammentrafen, waren zutiefst von ihm beeindruckt: Antonello da Messina, Giovanni Bellini und besonders seine bedeutendsten Schüler, Luca Signorelli und Bartolomeo della Gatta. Die intellektuelle Spannung seines Werks war nur schwerlich innerhalb der handwerklichen Belange seines Berufs zu vermitteln. Seine vielbeachteten mathematischen Forschungen erfuhren in der neuplantonischen Verkleidung eines Luca Pacioloi zudem eine arge Entstellung.

Die Komplexität Pieros erkannte vielleicht erstmals Giovanni Santi. Dieser war im Jahre 1469 in Urbino Gast im Hause Pieros. Wiewohl Giovanni ein eher mittelmäßiger Maler war, nahm er doch an den großartigen Kunstentwicklungen in Urbino direkten Anteil. Um den Künstler Piero della Francesca zu definieren, kam ihm nur ein passendes Adjektiv in den Sinn: antik. Auch wir könnten kein würdigeres Epitheton anführen.

Anmerkungen

[1] Nicco Fasola, 1942, S. 98.

[2] H. Damisch, 1987, S. 322. Bezüglich des XXX. Theorems des ersten Buchs zur maximalen Winkelbildung, bei der eine unverzerrte visuelle Wahrnehmung noch gewährleistet ist, heißt es dort: »[...] et tel est en effet le paradoxe de la prospective que, du sensible au conçu, les positions puissent s' inverser«. Vgl. auch S. 315–321.

[3] Die Tatsache, daß er anstatt des Ausdrucks *prospectiva pingendi* den lateinischen Begriff *commensuratio* bevorzugte, hatte sicherlich seinen besonderen Grund. Vermutlich intendierte Piero damit, den intellektuellen Charakter seiner Untersuchung zu betonen und damit a priori dem Mißtrauen der Humanisten vorzubeugen. (G. Federici Vescovini, *L' importanza della matematica tra aristotelismo e scienze moderne in alcuni filosofi padovani della fine del secolo XIV,* in: *Aristotelismo veneto e scienza moderna, Atti del 25. Anno accademico del Centro per la storia della tradizione aristotelica nel Veneto,* hrsg. v. G. Olivieri, II, Padua 1983, S. 661–684, besonders ab S. 667). Hinter Pieros Wahl stand aber auch noch ein anderer, wesentlicherer Gedanke: *Prospettiva* bedeutete und bedeutet auch ethymologisch betrachtet nichts anderes als *ottica* (Optik), also das Studium der Modalitäten des menschlichen Sehens (D. Gioseffi, 1957, S. 6). Im 15. Jahrhundert nahm der Begriff eine neue Wertigkeit an: Erforschung der Modalitäten der Darstellung, wie Antonio Manetti, der vermeintliche Autor der *Vita di Filippo Brunelleschi* (Leben des Filippo Brunelleschi) anmerkte: »Noch in jener Zeit führte er die Wissenschaft theoretisch und praktisch ein, welche die Maler heute mit Perspektive bezeichnen« (vgl. M. Boskovits, 1962–1963). Dabei wurden drei Arten der Perspektive unterschieden: *prospettiva artificialis, grammica, pingendi* (D. Gioseffi, 1957, S. 6). *Commensuratio* ist die lateinische Entsprechung des griechischen Begriffs *symmetria* (Cesariano, fol. XIII: »questo uocabulo graeco quale licet non sia in uso apud latinos come dice Plynio: tamen significa la commensuratione« – dieses griechische Wort war bei Römern nicht gebräuchlich, wie Plinius sagt: jedoch bedeutet es soviel wie *commensuratione*). Die lateinische Entsprechung für *prospectiva pingendi* war das griechische Lehnwort *scaenographia.* Für Vitruv (I, II, 15) gehörte *scaenographia* neben dem Plan und der Orthogonalprojektion zu den drei Darstellungsmöglichkeiten eines Gebäudes. *Scaenographia* bedeutet soviel wie perspektivische Darstellung einer Projektion. Sie basiert auf dem Prinzip, daß sich alle Fluchtlinien in einem zentralen Punkt treffen. Der entsprechende Passus bei Vitruv lautet in der deutschen Übersetzung (*De Architectura – Baukunst,* übers. v. August Rode [1796], Zürich/München 1987, Bd.I, S. 25) wie folgt: »Der Grundriß *(Ichnographia)* ist eine, vermittelst Zirkels und Lineals nach verjüngtem Maßstabe – *modice* – verfertigte Zeichnung, welche die Einrichtung der Grundfläche eines Gebäudes zeigt. Der Aufriß *(orthographia)* aber ist die Abbildung der errichteten Fronte, nach verjüngtem Maßstabe und nach allen Verhältnissen des auszuführenden Gebäudes. Die Aussicht *(scaenographia)* endlich ist der Fronte und der abgehenden Seiten schattierte Zeichnung – *adumbratio,* – so daß alle Linien in Einem Augenpunkte – *centrum* – zusammentreffen.« Die modernen Vitruv-Übersetzer weichen ohne zu zögern auf den Begriff ›Perspektive‹ aus. Früher war man hier noch vorsichtiger. Der ital. Gelehrte Gioseffi übersetzte etwa folgendermaßen: »La scenografia è la rappresentazione *[simultanea]* della facciata e dei fianchi sfuggenti e la risposta di tutte le linee al centro di un cerchio« – scaenographia ist die [simultane] Darstellung einer Fassade und der Seitenwände, deren Fluchtlinien im Zentrum eines Kreises zusammentreffen. Der zweite Textabschnitt (Vitruv, VII, *Vorrede,* op. zit., Bd. II, S. 36) lautet: »So hat zuerst Agatarchus von Athen, als Äschylus seine Trauerspiele schrieb, die Szene gemalt und darüber eine Abhandlung hinterlassen. Hierdurch veranlaßt, haben Demokrit und Anaxagoras über dieselbe Materie geschrieben: wie nämlich Gegenstände dem Auge nach Verhältnis der Entfernung, bey einem gegebenen Gesichtspunkt, der Natur gemäß durch Linien dargestellt werden müssen; damit durch bestimmte Bilder unbestimmter Gegenstände in der Szenenmalerei Gebäude vorgestellt werden und auf einer geraden, ebenen Fläche gezeichnete Gegenstände hier zurückweichend, dort herausspringend erscheinen mögen.« Die beiden Passagen aus Vitruv gaben Anlaß zu heftigen Diskussionen, insbesondere seit Panofskys Untersuchung zur Perspektive (*Die Perspektive als symbolische Form,* in: *Vorträge der Bibliothek Warburg,* 1924–1925, Leipzig, S. 258–330). Das in Terracina 1977 zum Vorschein gekommene Sgraffito (C. Krause, 1985, S. 131–133) kann nun als erster echter Beweis des antiken perspektivischen Systems angeführt werden.

Piero wies in seinem Traktat darauf hin, daß neben Vitruv und Lukrez etwa auch Horaz auf die Perspektive einging (*De prospectiva pingendi,* 1942–1984, S. 129). Mit dem Begriff *commensuratio* glaubte Piero also, der verlorengegangen antiken Tradition nahezukommen. Da er eben kein Philologe war, interessierten ihn die antiken Autoren bezüglich ihrer Themen- und Problemwahl. Sein Werk ist sicher nicht so komplex und so systematisch wie Albertis Traktat. Es überwogen primär didaktische Aspekte. Sein mathematisches Interesse führte ihn zur Lektüre von Werken, die von den Humanisten weniger geschätzt wurden, etwa Euklid, von dem eine lateinische Übersetzung existierte, oder Damiano, von dem er wertvolle Hinweise zur visuellen Wahrnehmung von Bauwerken und ihre Proportionierung im Plan erhalten konnte (R. Schoene, *Damianos Schrift ueber Optik,* Berlin 1897, S. 28–30; vgl. E. Panofsky, 1924–1925, S. 297, Anm. 13; D. Gioseffi, 1957, S. 20, 133, Anm. 47). Nichts hätte dagegen gesprochen, den Begriff *scaenographia* anstatt *prospectiva* zu verwenden, hätte sich nicht das Theater seiner bemächtigt (R. Krautheimer, *The Tragic and Comic Scene of the Renaissance: the Baltimore and Urbino Panels,* in: *Gazette des Beaux Arts,* XXXIII, 1948, S. 327–346). Auch *symmetria* ging auf Vitruv zurück (I, II, 14 u. 17). Die Symmetrie ist einer der grundlegenden Konstituenten der Architektur – während *scaenographia* eine beschreibende Form (Vitruv benutzt den griechischen Terminus *idea*) der *dispositio* ist. Also ist *proportio* ein Synonym für *symmetria,* wie bereits Perrault (1761, S. 11, Anm. 9) feststellte, der in seiner Vitruvübersetzung auf den Begriff *symmetria* verzichtete, da das Wort im Französischen etwas anderes bedeutet als im Lateinischen und Griechischen (siehe F. Choay, *La Cité du Désir et la Ville Modèle,* Paris 1979). Zur Bedeutung von *symmetria* = *porporzione* in Pieros Traktat siehe Ausgabe Nicco Fasola, 1942, S. 64. Zum System der Oberflächenproportionierung in der *Geißelung Christi* siehe Kemp (1991, S. 31–33). Zur perspektivischen Darstellung allgemein siehe auch Lyotard (*Dérives,* Paris 1973, S. 232) und P. Hills (1990, S. 218).

[4] In den Schriften des griechischen Philosophen Proklos, die sich unter den 238 Handschriften befanden, welche Giorgio Aurispa nach Florenz brachte, wie Ambrogio Traversari in einem Brief vom 27. August 1424 berichtet (P. L. Rose, 1975, S. 28), findet sich der folgende Absatz: »[...] der Bereich der Optik, welcher die szenische Darstellung betrifft, untersucht, wie Gebäude zu zeichnen sind [...] er nützt dem Architekten, sein Werk gut proportioniert zu vollenden und durch die genauen Maße vor den Täuschungen des Auges sicher zu sein« (Schoene, 1897, S. 28–30; D. Gioseffi, 1957, S. 20). Piero verdeutlichte diese Täuschungen in seinem Werk des öfteren. In der Verkündigungszene im *Polyptychon des hl. Antonius* in Perugia, so zeigte Battisti (1971, I, S. 420–436, besonders S. 429–

432) durch die schematische Grundrißzeichnung, liegt genau eine Doppelsäule zwischen dem Erzengel Gabriel und der Madonna. Wohl wies diesbezüglich darauf hin, daß Piero nach der empirischen Methode vorging, das heißt, er ging von den zwei Entfernungspunkten aus, die jeweils gleich weit entfernt sind vom zentralen Fluchtpunkt, der auf derselben Horizontalen liegt. Es hat den Anschein, als wollte Piero mit dieser Säulenarchitektur einer Schwierigkeit begegnen, der er selbst gewärtig wurde. Im XII. Lehrsatz des zweiten Buches des Traktats führt Piero einen wesentlichen Aspekt der perspektivischen Darstellung an, den Nicco Fasola (1942, S. 125–126) folgendermaßen kommentiert: »Piero präsentiert uns eine Konsequenz der Malerei, die er als Schnitt der Sehpyramide versteht, die dazu führt, die Dinge anders zu malen, als sie das Auge wahrnimmt.« Trotz dieses eigentlich paradoxen Ergebnisses besteht Piero in der Folge auf diesem Verfahren. Der folgende Satz des Traktats: »Ich glaube beweisen zu können, daß sich die Sache so verhält und daß sie so auszuführen ist« (S. 126) formuliert meines Erachtens die Vorbedingung für die folgende Demonstration. Es ist also in der Tat nicht richtig, daß es »Piero nicht beschäftigte, daß sich die gängige Wahrnehmung als falsch erwies«; im Gegenteil: Piero selbst wurde hinsichtlich dieses Punkts unsicher. Im Kodex der Biblioteca Ambrosiana, in dem dieser Abschnitt durch eine unvollendete Initiale eingeleitet wird, verzichtete er auf die Illustration seiner These. Nicco Fasola (1942, S. 127, Anm. 1) bestätigte auf der Basis von Aussagen, die sie bei namhaften Mathematikern einholte, daß ein Teil der perspektivischen Gesetze und insbesondere des angedeuteten Lehrsatzes nicht beweisbar sind. Piero war kein abstrakter Maler, und in der Tat nimmt der Lehrsatz seinen Ausgang von einem malerischen Problem: »Wenn man betrachtet, daß man bei den Gebäuden runde und polygonale Säulen benötigt wie im Falle von Loggien und Säulenhallen, bei denen dazu mehrere Säulen zusammentreffen, und diesen Aspekt überdenkt, so ist es doch verwunderlich, daß die vom Auge am weitesten entfernten Säulen größer erscheinen als diejenigen in der Nähe, obwohl sie auf gleich hohen Basen stehen.« Die diesen Satz illustrierende Skizze widerspricht teilweise den Festlegungen des XXX. Lehrsatzes (G. Nicco Fasola, 1942, S. 96–98): Der Winkel, welcher den Gesamtkomplex einschließt, ist zu weit, um eine korrekte Wahrnehmung der Extrempunkte zu gewährleisten. Das geometrische Resultat des von Piero verwendeten Schemas konnte somit nur in einem verzerrten Bild münden. Auf dieses von Piero erkannte Problem kehrte etwas später Leonardo zurück, jedoch im Kontext einer neuen Theorie, welche die geometrischen Postulate der zeichnerischen Perspektive mit der Krümmung der Netzhaut in Beziehung setzte, auf der sich das Bild formt (J. White, *Developments in Renaissance Prospective,* in: *Journal of the Warburg and Courtauld Institutes,* XII, 1949, S. 58–79 u. XIV, 1951, S. 42–69; D. Gioseffi, 1957, S. 105 ff.; J. Ackermann, *Leonardo's Eye,* in: *Journal of The Warburg and Courtauld Institutes,* XLI, 1978, S. 108–146). Die Zeichnung auf Blatt 38a des Manuskripts A in Paris zeigt eine relativ ähnliche Anlage wie Pieros Illustration zum Lehrsatz XII im zweiten Buch des Traktats (G. Nicco Fasola, 1942, Abb. XLIV). Unter der Zeichnung Leonardos findet sich folgende Erklärung: »wie das Auge die Dinge sieht« (Leonardo spricht von *prospettiva semplice,* von der einfachen Perspektive). Im Text präzisiert er: »Die Sache, die dem Auge näher ist, erscheint immer größer als dieselbe Sache, wenn sie entfernter zum Auge liegt.« Auf derselben Seite demonstriert er, wie eine übermäßige Nähe des Auges zur Wand (Piero spricht von *termine* – Endpunkt, Abschluß) ähnliche und noch weitere Verzerrungen zur Folge habe. Das Problem wurde, wenn auch nicht mit dem Bewußtsein eines Leonardo, bereits von Piero im XXX. Lehrsatz des ersten Buches rein geometrisch angesprochen, wobei der Standort des wahrgenommenen Objekts mit seiner Entfernung vom Auge des Betrachters in Beziehung gesetzt wird. Leonardo machte das Werk an der Wand selbst zum Objekt der optischen Wahrnehmung, das somit der Perspektive untergeordnet war. Trotz dieser Unterschiede besteht kein grundsätzlicher Gegensatz zwischen den naturwissenschaftlich ausgerichteten Thesen Leonardos und denen Pieros, den die Bezüge zwischen Bild und Realität sehr wohl interessierten. Piero war nie ohne Zweifel hinsichtlich seiner Theorien, viele Probleme blieben offen. Battisti (*De prospectiva pingendi,* 1942–1984, S. XVI-XIX) ist eher unschlüssig im Urteil über Panofskys Theorie zur Perspektive der Renaissance und über die Vereinfachungen, die Nicco Fasola zu diesem Thema vorlegte. Letztendlich akzeptiert er jedoch die These der letztgenannten Wissenschaftlerin, wonach man »im Grunde lediglich von individueller Perspektive« sprechen könne (S. XVIII). Doch ist Pieros Traktat alles andere als eine Darlegung der eigenen Poetik, und es wäre absolut falsch, seine Bilder auf der Basis des Traktats zu interpretieren. Nur in der *Geißelung Christi* befolgte Piero seine eigenen Regeln. Doch war die perspektivische Anlage dieses Bildes, wie wir sie aus den Untersuchungen von Wittkower, Carter, Aronberg Lavin und Kemp kennen, nicht die einzige Methode, die Piero in Anwendung brachte. Es handelt sich um diejenige, welche seiner mathematischen Interpretation der euklidischen Geometrie am meisten entsprach. Die Zeichnung zum XXIII. Lehrsatz des 1. Buches (G. Nicco Fasola, 1942, Abb. XXIII, S. 86) wird häufig angeführt, um die Modalitäten zu erläutern, die der Realisation der Werke Pieros zugrunde liegen. Sie muß indes in ihrem Kontext gesehen werden. Die Zeichnung des rechteckigen Ortes dient nicht zur Konstruktion des perspektivischen Bildes des Vierecks, dem eigentlichen Thema der Übung, sondern zur Überprüfung der bereits vollzogenen Schritte. Das Problem, welches Piero aufwirft, betrifft die Darstellung eines Quadrats auf einer bereits perspektivisch angelegten rechteckigen Ebene. Dabei sind zwei Fälle möglich: man kennt die Dimensionen des Rechtecks, oder man kennt sie nicht. Im ersten Fall zieht man die Diagonale des verkürzten Rechtecks und unterteilt die ›Erdlinie‹, wie wir sie nennen wollen, in fünf gleiche Abschnitte. Die Linien durch diese Punkte und den zentralen Fluchtpunkt teilen die Diagonale in jenen Punkten, über denen sich das Quadrat konstruieren läßt. Nach diesem Vorgang zeichnet Piero das Rechteck »in seiner realen Form«, als Grundriß, und demonstriert, wie die Diagonale das Rechteck so teilt, daß sich das gewünschte Quadrat ergibt. Nun zu einem weiteren Problem: nehmen wir an, wir würden die Maße des Rechtecks nicht kennen. In diesem Fall nehmen wir Bezug auf den Punkt, den die von uns als ›Horizontlinie‹ bezeichnete Gerade markiert, die vom Zentrum so weit entfernt ist wie die Entfernung zwischen Objektpunkt und Betrachterauge. In der Folge zeigt Piero, daß man das analoge Ergebnis auch dann erzielen kann, wenn man vom Entfernungspunkt ausgeht. Diese These wurde häufig diskutiert. Nach Nicco Fasola (1942, S. 87, Anm. 2) und Pittarelli (zit. in: Nicco Fasola, 1942, S. 37) erkannte Piero hier die spezifische Funktion des Entfernungspunkts. Nach Brion Guerry (1962, S. 42) beweist Piero hiermit, daß er Kenntnis hatte von einem anderen perspektivischen Verfahren, dem von Pomponius Gauricus und Jean Pélerin theoretisch fundierten ›bifokalen‹ System (R. Klein, 1963). Es ist hier nicht der Ort, auf ein Verfahren einzugehen, welches Piero nur peripher interessierte. Wichtiger ist vielmehr, daß sich Piero der 90°-Drehung bei der Einführung des ›Entfernungspunkts‹ bewußt war, wie aus obenerwähntem Lehrsatz eindeutig hervorgeht. Auch Leon Battista Alberti verwies auf diesen Aspekt, doch es war Piero, der diesen Aspekt erstmals grundlegend klärte. Mit Bezug auf Euklid verweist Piero darauf, daß dem Auge des Betrachters im Entfernungspunkt der Punkt des entferntesten

Vierecks wie erhöht erscheint. Damit macht Piero verständlich, daß der Betrachter die Figur nun von links beobachtet, während wir bisher dem Vorgang von vorne, also frontal, gefolgt sind.

[5] *De prospectiva pingendi,* Nicco Fasola, 1942, S. 128–129.

[6] H. Damisch, 1987, S. 316–317.

[7] Pieros Traktat, S. 75. Wörtlich: »Da l' ochio dato nel termine posto il piano asignato degradare« (von einem gegebenen Blickpunkt aus auf die entsprechende Bildebene die bestimmte Ebene verkürzt übertragen). Piero erläutert in der Folge: »Wenn ich vom gegebenen Blickpunkt spreche, meine ich damit die Position, welche du einzunehmen gedenkst, um die bestimmte Ebene zu betrachten«; *termine posto* ist der Ort, auf den die besagte Ebene übertragen wird, die Entfernung vom Auge zur Mauer oder Tafel oder zu einer anderen Ebene, auf die man die entsprechenden Objekte übertragen will. Unter *piano asignato* ist die gewählte Dimension (der zu übertragenden Oberfläche) zu verstehen. Den Ausgangspunkt impliziert der Vergleich von zwei Darstellungsformen: der orthogonalen Projektion (Grundrißzeichnung, Plan) und der perspektivischen Projektion. Eine Orthogonalprojektion erstellen, bedeutete für Piero, Gegenstände in ihre eigentliche Form bringen (»in propria forma«).

[8] Der Übergang von den Übungen zur perspektivischen Projektion einfacher Oberflächen zur dreidimensionalen Darstellung von Objekten erfolgt im Kodex der Biblioteca Ambrosiana auf S. 17 v. Dort sind 26 Zeilen für eine Miniatur ausgespart, die anzeigen sollte, daß von diesem Abschnitt an komplexere Problemstellungen behandelt werden. Normalerweise finden sich die in Miniatur ausgeführten Initialen nur am Anfang eines jeden Buches. Das von Piero gewählte Beispiel entspricht in markanter Weise den Darlegungen bei Vitruv [XXVIII]: »über einer verkürzten Ebene den grundlegenden Umriß eines gegebenen quadratischen Gebäudes anordnen« (S. 92). Piero ging didaktisch geschickt von einem quadratischen Gebäude aus, da für den Leser die Ausführungen hinsichtlich eines so klaren Körpers besser nachvollziehbar sind. Er bewegte sich dabei aber auch in Analogie zu Vitruvs Systematik (1. Kapitel seines Buchs). In der Folge heißt es in Pieros Traktat: »Mach' unter die verkürzte Ebene BCDE einen eigentlichen Grundrißplan.« In diesem unverkürzten Grundriß hat ein Quadrat vier gleiche Seiten. Darüber zeichnet man nun den Plan eines Hauses mit Eingang, Hof, zwei Zimmern. Erst im zweiten Buch (II, [IX], S. 113–114) kommt zum »quadratischen Haus« im Grundriß die Vertikalprojektion (Aufriß) hinzu.

[9] F. Ghione, *Breve introduzione sul contenuto matematico del »De Prospectiva Pingendi« di Piero della Francesca,* in der von Battisti u. Nicco Fasola vorgelegten Ausgabe, 1942–1984, S. XXIX–XLII. Auf S. XXX findet sich eine Anmerkung zu Pieros Versuch, die platonische Kritik, die Malerei sei zu ungenau, zu entkräften. Piero betont diesbezüglich, daß die »Verkürzungen« der Körper auf mathematischen Gesetzen basieren.

[10] Leon Battista Alberti, *De pictura,* hrsg. v. Grayson, 1975, S. 10–11. In der Tat erreichte Piero nie das diskursive Niveau eines Alberti noch die linguistische Imagination eines Leonardo.

[11] M. Daly Davis, 1977.

[12] Während die Tradition der italienischen Editionen des Werks relativ einförmig ist, zeigen die lateinischen Ausgaben zahlreiche Varianten, die auf den Autor selbst zurückgehen.

[13] P. L. Rose, 1975, S. 55.

[14] B. Citati, 1980. Der Vertrag mit der Familie Canozzi bestimmte, daß alle Intarsien verschieden und perspektivisch ausgearbeitet sein sollten (»... et omnes habeant perspectivam«), nach M. Ferretti, *I maestri della prospettiva,* in: *Storia dell'arte italiana.* III, *Situazioni momenti indagini, IV, Forme e modelli,* Turin 1982, S. 457–585, besonders S. 476.

[15] Beginn des III. Buches. Ausg. 1942–1948, S. 128. A. Chastel (*Marquéterie et perspective au XVe siècle,* in: *La revue des arts,* 1953, S. 141–154 – wiederveröffentlicht in: A. Chastel, *Formes, fables et figures,* Paris 1978, S. 317–332) hat auf die Bedeutung der Intarsienkunst hinsichtlich der Verbreitung und Perfektionierung perspektivischer Problemstellungen hingewiesen. Das Verfahren der perspektivischen Intarsienkunst, begünstigt durch die klare Trennung der einzelnen Komponenten, aus denen sich ein elementares Bild zusammensetzt, entsprach der geometrischen Anlage der Farbe in der Malerei Pieros. Im Wettstreit und im Widerstreit mit dem Material suchten insbesondere die florentinischen Intarsienmeister, diese Einfachheit zu überwinden (M. J. Thornton, *Tarsie: Design and Designers,* in: *Journal of the Warburg and Courtauld Institutes,* XXXVI, 1973, S. 377–382). Die gegensätzlichen Auffassungen von der Intarsienkunst im Gebiet um Ferrara und in Florenz wurden von M. Ferretti, 1982, erläutert.

[16] Siehe auch die Untersuchungen von Gioseffi (1957, S. 41 ff.) zur illusionistischen Dekorationskunst in Rom.

[17] Reynaud (1991) konnte zeigen, daß Justus van Gent die Figuren für das Studierzimmer vor 1474 gemalt hatte, da die fürtstlichen Ehrenzeichen und die Orden ursprünglich fehlten, die Federico in der Folge anbringen ließ. Undenkbar, daß Piero und Luciano Laurana von der perspektivischen Anlage der Zellen überzeugt waren, in denen die Gelehrten wie Tauben dargestellt erscheinen. Analoges gilt für die illusionistischen Architekturmotive im Studiolo, von Rotondi überzeugend rekonstruiert in: *Restauri nelle Marche, Testimonianze, acquisti, recuperi,* Ausstellungskatalog, Urbino 1973, S. 561–604. Für den Vorschlag von Clough, die *Geißelung Christi* von Piero sei für das Studierzimmer bestimmt gewesen, fehlt jede Grundlage. Den einzigen Bezugspunkt im Studiolo zum Werk Pieros formuliert das Bildnis Pius II., dessen Profil an das *Porträt des Sigismondo Pandolfo Malatesta* im Louvre erinnert. Es kontrastiert deutlich zu den übrigen hier versammelten Werken und könnte auf einen Entwurf Pieros zurückgehen.

[18] M. Ferretti, 1982. Siehe auch Anm. 3 und 4.

[19] G. Nicco Fasola, 1942, S. 128.

[20] Bessarion besaß zwei Handschriften mit Texten des Heron (Venedig, Biblioteca Marciana, Ms. gr. Z 263 und Ms. gr. Z 516), eine andere Kopie befand sich im Besitz von Pietro Bembo (Biblioteca Vaticana, Ms. gr. 1411); in Florenz besaß Niccolò Niccoli eine Abschrift, die im 16. Jahrhundert in San Marco aufbewahrt wurde (siehe P. L. Rose, 1975, S. 33, 34, 45, 62, Anm. 78). Der von Piero in Anwendung gebrachte Lehrsatz des Heron bestimmte, daß von den Strahlen, welche auf einen Spiegel auftreffen und im selben Punkt reflektiert werden, diejenigen den kürzesten Weg zurücklegen, bei denen Einfallswinkel und Reflexionswinkel gleich sind.

[21] Zum Bildnis des Luca Pacioli siehe die Beobachtungen von M. Daly Davis, 1977, die ich anläßlich des Ausstellungskatalogs *Raffaello a Brera,* Mailand 1984, S. 50–52, fälschlicherweise nicht berücksichtigte. In dieser Veröffentlichung wies ich darauf hin, daß das Bildnis nicht mehr Jacopo de' Barbari zugeschrieben werden kann.

[22] Zur antiken und mittelalterlichen Vorstellung vom Licht, siehe S. Sambursky, *Physics of the Stoics,* (1959), London 1973; B. Maitte, *La lumière,* Paris 1981. Daß Licht brennt, wurde von Galenus demonstriert. Es handelt sich also um Energie, um eine reale physische Kraft, wie Piero betonte. Auch der arabische Wissenschaftler Ibn-al-Haitham, dessen Forschungsergebnisse nachhaltig auf die Entwicklung der Naturwissenschaften und insbesondere die Entdeckung der physikalischen Gesetze des Lichts im Zeitalter der Renaissance einwirkten, akzentuierte den offensiven Charakter reflektierter Strahlen für die Augen. Nach diesem Autor

teilt sich das Licht in zwei Teile, wenn es auf eine spiegelnde Fläche auftrifft: ein Teil der Strahlen verläuft parallel zur Ebene des Spiegels, der andere wird gleichsam umgekehrt und im rechten Winkel reflektiert. Es ist denkbar, daß die außergewöhnliche Lichtreflexion auf dem Helmrund auf diese Definition zurückgeht.

[23] Lukrez (*De rerum natura,* IV, 269–347) beschließt seine faszinierenden Beobachtungen zum Spiegelbild mit folgender Anmerkung: »Alles was wir kennen, bringt die Natur zurück – wirft es unter gleichen Winkeln zurück.«

[24] H. L. Busard, *The Medieval Latin Translation of Euclid's Elements made directly from the Greek,* Stuttgart 1987 (*Boethius. Texte und Abhandlungen zur Geschichte der exakten Wissenschaften,* Bd. XV). Dort findet sich der Hinweis auf den unvollendeten Kodex F (Florenz, Fondo Conv. Soppr., C. I. 448, olim Conv. Santa Maria Novella) des 14. Jahrhunderts, mit denselben Zeichnungen wie die Handschrift der Bibliothèque Nationale, Paris, fond. lat. 7372, datiert 1180 oder Beginn des 13. Jahrhunderts. Neben den von Boethius übertragenen *Excerpta,* die im Mittelalter große Verbreitung erfuhren, besaß Francesco del Borgo die Übersetzung des Gerardo di Cremona (H. L. Busard, *The Latin Translation of the Arabic Version of Euclid's Elements ascirbed to Gerard of Cremona,* Afar, Publikaties van het Documentatiebureau Islam-Christendom van de Rjiksuniversiteit te Leiden, Deel 2, Leiden 1984). Eine andere zu Pieros Zeiten weitverbreitete Version war die Übersetzung von Adelard von Bath (H. L. Busard, *The First Latin Translation of Euklid's Elements commonly ascribed to Adelard of Bath,* Toronto 1983). Das Latein dieser Übersetzungen war Piero sicherlich zugänglich.

[25] Leon Battista Alberti, hrsg. v. Grayson, 1975, S. 10–11.

[26] ebd. S. 20.

[27] G. Nicco Fasola, 1942, S. 63.

[28] ebd., S. 64.

[29] Leon Battista Alberti, hrsg. v. Grayson, 1975, S. 29.

[30] ebd., S. 62. Vgl. hierzu die antropomorphe Metapher der Architektur bei Vitruv, III, I. Dabei sind die Überlegungen Krautheimers mit in Betracht zu ziehen (*Alberti and Vitruvius,* in: *The Renaissance and Mannerism. Studies in Western Art, Acts of the Twentieth Congress on the History of Art, II,* Princeton 1963). Siehe auch Choay, *La Cité du Désir et la Ville Modèle,* Paris 1979.

[31] Nicco Fasola, 1942, S. 138. Daly Davis (1980) verwies darauf, daß sich Vittore Carpaccio dieses von Piero propagierten Verfahrens bediente.

[32] M. Podro, 1974, S. 6: »Piero could place the encounter of Seth and the angel in the background without it becoming of more background importance because the use of the prospective construction enabled him to place forms in receding ground plane with precision ... Here is it used to represent a critical moment in the story with controlled understatement.«

[33] Kanter (*Painting in Renaissance Siena, 1400–1500,* Ausstellungskatalog, New York, Metropolitan Museum, S. 276) vergleicht die *Geißelung des hl. Hieronymus* des Matteo di Giovanni (Art Institute, Chicago) mit Pieros *Geißelung Christi* und dem Bronzerelief des gleichen Themas von Francesco di Giorgio Martini (Galleria nazionale delle Marche, Urbino).

[34] M. Podro, 1974, S. 6.

[35] O. Pächt, *Die Autorschaft des Gonella-Bildnisses,* in: *Jahrbuch der Kunsthistorischen Sammlungen in Wien,* 70, XXXIV, 1974, S. 39–88, besonders S. 67 ff. Dauerte der Italienaufenthalt von Fouquet in der Tat von 1436 bis 1450, wie Sterling (1988) vermutete, so könnten die Beziehungen zwischen dem Franzosen und Piero weit intensiver und direkter gewesen sein, als bisher gemeinhin angenommen wurde.

[36] Daly Davids (1980) untersuchte die Beziehungen zwischen den perspektivischen Darstellungsverfahren bei Carpaccio und Piero. In seiner Monographie über den Venezianer erwähnte Fiocco (*Vittore Carpaccio,* Rom 1930) eine angebliche Romreise des Künstlers. Diese Hypothese fand indes keine Anerkennung (siehe etwa J. Lauts, *Vittore Carpaccio,* London 1962, S. 295). Und dennoch ist das Echo Roms im Werk Carpaccios nicht zu übersehen. So erinnert etwa der leere Raum in der Tafel des *Hl. Augustinus* in der Kirche San Giorgio degli Schiavoni in Venedig an das analoge Motiv im Altarbild des Masolino in der Kirche San Clemente in Rom. Auf Masolino scheint ferner die Figur der hl. Ursula in der *Verherrlichung der hl. Ursula* des Vittore Carpaccio zurückzugehen. Das Bild befindet sich heute in der Galleria dell'Accademia in Venedig. Es enthält ferner ein Zitat aus dem *Traum Konstantins.* Vermutlich schiffte sich Carpaccio auf dem Weg nach Rom in einem Hafen der Marken ein. Um Pieros Werke zu sehen, setzte er seine Reise über Arezzo und Perugia fort. Vergleiche hierzu auch C. Ginzburg, 1981, S. 82–84; L. Zorzi, *Carpaccio e la rappresentazione di Sant'Orsola. Ricerche sulla visualità dello spettacolo nel Quattrocento,* Turin 1988.

[37] Siehe P. Speziali, *Luca Pacioli et son oeuvre,* S. 93–106; VIIIe Congrès international de Tours (1965), *Sciences de la renaissance,* Paris 1973. Auf demselben Kongress erklärte De Santillana (*Art et science dans la renaissance,* S. 27–32), Pieros Ergebnisse auf dem Gebiet der Geometrie seien bedeutungslos. Er kam zu dem Schluß, mit Piero verbleibe man noch im Bereich des Undefinierbaren (»on reste dans la région de l'indéfinissable«). Vasari belegte Paciolis Traktat mit dem Vorwurf des Plagiats (Vasari-Milanesi, II, S. 488). Er konnte in jüngster Zeit widerlegt werden. Siehe auch Mancini (1917), der uns Girolamo Bigazzinis Eindruck von Pacioli überliefert. Bigazzini war einer der Schüler Paciolis und verhalf ihm zu einem Lehramt in Perugia: »voller Arroganz und Undank, und vermutlich besessen von Neid«. Siehe auch Daly Davis (1977).

[38] Auf der Fahne war die *Geißelung Christi* dargestellt. Der Verlust dieses Werks ist um so schmerzlicher, als Piero nur wenige Jahre später seine eigene *Geißelung Christi* schuf und sich dabei zweifelsohne mit dem Werk seines Lehrmeisters auseinandersetzte. Vgl. Dabell, 1985.

[39] R. Longhi, 1942, S. 21.

[40] R. Longhi, 1927.

[41] Toesca (*Il Trecento,* Turin 1951, S. 618) äußerte die Vermutung, die *Verkündigung an die Hirten* in der Cappella Baroncelli in Santa Croce sei »durch ein verlorenes Hauptwerk Giottos inspiriert, wie die kompakten Schatten, die schweren Formen und das blendende Licht bezeugen«.

[42] Die Farbigkeit der Figuren Pieros entwickelt sich von innen nach außen, strahlt wie eine den Gegenständen eignende Energie, die unser Auge trifft. Die virtuelle Kraft der Farben verleiht dem Bild eine fatale Prägnanz, als wären es die Gegenstände selbst, die sich dem Blick des Betrachters aufdrängen. Zudem unterscheidet Piero sowohl theoretisch als auch praktisch den Farbkern von der Begrenzung des Farbbereichs.

[43] »Ipseque aer nobiscum videt nobiscum audet«, Cicero, *De natura deorum,* II, S. 83. Vgl. S. Sambursky, *Physics of the Stoics,* 1959, (1973), S. 28.

[44] Galenus, *De placit. Hippocrat. et Plat.* (Ausgabe Müller, S. 641). Vgl. S. Sambursky, 1959 (1973), S. 127.

[45] Lukrez, IV, 36.

[46] Lukrez, IV, 353–355: »Die quadratischen Türme, welche die Städte einfassen, scheinen aus der Ferne gesehen rund zu sein, da man aus der Ferne jeden Winkel abgestumpft sieht.« Der analoge Gedanke wird wiederholt in den Versen 500–501.

[47] Plinius, *Naturalis historia,* XXXV, 23, Dargestellt wurden *situs* (Ort) und *oppugnationes* (Kämpfe). Siehe hierzu S. Settis in: *La colonna Traiana,*

hrsg. v. S. Settis, Turin 1988, S. 93–100 (insbesondere auch Bibliographie, S. 94, Anm. 25).

[48] Auch in diesen Fragen zur natürlichen Ordnung offenbart sich jener subjektive Rationalismus, der zur Grundlage des venezianischen Alexandrinismus werden sollte (im Jahre 1495 erschien Pamponazzis Übersetzung von *De anima*).

[49] Philopon, Philosoph, Grammatiker, Theoretiker und neuplatonischer Professor an der Universität in Alexandria im 6. Jh. n. Chr. ist eine der großen Entdeckungen der florentinischen Renaissance. S. Sambursky untersuchte seine Schriften. Er erklärte, daß Philopons Monotheismus ihn zu einer globalen Sicht der Naturphänomene führte. Letztendlich unterschied er nicht mehr zwischen dem Licht der Sterne und dem Glanz der Fische, zwischen dem göttlichen und dem irdischen Licht (vgl. S. Sambursky, *La luce e il colore nelle scienze fisiche nella teoria goethiana,* in: AA.VV., *Il sentimento del colore, l'esperienza cromatica come simbolo, cultura e scienza,* Ascona 1973, S. 17–52, besonders S. 30 ff.).

[50] Das gesamte IV. Buch zielt primär darauf ab, die Theorien des Übernatürlichen durch die sinnliche und speziell visuelle Wahrnehmung auf der Basis der atomistischen Theorie zu widerlegen. Den *membranae,* welche sich nach Lukrez von den Objekten ablösen und zu unseren Sinnen gelangen, eignet in seiner Poesie mehr Sinnlichkeit und mehr Präsenz als jeder magischen Evokation. Wie Lukrez das Vehikel der wichtigsten griechischen Theorien ist, so scheint sein Blick auf die Realität der Dinge Bilder zu beschwören, die dem Leser des 15. Jahrhunderts aus der zeitgenössischen Malerei nicht unbekannt sein mochten.

[51] Lukrez, II, 114–122.

[52] Die Anspielung bezieht sich auf jenen Raum der Fleischwerdung, wie er aus den Verkündigungsbildern des Robert Campin und aus der Verkündigung des Jan van Eyck im Genter Altar bekannt ist. Lombardi (1983, S. 95) machte auf die Ähnlichkeit des Kindes in den Händen der Madonna des *Polyptychons des hl. Antonius* mit dem im *Polyptychon von Melun* von Fouquet aufmerksam. Daher ging er von einem früheren Entstehungsdatum der Madonna Pieros aus. Er vermutete, sie sei entstanden, als Fouquet in Italien weilte. Doch wies Sterling (1988, S. 40) darauf hin, daß Fouquet in Rom eine Madonnendarstellung hinterließ (heute in Antwerpen), die Piero vermutlich 1458–1459 gesehen hatte. Nach Sterling blieb Fouquet bis 1450 in Italien. Sein Interesse für das Altarbild von Santa Lucia de' Magnoli macht ihn zumindest für die Epoche von 1446–1450 zu einem Mitstreiter Pieros.

[53] M. Salmi, 1942.

Lebenslauf

1430 Sansepolcro, Mitarbeit bei Antonio d'Anghiari
1437–1438 Mitarbeit bei Domenico Veneziano in Perugia
1439 Mitarbeit bei Domenico Veneziano in Florenz
1445 Vertrag für das Polyptychon mit der *Schutzmantelmadonna*
1445–1450 Aufenthalt in Ferrara und in den Marken
1447 Zusammenarbeit mit Domenico Veneziano in Loreto
1448 Beginn der Arbeiten in San Francesco in Arezzo aufgrund der Erkrankung des Bicci di Lorenzo
1450 *Der hl. Hieronymus*
1450 Romreise
1450 (etwa) *Trattato dell'Abaco* (Rechenbuch)
1451 Rimini, Fresko *Der hl. Sigismund und Sigismondo Pandolfo Malatesta*
1451 Mitteltafel des Polyptychons der *Taufe Christi*
1452–1455 Wiederaufnahme und Vollendung der Fresken in Arezzo
1454 Vertrag für das *Polyptychon der Augustiner*
1455 Rückkehr in die Vaterstadt, Vollendung des Polyptychons mit der *Schutzmantelmadonna*
1455 *Geißelung Christi*
1458–1459 Romaufenthalt, Fresken im Vatikan
1459 Tod der Mutter
1460 (etwa) Bildnis des *Sigismondo Pandolfo Malatesta*
1460 Mitglied der Ratsversammlung von Sansepolcro
1460 u. ff. *Polyptychon der Augustiner*
1462 Teilzahlung seitens der Bruderschaft der Misericordia in Sansepolcro an Piero
1464 Tod des Vaters
1466 Vertrag für die Prozessionsfahne, Arezzo
1468 Fertigung der Prozessionsfahne für Arezzo in Bastia del Borgo San Sepolcro
1469 Schlußzahlung für das *Polyptychon der Augustiner*
1469 Aufenthalt in Urbino
1470 (etwa) Traktat über die Perspektive, Federico da Montefeltro gewidmet
1469–1472 *Pala Montefeltro*
1472 Mitglied des Auswahlkomitees zur Ernennung eines neuen Gemeindearztes in Sansepolcro
1472 (etwa) *Geburt Christi* für die Kapelle der Franceschi
1473 *Diptychon des Federico da Montefeltro mit seiner Gattin*
1474 Fresko für Monna Contessina in einer Kapelle der Badia
1474 Vorschlag zur Befestigung von Sansepolcro
1474 Verschiedene Landkäufe in Gemeinschaft mit den Brüdern
1475 (etwa) *Polyptychon des hl. Antonius*
1475–1476 *Madonna di Senigallia*
1477 Wahl zum Ratsherrn
1478 Zahlung seitens der Bruderschaft der Misericordia für ein Außenfresko
1480, 1481, 1482 Einer der Prioren der Bruderschaft des hl. Bartholomäus
1482 Anmietung eines Hauses in Rimini für die Dauer eines Jahres
1485 Letzter Hauskauf in Sansepolcro
1487 Testament
1492 Am 12. Oktober Bestattung in der Familienkapelle in der Badia

Werkverzeichnis

I POLYPTYCHON MIT DER SCHUTZMANTELMADONNA

Sansepolcro, Pinacoteca Comunale
Malerei auf Holz
etwa 273 x 330 cm

Das Polyptychon setzt sich zusammen aus drei Haupttafeln, fünf Tafeln des Giebelaufsatzes, seitlichen Rahmenfeldern und einer Predella. Der Altar wurde in seine Einzelbestandteile zerlegt. Einige Tafeln wurden zersägt. Die Einzelteile haben folgende Maße:
Seitliche Rahmenfelder: 41 x 18,5 cm; Predella: 22,5 cm hoch; die vier Außenfelder *(Gebet am Ölberg, Geißelung Christi, Noli me tangere, Maria und Maria Magdalena am Grab)*: ca. 45 cm breit
Tafeln des Giebelaufsatzes:
Hl. Romuald: 54 x 21 cm
Verkündigungsengel: 55 x 20,5 cm
Kreuzigung Christi: 81 x 57 cm
Verkündigungsmadonna: 54 x 21 cm
Hl. Franziskus: 54,5 x 21 cm
Seitentafeln:
Hl. Sebastian und *Johannes der Täufer:* 108 x 90 cm
Evangelist Johannes und *Hl. Bernhardin von Siena:* 109 x 90 cm
Mitteltafel: *Schutzmantelmadonna:* 134 x 91 cm.

Salmi (1979, S. 26) schlägt zwei verschiedene Lösungen zur Vervollständigung des Polyptychons vor: a) ohne Dreiecksgiebel über den vier erhaltenen Tafeln des Giebelaufsatzes, rechteckiger Rahmen mit abgestumpften Ecken für die Mitteltafel; b) Dreiecksgiebel sowohl über der Mitteltafel als auch über den Tafeln des Giebelaufsatzes. Da jedoch alle Figuren zentral unter einem Bogen stehen, ist wohl eher von einer moderneren Rahmenkonstruktion auszugehen, vergleichbar etwa der Struktur des Altars mit der *Taufe Christi.* Clark vertrat die Meinung, Piero und seine Auftraggeber hätten sich das Polyptychon Masaccios in Pisa als Modell erkoren. Abgesehen von der Tatsache, daß dieTafeln des Giebelaufsatzes in Pisa Halbfiguren zeigten, ist diesbezüglich zu berücksichtigen, daß Piero per Vertrag daran gebunden war, sich an einen Altar zu halten, der bei der Bruderschaft der Misericordia bereits existierte. Im folgenden einige Passagen des Vertragstextes, der bei Milanesi (*Buonarroti,* S. III, Bd. II, 1884, S. 116, Anm. 108), Glasser (1977) und Battisti (1971, II, S. 220) in seinem ganzen Umfang veröffentlicht ist (das Original befindet sich im Archivio di Stato, Florenz, Notarile anticosimiano, Rogiti di Mario Fedeli del Borgo, bezeichnet mit F. 177 [protocollo 1444–1447], c. 92 r und 92 v, 45, 11, Juni 1445).

»Geehrte Herren ... für und im Namen der Mitglieder der Gesellschaft Sancta Maria de Misericordia beauftragen wir Petro Benedicti des Petro Benedicti, Maler, eine Tafel zu machen und zu malen für das Oratorium und die Kirche der genannten Gesellschaft in der Form, wie bereits vorhanden, wobei er verantwortlich ist für alle Holzarbeiten und alle Kosten des Materials, des Schmucks und der Farben sowie für die Aufstellung in genanntem Oratorium; die Figuren und die Dekorationen so auszuführen, wie mit dem unterzeichnenden Prior und seinen Beratern oder deren Nachfolgern vereinbart ... und vergoldet mit feinem Gold und bemalt mit feinen Farben und besonders mit Ultramarinblau: mit der Bedingung, daß genannter Petrus jeden Schaden, der gemacht wird oder entsteht sowohl an der Malerei als auch am Holz an genannter Tafel, im Zeitraum von zehn Jahren zu seinen Unkosten repariert.«

Die Arbeit sollte mit 150 Goldgulden entlohnt werden, davon 50 im voraus, der Rest nach Vollendung des Altars. Piero verpflichtete sich ferner, das komplette Polyptychon innerhalb von drei Jahren fertigzustellen. Er bestand zuletzt noch auf der Klausel, daß kein anderer Maler außer ihm und nach ihm Hand an das Bild legen sollte.

Im Jahre 1430 erhielt etwa Antonio d'Anghiari allein für die Vorderseite des Polyptychons für San Francesco 140 Goldgulden; Sasseta hingegen bot man im Jahre 1437 für zwei Gesichter des genannten Polyptychons an die 500 Goldgulden (vgl. Dabell, 1984).

Das Projekt, das Oratorium mit einem neuen Altarbild zu schmücken (oder das alte zu ersetzen?) geht auf das Testament des Guido di Neri Pichi vom 4. September 1422 zurück; die darin bestimmte Summe von 60 Goldgulden erhielt die Bruderschaft. Der an Piero gezahlte Vorschuß entsprach somit praktisch dem gesamten Nachlaß. Im Jahre 1430 hatte dieselbe Bruderschaft der Misericordia 25 Goldgulden für die Bereitstellung der Holztafeln bezahlt, die für das Oratorium bestimmt waren (Dabell). Es ist möglich, daß die Mitglieder der Bruderschaft mit der Arbeit nicht zufrieden waren oder daß das Holz schadhaft war (vielleicht wurde es nie bemalt; der Vertrag mit Piero spricht nicht von einem Bild als Modell für das Polyptychon, sondern von einer Holztafel, also von einer Holzstruktur). Vielleicht war es die Holzstruktur, an die sich Piero halten sollte. Ottaviano Nelli überlieferte eine Zeichnung davon (vgl. Dabell, 1984). Der Vertrag wurde auch von Pieros Vater unterzeichnet. Dies geschah nicht, wie Battisti annahm, weil Piero noch zu jung zur Unterzeichnung eines Vertrags war, sondern weil Pieros Vater wie auch in anderen Fällen (Dabell) sowohl finanziell als auch bei der Ausführung an jenen Werken beteiligt war, bei denen es sich nicht ausschließlich um Malerei handelte. Die Vertragsklausel, daß einzig der Maler mit dem entsprechenden Werk beschäftigt sein sollte, findet sich relativ häufig (H. Glasser, 1977). Battisti (1971) veröffentlichte ein neues Dokument (S. 221, Dok. XXXIV) des Archivio di Stato, Florenz (Notariatsakte, bezeichnet f. 159 des Ser Leonardo Fedeli di Ser Mario, 1451–1454) mit dem Datum des 14. Januar 1454 (nach dem florentinischen Kalender, 1455 nach unserem Kalender). Daraus zogen Battisti und einige Forscher nach ihm die Folgerung, Piero, der sich zu diesem Zeitpunkt nicht in Borgo aufhielt, sei dazu aufgefordert worden, das Werk innerhalb von 40 Tagen zu vollenden. Wahrscheinlicher ist indes, daß Piero innerhalb von 40 Tagen in seine Heimatstadt zurückkehren sollte. Die drei vertraglich vereinbarten Jahre waren längst abgelaufen, doch die zehn Jahre, während derer Piero für alle Schäden am Altar haften sollte, hatten ja eigentlich noch gar nicht begonnen, da das Altarbild weder geweiht noch aufgestellt war. Offensichtlich hatte Piero das Altarbild zu diesem Zeitpunkt immer noch nicht vollendet, und die Auftraggeber drohten mit der Rückforderung des geleisteten Vorschusses.

Was war also in der Zwischenzeit geschehen? Im ersten Vertrag sind neben dem Prior und seinen Beratern noch weitere Persönlichkeiten als Vertragspartner von Piero aufgeführt, darunter ein gewisser Gioacchino Pichi. Im Dokument des Jahres 1455 erscheint hingegen kein Mitglied der Bruderschaft. Der von Ser Mario Fedeli beglaubigte Vertrag wurde von Piero, seinem Vater, Nardo di Angelo Pichi und Tedosio di Cristoforo Pichi unterzeichnet. Vermutlich galt es also, einem weiteren Vermächtnis

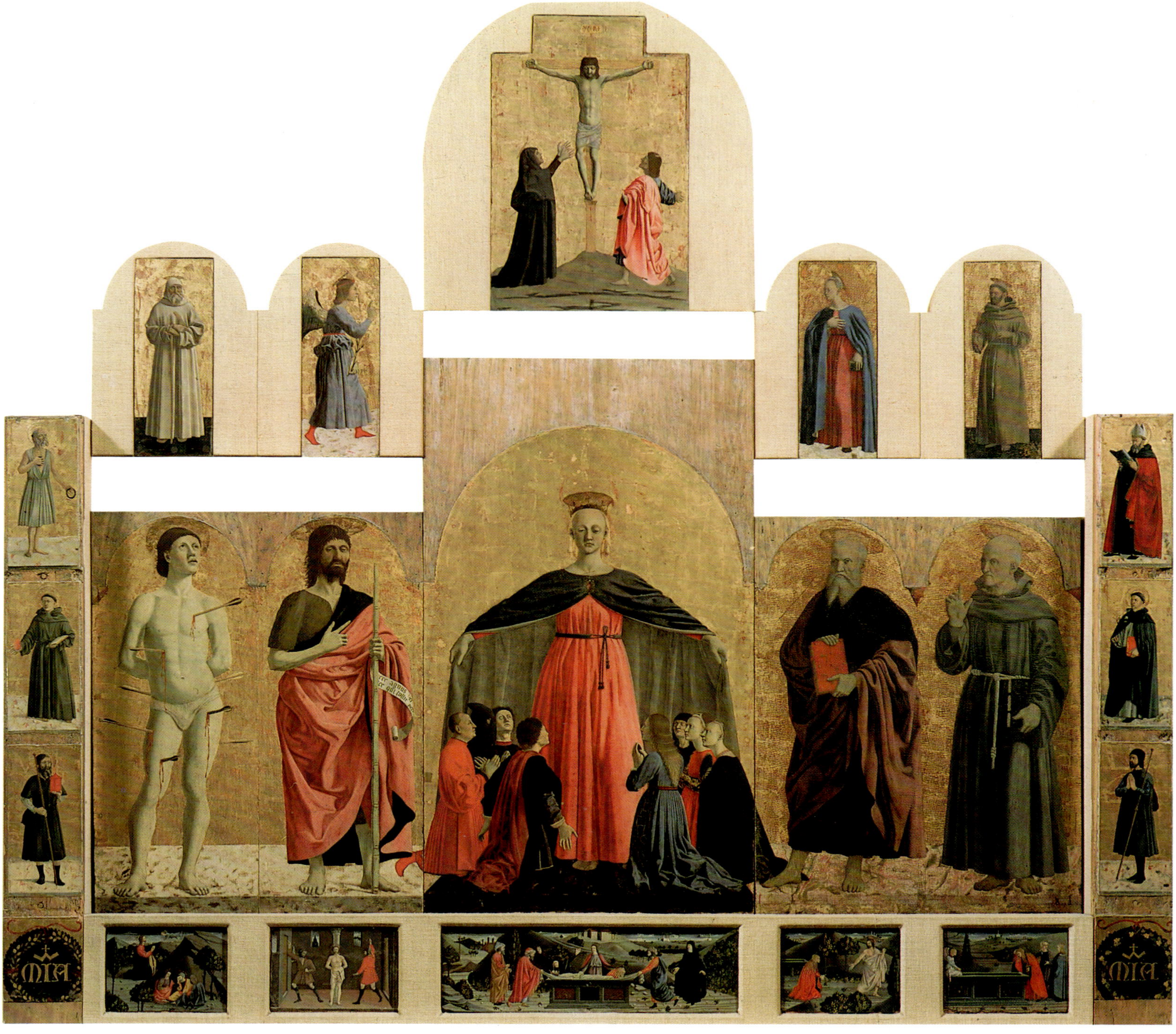

eines verstorbenen Mitglieds der Familie Pichi zu entsprechen. Für ein Mitglied der Familie Pichi verfaßte Piero auch sein Rechenbuch *(Trattato dell'abaco).*

In den seitlichen Begrenzungsfeldern des Polyptychons sind jeweils drei Heiligenfiguren dargestellt. Daneben findet sich dort das Monogramm der Bruderschaft (Confraternità della Misericordia – Barmherzige Brüder): MIA. Diese seitlichen Begrenzungsfelder wurden im Verlauf der Zerteilung des Altars zersägt, so daß nicht auszuschließen ist, daß auch eine entsprechende Tafel mit dem Monogramm der Familie Pichi existierte. Auf den seitlichen Tafeln sind folgende Heilige dargestellt: auf der linken Seite: *Hl. Hieronymus, Hl. Antonius von Padua, Hl. Arcanus* (?); auf der rechten Seite: *Hl. Augustinus, Hl. Domenicus, Hl. Egidius* (?). Die beiden Gründungsheiligen der Stadt Borgo Sansepolcro, also Arcanus und Egidius, sind wie in den von Matteo di Giovanni ausgeführten Figuren der seitlichen Tafeln im Polyptychon der *Taufe Christi* charakterisiert: durch einen langen grauen Bart der eine, durch einen kurzen schwarzen Bart der andere.

Das Polyptychon gelangte im Jahre 1901 ins Museum von Sansepolcro. Zuvor befand es sich in der Kirche San Rocco, wo es im Jahre 1807 aufgestellt wurde, nachdem die Bruderschaft, der eigentliche Eigentümer des Altars, von der Kirche offiziell verboten worden war. Ursprünglich schmückte das Polyptychon den Altar der Kapelle des Ospedale della Misericordia in Sansepolcro. Noch im 17. Jahrhundert wurde der Altar zerlegt und zersägt, um die Bildtafeln in eine barocke Rahmenstruktur einzufügen. Genauere Angaben hierzu fehlen jedoch. Im Jahre 1892, anläßlich des 400. Todestags von Piero della Francesca, versuchte sich Parrini an der Rekonstruktion des Polyptychons. Dessen Vorschlag wurde bis zur Restaurierung durch Aldo Angelini und Nerina Neri am Istituto Centrale del Restauro in Rom in den Jahren 1959–1960 beibehalten. Damals waren die Giebelfelder noch fest mit den darunterliegenden Haupttafeln verbunden. Zudem konnte man feststellen, daß die Figuren des *Hl. Sebastian* und *Johannes des Täufers* links neben der zentralen Madonnengruppe jeweils auf eine Holztafel gemalt waren, während die beiden Heiligen auf der rechten Seite, der *Evangelist Johannes* und der *Hl. Bernhardin,* eine gemeinsame Tafel einnehmen. Der *Hl. Romuald* und der *Verkündigungsengel* wurden somit gemeinsam mit dem *Hl. Sebastian* und *Johannes dem Täufer* ausgeführt, die *Maria der Verkündigung* und der *Hl. Franziskus* gemeinsam mit dem *Evangelisten Johannes* und dem *Hl. Bernhardin.* Dies bedeutet, daß der Engel und die Maria der Verkündigung nicht gleichzeitig gemalt wurden.

Die Predellatafeln wurden im Lauf der Zeit ebenfalls beschnitten. Wie erwähnt, trennte man auch die Giebelfelder von den Haupttafeln. Die hier vorgeschlagene Reproduktion des Originalzustands geht für die Maße der Giebel von der Größe des Verkündigungsengels aus. Der Abstand zwischen Giebelfeldern und Haupttafeln kann nicht mit Sicherheit definiert werden. Zu Recht kritisiert Salmi (1979, S. 141) den momentanen Abstand als zu groß. Die Beschneidung der zentralen Giebeltafel mit der Szene der *Kreuzigung Christi* ist nicht original. Vermutlich schloß sie oben in einem Rundbogen wie in der hier veröffentlichten schematischen Rekonstruktion. Die Tatsache, daß die Tafel mit dem hl. Bernhardin und dem Evangelisten Johannes eine einzige Tafel ist, erklärt, warum Piero, als man sich dazu entschloß, den neuen Heiligen in den Altar aufzunehmen, auch die anderen Figuren überarbeitete. Salmi (1979, S. 33) erwähnt diesbezüglich, Piero hätte sich darauf beschränkt, lediglich den Kopf der Figur des vermutlichen *Hl. Antonius von Padua* zu verändern. Während der Restaurierung konnte indes keine zweite Farbschicht unter dieser Figur festgestellt werden. Die rissige Oberfläche der rechten Seitentafel und der darüberliegenden Giebelfelder wurde von den Restauratoren auf eine Wärmequelle, etwa ein angrenzendes Fenster, und eine unsachgemäße Grundierung zurückgeführt. Die Schnittkanten der zerteilten Tafeln belegen ferner, daß die Risse bereits vor der Demontage des Altars entstanden waren. Da das angrenzende seitliche Begrenzungsfeld jedoch nicht beeinträchtigt ist, kann eine Wärmequelle als Ursache der schadhaften Oberfläche ausgeschlossen werden. Es handelte sich also in der Tat um einen technischen Defekt, der die Grundierung betraf. Vermutlich verwendete man dazu ein Öl, welches zu schnell trocknete.

Bei der Beschneidung der Tafeln ging man teilweise äußerst brutal vor. Sowohl die Tafel des Engels als auch die der Maria der Verkündigung zeigen Spuren von Oberflächenbeschädigungen, die durch das Abgleiten der Säge verursacht wurden. Die Säge beschädigte ferner den Goldgrund neben der Figur des *Evangelisten Johannes.* Im Fall der Giebelfelder wurde zudem die Horizontallinie des Bodens beschnitten, um so wenig Freifläche wie möglich zu erhalten. Insbesondere die Figur der *Maria der Verkündigung* war ursprünglich weit weniger nach vorne geneigt, als dies heute den Anschein hat.

Die anläßlich der Restaurierung durchgeführten chemischen Untersuchungen konnten nicht mit Sicherheit Aufschluß über die Originalfarbschichten und die Zusammensetzung der Originalbindemittel im Vergleich mit den Spuren früherer Restaurierungen geben. Doch ist die Verwendung eines schnelltrocknenden Öls insbesondere in den dunklen Partien der Mitteltafel offensichtlich. Gilbert (1968) nahm an, daß die Bildfelder der Predella und der seitlichen Begrenzungstafeln aus einem anderen Altar stammen, da in ihnen Szenen überwiegen, die sich auf Christus und nicht auf Maria beziehen. Die aktuelle Rekonstruktion stelle nach Meinung dieses Wissenschaftlers die Synthese aus zwei verschiedenen Polyptychen dar, von denen das eine um 1445, das andere um 1462 entstanden sei. In Wirklichkeit formulieren die Szenen aus der Passion Christi in einem Altar für eine Bruderschaft, die es sich zur Aufgabe machte, den Kranken beizustehen und die Toten zu beerdigen, keinen Widerspruch. Der Mitarbeiter Pieros, welcher die Heiligenfiguren der seitlichen Begrenzungsfelder und der Predella ausführte (Giuliano Amadei oder Amidei), orientierte sich zweifelsfrei an den Figuren seines Meisters, insbesondere am hl. Hieronymus und am hl. Augustinus. Die erste dieser beiden Figuren entspricht der Typologie des Gemäldes in Berlin aus dem Jahre 1450 und liefert somit einen überzeugenden Anhaltspunkt für die Datierung dieses Teils des Polyptychons. Die zweite Figur mit dem Kontrapunkt des Buches zum Gesicht des Heiligen und zur Masse der Gestalt geht auf Donatello zurück, erinnert jedoch so sehr an Piero, daß ihn Clark als Autor auch dieser Figur anführt. Die verzweifelte Geste einer der Marienfiguren der *Grablegung Christi* wurde des öfteren mit dem Ziborium Donatellos in der Peterskirche in Verbindung gebracht (Salmi, 1979, S. 35, hypothetisiert diesbezüglich eine Romreise). Es sei jedoch daran erinnert, daß das Motiv bereits im 14. Jahrhundert erscheint (letzte Relieftafel am Tarlati-Grabmal in Arezzo). Die Geste Mariens auf der rechten Predellatafel, die sich auf ihren Arm stützt, um besser ins Grab sehen zu können, findet sich auch in einem Fresko des Fra Angelico im Kloster San Marco in Florenz. Salmi (1942) identifizierte in dem Camaldulensermönch Giuliano Amadei den Mitarbeiter Pieros, der die Predellafelder und die seitlichen Begrenzungsfelder bemalt hatte. Dieser Künstler vollendete im Jahre 1460 ein Triptychon für die Kirche von Tifi in der Nähe von Caprese. Im Jahre 1446 hatte Giuliano das Kloster Santa Maria degli Angeli in Florenz verlassen, wo er als ›pictor et eruditus nimis‹ (Maler und großer Gelehrter) registriert war (Pasqui, 1926, S. 12). Im Jahre 1467 ist er als Prior des Klosters San Giorgio in Camerino dokumentiert. Im Jahre

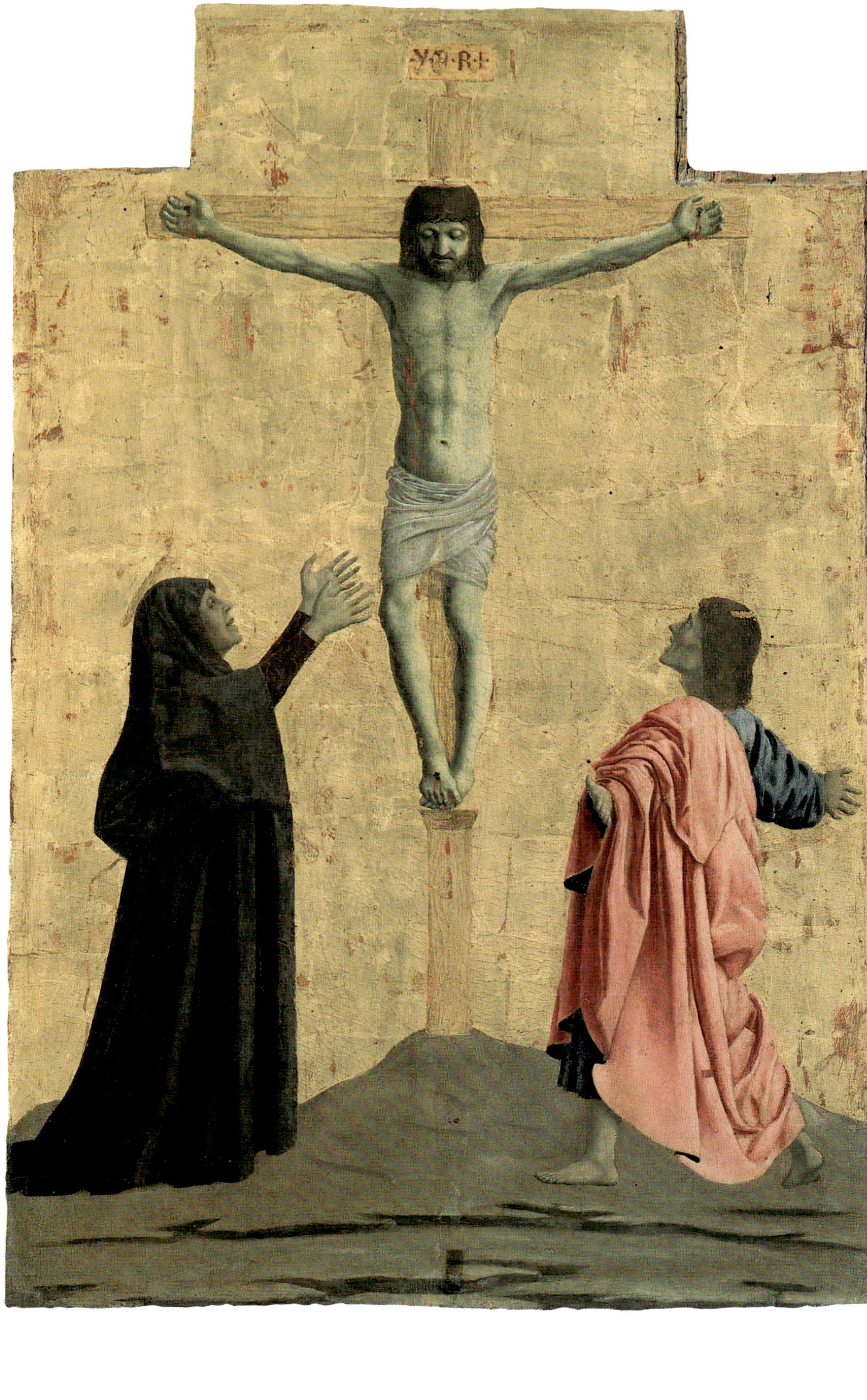

I.1 Die Kreuzigung Christi

1470 war er Abt im Kloster Santa Maria in Agnano. Nach Salmi versah er zwischen 1446 und 1454 verschiedene Handschriften der Biblioteca Malatestiana in Cesena mit Miniaturen. Von 1462–1464 hielt er sich in Rom auf und arbeitete für Papst Pius II. Man nimmt an, daß er jene Loggia mit Fresken ausschmückte, deren Entwurf von Francesco del Borgo stammte. In den Jahren zwischen 1467 und 1472 ist er erneut in Rom als Miniatur- und Freskenmaler dokumentiert (vgl. Ruyschaert, 1968; Callmann, 1975; Freuler, 1991). Das Triptychon von Santa Maria in Tifi ist stilistisch zweifelsohne reifer als die Resultate seiner Mitarbeit am Polyptychon mit der *Schutzmantelmadonna,* die noch eher an jene *Thebais* erinnert, die der Meister vermutlich vor dem Verlassen des florentinischen Klosters geschaffen hatte. Callmann versuchte, das Werk aus den vorhandenen Fragmenten zu rekonstruieren. Die Phase der Zusammenarbeit zwischen Amadei und Piero ist entweder um das Jahr 1446, als Giuliano Florenz verließ, oder um das Jahr 1456 anzusiedeln, als er Cesena den Rücken kehrte. Aufgrund stilistischer Gesichtspunkte ist das erste Datum wahrscheinlicher. Einmal steht die erwähnte *Thebais* den Predelladarstellungen des Polyptychons der *Schutzmantelmadonna* sehr nahe, zum anderen findet sich in Cesena ein weiteres Indiz für diese These. So identifizierte man verschiedene Miniaturen in der Biblioteca Malatestiana in Cesena mit Amadei, die stilistisch wie die Predelladarstellungen bereits auf das Triptychon von Aix verweisen (Abb. 13).

Daß es sich bei der Figur des hintersten Gläubigen unter der linken Mantelhälfte der Madonna um ein Selbstporträt von Piero handelt, wurde bereits von Coleschi (*Storia di Sansepolcro,* Città di Castello 1886) bestätigt. Van Marle nahm an, der Altar sei erst nach den Fresken in Arezzo entstanden. Bianconi verwies darauf, daß die Zentraltafel und die *Kreuzigung Christi* der Giebelbekrönung zeitgleich entstanden sind. Longhi glaubt an eine progressive Entstehung der Haupttafeln von links nach rechts, während seines Erachtens die Giebelfelder gleichzeitig bemalt wurden. Hendy erinnerte daran, daß man bereits im Jahre 1444, also unmittelbar nach dem Tode des hl. Bernhardin, bei Luca della Robbia einen Rahmen bestellte, welcher das Porträt des Verstorbenen einfassen sollte. Dieser spontane Kult ist für ihn ein Indiz dafür, daß sich die Auftraggeber in Sansepolcro vermutlich bereits im Jahre 1445 dazu entschlossen, das Bild des neuen Heiligen ins Polyptychon aufzunehmen.

Identifizierte Salmi den Gehilfen Pieros, der die Predelladarstellungen gemalt hatte, mit Giuliano Amadei, so glaubte Donati, eher den Pinselstrich von Lorentino d'Andrea zu erkennen (*Piero della Francesca o Lorentino d'Andrea,* in: *Antichità viva,* IV, 1965, S. 65). Battisti war davon überzeugt, es handle sich um jenen Maler, der die Tafeln von Konopiště gemalt hatte (Meiss, 1946). Die Zuschreibung von Salmi wurde von Freuler zu Recht bestätigt (1991).

Bibliographie: G. Rosini, 1837; J. D. Passavant, 1839; J. A. Crowe und G. B. Cavalcaselle, 1864, II, S. 12; M. Pichi, 1892; F. Witting, 1898, S. 7–20; G. F. Hartlaub, 1910, S. 42 ff.; A. Del Vita, in: *Rassegna d'arte,* 1920; R. Longhi, 1927, S. 32–38; R. van Marle, XI, 1929, S. 22–24, 66–70; B. Berenson, 1932; P. Toesca, 1935; M. Salmi, 1942; R. Longhi, 1946, S. 175; K. Clark, 1951, S. 4; P. Bianconi, 1957, S. 37; C. de Tolnay, 1963, S. 214; R. Longhi, 1963, S. 19–24, 196, 207; C. Gilbert, 1968, S. 64; P. Hendy, 1968, S. 48; E. Battisti, 1971, I, S. 42–45, 77–103, 113–114, II, S. 10–16; E. Callmann, 1975, S. 3–22; M. Salmi, 1979, S. 25–37, 141; E. Battisti, 1980, S. 189; F. Dabell, 1984; A. Angelini, 1985, S. 7–11; A. Paolucci, 1989, S. 24–26, 108–109; E. Bairati, 1991, S. 10–11; G. Freuler, 1991, S. 250–253.

II DER HEILIGE HIERONYMUS

Berlin, Staatliche Museen Preußischer Kulturbesitz, Gemäldegalerie
Malerei auf Kastanienholz
51 x 38 cm

Das Gemälde wurde im 16. Jahrhundert völlig überarbeitet. Bei seiner Reinigung im Jahre 1968 wurden die Übermalungen entfernt, die eine Bewertung des Bildes bis dahin unmöglich gemacht hatten. Es handelt sich um das erste von Piero datierte Werk: Das am Baumstumpf am rechten Bildrand befestigte ›Zettelchen‹ trägt die Inschrift: PETRI DE BVRGO OPVS MCCCCL. Die leichte Wölbung der Tafel die an Ikonen erinnert, ist wahrscheinlich gewollt. Longhi (1962) erschien die Datierung auf 1450 nicht glaubhaft. Er datierte es auf 1440 vor. Tatsächlich erinnert das Gemälde stark an die Fresken des Kreuzgangs ›degli aranci‹ der Badia in Florenz – so etwa in den Spiegelungen des Wassers und den unwegsamen Ufern – während es weit entfernt ist vom Fresko in Rimini aus dem Jahre 1451.

Es ist gerade die vom Fresko des Giovanni di Gonsalvo im Kreuzgang ›degli aranci‹ entlehnte geometrische Anlage der Uferstreifen, welche von Piero auf das Fresko des *Hl. Christophorus* von Bona da Ferrara (Abb. 12) in der Eremitani-Kirche in Padua übergeht. Daraus folgt, daß die Ferrareser Periode Pieros dem *Hl. Hieronymus* in Berlin näher ist als der *Taufe Christi,* in der sich ähnliche Übereinstimmungen nicht mehr finden.

Zu den im Text angesprochenen Verbindungen mit Jacopo Bellini sei auf eine kleine Tafel mit der Darstellung des *Hl. Hieronymus* in einem vergoldeten Rahmen hingewiesen (31 x 21 cm ohne Rahmen, der jedoch fester Bestandteil der Tafel ist), die sich in Schweizer Privatbesitz befindet und auf der Ausstellung des Jahres 1991 in Lugano gezeigt wurde (G. Freuler, S. 238–39, Anm. 94). Zu den Überarbeitungen, die von Freuler Matteo di Giovanni (Oertel), in der Folge jedoch Giovanni di Piamonte zugeschrieben wurden, gibt Bellosi (1987) Auskunft. Die Figur des Heiligen kehrt in einer kleinen Hieronymus-Darstellung des Perugino wieder, die im Kunsthistorischen Museum in Wien aufbewahrt wird.

Bibliographie: W. von Bode, 1924; R. van Marle, XI, 1929, S. 16; B. Berenson, 1932; P. Toesca, 1935, S. 212; R. Longhi, 1942, S. 185–186; M. Davies, 1961, S. 426–428; R. Longhi, 1962, S. 201; C. Gilbert, 1968,; P. L. De Vecchi, 1967, S. 89; E. Battisti, 1971, Ii, S. 5–7; R. Oertel, 1977, I, S. 342–351; M. Salmi, 1979, S. 50–52; A. Angelini, 1985, S. 13; L. Bellosi, 1987; A. Paolucci, 1989, S. 118; E. Bairati, 1991, S. 6–11.

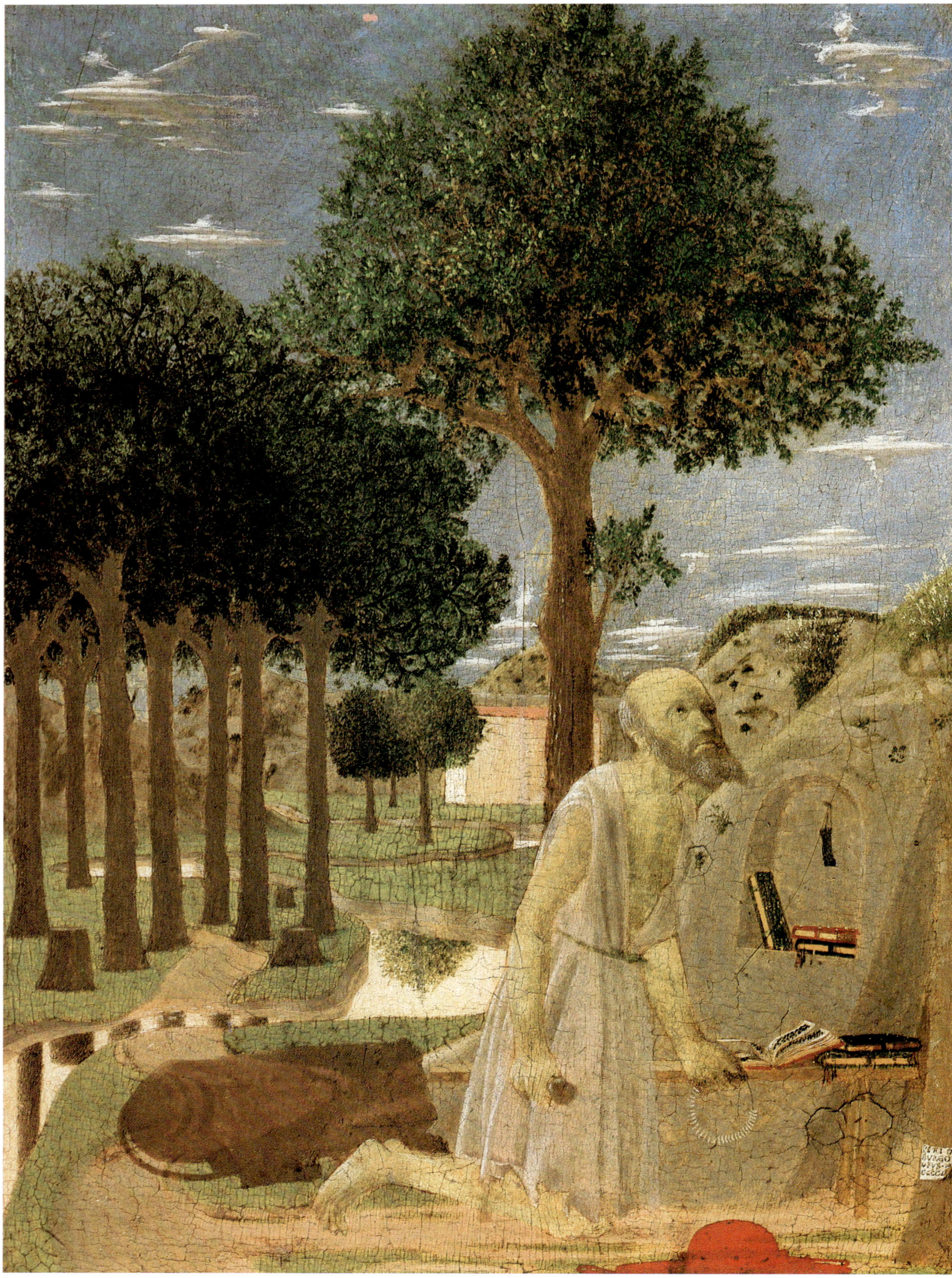

III DIE TAUFE CHRISTI

London, National Gallery
Termpera-Malerei auf Holz
167 x 116 cm

Vermutlich früher die Zentraltafel eines von Matteo di Giovanni und Gehilfen um das Jahr 1465 realisierten Polyptychons (s. Abb. 40) mit zwei seitlichen Begrenzungsfeldern und Predella. Nach Pichi (1835, S. 22) gelangte der Altar im Jahre 1807 aus der Prioratskirche San Giovanni Battista in Sansepolcro in den Dom San Giovanni Evangelista. Agnoletti (1977) und Ginzburg vermuteten, daß sich der Altar zunächst in der 1406 Johannes dem Täufer geweihten Kapelle der Abtei-Kirche befand. Daraus folgerten sie, das Altarbild sei von der Camaldulenser-Abtei in Auftrag gegeben worden, wo es bis zum Jahre 1563 verblieb, bis man den Altar umbaute und den beiden Stadtheiligen, Egidius und Arcanus, weihte (die beiden Heiligen waren bereits auf den seitlichen Begrenzungstafeln präsent). Im Jahre 1583 sei der Altar dann in die Prioratskirche San Giovanni Battista verlegt worden, wo er anläßlich des Papstbesuches im Jahre 1629 belegt ist; 1807 sei er in die Abtei-Kirche, die inzwischen Domkirche geworden war, zurückgekehrt. Ginzburg (1981) verwies ferner darauf, daß der Altar bei der Auflösung des Priorats seltsamerweise nicht auf der Inventarliste erscheint. Das einzige gesicherte Dokument betrifft den Papstbesuch im Jahre 1629. Der Rest ist pure Spekulation.

Die seitlichen Begrenzungspfeiler sind auf drei Seiten mit Engeln und Heiligen geschmückt. Aufgrund dieser Anlage des Altarbildes ist davon auszugehen, daß es für den Hauptaltar einer großen Kirche bestimmt war und nicht für eine kleine Kapelle. Am Fuß der Rahmenkonstruktion finden sich ferner die Wappen der Familie Graziani aus Sansepolcro (Margherini Graziani, 1897, S. 205). Davies (1961) bemerkte diesbezüglich, daß keine bekannten Verbindungen zwischen der Familie Graziani und dem Priorat bestanden. Im Jahre 1857 wurde die von Piero della Francesca gemalte Zentraltafel verkauft. Sie gelangte 1861 in die Sammlung der National Gallery in London. Das Rundbild in der Giebelbekrönung mit der Darstellung Gottvaters ist verloren. Man nimmt an, daß es ebenfalls von Piero gemalt wurde (M. Davies, 1961, S. 426).

Die von Matteo di Giovanni gemalten Seitentafeln zeigen die Figuren des *Hl. Petrus* und des *Hl. Paulus* auf Goldgrund, die seitlichen Begrenzungspfeiler folgende Darstellungen: an der Außenseite jeweils ein Rundbild mit einem Engel; an der linken Vorderseite: *Hl. Stephanus, Maria Magdalena, Hl. Arcanus* (?); an der rechten Vorderseite: *Hl. Benedikt* (?), *Hl. Katharina* (?), *Hl. Egidius* (?). Die Predella zeigt neben der *Kreuzigung Christi* vier Szenen aus dem Leben Johannes des Täufers, dazu vier Kirchenväter. Der *Tanz der Salome* erinnert in auffälliger Weise an Donatellos Relief am Taufbecken in Siena. An den Seitentafeln entdeckt man zwei tiefe Kerben und vier Löcher, über die diese ursprünglich mit der Zentraltafel verbunden waren. Da man die Entsprechungen dieser Verbindungselemente an der Tafel Pieros in London nicht feststellen konnte, wurde ihre Zugehörigkeit zum Polyptychon zunächst bezweifelt. Man vermutete, daß die Zentraltafel von Matteo di Giovanni beschädigt wurde oder verlorenging und in der Folge durch Pieros *Taufe Christi* ersetzt wurde (M. Davies, 1961, S. 426–427). Das System der Verbindungen zwischen den Tafeln ähnelt dem des *Polyptychons des hl. Antonius* in Perugia. Aronberg Lavin veröffentlichte eine hypothetische Ansicht des Polyptychons mit der *Taufe Christi* in seiner Gesamtheit (1981, Abb. 3, S. 6). Das Rundbild mit der Darstellung Gottvaters inspirierte vielleicht die entsprechende Tafel des Matteo di Giovanni für Sant'Agostino in Asciano (Hartlaub, 1910, Abb. II). Wie die Taube in Pieros *Taufe Christi* erscheint dort die Gestalt Gottvaters in perspektivischer Verkürzung.

Matteo di Giovanni, der im *Triptychon Placidi,* das sich heute in der Pinacoteca von Siena befindet, zugunsten eines Landschaftshintergrundes auf den traditionellen Goldgrund verzichtete, setzt hier die Heiligenfiguren der Seitentafeln erneut auf Goldgrund. Diese stilistische Entscheidung korreliert mit dem gotischen Charakter der Altarstruktur und verbindet sich harmonisch mit der Landschaftsdarstellung in Pieros Zentraltafel. Hartlaub (S. 43) erinnerte diesbezüglich an Pieros Polyptychon in Perugia (S. 214 ff.). Zudem unterstrich er den archaischen Charakter der frontalen Darstellung der Figur Christi in der *Taufe Christi* und verglich sie mit sienesischen Beispielen des 14. Jahrhunderts, etwa mit der *Betenden Jungfrau* des Domenico di Bartolo in Siena. Die Akzentuierung dieses spezifischen Archaismus ist insbesondere für die Neubewertung Pieros seitens der modernen Kritik seit Longhi von Bedeutung.

Zahlreiche Indizien verweisen darauf, daß die Zentraltafel bereits existierte, als Matteo die Seitentafeln, die Predellafelder und die Fialen bemalte. Matteo ordnete seine beiden Heiligenfiguren gleichsam als Flügel der zentralen Tafel an, akzentuierte zudem aber auch deren Abstand von der Mittelszene. Das Motiv war ihm aus dem Polyptychon mit der *Schutzmantelmadonna* nicht unbekannt. Darüber hinaus achtete er darauf, daß die horizontale Fußbodenbegrenzung der Ideallinie in der *Taufe Christi* entsprach, die in etwa von den Füßen der Engel und der erhobenen Ferse des Täufers markiert wird. Longhi datierte das Gemälde auf das Jahr 1440, also auf das Jahr nach der Zusammenarbeit Pieros mit Domenico Veneziano in Sant' Egidio in Florenz. Clark indes hielt eine Datierung vor dem Beginn an der Arbeit am Polyptychon mit der *Schutzmantelmadonna,* also 1445, dem Jahr der Vertragsunterzeichnung, für inakzeptabel. Er verglich die Flußlandschaft in der *Taufe Christi* mit derjenigen im *Sieg Konstantins über Maxentius* in Arezzo (S. 191, VII. 7). Wohl (1981) wies darauf hin, daß Piero noch 1447 mit Domenico Veneziano zusammenarbeitete. Er nahm an, daß die deutlichen Parallelen zwischen Piero und Domenico insbesondere auf diese zweite Phase der Zusammenarbeit zurückgehen. Logan (*Due dipinti inediti di Matteo di Giovanni,* in: *Rassegna d'arte,* 1905, S. 49–53) datierte das Polyptychon in seiner Gesamtheit auf das Jahr 1465. Gilbert (1969) äußerte die Meinung, lediglich die *Taufe Christi* sei um das Jahr 1460 oder auch noch später entstanden. Hendy ging von der Tatsache aus, daß es sich um ein in Tempera ausgeführtes Gemälde handelt, das somit wesentlich früher entstanden sein mußte. Angelini (1985) brachte die Tafel mit Pieros dokumentiertem Aufenthalt in Sansepolcro im Jahr 1442 in Verbindung. Nach Bairati (1991) wurde die *Taufe Christi* aufgrund einer Vertragsverletzung seitens Pieros in das Altarbild des Matteo di Giovanni aufgenommen.

Die tiefe Harmonie des Gemäldes, das meines Erachtens nach dem *Hl. Hieronymus* in Berlin entstanden ist, gab Anlaß zu zahlreichen Spekulationen und Untersuchungen. Die Gültigkeit eines geometrischen Schemas wurde von J. Elkins (1991) in Frage gestellt.

Bibliographie: Bis 1981: siehe bibliographische Angaben in M. Aronberg Lavin, 1981; in der Folge: C. Ginzburg, 1981, S. 5–14; H. Wohl, 1981, S. 84, Anm. 26 und 27; A. Paolucci, 1989, S. 21–26; J. Elkins, 1991.

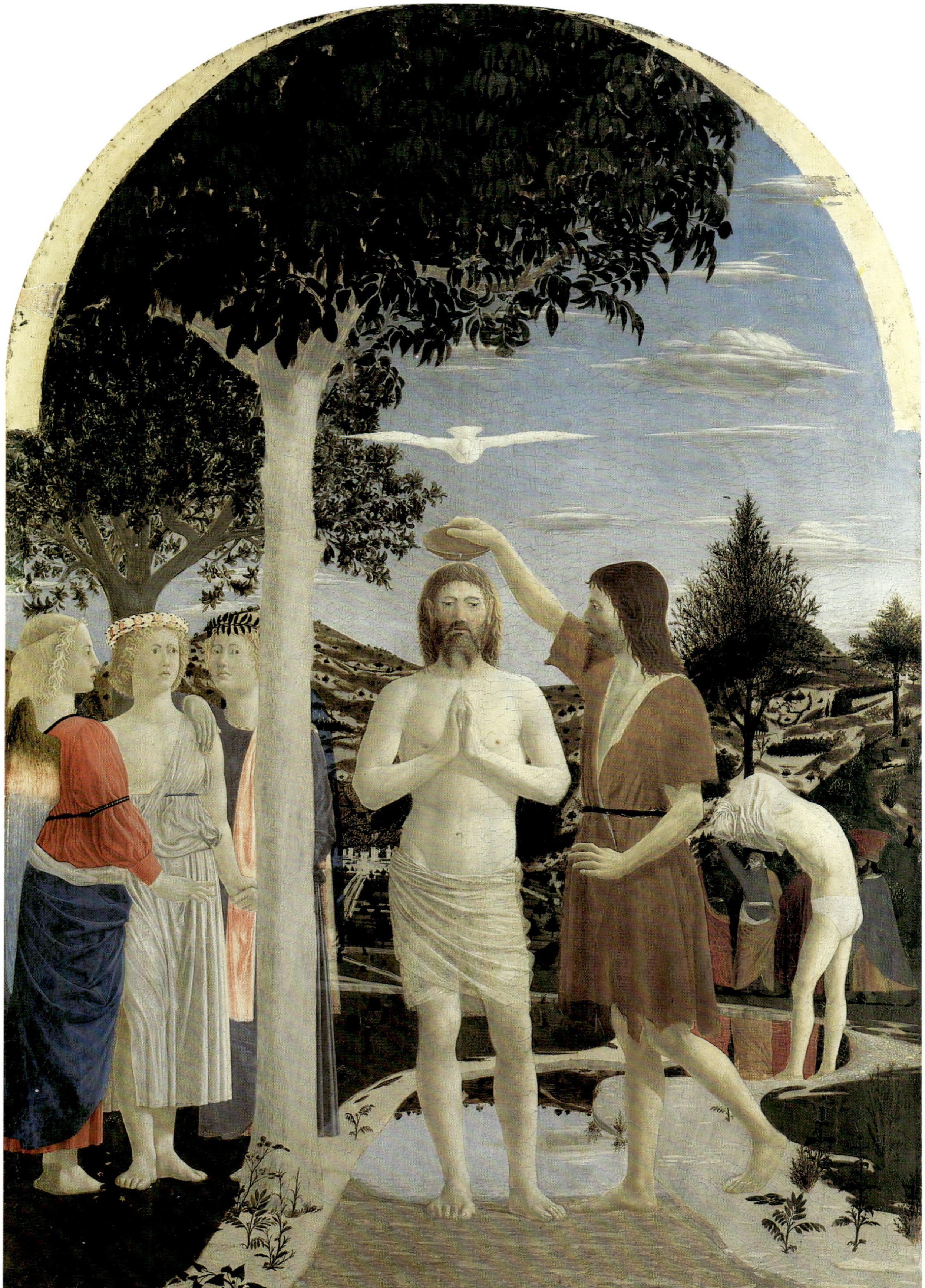

IV DER HEILIGE SIGISMUND UND SIGISMONDO PANDOLFO MALATESTA

Rimini, San Francesco
Fresko
257 x 345 cm

Der schlechte Zustand der Malerei ist zum einen bedingt durch die von Piero in Anwendung gebrachte Technik, hauptsächlich jedoch durch die im 18. Jahrhundert ausgeführten Übermalungen. Während einige Bildteile ›a buon fresco‹ gearbeitet sind, wurden die Gewänder der beiden Figuren und der Bildhintergrund in ›tempera forte‹ ausgeführt.

Piero fertigte zunächst eine Sinopie der Komposition, um die Position der beiden Figuren festzulegen, verwendete jedoch in der Folge verschiedene Kartons. Die Punkte des Farbpulvers aus dem Pausbeutel sind nach wie vor gut erkennbar in der Burgansicht, an den Hunden, im Porträt Sigismondos, an den Händen des Heiligen (aber nicht an denen des Gläubigen, die wohl einfacher scheinen sollten. Auf die schroffe Eckigkeit, mit der sie in die Komposition eingegliedert wurden, hatte bereits Brandi hingewiesen). Bei der Ausführung des Gesichts des Heiligen malte Piero zunächst die linke Wange und die Kinnpartie, dann erst den Bart; die Figur Sigismondos weist eine offensichtliche Korrektur der Maße der Schädeldecke auf, die Piero zunächst höher gemalt hatte und später mit Tempera kaschierte. Erstaunlicherweise war er bei der Darstellung dieses Teils des menschlichen Kopfes immer noch unsicher; so zum Beispiel auch bei der Darstellung des Barhäuptigen in der *Geißelung Christi* (Abb. 119). Zur Wiedergabe der Füllhörner existierten sicherlich Schablonen, doch fertigte sie Piero bei der Ausführung der Sinopie bereits mit untrüglicher Sicherheit freihändig an. Wie man feststellte, weisen die Kanneluren der Pilaster eine ungerade Anzahl auf, während die Pilaster in Masaccios *Dreifaltigkeitsfresko* und jene Brunelleschis in der alten Sakristei von San Lorenzo in Florenz über eine gerade Anzahl von Kanneluren verfügen. Die durch die ungerade Zahl entstehende Symmetrieachse der Pilaster ist ein Thema Albertis, auf das Piero an verschiedenen Orten, vielleicht auch 1450 in Rom, aufmerksam geworden sein könnte.

Pope Hennessy stellte die Vermutung an, Piero habe sich beim Porträt des Herrschers von Rimini einer Medaille des Matteo de' Pasti bedient, die mit Sicherheit vor dem 15. Oktober 1450 geprägt worden war. Es ist jedoch wahrscheinlicher, daß Piero wie gewöhnlich eine Studie vom Gesicht Sigismondos anfertigte, um sie anschließend auf den Karton zu übertragen. Bei den Medaillen der Malatesta handelt es sich meist um Gedenkmünzen. Aronberg Lavin (1974, S. 359, 1984, S. 32–33) schlug vor, das Modell für die Vedute der Burg nicht in der Medaille Matteo de' Pastis aus dem Jahre 1444 zu sehen, sondern, umgekehrt die Darstellung Pieros als Vorbild für die Münze zu betrachten. Piero habe so dazu beigetragen, das Thema monumentaler Ansichten in die Medaillenkunst einzuführen, das der antiken Numismatik vertraut war und auch in den Siegeln der Staufer und der italienischen Kommunen wiederkehrt. Der Vergleich des Freskos mit der *Madonna des Kanzlers Nicolas Rolin* von Jan van Eyck zählt zu den obligaten Themen der Kunstkritik (ich verweise auf die Beobachtungen von L. Castelfranchi Vegas, 1983). Pächt hat darauf hingewiesen, daß die Neuerung van Eycks in diesem Gemälde darin bestehe, eine Komposition ohne Zentrum geschaffen zu haben (O. Pächt, *Jan van Eyck,* hrsg. v. M. Schmidt-Dangler, München 1989, S. 84–85). Es ist äußerst aufschlußreich zu sehen, wie sich Piero mit dem Problem der Bildmitte in einer asymmetrischen Komposition auseinandersetzte.

Bereits Witting (1989) unterstrich die Einzigartigkeit der Ausführung des Gesichts des Heiligen in der italienischen Malerei. Er führte sie auf den Einfluß des Rogier van der Weyden zurück (er nahm an, daß es sich bei der *Grablegung Christi* in den Uffizien, Abb. 14, um jenes Bild handelt, das Ciriaco d'Ancona in Ferrara beschrieben hat; man vergleiche jedoch M. Davies, *Rogier van der Weyden,* London 1972, S. 212). Die zwei außerordentlichen Windhunde unterstreichen den aristokratischen Charakter der Darstellung. Diesbezüglich sei etwa daran erinnert, daß Federico da Montefeltro im Jahre 1474 zwei Hunde an Ludwig XI. sandte (P. Alatri, 1936, S. 41).

Bibliographie: E. Battisti, 1971, I, S. 54–74, II, 6–10; M. Rzepińska, 1971, S. 45–65; C. Mitchell, 1973, S. 427-438; C. Ricci (Hrsg. Pasini 1974), S. 221; M. Aronberg Lavin, 1974,; M. Laclotte, 1978, S. 255–266; C. Mitchell, 1978, S. 70–103; M. Salmi, 1979, S. 52–56, S. 145 Anm. 32 (mit einer Abhandlung zur Technik); P. Pasini, 1984,; M. Aronberg Lavin, 1984, S. 5–72 (übersetzte und überarbeitete Fassung des Artikels von 1974); im selben Band: M. Laclotte, S. 77–102 (Übersetzung des Artikels von 1978); P. G. Pasini, ebd., S. 103–120; P. Monti, Abbildungen, ebd., S. 121–150; O. Nonfarmale, ebd., S. 151–155; A. Angelini, 1985, S. 15–16; A. Paolucci, 1989, S. 30–32, 122; E. Bairati, 1991, S. 8–9.

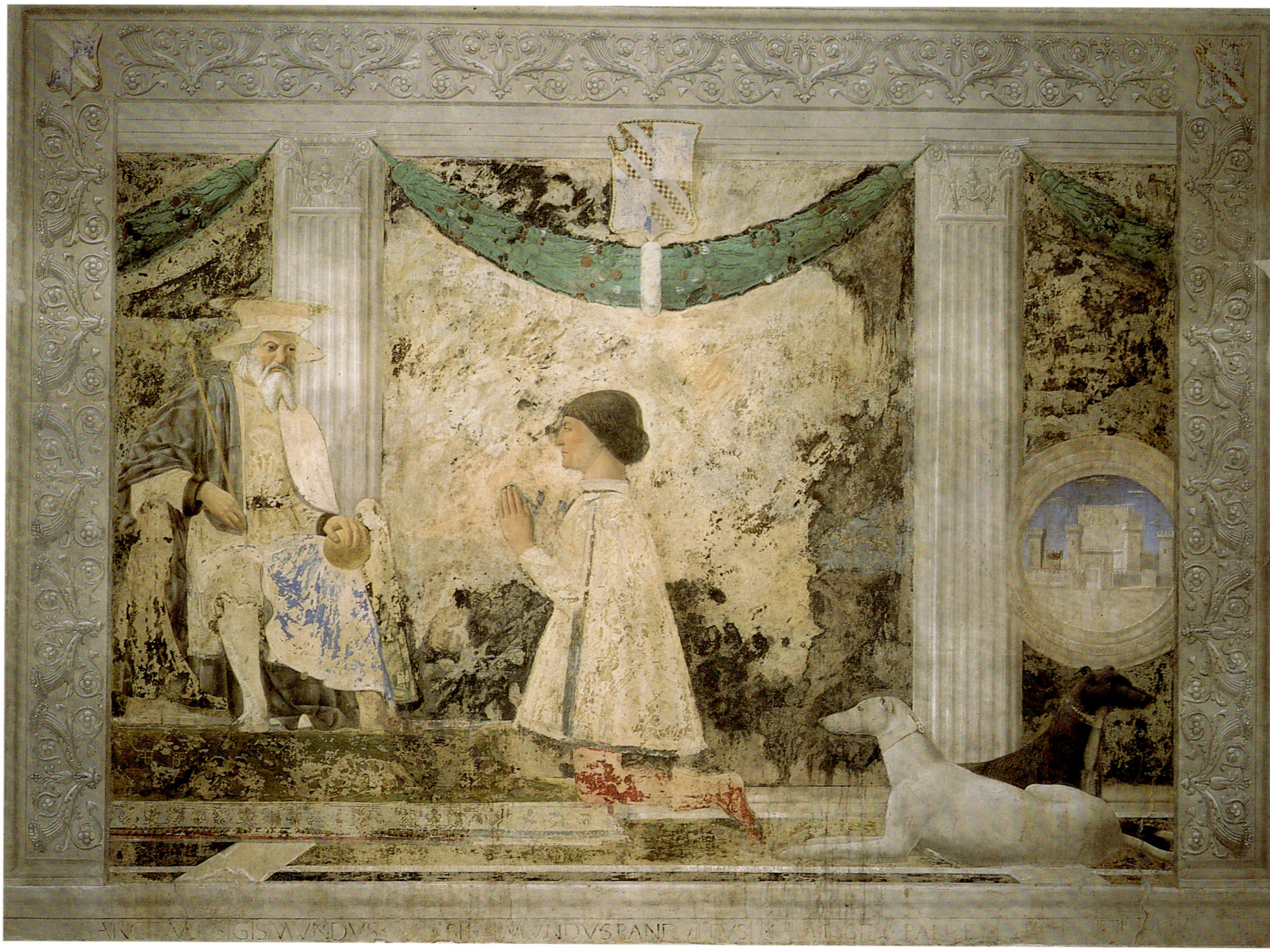

V DER HEILIGE HIERONYMUS

Venedig, Galleria dell'Accademia
Malerei auf Holz
49 x 42 cm

Die Inschrift am Baumstumpf, der als Basis des Kreuzes dient, lautet: PETRI DE BV[R]GO S[AN]C[T]I SEP/VLCRI OPUS. Im Jahre 1812 befand sich das Gemälde im Haus der Familie Renier in Venedig, die es der Galleria dell'Accademia vermachte. Die im Hintergrund dargestellte Stadt verkörpert mit Sicherheit die alte Stadtanlage von Sansepolcro, was unter anderem durch die Darstellung der außerhalb der Stadtmauern gelegenen Festung Malatestiana deutlich wird. Dennoch glaubte Longhi, Spuren venezianisch geprägter Bauten in diesem Gemälde wiederzuerkennen und daraus eine Venetien-Reise Pieros ableiten zu können.

Die Inschrift unter der Gestalt des Gläubigen, deren Lettern sich von der Inschrift Pieros unterscheiden, lautet folgendermaßen: HIER. AMADI. AVG. F. Nach der Interpretation von Cavalcaselle dient sie zur Identifikation des Gläubigen und verweist auf den Sohn eines Hieronymus Amadi namens Augustino. Battisti (1971) suchte in den venezianischen Archiven nach den Spuren dieses Amadi. Ricci erkannte in dieser Gestalt eine der Figuren der Mitteltafel des Polyptychons mit der *Schutzmantelmadonna*; dieselbe erscheint auch in der Szene der Hinrichtung des Chosroës in den Fresken von Arezzo. Toesca (1935) verglich den gutmütigen Gesichtsausdruck des Heiligen mit dem des hl. Sigismund im Fresko von Rimini.

Die extreme Freiheit in der Darstellung der Landschaft offenbart sich als eine wesentliche Weiterentwicklung auf dem Weg zu einer realistischen Landschaft, deren Anfänge im Gemälde von Berlin liegen. Lediglich der unterschiedliche Erhaltungszustand verhüllt die Nähe des Gemäldes zur *Taufe Christi*. Für Battisti (1971) zählt dieser *Hl. Hieronymus* zu den Spätwerken Pieros. Die Ergebnisse der chemischen Analysen wurden von Battisti veröffentlicht (1971, S. 60–61). Bis auf das Grün, das aus einer Harzverbindung besteht, handelt es sich bei allen Farben um Temperafarben. Auch hinsichtlich der technischen Ausführung stellt sich das Gemälde als ein Werk dar, das Anfang der 50er Jahre entstanden ist. Wie die Besitzerinschrift zeigt, befand es sich bereits im 16. Jahrhundert in Venedig. Interessant ist unter diesem Gesichtspunkt das dem Petrus Christus zugeschriebene Werk *Tod der Jungfrau*, in dem Zitate aus dem Gemälde Pieros zu finden sind.

Bibliographie: E. Cicogna, 1853, S. 842–843; J.A. Crowe und G.B. Cavalcaselle, II, 1864, S. 543–544; J.A. Crowe und G.B. Cavalcaselle, VIII, 1898, S. 238–240; F. Witting, 1898, S. 115–117; B. Berenson, 1899, S. 169; A. Venturi, VII, 1, 1911, S. 462–466; E. Marini Franceschi, 1912, S. 159–162; G. Gronau, in: Thieme-Becker, 1916; H. Graber, 1920, S. 22–23; A. Venturi, 1921–1922, S. 58; R. Longhi, 1927, S. 38 ff.; R. van Marle, XI, 1929, S. 148 ff.; P. Toesca, 1935; B. Berenson, 1936, S. 392; *Catalogo dell'Accademia di Venezia*, hrsg. v. d. Direktoren, Venedig 1936, S. 5, 22 (Anm. 47); R. Longhi, 1942, S. 38–40, 176; J. Alazard, 1948, S. 19; R. Longhi, 1946, S. 156; K. Clark, 1951, S. 14, 203; *Mostra di quattro maestri*, 1954, S. 100 ff.; L. Venturi, 1954, S. 4–10; S. Moschini Marconi, *Gallerie dell'Accademia di Venezia*, Rom 1955, S. 174–175; P. L. De Vecchi, 1967, S. 86; C. Gilbert, 1968, S. 114–115; E. Battisti, 1971, I, S. 373–374, 513–523, II, S. 56–58; M. Salmi, 1979, S. 50; H. Wohl, 1981, S. 83–84; A. Paolucci, 1989, S. 18, 120; E. Bairati, 1991, S. 6.

VI DIE GEISSELUNG CHRISTI

Urbino, Galleria Nazionale delle Marche
Malerei auf Holz
58,4 x 81,5 cm

In der ersten Hälfte des 18. Jahrhunderts wies P. Ubaldo Tosi in dem von ihm herausgegebenen *Inventario* auf dieses Gemälde in der Sakristei des Doms von Urbino hin (Urbino, Biblioteca Universitaria, Fondo del Comune, Manuskript Nr. 93, S. 244 r, zit. bei Ginzburg, 1981, S. 50, und Orofino, 1984, S. 60). Es blieb dort bis zu seiner Übernahme in den Palazzo Ducale am Ende des Jahres 1916.

An der Stufe zum Thron des Pilatus findet sich die folgende Inschrift: OPVS PETRI DEBVRGO SCI SEPVLCRI. Im Jahre 1839 entdeckte Passavant neben den drei Gestalten im Bildvordergrund den auf Psalm II, 2,2 zurückgehenden Satz »convenerunt in unum« (vgl. E. Battisti, 1971, S. 505 Anm. 391). Brandi (1954, Ausstellungskatalog, S. 91) zufolge wurde die Inschrift bei unvorsichtig ausgeführten Restaurierungsarbeiten unkenntlich gemacht. Man ist jedoch eher geneigt, die von vielen übernommene Ansicht Bombes (1909, S. 470) zu teilen, der zufolge die Inschrift auf dem Rahmen angebracht war.

Nach Cavalcaselle (1864), der das Gemälde ohne die zitierte Inschrift gesehen hat, wurde es einer »übertriebenen Säuberung« unterzogen. Zu den folgenden Restaurierungen und vor allem zu jener des Jahres 1930, bei der zwei das Gemälde zusammenhaltende Leisten durch Eisenklammern ersetzt wurden, welche das Entstehen der waagerecht über das ganze Gemälde verlaufenden Oberflächenbeschädigung noch zusätzlich begünstigten, sei auf die Ausführungen von Brandi (1954 und 1954 BICR) verwiesen. Die Restaurierungsarbeiten des Jahres 1953 werden bei E. Battisti (II, 1971, S. 49 ff.) behandelt. Die letzte Restaurierung, die von Paolo und Laura Mora äußerst behutsam durchgeführt wurde, ist in ihrer entscheidenden Phase bei Aronberg Lavin (1972) dokumentiert.

Außergewöhnlich ist die Zusammensetzung der Grundierung aus angerührtem Gips, tierischem Klebstoff und Textilfasern (Wolle). Die Pigmentanalyse ergab Spuren von Lapislazuli. die chemischen Analysen lassen hinsichtlich der verwendeten Bindemittel keine eindeutigen Aussa-

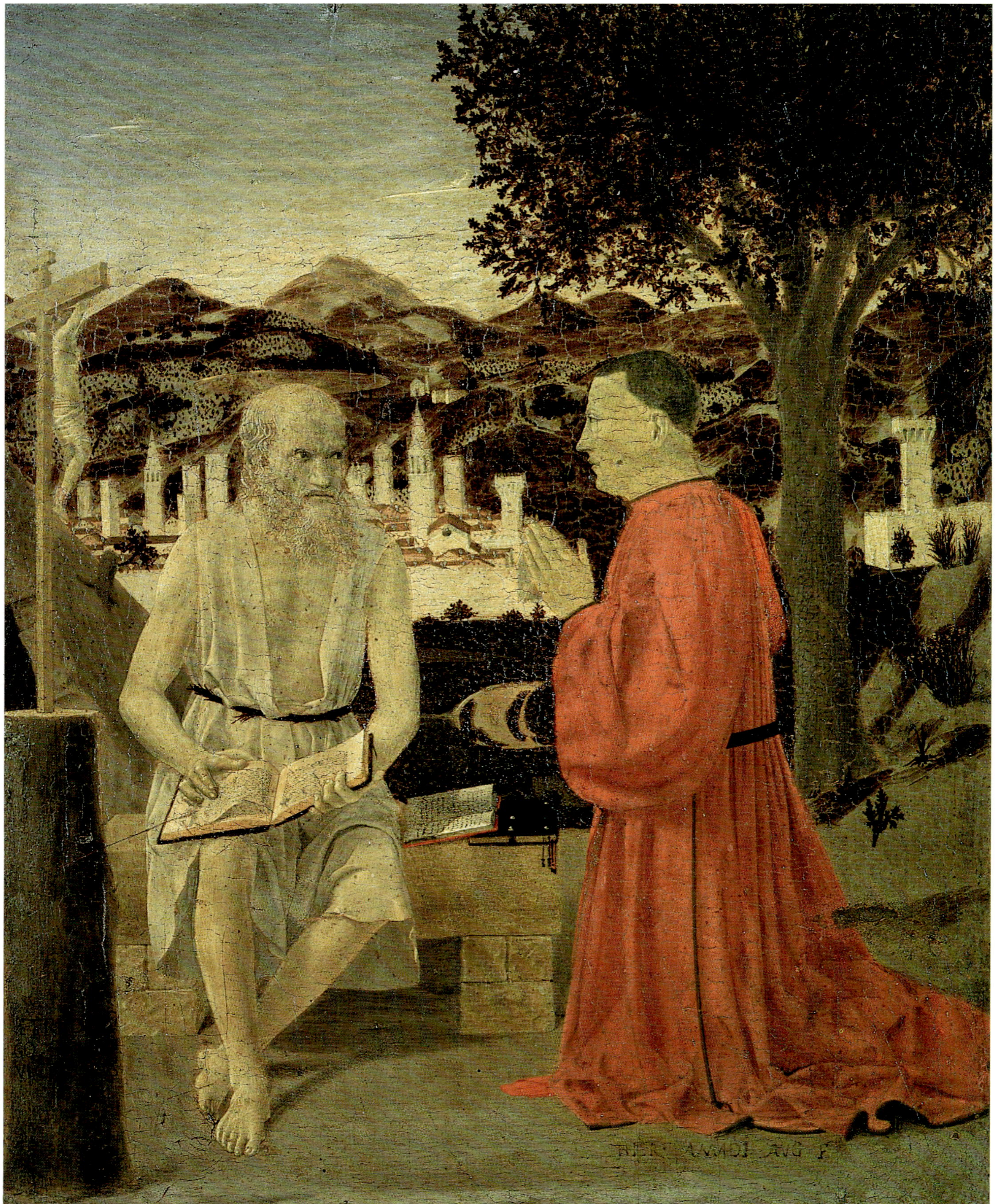

gen zu (E. Battisti, 1971, S. 51). Im Jahre 1953 veröffentlichten Wittkower und Carter ihre bemerkenswerte Studie zur perspektivischen Konzeption des Gemäldes; durch diese Studie wurde der Forschung ein völlig neues Betätigungsfeld eröffnet. Es wurde jedoch von Wohl darauf hingewiesen, daß dieses Gemälde das einzige Beispiel im Werk Pieros darstelle, dem mit Sicherheit ein die Gesamtkomposition bedingender perspektivischer Plan zugrunde liege.

Aronberg Lavin (1968) akzentuierte die außergewöhnliche Kohärenz der Lichtanordnung, welche dazu veranlaßt, von einer Lichtquelle im Interkolumnium des Palazzo auszugehen. Nach Meinung von Marchini (1986) imaginierte Piero anstelle einer Säulenhalle einen durch eine Wand geschlossenen Raum, wobei das Licht durch ein Fenster einfallen sollte. Auch wenn es sich mit Sicherheit um eine Säulenhalle handelt, bestätigt Marchini mit seiner Beobachtung die punktförmige Lichtquelle; die Fehler, die er Piero ankreidet, gehen auf das Konto seines Interpretationsmodells. Die von der Kritik vorgeschlagenen Datierungen überkreuzen sich meist – jedoch nicht immer – mit der Interpretation der Szene auf der rechten Bildhälfte:

Die Identifizierung der Gestalt des barfüßigen Jünglings als Oddantonio erklärt sich aus der Kopie in der Sammlung des Ferdinand von Tirol auf Schloß Ambras (E. Battisti, 1971, II, Abb. 153). Salmi (1979, S. 148, Anm. 42) erinnert daran, daß im Inventar von Bernardino Baldi aus dem Jahre 1582 »ein etwa handtellergroßes, rahmenloses Porträt des Herzogs Oddantonio« aufgeführt ist. Dennistoun (1851) identifizierte die Figurengruppe als den 1444 bei einer Verschwörung getöteten Oddantonio da Montefeltro zwischen seinen schlechten Ratgebern Manfredo del Pio und Tommaso dell' Agnello. Diese Lösung wurde übernommen von: R. Longhi, 1927; M. Salmi, 1945; P. Rotondi, 1950; Bianconi, 1957; D. Formaggio, 1957; P. Dal Poggetto, 1971; es existierte eine Variante von Pichi, 1892. P. Toesca (1935) stand mit seiner Ablehnung dieser Interpretation allein. Zu anderen traditionellen oder neueren Interpretationen sei auf Battisti (1971, S. 50–51) verwiesen, welcher die Ansicht vertritt, daß das Gemälde Bestandteil des Grabmals Oddantonios gewesen sei. Für Aronberg Lavin handelt es sich um eine Altartafel für die Büßerkapelle des Palazzo Ducale. Die *Geißelung Christi* verbildliche eine historische Begebenheit, die Ludovico Gonzaga und Ottaviano Ubaldini in ihren verletzten väterlichen Gefühlen zur Meditation diene. Paronchi äußerte die Vermutung, es könne sich um einen Teil der Predella der *Pala Montefeltro* handeln (siehe hierzu jedoch E. Battisti, 1971, S. 50; G. Orofino, 1984, S. 60). Clough vermutete, die *Geißelung Christi* hing ursprünglich unter dem Doppelporträt des Herzogs und seines Sohnes Guidobaldo im Studierzimmer des Palastes, wobei die Statuette auf der Säule mit den Dekorationen an den Büsten der großen Denker ›harmonisiere‹. Nach Gombrich (1952 und 1953) verkörpert die Gruppe die Reue des Judas; nach de Tolnay (1963) handelt es sich um Personifikationen des Judentums und der Ketzerei; nach Murray (1968) sind es Heiden, Hebräer und Herrscher, die sich gegen Christus zusammengeschlossen haben. Borgo (1979) sieht in den drei Gestalten die Hohen Priester, welche sich aus Angst vor Verunreinigung geweigert hatten, das Prätorium zu betreten (Johannesevangelium, XVIII, 28). Nachdem Gilbert im Jahre 1971 den in Brokat gekleideten Mann als Josef von Arimathäa identifiziert hatte, erkannte Borgo in ihm Marino il Vecchio, während die Gestalt mit der Kopfbedeckung den Rabbiner Joshua ben Perachiah und der barfüßige Jüngling den Besitzer des Gartens, in dem Jesus begraben wurde, also Judas, darstellen sollten; er verwies ferner darauf, daß diese Namen der hebräischen Überlieferung der Ereignisse anläßlich der Gerichtsverhandlung von Jesus entstammten. Die Versammlung der drei Figuren neben der Geißelungsszene stehe in der Tradition des Streitgesprächs, das in den Mysterienspielen und in der Liturgie der Karwoche dokumentiert ist. Ferner sollte das Gemälde an das große Jubiläum des Jahres 1450 erinnern, in dem Giovanni da Capestrano den Rabbiner Gamaliel ben Shiom bei einem Wortgefecht öffentlich besiegte. Dieser Interpretation widersprach Clough (1980), der dazu anmerkte, daß eine derartige Inszenierung lediglich einem konvertierten Hebräer verständlich gewesen wäre.

Die Kritik geht mehrheitlich von der Beeinflussung der um 1462 entstandenen *Geißelung des Hl. Hieronymus* von Matteo di Giovanni durch Pieros *Geißelung Christi* aus (vgl. L. B. Kanter, 1988). In Sansepolcro hätte sich durchaus die Möglichkeit ergeben können, daß Piero dem Matteo di Giovanni seine vorbereitenden Studien zeigte. Im Baptisterium in Siena findet sich ein Fresko mit der *Geißelung Christi* von einem Schüler des Vecchietta, dessen Ausführung des Fußbodens die Kenntnis der *Geißelung Christi* Pieros voraussetzt. Daß es sich bei dem Gemälde in Urbino um die Geißelung Christi handelt, wurde lediglich von Pope Hennessy (1986) in Frage gestellt, der im Hinblick auf die Thematik des Gemäldes von Matteo di Giovanni die Interpretation als *Geißelung des Hl. Hieronymus* vorschlug. Salmi (1979) widersprach der Idee, im Bild seien zwei unterschiedliche Epochen und ein profanes neben einem sakralen Thema dargestellt. Bereits 1945 datierte Salmi das Gemälde auf die Jahre 1448–49, also kurze Zeit nach Pieros Aufenthalt in Ferrara (so auch noch 1976, S. 293).

Witting (1898) brachte das Bild mit dem Konzil von Mantua des Jahres 1459 und mit dem Kreuzzug in Verbindung; dieser Gedanke wurde 1951 von Clark erneut aufgenommen. Im Jahre 1954 verband Siebenhüner die Identifikation der Figur des Oddantonio und die damit zusammenhängenden dynastischen Verflechtungen mit der Interpretation, welche einen Zusammenhang mit der Kreuzzugsidee herstellte. Nach Gouma-Pettersen (1976) gebiete die in griechischer Manier gekleidete Gestalt den zwei Okzidentalen Einhalt, die den christlichen Orient zu befreien suchen; nach Ginzburg schließlich zeigt die Szene die Begegnung zwischen Kardinal Bessarion, dem Erzherzog von Montefeltro und Giovanni Bacci, dem vermutlichen Förderer Pieros.

Bibliographie: Montaigne, *Viaggio in Italia*, Bari 1991, S. 245 und Anm. 55; G. Pungileoni, 1822, S. 75; J. D. Passavant, 1839, S. 432 (ital. Ausgabe 1882, I, S. 294); J. Dennistoun, II, 1851, S. 290; J. A. Crowe und G. B. Cavalcaselle, II, 1864, S. 546; G. F. Pichi, 1892, S. 85–86; F. Witting, 1898, S. 122–127; R. Longhi, 1927, S. 39–42; P. Toesca, 1935, S. 211; R. Longhi, 1942, S. 40–42, 176–177; M. Salmi, 1945, S. 16–25, 45; P. Rotondi, 1950, S. 163, 183; C. Gilbert, 1953, S. 86; R. Wittkower und B. A. R. Carter, 1953, S. 292–302; U. Baldini, 1954, S. 102–103; C. Brandi, 1954, S. 241–258; H. Siebenhüner, 1954, S. 124–126; P. Bianconi, 1957, S. 17–18, 41–42; D. Formaggio, 1957, S. 31–105; E. H. Gombrich, 1959, S. 172; C. de Tolnay, 1963, S. 11–14; A. Busignani, 1967, S. 19–20, 33; P. L. De Vecchi, 1967, S. 90; M. Aronberg Lavin, 1968, S. 321–342; C. Gilbert, 1968, S. 105–107; P. Murray, 1968, S. 175–179; K. Clark, [1951] 1969, S. 163, 183; E. Battisti, 1971, I, S. 318–328, II, S. 49–52; P. Dal Poggetto, 1971, Anm. 11–12; C. Gilbert, 1971, S. 41–51; M. Aronberg Lavin, 1972 u. ö.; M. Calvesi, 1975, S. 100–104; T. Gouma-Pettersen, 1976, S. 217–233; A. Parronchi, 1976, S. 235–248; C. Verga, 1976, S. 7–19; L. Borgo, 1979, S. 547–553; M. Salmi, 1979, S. 56–60; C. H. Clough, 1980, S. 574–577; C. Ginzburg, 1981, S. 50–95; E. Borsook, 1981, S. 163; M. Aronberg Lavin, 1981; J. Hofmann, 1981; H. Wohl, 1981, S. 39; A. Padoa Rizzo, 1981, S. 50–51; G. Orofino, 1984, S. 60–62; R. Black, 1986, S. 70; A. Angelini, 1985, S. 17; J. Pope Hennessy, 1986; A. Paolucci, 1989, S. 57–59, 204; E. Bairati, 1991, S. 14–15.

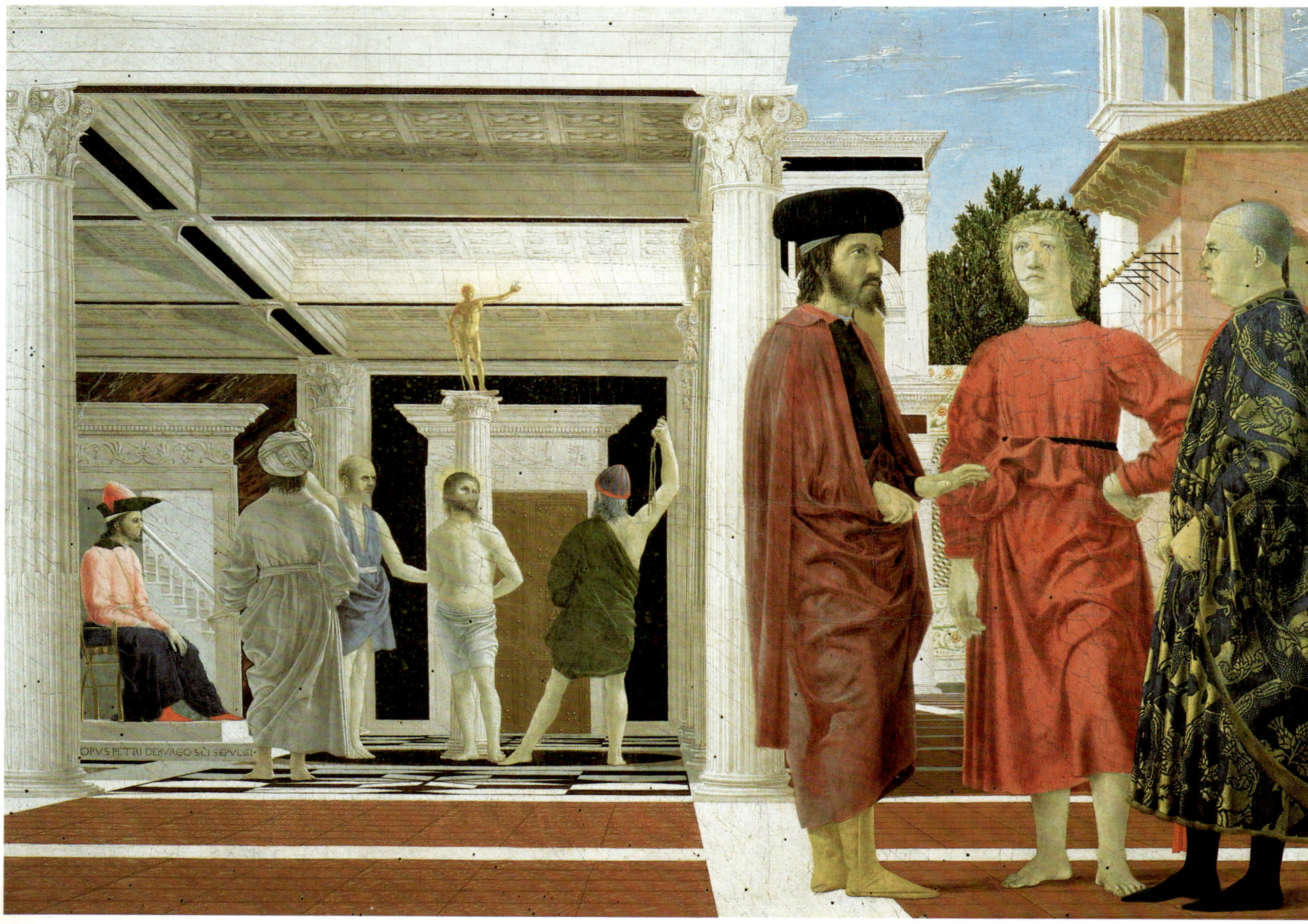
OPVS PETRI DEBVRGO SCI SEPVLCRI

VII DIE KREUZESLEGENDE

Arezzo, San Francesco, Hauptchorkapelle
Wandmalerei
Höhe, Breite und Tiefe der Kapelle: 15 x 7,70 x 7,50 m
Höhe der Sockelzone zwischen Fußboden und bemalter Wand: 2,50 m

Die Kapelle wurde anläßlich einer Schenkung des Bartolomeo di Pietramala und des Pagno di Maffeo in den Jahren zwischen 1366 und 1374 an die Kirche angebaut. Am 27. Juni 1408 diktierte der reiche Gewürzhändler Baccio di Maso Bacci sein Testament, in dem er das Patronat seiner Familie über die Kapelle und deren Ausschmückung verfügte. Die Wappen der Bacci finden sich an den beiden Pfeilern, welche den Bogen des Kapelleneingangs tragen. Das Familiengrab der Bacci befindet sich jedoch nicht in der Kapelle, sondern in der Mitte des Hochschiffs vor dem Chor der Mönche (M. Salmi, 1920, Abb. 1, 19; M. Salmi und U. Lumini, 1960, S. 14). An der linken Wand der Kapelle lag ursprünglich das bedeutende Grabmal des Seligen Benedetto Sinigardi, das in der Folge ausgelagert wurde, um Platz zu schaffen für *Die Schlacht zwischen Heraklius und Chosroës*. Die von Baccio Bacci verfügten Arbeiten in der Kapelle wurden durch das Auftauchen eines weiteren Kandidaten für das Patronat behindert. Es handelte sich um Lazzaro di Giovanni di Feo Bracci (Borsook, 1977, S. 93). Dieser verfaßte sein Testament im November des Jahres 1410. Mit der Genehmigung der Franziskaner wünschte er, in der Hauptchorkapelle bestattet zu werden. Er bot 300 Goldgulden für die Wandbemalung und 200 für das Glasfenster. Am 25. Oktober des Jahres 1411 verfaßte Baccio Bacci sein Testament und verpflichtete darin seine Erben, die Ausschmückung der Kapelle für den Fall, daß die diesbezüglichen Arbeiten zu seinen Lebzeiten nicht abgeschlossen wären, zu vollenden. Er hinterließ dafür 500 Goldgulden und bestimmte ferner, daß das Fenster vom florentinischen Meister Niccolò di Pietro Tedesco bemalt werden sollte (G. Marchini, *Le vetrate italiane,* Mailand 1956, S. 229, Anm. 53). Baccio Bacci verstarb am 11. November 1417, und die Erben verpflichteten sich, seinem Willen Folge zu leisten. Sein Rivale wurde 1425 in der Pieve von Arezzo bestattet. Niccolò di Pietro Tedesco begann noch vor dem Tod des Baccio Bacci mit der Arbeit an den Fenstern. Er erhielt insgesamt 460 Goldgulden. Von diesem Fenster ist heute nur noch ein minimales Fragment erhalten. Über die dargestellten Themen und die dominierenden Farben ist nichts mehr bekannt.

Im September des Jahres 1447 entschlossen sich Francesco, der Sohn des Baccio, und dessen Enkel, auf das wiederholte Drängen seitens des Grundbuchamts hin, mit der Ausschmückung der Kapelle zu beginnen. Sie verkauften deshalb einen Weinberg, um damit Bicci di Lorenzo, den auserwählten Maler, zur Aufnahme der Arbeiten zu bewegen. Dieser war damals bereits über 60 Jahre alt. Nachdem er schwer erkrankte, kehrte er schon bald wieder in seine Heimatstadt Florenz zurück. Von ihm stammen die Fresken am Eingangsbogen und am Gewölbe der Kapelle. Vermutlich arbeitete er den Winter hindurch nicht, so daß er erst im Frühjahr des Jahres 1448 die Arbeiten wieder aufnahm. Gilbert (1968, S. 74–75) glaubte, Bicci hätte auch noch eine Sinopie für die Szene des *Einzugs von Helena in Jerusalem* angefertigt, die dann Piero für die Szene der *Rückführung des wahren Kreuzes nach Jerusalem* verwendet habe.

Es ist nicht bekannt, wann Piero für Bicci einsprang. Pope Hennessy (1986) nahm an, daß dies sofort nach der Erkrankung des alten Meisters geschah. Vermutlich war der gesamte Freskenzyklus im Jahre 1466 vollendet, da man im Vertragstext für eine Prozessionsfahne aus diesem Jahre auf die Fresken verweist. In den Fresken einer im Jahre 1460 geweihten kleinen toskanischen Kirche zitierte ein mittlerweile mit Giovanni di Francesco identifizierter Maler die Darstellung Gottvaters aus der *Verkündigung* Pieros in Arezzo (L. Bellosi, 1987; dort findet sich jedoch kein Hinweis auf die Verwandtschaft der beiden Darstellungen). Auch die *Szenen aus dem Leben des hl. Nikolaus* des Giovanni di Francesco (gestorben 1459) bestätigen (Bellosi, 1987), daß die Fresken in Arezzo schon einige Jahre vor 1466 vollendet wurden. Battisti (1971) veröffentlichte verschiedene Dokumente, aus denen hervorgeht, daß Piero noch in den Jahren 1473 und 1486 Probleme mit den Erben von Baccio Bacci hatte. Del Poggetto (1971, Anm. 43) neigte zu der Ansicht, Piero hätte die Fresken kurz vor seiner Abreise nach Rom im Jahre 1459 fertiggestellt.

Die baulichen Maßnahmen in San Francesco, die Schäden an den Mauern und den Fresken, die Restaurierungen, die durchgeführten Analysen, die technischen Bedingungen sowie die Archivfunde wurden von Moriondo Lenzini zusammengefaßt (veröffentlicht in: A. Paolucci, 1989, S. 83–104, in: *Progetto per Piero,* 1990 und in: G. Centauro, 1990).

Longhi, Clark und Hendy datierten die Fresken auf die Zeit zwischen dem Tod von Bicci di Lorenzo und den Jahren 1465–1466. Witting und Battisti glaubten hingegen, Piero hätte sie erst nach seiner Romreise fertiggestellt (im Jahre 1458 wurde Girolamo Bacci Prior von San Francesco; sein Onkel Francesco di Baccio starb im Jahre 1459). Battisti identifizierte ferner die Figur des Kaisers Maxentius mit dem Porträt von Mohammed II. (er bediente sich hierbei der Kopien der Fresken von Ramboux; 1971, I, S. 249–250 und II, S. 151). Er folgerte daraus, daß das Fresko wohl kaum vor 1462 vollendet sein konnte, da sich der Sultan erst in diesem Jahr mit dem Sieg bei Trebisonda als »Kaiser und Autokrat der Römer« feiern lassen konnte. Sicher hätte man ihn in Arezzo nicht ohne seine Zustimmung als Usurpator abgebildet. Im Gebiet um Florenz war man zudem äußerst vorsichtig mit propagandistischen Aufrufen bezüglich eines Kreuzzuges. Im Jahre 1466 fungierte der aus Arezzo stammende Giovanni Marsuppini in Konstantinopel als florentinischer Konsul (G. Müller, *Documenti sulle relazioni delle città toscane coll'Oriente cristiano e coi Turchi,* Florenz 1879, S. 209, zit. bei E. Borsook, 1980, S. 101. Zum Problem in seiner Gesamtheit, siehe auch R. Black, 1985, besonders S. 226–240, 277–286). Gilbert vertrat ferner die Meinung, die Fresken seien in zwei Schaffensperioden entstanden: die erste, wiederum in zwei Abschnitte unterteilt, betraf die Zeit vor Pieros Romreise im Jahre 1458–1459; sie schloß die Lünettenszenen und die Szenen des mittleren Registers mit ein; die zweite Phase erstreckte sich auf die Jahre unmittelbar nach der Romreise; die Kenntnis römischer Monumente und der Malerei Antonello da Messinas kommt deutlich zum Ausdruck.

Ein anderes Kriterium für die Datierung eröffnet sich mit der Identifikation der zeitgenössischen Vorbilder und Quellen, von denen sich Piero inspirieren ließ. So könnte nach Meinung von Parronchi (1974, S. 34–36) das ausschlagende Pferd in der *Schlacht zwischen Heraklius und Chosroës* auf die Tafel Uccellos mit der *Schlacht von San Romano* in den Uffizien zurückgehen, die vermutlich schon vor 1450 gemalt wurde. Andere Motive übernahm Piero zweifellos aus römischen Reliefdarstellungen (Schlachtenmotive an der Trajanssäule und an Grabmälern) sowie aus zeitgenössischen Darstellungen auf Truhen und Wandteppichen. Das

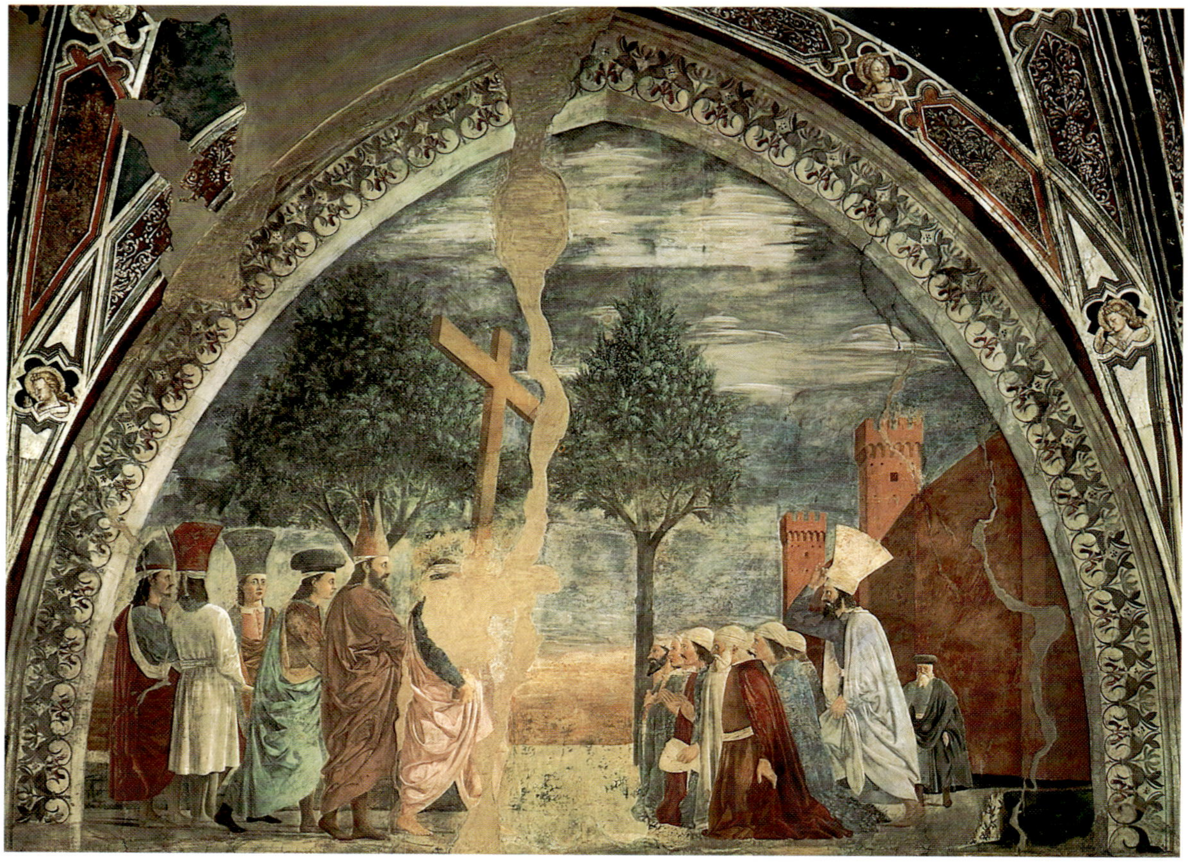

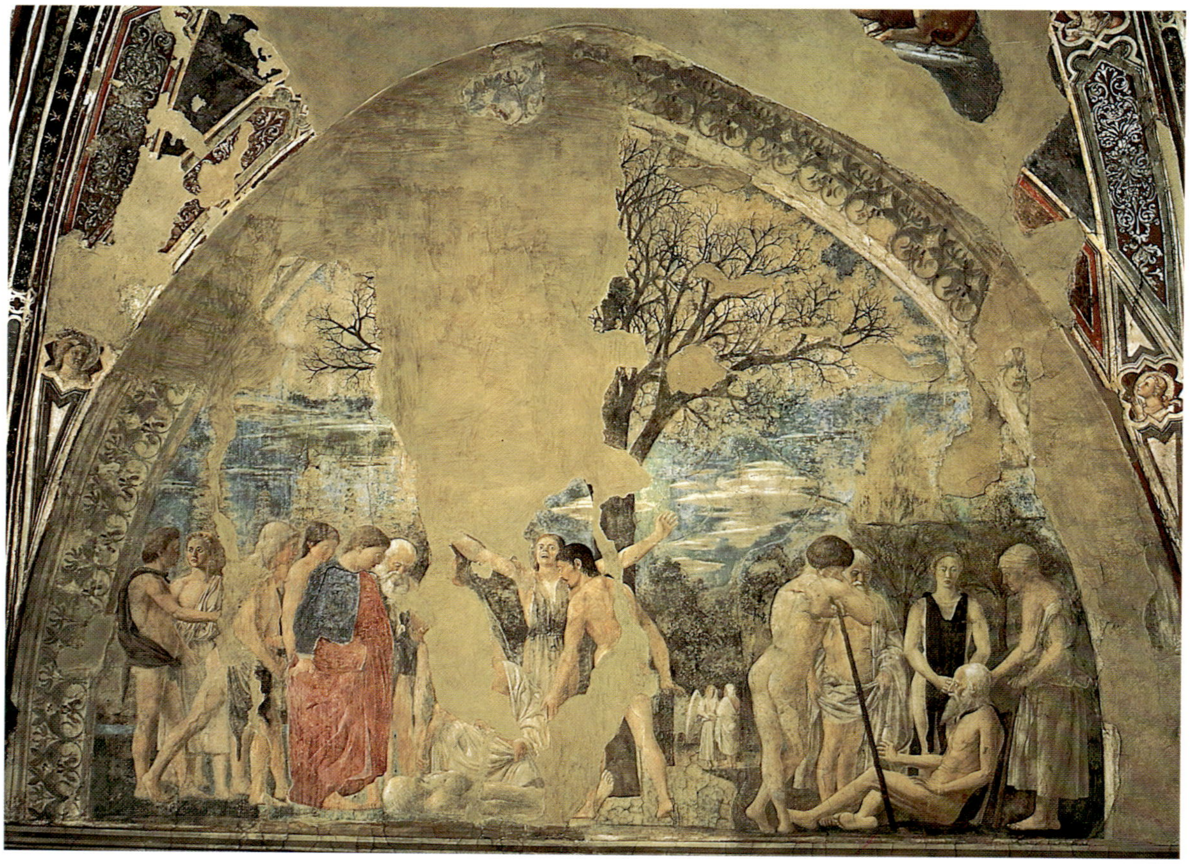

VII.1 Die Rückführung des wahren Kreuzes nach Jerusalem
VII.2 Der Tod Adams

ausschlagende Pferd findet sich etwa auch auf einer Truhe, welche den Triumph von Alfons I. von Aragon in Neapel im Jahre 1444 gleichsam dokumentarisch festhielt (E. Callmann, 1979). Der flüchtende Krieger, dessen Blick den Verfolger sucht, findet sich ferner in einem im Museum von Arezzo aufbewahrten Relief (Battisti, 1971, I, S. 11, 221, 250; II, S. 151), welches P. P. Donati etwa auf das Jahr 1435 datierte (in: *Antichità viva,* III, 1964, S. 23, Abb. 10).

Borsook offerierte einen ausgezeichneten Überblick über die zahlreichen, durch die Bedeutungsdichte, die ikonographischen Motive und deren Disposition bedingten Interpretationen der Fresken. Dazu gesellten sich die Vorschläge von Ginzburg (1981), der die Szenen mit Konstantin und Heraklius auf die Intention von Giovanni Bacci bezog, nach dem Fall von Konstantinopel erneut zu einem Kreuzzug zu rüsten. Gegen diese These sprach sich Borsook (1981) aus. Sie führte an, daß Giovanni Bacci kein gutes Verhältnis zu seiner Familie hatte und somit kaum über den testamentarischen Nachlaß zu verfügen hatte. Bairati (1991) schließt sich indes den Thesen von Ginzburg an.

Während nach Vasari in der Szene der Hinrichtung des Chosroës Agnolo di Girolamo Bacci abgebildet ist, handelt es sich nach Salmi (1979) bei der älteren linken Gestalt um Francesco di Baccio, bei der Figur mit der zylindrischen Kopfbedeckung um den Arzt Agnolo di Girolamo Bacci. Scapecchi (1983) deckte einige wesentliche Schwachpunkte in den Thesen von Ginzburg auf, übernahm jedoch die Idee vom Kreuzzug, wobei er auf zahlreiche Analogien zwischen den Freskenszenen und den Schriften Pius II. verwies.

Den gemalten Szenen liegt die *Legenda aurea* des Jacobus da Voragine zugrunde. Lundgren (1986) interpretierte die Legende nach scholastischer Methode und kam zu dem Ergebnis, daß der eigentliche Sinn der Szenen den Rahmen der Textvorlage sprengt. Borsook (1983) verwies erneut auf die schlechten Beziehungen zwischen Giovanni Bacci und dem Rest seiner Familie. Black konnte jedoch die Nichtigkeit dieses Aspekts beweisen. Unter den wenigen Wissenschaftlern, welche an die Einflußnahme auf den Zyklus durch Giovanni Bacci glauben, ist Vayer, der im Zettel, welcher aus dem Hut des Richters in der Szene der *Folterung des Juden* herausragt, das Worte *›prudentius‹* zu erkennen glaubte. Daher versuchte er in der Folge, den Zyklus auf der Basis der Schriften des Prudentius zu interpretieren. In Wirklichkeit ist die Inschrift unleserlich.

Die meistbewunderte Szene im 16. Jahrhundert war die der *Auffindung des wahren Kreuzes.* Barthel Beham ließ sich davon für sein Gemälde zum gleichen Thema inspirieren, das sich heute in der Alten Pinakothek in München befindet (*Alte Pinakothek München, Erläuterungen zu den ausgestellten Gemälden,* München 1983, S. 66–67, Inv. Nr. 684). Vasari übernahm die Figur des Zwerges in sein 1548 für die Badia in Arezzo gemaltes Bild *Cena di Assuero* (Gastmahl des Ahasver – L. Corti, *Giorgio Vasari,* Florenz 1989, S. 76, Abb. 54), verzichtete jedoch auf den wunderbaren, perlmuttartigen Grauton.

Der Entstehungsprozeß und die verwendeten Techniken waren ebenfalls ein zentrales Thema der wissenschaftlichen Untersuchungen. Die Forschungen von Fiscali, Tintori und jene im Zusammenhang mit dem *Projekt Piero* konnten zeigen, daß nur Giovanni di Piamonte auf die traditionelle Freskotechnik zurückgriff, während Piero entweder mit Proteinen (Kasein, Ei) oder mit Ölen gebundene Pigmentfarben verwendete und diese auf den feuchten Putz auftrug (*Progetto per Piero,* 1989). Die Einteilung der Tagwerke für die verschiedenen Szenen ist uneinheitlich und hängt von der jeweiligen Anzahl der Figuren ab. Gegensätzlich waren die Meinungen hinsichtlich des von Piero verwendeten Gerüsts: Verwendete er ein großes Gerüst für die ganze Kapelle (C. Gilbert, 1968, S. 112; Battisti, 1971, S. 131), oder bearbeitete er die beiden Wandflächen getrennt mit einem kleineren Gerüst (K. Clark, 1969, S. 43, 52; P. Hendy, 1970; A. Busignani, 1967)? Die überzeugendste Lösung bot Salmi (1979) an: zwei schmale Gerüste für jede der beiden Kapellenwände, die durch Brücken miteinander verbunden waren. Hendy verwies auf die besondere Malweise bei den Bäumen der Lünettenszenen. Der fingierte Marmorsockel unter den Fresken wurde sicherlich nach Vollendung der Fresken bemalt. Dort findet sich eine winzige Inschrift mit dem Datum 1486 und der vermeintlichen Unterschrift des Giovanni di Piamonte. Dieser behob die Beschädigungen an den Fresken durch das Erdbeben des Jahres 1483 (G. Centauro, 1991, S. 101–115). Der Vergleich mit anderen fiktiven Marmorflächen im Werk Pieros belegt, daß sich der Meister in Arezzo mit diesem Element nur peripher beschäftigte. Neben den Szenen der *Kreuzeslegende* malte Piero die *Vier Kirchenväter* gemäß dem von Bicci di Lorenzo konzipierten Programm, die Figur des *Cupido* an der linken Wand sowie einige *Heiligenfiguren* an den Eingangspfeilern der Kapelle und an der Fensterlaibung. Longhi schätzte insbesondere die Figur des Märtyrers Petrus aufgrund »des außergewöhnlichen kubischen Kopfvolumens, [...] das er [Piero] einzig durch die Gegenüberstellung von Farbtönen erzielte«. Im Gegensatz zu Fiscali, der anläßlich der Restaurierung im Jahre 1916 auf ein kaseinhaltiges Bindemittel schloß, vermutete Conti (1985), Piero verwendete hierzu Kalkmilch.

Der Zustand einzelner Freskoszenen *(Auffindung des wahren Kreuzes, Schlacht zwischen Heraklius und Choroës)* vor der Restaurierung durch Fiscali ist dokumentiert durch die von Charles Loyreux im Jahre 1872 angefertigten Kopien in Originalgröße (zu sehen in Sansepolcro anläßlich der Ausstellung *Piero della Francesca e il Novecento,* 1991). Die Farben erscheinen dort wesentlich dunkler, doch lassen sich verschiedene Secco- Partien ausmachen, welche durch die Restaurierung zerstört wurden. Panofsky (1939, S. 114–115) bezeichnete die Figur des *Cupido* als »a superb figure«, welche den typischen Cupido der Renaissance repräsentiere. Longhi (1927, S. 72) sah in dieser Figur die Personifikation des ›amor divino‹ (der göttlichen Liebe). Borsook (1961, S. 100) verwies diesbezüglich auf die Zerstörung der dem Apoll geweihten Quelle durch den hl. Bernhardin. Schneider (1967, S. 30–31, 76–77, 117–118) bezog die Figur auf die Zerstörung des Venustempels durch Helena. Der Zusammenhang zwischen der Szene der *Verkündigung an Maria* und der *Kreuzeslegende* wurde von Kahnsitz überzeugend dargelegt. Man glaubte traditionell, daß die Geburt und der Tod Adams sowie die Kreuzigung Christi auf das gleiche Datum wie das Fest der Verkündigung fallen, nach dem römischen Kalender auf den 25. März. Der Palmzweig, welchen der Engel Maria überreicht, stammt aus dem Paradies, dessen Pforten sich dank der Empfängnis wieder öffnen. Renzi (1990) nahm indes an, es handle sich um die *Verkündigung des Todes an Maria.*

Bibliographie: Eine 309 Titel umfassende Bibliographie, angefangen von der Vasari-Ausgabe des Jahres 1550 (Torrentino, Florenz) bis hin zu den Untersuchungen von G. Renzi, 1990, findet sich in: G. Centauro, 1990, S. 294–298. Als Ergänzung dazu sind anzuführen: Rezensionen zu C. Ginzburg von E. Borsook, 1982; Pope Hennessy, 1986; R. Black, 1986; Diskussionen zwischen C. Ginzburg und A. Pinelli, 1982; darüber hinaus: *Progetto per Piero,* 1989; E. Bairati, 1991, S. 7, S. 13–15; *Piero della Francesca e il Novecento,* Ausstellungskatalog, 1991, S. 193–195; L. Vayer, 1991.

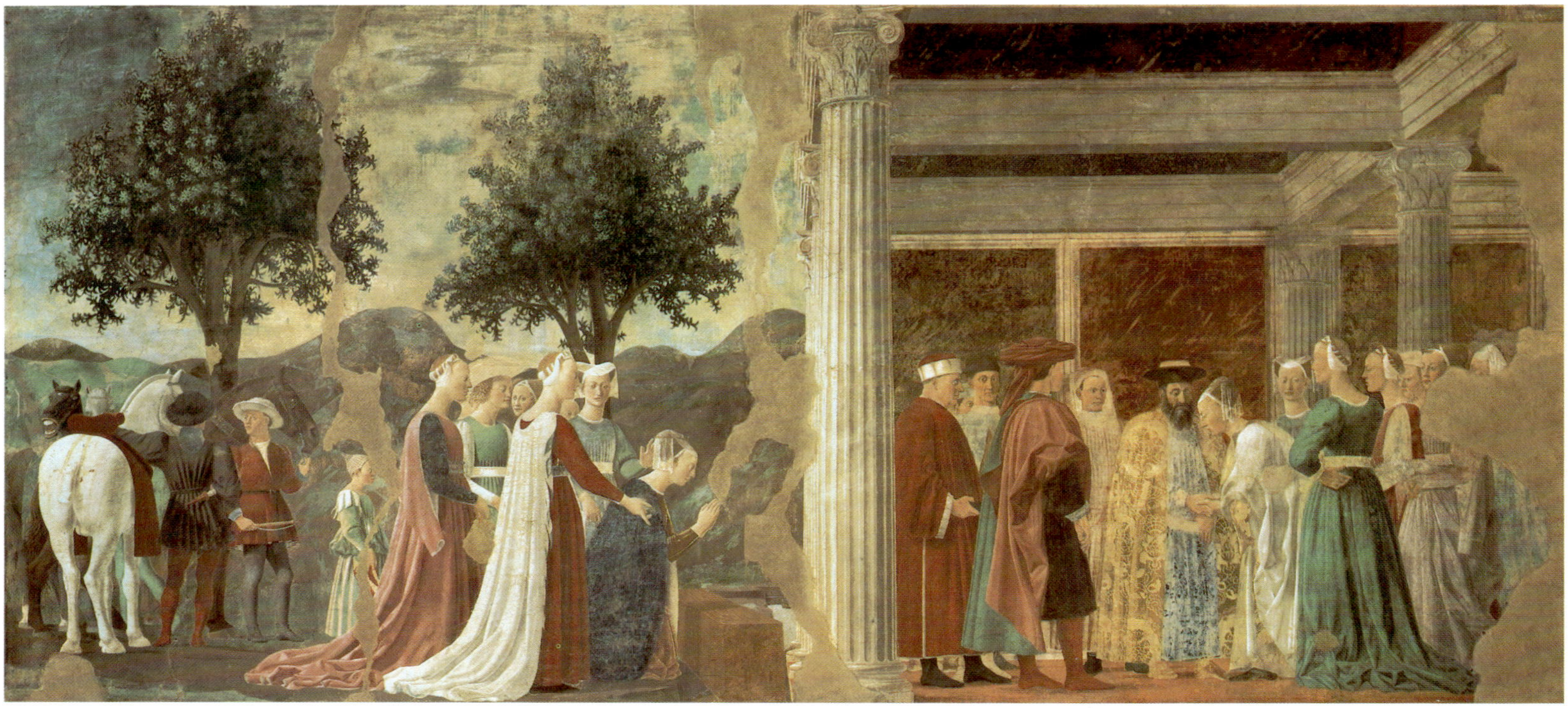

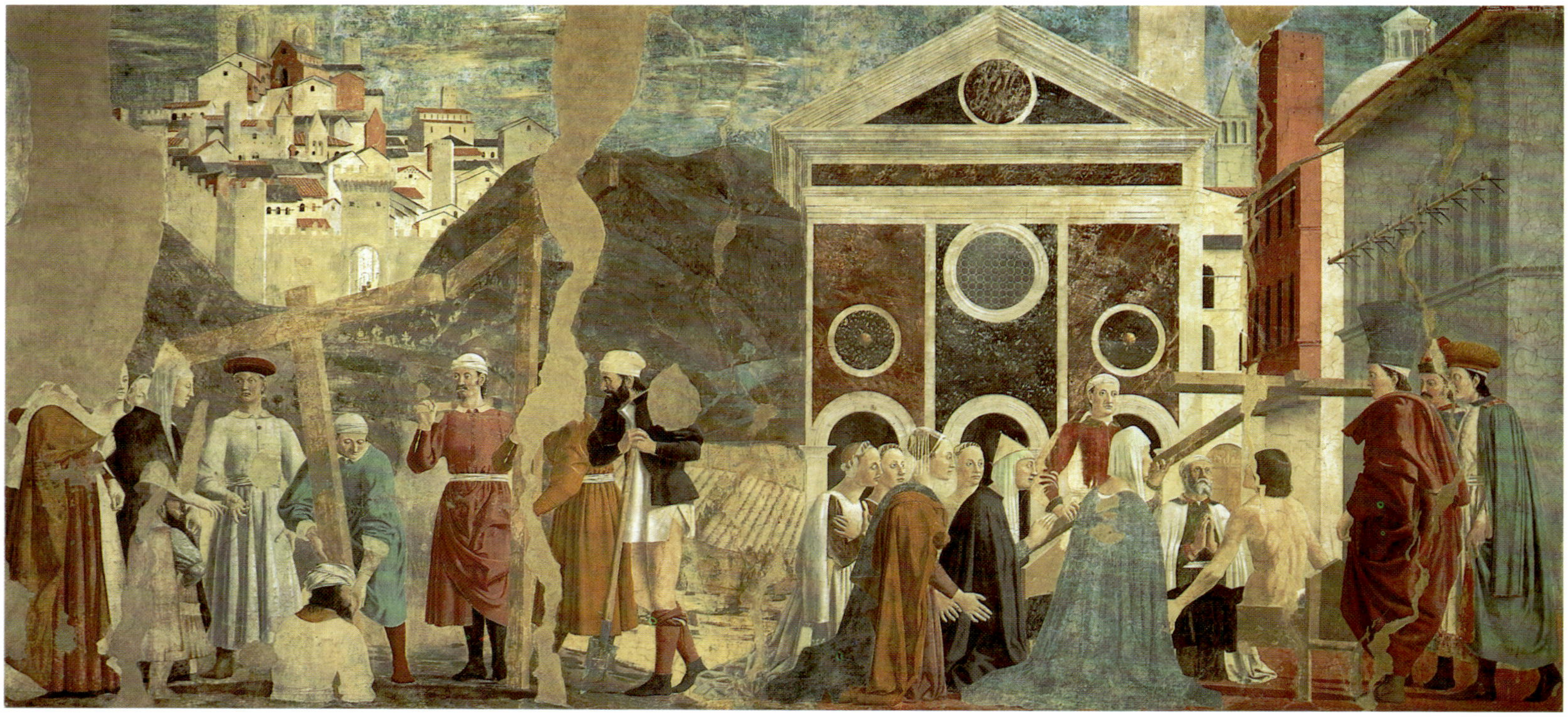

VII.3 Die Anbetung des Heiligen Holzes und Die Begegnung Salomons mit der Königin von Saba
VII.4 Die Auffindung und Prüfung des wahren Kreuzes

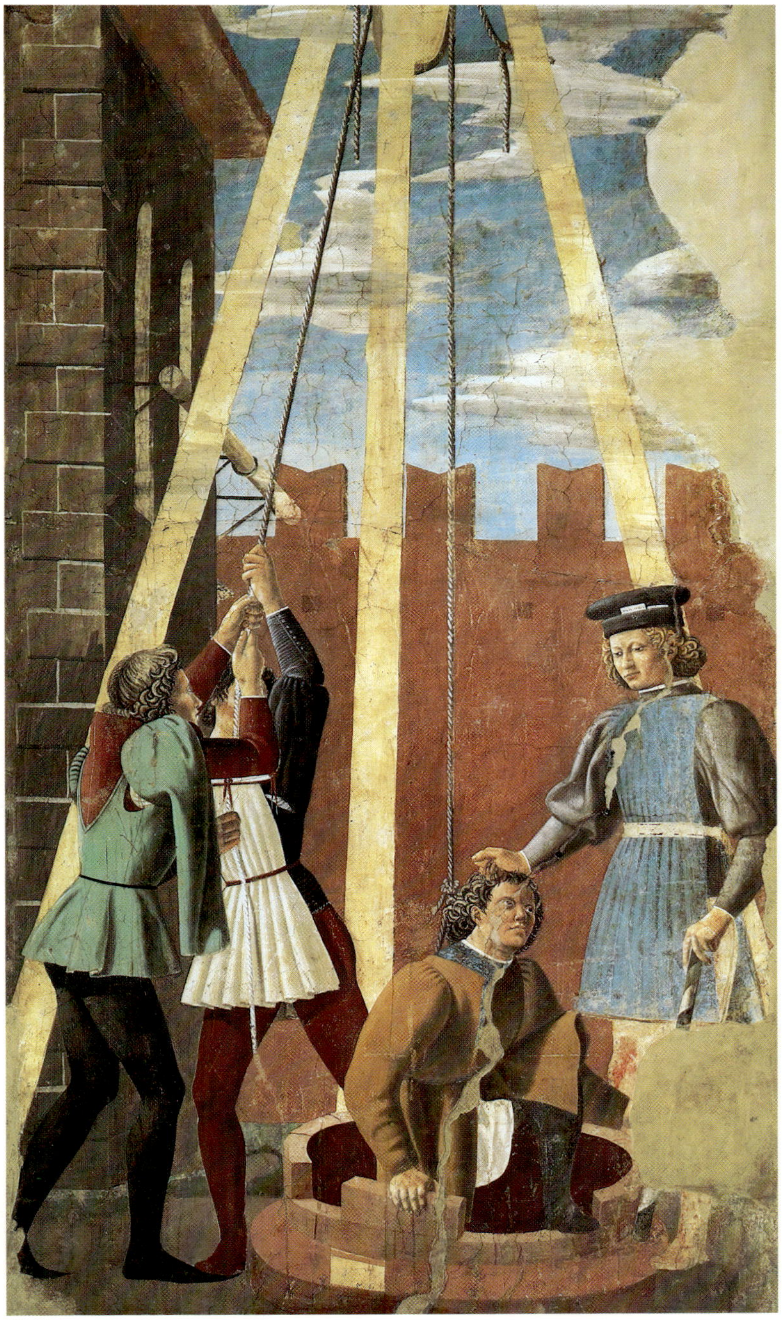

VII.5 Die Folterung des Juden namens Judas

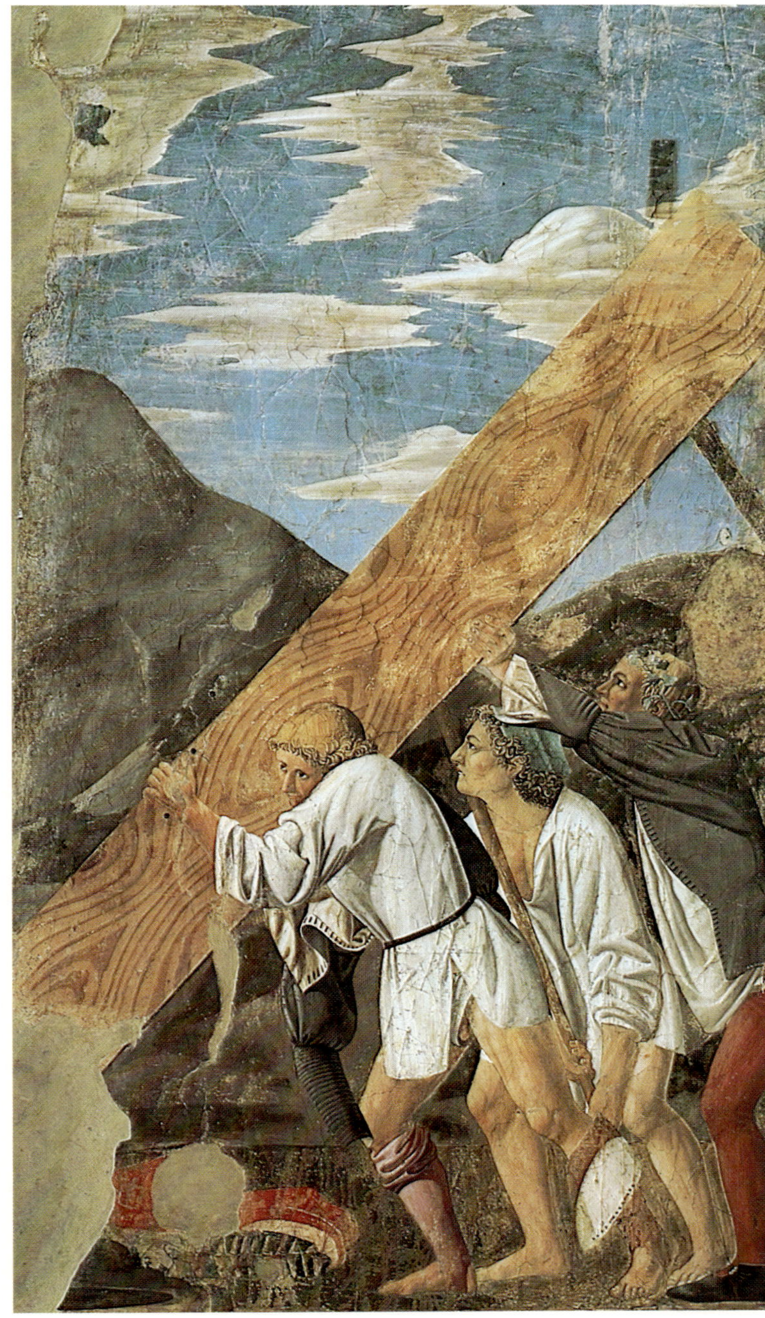

VII.6 Die Aufrichtung des Kreuzesholzes

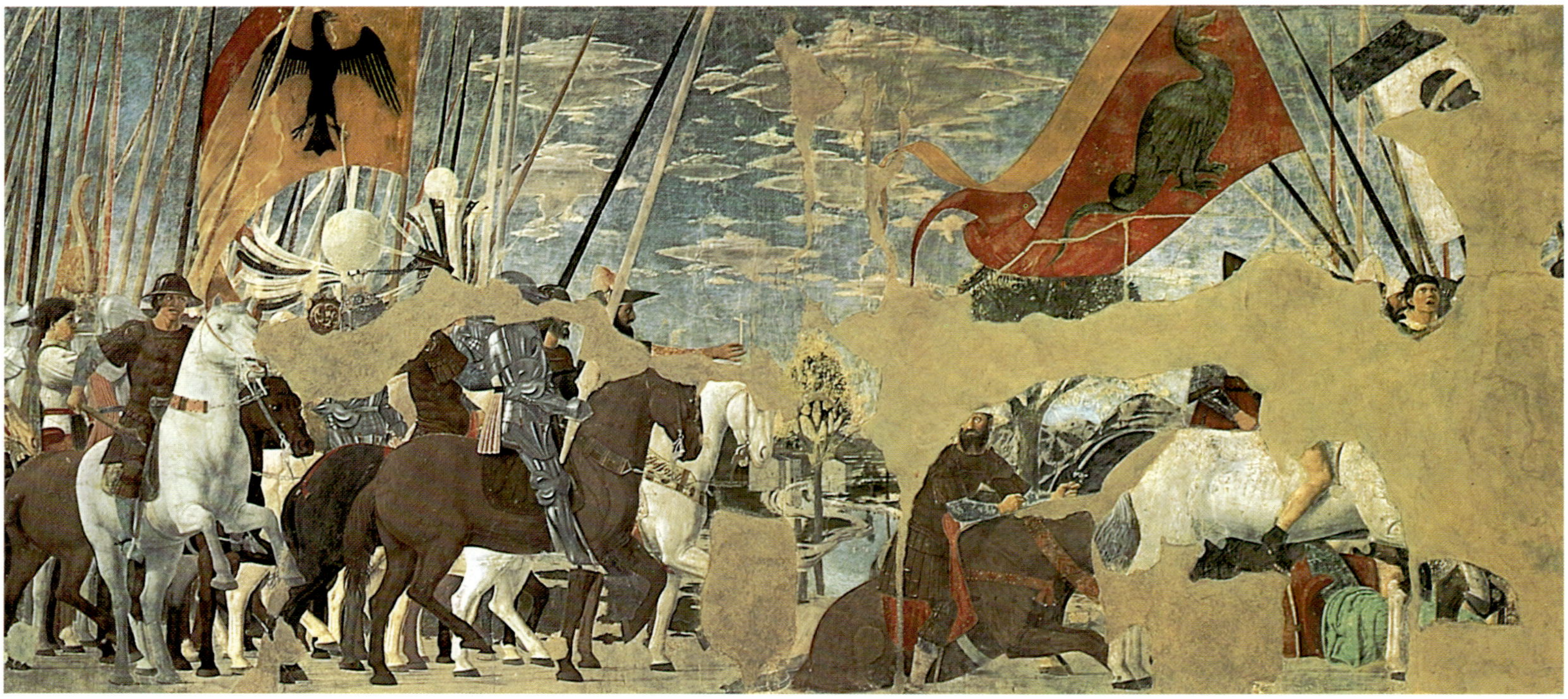

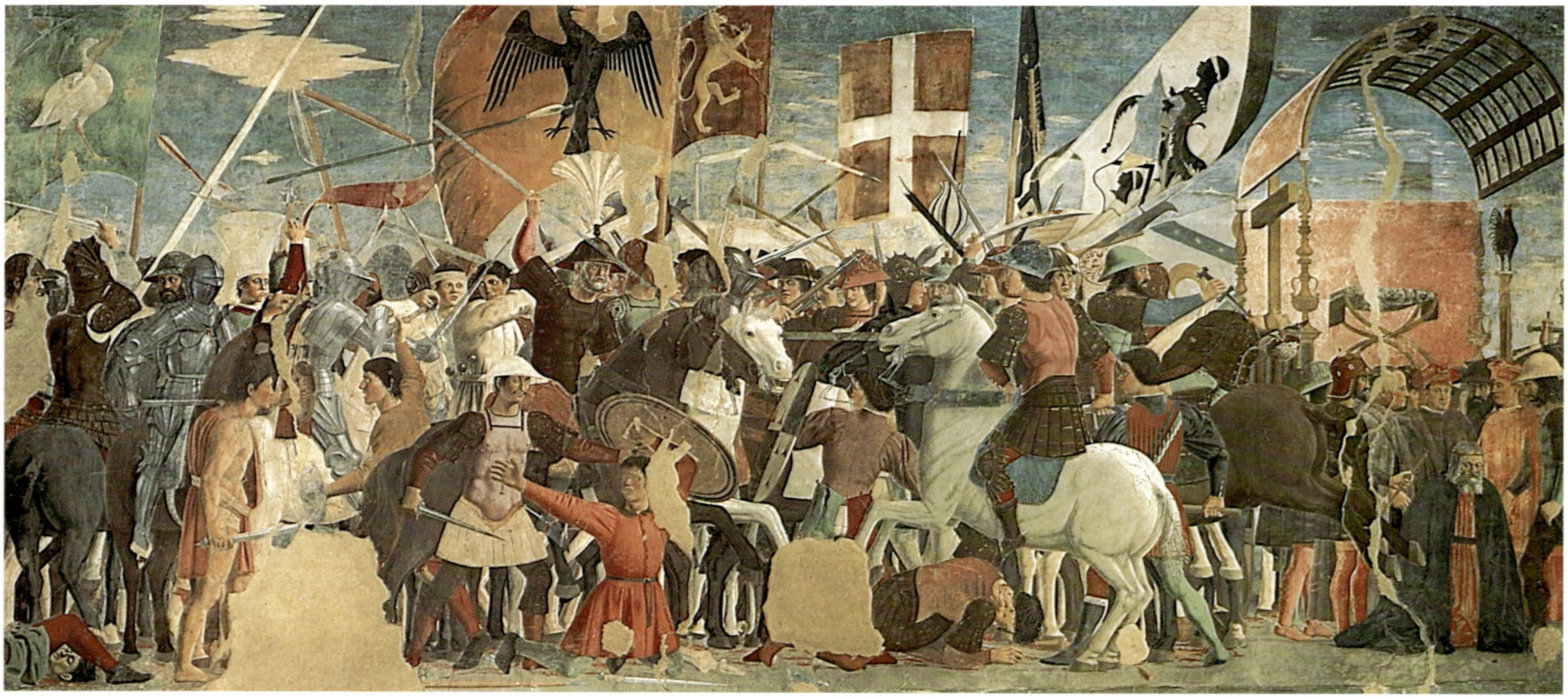

VII.7 Der Sieg Konstantins über Maxentius
VII.8 Die Schlacht zwischen Heraklius und Chosroës

VIII HERKULES

Boston, Isabella Stewart Gardner Museum
Abgenommenes Fresko
151 x 126 cm

Das Museum erwarb das Werk im Jahre 1908. Es wurde in den Jahren zwischen 1860 und 1870 im Haus der della Francesca in Sansepolcro entdeckt. Das Haus gehörte der Familie Pieros seit 1465. Zuvor war es vermutlich im Besitz der Familie Graziani. Bei diesem Fresko handelt es sich um ein Fragment, dessen oberer und unterer Teil fehlen.

Es konnte nicht mit Sicherheit festgestellt werden, an welcher Wand im Haus sich das Werk ursprünglich befand. Der Held wird von zwei Pfosten einer Tür seitlich gerahmt, deren Schwelle er gerade überschritten hat. Das Licht des Zimmers, in dem sich der Betrachter befindet, strahlt auf den jugendlichen Körper und entzündet unzählige Lichtreflexe, welche die unbeleuchteten Teile einfassen. Das Licht erzeugt eine gleichsam magische Beziehung zwischen dem Raum vor dem Fresko, in dem sich der Betrachter aufhält, und der Erscheinung des Gottes. Hinter ihm erkennt man im Halbschatten die Wand eines weiteren Raums, an der sich drei Regale ausmachen lassen, die von mit Palmenmotiven verzierten Stützbalken getragen werden.

Herkules wird nicht von unten nach oben gesehen, wie für ein Wandbild anzunehmen wäre. Die fehlende Verkürzung macht es unmöglich, die ursprüngliche Fußbodenhöhe der Darstellung zu definieren. Sicher befand es sich aber nicht auf der Höhe des Betrachters, denn die strenge perspektivische Anordnung der Türpfosten läßt eine relativ hohe Decke vermuten. Die Figur des Helden entsteigt einem geheimnisvollen Raum, von dem weder Höhe noch Tiefe mental rekonstruierbar sind. Die Dekorationen an den Wangen der Konsolen erinnern an die Oberfläche einer Intarsie. Piero läßt uns deutlich den dekorativen Charakter des Bildes erkennen. Er stellt hier sein Können und seine Erfahrungen als Planer und Zeichner von Vorlagen für Intarsien in markanter Weise unter Beweis. Das Weiß der Türpfosten, gegen das sich die Hand mit der Keule abhebt, stellt wie im Fresko in Rimini einen Bezug her zum realen Licht des Raums. Der imaginierte Raum erhält dadurch eine andere Dimension. Kaum glaubhaft, daß es sich hier um ein Fragment einer größer geplanten Freskodekoration handelte, wie Salmi (1979) vermutete.

Durch die Abnahme von der Wand und vermutlich auch durch den Transport wurde das Fresko erheblich beschädigt. Neben dem Diptychon in den Uffizien ist es das einzige erhaltene Werk, welches uns Piero auch als den Schöpfer nicht- religiöser Themen präsentiert. Er bildete den Helden als jungen und bartlosen Mann ab. Seine Muskulatur ist eher mäßig ausgebildet. Das feine Relief der Brustbeinlinie und der Brustmuskeln erinnert an Fragmente archaischer griechischer Skulpturen, die Piero wahrscheinlich nur durch römische Kopien bekannt waren. Die jugendliche Erscheinungsform des Helden entspricht in gewisser Weise der literarischen Konzeption des Themas durch Coluccio Salutati *(De laboribus Herculis)*. Das von den dunklen Locken eingefaßte Gesicht zeigt die Entrücktheit und Reinheit eines Sakralbildes. Lediglich die Lippen verweisen auf eine Nuance von Zorn und Groll: die kontrollierte Strenge eines Gottes, der furchtbar sein kann. Seine erste große Aufgabe hat Herkules bereits erfüllt, indem er den Nemeischen Löwen tötete. Seine Erscheinung an der Türschwelle, seine resolute Geste und sein entrückter Blick bringen seine Entschlossenheit zum Ausdruck. Sein nackter Körper ist weit kühner behandelt als etwa derjenige der Christusfigur in der *Taufe Christi* oder in der *Auferstehung Christi,* weit freier angelegt als etwa die Gestalten im *Tod Adams* in den Fresken in Arezzo.

Im Rechteck des Türrahmens basiert die Anlage der Figur auf dem Gegensatz zwischen geraden und schrägen Achsen. Der Kontrast zwischen dem Herkules Pieros und dem des Antonio del Pollaiuolo aus dem Jahre 1460 könnte nicht größer sein. Die Familie Pieros kaufte das Haus im Jahre 1465. Battisti (1971, S. 69) interpretiert dieses Datum hinsichtlich der Entstehung des Freskos als ›ante quem non‹. Salmi, der 1976 die Ausführungen von Battisti in vielen Punkten berichtigte, datierte das Werk im Jahre 1976 auf 1467. Hendy (1968, S. 140) ging von einer Entstehung in den 70er Jahren aus. Waters (1901, S. 56) und Longhi akzentuierten den engen stilistischen Zusammenhang dieses Freskos mit den Lünettenszenen in Arezzo. Die Erfindung der Lichtreflexe, welche den Rand der Figur markieren, wurde von Giovanni di Francesco für das Triptychon im Bargello in Florenz, also noch vor 1459, übernommen. Der Kontrast zwischen dem hellen Marmorrahmen, der Figur und dem Hintergrund, die Reduktion der perspektivischen Verkürzung sowie die farbliche Metamorphose der Palmettendekoration stehen am Anfang jener künstlerischen Entwicklungsphase, welche umittelbar auf die *Geißelung Christi* folgte und welche das *Polyptychon der Augustiner* bereits andeutete.

Nach Vermeule soll die Figur auf ein antikes Modell zurückgehen, welches die spiegelbildliche Umkehrung des Farnesinischen Herkules vorstellte. Die auf die Hüfte gestützte Hand ist jedoch bereits fester Bestandteil des Repertoires des 15. Jahrhunderts. Meiss verwies auf die entfernte Ähnlichkeit des Freskos mit der Szene des *Auferstandenen Christus* auf dem Chormantel des *Hl. Augustinus* in Lissabon (S. 203). Salmi bewies, daß dieses Fresko in keinem Zusammenhang mit der vermeintlichen Etymologie von Monterchi, dem Geburtsort von Pieros Mutter, stand (Monterchi: ›*Mons Herculis*‹; siehe hierzu A. Paolucci, 1989, S. 64).

Bibliographie: G. Magherini Graziani, 1897, S. 170; F. Witting, 1898, S. 141–142; W. G. Waters, 1901, S. 56, 127; E. Marini Franceschi, 1912, S. 129–139; R. Longhi, 1927, S. 84–85; P. Hendy, 1931; L. Venturi, 1933, II, Abb. 202; M. Meiss, 1947, S. 285–286; C. Vermeule, 1964, S. 39–42; P. Hendy, 1968, S. 140; C. Gilbert, 1968, S. 89–91; E. Battisti, 1971, I, S. 408–409, II, S. 67–69; M. Salmi, 1979, S. 107; A. Paolucci, 1989, S. 64, 218.

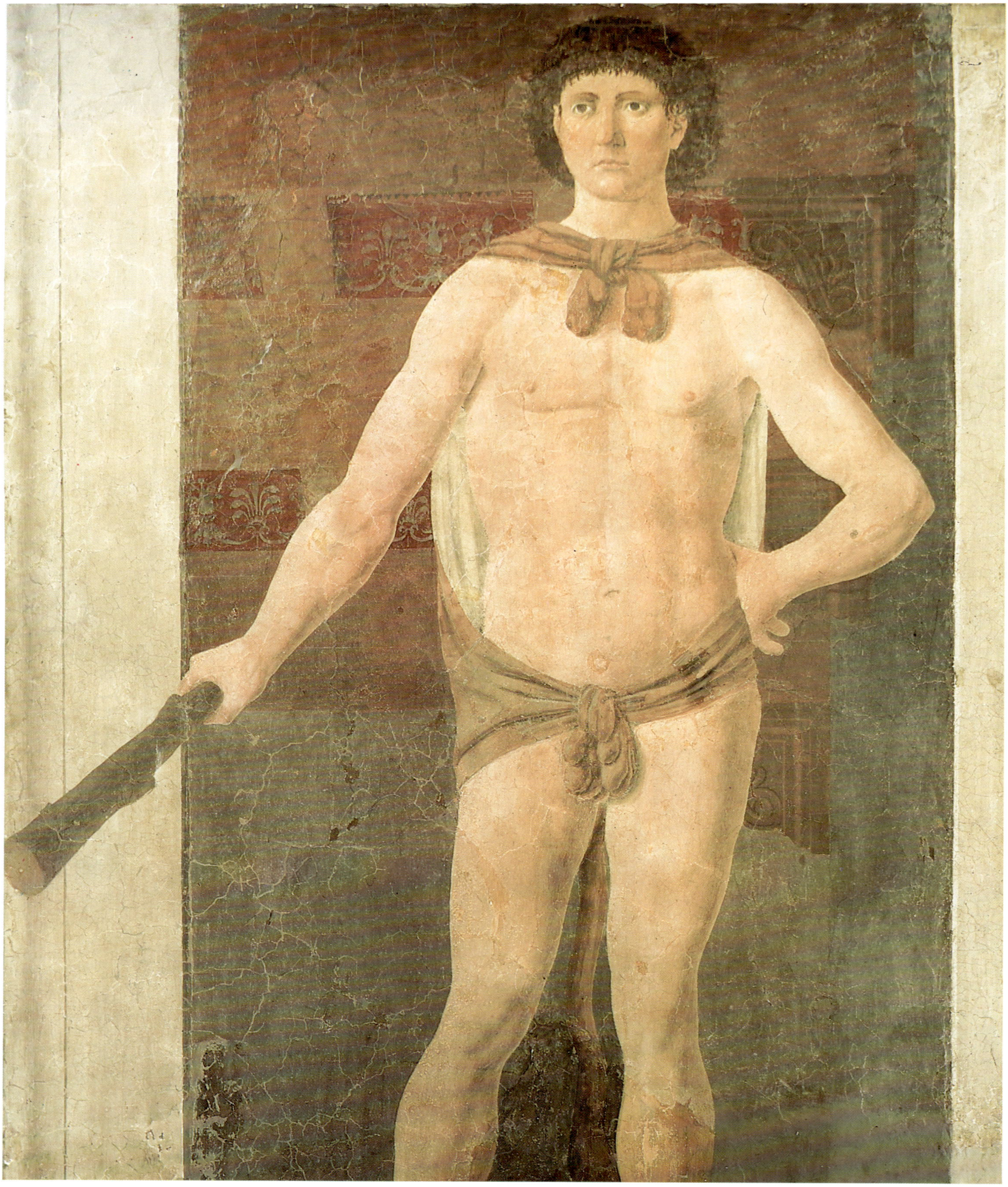

IX DIE HEILIGE MARIA MAGDALENA

Arezzo, Dom
Fresko
190 x 80 cm

Durch die erneute Aufstellung des Grabmals von Bischof Guido Tarlati im Jahre 1783 wurde das Fresko auf der linken Seite reduziert, im unteren Teil fehlt ein beachtliches Stück der Sockelzone.

Die Heilige erscheint unmittelbar hinter einem Bogen, der sich über einer etwa zwei Meter vom Boden entfernten Basis erhebt. Die marmorne Brüstung hinter ihr trennt sie von dem in Blautönen gehaltenen Himmel. Der perspektivisch gestaltete Nimbus war ursprünglich – wie wahrscheinlich auch der Gürtel und die Ärmelaufschläge – golden. Die perspektivische Anlage der Architektur besteht in der Konvergenz der Linien in einem Punkt über dem Standpunkt des Betrachters. Der Bogen, der sich mit seinem weißen Stein vom Dunkelrot der Mauer abhebt – eine Diachromie, die Piero schon in der *Geißelung Christi* mit Vorliebe verwendete –, ist von geringer Stärke; er ist definiert durch die Hauptumrißlinien, die in den frischen Putz eingedrückt wurden. Er wurde nicht an denselben Tagen wie der Himmel und die Heilige realisiert. Eine gewisse Irritation befällt den Betrachter angesichts des linken Pfeilersockels, den der Saum des grünen Gewandes der Heiligen zu überdecken scheint. Ein nur unmerklich angedeuteter Kontrapunkt reguliert das Verhältnis zwischen der Gestalt Magdalenas und der Architektur, die sie einschließt. Die Architektur ist konsequent als zweidimensionaler Gebäudevorsprung konzipiert, während die Heilige durch eine leichte Drehung der Schultern gekennzeichnet ist. Der so hervorgerufene Eindruck von Bewegung verhindert seinerseits den Eindruck einer statuarischen Nischenfigur. Die Heilige steht hinter dem Frontispiz und wird vom selben Licht erhellt, das der Reliefstruktur der Architektur gleichsam Leben verleiht; hinter ihr öffnet sich ein freier, sonniger Raum, der durch die vermutlich ursprünglich blendende Helligkeit des Himmels belebt wird. Die kräftigen Farben bringen die Figur der Heiligen in markanter Weise zur Geltung. Durch seine Position zwischen den zwei Komplementärfarben Rot und Grün reflektiert der helle Atlasstoff, mit dem der Mantel der Heiligen ausgeschlagen ist, das Licht der weißen Innenseite des rechten Bogenpfeilers noch zusätzlich.

Die Dominanz der Massen wird durch die Feinheit des Haargeflechts aufgewogen, welches auf die Schultern der Heiligen fällt. Das Sonnenlicht verwandelt sich im gläsernen Salbengefäß in der linken Hand Maria Magdalenas in Unterwasserlicht, beinahe in Mondlicht. Der Behälter fungiert so wie eine zusätzliche Lichtquelle. Die blühende Schönheit der Heiligenfigur macht sie zum Pendant des *Hl. Julianus* in Sansepolcro. Im Gegensatz zu dessen kummervollem Ausdruck ist sie von einer Heiterkeit, wie sie erst in der Malerei des Cima da Conegliano wieder erscheinen sollte. Die verschwenderische Farbigkeit, die mit ihrer Energie quasi an die Bildoberfläche drängt, zeugt von der Begegnung Pieros mit Antonello da Messina während seines Romaufenthalts.

Da dieses Fresko gewöhnlich zu dem Zyklus in San Francesco in Beziehung gesetzt wird, datierte man es um 1452 oder 1466 und später. Battisti sprach sich für eine sehr späte Datierung aus, die »in jedem Fall vor dem 24. Oktober 1486« anzusetzen sei. An diesem Tag beauftragte Piero seinen Bruder Marco mit der Anmahnung der noch ausstehenden Zahlungen für die Fresken in Arezzo.

Bibliographie: G. Vasari-Milanesi, II, S. 497; J. A. Crowe und G. B. Cavalcaselle, Hrsg. Borenius, 1914, V, S. 11; B. Berenson, 1897, S. 225; F. Witting, 1898, S. 146; W. G. Waters, 1901, S. 40–41; C. Ricci, 1910, S. 9; A. Venturi, 1911, VII, 1, S. 469; H. Graber, 1920, S. 19; R. Longhi, 1927, S. 82–84; K. Clark, 1951, S. 20; A. Busignani, 1967, S. 36; P. L. De Vecchi, 1967, S. 99; P. Hendy, 1968, S. 119; M. Meiss, in: *The Great Age of Fresco*, Katalog, 1970, S. 136; E. Battisti, 1971, I, S. 389–402, II, S. 66–67; A. Angelini, 1985, S. 53; A. Paolucci, 1989, S. 64, 218; E. Bairati, 1991, S. 15.

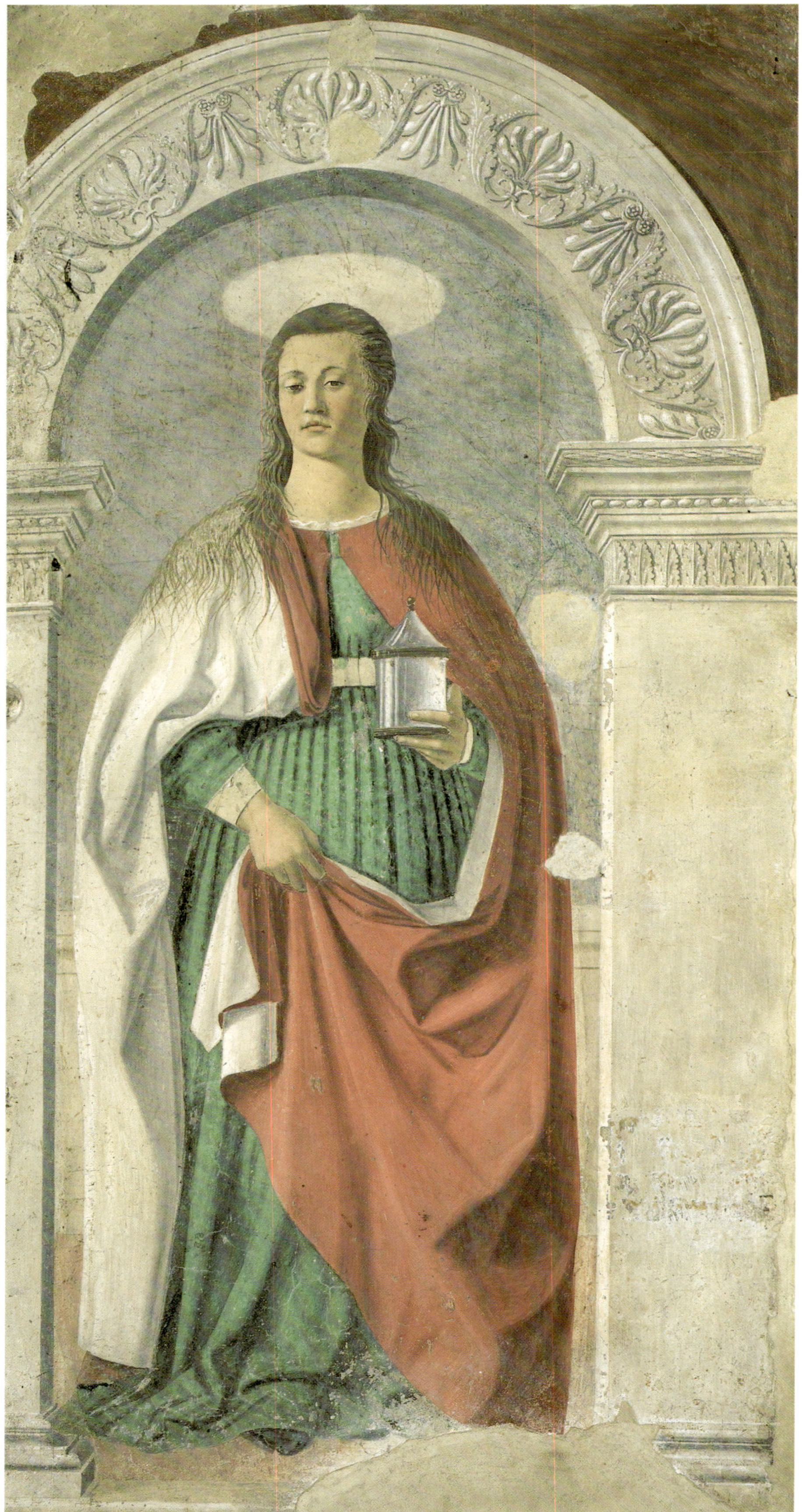

X DER HEILIGE JULIANUS

Sansepolcro, Museo Civico
Abgenommenes Fresko
130 x 105 cm

Das im Jahre 1955 entdeckte Fresko befand sich ursprünglich in der Apsis der Kirche Sant'Agostino in Sansepolcro. Es wurde 1957 von Tintori anläßlich der Abtragung der Stützmauer abgenommen; die Putzschicht wurde bis auf 1 cm reduziert. Es stellt sich heute als Fragment dar, das einen Teil des Oberkörpers der Heiligenfigur zeigt, die sicherlich ursprünglich als Ganzfigur die Apsis schmückte. Der junge Heilige steht vor einer antikgrünen Fläche, die von einem grünen Profilrahmen eingefaßt wird. Die Bezüge zu den Fresken des Andrea del Castagno in Legnaia sind offensichtlich. Das Bild ist jedoch kurz nach den Fresken in Arezzo und wahrscheinlich nach dem Romaufenthalt 1458–1459 entstanden.

Der Kopf und der Umhang wurden vom Karton mit dem Pausbeutel auf die Wand übertragen und ein Tagwerk voneinander getrennt gemalt. Die Verbindung der beiden Teile ist dennoch perfekt gelungen. Piero malte zunächst den Hintergrund und sparte den Bereich um die Haare des Heiligen aus; den Übergang führte er in der Folge ›a secco‹ aus. Diese Stellen fielen im Lauf der Zeit ab, so daß ein nicht beabsichtigter Gegenlichteffekt entstand. Für den Heiligenschein verwendete er goldgefärbtes Zinnpulver.

Der Tradition entsprechend ist der Heilige als eleganter Jüngling konzipiert. Der Übergang vom Samtstoff des Umhangs zum Seidenstoff des Hemdes belegt Pieros hohes technisches Können. Die Struktur des Seidenstoffs erscheint und verschwindet mit den Falten des Gewandes. Das schneidende Licht akzentuiert die gegensätzlichen Gefühle, die aus dem Gesicht des Jünglings sprechen: der angsterfüllte Blick des Sünders, die Unschuld der rosigen Wangen und des empfindsamen Mundes. Eine einzige Linie zeichnet die Umrisse der Lippen. Das Licht läßt das Grübchen unter der Nase und die kleinen Fältchen um die Mundwinkel leicht hervortreten. Das Gesicht ist auf eine Grundierung mit ›terra verde‹ gemalt und zeichnet sich durch äußerst feine Farbübergänge aus. Auch die Haare waren ursprünglich eine minuziöse Beschreibung jeder einzelnen Locke. Ihre Darstellung verdeutlichte das stets wirksame Streben nach Licht- und Schatteneffekten, von dem nur noch vereinzelte Locken zeugen, die ihre sanften Schatten auf die Stirn werfen.

Dal Poggetto vermutete, das Fresko sei zeitgleich mit der Darstellung des *Propheten* in Arezzo (Abb. 61) entstanden, also um das Jahr 1455. Es offenbart den Einfluß der in Rom gesehenen antiken römischen Malerei (Vasari erwähnt eine Romreise Pieros im Jahre 1455). Schon Camesasca (1966), der 1967 von De Vecchi zitiert wurde, stellte eine Verbindung her zwischen dem Antlitz, das Piero in seinem Fresko geschaffen hatte, und einem Fragment aus dem 1. Jahrhundert v. Chr. Meiner Ansicht nach handelt es sich dabei um Übertreibungen, denn es besteht kein Anlaß zu der Annahme, daß Piero die römische Malerei gekannt hat, und auch nicht dazu, daß sie in ihm, falls er sie gesehen haben sollte, dasselbe Interesse geweckt hat wie in uns. Dennoch geht eine medusenhafte Faszination von diesem empfindsam belebten Gesicht aus, dessen Blick aus einem Reich aus Stein zu uns dringt. Im Museum ist das Votivbild seiner besonderen Wirkung im Kirchenraum entledigt. Vor allem läßt der fragmentarische Zustand des Freskos keine Aussagen über das Verhältnis von Figur und Architektur zu. Das Bild ist so berechnet, daß es dem Betrachter sehr nahe steht. Dieser Aspekt steht in krassem Gegensatz zum *Herkules*-Fresko oder zur monumentalen Abbildung des Propheten in der Kapelle von Arezzo. Die weite und summarische Anlage dieser Darstellungen ersetzte Piero hier durch eine Dichte der Massen, die an die Bildoberfläche drängen. Das Firmament, das durch die Kristalle in der antikgrünen Tafel evoziert wird, rückt in weite Ferne.

Bibliographie: M. Salmi, 1955; L. Berti, 1957, Anm. 85; R. Longhi, 1962; P. Dal Poggetto, 1968, S. 168; P. L. De Vecchi, 1967, S. 90 (mit Bibliographie); M. Salmi, 1979, S. 106; A. Paolucci, 1989, S. 55, 196; E. Bairati, 1991, S. 15.

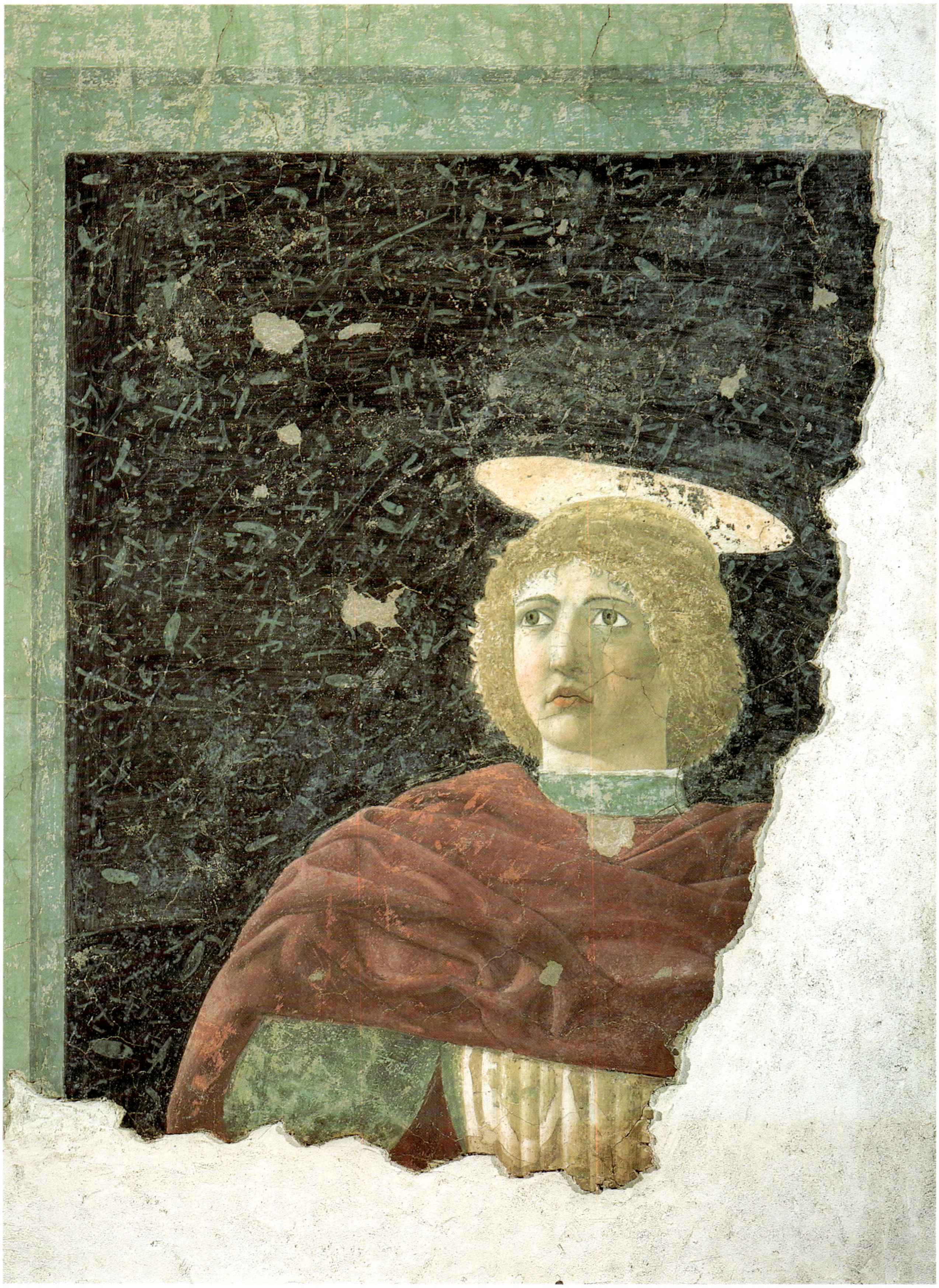

XI DIE AUFERSTEHUNG CHRISTI

Sansepolcro, Museo Civico
Wandmalerei
etwa 225 x 200 cm

Das Bild ist lediglich indirekt dokumentiert: Am 5. April 1474 verfügte man im Zimmer unter dem Raum des Freskos den Einbau einer Zwischenwand (Archivio comunale, Sansepolcro, Serie 18, Nr. 1, fol. 333 bis; vergleiche E. Battisti, 1971, S. 33). Im späten 16. Jahrhundert befand sich vor dem Fresko ein Altar, doch scheint das Gemälde ursprünglich nicht für einen Sakralraum bestimmt gewesen zu sein. Erst nach der Vollendung des Freskos wurden der Saal und die angrenzenden Räume mit Gewölben versehen. Nach Salmi (1975) geschah dies im Jahre 1470. Battisti (1971, II, S. 34) vermutete, die Trennwand im Raum des Erdgeschosses sollte das Gewicht der Gewölbe im darüberliegenden Geschoß abfangen. Bei dem Raum im ersten Obergeschoß, in dem sich das Fresko befand, handelte es sich vermutlich nicht um den Versammlungssaal, sondern um einen Büroraum der Stadtverwaltung (L. Borri Cristelli, 1989). Nach Bombe (1909) hatte das Fresko repräsentative Funktionen zu erfüllen. Später erkor man das Bild zum Emblem der Stadt. Bereits Marini Franceschi (*L'opera di due vecchi pittori senesi a Sansepolcro,* in: *Bollettino senese di storia patria,* II, 1904, S. 151–159) verwies auf die ikonographischen Gemeinsamkeiten des Freskos mit dem heute im Dom befindlichen sienesischen Polyptychon (das Altarbild, das die Wissenschaftlerin dem Domenico di Bartolo zuschrieb, schmückte ursprünglich den Altar von Santa Chiara).

Longhi datierte das Fresko auf die Zeit um das Jahr 1459. Clark vertrat die Ansicht, es sei zeitgleich zur *Auffindung des wahren Kreuzes* in Arezzo entstanden, wobei er das Jahr 1463 angab. Toesca (1935) war davon überzeugt, daß es vor den Fresken in Arezzo gemalt wurde. De Tolnay gab als Entstehungszeit das Jahr 1474 an. Piero leitete zu diesem Zeitpunkt den Bau der Stadtmauer. Doch mit ziemlicher Sicherheit existierte das Fresko damals bereits. Gilbert (1968, S. 4) tendierte zu einer wesentlich früheren Datierung. Battisti (1971, II, S. 34–35) berichtet ausführlich über die seit 1952 immer wieder aufgeworfene Vermutung, das Fresko sei im Jahre 1480 von einem anderen Ort ins Rathaus überführt worden. Diese Hypothese vertrat auch Salmi (1979), der sie jedoch nicht überzeugend beweisen konnte. Zur Geschichte des Bauwerks und des Freskos, siehe heute L. Borri Cristelli, 1989.

Pieros getreue Orientierung an der traditionellen Ikonographie belegt die Bedeutung des Werks. Vermutlich erinnerte er sich an die Darstellung im Polyptychon des Nicola di Segna für Santa Chiara (heute im Dom von Sansepolcro) und die eigene Christus-Darstellung in der *Taufe Christi.* Aus dem vertrauenswürdigen und asketischen Gesicht des Christus in der *Taufe Christi* entwickelte sich hier das ernste Gesicht eines reifen Mannes, der die Passion durchlitten und den Tod überwunden hat. In seiner Frontalität erinnert er an Ikonendarstellungen, aber auch an den von Rom ausgehenden, mittelalterlichen Bildtypus des *Salvator mundi.* Wie im Fall der didaktischen Anlage seines Rechenbuchs und seines Traktats zur Perspektive versuchte Piero auch hier, seine Thesen in der Praxis zu verifizieren. Er akzeptierte die ikonographischen Vorgaben der Tradition als ein historisch legitimiertes Universum. Vor diesem Hintergrund verstehen wir den Kontrast zwischen dem leidenden Gesicht und dem perfekt modellierten Körper, dessen Feinheit die Naturbeobachtung bei weitem übersteigt und direkt auf die Beispiele antiker Statuen verweist. Die Körperlinien klingen in den leicht gewundenen Zylindern der Baumstämme im Hintergrund nach. Der auf den Sarkophag gestützte Fuß repräsentiert ein hohes Beispiel perspektivischer Darstellung. Die absolute Kontrolle der Form verleiht dem Ereignis die unwiderstehliche Kraft der Schicksalhaftigkeit. Der Erlöser der Menschheit entsteigt mühelos dem Grab. Die Formen sind ausgewogen um die vertikale Achse der Fahnenstange organisiert, die parallel zur Mittelachse des Bildes verläuft. Die Falten des Gewandes spalten sich auf, überlagern sich, sie werden weder vom Wind noch durch eine Bewegung geformt: Es ist die linke Hand von Christus, welche sie erzeugt. Die ikonologische Auslegung unterstrich insbesondere die Tatsache, daß die Bäume am linken Bildrand kahl, die am rechten Rand belaubt sind, und interpretierte dies als symbolische Anspielung auf das Frühlingserwachen der Natur, mit dem die Auferstehung des Erlösers korrespondiert. Doch scheint es sich bei den Bäumen am rechten Bildrand eher um Zypressen zu handeln. Den Ort, die Landschaft, in der die *Auferstehung* inszeniert ist, kennen wir nicht. Der Turm der Malatesta-Festung verweist auf die Nähe von Sansepolcro. Doch veränderte Piero die topographischen Anhaltspunkte unwesentlich, um durch eine zu deutliche Indentifikation der Landschaft den Gehalt des Bildes nicht zu beeinträchtigen.

Dieser Tendenz, sich einer zu realistischen Beschreibung der Landschaft zu enthalten, entsprach die Entscheidung für zwei perspektivische Gesichtspunkte. Auf diesen Aspekt machten insbesondere Nicco Fasola (1942) und Battisti (1971) aufmerksam. Die Gruppe der Soldaten ist fast vollständig unterhalb der Oberkante des Sarkophags plaziert. In ihrer Statuarik ist sie durch einen inneren Rhythmus charakterisiert, den der Schlaf diktiert, welcher die Figuren umhüllt. Ihre pseudo-römischen Waffen und Rüstungen entsprechen den Vorstellungen des 14. Jahrhunderts, wie sie sich über Byzanz vermittelten. Sie beweisen erneut Pieros Orientierung an der Tradition. Einem dieser vom Schlaf übermannten Soldaten verlieh Piero seine eigenen Gesichtszüge. Es handelt sich um die Figur, deren Hinterkopf auf dem Rand des Sarkophags aufliegt. Dieses Gesicht scheint älter als jenes im Fresko von Arezzo (Abb. 22). Diese Beobachtung berechtigt dazu, die *Auferstehung Christi* einige Jahre nach dem Zyklus in Arezzo anzusiedeln. Der zweite Soldat, welcher den Rand des Grabes überragt, stützt sich im Schlaf auf seine Lanze. Seine architektonische Funktion ist offensichtlich. Die Lanze verbindet die Zypressengruppe mit dem Bildvordergrund und verläuft parallel zu den diagonalen Falten im Gewand Christi. Der Rand seines Helms liegt im rechten Winkel über der Lanze, in Analogie zum rechten Winkel zwischen dem Nimbus Christi und der Fahnenstange. Der an die Lanze gelehnte Kopf und der Schild verdeutlichen die Dreidimensionalität der Szene und unterstreichen die Neigung des rechten vorderen Soldaten zum Betrachter hin. Ganz außerordentlich ist ferner die Konzeption des linken Soldaten, dessen Hand sein Gesicht bedeckt. In seinen weltlichen Schlaf versunken, widersetzt er sich dem Erwachen und der Erscheinung des Auferstandenen.

Salmi (1979) sah einen Zusammenhang zwischen den Kompositkapitellen der seitlichen Säulen, die das Fresko einfassen, und Pieros Romreise. Die von Piero definierten Bezüge zwischen den architektonischen Elementen des Freskorahmens, der dargestellten Geschichte sowie dem Raum, in dem sich das Bild befindet, erinnern an die Erfahrungen in

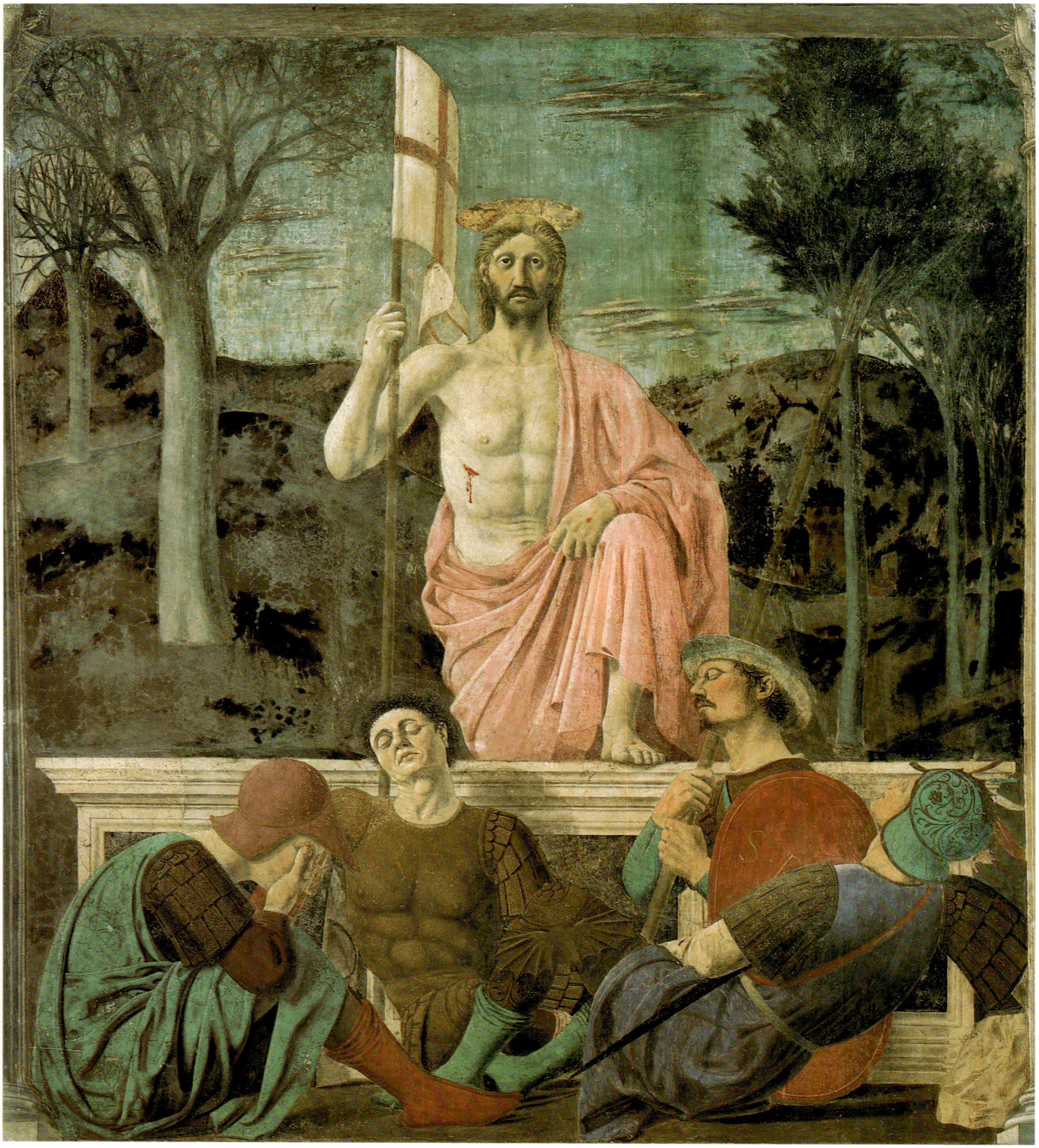

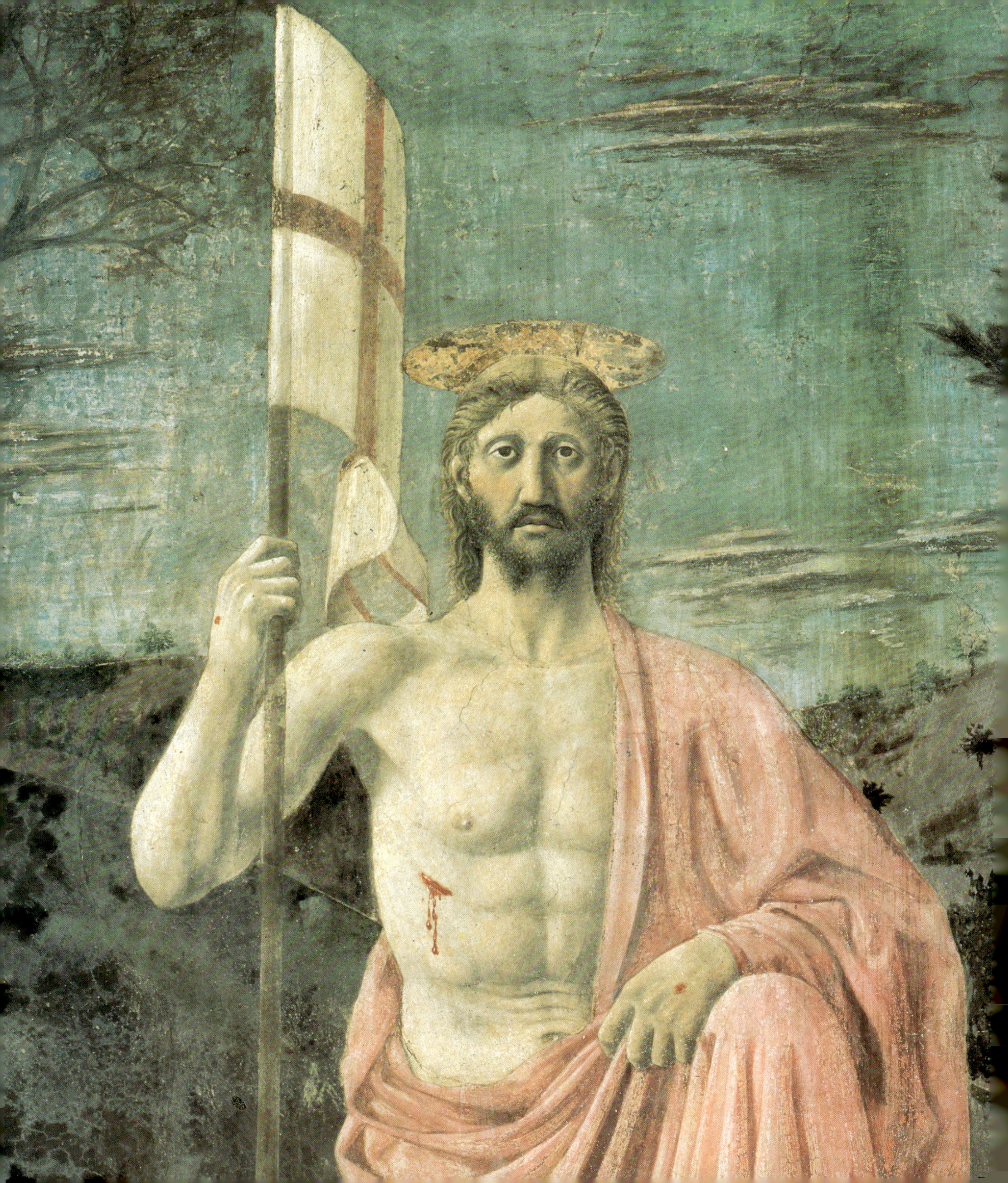

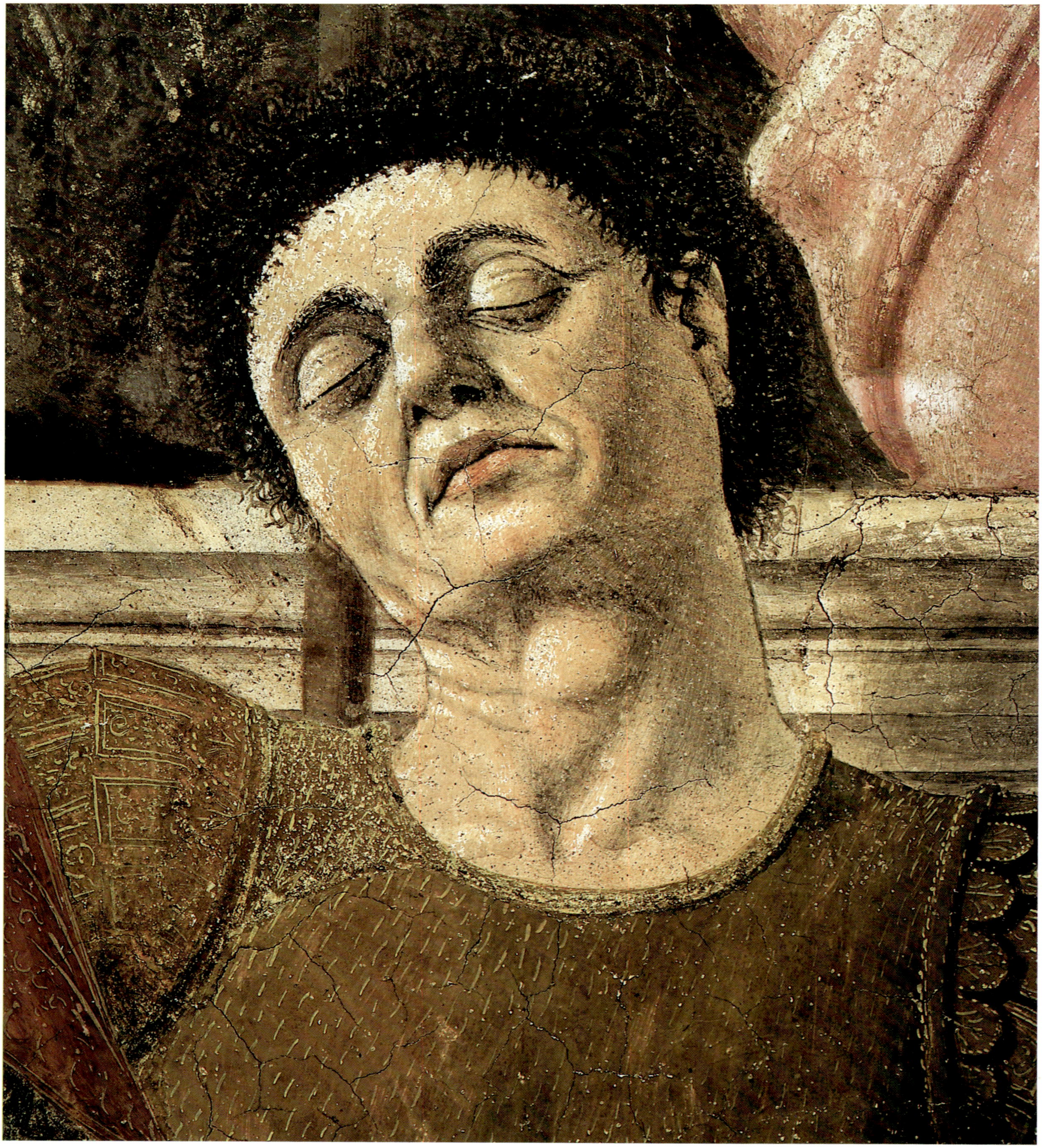

XI.1/2 Die Auferstehung Christi (Details)

Rimini. Gebälk, Säulen und Kapitelle werden von einem weißen, von links auf das Fresko fallenden Licht erleuchtet. Es entspricht dem Licht, welches durch die Fenster in den Raum flutet. Ein anderes, von links oben auf das Fresko treffendes Lichtbündel beleuchtet die dargestellte Geschichte. Sein Einfallswinkel erinnert an den Schein der morgendlichen Sonne.

Ein weiteres Verbindungsglied zwischen Bild und Raum ist durch die monumentale Inschrift gegeben, von der heute nur noch die Worte HVMAN . . . und . . . ORTE leserlich sind. Mardesteig verwies auf die Verwandtschaft der Buchstaben mit dem von Andrea del Castagno und anderen florentinischen Künstlern benutzten Alphabet.

Noch zwei Bemerkungen zur Technik: Piero Übertrug die Vorzeichnung vom Karton mit dem Pausbeutel auf die Wand. Dies ermöglichte die perfekte Zusammenfügung der verschiedenen Tagwerke. Wie in einem Tafelbild arbeitete Piero die minimalsten Lichtspiegelungen und die Dekorationen der Rüstungen sorgfältig mit Temperafarben aus. Das Fresko litt unter einem Kamin, der an der gegenüberliegenden Wandseite geöffnet wurde. Die Bindemittel der in Tempera ausgeführten Partien trockneten aus und veränderten sich. Der Kontrast zwischen dem leuchtenden Körper Christi, seinem Gewand und der in violette Schatten getauchten Landschaft ist daher heute nicht mehr so markant wie im Orginalzustand. Das Thema des nackten, hell glänzenden Körpers vor der Landschaft sollte sich zu einem grundlegenden Motiv der venezianischen Malerei und insbesondere von Antonello da Messina entwickeln. Das Fresko entstand sicherlich nach dem Romaufenthalt in den Jahren 1458–1459, jedoch vor 1474, vermutlich sogar noch vor 1469, als Piero die Arbeit an der *Pala Montefeltro* aufnahm.

Bibliographie: F. Witting, 1898, S. 104–108; W. Bombe, 1909; D. Fiscali, 1917; W. Schrade, *Ikonographie der christlichen Kunst*, I, *Die Auferstehung Christi*, Berlin-Leipzig 1952, S. 141, 238 ff.; A. Mariucci, 1933; P. Toesca, 1935; R. Longhi, 1942, S. 79; K. Clark, 1951, S. 207; C. de Tolnay, 1954; ders., in: *Corvina*, XXVI, III, II, 1955, S. 97–100; W. Krönig, in: *Das Münster*, IV, 1951, S. 71–74; E. H. Gombrich, in: *The Burlington Magazine*, XCIV, 1952, S. 178; G. Mardesteig, 1959, S. 306; E. Battisti, 1971, I, S. 281–294, II, S. 32–37, 231–232; A. Angelini, 1985, S. 50– 51; A. Paolucci, 1989, S. 56–57; L. Borri Cristelli, *Il palazzo della residenza e la Resurrezione di Piero della Francesca*, in: M. G. Paolini, 1989, S. 7–33; E. Bairati, 1991, S. 15.

XII POLYPTYCHON DER AUGUSTINER

Hl. Augustinus, Lissabon, Museo de Arte Antiga, 132 x 56,5 cm
Erzengel Michael, London, National Gallery, 133 x 59,5 cm
Evangelist Johannes, New York, Frick Collection, 131,5 x 57,8 cm
Hl. Nikolaus von Tolentin, Mailand, Museo Poldi Pezzoli, 136 x 59 cm

Die Diskussionen um die Darstellung der Mitteltafel fanden ein Ende, als Polcri eine Werkbeschreibung des 19. Jahrhunderts (1811) entdeckte. Darin fand sich der Hinweis auf eine Madonnendarstellung *(Madonna mit dem Kind)*. Um die Gruppe von Heiligen im Hauptregister waren weitere kleine Tafeln gruppiert, die heute an verschiedenen Orten aufbewahrt werden. Zwei davon, eine mit dem Bild der *Hl. Monika*, die andere mit einem *Heiligen des Augustinerordens*, gehören heute zur Sammlung Frick in New York. Früher waren sie Bestandteil der Sammlung Liechtenstein in Wien. Sie gehören in stilistischer Hinsicht zusammen, da sie identische Maße (39 x 28 cm) besitzen und die dargestellten Heiligen zur Augustinerfamilie gehören. Es existiert noch eine dritte Tafel mit den Maßen 41 x 28 cm und der Darstellung der *Hl. Apollonia*. Sie ging aus der New Yorker Sammlung Lehmann in den Besitz der National Gallery in Washington über. Longhi schließlich erwähnte das Fragment einer *Kreuzigung* im Universitätsmuseum Princeton. Er vermutete, es sei Teil der Predella gewesen. Longhi war es auch, der die *Hl. Apollonia* als nicht zum Polyptychon gehörig auswies, da seines Erachtens das Licht im Vergleich zu den übrigen Figuren aus der entgegengesetzten Richtung auf sie fällt. Das Argument wird von Meiss (1941) erneut aufgenommen und untersucht, der sich maßgeblich mit den verschiedenen Rekonstruktionsvorschlägen beziehungsweise mit der Identifizierung der verstreuten Einzelteile des Polyptychons beschäftigte. Siehe hierzu auch Longhi (1946), Levi d'Ancona (1955) und Davies (1961). Von den Rekonstruktionsvorschlägen von Battisti (1971), Salmi (1979) und Paolucci (1989) präsentiert die Variante Salmis die komplexeste Lösung. Um auf die Darstellung der *Hl. Apollonia* nicht verzichten zu müssen, imaginierte er ein zweistufiges Polyptychon, mit der *Kreuzigung* im Zentrum des oberen Registers und vier Seitenfeldern. Vom unteren Register mit insgesamt elf Bildfeldern wäre demnach nur noch die Tafel der *Hl. Apollonia* erhalten. Er schließt es aus, daß sich die kleinen Tafeln mit den Heiligen in den seitlichen Begrenzungsfeldern des Polyptychons befanden, in denen Paolucci sie vermutete. Im Gegensatz zu drei der erhaltenen kleinen Tafeln ist die Szene der *Kreuzigung* nicht auf Goldgrund gemalt. Auch sonst gibt es keine gesicherten Anhaltspunkte, welche eine Zuordnung der *Kreuzigung* zum Polyptychon rechtfertigen würden.

Bibliographie: A. Venturi, *Nelle pinacoteche minori italiane*, in: *Archivio Storico dell'Arte*, I, 1893, S. 415–416; J. A. Crowe u. G. B. Cavalcaselle, Hrsg. T. Borenius, 1914, VI, S. 32, Anm. 1; T. Borentius, in: *The Burlington Magazine*, XXIV, 1916, S. 162; R. Longhi, 1927 (Ausgabe 1942, S. 100); G. Gronau, 1916, S. 292; R. van Merle, XI, 1929, S. 84–86; L. Venturi, *Art in America*, New York – Mailand 1933, II, Abb. 203 u. 204; P. Toesca, 1935, S. 212; B. Berenson, 1936, S. 322; M. Meiss, XXIII, 1941, S. 53–68; R. Longhi, 1942, Abb. CCVII, S. 157, 188–189; K. Clark, in *The Burlington Magazine*, LXXXIX, 1947, S. 205 ff.; R. Longhi, 1947, S. 285; M. Meiss, 1947, S. 285–286; M. Salmi, *Postille alla mostra di Arezzo*, in: *Comentari*, II, 1951, S. 183; M. Levi d' Ancona, *Catalogue of the Frick Collection*, XII, New York 1955, S. 63 ff., 294–307; R. Longhi, 1963, S. 68, 139, 151, 160, 216–217; P. Scarpellini, *Luca Signorelli*, Mailand 1964, S. 144; M. Davies, *Some Notes on Piero della Francesca's Saint Michel*, in: *The Burlington Magazine*, CIX, 1967, S. 28–29; P. L. Vecchi, 1967, S. 101; C. Gilbert, 1968, S. XIV, 9, 28; P. Hendy, 1968, S. 123 ff.; E. Battisti, 1971, I, S. 294–302, II. S. 37–49; M. Salmi, 1979, S. 110–118, 158, Anm. 81; F. P. Shapley, *Catalogue of the Italian Paintings, National Gallery of Arts*, Washington 1979, S. 373; M. Natale, *Museo Poldi Pezzoli. Dipinti*, Mailand 1982, S. 148–149 (mit umfangreicher Bibliographie); A. Angelini, 1985, S. 58 ff.; A. Parronchi, in: O. Calabrese und andere, 1984, S. 37–47; A. Paolucci, 1989, S. 62–63; F. Polcri, 1990, S. 3–7; E. Bairati, 1991, S. 15–16.

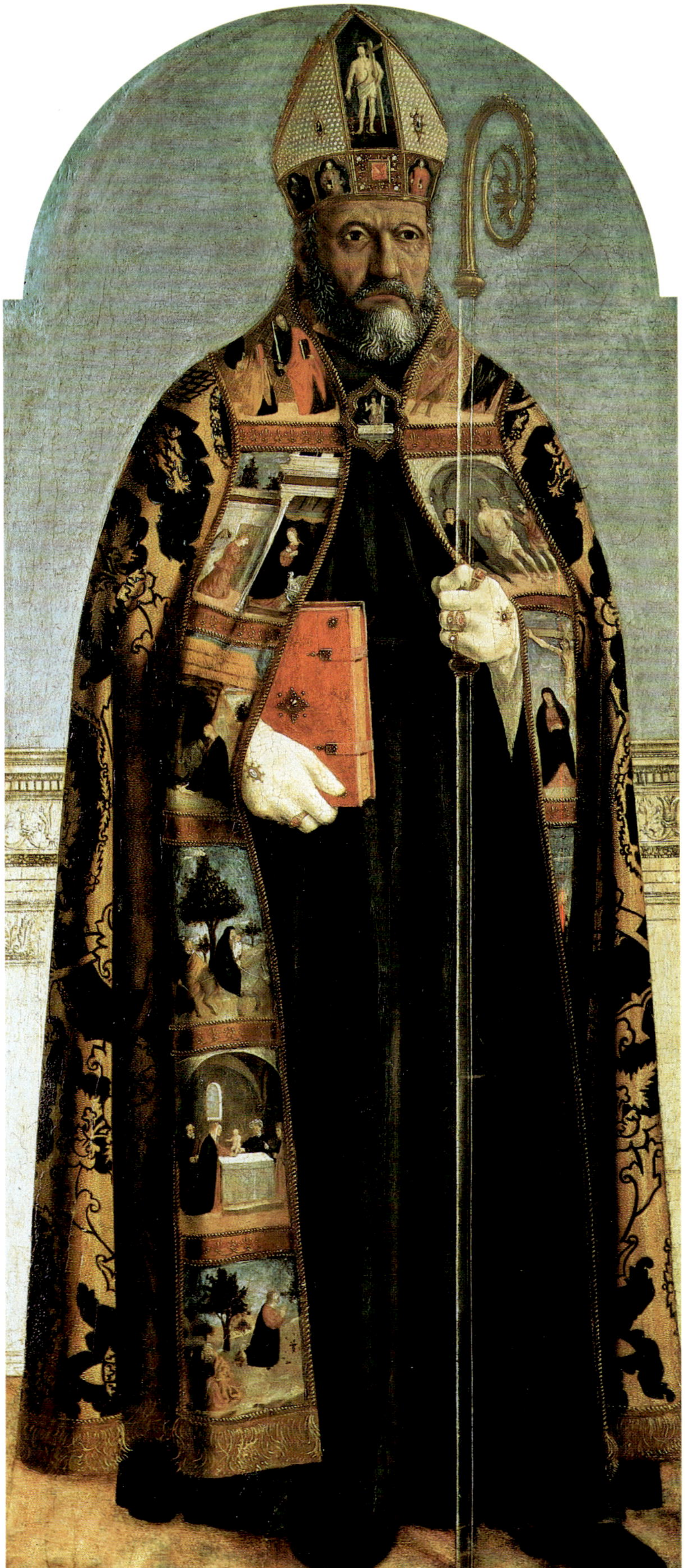

XII.1 Hl. Augustinus

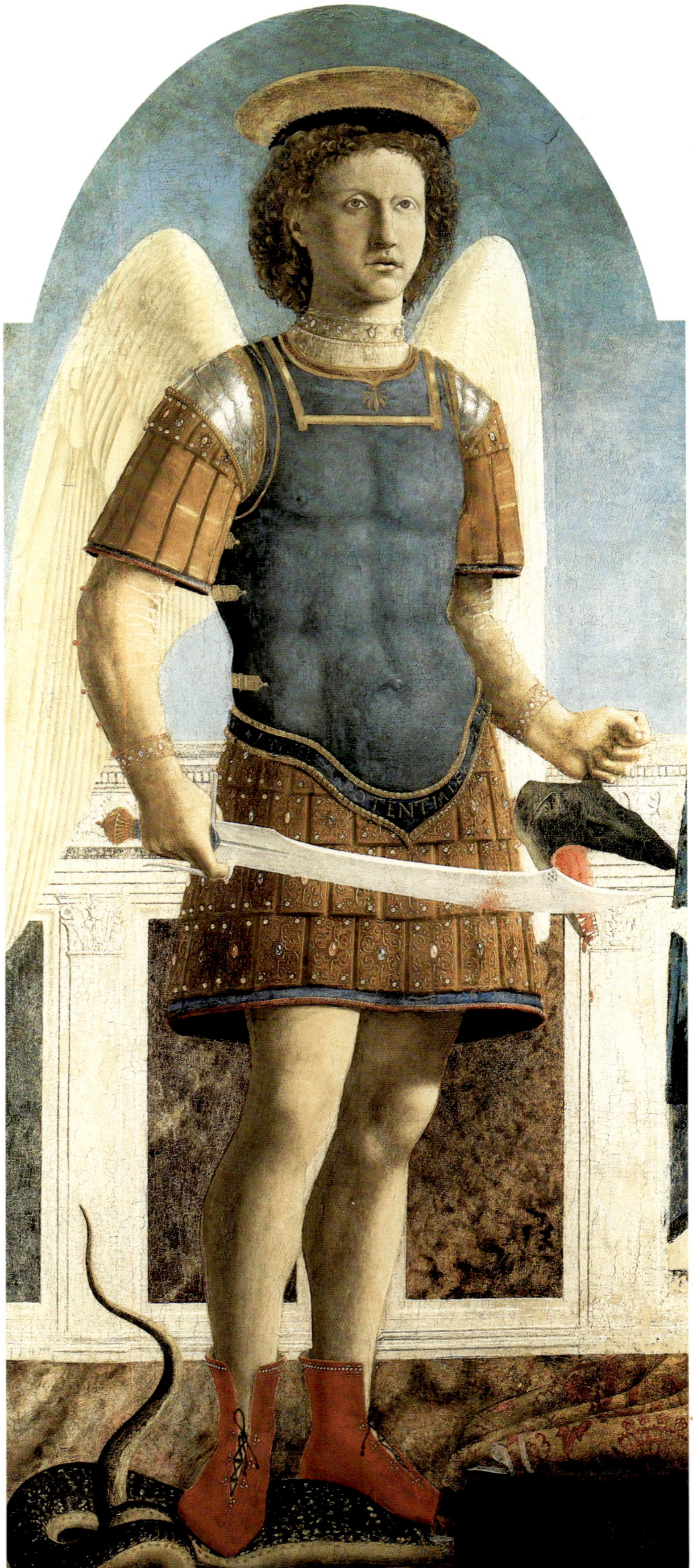

XII.2 Erzengel Michael

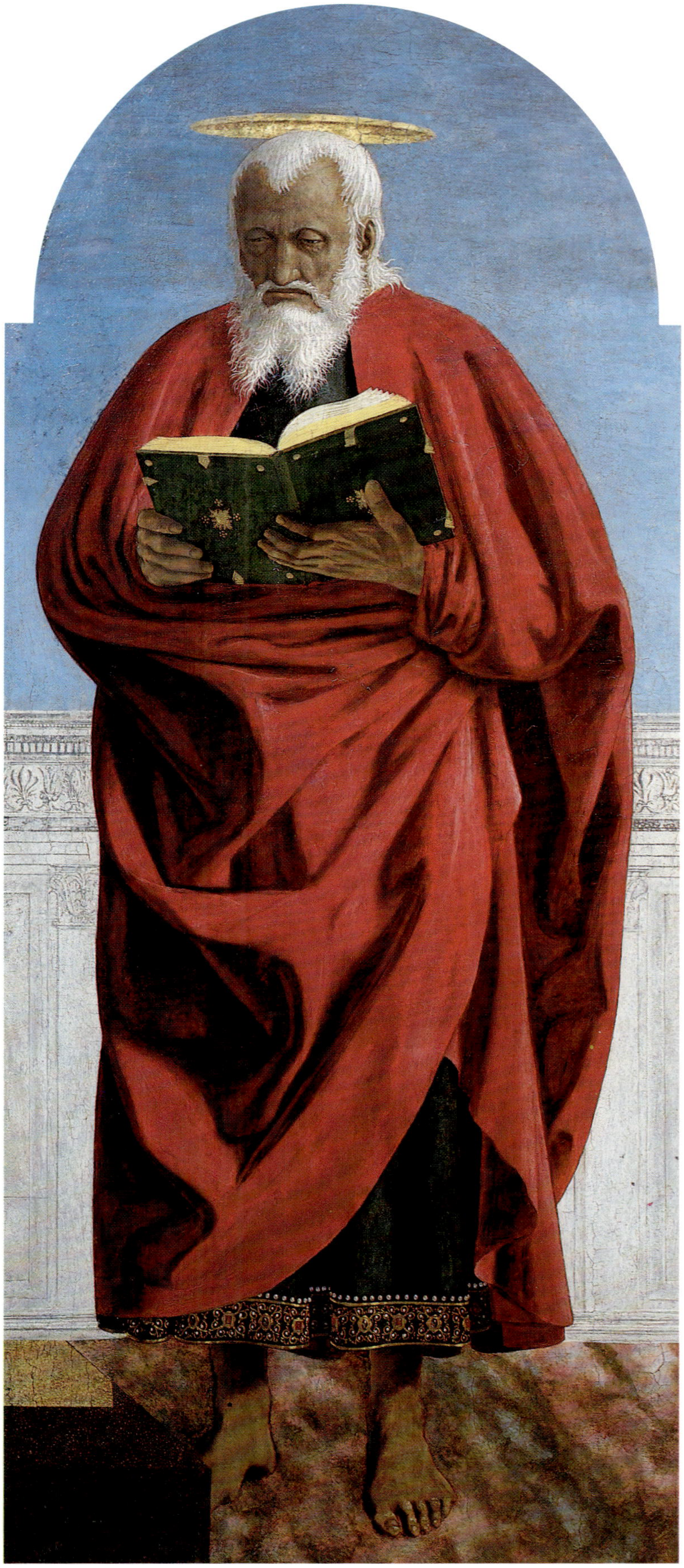

XII.3 Evangelist Johannes

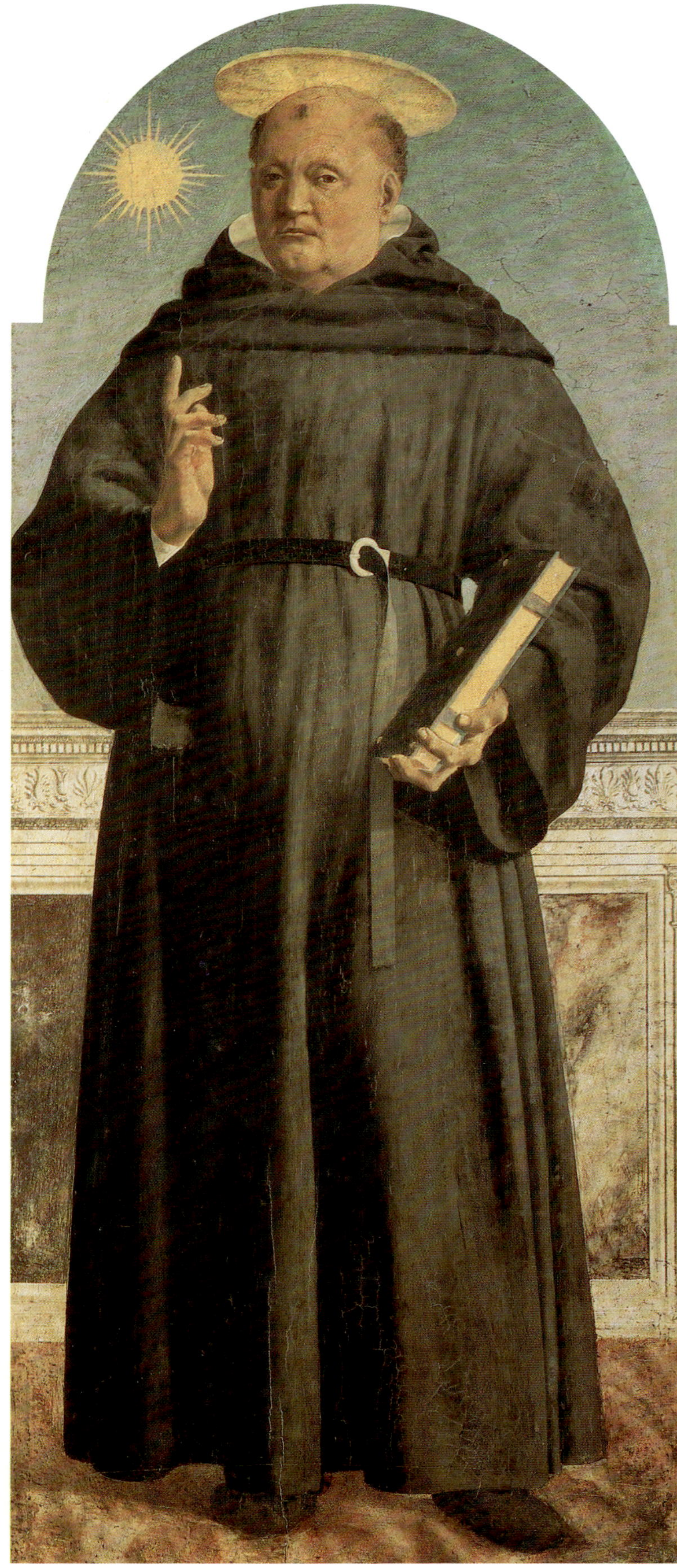

XII.4 Hl. Nikolaus von Tolentin

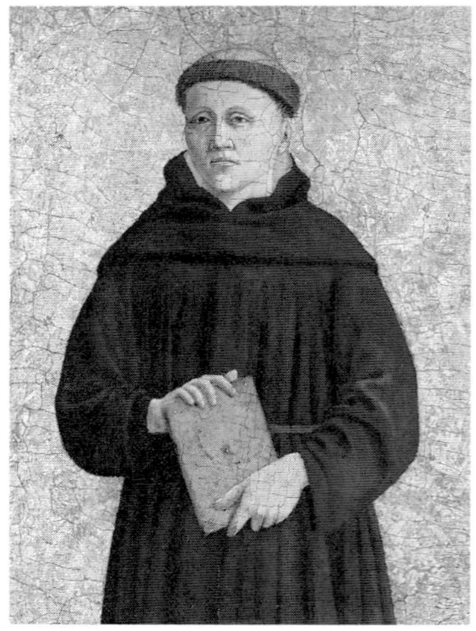
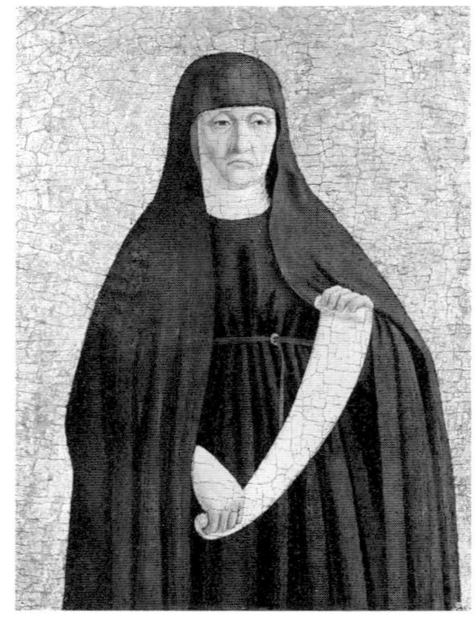
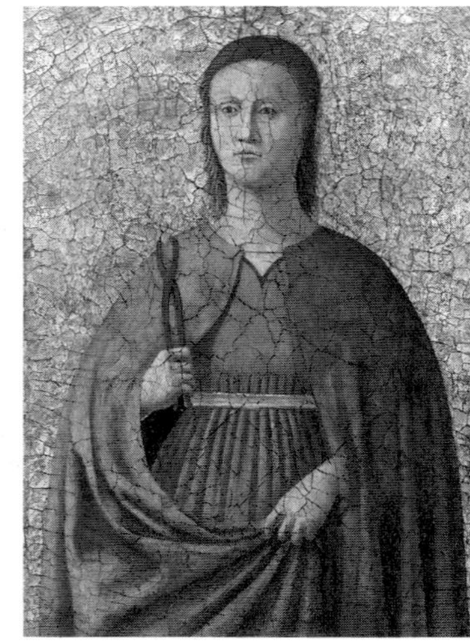
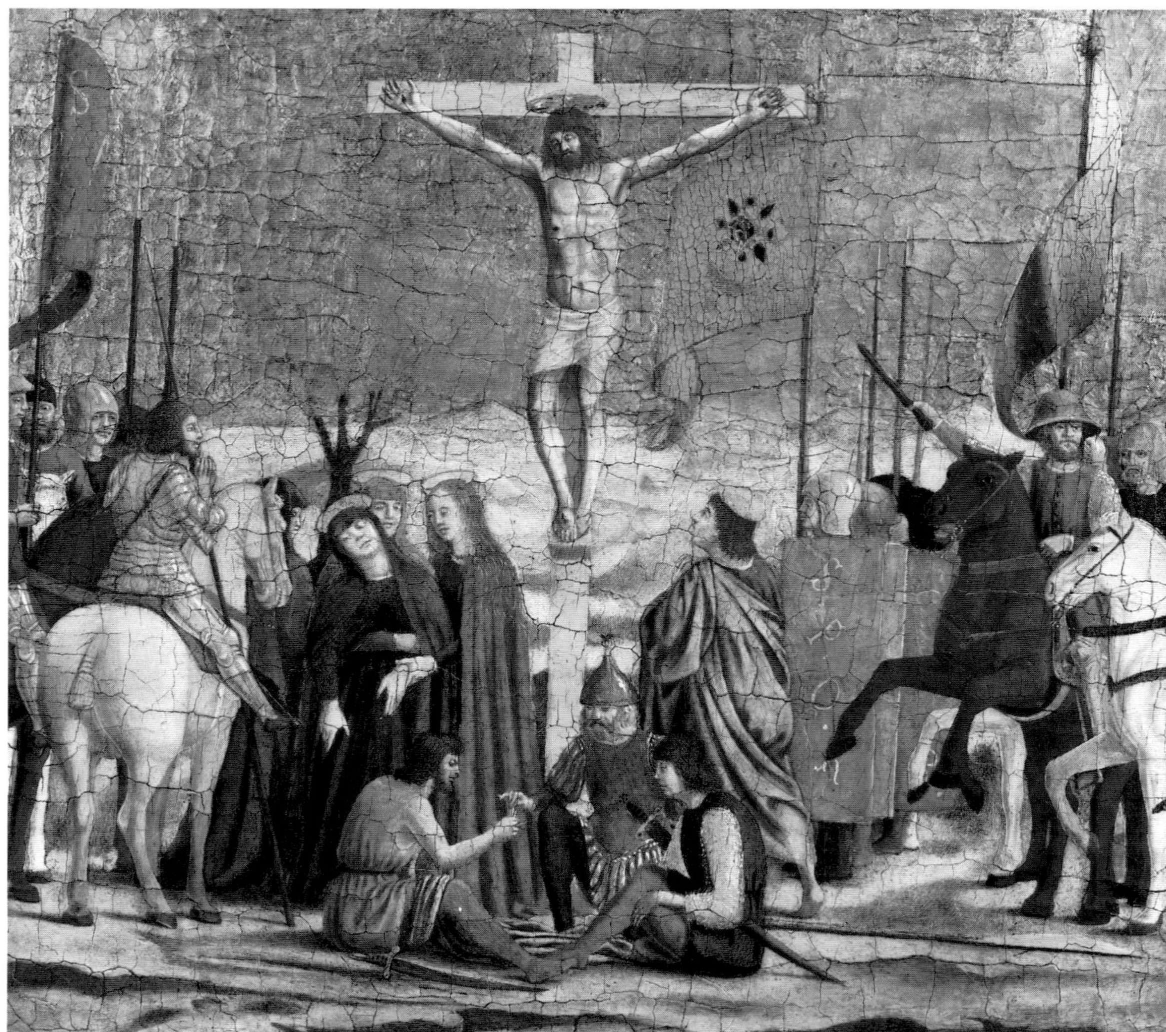

XII.5 Heiliger des Augustinerordens
XII.6 Hl. Monika
XII.7 Hl. Apollonia
XII.8 Kreuzigung

XIII MADONNA DEL PARTO

Monterchi, Santa Maria a Nomentana
Abgenommenes Fresko
206 x 203 cm

Um das Jahr 1917 konnte D. Fiscali mit Sicherheit sagen, daß sich unter dem von ihm abgenommenen Fresko der *Madonna del Parto* (parto = Geburt, Entbindung) von Piero della Francesca bereits eine Darstellung desselben Themas aus dem 14. Jarhrhundert befunden hatte. Piero überdeckte das bereits vorhandene Fresko mit einer hauchdünnen Mörtelschicht, die sich eher für eine ›a secco‹-Bearbeitung als für die richtige ›a fresco‹-Technik eignete. C. Feudale (1954–1957) und E. Cassée (1978) konnten zeigen, daß die Ikonographie der schwangeren Maria durchaus verbreitet war, bevor derartige Darstellungen im Zuge der Gegenreformation untersagt wurden.

Pier Francesco Fiorentino wiederholt exakt dieselbe Komposition in einem Fresko der Kapelle des Pfarrhauses von Certaldo. Während die Figur der Madonna zerstört wurde, sind die Engel und der Baldachin erhalten. Es ist interessant, daß Pier Francesco Fiorentino der strengen Symmetrie Pieros nicht folgte, indem er einem der beiden Engel eine Schriftrolle in die Hand gab.

Die Faszination dieses außerordentlichen Werks Pieros und seine Einzigartigkeit im Kontext der Ikonographie des 15. Jahrhunderts erregte enormes Aufsehen, wie die Aufzeichnungen der Klöster von Monterchi und Anghiari belegen. Es ist wahrscheinlich, daß Piero dieses Werk bereits vor 1467 vollendet hatte, da sich Boccati davon für seine *Camera picta* in Urbino inspirieren ließ, die zweifelsfrei vor diesem Datum entstanden ist. Die Replik in Certaldo beweist die Bekanntheit und die weite Verbreitung dieses Bildtypus. Die an wenigen Stellen erhaltene Marmorfläche der Wand hinter dem Baldachin entsprach dekorativen Kriterien, wie wir sie auch aus den Fresken des Andrea del Castagno in der Villa Pandolfi in Legnaia kennen. Baldini (Salmi, 1979) vermutete zu Unrecht eine Wandnische hinter dem Baldachin. Die Wandfragmente verweisen eindeutig auf eine gerade, mit Marmorplatten verkleidete Wand. Es hat den Anschein, als vermeide Piero hier ganz bewußt eine perspektivische Tiefenwirkung, wie sie etwa für die *Geißelung Christi* charakteristisch war. Die weiche Rundung der Nische des *Hl. Ludwig* – ein Fresko, das einer seiner Schüler im Jahre 1461 für Ludovico Acciaioli ausgeführt hatte und das sich heute im Museo Civico von Sansepolcro befindet – geht auf dieselbe Idee zurück, die Piero letztendlich zur bevorzugten Verwendung elliptischer Apsiden als Abschluß seiner Scheinarchitekturen führen sollte.

Clark (1969) glaubte nicht daran, daß die Verwendung desselben Kartons für die beiden Engel auf die Arbeit eines Werkstattgehilfen schließen lasse; seines Erachtens hätte eventuell an der Draperie ein Geselle mitgearbeitet haben können, der Kopf der Jungfrau sei jedoch mit Sicherheit von Piero selbst ausgeführt worden. Gilbert (1969) und Clough (1970) bezweifelten, daß es sich bei dem Fresko um ein Werk Pieros handelt. Die Kapelle, in der das Fresko angebracht war, wurde bei dem Erdbeben vom 26. April 1917 schwer beschädigt; die heutige Kapelle ist eine Nachbildung des Originals aus dem Jahre 1928. Das Fresko wurde aufgrund des Erdbebens abgenommen.

Bibliographie: G. Magherini Graziani, 1897, S. 168–169; J. A. Crowe und G. Cavalcaselle, VIII, 1898, S. 251–252; F. Witting, 1898, S. 102–103; B. Berenson, 1899, S. 169 (2. Auflage 1909, S. 226); E Marini Franceschi (Evelyn), *Impressioni artistiche*, Mailand 1908, S. 97–105; A. Venturi, VII, 1911, S. 483–486; E. Marini Franceschi (Evelyn), 1912, S. 126; D. Fiscali, 1917, S. 13; H. Graber, 1920, S. 24; R. Longhi, 1927, S. 77–78; 173; R. van Marle, XI, 1929, S. 64–66 (und XVI, 1937, S. 6); C. Feudale, 1954–57; C. de Tolnay, 1963, S. 6; P. Hendy, 1968, S. 111; E. Battisti, 1971, I, S. 23–24, II, S. 69–71; B. Giorni, 1977, S. 199–221; M. Salmi, 1979, S. 105–106; T. Martone u. a., *Convegno*, 1982; A. Angelini, 1985, S. 47; V. Dini und L. Sonni, 1985; A. Paolucci, 1989, S. 55, 64; A. Brilli, 1990; E. Bairati, 1991, S. 13.

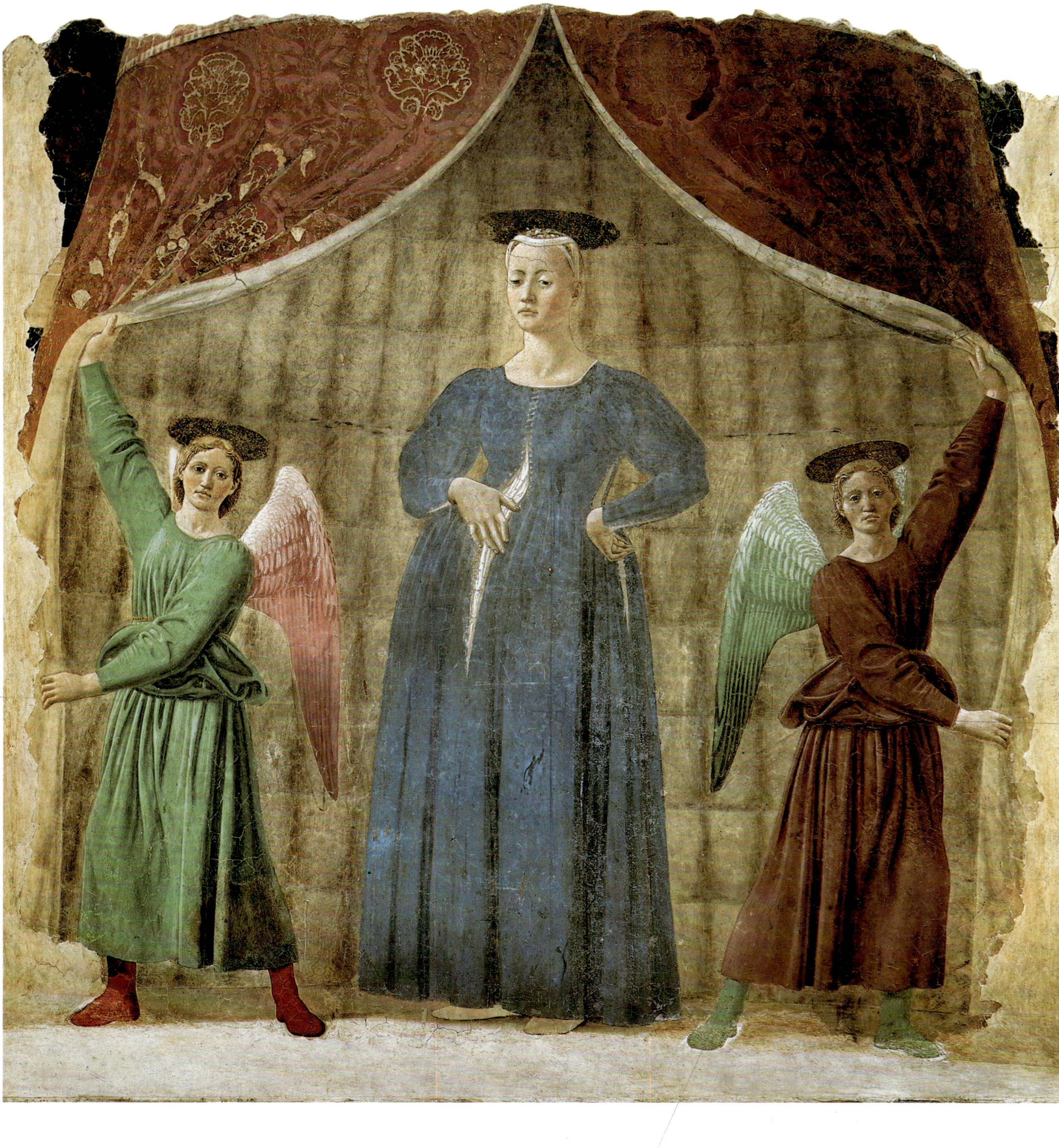

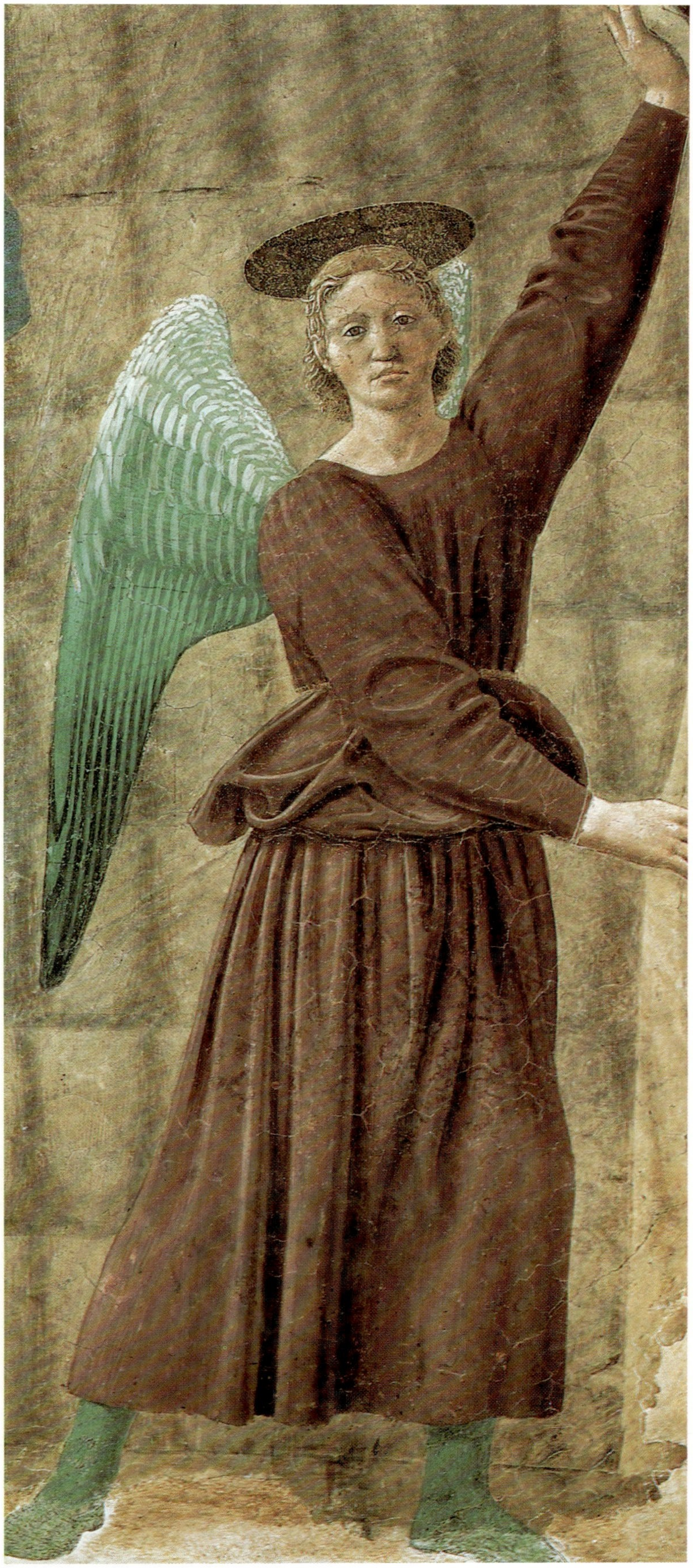

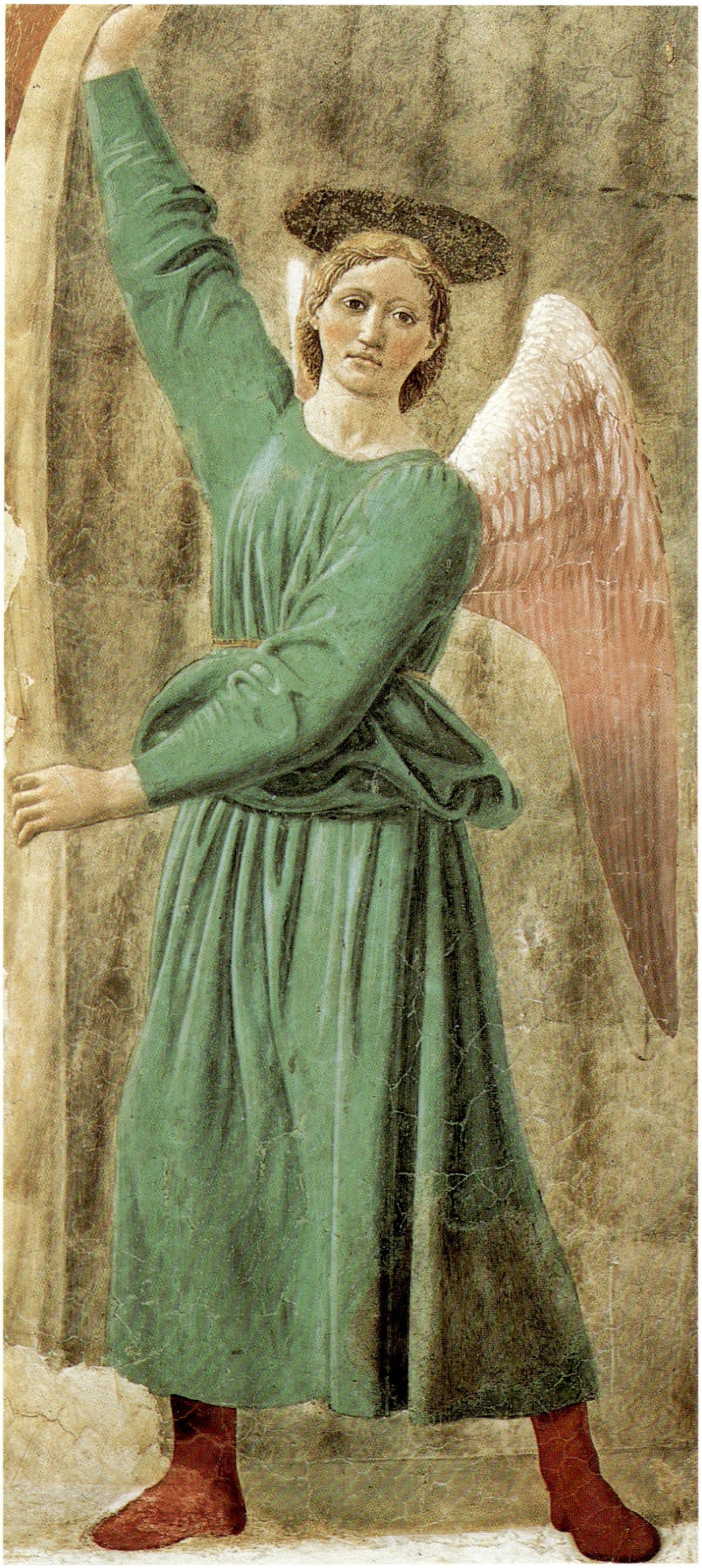

XIII.1/2/3 Madonna del Parto (Details)

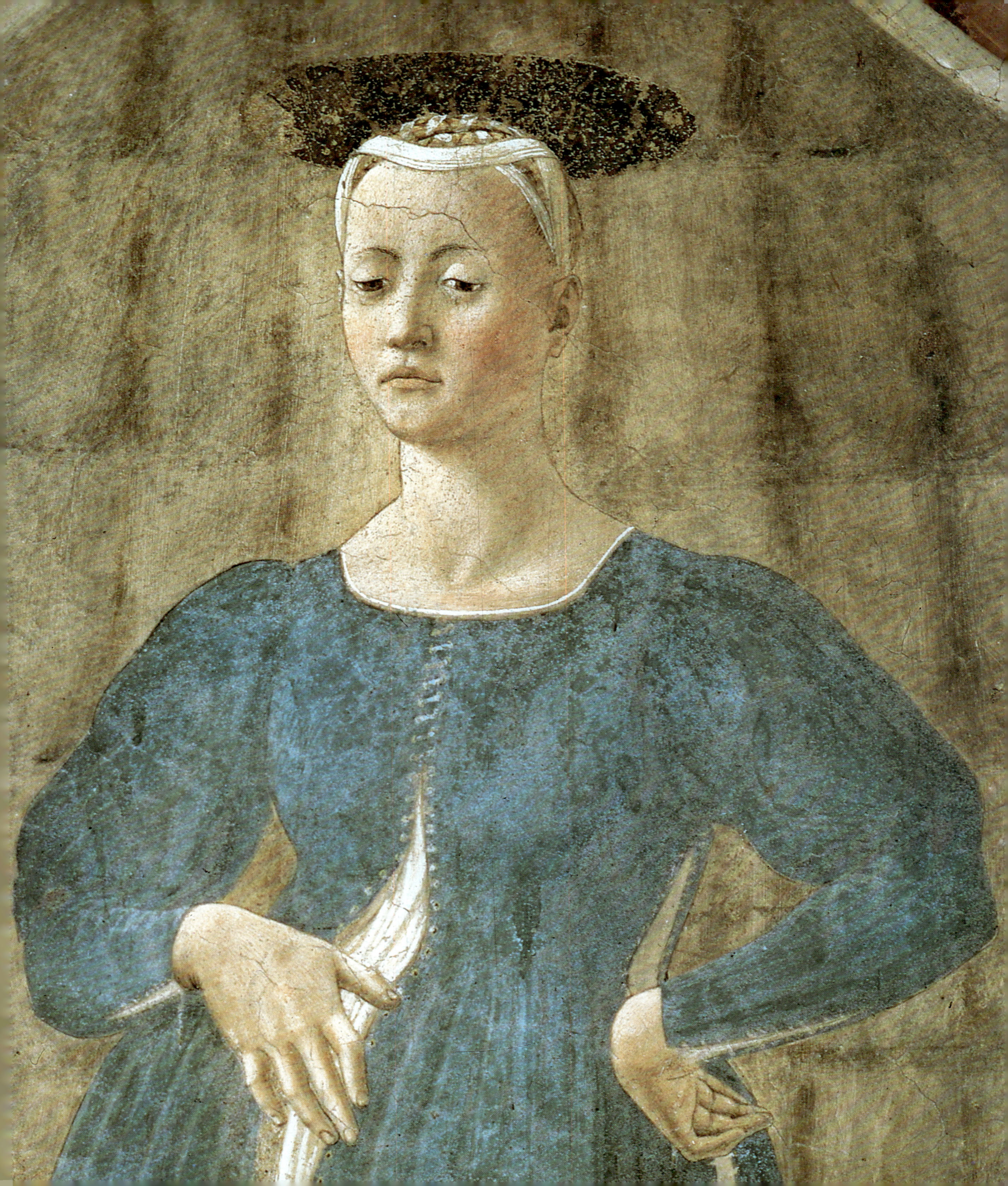

XIV SIGISMONDO PANDOLFO MALATESTA

Paris, Louvre
Öl- und Tempera-Malerei auf Holz
44 x 34 cm

Der Erwerb des Gemäldes durch den Louvre im Jahre 1977 eröffnete die Möglichkeit zu labortechnischen Untersuchungen, welche die Verwendung eines harzhaltigen Bindemittels zutage brachten. Nach der Reinigung und der Untersuchung des Bildes schrieb es Laclotte Piero della Francesca zu; lediglich Briganti meldete weiterhin Bedenken an; Battisti datierte das Gemälde sogar auf das vergangene Jahrhundert. Paolucci katalogisierte des Gemälde als »Tempera auf Pappelholz«. Bezüglich der Geschehnisse, die zur Ausfuhr des Gemäldes führten, sei auf die Ausführungen von Salmi (1979) verwiesen, die von De Giorgi nicht berücksichtigt wurden (1988).

Longhi sieht in dem Bild ein dem Fresko in Rimini vorausgehendes »Modell«. Laclotte bestätigte, daß für die Ausführung des Gemäldes der nämliche Karton verwendet worden war wie für das Fresko in Rimini. Die einzige Abweichung betrifft die Haartracht. Sie wurde im Fresko zunächst genauso ausladend angelegt wie im Gemälde, später jedoch korrigiert. Auch wenn dieser Unterschied bestätigt, daß das Gemälde im Louvre keine Kopie des Freskos darstellt, bedeutet dies nicht, daß die Tafel mit dem Porträt Sigismondos vor dem Wandgemälde entstanden ist, denn Piero könnte den Entwurf bei sich getragen und ein zweites Mal auf ihn zurückgegriffen haben.

Wie die *Geißelung Christi* beweist, räumte sich Piero die Freiheit ein, ein Porträt nachträglich abzuändern. Die Entscheidung für diesen früheren Entwurf, in dem sich das Profil Sigismondos wie eine Kamee in den marmorartigen Hintergrund einfügt, kontrastiert mit der farblichen Komplexität des Bildes, wie Laclotte anmerkte. Der ständige Wechsel von Licht und Schatten, etwa der blaue Schimmer des Bartes, der die Klarheit des Kinns nicht beeinträchtigt, vollzieht sich innerhalb der scharfen Umrißlinie, die sich markant vom dunklen, fast schwarzen Hintergrund abhebt. Das Kinn ist im Vergleich zur eckigeren Ausformung im Fresko weitaus runder modelliert, der Hintergrund, wie wir ihn aus einigen Porträts des Antonello da Messina kennen. Die Spannung zwischen Hintergrund und Gesichtskontur verhindert eine psychische Auswertung des Porträts. Ohne einen Landschaftshintergrund wie im Diptychon des Montefeltro erweckt das Gesicht Sigismondos den Eindruck in sich geschlossener Monumentaltität. Sie wird verstärkt durch die geometrische Form des Oberkörpers, der als reine Stütze des rechteckigen Kopfes fungiert. Die Meisterschaft im Umgang mit Ölfarben, welche zarteste Transparenzen, Farbüberlagerungen und neuartige Farbklänge berücksichtigt, rechtfertigt eine Datierung nach dem Fresko des Jahres 1451.

Falls Piero das Porträt nach seiner Rückkehr aus Rom anfertigte, handelte es sich um einen Auftrag in einem der stürmischsten Momente im Leben Sigismondos. Die von Pius II., Federico da Montefeltro, Francesco Sforza und Alfonso von Aragon gegen ihn angezettelte kriegerische Auseinandersetzung war gerade in vollem Gange. Im April des Jahres 1462 wurde er in Rom verurteilt. Den Prozeß, der mit der Verbrennung seines Porträts endete, leitete Cusanus. Das neue Porträt sollte von seinem Stolz, seiner Autorität und seiner Legitimation zur Macht zeugen. »Aber ich sehe dein von Ernst getragenes Gesicht, deine finster blickenden Augen«, schrieb Pius II. Aus seinen Worten spricht Besorgnis, wenn nicht gar Reue. Das Bild im Louvre weist jeden Zweifel an der Unschuld des Porträtierten von sich.

Bibliographie: G. Morelli, in: *Italienische Malerei der Renaissance im Briefwechsel von Giovanni Morelli und Jean-Paul Richter, 1876–1891,* hrsg. v. I. und G. Richter, Baden-Baden 1960, S. 547; R. Longhi, 1942–1963, S. 202 und 219; U. Baldini, 1954, Nr. 50 (mit Abweichungen zwischen der ersten und zweiten Ausgabe des Katalogs); P. Bianconi, 1957, S. 65; P. L. De Vecchi, 1967, S. 89; A. Busignani, 1967, S. 65; E. Battisti, 1971, II, S. 94; M. Aronberg Lavin, 1974, S. 373, Anmerkung 137; G. Briganti, *Hanno esportato un Piero: forse è falso,* in: *La Repubblica,* 24. Februar 1978; M. Laclotte, 1978; E. De Giorgi, *L'eredità Contini Bonacossi,* Mailand 1988, S. 338 ff., 345; A. Paolucci, 1989, S. 32, 124; E. Bairati, 1991, S. 36. Zur von Federico da Montefeltro und Pius II. in Umlauf gesetzten Legende um Sigismondo wird heute vor allem verwiesen auf F. Gaeta, *La ›leggenda‹ di Sigismondo,* in: P. J. Jones u. a., 1978, S. 159–196, S. 186: Verbrennung des Porträts; S. 184: Zitat von Pius II., *Epistole,* Mailand 1484, III.

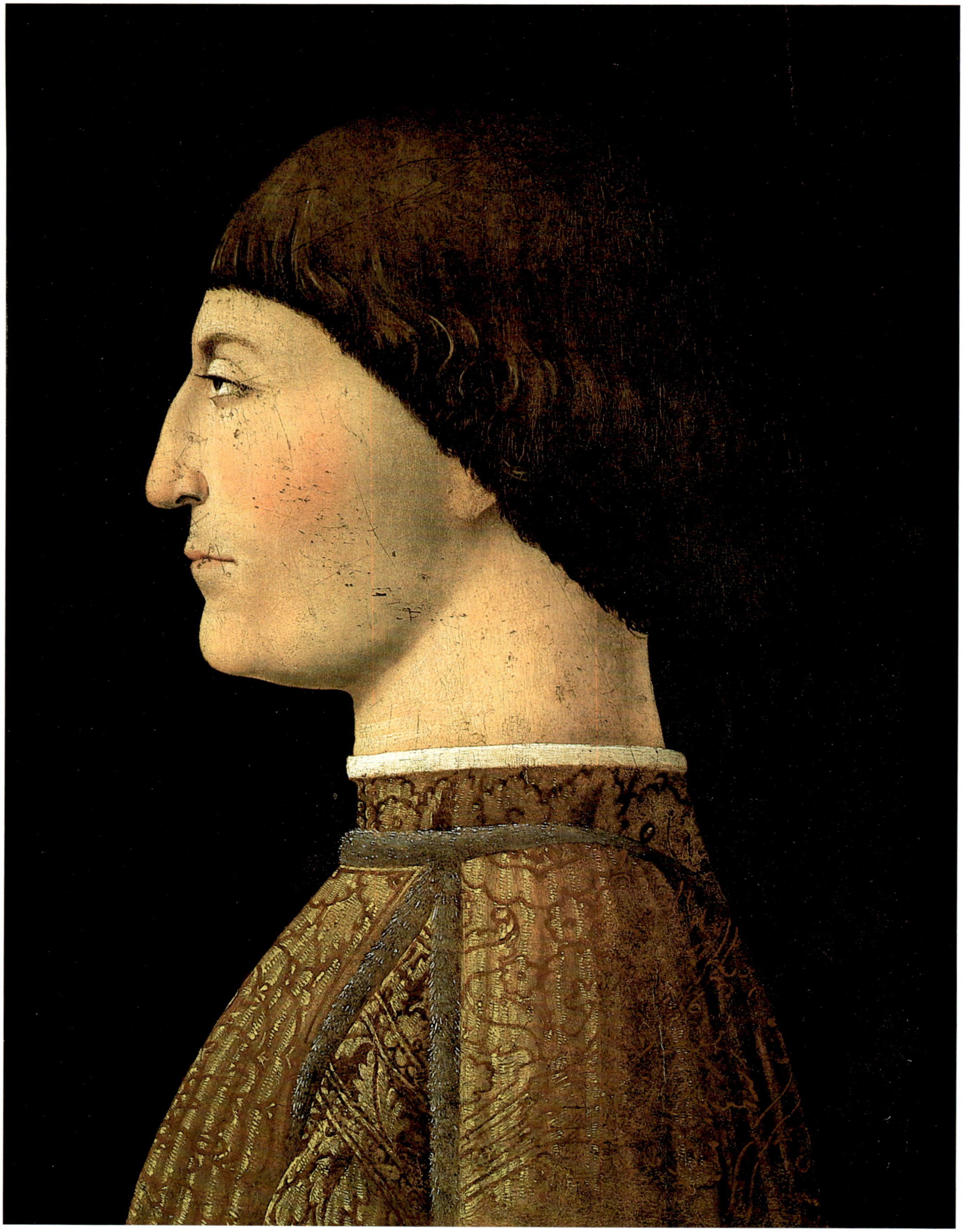

XV PALA MONTEFELTRO

Maria mit Kind zwischen Engeln und Heiligen und der Stifter Federico da Montefeltro

Mailand, Pinacoteca di Brera
Öl-Malerei auf Holz
248 x 170 cm

Im Jahre 1811 gelangte die Tafel an ihren heutigen Standort. Sie befand sich damals in der Kirche San Bernardino bei Urbino. Im *Inventario napoleonico* der Brera wird sie als ein Werk des Fra Carnevale geführt. Es handelt sich hierbei um den Dominikanermönch Bartolomeo di Giovanni Corradini, dem die *Tavole Barberini* zugeschrieben wurden (Christiansen, 1979). Diese waren zuvor von Dennistoun (1851) aufgrund ihrer Ähnlichkeit mit der *Geißelung Christi* als Werke von Piero selbst interpretiert worden. Pungileoni (1822, S. 54) gab an, die »Skizze« Fra Carnevales für das Montefeltro-Altarbild in der Kirche Santa Maria delle Grazie in Senigallia gesehen zu haben: eine Tafel »mit dem im Schoß der Jungfrau schlafenden Jesuskind und dem Herzog Federico mit gefaltenen Händen«. Die auf 1465 datierte Darstellung der *Madonna* Antonio Vivarinis in Neapel (R. Pallucchini, *I Vivarini*, Venedig 1962, Abb. 110) geht mit Sicherheit auf einen von Piero geschaffenen Typus zurück und wäre so ohne Kenntnis der Aussage von Pungileoni ein Anhaltspunkt hinsichtlich der Datierung der Pala Montefeltro. Dies gilt auch in dem Fall, daß es sich bei der *Madonna mit dem Herzog Federico* aus Senigallia nicht um eine Skizze, sondern um eine Kopie gehandelt hat. Es ist nicht unwahrscheinlich, daß der Typus der betenden Madonna mit dem schlafenden Kind auf den Antonio Vivarini zurückgreift, von Piero bereits vor 1465 geschaffen worden war. Shearman (1968) datierte die Tafel in der Brera unmittelbar nach den Fresken von Arezzo, also noch vor 1466. Dagegen legt die Tatsache, daß für das Porträt Federicos für das Altarbild wie für das Diptychon derselbe Karton benutzt wurde, für Hendy (1971) den Schluß nahe, daß das Altarbild nach dem Tode des Herzogs (1482) anzusetzen sei und daß Piero in den Jahren von 1488 bis 1490 bis zu seiner Erblindung daran gearbeitet habe. Clough (1970) zufolge entstand das Bild im Auftrag von Bernardino della Carda aus Anlaß des Todes von Federico. Es ist allerdings verwunderlich, daß der Herzog in diesem Fall ohne irgendwelche Insignien dargestellt wurde.

Sangiorgi förderte neue Dokumente zutage, welche belegen, daß die Kirche des hl. Bernhard im Jahre 1487 noch nicht vollendet war. Nach Salmi (1979) war das Bild für das Mausoleum in dem von Pasquino entworfenen Hof des Palastes in Urbino vorgesehen. Die das Bild bestimmenden Achsen sind horizontal ausgerichtet. Es handelt sich dabei um eine Praxis, welche im adriatischen Raum nicht selten anzutreffen ist, in Florenz allerdings annähernd unbekannt war (ich verdanke diese Beobachtung P. del Poggetto). Die Holzkonstruktion wird durch ein System von Ringklammern zusammengehalten, wie wir sie sonst nur noch aus den Werken des Justus van Gent und des Pedro Berruguete für das Studierzimmer im Palazzo Ducale in Urbino kennen. Die Zerstörung des von Piero erdachten Rahmensystems führte zum Verlust der Tafelverstärkung an der äußersten Außenkante und des Systems, welches die Spannungen in der Tafel ausgleichen sollte. Aufgrund der Spannungen krümmte sich die Tafel. Die Verbindungselemente lösten sich, und ein Farbstreifen fiel ab. Trotzdem erweist sich das von Piero erdachte System als perfekt, da es zu keinen weiteren Beschädigungen der Farbschicht kam, was darüber hinaus der exzellenten Maltechnik zu verdanken ist. Die unzureichenden spiegelgraphischen Versuche während der Restaurierung erlaubten keine vollständige Rekonstruktion der unter der Malerei verborgenen Zeichnung, die an einigen Stellen zutage tritt. Wie an manchen Stellen auch mit bloßem Auge zu erkennen ist, benutzte Piero für die Vorzeichnung einen Pausbeutel; man kann jedoch bislang nicht sagen, ob er zur Erstellung der Figuren einen großen oder mehrere kleine Kartons verwendet hat. Die Zeichnung der Architekturelemente riß Piero mit einem Stichel an, was an verschiedenen Partien noch heute erkennbar ist.

Bei der von Pinin Brambilla Barcilon in den Jahren 1980–1981 durchgeführten Restaurierung wurden mehrere Schichten vergilbten Lacks und Spuren von Nachbesserungsarbeiten entdeckt, vor allem entlang der Verbindungen der Holztafeln und insbesondere im Bereich der Augen der Jungfrau. Die Beschädigungen wurden geschlossen und mit Aquarellfarben der jeweiligen Gemäldepartie angeglichen. Nach der Restaurierung wurde das Werk im Rahmen einer Ausstellung, welche den Verlauf der Restaurierungsarbeiten und die daraus resultierenden Erkenntnisse dokumentierte, in der Brera präsentiert. Marcella Sorteni unternahm den Versuch, die perspektivische Grundstruktur mittels direkt auf die Tafel aufgebrachter Schnüre zu rekonstruieren. Die Dokumentation des Experiments befindet sich im photographischen Archiv der Brera (s. auch S. 131 ff.). Im Saal der Pinakothek (Architekten V. Gregotti und A. Citterio, 1984) wird das Bild ohne Rahmen gezeigt, so daß die Kanten betrachtet werden können und das Bild nicht in ein Format gezwängt wird, das es ursprünglich nicht besaß.

Bibliographie: *Inventario Brera,* Faksimile-Ausgabe, hrsg. v. S. Matalon, Mailand 1976 (1811); F. Madiai, 1895, S. 84–85; F. Witting, 1898, S. 135–40; P. Toesca, 1912, S. 92; R. Longhi, 1927, S. 98–100; P. Toesca, 1935, S. 212; M. Meiss, 1941, S. 53–70; P. Rotondi, 1947, S. 198; K. Clark, 1951 (1969), S. 67–69, 231–232; M. Meiss, 1954, S. 92–101; U. Baldini, 1954, S. 120-122; L. Venturi, 1954, S. 108; R. Longhi, 1962, S. 267, 283; M. Meiss, 1966, S. 203–206; M. Aronberg Lavin, 1967, S. 19–22; L. G. Boccia/E. T. Coelho, 1967, S. 133; P. L. De Vecchi, 1967, S. 106; P. Hendy, 1968, S. 155; J. Shearman, 1968, S. 180–186; M. Aronberg Lavin, 1969, S. 367–371; E. Davies/D. Snyder, 1970, S. 193–212; M. Terenzi, 1970, S. 219–220; E. Battisti, 1971, I, S. 330-355, II, S. 52–56; M. Meiss, 1971 u. ö.; I. Ragusa, *The Egg Reopened,* in: *The Art Bulletin,* LIII, 1971, S. 445–461; A. Parronchi, 1971, S. 136–193; F. Sangiorgi, 1976, S. 205, Anm. 2; M. Salmi, 1979, S. 122–127, 160–161; C. Bertelli, 1982, S. 13–20; G. Orofino, 1983, S. 68–70; A. Angelini, 1985, S. 70; G. Ugolini, 1985; A. Paolucci, 1989, S. 74–77; E. Bairati, 1991, S. 16.

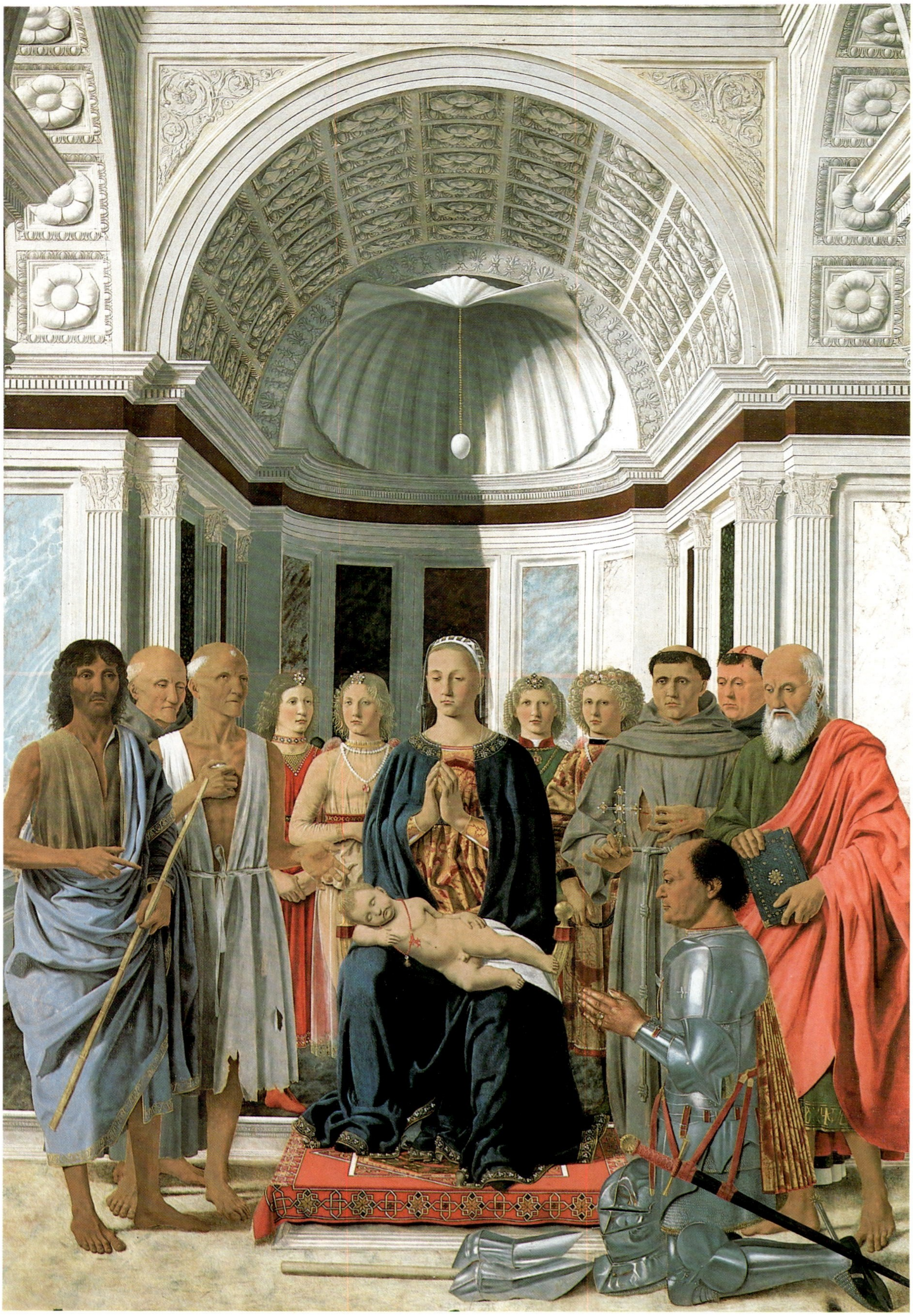

XVI POLYPTYCHON DES HEILIGEN ANTONIUS

Perugia, Galleria Nazionale dell' Umbria
Öl- und Tempera-Malerei auf Pappelholz
338 x 230 cm

Giebelaufsatz: *Verkündigung*
Haupttafeln: *Thronende Madonna zwischen dem hl. Antonius von Padua, Johannes dem Täufer, dem hl. Franziskus und der hl. Elisabeth von Ungarn*
Obere Predellafelder: *Die hll. Klara und Lucia*
Untere Predellafelder: *Wunder des hl. Antonius, Stigmatisierung des hl. Franziskus, Wunder der hl. Elisabeth.*

Obwohl bereits Vasari das Polyptychon in seinem heutigen Zustand beschrieb, gab der Umstand seiner Zerlegung im Jahre 1810 und der anschließenden Wiederherstellung Anlaß zu einer Reihe von Rekonstruktionsvorschlägen, die insbesondere von Witting (1898) initiiert wurden. Er betrachtete das Werk als stilistische Einheit und kam unter diesem Gesichtspunkt zu dem Schluß, daß die renaissancehafte Darstellung der Verkündigung im Giebelaufsatz und die zwei Heiligenbüsten der Predella nicht in Einklang stünden mit dem archaisch anmutenden Goldgrund des Polyptychons. So verband er das Polyptychon und die Predella mit den szenischen Darstellungen, den Giebelaufsatz ordnete er jedoch der Predella mit den Heiligenbüsten zu. Er ging dabei von der These aus, daß es sich um zwei unterschiedliche Werke handle, die nicht gleichzeitig entstanden seien und die man nachträglich vereint habe. Der ältere Teil mußte nach Meinung des Forschers in der Zeit nach Pieros Rückkehr aus Rom und nach seiner Arbeit für Nikolaus V. entstanden sein. Auch andere, jüngere Rekonstruktionsversuche basieren auf der stilistischen Heterogenität der Bestandteile des Polyptychons. Bei der Restaurierung des Altars in den Jahren 1951–1953 trat indes der einheitliche Charakter der Struktur des Werkes deutlich zutage. Die beiden Heiligen der Predella sind auf dieselben Tafeln wie die Heiligen der Haupttafeln des Polyptychons gemalt. Das »gotische« Polyptychon und die »Renaissance«-Predella sind demnach zeitgleich entstanden und gehören ein und demselben Werk an. Ebenfalls bei dieser Restaurierung zeigte sich, daß die Abstufung des Giebelaufsatzes dem Originalzustand entspricht. Obwohl Ragghianti davon ausging, daß Piero das Werk im Hinblick auf die Beziehungen der einzelnen Goldsegmente zueinander konzipierte, legte er bei seiner Rekonstruktion für die Struktur des Polyptychons eine rechteckige Form zugrunde. Wohl (1981) konnte jedoch überzeugend darlegen, daß der Altaraufsatz als Spitzbogen angelegt war. Er zeigte ferner, daß das perspektivische System der üblichen Form entsprach, also zwei vom Zentralpunkt gleich weit entfernte Punkte auf einer Horizontlinie angeordnet sind. Diese Feststellung entzieht der bei Salmi (1979) veröffentlichten Rekonstruktion Santis ihre Gültigkeit, die eine Änderung des ursprünglichen Aufbaus schon zu Zeiten Vasaris zugrunde legt. Es wurde des öfteren auf das Fehlen einer mit Johannes dem Täufer korrespondierenden Darstellung an der Predella hingewiesen. Die erneute Bezugnahme auf den Täufer hätte sich aber auch statt in einer Predellaszene in einem heute fehlenden Tondo am Giebelaufsatz befunden haben können. Im Gegenteil könnte gerade eine Darstellung des abgeschlagenen Kopfes des Täufers im Sinne der venezianischen Ikonographie der Erfindung der anderen Tondi vorausgegangen sein. Der fehlende Teil des Giebelaufsatzes war beweglich und mittels Scharnieren an der obersten Tafel befestigt.

Im Jahre 1990 unterzog man das Polyptychon einer erneuten Restaurierung, die zur Zeit noch andauert. Ich verdanke es der Freundlichkeit von Frau Doktor Vittoria Garibaldi, der Direktorin der Galleria Nazionale von Perugia, daß es mir möglich war, das Werk während der Restaurierung zu besichtigen und mit den Restauratoren Paolo Grilli und Sergio Fusetti verschiedene Aspekte zu diskutieren. Das Verbindungssystem der einzelnen Teile des Polyptychons entspricht dem der *Taufe Christi* und stammt aller Wahrscheinlichkeit nach von Piero selbst. Die Holzstruktur war ihm also nicht aufgezwungen worden, sondern entsprach seiner Absicht. Die Einschnitte der Bögen (die Säulchen sind nicht original) wurden nachträglich vergipst; sehr wahrscheinlich wurde die Altartafel durch zwei seitliche Begrenzungsfelder abgeschlossen. Der Rahmen des Polyptychons und der des Giebelaufsatzes bilden eine Einheit. Die *Verkündigung* wurde nach Anbringung des Polyptychonrahmens gemalt.

Betrachtet man die *Verkündigung* von Alesso Baldovinetti in San Miniato al Monte in Florenz (1466–1473), so offenbart sich ein Teil der Probleme, mit denen sich Piero auseinandersetzte. Der Gestus des Engels wurde von Baldovinetti bereits in der *Verkündigung* in San Giorgio alla Costa in Florenz aus dem Jahre 1459 festgelegt, die sich heute in den Uffizien befindet. Piero nahm die Herausforderung seines florentinischen Kollegen hinsichtlich der perspektivischen Anlage des Bildes innerhalb eines beschnittenen und determinierten Raums an. In der *Verkündigung* von San Miniato stellt die Lilie ein plastisches Element dar, und es ist nicht auszuschließen, daß eine Lilie aus vergoldetem Metall als Bekrönung am Bogenscheitel der mittleren Tafel vorgesehen war. Ihr Vorhandensein würde den abrupten Abschluß der Schatten des Säulengangs erklären. Des weiteren könnte sie als verbindendes Element zwischen der unteren und der oberen Zone dienen. Der Goldgrund des Polyptychons, den Salmi (1979) und Angelini (1985) auf den Einfluß iberischer Malerei zurückführen, wie Piero sie in den Jahren 1458–1459 in Rom gesehen haben könnte, war nicht vorgeschrieben, sondern frei gewählt und entspricht der damaligen Malerei in den Marken. Piero ging das Thema mit äußerster Geschicklichkeit an und führt das Stoffmotiv Goldschicht für Goldschicht aus freier Hand aus, wobei er das Verhältnis von Stoff zu Figur eingehend studierte. Dieses Verhältnis ist derart subtil, daß Mancini in seinem Kommentar zur *Vita* Vasaris das Polyptychon der Zeit der Zusammenarbeit mit Domenico Veneziano zuordnete.

Dieses außergewöhnlich komplexe Werk wurde durch eine hastig ausgeführte Reinigung in seiner Erscheinung beeinträchtigt und wartet jetzt darauf, in der vollen Leuchtkraft seiner Farben wiederentdeckt zu werden. Eine Farbigkeit, bei der sich das Gold mit der Farbe des Himmels und dem roten Jaspis der Thronstufe vereint – in Konkurrenz zum Marmor Fra Angelicos in Perugia. Die Himmelsmetapher in der marmornen Spiegelung am Ende der Säulenhalle tritt in assoziative Verbindung mit der textilen Struktur des Goldgrundes. Die Fülle von Zitaten ist in der Tat erstaunlich. Der hl. Franziskus hält ein kleines Kreuz in seiner Rechten

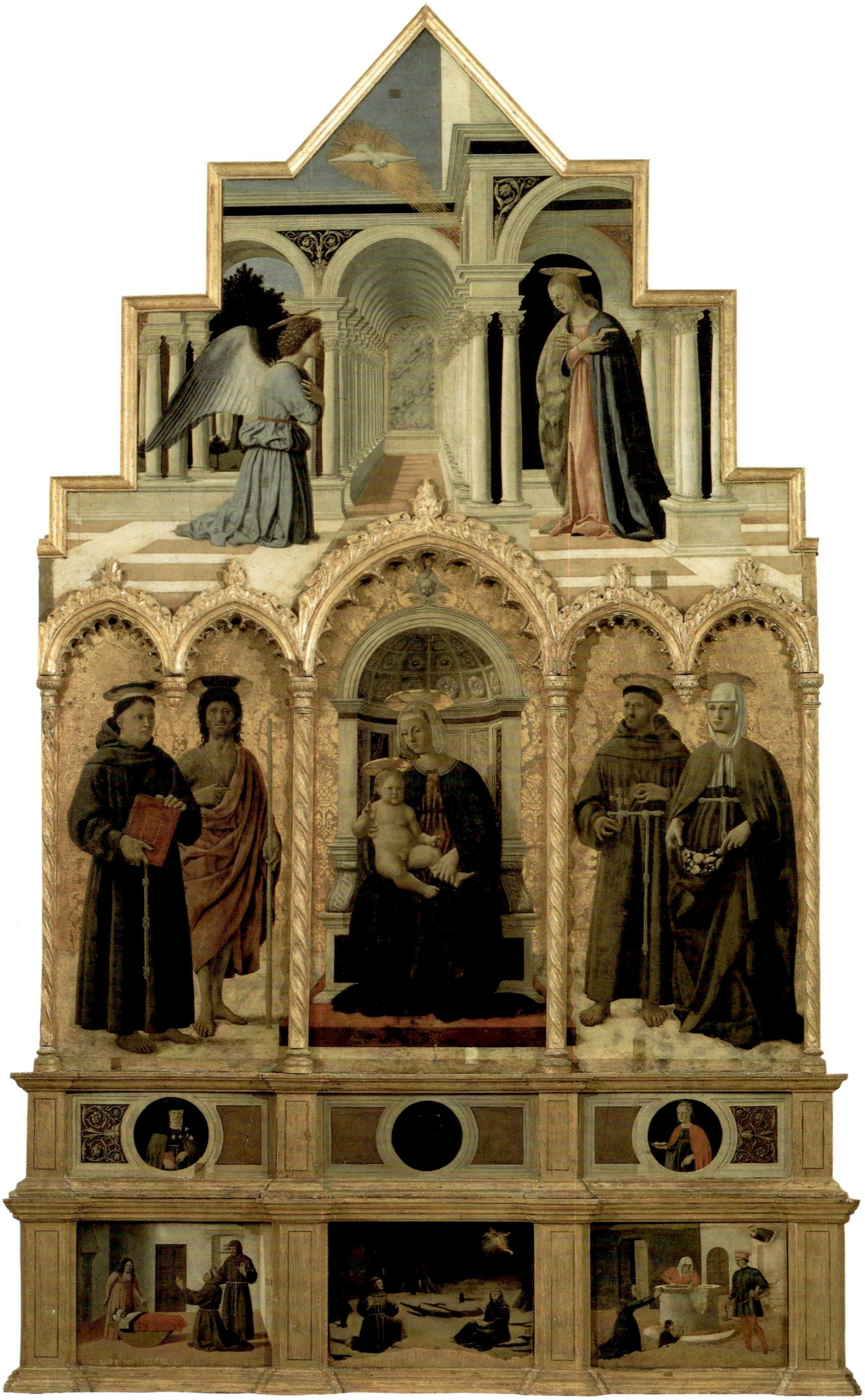

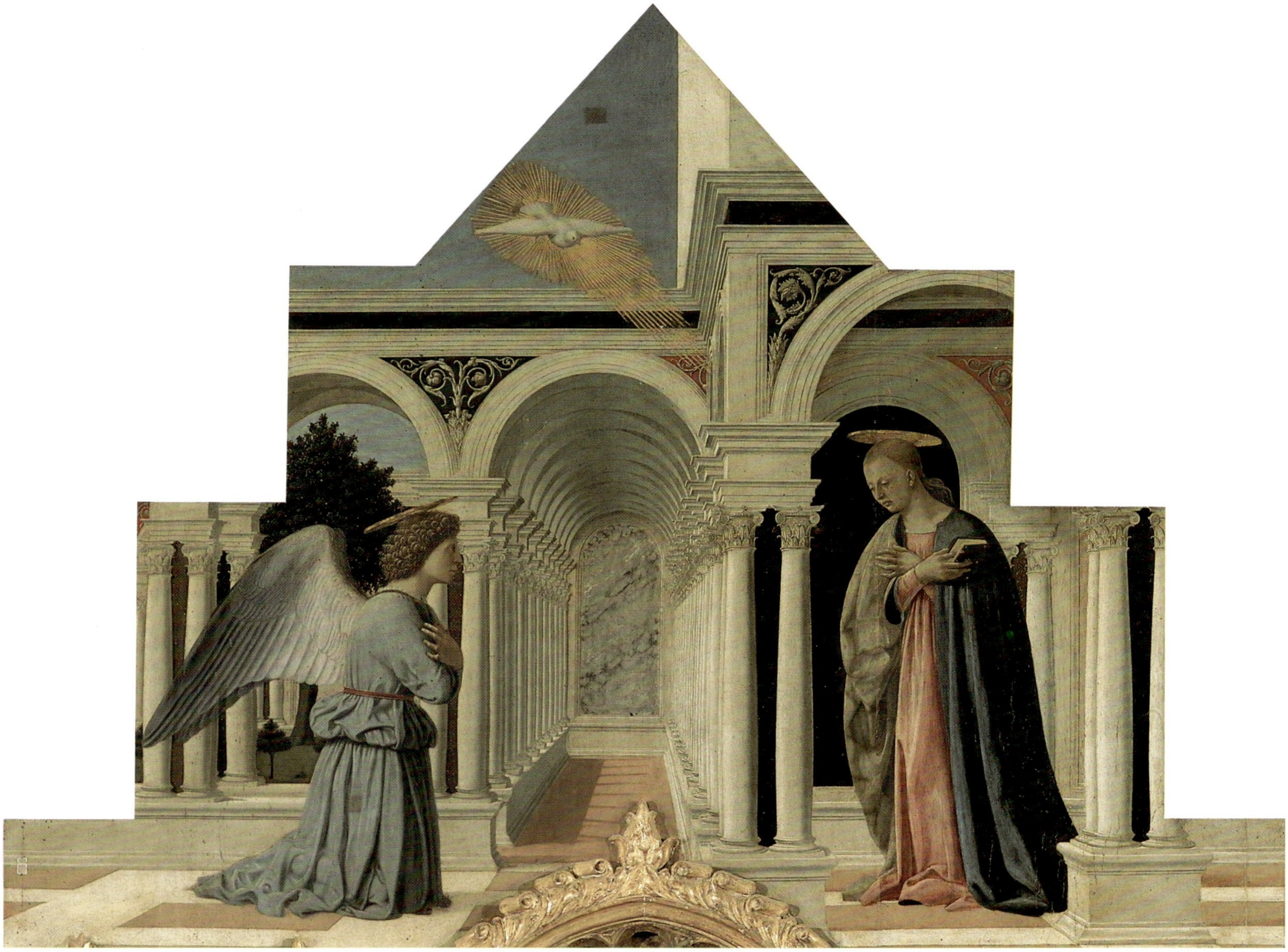

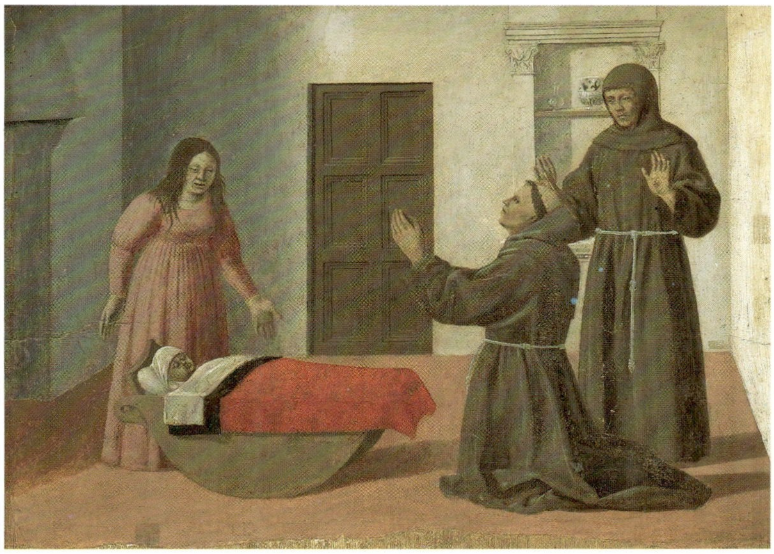

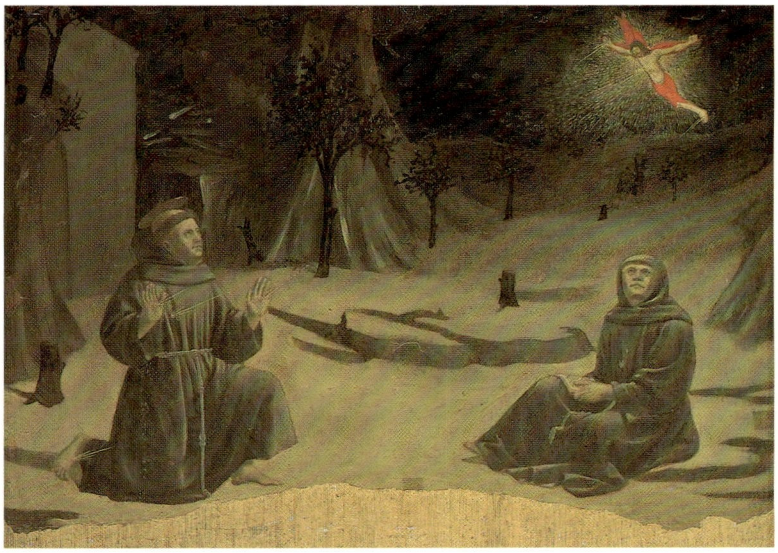

XVI.1 Die Verkündigung an Maria
XVI.2 Das Wunder des hl. Antonius
XVI.3 Die Stigmatisierung des hl. Franziskus

(I. Toesca, in: *Paragone,* 1972, 265, S. 61–69), die *Stigmatisierung* erinnert eher an die nächtlichen Szenen des Taddeo Gaddi als an den *Traum Konstantins.* Die *Verkündigung* nimmt mit der Säulenhalle ein Thema Masaccios auf, das Vasari zufolge ein dominantes Element der Darstellung desselben Themas für San Nicolò war (darauf basieren auch die *Verkündigungen* von Fra Angelico, wie A. Schmarsow, *Masaccio-Studien,* Kassel 1894, S. 25 ff., feststellte). Die Verwandtschaft zwischen dem Portikus bei Masaccio (siehe Wohl, 1981, S. 147) und bei Piero läßt einen gemeinsamen, verlorengegangenen Prototyp vermuten. Martone (1984) veröffentlichte verschiedene Interpretationen zur *Verkündigung* hinsichtlich der räumlichen Anordnung der Figuren in Bezug zur Architektur, während Battisti (1971) aufzeigte, daß dem Grundriß der Szene zufolge zwischen der Jungfrau und dem Engel eine Säule liegt. Derartige Untersuchungen resultieren aus der Interpretation des Werkes *De prospectiva pingendi* als Handbuch, anstatt in ihm das zu sehen, was es ist – eine theoretische Schrift. Piero griff ganz einfach auf einen traditionelleren Typus der perspektivischen Raumeinteilung zurück. Als architektonisches Vorbild wird häufig die Kirche Santa Costanza in Rom genannt. Tatsächlich malte Piero die Säulen mit Ausnahme der nach vorne abschließenden Säulenpaare nicht vollplastisch, sondern als Pilaster. Diese Typologie findet sich in den Zeichnungen der Santarelli-Serie in den Uffizien. Sie entstand zunächst in Norditalien und wurde dann von Peruzzi und zuvor schon von Matteo di Giovanni übernommen (G. Scaglia, *Fantasy Architecture of Roma Antica,* in: *Arte Lombarda,* XV, 2, 1970, S. 9–24). Diese Typologie sollte sich zu einem der wesentlichen Themen der Architektur von Gambello und Mauro Codussi entwickeln.

Die Malweise (in Öl) ist ähnlich kompakt wie in der *Madonna di Senigallia.* Beide Werke verbindet die gemeinsame Detailgenauigkeit und die Behandlung des Lichts. Lombardi neigt zu einer sehr viel früheren Datierung des Werkes, um es aufgrund der Typologie der Darstellung des Jesuskindes mit dem Diptychon des Etienne Chevalier von Fouquet in Beziehung setzen zu können. Es handelt sich hierbei um eine weitere Anspielung Pieros auf die römische Ikonographie, die auch von Fouquet aufgenommen wurde. Toesca erkannte in der *Verkündigung* ein frühes Werk Signorellis, dem auch Clark (1947) das Bild zunächst zuschrieb, bevor er es in der Monographie von 1951 wieder als ein Werk Pieros (1469) interpretierte. Brandi (1954) betrachtete das Werk als das Ergebnis einer Zusammenarbeit, wobei nur der Kopf und die obere Partie des Umhangs der Jungfrau davon ausgenommen waren. Die Restaurierung sollte die besondere Bedeutung des Polyptychons im Werk Pieros zum Ausdruck bringen. Es setzt die *Pala Montefeltro* voraus und steigert noch die gedämpfte Helligkeit des Inkarnats sowie die Plastizität des Umhangs der Jungfrau. Die Pose des hl. Franziskus ist in beiden Gemälden identisch. Vermutlich steht der Marmorthron der Jungfrau in Beziehung zur Madonnendarstellung der verschollenen Mitteltafel im *Polyptychon der Augustiner.* Piero intendierte im *Polyptychon des Hl. Antonius* eine Rekapitulation der traditionellen Darstellungsmöglichkeiten des Altarbildes mit Goldgrund. Gleichzeitig aber erschütterte die Dominanz der Szene der *Verkündigung,* die üblicherweise auf die peripheren Giebelfelder beschränkt war, diese Tradition. Hinsichtlich dieser Aspekte motivierte das Polyptychon vermutlich die Innovationen eines Crivelli und der Maler der Marken. Im Fresko des Luca Signorelli aus der Kirche Sant'Agostino in Arezzo, das heute im Museo d' Arte medioevale e moderna aufbewahrt wird, zitierte der Künstler die Figur und die weiche Modulation des Jesuskindes. Lorentino d'Arezzo wiederholte in seiner *Madonna zwischen den Heiligen Gaudentius und Columatus,* auf das Jahr 1482 datiert, die elliptische Form der Thronrückwand. In jüngster Zeit entdeckte man Dokumente, welche auf Beziehungen zwischen Piero und seiner Familie zu Perugia um das Jahr 1469 schließen lassen.

Bibliographie: Vasari Milanesi, S. 497–498; J. A. Crowe und G. B. Cavalcaselle, I, 1864, S. 237–238; B. Berenson, 1897; F. Witting, 1898, S. 30–35, 118–121; A. Aubert, *Bemerkungen über das Altarbild des Piero dei Franceschi in Perugia,* in: *Zeitschrift für bildende Kunst,* N. F., X, 1898–99, S. 263–266; A. Venturi, 1911, S. 53–67; W. Weisbach, in: *Repertorium für Kunstwissenschaft,* 1889, S. 72–77; H. Graber, 1920, S. 13–14; K. Escher, 1922, S. 89–110; U. Gnoli, *Pittori e miniatori dell'Umbria,* Spoleto 1923, S. 205; R. Longhi, 1927; P. Toesca, 1935; K. Clark, 1947, S. 206; H. Focillon, 1952, S. 51; G. Urbani, in: *Bollettino dell' Istituto Centrale del Restauro,* 1952, S. 182; C. Brandi, *Mostra di dipinti restaurati: Angelico, Piero della Francesca, Antonello da Messina,* Istituto Centrale del Restauro, Rom 1953, S. 11–13; C. Brandi, 1954, S. 95–96; F. Santi, *Catalgo della Galleria Nazionale dell'Umbria a Perugia; L. Borri Cristelli, Il palazzo della Residenza e la Resurrezione di Piero della Francesca,* in: M. G. Paolini, 1989, S. 57–68; A. Paolucci, 1989, S. 61–62; E. Bairati, 1991, S. 15.

XVII DIE GEBURT CHRISTI

London, National Gallery
Öl-Malerei auf Holz
124,5 x 123 cm

Davies (1961) stellte fest, daß viele als unvollendet erscheinende Bildteile in Wirklichkeit zu stark gesäubert worden sind. Andere Beschädigungen sind auf Bewegungen im Holz, eine mit Sicherheit auf die Ansengung durch eine Kerze zurückzuführen. Der letztgenannte Aspekt läßt den interessanten Schluß zu, daß sich die Tafel auf einem Altar befunden haben könnte. Wir wissen, daß dieses Bild im Jahre 1825 im Besitz von Giuseppe Marini Franceschi in Sansepolcro war. Dieser übernahm den Namen und die Besitztümer der Franceschi gemäß dem Beschluß Giambattistas, des letzten aus der Reihe der Franceschi, aus dem Jahre 1698, welcher die mit einem Marini verheiratete Schwester Margherita zur alleinigen Erbin bestimmt hatte. Folglich war das Bild im Jahre 1698 im Besitz der Familie Franceschi.

Es befand sich allerdings nicht die ganze Zeit über in ihrem Haus, wie das im Jahre 1825 der Fall war. Wie bereits erwähnt, war es einem Freskenmaler von 1487 bekannt und mußte sich deshalb an einem öffentlich zugänglichen Ort befunden haben. Im Dom von Sansepolcro wird bis heute eine *Geburt Christi* von Durante Alberti (1556?–1623?) aufbewahrt, die einige Motive aufweist, die typisch für das Gemälde sind, das heute in der National Gallery hängt, so beispielsweise den schreienden Esel, den zum Himmel weisenden Hirten und die Ansicht von Sansepolcro. Das Gemälde von Alberti könnte vor 1698 an die Stelle von Pieros Bild getreten sein, und dessen Bild wäre folglich wieder ins Haus der Franceschi zurückgekehrt. Ihr oblag das Patronat über die Mönchskapelle im Kreuzgang der Badia (des späteren Doms), in der Piero begraben werden wollte und in der vermutlich bereits sein Vater ruhte.

Zwei der musizierenden Engel der *Geburt Christi* wurden, wenn auch mit eher mäßigem Resultat, mit Sicherheit von Lorentino d' Andrea in dem auf 1482 datierten Altarbild übernommen, das sich heute im Museo Statale von Arezzo befindet. Diese Datierung belegt, daß das Bild Pieros vor diesem entstanden ist.

Die *Geburt Christi* aus Sansepolcro ist eng verbunden mit der Darstellung desselben Themas durch Alesso Baldovinetti in der Annunziata-Kirche in Florenz aus den Jahren 1460–1462. Seine großartige Behandlung der Landschaft trennen etwa 13 Jahre von der monumentalen *Himmelfahrt Mariä* der National Gallery in London, die Francesco Botticini für die Witwe von Matteo Palmieri gemalt hatte, und sie antizipiert die auf 1473 datierte berühmte Zeichnung Leonardos um etwas mehr als zehn Jahre. Mit der Londoner *Geburt Christi* steht Piero am Anfang jener atmosphärischen Vision, welche die Faszination der Landschaft im Diptychon der Uffizien ausmachen sollte.

Davies (1961, S. 434) führte für die ungewöhnliche Ikonographie des schreienden Esels norditalienische Beispiele an. Venturi (1911, VII, 2, S. 98) hatte das Werk zunächst dem sagenumwobenen Fra Carnevale zugeschrieben. Aufgrund einiger Aspekte hinsichtlich der Bilderfindung der *Geburt Christi* in London verwies Benati (*La bottega degli Erri e la pittura del rinascimento a Modena*, Modena 1988, S. 112–113, Abb. 85) jüngst auf ein heute in der Banca Popolare von Modena befindliches kleines Altarbild, das Volpe dem Cristoforo da Lendinara zuschrieb.

Bibliographie: M. Pichi, 1835, S. 23; J. A. Crowe und G. B. Cavalcaselle, 1864 (Hrsg. T. Borenius 1914), V, S. 16; C. Monkhouse, *In the National Gallery*, London 1895, S. 103–107; F. Witting, 1898, S. 51–52; W. Weisach, in: *Repertorium für Kunstwissenschaft*, 1900, S. 389; P. Toesca, 1935, S. 212; R. Longhi, 1946, S. 28; K. Clark, 1951, S. 44; H. Focillon, 1952, S. 55; G. Robertson, in: *The Burlington Magazine*, XCV, 1953, S. 28; M. Davies, 1961, S. 433–434; C. de Tolnay, 1963, S. 32–33; R. Longhi, 1963, S. 70; C. Gilbert, 1968, S. 115–116; P. Hendy, 1968, S. 10 ff.; E. Battisti, 1971, I, S. 436–451, II, S. 76–79, 87–88, 244; M. Salmi, 1979, S. 138; A. Paolucci, 1989, S. 63, 73–74; E. Bairati, 1991, S. 16.

XVIII DIPTYCHON DES FEDERICO DA MONTEFELTRO MIT SEINER GATTIN BATTISTA SFORZA

Florenz, Uffizien
Öl-Malerei auf Holz
jede Tafel 47 x 33 cm

Vorderseite des ersten Flügels: *Triumph der Battista Sforza*
Rückseite: *Porträt der Battista Sforza*
Vorderseite des zweiten Flügels; *Triumph des Federico da Montefeltro*
Rückseite: *Porträt des Federico da Montefeltro.*

Gemeinsam mit dem Nachlaß von Vittoria della Rovere gelangte das Bild im Jahre 1631 aus dem Palast in Urbino nach Florenz. Nachdem es zunächst in der Villa Poggio Imperiale aufbewahrt wurde, kam es im Jahr 1773 in die Galerie der Uffizien. In der Zwischenzeit waren alle Informationen bezüglich des Meisters und der dargestellten Personen verlorengegangen. Man glaubte, es handele sich dabei um Francesco Petrarca und Laura (Sangiorgi, 1976). Die Inventarlisten von Poggio Imperiale des Jahres 1652, die auch die eben erwähnte Identifikation beinhalten, verweisen darauf, daß die beiden Flügel in einem Rahmen aus Nußholz vereint waren. Im Jahre 1691–1692

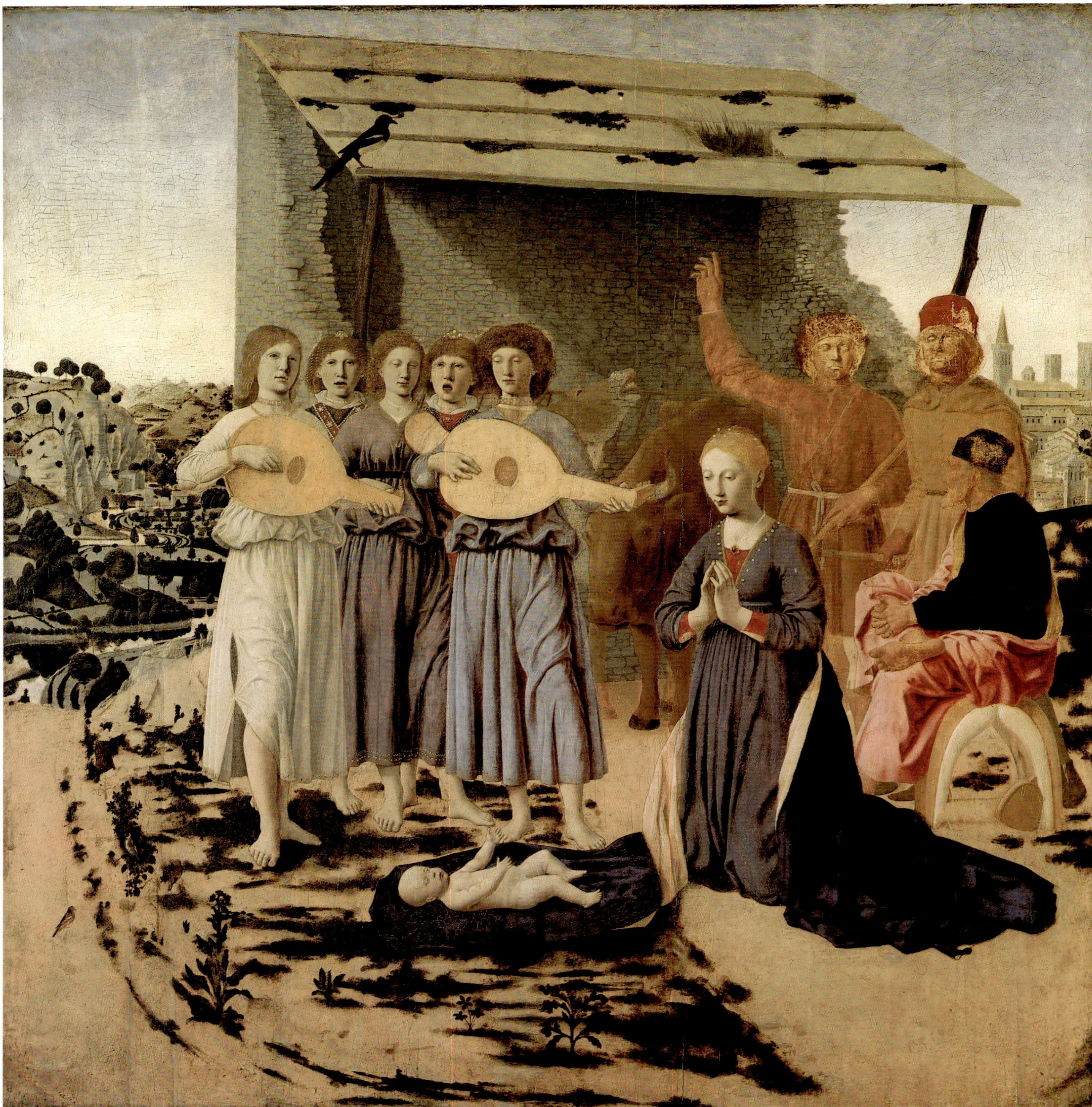

hingegen befanden sie sich in getrennten, vergoldeten Rahmen (Conti, 1976). Im Inventar der Uffizien des Jahres 1784 werden die beiden Bildnisse mit Isotta degli Atti und Sigismondo Pandolfo Malatesta identifiziert. Der Rahmen wurde erneut in den Jahren 1825 und 1834 modifiziert. Im Jahre 1834 gelang es endlich, die Dargestellten korrekt zu identifizieren (Conti, 1976 und C. Caneva, 1985). Der Zustand der Tafeln zeigt, daß die Außenseiten mit den Triumphdarstellungen stärkere Beschädigungen aufweisen als die Innenseiten mit den Porträts. Die oft vertretene Meinung, die Bildnisse wären ursprünglich als Vorderseiten gedacht gewesen, ist somit falsch. Die Natur eines echten Diptychons, das durch Scharniere zusammengehalten wird, erklärt auch, daß die jeweils gegenüberliegenden Landschaften ineinander übergehen. Bei geschlossenen Flügeln kontrastiert der nach links verlaufende Weg des Triumphzugs der Battista mit dem Verlauf der darunter angeordneten Inschrift. Dieser Aspekt sollte dazu motivieren, das Diptychon zu öffnen.

Rotondi (1950) äußerte die Meinung, das Diptychon sei öffentlich an einem festen Ort präsentiert worden. Er verweist auf jenen Raum neben dem Audienzsaal, den Guidobaldo, der Sohn Federicos, in eine Kapelle verwandelte. Nach Meinung von Clough (1970) wurde es hingegen im Thronsaal präsentiert. Diesbezüglich interessant ist, daß das Licht sowohl auf den Vorderseiten als auch auf den Rückseiten der Flügel aus derselben Richtung auf das Bild trifft. Diese Beobachtung spricht eigentlich gegen die Anordnung als Diptychon. Nach Sangiorgi (1976) befand es sich im Jahre 1599 gemeinsam mit der von Francesco Laurana geschaffenen Marmorbüste der Battista Sforza, heute im Bargello, im großen Ankleideraum. Der Auftraggeber erinnerte sich vermutlich der besonderen Merkmale antiker Herrscherdiptychen. Nicht von ungefähr beginnt die Inschrift, welche die Triumphdarstellungen begleitet, mit dem Wort ›clarus‹ und endet auf dem Flügel der Frau mit dem Wort ›virorum‹, verweist also auf die ersten Worte der Inschriften antiker Konsuldarstellungen: ›vir clarissimus‹. Die monumentale Inschrift ist in den für Steininschriften üblichen Majuskeln (mit einer Variante für E, das von 25 Möglichkeiten einmal rund erscheint) gehalten. Auf dem Flügel des Federico steht in etwa: »Er, den der ewige Ruhm der Tugend feiert, würdiger Träger des Szepters, dem größten Fürsten gleich, mit den Insignien des Triumphs.« Auf dem Flügel der Battista: »Der Ruf ihrer Sittsamkeit eile von Mund zu Mund, ihre Zierde sind die Taten des Gemahls.«

Die Siege rechtfertigen die Macht des Herrschers. Der Sinn der Inschriften korrespondiert also mit einem wesentlichen Aspekt der antiken römischen Staatsphilosophie, die Gagé zu Recht als »die Theologie der Kaisersiege« bezeichnete.

Das lateinische Wort ›*modus*‹ haben wir mit ›Sittsamkeit‹ übersetzt, der weiblichen Tugend schlechthin. Der Passivität Battistas in der Triumphdarstellung, die diesem Frauenbild entspricht, ist die aktive Geste Federicos gegenübergestellt. Das Ideal der Mäßigkeit auch im Glück geht jedoch auf Platon und Seneca zurück. Das Verschweigen der Namen, das Fehlen der fürstlichen Insignien und der Ritterorden im *Triumph Federicos* läßt eine bewußte Zurückhaltung vermuten. Und dies ist um so bemerkenswerter, da sich der Herrscher in seinem Palast keineswegs scheute, seine zahlreichen Titel und Ehrungen verherrlichen zu lassen. Das Diptychon von Piero della Francesca ist das erste einer Serie von persönlichen und diskreten Würdigungen der Montefeltro. Nach Battisti (1971) weisen der rote Umhang und das Szepter im *Triumphzug Federicos* den Dargestellten als Fürsten aus. Wollte man jedoch diesen Rang zum Ausdruck bringen, hätte man sicherlich nicht auf Hermelin und insbesondere auf den Hosenbandorden verzichtet, der Federico gleichzeitig mit der Fürstenwürde verliehen wurde.

Die spezifische Form des Diptychons war traditionell das Vehikel sentimentaler Themen. Die Entscheidung zugunsten eines Doppelbildnisses entsprach dieser Tradition, eliminierte jedoch durch die gleichsam stoische Atmosphäre des Gemäldes jeglichen pathetischen Ton. Trotz der scheinbar undurchdringlichen Gravität bezog sich die Identifikation der beiden Gesichter mit denen von Laura und Petrarca auf die abstrakte Verklärung des weiblichen Gesichts und vielleicht auf den kosmischen Sinn ihrer Verbindung, wie er in der Natur des Hintergrunds zum Ausdruck kommt: »Wenn der Planet, des sich die Stunden scheiden, [...]/Nicht nur, woran sich unsre Augen weiden,/schmückt er, die Hügel, das Gestad, mit Blüten;/er läßt auch, die in ewigem Dunkel brüten,/die Erdensäfte Schwangerschaft erleiden, [...]« (Francesco Petrarca, *Canzoniere* IX, Übersetzung, Basel-Frankfurt am Main, 1989, S. 22). An den Außenseiten des Diptychons weisen die Schattenfelder des Triumphwagens in entgegengesetzte Richtungen. Zugleich mit dem Herrscherpaar wird auch Amor verherrlicht, der die weißen Pferde und die unheimlichen Einhörner lenkt. Die beiden Gespanne erinnern so offensichtlich an die Pferde von San Marco, daß man sie gleichsam als Indizien einer Venedigreise Pieros interpretieren könnte.

Insbesondere die beiden Bildnisse (neben der Inschrift auf der Tafel der Battista) wurden hinsichtlich der Chronologie analysiert. In einem Gedicht des veronesischen Karmelitermönchs Ferabò finden sich zehn Verse, in denen sich »das von Piero aus Borgo gemalte Fürstenbild« (Cinquini, 1906) direkt an den Herrscher wendet: »Piero hat mir Nerven, Fleisch und Knochen gegeben, du aber hast mir eine göttliche Seele eingehaucht.« Da der Autor, der sich im Jahre 1465 in Urbino aufhielt, die Stadt im Jahre 1466 wieder verließ, nahm man an, daß in dieser Zeit auch das Bildnis entstand (Clark, 1951 und 1969; Pope Henessy, 1966). Nach einer geistreichen Hypothese von Rotondi (1973), die von Salmi (1979) übernommen wurde, malte Piero zunächst nur das Bildnis des Federico, auf das sich die Lobeshymne des Ferabò bezog. Dennoch ist es auszuschließen, daß in einem Bildnis des 15. Jahrhunderts das Gesicht im Schatten und die Schultern im Licht präsentiert werden. Die gemeinsame Lichtquelle für beide Flügel beweist, daß sie gemeinsam ausgeführt wurden. Unter verschiedenen Aspekten präsentiert sich das Diptychon als homogenes Werk, das im selben Zeitabschnitt entstanden ist. Clough (1970) und Battisti (1971) verwiesen darauf, daß im einzigen erhaltenen Kodex mit dem Gedicht des Ferabò, einer Handschrift des Bibliothekars von Federico namens Federico Vetrani mit den Werken verschiedener Autoren, die einzelnen, dem Fürsten gewidmeten Texte chronologisch angeordnet sind (Biblioteca Vaticana, Urb. Lat. 1193). Das erwähnte Gedicht fällt in die Jahre zwischen 1472 und 1476.

Falls es sich bei der Stadt im Hintergrund des Bildnisses der Battista Sforza in der Tat um Volterra handelt, können wir die Eroberung von Volterra im Juni 1472 als ›terminus ante quem non‹ ansehen. Es scheint nicht glaubhaft, daß, wie vielfach angenommen, Federico und Battista vor ihren »Besitzungen« dargestellt sind (Clark 1951 und 1969), denn bei diesen handelte es sich nicht um eroberte Gebiete und somit um keine Siege für das Vaterland, die Federicos Stellung als unbesiegbarer Souverän legitimiert hätten. Battisti (1971) identifizierte die Landschaften mit dem Tal des Metauro, der eine Zeitlang durch einen Erdrutsch verschüttet war. Diese Hypothese würde indes ein unpassendes Element einführen, während das durch Segelschiffe bewegte Wasser ein geordnetes und konstantes maritimes Leben suggeriert. Mit diesen Landschaften zollte Piero seinem großen Lehrer Domenico Veneziano ein letztes Mal Tribut. Wir suchen vergeblich nach realen topographischen Anhaltspunkten. Piero entzog sich ganz bewußt den topographischen Bezügen, welche mit

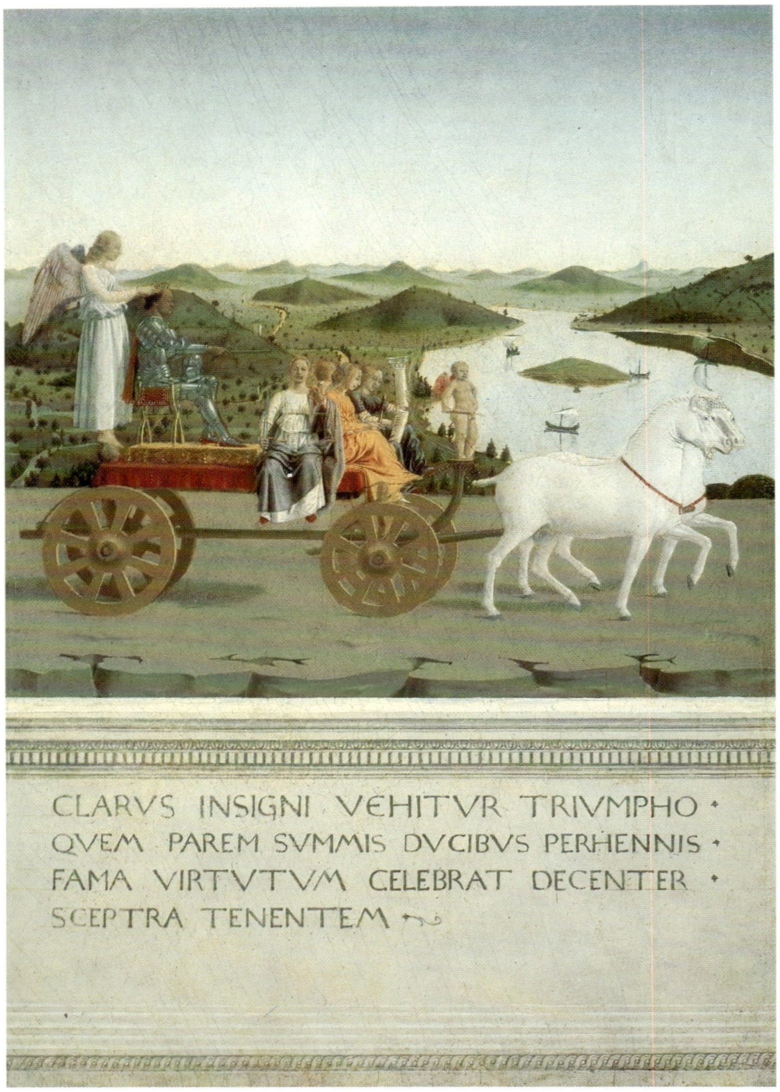

XVIII.1 Der Triumph des Federico da Montefeltro

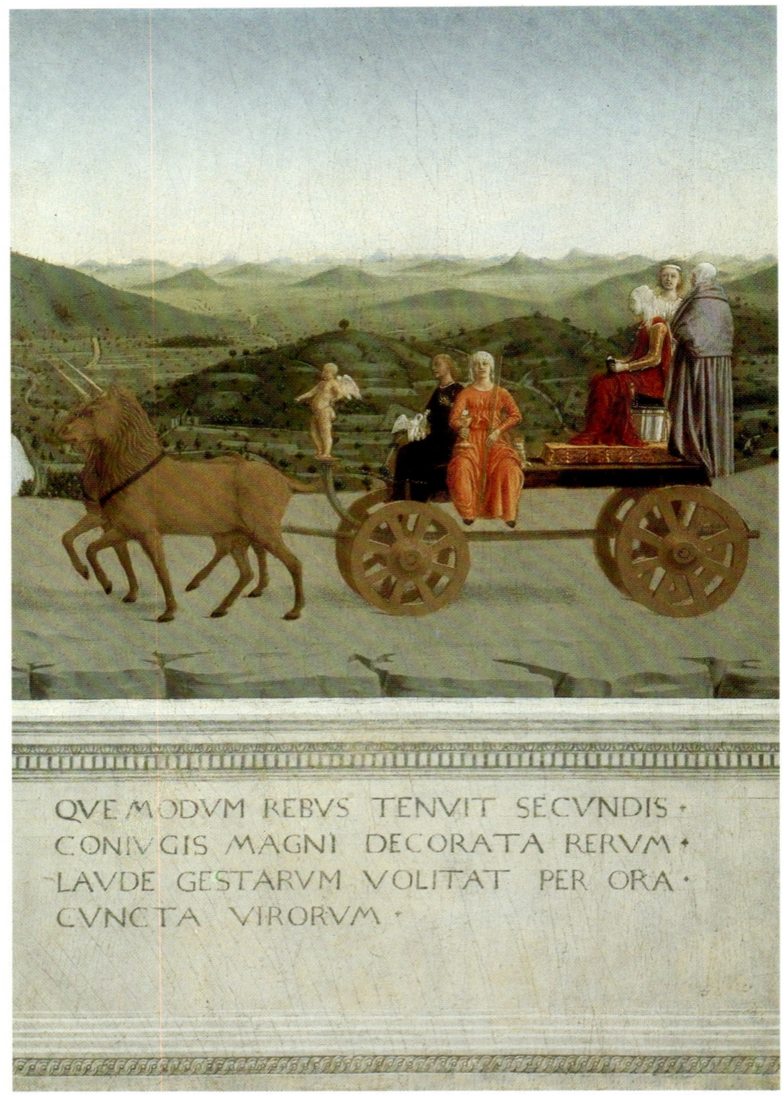

XVIII.2 Der Triumph der Battista Sforza

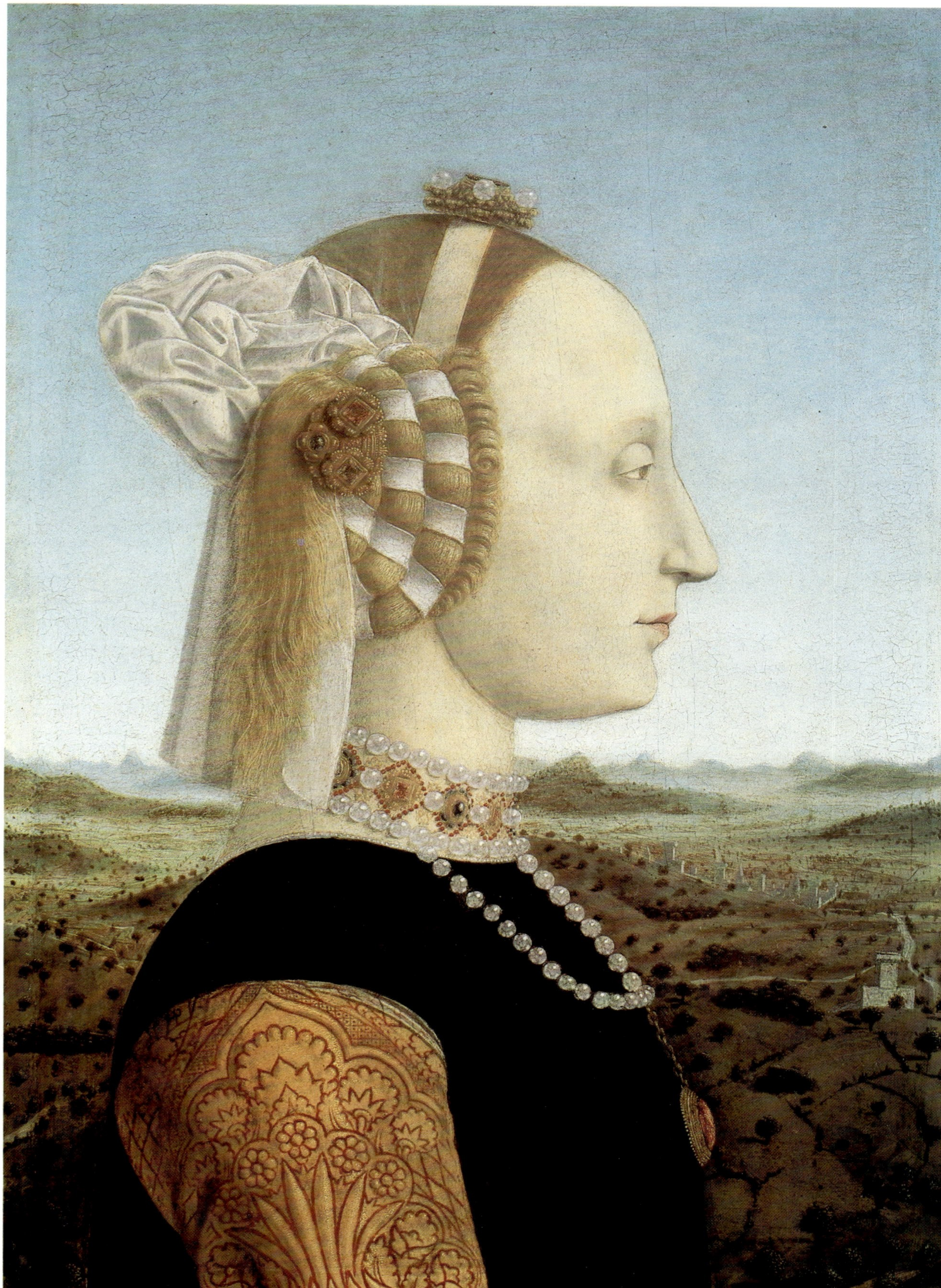

XVIII.3 Porträt der Battista Sforza

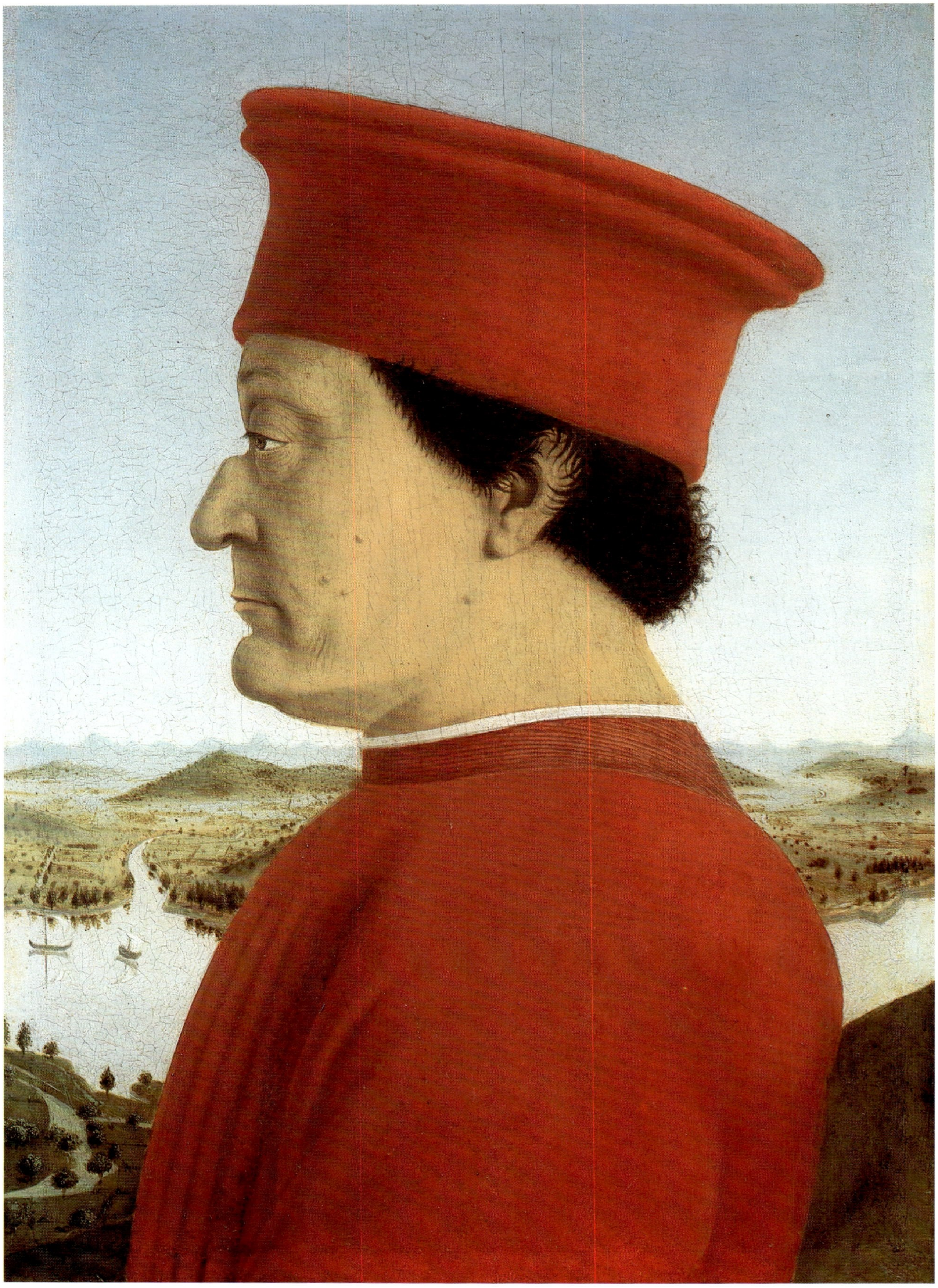

XVIII.4 Porträt des Federico da Montefeltro

Alesso Baldovinetti, Botticini und Antonio del Pollaiuolo und im gesamten Bereich der florentinischen Malerei zu einer Wissenschaft avancierten, die es mit den anatomischen Untersuchungen aufnehmen konnte. Gilbert (1941, 1968), Venturi (1954) und Clough (1970) verglichen die Inschrift auf dem Flügel der Battista Sforza mit dem Stil klassischer Trauereklogen und kamen zu dem Ergebnis, daß das Bild vermutlich auf das Ableben der Dargestellten Bezug nimmt.

Sicher studierte Ercole Roberti um das Jahr 1480 das Bildnis Battistas genauestens, als er den Auftrag erhielt, für deren Schwester, Ginevra Sforza, und Giovanni II Bentivoglia, den Herrscher von Bologna, ebenfalls ein Diptychon zu malen. Walker (1964) rückte die Gemeinsamkeiten der Bildnisse der Schwestern und die Bezugnahme des Ercole Roberti auf das Werk Pieros ein. Das Diptychon Bentivoglios, heute in der National Gallery in Washington, offenbart einen wichtigen Aspekt des Diptychons von Urbino: die Distanzierung der Bildnisse vom Hintergrund, gegen den sie sich abheben.

Die geheimnisvolle Abgeschlossenheit des Tals impliziert nicht nur private Gedanken, sondern zumindest teilweise auch politische Aspekte. Wiewohl Marsilio Ficino sein Buch von der dreifachen Lebensform *(Libri de vita triplici)* noch nicht veröffentlicht hatte, gehörte die Diskussion über die Melancholie als »Kraft des Betrachtens und Nachsinnens« zu einem der wesentlichen Gesprächsstoffe der Humanisten. Die Kontemplation bildet die Basis einer Theorie des Herrschers, wie sie in markanter Weise in den Programmen der Studierzimmer von Urbino und Gubbio zum Ausdruck kommt. Vielleicht begleitete das Diptychon Federico auf seinen Reisen insbesondere nach Gubbio, das Battista so sehr liebte und das mit ihrem Tod in Zusammenhang stand. Eine nicht explizit formulierte Beziehung verbindet die beiden Porträts sowohl untereinander als auch mit der Landschaft. Der hellen Figur Battistas auf der linken Seite entspricht der Wasserspiegel auf der rechten Seite. Um das dunkle Leibchen erscheint auch das Tal in Schatten versenkt. Lediglich die Türme entlang der Hügelkette verweisen auf eine dahinter sich ausbreitende Stadt, die bereits in der Sonne liegt. Zur lunaren Vision Battistas, deren Figur allein schon die Perlen und das Gold ihres Schmucks erhellen, kontrastiert die rote, kraftvolle und strahlende Erscheinung Federicos. Nachdem das Gemälde gereinigt wurde, erkennen wir heute, wie die Sonnenstrahlen das rechte Tal vergolden und die nächtlichen Nebelschwaden vertreiben.

Auch im Triumphzug scheint, obwohl die Sonne bereits hoch steht, der Wagen Battistas in eine nächtliche Atmosphäre getaucht. Im rot-goldenen Gewand, das ihre herrschaftliche Würde kennzeichnet, sitzt die Herzogin, umgeben von vier Tugenden, lesend auf ihrem Wagen (Orofino, 1984, dachte an ein Stundenbuch). Caritas ist schwarz gekleidet und führt in ihrem Schoß den Pelikan, der seine Jungen mit dem eigenen Blut ernährt – eine Anspielung auf das Opfer Battistas, die nach der Geburt Guidobaldos verstarb. Federico wird wie in römischen Triumphbogen-Darstellungen gerade von Vittoria gekrönt, deren Füße auf einer Kugel ruhen. Ihr gegenüber sitzen die Personifikationen der vier Kardinaltugenden. Auf die Verbindungen zu den *Trionfi* des Petrarca wurde mehrfach hingewiesen. Wie in Petrarcas Poem dominiert vermutlich auch hier letztendlich die Ewigkeit über die Zeit und über den Tod. Die von Hanna Kiel durchgeführte perfekte Restaurierung offenbarte auch einige technische Besonderheiten, etwa die Verwendung des Pausbeutels für die Skizzierung der Figuren des *Triumphes der Battista Sforza*. Die Figuren wurden zunächst nackt gezeichnet und in der Folge mit Kleidern versehen.

Bibliographie: A. Cinquini, 1906, S. 56; A. Venturi, VII, 1. 1911, S. 466–469; W. Weisbach, 1919, S. 64; R. Longhi, 1927, S. 86–91, 167, 282; C. Gilbet, 1941, S. 41–53; P. Rotondi, 1950, S. 275–277; L. Venturi, 1954, S. 10; U. Baldini, 1954, S. 117–118; G. Carandente, 1963, S. 74–76; J. Walker, 1964, S. 90; J. Pope Hennessy, 1966, S. 160; C. Gilbert, 1968, S. 282–283; C. H. Clough, 1970, S. 282–283; E. Battisti, 1971, I, S. 355–371, II, S. 56–58; P. Rotondi, 1973, S. 473–477; E. Battisti, 1974, S. 270; A. Conti, 1976, S. 57–61; F. Sangiorgi, 1976, S. 76; M. Salmi, 1979, S. 118–121; G. Marchini, 1980, S. 410–411; G. Orofino, 1984, S. 64–68; A. Paolucci, 1989, S. 69–71; E. Bairati, 1991, S. 16.

XIX MADONNA DI SENIGALLIA Maria mit dem Kind

Urbino, Galleria Nazionale delle Marche
Öl-Malerei auf Holz
61 x 53,5 cm

Das Bild befand sich ursprünglich in der Kirche Santa Maria delle Grazie in Senigallia. Der türlose Raum, der von dem durch die geöffneten Fensterläden eintretenden Licht durchflutet wird, gehört zu den bevorzugten Themen der florentinischen Verkündigungs-Darstellungen, bei dem auf das Schlafzimmer Marias angespielt wird, in dem sich die Menschwerdung Christi vollzog. Die *Verkündigung* aus dem Umkreis Fra Angelicos im Prado erlaubt es, dieses Motiv auf seine erste Ausformung bei Masaccio zurückzuverfolgen, wobei insbesondere die genaue Wiedergabe der Schatten unter den Bänken und der hellgelben Fensterrahmung, die sich deutlich von der Wand abhebt, auf die das Strahlenbündel des Lichts trifft, auf zukünftige Bildentwicklungen verweist. Piero orientierte sich bei der Gestaltung des Hintergrunds in der *Madonna di Senigallia* also nicht an einem flämischen Vorbild, sondern an dieser bedeutsamen Inkunabel der florentinischen Malerei. Die Anspielung auf den abgelegenen Ort, an dem Gott seine Dienerin besuchte, spielte dabei natürlich ebenfalls eine wesentliche Rolle. Die liturgische Gewandung des linken Engels scheint erneut auf den Moment der Verkündigung hinzuweisen.

Nach Masaccio wurde das Thema des dunklen Raums, in den man durch eine geöffnete Tür blickt, des öfteren von Fra Angelico aufgegriffen.

Bibliographie: L. Siena, 1746, S. 159–160; L. Pungileoni, 1822, S. 54; A. Anselmi, 1892, V, S. 159; A. Venturi, 1893, S. 415–416; G. B. Cavalcaselle u. G. Morelli, 1896, S. 261; U. Baldini, 1954, S. 119; C. Brandi, 1954, S. 452–453; L. Michelini Tocci, 1965, S. 39; K. Clark [1951] 1969, S. 67, 231; E. Battisti, 1971, I, S. 375–389, II, S. 62–64; F. Sangiorgi, 1973, S. 211–212; M. Salmi, 1979, S. 127–128; G. Orofino, 1984, S. 63; A. Paolucci, 1989, S.72–73; E. Bairati, 1991, S. 16.

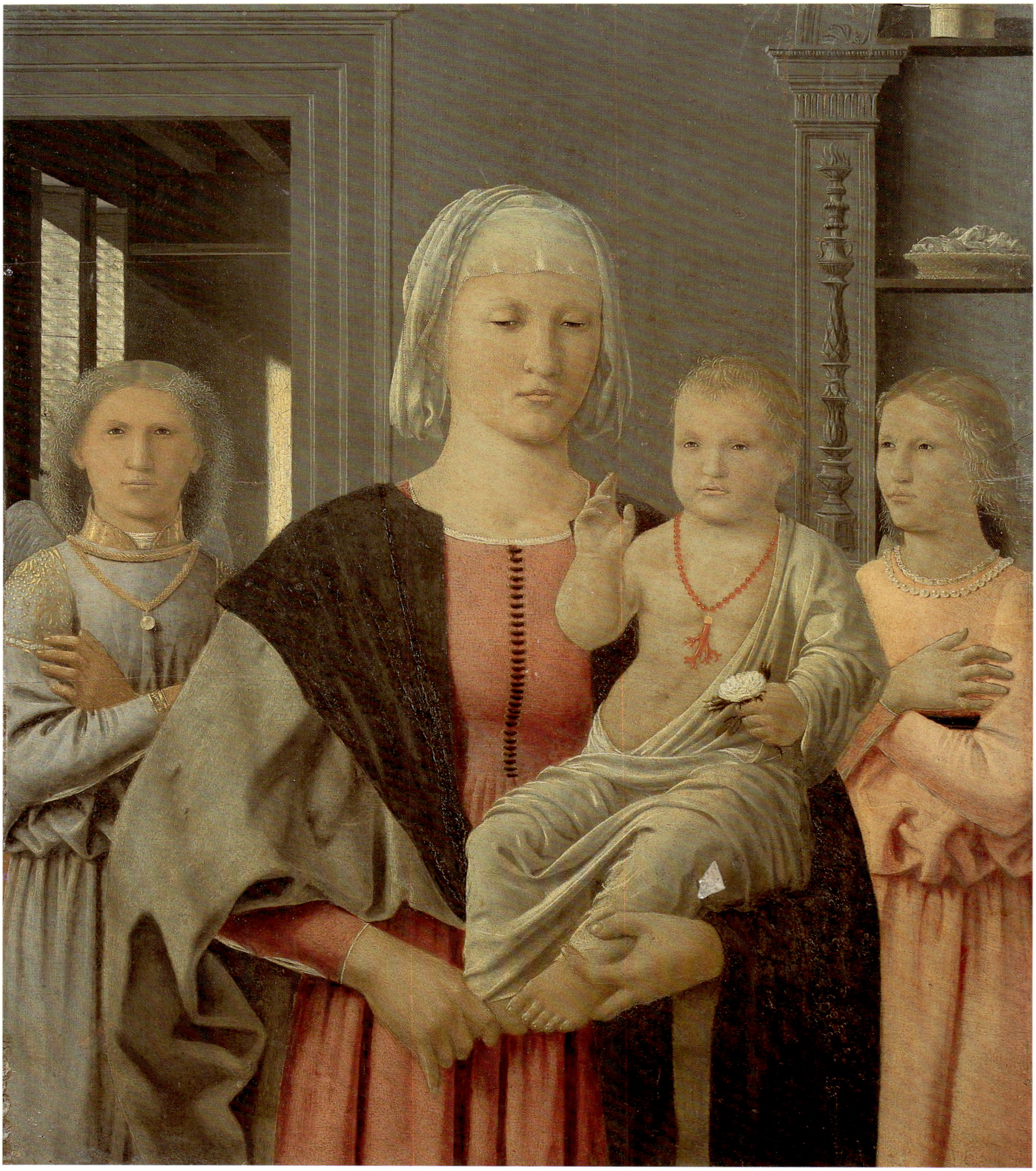

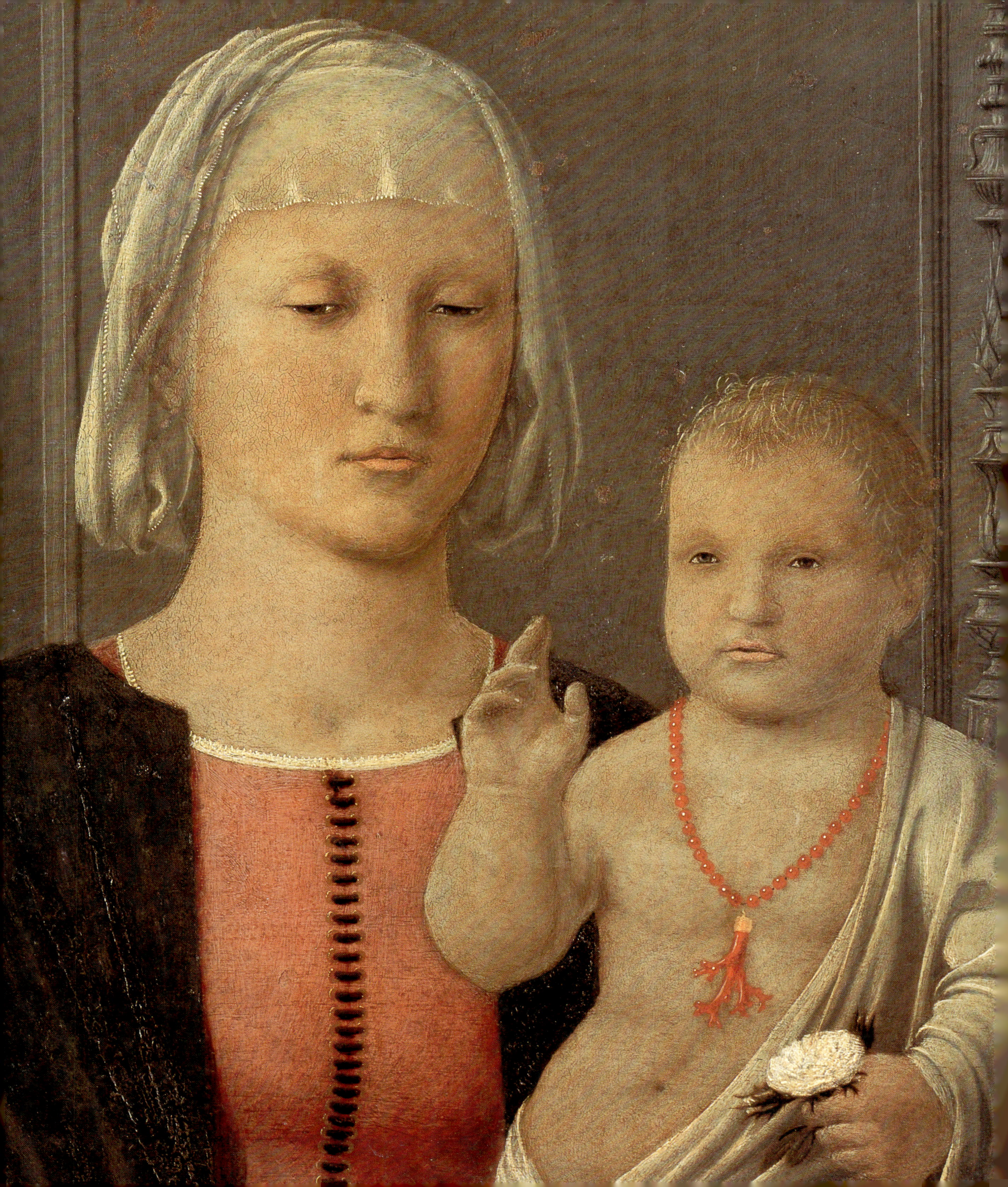

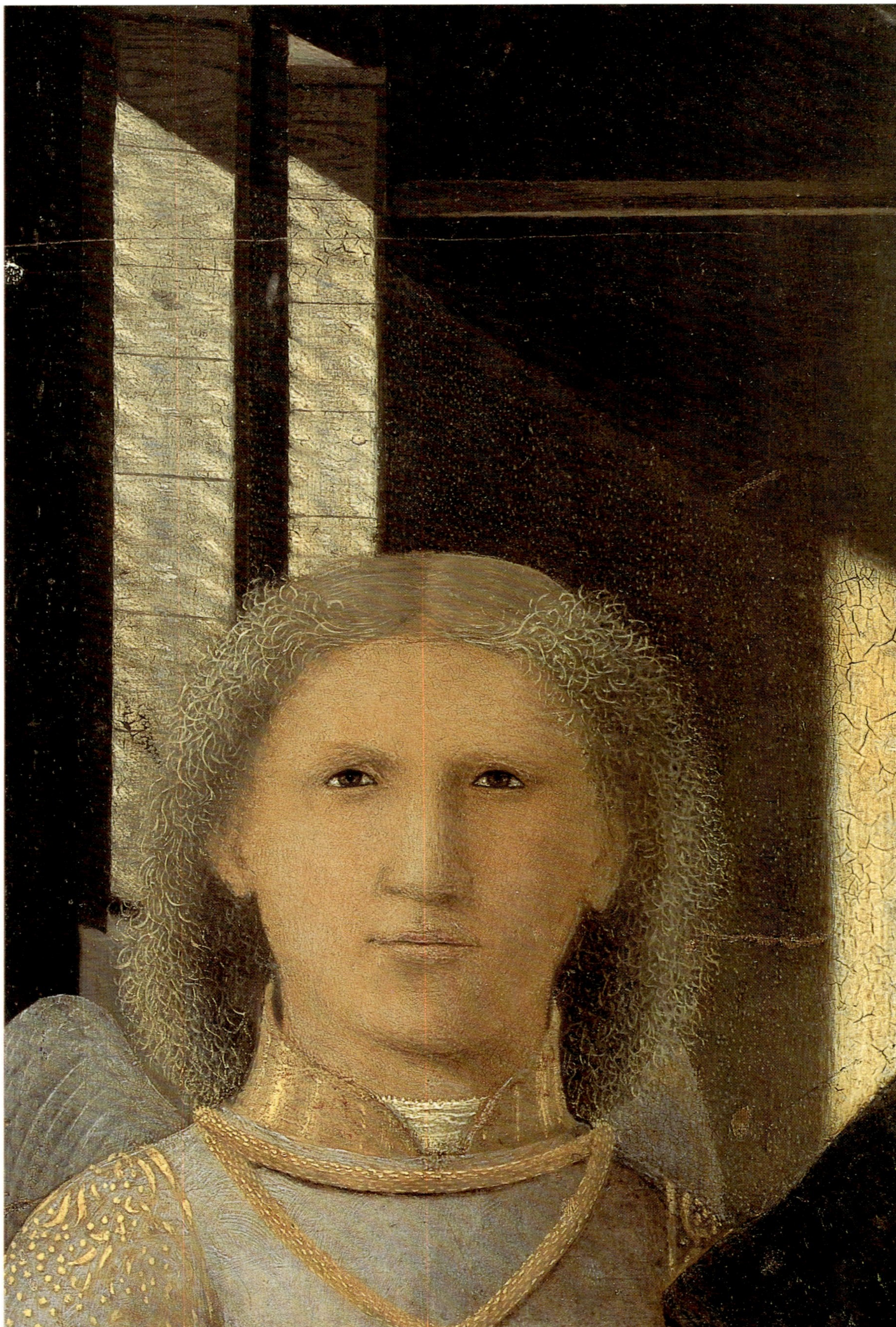

XIX.1/2 Madonna di Senigallia
(Details)

XX THRONENDE MUTTERGOTTES MIT KIND ZWISCHEN VIER ENGELN

Williamstown, Mass., Sterling and Francine Clark Institute
Mischtechnik auf Holz, 1961 verstärkt
117,8 x 78,42 cm

Die Muttergottes sitzt in einem Faldistorium, welches auf einem mit Rosetten geschmückten Marmorsockel steht. Sie reicht dem auf ihrem linken Knie sitzenden Kind eine Rose. Das Kind streckt die Hände aus, um die Rose zu nehmen. Vier stehende Engelsfiguren fassen die Gruppe ein, die sich in einem schwach erhellten Hof befindet. Der vordere Engel auf der linken Seite wirft einen schrägen Schatten auf die Stufe des Throns. Es handelt sich hierbei um den einzigen Schatten im Bild.

Von Gnoli wurde die Tafel im Jahre 1930 erstmals als Werk Piero della Francescas publiziert. Sie befand sich im Besitz eines in Paris lebenden amerikanischen Sammlers. Battisti (1971, S. 64) rekonstruierte noch weitere frühere Besitzverhältnisse. Dabei bezog er sich auf die Versteigerungsakten bei Christie's vom 29. Mai 1869, in denen als Provenienz des Bildes die Casa Gerardi (besser Gherardi) in Sansepolcro angegeben wird. Battisti erinnerte ferner daran, daß sich im Jahre 1583 ein Piero della Francesca zugeschriebenes Bild im Haus von »Jacomo di Bernardino Ghirardi« in Sansepolcro befand. Das Bild gelangte 1957 an seinen heutigen Standort in Williamstown. Battisti veröffentlichte des weiteren verschiedene Expertenurteile, welche insbesondere den »hervorragenden konservatorischen Zustand« der Tafel vermerken.

Das Werk wurde von Longhi sofort als »Hauptwerk Pieros« beurteilt. Dieser bemerkte ferner, daß es im Artikel von Toesca (1935) nicht erwähnt ist, obwohl er es als »ziemlich bekannt« einstufte.

In allen Publikationen wird die Tafel in eindeutiger Weise als ein Werk Piero della Francescas geführt, wobei Verbindungen zu den Jahren in Urbino und der *Verkündigung* in Perugia hergestellt werden. Battisti (1971, S. 64) nahm das positive Urteil Zeris (1958) wieder auf. Gegen diese Zuschreibung sprachen sich lediglich Berenson, Meiss und Gilbert aus, die bei Battisti zitiert werden (1971, S. 65–66). Im Kontext der Werke, welche Piero della Francesca nahestehen, ist dieses zweifelsohne das erhabenste, und gerade hinsichtlich dieser Tafel wird das Informationsvakuum über die Werke Pieros und seine eventuellen Schüler in markanter Weise evident. Seine Werkstatt war vermutlich sehr groß und sehr wohl in der Lage, die Ideen und Anregungen des Meisters umzusetzen, dessen theoretische Schriften von einer ausgeprägten pädagogischen Neigung zeugen.

Das Gemälde stellt gleichsam eine Anthologie von Zitaten aus Pieros Werken dar (oder solchen, die ihm nahestanden). Trotz der wahrscheinlichen Provenienz aus Sansepolcro dominieren die von Piero in Urbino entwickelten Themen, auch wenn Hendy die »Steifheit und Schwerfälligkeit« des Bildes den Jugendjahren zuschreibt.

Der Engel im Profil mit verschränkten Armen – ein Typus, der seinen Ursprung wahrscheinlich in der *Verkündigung* in Perugia (S. 216) hat, wird in ähnlicher Profilstellung, jedoch auf der Gegenseite, in der *Madonna mit Kind und Engeln* der Christ Church wiederholt; dagegen ist der hintere Engel auf der rechten Seite sogar bis ins Detail des Gegenlichts der Haare die getreue Übernahme des unmittelbar neben der Jungfrau stehenden Engels der *Pala Montefeltro* (S. 213). Der Schleier auf dem Haupt der Madonna ist die lineare Übersetzung des allerdings etwas voluminöseren Schleiers der *Madonna di Senigallia;* die Dreiviertel-Ansicht des vorderen rechten Engels wird in dem ebenfalls rechts stehenden Engel im Bild der *Madonna di Senigallia* bereits beispielhaft vorgeführt. Hier ist jedoch seine Stirn von den Haaren bedeckt, der vergeistigte Ausdruck weicht einer eher verführerischen Haltung. Das Fresko des *Hl. Sebastian* von Bartolomeo della Gatta in einer Nische des Doms von Sansepolcro, heute nur noch fragmentarisch erhalten, verkörpert diesen Typus einer etwas maskenhaften Schönheit, für den sich auch der junge Signorelli interessierte. Der Knabe ist im Gegensatz zur kindlichen Zartheit des Körpers in der *Pala Montefeltro* oder im Polyptychon in Perugia glatt und rund wie in Werken, die Piero nahestehen, etwa in der Bostoner *Madonna mit Kind und einem Engel.*

Die Gewänder der Engel zeugen nicht vom textilen Erfindungsreichtum, der die Engel in den Bildern Pieros kennzeichnet. Die Falten wirken spitz und erstarrt; wir glauben, daß sie denen in den Werken des Bartolomeo della Gatta ähnlich sind. Für ein Werk Pieros ist die Gestik hier zu exzessiv; diese Tatsache ändert jedoch nichts an den großartigen Feinheiten im Bild und entzieht der Begeisterung Gnolis und Longhis nicht ihre Berechtigung. Die im Bild dargestellte Architektur indes mit der Verzierung aus Akanthusrankenwerk am Gebälk, das ohne Überleitung direkt auf dem korinthischen Kapitell aufliegt, sowie die rein graphische Darstellung der im Halbschatten sichtbaren Elemente, die sich so deutlich von den feinen Lichtwirkungen in der *Geißelung Christi* unterscheiden, stammen mit Sicherheit nicht von Piero. Die mit Girlanden geschmückten Felder verweisen, wie des öfteren bemerkt wurde, auf die Architekturen im Fresko von Rimini. Die Transformation der hinteren rechten Säule in einen quadratischen, korinthischen Pfeiler zeugt von der Unkenntnis der von Laurana in Urbino oder von Francesco del Borgo in Rom entwickelten Architekturtypologien. Eine gewisse Ungeschicktheit im Umgang mit den Ölfarben, die in einem Spätwerk Pieros verwundern muß, bedingte eine ungleichmäßige Trocknung, was an manchen Stellen zu Abblätterungen und ziemlich großen Rissen führte.

Bibliographie: E. Witting, 1898, S. 58; T. Borenius, Anmerkungen zu G. B. Cavalcaselle, London 1914, S. 28; U. Gnoli, *Una tavola sconosciuta di Piero della Francesca,* in: *Dedalo,* 1930, S. 133; P. Toesca, 1935, S. 212; R. Longhi, 1942, S. 222 (Neuauflage von 1964); A. Frankfurter, in: *Art News,* Dez. 1957, S. 30 und 52; P. L. De Vecchi, 1967, S. 99; P. Hendy, 1968, S. 61–63, 147, 157; E. Battisti, 1971, I, S. 385–387, II, S. 62–66 (mit ausführlichen Bezügen zu handschriftlichen Stellungnahmen und der Geschichte des Bildes ausgehend von der Ausstellung in der Royal Academy im Jahre 1870, Kat. 116); O. Martone, in: O. Calabrese, 1984; G. Ugolini, 1985, u. ö.; A. Paolucci, 1989, S. 228; E. Bairati, 1991, Abb. 47.

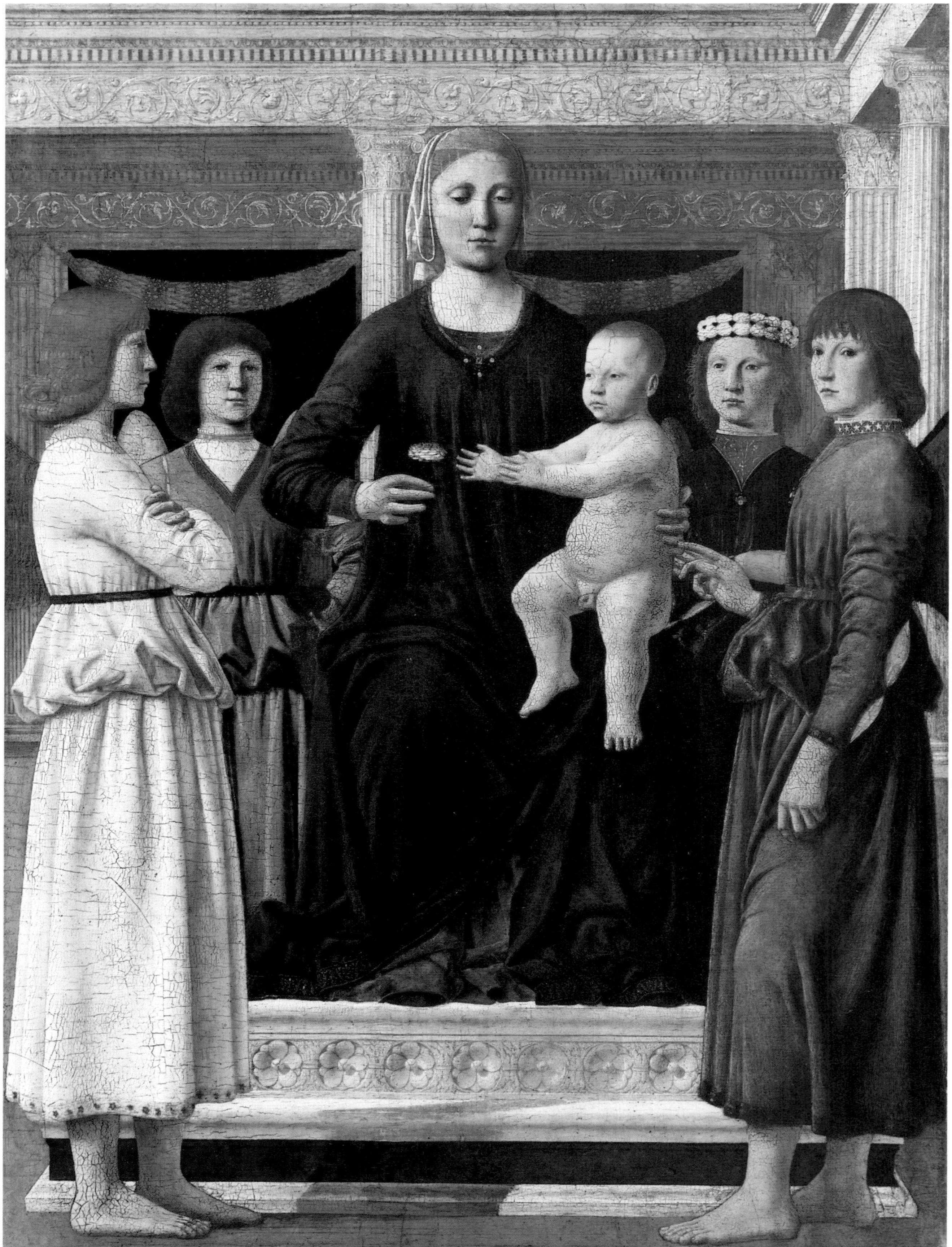

Bibliographie

Werke von Piero della Francesca

Petrus Pictor Burgensis de prospectiva pingendi, franz. Übersetzung nach dem Kodex Parma, hrsg. von C. Winterberg, 2 Bd., Straßburg 1899

De Prospettiva pingendi, hrsg. von G. Nicco Fasola für die Reihe *Raccolta di fonti per la storia dell'arte,* V, Florenz 1942, Faksimile-Ausgabe, hrsg. von G. Nicco Fasola, 1984, mit Bibliographie und einer Abhandlung von E. Battisti

Trattato d'abaco. Dal Codice Ashburnhamiano 280 (359–291*) della Biblioteca Medicea Laurenziana di Firenze,* hrsg. von Gino Arrighi, Pisa 1970

De corporibus regolaribus, hrsg. von G. Mancini (siehe G. Mancini, 1909)

17. Jahrhundert

E. Gamurrini *Istoria genealogica delle famiglie nobili toscane e umbre,* Florenz 1673

18. Jahrhundert

A. F. Gori *Museum Florentinum,* I, Florenz 1732; III, Florenz 1740

L. Siena *Storia della città di Sinigallia,* Senigallia 1746

L. Lanzi *Storia pittorica dell'Italia,* Bassano 1795–1796

19. Jahrhundert

L. Pungileoni *Elogio storico di Giovanni Santi, pittore e poeta, padre del gran Raffaello di Urbino,* Urbino 1822

B. Baldi *Vita e fatti di Federigo di Montefeltro* (1604), Bologna 1826

G. Mancini *Memorie di alcuni artefici del disegno sia antichi che moderni che fiorirono in Città di Castello, II, Appendice delle più insigni pinture che si osservano nelle diverese chiese, e pubblici edifici della città di S. Sepolcro,* Perugia 1832

M. Pichi *Vita di Piero della Francesca pittore del borgo Sansepolcro scritta da Giorgio Vasari Aretino, dedicata a Giuseppe Franceschi Marini in occasione del suo matrimonio con Margherita vedova Pichi,* mit Anmerkungen von F. Gherardi Dragomanni, Sansepolcro 1835

A. Goracci *Breve istoria dell'origine e fondazione della città del Borgo di Sansepolcro,* hrsg. von F. Gherardi Dragomanni, im Anhang zu Giovanni, Matteo und Filippo Villani, *Le vite di uomini illustri fiorentini etc.,* mit Anmerkungen von G. Mazzucchelli, Florenz 1847

J. Dennistoun *Memoirs of the Dukes of Urbino,* London 1851, I, S. 272 bis 296; II, S. 192–201

E. Harzen *Über den MalerPietro degli Franceschi und seinen vermeintlichen Plagiarius, den Franziskanermönch Luca Pacioli,* in: *Archiv für zeichnende Künste,* II, 1856, S. 23 ff.

B. Baldi *Descrizione del palazzo ducale di Urbino* (1582), Florenz 1859

A. de Montaiglon *Jean Fouquet et son portrait du Pape Eugène IV,* in: *Archive de l'art français,* 2. s. I, 1861, S. 466

J. A. Crowe/G. B. Cavalcaselle *A History of Painting in Italy from the Second to the Sixteenth Century,* London 1864–1866

C. H. Eastlake *Materials for a History of Oil Painting,* London 1869

G. Vasari *Le vite de' più eccellenti pittori, scultori ed architetti* (1550 und 1568), hrsg. von G. Milanesi, II, Florenz 1878 (zitiert unter Vasari-Milanesi); frühe deutsche Ausgabe: *Leben der ausgezeichnetsten Maler, Bildhauer und Baumeister,* Stuttgart-Tübingen 1837

J. D. Passavant *Raffael von Urbino und sein Vater Giovanni Santi,* Leipzig 1839

G. Bertini *Catalogo generale della fondazione artistica Poldi-Pezzoli,* Mailand 1881

L. Coleschi *Storia della città di Sansepolcro,* Città di Castello 1886

G. Milanesi *Documenti inediti dell'arte toscana dal XII secolo,* in: *Il Buonarroti,* Florenz 1885–1887

G. F. Pichi *La Resurrezione come viene rappresentata da Giovanni Pisano a Piero della Francesca,* in: *Arte e storia,* XI, 1892, S. 202–203

G. F. Pichi *La vita e le opere di Piero della Francesca,* Sansepolcro 1892

N. Coste *Documents inédits sur le mouvement artistique au XVe siècle à Aix: les architectes, sculpteurs et maîtres d'œuvre de l'église Saint-Sauveur,* in: *Revue des sociétés des Beaux Arts des départements,* 1894, S. 687–706

D. Sant'Ambrogio *Il trittico in denti d'ippopotamo e le due arche o cofani d'avorio della certosa di Pavia,* in: *Archivio storico lombardo,* XXII, IV, Mailand 1895, S. 417–468

H. Semper *Ein Embriachi-Triptychon im Ferdinandeum,* in: *Zeitschrift des Ferdinandeums für Tyrol und Vorarlberg,* III, 1896, S. 120 ff.

B. Berenson *Central Italian Painters,* London 1897 (Neuauflage 1909, 1911)

G. Magherini Graziani *L'arte a Città di Castello,* Città di Castello 1897

F. Witting *Piero dei Franceschi: Eine kunsthistorische Studie,* Straßburg 1898

C. Winterberg *Petrus pictor burgensis. De prospectiva pingendi,* Straßburg 1899

20. Jahrhundert

1900–1910

W. C. Waters *Piero della Francesca,* London 1901

O. H. Giglioli *Le pitture di Andrea del Castagno e Alesso Baldovinetti per la chiesa di S. Egidio,* in: *Rivista d'arte,* III, 1905, S. 206 ff.

W. Bombe *Der Palast des Baccio Baglioni in Perugia und Domenico Veneziano,* in: *Repertorium für Kunstwissenschaft,* XXXII, Berlin 1909, S. 295 ff.

W. Bombe *Zur Genesis des Auferstehungsfreskos von Piero della Francesca,* in: *Repertorium für Kunstwissenschaft,* XXXII, Berlin 1909

G. Mancini *L'opera De corpibus regolaribus di Pietro Franceschi detto Della Francesca usurpata da Fra Luca Pacioli,* in: *Atti della R. Accademia dei Lincei. Memorie della classe di scienze morali, storiche e filologiche,* Serie V, XIV, Rom 1909, S. 446–580

C. Ricci *Piero della Francesca,* Rom 1910

G. F. Hartlaub *Matteo da Siena,* Straßburg 1910

1910–1920

A. Venturi *L'arte giovanile del Perugino, in: L'arte,* XIV, 1911, S. 53–67

A. Venturi *Storia dell'arte italiana,* VII, 1, Mailand 1911, S. 434–486

E. Marini Franceschi *Piero della Francesca, monarca della pittura ai suoi di,* Città di Castello 1912

P. H. Vincent/F. M. Abel *Jérusalem, II, Jérusalem Nouvelle,* Paris 1912

P. Toesca *La pittura e la miniatura nella Lombardia,* Mailand 1912

R. Longhi *Piero dei Franceschi e lo sviluppo della pittura veneziana,* in: *L'arte,* XVII, 1914, S. 198–221, 241-256

G. Degli Azzi *Inventario degli archivi di Sansepolcro,* in: *Archivi della storia d'Italia,* IV, Rocca San Casciano 1915

A. Del Vita *Notizie sulla famiglia e sulla madre di Piero della Francesca,* in: *Bolletino d'arte,* X, 1916, S. 9 ff.

M. Salmi *I Bacci di Arezzo e la loro cappella nella chiesa di San Francesco,* in: *Rivista d'arte,* IX, 1916, S. 230 ff.

W. Bombe *Geschichte der Peruginer Malerei,* Berlin 1917

G. Zippel *Piero della Francesca a Roma,* in: *Rassegna d'Arte,* VI, 1919, S. 81

H. Graber *Piero della Francesca,* Basel 1920

M. Salmi *Un antica pianta di San Francesco in Arezzo,* in: *Miscellanea francescana,* XXI, 1920, S. 103 ff.

1920–1930

K. Escher *Die Madonnenbilder des 14. bis 16. Jahrhunderts in Mittel- und Unteritalien,* in: *Handbuch der Kunstwissenschaft,* I, 1922, S. 89–110

A. Warburg *Pierro della Francescas Constantinschlacht in der Aquarellkopie des Johannes Ramboux 1812,* in: *L'Italia e l'arte straniera,* Akten des 10. Intern. Kunsthistoriker-Kongresses in Rom, 1922, S. 326–327 (*Gesammelte Schriften,* hrsg. von G. Bing, Leipzig 1932, I, S. 251-254, 388–391)

W. von Bode *Der heilige Hieronymus in hügeliger Landschaft von Piero della Francesca: Neuerwerbung des Kaiser-Friedrich-Museums,* in: *Jahrbuch der Preussischen Kunstsammlungen,* XLVI, 1924, S. 201–205

C. Ricci *Il tempio Malatestiano di Rimini,* Mailand–Rom 1924

H. Gollob *Gentile da Fabriano und Pisanellos Fresken am Hospital von St. Giovanni in Laterano zu Rom,* Straßburg 1927

R. Longhi *Piero della Francesca,* Rom 1927 (zweite Auflage, Mailand 1942); Neuauflage in: *Opere complete di Roberto Longhi,* III, Florenz 1963 (Schriften bis 1962)

R. van Marle *The Development of the Italian Schools of Painting,* XI, Den Haag (19 Bände von 1923–1938)

1930–1940

P. Hendy (Hrsg.) *The Isabella Stewart Gardner Museum,* Katalog der ausgestellten Gemälde und Zeichnungen, Boston 1931

I. Schrade *Die Auferstehung Christi (Ikonographie der christlichen Kunst. Die Sinngehalte und Gestaltungsformen),* Berlin–Leipzig 1932

P. Toesca *Domenico Veneziano,* in: *Enciclopedia Italiana,* X, 1932, S. 117 ff.

J. Gagé *La théologie de la victoire imperiale,* in: *Revue historique,* CLXXI, 1933, S. 1–43

P. Toesca *Piero della Francesca,* in: *Enciclopedia Italiana,* XXVII, Rom 1935, S. 208–213

C. Lazzeri *Aspetti e figure di vita medievale in Arezzo,* Arezzo 1937

Vespasiano da Bisticci *Vite di uomini illustri del secolo XV,* Florenz 1938

C. Gnudi *Lo studiolo di Federico da Montefeltro nel palazzo ducale di Urbino,* in: Ausstellungskatalog *Melozzo e il 400 romagnolo,* Forlì, 1938, S. 25 ff.

C. Sterling *La peinture française. Les primitifs,* Paris 1938

M. Wackernagel *Der Lebensraum des Künstlers in der florentinischen Renaissance,* Leipzig 1938

E. Panofsky *Studies in Icolonogy,* New York 1939

R. Offner *The Barberini Panels and their Painter,* in: *Medieval Studies in Memory of A. Kingsley Porter,* Cambridge, Mass. 1939, S. 205–253

1940–1950

A. Blunt *Artistic Theory in Italy, 1140–1600,* Oxford 1940

C. E. Gilbert *New Evidence for the Date of Piero della Francesca's Count an Countess,* in: *Marsyas,* I, 1941, S. 41–53

M. Meiss *A Documented Altarpiece by Piero della Francesca,* in: *The Art Bulletin,* XXIII, 1, 1941, S. 53–68

O. Pächt *Jean Fouquet, a Study on his Style,* in: *Journal of the Warburg and Courtauld Institute,* IV, 1941, S. 94 ff.

R. Longhi 1942, siehe 1927

G. Nicco Fasola *Svolgimenti del pensiero prospettico nei trattati da Euclide a Piero della Francesco,* in: *Le arti,* Dezember 1942, S. 59–71

G. Nicco Fasola *Introduzione alla edizione critica di ›De Prospectiva pingendi‹ di Piero della Francesca,* Florenz 1942

M. Salmi *Piero della Francesca e Giuliano Amedei,* in: *Rivista d'arte,* XXIV, 1–2, 1942, S. 26–44

M. Salmi *La Bibbia di Borso d'Este e Piero della Francesca,* in: *La Rinascita,* Reihe VI, XXXII–XXXIII, 1943, S. 365–382

K. Clark *L. B. Alberti on Painting,* in: *Proceedings of the British Academy,* XXX, 1944, S. 238 ff.

K. Clark *Florentine Painting of the Fifteenth Century,* London 1945

P. Wescher *Jean Fouquet und seine Zeit,* Basel 1945

R. Papini *Francesco di Giorgio architetto,* Rom 1946

K. Clark *Architectural Backgrounds in 15th Century Italian Painting,* in: *The Arts,* I, 1946, S. 13 ff.; II, 1947, S. 33 ff.

K. Clark *Piero della Francesca's Augustin Altarpiece,* in: *The Burlington Magazine,* LXXXIX, August 1947, S. 205–209

L. Ghiberti *I Commentari,* hrsg. von O. Morisani, Neapel 1947

M. Meiss *Letter to the Editor,* in: *The Burlington Magazine,* 1947, S. 285–286

M. Salmi *Un'ipotesi su Piero della Francesca,* in: *Arti figurative,* III, 1947, S. 78–84

J. Alazard *Piero della Francesca,* Paris 1948

P. Alatri *Federico da Montefeltro: lettere di stato e d'arte,* Rom 1949

C. Brandi *Cinquecentisti senesi,* Mailand 1949

B. Berenson *Piero della Francesca o dell'arte non eloquente,* Florenz 1950

R. Bianchi Bandinelli *Storicità dell'arte classica,* Florenz 1950, S. IX, *Il Maestro delle Imprese di Traiano,* S. 211–228

1950–1960

W. Braunfels *Die Auferstehung,* Düsseldorf 1951

K. Clark *Piero della Francesca,* London, Oxford, New York 1951

D. Gioseffi *Perspectiva artificialis. Per la storia della prospettiva. Spigolature e appunti,* Triest 1951

C. Mitchell *The Imagery of the Tempio Malatestiano,* in: *Studi romagnoli,* II, 1951, S. 77–90

H. Foccillon *Piero della Francesca* (Vorlesungen 1934/35), Paris 1952

E. H. Gombrich *Rezension zu K. Clark, Piero della Francesca,* in: *The Burlington Magazine,* XCIV, 1952, S. 176–177

I. Toesca *Gli uomini famosi della Cronaca Cockerell,* in: *Paragone,* 1952, S. 16–20

E. H. Gombrich *Renaissance Theory and the Development of Landscape Painting,* in: *Gazette des Beaux Arts,* XLI, 1953, S. 335–360 (neuveröffentlicht in E. H. Gombrich, *Norm and Form. Studies in the Art of the Renaissance,* London 1966, S. 107–121)

E. Panofsky *Early Netherlandish Painting. Its Origins and Characters,* Cambridge, Mass. 1953

U. Baldini in: *Mostra di quattro maestri del primo Rinascimento,* Ausstellungskatalog Florenz 1954, S. 120–122

B. Berenson *The Italian Painters of the Renaissance,* London 1954

C. Brandi *Restauri a Piero della Francesca,* in: *Bollettino d'Arte,* XXXIX, 1954, S. 241–258

C. Brandi *Restauri a Piero della Francesca,* Ausstellungskatalog, Istituto Centrale del Restauro, Rom 1954, S. 1 ff.

M. Meiss *Ovum Struthionis, Symbol and Allusion in Piero della Francesca's Montefeltro Altarpiece,* in: *Studies in Art and Literature for Belle da Costa Greene,* Princeton 1954, S. 92–101

L. Venturi *Piero della Francesca,* Genf 1954

R. Longhi *Piero della Francesca. La leggenda della Croce,* Mailand 1955

M. Salmi *L'affresco di Sansepolcro,* in: *Bollettino d'Arte,* XL, 1955, S. 230–236

B. Andreae *Motivgeschichtliche Untersuchungen zu den römischen Schlachtsarkophagen,* Berlin 1956

C. Brandi *Il tempio Malatestiano,* Rom 1956

K. Clark *The Nude,* New York 1956

R. und T. Krautheimer *Lorenzo Ghiberti,* Princeton 1956

M. Meiss *Jan van Eyck and the Italians,* in: *Italian Studies,* XI, 1956, S. 1 ff.; 1957, S. 7 ff.
G. Bachelard *La poétique de l'espace,* Paris 1957
L. Berti in: *Mostra degli affreschi staccati,* Forte Belvedere, Florenz 1957, S. 66 ff.
P. Bianconi *Piero della Francesca,* Mailand 1957 (dritte Auflage Mailand 1964)
T. Wittgens *Una noterella sul trattato ›De prospectiva pingendi‹ di Piero della Francesca,* in: *Studi in onore di Carlo Castiglioni, prefetto dell'Ambrosiana,* Mailand 1957
C. Feudale *The Iconography of the Madonna del Parto,* in: *Marsyas,* VII, 1954–57, S. 8–24
W. S. Heckscher *Dornauszieher,* in: *Reallexikon zur deutschen Kunstgeschichte,* IV, Stuttgart 1958, S. 289–299
G. Marchini *Il palazzo ducale di Urbino,* in: *Rinascimento,* 1958, S. 43–78
C. Marinesco *Echos byzantins dans l'œuvre de Piero della Francesca,* in: *Bulletin de la Société Nationale des Antiquaires de France,* 1958
L. Michelini Tocci *I due manoscritti urbinati dei privilegi dei Montefeltro,* in: *La Bibliofilia,* LX, 1958, Miscellanea Mercati (1958), S. 1–53
Peregrinatio Aetheriae, Die Pilgerreise der Aetheria, Klosterneuburg 1958
E. Ruhmer *Tura,* London 1958
M. Salmi *Primo rinascimento a Ferrara,* in: *Rinascimento,* 1958, S. 123–139
J. Gill *The Council of Florenz,* Cambridge 1959
E. H. Gombrich *The Repitance of Judas in Piero della Francesca's ›Flagellation of Christ‹,* in: *Journal of the Warburg and Courtauld Institute,* XXII, 1959
G. Mardesteig *Leon Battista Alberti e la rinascita del carattere lapidario romano nel Quattrocento,* in: *Italia medievale e umanistica,* II, 1959, S. 285–307
E. Borsook *The Mural Painters of Tuscany,* London 1960 (Neuauflage 1981)
B. Degenhart/A. Schmitt *Gentile da Fabriano in Rom und die Anfänge des Antikenstudiums,* in: *Münchner Jahrbuch der bildenden Kunst,* XI, 1960, S. 59–151
G. Marchini *Aggiunte al palazzo ducale di Urbino,* in: *Bollettino d'arte,* XLV, 1960, S. 73–80
U. Procacci *Sinopie e affreschi,* Florenz 1960
M. Salmi/U. Lumini *La chiesa inferiore di San Francesco di Arezzo,* Rom 1960

1961
M. Meiss *Highlands in Lowlands,* in: *Gazette des Beaux Arts,* LVII, 1961
M. Salmi *Pittura e miniatura a Ferrara nel primo rinascimento,* Mailand 1961
F. Zeri *Due dipinti, la filologia, un nome: il Maestro delle Tavole Barberini,* Turin 1961

1962
G. Bendinelli *Sui Dioscuri del Quirinale,* in: *Hommages à Albert Grenier,* hrsg. von M. Rénard (Collections Latomus, LVIII)
L. Brion-Guerry *Jean Pélerin, Viator. Sa place dans l'histoire de la perspective,* Paris 1962
A. Parronchi *Studi sulla dolce prospettiva,* Florenz 1962
R. W. Scheller *Uomini Famosi,* in: *Bulletin van het Rijksmuseum,* X, 1962, S. 56–57

1963
M. Alpatov *Les fresques de Piero della Francesca à Arezzo. Sémantique et stylistique,* in: *Commentari,* XIV, 1963, S. 17–38
P. P. Bober *The Census of Antique Works of Art known to Renaissance Artists,* in: *Studies in Western Art: Renaissance and Mannerism,* Akten zum XXth International Congress of History of Art, Princeton 1963, S. 82–89
S. Bottari *Piero della Francesca,* in: *Enciclopedia Universale dell'Arte,* X, Venedig–Rom 1963, S. 589–602
R. Brilliant *Gesture and Rank in Roman Art, Memoirs at the Connecticut Academy of Arts and Sciences,* XIV, 1963
M. Chiarini *Il Maestro del Chiostro degli Aranci, Giovanni Consalvo, portoghese,* in: *Proporzioni,* IV, 1963, S. 1–24
D. A. Covi *Lettering in Fifteenth Century Florentine Painting,* in: *The Art Bulletin,* XLV, 1963, S. 1 ff.
C. de Tolnay *Conceptions religieuses dans la peinture de Piero della Francesca,* in: *Arte antica e moderna,* Nr. 23, 1963, S. 205–241
R. Longhi 1963, siehe 1927
R. Wittkower/B.A.R. Carter *The Perspective of Piero della Francesca's ›Flagellation‹,* in: *Journal of the Warburg and Courtauld Institute,* XVI, 1963

1964
C. Grayson *L. B. Alberti's ›costruzione legittima‹,* in: *Italian Studies,* 1964, S. 14 ff.
L. Lavallaye *Le Palais Ducal d'Urbino (Corpus des Primitifs Flamands),* Brüssel 1964
A. Parronchi *Studi sulla dolce prospettiva,* Mailand 1964
L. Tintori und M. Meiss *Additional Observations on Italian Mural Technique,* in: *The Art Bulletin,* LXT, 1964, S. 377–380
C. Vermeule *European Art and the Classical Past,* Cambridge, Mass., 1964

1965
J. A. Fasanelli *Some Notes on Pisanello and the Council of Florence,* in: *Master Drawings,* III, 1965, S. 36 ff.
H. Glasser *Artist's Contracts of the Early Renaissance, Ph. Diss.,* Columbia University, 1965
L. M. Schneider *The Iconography of Piero della Francesca's Frescoes Illustrating the Legend of the True Cross,* in: *Art Quarterly,* XXXII, 1965, S. 23–48

1966
H. Baron *The Crisis of Early Renaissance,* Princeton 1966
L. Berti *Andrea del Castagno,* Florenz 1966
S. Y. Edgerton Jr. *Alberti's Perspective: A New Discovery and a New Evaluation,* in: *The Art Bulletin,* LXIII, 1966, S. 37 ff.
M. Fossi Todorow *I disegni del Pisanello e della sua cerchia,* Florenz 1966
E. H. Gombrich *The Style ›all'antica‹: Imitation and Assimilation, in Studies in Western Art, II: The Renaissance and Mannerism,* Akten des XXth International Congress of History of Art, Princeton 1963, S. 31–41 (neuveröffentlicht in: E. H. Gombrich, *Norm and Form. Studies in the Art of Renaissance,* London 1966, S. 122–128)
P. Paltroni *Commentari della vita et gesti dell' illustrissimo Federico duca d'Urbino,* hrsg. von W. Tommasoli, Urbino 1966
J. Pope Hennessy *The Portrait in the Renaissance,* London 1966
G. Previtali *Piero della Francesca (I maestri del colore),* Mailand 1966

1967
M. Aronberg Lavin *The Altar of Corpus Domini in Urbino: Paolo Uccello, Joos van Ghent, Piero della Francesca,* in: *The Art Bulletin,* XLIX, 1967, S. 1–24
L. Bellosi *Intorno ad Andrea Castagno,* in: *Paragone,* 211, September 1967, S. 3 ff.
A. Busignani *Piero della Francesca,* o. O. 1967
P. L. De Vecchi *L'opera completa di Piero della Francesca,* Vorwort von O. Del Buono, Mailand 1967
P. Francastel *La figure et le lieu,* Paris 1967
E. H. Gombrich *From the Revival of Letters to the Reform of Arts: Niccolò Niccoli and Filippo Brunelleschi,* in: *Essays in the History of Art presented to Rudolf Wittkower,* London 1967, S. 71–82 (neuveröffentlicht in: E. H. Gombrich, *The Heritage of Apelles. Studies in the Art of the Renaissance,* London 1976, S. 93–110)
L. H. Heydenreich *Federico da Montefeltro as a Building Patron,* in: *Studies in Renaissance and*

Baroque Art presented to A. Blunt, hrsg. von J. Courtauld u. a., London 1967, S. 5 ff.

M. Meiss *Frencz Painting in the Time of the Jean de Berry; the Late XIVth Century and the Patronage of the Duke,* London 1967

L. M. Schneider *The Iconography of Piero della Francesca's Frescoes with the Story of the True Cross in the Church of San Francesco in Arezzo* (Columbia University, 1967), Mikrofilm

1968

M. Aronberg Lavin *Piero della Francesca's Flagellation, the Triumph of Christian Glory,* in: *The Art Bulletin,* L, 1968

G. Arrighi *Piero della Francesca e Luca Pacioli. Rassegna della questione del ›plagio‹ e nuove valutazioni,* in: *Atti della Fondazione Giorgio Ronchi,* XXIII, 9, September–Oktober 1968

F. Casalini *Corrispondenza fra teoria e pratica nell'opera di Piero della Francesca,* in: *L'Arte,* LXXI, 1968, S. 62 ff.

M. Dalai Emiliani *La questione della prospettiva,* 1960–1968, in: *L'Arte,* I, 1968, S. 96 ff.

P. Del Poggetto in: *The Great Age of Fresco from Giotto to Pontormo,* Metropolitan Museum, New York 1968, Ausstellungskatalog, Florenz 1968

The Frick Collection: an Illustrated Catalogue, II, Paintings: French, Italian, Spanish, New York 1968

C. Gilbert *Change in Piero della Francesca,* New York 1968

P. Hendy *Piero della Francesca and the Early Renaissance,* London 1968

H. W. Janson *Donatello and the Antique,* in: *AA.VV., Donatello e il suo tempo,* Florenz 1968

P. Murray *A Note on the Iconography of Piero della Francesca,* in: A. Kosegarten/P. Tigler (Hrsg.), *Festschrift Ulrich Middeldorf,* Berlin 1968, S. 173 ff.

J. Ruysschaert *Miniaturists ›romain‹ sous Pie II,* in: *Enea Silvio Piccolomini: Papa Pio II,* Siena 1968

G. Scaglia *An Allegorical Portrait of Emperor Sigismond by Marino Taccola,* in: *Journal of the Warburg and Courtauld Institute,* XXXI, 1968, S. 428–434

J. Shearman *The Logic and Realism of Piero della Francesca,* in: *Festschrift Ulrich Middeldorf,* Berlin 1968

M. G. Vale *Jean Fouquet's Portrait of Charles VII,* in: *Gazette des Beaux Arts,* CIX, 1968, II, S. 243–248

1969

M. Aronberg Lavin *Piero della Francesca's Montefeltro Altarpiece: A Pledge of Fidelity,* in: *The Art Bulletin,* LI, 1969, S. 367–371

G. Arrighi *Piero della Francesca matematico,* 1968–69 (neuveröffentlicht in: O. Calabrese [Hrsg.], *Piero teorico dell'arte,* Rom 1985)

K. Clark *Piero della Francesca.* Complete Edition, London–New York 1969 (Zweite Auflage)

S. Y. Edgerton Jr. *Alberti's Colour Theory: A Medieval Bottle Without Renaissance Wine,* in: *Journal of the Warburg and Courtauld Institute,* XXXII, 1969, S. 109 ff.

J. Gadol *Leon Battista Alberti, Universal Man of the Renaissance,* Chicago–London 1969

P. Rotondi *The Ducal Palace of Urbino. Its Architecture and Decoration,* London 1969

L. Schneider *The Iconography of Piero della Francesca's Frescoes illustrating the Legend of the True Cross in the Church of San Francesco in Arezzo,* in: *The Art Quarterly,* XXXII, 1969, S. 22–48

1970

G. Arrighi Kritische Ausgabe von *Dell' abaco,* Pisa 1970

C. H. Clough *Federigo da Montefeltro's Artistic Patronage,* in: *Journal of the Royal Society of Arts,* 1970, November 1970, S. 727–730

C. H. Clough *Piero della Francesco: Some Problems of his Art and Chronology,* in: *Apollo,* XCI, April 1970, S. 278–289

N. Dacos, *Sopravvivenza dell'antico,* in: *Enciclopedia dell'Arte Antica,* hrsg. von R. Bianchi Bandinelli und G. Becatti, VII, Rom 1970, S. 741–746

E. M. Davies/D. Snyder *Piero della Francesca's Madonna of Urbino,* in: *Gazette des Beaux Arts,* April 1970, S. 193–212

A. Guzzo *La sublime metrica di Piero della Francesca e la Divina Proporzione,* in: *Atti e Memorie dell'Accademia Petrarca di Lettere, Arti e Scienzi,* XL, 1970, S. 55–82

R. Klein *Etudes sur la perspective à la Renaissance,* 1956–1963, in: *Bibliothèque d'Umanisme et Renaissance,* XXV, 1963, S. 577–587 (neuveröffentlicht in: R. Klein, *La forme et l'intelligible,* Paris 1970, S. 278–293)

Sigismondo Malatesta e il suo tempo, Ausstellungskatalog, hrsg. von G. Pasini, Vicenza 1970

D. Schmidt *Piero della Francesca,* Leipzig 1970

K. Schwager *Über Jean Fouquet und sein verlorenes Porträt Eugens IV,* in: *Argo: Festschrift für Kurt Badt,* Köln 1970, S. 209 ff.

I. Toesca *Di nuovo sulla Cronaca Cockerell,* in: *Paragona,* 1970, S. 62–66

1971

E. Battisti *Piero della Francesca,* Mailand 1971

E. Battisti *Note sulla prospettiva rinascimentale,* in: *Arte Lombarda,* XVI, 1971, S. 87 ff.

M. Baxandall *Giotto and the Orators,* Oxford 1971

P. Dal Poggetto *Piero della Francesca's Flagellation: The Figures in the Foreground,* in: *The Art Bulletin,* LIII, März 1971, S. 41–51

M. Meiss *La sacra conversazione di Piero della Francesca,* in: *Quaderni di Brera,* Florenz 1971

R. L. Mode *Masolino, Masaccio and the Orsini Uomini Famosi,* in: *The Burlington Magazine,* CXIV, 1971, S. 369–378

K. Oberhuber *Raphael and Tate Portrait, I., The Portrait of Julius II,* in: *The Burlington Magazine,* 1971, S. 124 ff.

M. Rzepinska *The Paculiar Greyhounds of Sigismondo Malatesta. An Attempt to interpret the Fresco of Piero della Francesca in Rimini,* in: *L'Arte,* XIII, 1971, S. 45–65

1972

L. B. Alberti *De pictura, De sculptura,* hrsg. von C. Grayson, London–New York, 1972

M. Aronberg Lavin *Piero della Francesca. The Flagellation,* London 1972

M. Baxandall *Painting and Experience in the Fifteenth Century Italy,* Oxford 1972

B. B. Fredericksen und F. Zeri *Census of Pre-Nineteenth-Century Italian Paintings in North American Public Collections,* Cambridge, Mass. 1972

B. Giorni (Hrsg.) *La Madonna del Parto di Piero della Francesca e la chiesa di Santa Maria a Nomentana,* in: *Monterchi e la sua storia,* Città di Castello 1972, S. 3–15

M. B. MacNamee *The Origin of the Vested Angel as a Eucharistic Symbol in Flemish Painting,* in: *The Art Bulletin, LIV, März 1972, S. 263–278*

A. Padoa Rizzo Benozzo Gozzoli pittore fiorentino, Florenz 1972

E. Pogány-Balás *Problems of Mantegna's Destroyed Fresko in Rome, Representing the Baptism of Christ,* in: *Acta Historiae Artium,* XVIII, 1972, S. 107–129

M. Tanner *Concordia in Piero della Francesca's Baptism of Christ,* in: *The Art Quarterly,* XXXV, 1972, S. 1–20

L. Veyer *Analecta iconographica masoliniana,* in: *Acta Historiae Artium,* CXIV, 1972, S. 369 ff.

1973

P. D. Ancona *Piero della Francesca. Il ciclo affrescato della Santa Croce nella chiesa di San Francesco in Arezzo,* Mailand 1973

A. Buck *La polemique humaniste contre les sciences. La contribution humaniste à la formation de l'esprit scientifique,* in: *Sciences de la renaissance,* hrsg. von J. Roger, Paris 1973

C. H. Clough *Federigo da Montefeltro's Patronage of the Arts, 1468–1482,* in: *Journal of the Warburg and Courtauld Institute,* XXXVI, 1973, S. 129–144

C. Mitchell *An Early Christian Model of the Tempio Malatestiano,* in: *Intuition und Kunstwissenschaft. Festschrift für Hans Swarzenski,* Berlin 1973

G. Mulazzani/P. Rotondi in: *Restauri nelle Marche. Testimonianze, acquisti, recuperi,* Ausstellungskatalog, hrsg. von P. Torriti, Urbino 1973

A. Padoa Rizzo *Il percorso di Pier Francesco Fiorentino,* in: *Commentari,* XXIV, 1973, S. 154–175

P. L. Rose *Humanist Culture and Renaissance Mathematic: The Italian Libraries of the Quattrocento,* in: *Studies in the Renaissance,* XX, 1973, S. 46–103

P. Rotondi *Osservazioni sul dittico di Piero della Francesca a Urbino,* in: *Studi offerti a Giovanni Incisa della Rocchetta, Miscellanea della Società Romana di Storia Patria,* XXIII, 1973, S. 473–477

F. Sangiorgio *Ipotesi sulla collocazione della pala di Brera,* in: *Commentari,* XXIV, 1973, S. 211-216

N. Smirnov *Piero della Francesca,* in: *Hudoznik,* I, 1973, S. 44–52

W. Welliwer *Symbolic Architecture of Domenico Veneziano and Piero della Francesca,* in: *The Art Quaterly,* XXXVI, 1973, S. 1–30

1974

G. Arbore (Popescu) *Piero della Francesca,* Bukarest 1974

M. Aronberg Lavin *Piero della Francesca's Fresco of Sigismondo Pandolfo Malatesta before Saint Sigismund,* in: *The Art Bulletin,* LVI, September 1974, S. 345–374

E. Battisti *Bramante, Piero e Luca Pacioli a Urbino,* in: *Studi Bramanteschi,* Akten zum Kongreß in Mailand-Urbino-Rom 1970, veröffentlicht Rom 1974, S. 267–282

M. Baxandall *Alberti and Cristoforo Landino: The Practical Criticism of Painting,* in: *Convegno internazionale indetto nel V centinario di Leon Battista Alberti,* Rom 1972, Veröffentlichung der Accademia Nazionale dei Lincei, Rom 1974, S. 143–154

H. Burns *Progetti di Francesco di Giorgio e i conventi di San Bernardino e Santa Chiara di Urbino,* in: *Studi Bramanteschi,* Rom 1974, S. 293–311

C. Goldner *Notes on the Iconography of Piero della Francesca's Annunciation in Arezzo,* in: *The Art Bulletin,* LVI, September 1974, S. 342–343

C. Maltese *Architectura ficta 1472 circa,* in: *Studi Bramanteschi,* Rom 1974, S. 283–292

M. Podro *Piero della Francesca's Legend of the True Cross,* University of Newcastle/Tyne 1974

P. Scarpellini *Il pittore perugino Mariano d'Antonio ed il Palazzo dei Priori nel Quattrocento,* in: *Annali della Facoltà di Lettere e Filosofia dell' Università degli Studi di Perugia,* 1973–1974, S. 577–578

P. Verdier *La colonna de Colonia Aelia Capitolina et l'imago clipeata du Christ Helios,* in: *Cahiers Archéologiques,* XXIII, 1974, S. 17–40

1975

E. Agnoletti *Le vicende del ›Battesimo di Cristo‹ di Piero della Francesca,* in: *La voce, settimanale religioso-sociale,* 5. Oktober 1975, S. 1

M. Boskovits *La pittura fiorentina alla vigilia del rinascimento,* 1370–1400, Florenz 1975

E. Callmann *Thebald Studies,* in: *Antichità viva,* XIV, 1975, S. 3–22

M. Calvesi *Sistema degli equivalenti ed equivalenze del sistema in Piero della Francesca,* in: *Storia dell'Arte,* XXIV–XXV, 1975, S. 83–100

C. Gilbert *Fra' Angelico's Frescoes in Rome: Their Number and Dates,* in: *Zeitschrift für Kunstgeschichte,* XXXVIII, 1975, S. 245 ff.

D. D. Davisson *The Iconology of the S. Trinita Sacristy, 1418–1435: A Study of the Private and Public Functions of Religious Art in the Early Quattrocento,* in: *The Art Bulletin,* LVII, 1975, S. 31 ff.

S. Y. Edgerton Jr. *The Renaissance Discovery of Linear Perspective,* New York 1975

R. Jochims *Visuelle Identität: konzeptionelle Malerei von Piero della Francesca (1416–1492) bis zur Gegenwart,* Frankfurt 1975

P. L. Rose *The Italian Renaissance of Mathematics. Studies on Humanists and Mathematicians from Petrarch to Galileo,* Genf 1975

M. Salmi *La casa di Piero della Francesca,* in: *Commentari,* XXVI, 1975, S. 276–296

L. Vagnetti, Riflessioni sul *›De prospectiva pingendi‹,* in: *Commentari,* XXVI, 1975,m S. 14–55

1976

L. Armstrong *The Paintings and Drawings of Marco Zoppo,* London 1976

G. Arrighi *Arte e matematica in Piero della Francesca,* in: *Commentari,* XXVII, 1976, S. 24

A. Briganti *Piero della Francesca: la leggenda della Croce,* Florenz 1976

A. Conti *Le prospettive urbinati: tentativo di un bilancio e abbozzo di una bibliografia,* in: *Annali della Scuola Normale di Pisa,* VI, 1976

A. Conti *Francesco Petrarca e Madonna Laura: uno strano ritratto,* in: *Prospettiva,* 5. April 1976, S. 57–61

T. Gouma Peterson *Piero della Francesca's Flagellation: an Historical Interpretation,* in: *Storia dell'Arte,* XXVIII, 1976, S. 217–233

S. A. Jayawardene *The Trattato d'abaco and the Libellus de quinque corporibus regolaribus,* in: *Aspects of the Italian Renaissance,* zu Ehren von P. O. Kristeller, 1976, S. 229–243

R. Lindekens *Analyse sémiotique d'une fresque de Piero della Francesca: la Légende de la Vraie Croix,* in: *Journal Canadien de Recherche Sémiotique,* IV/3, 1976

A. Parronchi *Ricostruzione della pala dei Montefeltro,* in: *Storia dell'Arte,* XXVIII, 1976, S. 235–248

M. Salmi *Perché Piero della Francesca,* in: *Commentari,* XXVII, 1976, S. 121–126

F. Sangiorgi *Documenti urbinati: Inventari del Palazzo Ducale (1582–1631),* Urbino 1976

C. Verga *L'archittettura nella Flagellazione di Urbino,* in: *Critica d'arte, LXI, 1977, 150, S. 25ff.*

1977

E. Agnoletti *La Madonna della Misericordia e il Battesimo di Cristo di Piero della Francesca,* Sansepolcro 1977

J. J. G. Alexander *Italian Renaissance Illuminations,* London 1977

M. Daly Davis *Piero della Francesca's Mathematical Treatises: A Study of his Trattato d'abaco and Libellus de quinque corporibus regolaribus,* Ravenna 1977

C. Gardner von Teuffel *Masaccio and the Pisan Altarpiece: A New Approach,* in: *Jahrbuch der Berliner Museen,* XIX, 1977, S. 30–34

C. Gilbert *Peintres et ménuisiers au début de la Renaissance en Italie,* in: *Revue de l'art,* XXXVII, 1977, S. 12

B. Giorni *La Madonna del parto di Piero della Francesca,* Sansepolcro 1977

H. Glasser *Artist's Contracts of the Early Renaissance,* New York-London 1977

P. und L. Mora/P. Philippot *La conservation des peintures murales,* Bologna 1977

P. Oertel *Petri de burgo opus,* in: *Studies in Late Medieval and Renaissance Painting in Honour of Millard Meiss,* hrsg. von I. Lavin und J. Plummer, New York 1977, I, S. 341–351

W. Prinz *Dal vero o dal modello? Appunti e testimonianze sull'uso dei manichini nella pittura del Quattrocento,* in: *Studi di storia dell'arte in onore di Ugo Procacci,* Florenz 1977, I, S. 200 ff.

B. Rackusin *The Architectural Theory of Luca Pacioli. De Divina Proportione,* in: *Bibliothèque d'Humanisme et Renaissance,* XXXIX, 3, 1977, S. 479–503

ABBILDUNGSNACHWEIS

Archivio Fratelli Alinari, Florenz Abb. 21
Archivio fotografico SCALA, Florenz Abb. 5, 18, 20, 23–27, 30, 35–37, 51–55, 58, 59, 59, 113, 119–121, 130, 131, 139, 143, 145; S. 173, 175, 181, 183, 185, 187, 189, 191, 193, 195, 197, 199–201, 203–205, 207–209, 211, 213, 215, 216, 221–223, 225–227
Giancarlo Costa, Mailand Abb. 142
Foto Tavanti, Arezzo Abb. 22, 65, 68–106; S. 190
Alle übrigen Abbildungsvorlagen stammen aus den Archiven der in den Bildlegenden angegebenen Museen, jene ohne Angabe aus dem Fotoarchiv Amilcare Pizzi.

PIERO DELLA FRANCESCA

»Die Malerei besitzt göttliche Kraft«
LEON BATTISTA ALBERTI